中国各地区
金融稳定报告摘要
（2015）

ZHONGGUO GEDIQU JINRONG WENDING
BAOGAO ZHAIYAO

中国人民银行上海总部金融稳定分析小组

中国金融出版社

责任编辑：王雪珂
责任校对：潘　洁
责任印制：丁淮宾

图书在版编目（CIP）数据

中国各地区金融稳定报告摘要．2015（Zhongguo Gediqu Jinrong Wending Baogao Zhaiyao）（2015）/中国人民银行上海总部金融稳定分析小组编．—北京：中国金融出版社，2015.9
ISBN 978－7－5049－8015－1

Ⅰ．①中…　Ⅱ．①中…　Ⅲ．①区域金融—研究报告—中国—2015　Ⅳ．①F832.7

中国版本图书馆 CIP 数据核字（2015）第 147141 号

出版发行　中国金融出版社
社址　北京市丰台区益泽路 2 号
市场开发部　(010)63266347，63805472，63439533（传真）
网上书店　http://www.chinafph.com
(010)63286832，63365686（传真）
读者服务部　(010)66070833，62568380
邮编　100071
经销　新华书店
印刷　北京市松源印刷有限公司
尺寸　210 毫米×285 毫米
印张　27.75
字数　720 千
版次　2015 年 9 月第 1 版
印次　2015 年 9 月第 1 次印刷
定价　98.00 元
ISBN 978－7－5049－8015－1/F.7575

目　录

北京市金融稳定报告摘要

2014年，北京市金融业在经济结构优化调整中实现平稳发展。银行业资产负债规模平稳增长，不良贷款有所反弹，但风险抵御能力依然较强。证券市场活跃度显著回升，证券经营机构利润大幅增加，“新三板”市场规模快速扩张，境外融资增长较快。保险业保费规模居全国前列，保险市场秩序好转，新技术及新政策助推服务创新效果明显。金融市场运行总体稳定，金融体系流动性总体平稳适度，人民币汇率双向波动范围逐步扩大。支付、征信、反洗钱、跨境人民币结算等金融服务及基础设施建设继续改善。

一、区域经济运行与金融稳定

2014年，北京市经济增长平稳，增长质量与效益继续提升，经济发展方式转变进一步加快，经济结构调整取得积极进展，为全市金融平稳运行提供了良好的经济环境。

（一）区域经济运行情况

1. 全年经济增长总体平稳，居民收入增速回升

2014年，北京市实现地区生产总值21 330.8亿元，按可比价格计算，同比增长7.3%，增幅同比下降0.4个百分点。全年城镇居民人均可支配收入43 910元，同比增长8.9%，增幅同比提高1.8个百分点。农村居民人均纯收入20 226元，同比增长10.3%，增幅同比提高2.6个百分点。

2. 产业结构继续优化，行业利润整体大幅增长

2014年，北京市三次产业结构由上年的0.8:21.7:77.5变为0.7:21.4:77.9，服务型经济特征更加明显，产业结构更加高端化。全市规模以上工业增加值按可比价格计算，同比增长6.2%，增幅较上年回落1.8个百分点。重点行业支撑作用增强，计算机、通信和其他电子设备制造业增长17%，汽车制造业增长12.3%，医药制造业增长9%，对全市工业增长合计贡献率达74.2%。全年规模以上工业企业实现利润1 493.2亿元，同比增长18.5%。

3. 民间投资比重上升，第三产业投资增长较快

2014年，全市完成全社会固定资产投资7 562.3亿元，同比增长7.5%。其中，民间投资增长8.3%，增速高于全市投资平均增速0.8个百分点，占全社会固定资产投资的比重为34.7%，同比提高0.3个百分点。第三产业投资增长9.5%。

4. 消费品市场增速基本保持稳定，网上销售继续高速增长

2014年，北京市实现社会消费品零售额9 098.1亿元，同比增长8.6%，增幅比上年低0.1个百分点。按消费形态分，商品零售额8 385.1亿元，增长9.5%；餐饮收入713亿元，下降0.8%。

2014 年，限额以上批发零售企业实现网上零售额 1 456.9 亿元，同比增长 69.7%，对社会消费品零售总额增长的贡献率超过八成，占社会消费品零售总额的比重为 16%，较上年提高 4.9 个百分点。

5. 进出口总值同比小幅下降，利用外资增速稳中微升

2014 年，北京地区进出口总值 4 156.5 亿美元，同比下降 3.3%。其中，进口总值 3 533.1 亿美元，下降 3.7%；出口总值 623.5 亿美元，下降 1.2%。全年实际利用外商直接投资 90.4 亿美元，同比增长 6.1%，增幅较上年提高 0.1 个百分点。

6. 居民消费价格涨幅回落，工业生产价格降幅收窄

2014 年，北京市居民消费价格同比上涨 1.6%，增幅较上年下降 1.7 个百分点。其中，食品上涨 3.2%，娱乐教育文化用品及服务上涨 3.2%，居住上涨 1.1%，衣着上涨 0.4%，家庭设备用品及维修服务上涨 0.3%，交通和通信下降 0.8%，烟酒及用品下降 0.3%，医疗保健和个人用品下降 0.1%。2014 年，北京市工业生产者出厂和购进价格较上年分别下降 0.9% 和 1.2%，下降速度较上年明显收窄。

（二）需要关注的问题

1. 实体经济增长动力仍面临考验

虽然从季度增长表现和部分重要经济指标看，2014 年北京市经济增长有回稳迹象，但政策刺激与房地产投资拉动作用依然较大，基础设施投资和房地产开发投资分别增长 13% 和 12.3%，分别高出全市平均 5.5 个和 4.8 个百分点。消费增长基本平稳，外部需求总体疲软，内生经济增长动力还需进一步培育。

2. 房地产业运行存在不确定性

2014 年，北京市商品住宅累计销售面积同比下降 16.3%，年末有所回暖，但持续性仍有待观察。房地产开发企业资金链条有所趋紧，资金来源连续 8 个月下滑；对贷款依赖度上升，年末金融贷款比重同比提高 7.3 个百分点。2014 年北京市住宅施工面积同比下降 1.8%，新开工面积同比下降 30%，有可能会改善未来市场供求关系。但若未来房价出现高位较快增长，将会形成高房价与投资型需求之间相互加强的正反馈环，不利于房地产市场健康发展，增加北京地区整体金融脆弱性。

3. 民间投资面临速度与结构双重挑战

2014 年北京市民间投资增长 8.3%，增幅较上年同期大幅下降 7.6 个百分点，民间投资增速高出全社会固定资产投资增速空间，由 2013 年的 7.1 个百分点收缩至 0.8 个百分点；79.3% 的民间固定资产投资集中于房地产业，投资额同比增长 13.1%，明显高于民间投资整体增速。综合来看，民间投资增速快速回落，表明经济内生增长动力仍不够稳定。民间投资高度集中于房地产业，反映出民间投资结构亟待优化调整。

二、金融业与金融稳定

（一）银行业

2014 年，北京地区社会融资规模增长稳定，辖内银行业资产负债以及本外币存贷款规模保持较快增长，经营效益平稳提升，风险抵御能力较强；非银行金融机构资产负债总规模快速扩张，经营

实力大幅提升。与此同时，银行业资产质量下行压力明显，利率市场化改革对商业银行资产负债管理能力提出更高要求，同业业务将面临业务整合与转型压力，相关风险值得高度关注。

1. 银行业经营情况

（1）社会融资规模稳定增长，人民币贷款比重上升

2014 年，北京市非金融企业境内外融资规模合计为 14 604 亿元，较上年增加 750 亿元。其中，境内社会融资规模为 12 877. 2 亿元，较上年增加 319. 5 亿元，占全国的比重为 7. 8%（含中央级财务公司和信托公司占比为 9. 6%），比上年同期提高 0. 5 个百分点；境外净融资较上年增加 430 亿元。

从境内融资结构看，人民币贷款同比多增 890. 6 亿元，占同期社会融资规模的 37. 6%，比上年提高 6. 1 个百分点。委托贷款同比多增 473. 8 亿元，信托贷款同比多增 63 亿元。未贴现银行承兑汇票融资自 3 月以来持续下降，同比多减 845. 9 亿元。受债券集中兑付影响，全年企业债券净融资同比减少 931. 1 亿元。新股发行重启带动北京地区非金融企业境内股票融资明显回升。

（2）辖内银行业资产负债规模保持较快增长，增幅高于全国平均水平

2014 年末，北京辖内银行业金融机构资产总额占全国的 9. 71%，同比增长 15. 65%，高出全国平均 2. 07 个百分点；负债总额占全国的 10. 20%，同比增长 15. 55%，高出全国平均 2. 51 个百分点。资产和负债规模均居全国第二位。

（3）本外币贷款平稳增长，有力支持北京地区实体经济发展

2014 年末，辖内金融机构本外币各项贷款余额同比增长 12. 05%，增幅较上年提高 1. 19 个百分点。从贷款期限结构来看，辖内金融机构本外币短期贷款同比增长 12. 39%，增幅同比下降 10. 14 个百分点；本外币中长期贷款同比增长 9. 62%，增幅同比提高 2. 64 个百分点。从币种结构看，2014 年末，人民币贷款余额同比增长 12. 23%，增速比上年提高 1. 07 个百分点；外币贷款余额同比增长 10. 69%，增幅同比回落 1. 97 个百分点。从贷款投向看，前五位行业依次是：交通运输仓储和邮政业、租赁和商务服务业、制造业、房地产业以及批发和零售业。

（4）本外币存款平稳增长，同业存款规模大幅增加

2014 年末，辖内金融机构本外币存款余额同比增长 9. 2%，增幅同比提高 1. 16 个百分点。其中，人民币存款余额同比增长 8. 39%，增幅同比提高 0. 28 个百分点；外币存款余额同比增长 28. 28%，增幅同比提高 18. 54 个百分点。

2014 年末，辖内金融机构本外币同业往来（来源方）同比增长 99. 27%，增幅同比提高 60. 55 个百分点。其中，人民币同业存款和同业拆借合计余额同比大幅增长 119. 44%，增幅同比提高 76. 26 个百分点。

（5）经营效益平稳提升，经营成本略有增加

2014 年，辖内银行业金融机构营业收入同比增长 13. 77%，增幅同比下降 11. 42 个百分点。其中，中间业务收入同比增长 15. 15%，增幅同比下降 7. 52 个百分点。累计利润同比增长 3. 76%。成本收入比率较上年提高 0. 42 个百分点，经营成本略有增加。资产利润率较上年下降 0. 09 个百分点。

（6）不良贷款有所反弹，但风险抵御能力依然较强

2014 年末，辖内银行业金融机构不良贷款余额增长 28. 07%；不良贷款率同比增加 0. 06 个百分点，由连续十年“双降”转为“双升”。

2014 年末，辖内法人银行拨备覆盖率和贷款损失准备充足率比年初均有所下降，但仍维持高位；资本充足率较上年提高 0. 17 个百分点，信用风险抵补水平充分。

（7）非银行金融机构资产负债总规模快速增长，经营实力大幅提升

2014 年末，辖内非银行金融机构资产总额同比增长 36.45%；其中，财务公司、汽车金融公司和金融租赁公司资产规模位列前三位；消费金融公司、金融租赁公司和货币经纪公司资产同比分别增长 102.04%、75.06% 和 74.04%。非银行金融机构负债总额同比增长 38.86%。

2014 年，辖内非银行金融机构累计利润同比增长 24.25%。其中，消费金融公司和货币经纪公司利润增速迅猛，分别高达 124.26% 和 105.34%，经营实力整体明显提升。

2. 值得关注的问题

（1）资产质量下行压力明显，继续劣变可能性增加

受销售放缓、价格调整和资金链条趋紧综合影响，房地产业不良贷款较为集中。全市房地产业不良贷款率较年初上升 0.21 个百分点。同时，逾期贷款快速增长，年末辖内银行业金融机构逾期贷款余额较年初增长 89.47%，特别是 90 天以内的逾期贷款明显增加，潜在风险较大，值得高度关注。

（2）利率市场化改革不断深入，商业银行资产负债管理压力加大

随着利率市场化改革深入推进，银行在自主定价空间逐步扩大的同时，盈利能力面临一定压力，资产负债管理难度不断加大。2014 年，辖内银行业金融机构净利息收入比例同比上升 1.37 个百分点；利息收入率同比降低 0.27 个百分点。从资产端看，随着利率市场化进一步深化和资本市场不断完善，大中型企业出于资金使用灵活性和成本等方面考虑，可能逐步调整融资结构，更多利用集团内部贷款、发行债券以及股票等手段融资，对银行信贷需求将进一步减弱。从负债端看，随着互联网金融创新产品和理财产品对一般性存款的冲击加大，银行负债管理成本进一步增加，存贷款利差缩小，银行盈利能力和资产负债管理能力将面临严峻考验。

（3）同业业务规范后面临业务整合和转型压力

2014 年，人民银行、银监会、证监会、保监会、外汇局五部委联合下发了《关于规范金融机构同业业务的通知》（银发〔2014〕127 号，以下简称 127 号文），人民银行营业管理部按照要求开展了现场督察，发现和纠正了部分金融机构中存在的违规业务，规范了同业市场。但金融机构同业业务规模庞大，在相关规范政策落实后，各金融机构面临同业业务整合与转型压力，相关影响还需密切跟踪观察。

（4）银行理财业务风险值得关注

商业银行理财业务风险主要表现在：一是期限错配矛盾增加流动性管理压力。负债端是期限较短、流动性较高的理财产品，而资产端多是期限在一年以上的中长期、流动性较差的投资资产，存在严重期限错配，易引发流动性紧张。二是部分理财资金投向地方政府融资平台、房地产、“两高一剩”等高风险或限制性行业和领域，或向不符合信贷准入条件的客户融资，与宏观调控和监管政策意图相悖。三是商业银行理财产品刚性兑付风险值得关注。

（5）信托行业兑付风险依然较大

在目前行业发展面临转型和外部经济环境“三期叠加”背景下，信托业兑付风险值得关注。2014 年末，全国已有 369 个信托产品属于风险项目，规模达到 781 亿元。从北京地区看，信托公司固有业务不良资产整体有所上升，个别公司固有业务不良率已高达 45.11%，已出现信托业务未能正常兑付及未到期项目发生风险情况。

（二）证券业

2014 年，随着我国资本市场保持较高活跃度，北京市证券经营机构活力显著增强，资本实力进

一步增强，利润大幅提升，基金公司发展迎来新机遇，期货行业整合加快，上市公司境内资募集资金规模保持较高水平，“新三板”市场有力疏解中小企业融资难。同时，证券公司在业务创新、信用和流动性风险管理、跨市场金融风险传播等方面值得关注。

1. 证券业经营情况

（1）证券公司资产总额快速增长，利润大幅度提升

2014 年末，北京市共有正常经营的法人证券公司较上年增加 1 家；证券公司在京营业部较上年增加 60 家。辖内法人证券资产总额同比增长 84.97%。其中，净资本同比增长 21.17%。

2014 年，北京地区法人证券公司证券市场交易额同比增长 51.61%。其中，股票基金交易额同比增长 58.30%，市场保持较高活跃度。北京地区证券公司营业收入同比增长 53.83%。其中，经纪业务手续费收入同比增长 133.57%；证券发行收入同比上升 93.22%。全年北京地区证券公司净利润同比增长 100.85%。

（2）基金公司业务发展较快，管理资产规模大幅上升

2014 年，北京辖区共有基金管理公司 23 家（含 5 家外埠注册，总部在北京的基金公司），基金分公司 52 家。辖内法人基金管理公司 18 家，其中 9 家中外合资法人基金公司。全年北京市基金管理公司新发基金 165 只，是上年的 1.96 倍。辖内法人基金管理公司管理基金数量同比减少 22.91%。

2014 年末，辖内法人基金管理公司资产净值达 8 560.97 亿元。其中，封闭式基金资产净值 95.71 亿元；开放式基金资产净值 8 465.26 亿元。当年新发基金 66 只，新发基金首次募集 991.07 亿份。

（3）期货公司行业整合加快，向综合业务经营转型平稳

2014 年末，北京市期货经纪公司总数较上年减少 1 家；期货营业部较上年增加 2 家。北京辖区法人期货公司资产总额和净资产同比分别增长 30.7% 和 11.54%。北京辖区期货公司期货代理交易额同比增长 10.94%，全年净利润同比增长 15.16%。随着多个重要期货品种陆续上市以及期货资管等新业务开展，期货公司转型平稳，过去业务模式单一、收入依靠手续费的局面有望改变。

（4）资本市场融资步伐加快，上市公司市值不断增加

2014 年，资本市场活跃进一步助力北京市产业结构调整。全年共有 18 家企业实现境内上市，24 家企业实现境外上市。北京地区 A 股上市公司达 235 家，居全国第二位，境外上市公司达 215 家，居全国首位。2014 年末，北京地区境内上市公司总市值达 15.81 万亿元，流通市值达 10.85 万亿元。

（5）新三板市场有力疏解中小企业融资难

全国中小企业股份转让系统面向全国运行仅 1 年，新增挂牌公司已达 1 225 家，覆盖 30 个省、自治区、直辖市。新三板制度创新为中小微企业连通各种融资渠道，近半数挂牌公司属于创业投资基金和股权投资基金投资企业，近 300 家挂牌公司成功完成股票发行融得资金，近 50 家挂牌公司涉及重大资产重组或被上市公司收购、控股和参股。

2. 需要关注的问题

（1）证券公司盈利能力建设仍需加强

2014 年，北京地区证券公司手续费及佣金净收入占全部营业收入的 61.86%，同比上升 19.67 个百分点。证券公司盈利模式单一、收入增长与资本市场行情相关性较高等问题依然存在。C 类营业

部[①]大量成立和互联网金融发展将加剧行业经纪业务佣金率竞争，证券业盈利模式集中于经纪业务局面将面临挑战。

（2）证券公司信用和流动性风险值得关注

2014年，随着证券业机构业务范围不断扩展和资本市场进一步活跃，证券公司在融资融券等高杠杆信用交易业务管理方面暴露出诸多问题。据监管部门对业务检查的通报情况，部分证券公司存在违规为到期融资融券合约展期、向不符合条件的客户融资融券、未按规定及时处分客户担保物、违规为客户与客户之间融资提供便利等问题。证券公司融资融券规模快速增长，交易杠杆率显著提高，证券公司“短借长融”问题显现，信用和流动性风险值得关注。

（3）证券市场风险传染可能性增加

目前，证券公司已广泛开展银证信、银证保、银证委托贷款、理财等通道类业务。部分创新业务延长交易链条，不仅使证券公司经营面临新的风险，而且还增加了金融风险在银行、证券和保险等机构间相互传染的可能性。

（三）保险业

2014年，北京市保险市场总体呈现平稳较快发展态势，市场秩序继续好转，行业风险基本可控。全年原保险保费收入同比增长21.4%，保费规模居全国第4位，增速居全国第6位；累计赔付支出同比增长28%。在京保险公司总资产较年初增长19.77%，保险深度同比增0.6个百分点，保险密度同比增加905.8元/人。2014年末，在京经营业务的保险分公司和总公司达104家。其中，财产险公司43家，人身险公司56家，再保险公司4家，政策性保险公司1家，保险专业中介机构387家，兼业代理机构7 110家，保险销售人员达8.2万人。

1. 保险业经营情况

（1）财产险公司经营稳健，保费收入稳步增长

2014年，辖内财产险公司保费收入同比增长10.3%。其中，车险保费收入同比增长9.1%；非车险保费收入同比增长13%。累计赔款支出同比增长11.9%。产险公司综合赔付率同比上升0.5个百分点，综合费用率同比上升0.7个百分点，承保利润率同比下降1.2个百分点。

（2）人身险公司实现保费收入大幅增长，银邮渠道仍是主要销售通道

2014年，人身险公司保费收入同比增长26.2%。其中，寿险业务保费收入同比增长24.2%，健康险和意外险保费收入同比分别增长40.4%和12.5%。寿险产品中，普通寿险保费收入同比增长3.7倍；分红寿险保费收入同比下降10.8%。

从销售渠道看，银邮渠道占比达45.1%，个人代理渠道占34.4%，公司直销渠道占16.4%，其他渠道占4.1%。寿险新单期交率同比下降11.8个百分点，退保率同比上升1.2个百分点。

（3）外资财产险机构保费收入大幅增长，人身险公司保费收入稳定增长

2014年，在京外资财产险公司较上年增加2家，保费收入同比增长31.5%。在京外资人身险公司22家，与上年持平。保费收入同比增长8.5%；市场份额同比下降2.7个百分点。

（4）农业保险市场秩序进一步规范，保费收入同比有所下降

2014年，北京政策性农业保险保费收入同比下降19.2%，参保农户12.5万户次，提供风险保障

---

① 中国证券业协会2012年12月发布券商营业部信息技术相关指引，将券商营业部分为A、B、C三类，其中，A类为传统营业部，提供现场交易服务；B类营业部提供部分现场交易服务；C类营业部既不提供现场交易服务也不需配备相应的机房设备。

241.9 亿元，受益农户达 13.1 万户次。

（5）保险中介市场发展稳定，代理保费收入稳步提高

2014 年末，在京保险专业中介法人机构 387 家，比上年增加 2 家。其中，代理机构 168 家，经纪机构 171 家，公估机构 48 家。在京保险专业代理机构实行代理保费收入同比增长 33.8%。其中，代理财产险保费收入同比增长 39.7%，代理人身险保费收入同比增长 22%。全年代理佣金收入同比增长 35.6%，在京保险经纪机构经纪保费收入同比增长 14.3%。其中，财产险经纪保费收入同比增长 13.2%，人身险经纪保费收入同比增长 13.1%；再保险经纪保费收入同比增长 30.3%。全年经纪佣金收入同比增长 21.6%。

2. 需要关注的问题

（1）行业基础仍较薄弱

保险业资产规模相对较小，行业竞争力有待继续提升。保险公司竞争手段单一，产品同质化程度较高，创新还不够活跃，将对保险行业健康发展形成一定程度制约。

（2）行业风险防范仍需关注

当前保险市场风险总体可控，但行业没有经历过经济周期考验，防范化解风险压力依然较大，满期给付和退保风险、资金运用风险、外部金融风险向保险业传导等都需要加以高度重视，个别保险机构偿付能力不足问题值得关注。

（3）保险市场秩序有待进一步规范

2014 年，北京保监局加大市场整治力度，开展了针对保险经营机构违法违规经营、误导诱导投保人以及虚假宣传等问题的专项检查。先后对 34 家机构、39 名责任人进行了处罚，受理消费者投诉 5 150 件。但同时，保险市场秩序仍有待进一步规范。

三、金融市场与金融稳定

2014 年，北京地区金融市场运行总体稳定。货币市场债券回购交易量大幅增长，信用拆借小幅缩减，银行类金融机构资金充裕，净融出增长显著，货币市场利率明显回落。人民币汇率双向波动范围逐步扩大，人民币对美元汇率小幅回落，外汇市场远期、掉期交易活跃。黄金价格先降后升，北京地区黄金买入和自营交易量显著增加。同时，经济结构调整期金融机构流动性管理难度加大，市场利率定价自律机制尚不完善，资本市场资金流动、财政资金划拨、人民币跨境流动等因素对市场流动性扰动日益加强。

（一）金融市场运行基本情况

1. 货币市场交易活跃，债券回购增势迅猛

2014 年，北京地区金融机构①网上信用拆借累计成交额同比下降 9.18%，占全国交易量较 2013 年同期下降 7.3 个百分点。信用拆借加权平均交易利率比 2013 年下降 27.9 个基点。

债券回购交易活跃，银行类金融机构为主要资金提供者。2014 年北京地区金融机构债券回购成

① 指在北京地区营业的所有金融市场成员，包括各政策性银行、各国有商业银行总行及北京市分行、各股份制商业银行总行及在京营业机构、北京银行、北京农商银行、中国邮政储蓄银行、各外资银行在京营业机构，在京各证券公司、财务公司、基金公司、保险公司、信托投资公司、资产管理公司等。

交同比增长39.6%。北京地区金融机构债券回购净融出资金同比增长82.73%。国有商业银行、政策性银行净融出规模领先，融入规模持续扩大。

2. 现券市场现券成交量略有下降，银行类金融机构净买入大幅缩减

2014年，北京地区金融机构现券买卖成交同比下降2.5%，现券买卖成交量占全国交易量同比下降5.6个百分点。北京地区现券交易总体表现为净卖出，主要是其他银行和证券公司净卖出债券增多所致。

3. 银行间外汇市场交易活跃，外汇远期交易量增加较多

2014年，银行间外汇市场以美元和人民币交易为主导，占各币种交易量的97.5%。银行间即期外汇买卖成交量同比下降5.6%，外汇掉期交易买卖累计成交额同比增长32.3%，外汇远期交易买卖累计成交量同比增长61.2%。2014年度，人民币兑美元汇率中间价整体呈小幅上涨态势，人民币小幅贬值并持续双向波动。进入9月后人民币开始逐步升值，波动幅度进一步扩大；人民币兑日元、欧元等主要外币走向基本一致，下半年以来人民币处于强势，促使银行间外汇市场远期结汇大幅增长。

4. 黄金市场交投活跃，黄金价格先降后升

2014年，上海黄金交易所现货金价主力合约品种Au9999年初开盘价238.85元/克，12月31日收于240.59元/克，加权平均价格最高为272.84元/克，最低为224.13元/克，振幅为21.7%。黄金市场交投活跃，但黄金实际提货量缩减。2014年度，北京地区交易所会员黄金买卖累计成交量同比增长42.4%，实际提货量同比下降37.7%。

（二）值得关注的问题

1. 经济结构调整和金融改革进一步深化，金融机构面对的经营环境更趋复杂

金融机构进入政策环境适应期，存贷款统计口径调整，以及利率市场化、人民币汇率形成机制、存款保险制度等金融改革加快推进，资产负债结构变化和市场价格的波动有可能加大，金融机构流动性管理面临更为严峻挑战。

2. 市场利率定价自律机制有待进一步完善

目前，Shibor报价还存在诸如中长端报价因缺乏实际交易基础而与实际中长端交易价格差异较大、市场早盘交易占比较低等问题，影响了报价行对市场资金状况的判断。

3. 市场流动性面临资本市场流动、国库资金转移及人民币跨境交易量的影响

2014年，股票发行日渐密集，新股申购冻结资金数额巨大，在资金冻结期间引起市场流动性紧张，利率上扬，市场波动加剧。国库资金每年4月末所得税清缴及年底集中划拨，导致资金大规模转移，引发市场剧烈波动。近年来人民币跨境交易量大幅增长，跨境人民币流动也将成为影响市场资金流动重要因素。

四、金融基础设施与金融稳定

2014年，北京市金融基础设施建设继续稳步推进，支付环境继续优化，社会信用体系不断完善，反洗钱监管成效显著，人民币跨境使用稳步扩大，金融生态环境进一步改善，为北京金融体系的平稳运行提供坚实保障。

（一）支付系统建设情况

第二代支付系统推广工作进展顺利，辖内法人银行二代系统切换工作接近尾声。大额支付系统和网上支付跨行清算系统处理业务 20.61 亿笔，同比分别增长 132.69% 和 58.28%。

支付业务监管进一步加强，支付市场秩序进一步规范。2014 年末，共 56 家非金融支付机构获得《支付业务许可证》，居全国首位。成功处置 3 家非金融支付机构非法从事多用途预付卡支付业务。组织“北京市打击银行卡犯罪专项行动”，挽回经济损失近千万元。电子商业汇票贴现量居全国第 2 位。

（二）征信系统建设情况

2014 年末，人民银行营业管理部累计为符合条件的 25 家企业征信机构办理备案并发放备案证；指导成立全国首个征信行业自律组织——北京地区征信机构总经理联席会议。研究拟定辖内企业征信机构备案和个人征信机构设立许可材料初审工作流程。对辖内 7 家商业银行进行征信业务执法检查，有效防控违规查询风险。联合市金融工作局发布《关于开展小额贷款公司信用评级和评价试点工作的通知》，出台《北京市小额贷款公司信用评价暂行管理办法》，将信用评级结果纳入监管评价体系。建立评级机构分级管理机制和年度检查报告制度。大力推进小微企业信用体系建设，为 2 200 家小微企业建立信用档案。建成覆盖全市的个人信用报告查询服务网络。首批 18 家小额贷款公司顺利通过征信数据测试验收；3 家信托公司、23 家财务公司接入系统，接入数量位居全国首位。

（三）反洗钱监管情况

2014 年，营业管理部共对辖内 17 家法人机构进行现场督导，涵盖银行、证券、保险、基金、期货、支付等六类行业，对现场检查提供有效支撑。对 8 家机构进行反洗钱现场检查。探索金融机构洗钱风险评估方法，优化完善风险评估指标。开展大额和可疑交易报告综合试点，建立北京地区银行机构洗钱类型分析工作体系，为银行机构科学评估自身风险、深入落实风险预警和提示工作奠定制度基础。北京市反洗钱监测机制有效性显著提高，线索移送数量同比增长 80%，协助破获多起有一定社会影响力的案件。组织开展以“预防洗钱、维护金融安全”为主题的反洗钱宣传月活动，提高社会公众反洗钱意识。

（四）外汇检查工作情况

2014 年，北京外汇管理部按照“五个转变”工作思路，紧密围绕国家外汇管理中心工作开展检查工作；以外汇检查分析应用系统为依托，有力打击违法犯罪活动。2014 年共立案 118 件，结案 123 件，结案率 104.2%。与北京海关缉私局共同采取打击行为，成功破获了 6 起走私案件。与北京市国家税务局签署了《打击外汇违法行为和出口退税违法行为合作备忘录》，北京地区外汇管理与税务部门监管专题合作机制正式启动。与公安部门打击“地下钱庄”违法犯罪活动成效显著，打掉“地下钱庄”17 个，正式批捕 17 人，冻结涉案银行账户 264 个。

（五）跨境人民币业务发展情况

2014 年，北京地区银行跨境人民币实际收付金额增长 51.62%。其中，办理跨境贸易人民币实际收付金额增长10.09%，资本与金融项目人民币实际收付金额增长2.45倍。跨境人民币信贷融资余额和同业融资余额大幅增长。

（六）金融生态环境建设情况

2014年，人民银行营业管理部深入推进普惠金融，通过发放信贷支持再贷款、发行北京农业中小企业集合票据等方式，加大支农、支小力度。外汇管理政策环境进一步优化。深入推进跨国公司总部外汇资金集中运营试点，在全国率先开展中关村境外并购外汇试点。中关村被人民银行确定为首批小微企业信用体系建设试验区。坚持金融知识宣传与打击违法犯罪并举，开展金融安全、反假货币、征信、反洗钱等宣传活动，严厉打击制贩假币、洗钱、银行卡犯罪、非法集资以及外汇违法违规行为，有力维护首都金融市场秩序。2014年，金融消费者投诉电话12363对外正式开通，全年共处理金融消费者投诉75件，处理金融消费者群体性投诉1起，解答有关机构、消费者投诉1 619件。

五、总体评估与政策建议

（一）总体评估

2014年，北京市经济增长总体平稳，银行业资产规模稳步增加，经营效益平稳提升；证券市场进一步活跃，证券机构盈利水平大幅提高；保险业总体呈平稳发展态势；金融市场整体运行平稳；金融基础设施建设继续加强，金融生态进一步改善。

人民银行营业管理部金融稳定定量评估模型结果显示，北京市2014年金融稳定状况综合得分78.79分，扣除不可比因素①后，此次金融稳定实际综合得分同比提高2.45分，金融运行保持平稳。

（二）政策建议

1. 加快经济结构调整步伐，创新驱动经济发展

2014年，北京市经济发展已经进入经济结构优化升级以及经济发展方式更多创新驱动为特征的“新常态”。未来还需进一步简政放权，鼓励创新，引导大众创业，加强环境建设，推动优势产业做大做强，实现经济增长进一步提质增效。

2. 鼓励民间投资，助力经济可持续发展

加大政策和财税支持，引导民间投资资金流向符合北京市产业调整方向和具有良好发展前景的产业和领域，促进经济结构调整优化。

3. 完善全面风险管理体系，加强操作风险、声誉风险管控

宏观经济下行压力有可能引发金融风险加快释放，传统行业贷款资产质量劣变可能明显增加，需要商业银行完善全面风险管理体系加以应对，进一步强化信用风险防控，降低市场风险，做好流动性管理。当前商业银行理财业务、代销业务中操作风险、声誉风险有所上升，需要进一步加强内部风险控制建设，完善内部工作流程体系和责任追究机制。

---

① 由于证券业净资本比例指标数据无法获得，为保证未来数据连续性及非相关性，将净资本比例指标替换为反映基金业发展情况的基金总规模增长率，评价区间也相应调整。

4. 加强证券行业自律，防范跨市场风险传染

证券业经营机构要提升合规经营意识，加强证券行业自律，坚决杜绝违法、违规操作，严控操作风险。密切监测证券市场运行风险，防止交易杠杆非理性上升，减少监管套利，防范跨市场交叉性风险传染。

5. 提高保险业创新能力，进一步规范市场秩序

在经济新常态下，稳步推进保险行业改革创新，在科技和公共服务等领域拓展服务和发展空间，加快转变发展方式，提升行业核心竞争力。同时高度关注资金运用、外部风险传播以及偿付能力不足等风险，规范保险市场秩序，保护消费者权益。

6. 适应金融改革进程，积极调整业务结构

未来我国金融改革进程将会加快，存款保险制度、利率市场化、汇率形成机制改革、人民币国际化等金融改革将对金融市场产生深远影响。金融机构应未雨绸缪，主动适应我国金融改革，积极调整资产负债业务结构，提升核心竞争力，实现业务稳健发展。

总　　纂：付喜国
统　　稿：董洪福 项银涛
执　　笔：刘文权　田　娟　马凌霄　李艳丽
其他参与写作人员：
李　媛　赵晓英　刘　建　张　丹
刘　欣　谌春秋　吴逾峰　赵　强
孙玉实　李雪飞　李长卿　陈　岩

天津市金融稳定报告摘要

2014 年，在国际经济形势复杂多变，国内经济下行压力加大的情况下，天津市主动适应经济发展新常态，紧紧抓住京津冀协同发展重大机遇，坚持稳中求进、改革创新，全市经济运行的质量效益稳步提升，金融服务社会经济的作用进一步显现，金融市场总体运行平稳，金融发展环境日趋完善。

一、经济与金融稳定

（一）天津市经济增速换挡质量提升

2014 年，天津市实现生产总值 15 722. 47 亿元，同比增长 10. 0%，增速在全国 31 个省市排名第 4 位。分三次产业看，第一产业实现增加值 201. 53 亿元，同比增长 2. 8%；第二产业实现增加值 7 765. 91亿元，同比增长 9. 9%；第三产业实现增加值 7 755. 03 亿元，同比增长 10. 2%。

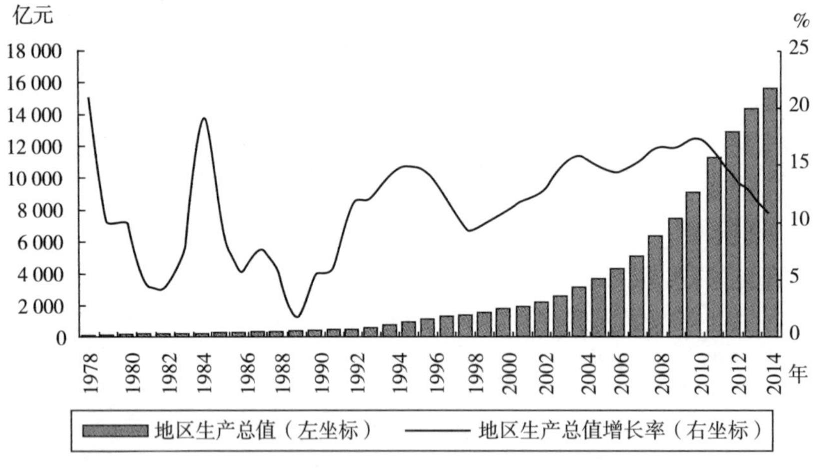

数据来源：天津市统计局相关资料。

图 1　1978—2014 年天津市增长情况

1. 产业结构转型升级成效初现，产业动力转换加快

2014 年，天津市第一、第二、第三产业占全市生产总值的比重分别为 1. 3%、49. 4% 和 49. 3%，第三产业占比上升，同比提高 1. 2 个百分点，几乎与第二产业相当。现代都市型农业稳步发展，新农村建设取得新进展，粮食产量同比增长 0. 7%，实现“十一年”连增。工业结构调整稳步推进，全年规模以上工业总产值 28 078. 82 亿元，同比增长 7. 3%。航空航天、石油化工、装备制造等八大

优势产业合计完成工业总产值24 998.04亿元，同比增长7.0%，占全市规模以上工业的89.0%，拉动全市工业增长6.3个百分点。

2. 投资拉动作用明显，消费和出口持续增长

2014年，全社会固定资产投资11 654.09亿元，同比增长15.1%，投资总量比上年增加1 532.89亿元，增量创“十二五”以来新高。实体经济投资7 759.33亿元，同比增长18.9%，增幅较上年提高4.3个百分点，占全社会投资比重为66.6%。大众化餐饮消费、文化消费和网络消费等新的消费热点支撑了消费市场的稳定增长，全年社会消费品零售总额4 738.65亿元，同比增长6.0%。全年外贸进出口总额1 339.12亿美元，同比增长4.2%。其中，出口525.97亿美元，进口813.16亿美元，分别增长7.3%和2.3%，贸易逆差287.19亿美元，同比减少5.8%。天津自由贸易试验区获批设立，投资和贸易环境将进一步优化。

3. 财政收入适度增长，居民收入稳步增加

2014年，全市公共财政收入2 390.02亿元，同比增长15.0%。其中，税收收入1 486.55亿元，同比增长13.5%，占公共财政收入的62.2%，服务业税收贡献率达到68%，成为财政增收的主要来源。从主体税种看，增值税、营业税、企业所得税分别增长11.9%、12.6%和15.1%。实施21项增收措施，企业养老金实现“十连增”，最低工资标准、城乡低保标准等进一步提高。城镇常住居民人均可支配收入31 506.00元，同比增长8.7%；农村常住居民人均可支配收入17 014.00元，同比增长10.8%。

4. 社会融资规模总量保持平稳，结构更趋合理

2014年，天津市社会融资规模为4 819.03亿元，比上年同期少90.62亿元。其中，银行业金融机构本外币各项贷款、表外委托贷款、信托贷款和银行承兑汇票等融资3 672.50亿元，同比减少268.89亿元；企业债券和股票等直接融资1 057.62亿元，同比增加215.83亿元；非银行金融机构融资88.92亿元，同比减少37.55亿元。

5. 房地产业平稳发展，保障性住房建设继续推进

2014年，天津市房地产市场新开工面积2 815.00万平方米，同比增长0.1%；竣工面积2 925.00万平方米，同比增长4.3%；房地产贷款余额3 997.39亿元，同比增长16.5%；新建商品房累计销售面积为1 612.98万平方米，同比下降12.7%，增幅比上年同期减少了23.8个百分点；全年个人住房贷款新增239.38亿元，比上年同期减少了64.69亿元。全市保障性安居工程住宅施工面积3 000.96万平方米，占住宅施工面积的比重为28.2%，其中新开工面积338.30万平方米，占住宅新开工面积的比重为17.0%。

（二）经济运行中需关注的方面

1. 工业稳增长困难增多

一是支柱产业支撑作用减弱。现代冶金、石油化工、电子信息、汽车制造四大支柱产业占规模以上工业总产值的55.9%，同比回落1.6个百分点。二是新项目贡献减弱。新增企业户均产值规模为1.24亿元，上年为1.64亿元；新增企业对规模以上工业增长的贡献率为21.5%，与上年相比明显回落。三是发展后劲有待增强。随着产业结构调整的不断深入，劳动密集型、高能耗产业生产放缓，而符合转型升级方向的新兴产业尚处培育中。2014年制造业投资增长14.9%，低于城镇投资0.4个百分点。

2. 市场有效需求乏力

一是出口维持低速增长，全年外商投资企业出口占全市的64.0%，仅增长2.6%；规模以上工业出口交货值增长3.7%，占销售产值的比重为10.7%，比上年回落0.2个百分点。二是部分支柱商品销售放缓，限额以上金属材料类销售额增长17.0%，比上年回落7.2个百分点；煤炭及制品类销售额增长11.6%，比上年回落44.3个百分点；石油及制品类销售额下降1.9%，降幅比上年扩大1.8个百分点。三是产销衔接水平有所回落，规模以上工业产销率为97.8%，比上年回落0.6个百分点。

二、金融业与金融稳定

（一）银行业整体运行平稳

1. 银行业基本情况

截至2014年末，天津市共有中外资银行业金融机构86家。其中，在60家中资银行业金融机构中，法人机构28家；在26家外资银行业金融机构中，法人机构3家。

年末，天津市银行业金融机构资产总额44 136.40亿元，同比增长9.0%。其中，本外币各项贷款余额23 223.42亿元，同比增长11.3%，较上年下降2.1个百分点。负债总额42 211.50亿元，同比增长8.6%。其中，本外币各项存款余额24 777.75亿元，同比增长6.4%，较上年下降8.5个百分点。

2. 银行业稳健性评估

（1）资产质量总体稳定，但不良贷款“双控”压力依然较大。截至2014年末，天津市银行业金融机构不良贷款余额245.00亿元，比年初增加了82.36亿元；不良贷款率为0.94%，比年初上升0.25个百分点。

（2）拨备覆盖率虽有所下降，但风险抵补能力仍保持平稳。2014年，不良贷款的快速上升对拨备覆盖率的下拉作用比较明显，截至2014年末，天津市银行业金融机构拨备覆盖率234.3%，比年初下降56.5个百分点。与此同时，各行纷纷加大贷款损失准备的提取力度，年末全市银行业金融机构贷款损失准备金余额573.92亿元，比年初增加了100.98亿元，同比增长21.4%。

（3）盈利继续保持增长，但增速放缓。2014年，银行业经营压力较往年有所上升，利润增长放缓，全年实现净利润587.56亿元，同比增长1.2%，增速比上年下降18.5个百分点；资产利润率2.0%，同比下降0.04个百分点；成本收入比27.96%，同比上升0.2个百分点。

（4）存款波动大，流动性管理面临挑战。截至2014年末，天津市银行业金融机构新增各项存款1 462.02亿元，增量仅为2013年的一半。存款季末冲高、季初回落的情况比较普遍，存款月间波动较大，下半年，实行存款偏离度管理后，这种现象有所缓解，但随着多层次金融市场的不断完善，金融脱媒持续发酵，存款分流的现象还将持续，商业银行的流动性管理面临挑战。

（5）法人银行资本充足率有所提高，抵御风险能力增强。截至2014年末，天津市各中外资法人银行资本充足率、核心资本充足率均满足监管要求。分机构看，除滨海农村商业银行核心资本充足率和资本充足率分别下降0.5个和0.8个百分点外，渤海银行、天津银行、天津农商银行通过发行金融债券，资本充足率分别比年初提高了1.3个、1.9个和2.7个百分点。

3. 特色金融业务蓬勃发展

中征应收账款融资服务平台成功运行，截至2014年末，天津注册用户912家，累计成交48.21

亿元。动产融资统一登记制度取得成效，截至2014年末，天津注册机构375家，累计查询量6.9万次，为中小微企业盘活应收账款存量，拓宽融资渠道发挥了积极作用。中小微企业贷款风险补偿机制正式启动，出台了《天津市中小微企业贷款风险补偿金管理办法（试行）》、《天津市小微企业贷款保证保险风险补贴资金管理办法（试行）》和《天津市中小微企业贷款和小微企业贷款保证保险风险补偿补贴资金归集管理办法》，并签署了《天津市中小微企业贷款风险补偿金业务合作协议》和《天津市小微企业贷款保证保险业务框架协议》。努力营造融资租赁业发展的良好环境，积极支持和引导各类融资租赁公司的创新发展，天津融资租赁机构达267家，业务总量占全国1/4。天津国家自主创新示范区已正式获得国务院批复，成为天津全面推进创新驱动发展的新起点。

4. 银行业发展中需要关注的方面

（1）信用风险持续加大。节能减排、淘汰落后产能引发的“两高一剩”行业信用风险加大，随着产能过剩行业经营环境的不断变化，处于产业链上下游的企业也将受到波及；随着担保链、借贷链条更加复杂，信用风险借此蔓延的风险将加剧，在这种情况下，关联企业的联保互保行为极易造成连锁反应，对单个企业的风险形成放大效应。

（2）商业银行资金成本上升。一是随着金融产品创新、金融脱媒等推动，商业银行低成本的储蓄存款大幅减少。截至2014年末，天津市银行业金融机构储蓄存款余额8 006.90亿元，比年初增加311.08亿元，同比少增264.20亿元。二是随着利率市场化程度的提高，存贷款利差进一步收窄。2014年，天津市银行业金融机构净利润同比微升。

（3）内部管理有待进一步规范。一是在商业银行盈利压力加大、业绩考核要求不断提高的背景下，一些银行利用创新业务操作规程不完善、流程复杂等特性，从事违规经营，使银行遭受声誉风险的概率加大。二是内控制度建设不够完善，商业银行现行的某些制度办法在内控管理方面存在局限性，没有按照业务流程的要求制定内部管理制度，而是按照业务模块监督管理，由于专业之间衔接不严谨，对一些业务的监督管理存在盲点，使内控制度不能全面覆盖风险点。

（二）证券期货市场发展较为迅速

1. 证券业基本情况

截至2014年末，天津市共有法人证券公司1家，期货公司6家，基金管理公司1家，上市公司42家。天津市证券营业部开立的资金账户为209.11万户，同比上升4.3%。

2. 稳健性评估

（1）法人证券公司发展迅速，收入状况明显改善。截至2014年末，渤海证券资产总额229.69亿元，比年初增加88.89亿元，负债总额为166.77亿元。剔除代买卖证券款78.60亿元后，资产负债率为38.4%。2014年累计营业收入总额为18.57亿元，同比增长61.3%。

（2）基金管理公司规模不断扩大，盈利能力大幅提高。截至2014年末，天弘基金资产总额28.56亿元，比年初增加25.31亿元；负债总额21.06亿元，比年初增加18.89亿元。实现净利润6.04亿元，与上年度相比实现扭亏为盈。本年度公司旗下新成立2只开放式基金，新发基金首次募集金额为18.97亿元。年末公司管理的基金总数达到16只，基金总份额5 906.05亿份。

（3）期货公司资产规模增长，业务持续发展。截至2014年末，天津市6家法人期货公司资产总计41.69亿元，比年初增加13.71亿元；净资产总计11.33亿元，比年初增加4.82亿元；其中客户保证金余额30.83亿元，同比增加9.79亿元。全年代理交易量5 347.05万手，同比增加1 663.85万手，代理交易额51 321.51亿元，同比增长39.4%，手续费收入1.01亿元，同比增加0.01亿元。天津市期货营业部增至29家，较上年同期增加9家。

（4）公司上市步伐加快，市值增加。截至2014年末，天津市境内上市公司42家。上市公司总股本488.27亿股，总市值5 321.99亿元，同比增长48.3%，其中流通市值4 522.10亿元。全年上市公司融资总额为198.86亿元，其中，债券市场融资额16.75亿元，再融资额169.28亿元，新增4家上市公司的首发融资规模为12.83亿元。

3. 证券业发展中需要关注的方面

（1）证券公司资产管理业务的潜在风险不容忽视。随着资产管理业务的投资范围不断拓宽，业务特点和风险形式也发生了相应的变化，对证券公司的专业理财能力和风险管控能力提出了新的要求，潜在风险值得关注。

（2）基金行业客户信息安全有待完善。基金行业具有开户量大、交易额小、交易频繁的特点。客户通过网络开户时，存在不能严格按照规定填写基本身份信息的情况，客户信息安全与基金运行安全已经成为基金管理公司的首要任务。

（三）保险业服务社会和经济作用持续加强

1. 保险业基本情况

（1）公司数量稳定增加，资产规模大幅增长。2014年，渤海人寿保险公司在津成立，民生人寿保险公司、英大泰和财产保险公司分别在津设立分公司。截至2014年末，天津市保险市场共有总、分公司57家，其中，财产险公司25家，人身险公司32家；专业中介机构118家，兼业代理机构3 000余家。年末，全市保险公司总资产1 370.09亿元，同比增长36.9%。其中，财产险公司资产总额66.39亿元，同比增长8.4%；人身险公司资产总额1 303.70亿元，同比增长38.8%。

（2）保费收入增速放缓，赔款给付支出增速下降明显。2014年，天津市保险业共实现保费收入317.75亿元，同比增长14.8%，比上年同期低1.4个百分点。全年，天津市保险业赔付104.39亿元，同比增长2.3%，比上年同期低23.6个百分点。其中，船舶险、货运险和家财险赔款支出显著下降，降幅接近或超过30%。全年财产险赔付59.91亿元，同比增长1.6%，比上年同期低30.2个百分点。人身险赔付支出44.47亿元，同比增长3.4%，比上年同期低15.3个百分点。

（3）保险保障覆盖面持续扩大，承担风险责任稳步提升。2014年，天津市保险业新增承保保单1 856.36万件，同比增长75.6%，增速较上年提高23.7个百分点；新增保险金额76 508.34亿元，同比增长26.8%。其中，财产险公司新增保险金额57 583.22亿元，同比增长26.8%；人身险公司新增保险金额18 925.12亿元，同比增长27.9%。

（4）专项领域保险取得新进展，服务社会和经济作用加强。一是积极推动专利保险实施。天津保监局与天津市知识产权局就专利保险产品、推动方式举行研讨座谈，商讨在津实施专利执行险和侵犯专利权责任险，探索推动专利权质押贷款保险。二是加强地震指数保险与农业保险制度创新步伐。天津保监局召集多部门机构及专家学者围绕天津建立地震指数保险及农业保险制度创新问题展开研讨，在制度与机制框架建立方面已达成一致意见，试点工作将更加深入。

2. 保险业稳健性评估

（1）财产险公司赔付效率保持稳定，业务发展平稳。2014年末，天津市财产险公司累计赔款支出61.20亿元，同比增长2.3%，综合赔付率61.3%，与上年同期持平。全年车险保费收入83.18亿元，同比增长5.7%，农业保险保费收入1.97亿元，同比增长19.0%，企业财产保险保费收入5.88亿元，同比增长1.2%，责任保险3.24亿元，同比增长21.8%。

（2）人身险公司产品结构有所调整，公司直销渠道稳步增长。2014年，普通寿险实现保费收入68.03亿元，占人身险公司保费收入的32.6%，同比提高21.3个百分点。投连险和万能保险发展相对平稳，分别实现保费收入0.13亿元和2.38亿元，分别占人身险公司保费收入的0.06%和1.1%，与上年同期基本持平。分红保险实现保费收入105.98亿元，占人身险公司保费收入的50.7%，同比下降36.3个百分点。公司直销渠道稳步发展，全年公司直销渠道实现保费收入24.00亿元，同比增长3.1%。

（3）法人机构偿付能力充足，投资收益总体稳定。2014年末，华夏人寿、光大永明、恒安标准、渤海财险和爱和谊日生同和的偿付能力充足率分别为171.0%、284.3%、288.2%、360.2%和213.2%。光大永明、恒安标准、渤海财险、华夏人寿4家公司全年分别实现投资收益24.20亿元、5.21亿元、1.89亿元和48.94亿元。爱和谊日生同和投资收益与上年持平，保持在0.09亿元。

3. 保险业发展中需要关注的方面

（1）关注车险业务增速放缓对财险公司偿付能力的影响。2014年，全市机动车辆保险业务保费收入83.18亿元，同比增加5.7%，增速下滑13.1个百分点。车险保费收入一直以来是财产险公司保费收入的主要来源，在财产险公司保费收入中占比达76.4%，贡献度较大。在“双限”政策的影响下，车险业务发展缓慢会对财产公司长期的偿付能力造成影响。

（2）关注退保金大幅攀升对人身险公司稳健经营情况的影响。2014年，天津市人身险公司退保金额累计90.04亿元，同比增长118.0%，比上年提高89.4个百分点。分季度看，第一至第四季度，退保金额同比分别增长72.6%，109.0%，145.8%，138.3%。退保率从年初的2.2%上升到4.5%。由于退保金额和退保率的大幅增加会对寿险公司运营的现金流、业务质量等造成较大压力，应持续关注人身险公司的退保问题，保证公司的稳健经营。

三、金融市场与金融稳定

（一）货币市场运行较为平稳

1. 同业拆借市场交易量有所下降

2014年，天津市银行间同业拆借市场累计完成信用拆借2 091笔，同比下降15.1%；累计拆借金额为6 237.34亿元，同比下降22.5%。其中，拆入金额为4 692.53亿元，同比下降20.6%；拆出金额为1 544.81亿元，同比下降27.7%；拆入拆出相抵后，净融入资金3 147.72亿元，同比下降16.6%。

2. 债券回购交易量继续保持增长态势

2014年，天津市债券回购累计成交额为66 480.71亿元，同比增长32.9%。其中，质押式回购累计成交60 199.63亿元，同比增长23.8%，占全部回购交易的90.6%；买断式回购累计成交6 281.08亿元，占全部回购交易的9.4%，在债券回购交易整体中占比虽仍较小，但与上年同期13 85.46亿元的买断式回购交易量相比，增长迅猛。

3. 市场利率回落

2014年天津机构同业拆借拆入加权平均利率为3.3108%，较上年下降0.3387个百分点；同业拆借拆出加权平均利率为3.0579%，较上年下降0.2498个百分点。质押式回购中，正回购利率为3.0337%，较上年下降0.4737个百分点；逆回购利率为2.9842%，较上年下降0.3046个百分点。买断式回购中，正回购利率为3.2824%，较上年下降1.2133个百分点；逆回购利率为3.4798%，较上年下降0.6532个百分点。

（二）银行间债券市场交易活跃

1. 交易量持续增长

2014年，天津市银行间债券市场成员现券买卖成交金额为9 947.87亿元，同比提高13.6%。其中，现券买入量为5 162.74亿元，同比提高15.6%；现券卖出量为4 785.12亿元，同比提高11.4%。2014年，天津市银行间债券市场现券收益率整体上小幅回落。2014年，市场成员现券买入收益率为5.6897%，现券卖出收益率为5.8904%，分别较上年下降了0.2742个和0.0600个百分点。

2. 企业通过银行间债券市场融资规模不断扩大

近年来，天津市非金融企业通过银行间债券市场融资发展较快，融资额逐年递增。2014年全年，天津市非金融企业债务融资工具发行金额为1 318.10亿元，是2013年发行金额的1.7倍。其中，短期融资券发行金额为335.70亿元，中期票据发行金额为268.40亿元，非公开定向债务融资工具发行金额为714.00亿元。

（三）外汇市场结汇意愿减弱

1. 市场结汇意愿减弱

2014年，天津市结售汇总额首次突破千亿美元大关，达到1 073.45亿美元。全年，结汇503.90亿美元，同比增长9.0%，增速较上年下降16.9个百分点，主要是由于上年人民币对美元汇率浮动幅度进一步扩大，且汇率呈双向波动，汇率预期改变，整体结汇率下降；售汇569.55亿美元，同比增长6.8%；2014年结售汇逆差65.65亿美元，同比下降7.8%。

2. 外汇存款快速增长

2014年受汇率预期分化的影响，市场主体多采取增加外汇存款、减少外汇贷款的财务操作，2014年末，天津市外汇存款余额133.74亿美元，同比增长29.1%；外汇贷款余额为246.35亿美元，同比增长6.9%。外汇贷差规模112.61亿美元，同比减少11.1%，外汇贷存比为184.2%，同比下降17.1%。

3. 银行间外汇市场成交量快速增长

2014年，天津市银行间外汇市场成交额154.25亿美元，同比增长23.5%，其中即期市场成交量同比增长达34.8%。即期市场交易、远期市场交易、掉期市场交易占比分别为93.2%、2.4%和4.4%。

四、金融基础设施与金融稳定

（一）支付体系建设日趋完善

1. 支付系统应用进一步提升

一是加快推动第二代支付系统上线推广，进一步满足银行业金融机构灵活接入的需求，完善流动性风险管理机制。二是顺利上线中央银行会计核算系统，为银行业金融机构归集资金、便利业务办理打下了基础。三是稳步推动支票截留业务发展。继续在滨海新区和蓟县推动支票截留业务。四是天津集中代收付中心在公共服务领域的业务进一步推广，全年共发生业务667.79万笔，清算资金498.19亿元。

2. 银行卡产业发展加速

一是银行卡发卡量稳定增加，银行卡业务量持续增长。2014年，天津市共发生银行卡交易79 819.58万笔，交易金额49 206.86亿元。二是进一步加强天津市银行卡市场建设。2014年12月25日，天津市“就医一卡通”项目上线试运行，实现银行、社保和医院的互联互通，进而实现诊间快捷支付，对于提高医院结算效率和减少患者医疗环节中的非诊疗时间具有重要意义。

3. 结算账户数量继续保持平稳增长

截至2014年末，天津市共有存量单位银行结算账户72.05万户，同比增长11.8%；个人银行结算账户11 064.90万户，同比增长15.6%。单位银行结算账户中，基本存款账户数量居于主导地位；个人银行结算账户中，借记卡账户5 396.58万户，是目前个人主要的非现金支付结算工具。

4. 农村地区支付环境建设持续改善

启动“农村金融服务全覆盖工程”，建立“农村金融服务站”和“金融服务便民点”。截至2014年末，天津市农村地区共建设金融服务站1 100余个，金融服务便民店600家，实现全市行政村的金融服务全覆盖，切实打通乡村金融的最后“一公里”。

（二）社会信用建设稳中求进

1. 征信基础设施日臻完善

截至2014年末，国家金融信用信息基础数据库共收录天津市23万户企业和950万自然人的基本信息和信用信息，全年数据库日均查询量达1.4万余次，为金融机构信贷决策提供了重要信息支撑。小额贷款公司和融资性担保公司金融信用信息基础数据库接入试点工作启动，23家小额贷款公司和融资性担保公司首批接入，查询量超过19万笔，征信系统信用风险防范功能得以拓展。个人信用报告开通互联网查询服务，天津市查询量达20万笔，征信服务渠道建设取得了新成展。

2. 合力构建社会信用环境

一是持续推动天津滨海高新区组织开展小微企业信用体系试验区建设，截至2014年末，试验区已有312户企业获得信贷资金支持92.49亿元。二是开展以农民专业合作社信用体系建设为重点的农村信用体系建设。与天津市农委联合为68户市级专业合作社建立电子信用档案并进行了信用等级评价，引导金融机构与合作社开展合作，推动金融产品和服务模式创新，提高农村金融服务水平。

3. 信用服务市场规范发展

一是发布天津市《关于办理个人和企业征信机构初审及备案工作的公告》，完成2家企业征信机构备案工作。二是推动小额贷款公司和融资性担保机构信用评级报告成为监管部门实施差别化管理，促进金融机构与其开展不同层级合作的重要参考。

（三）反洗钱工作成效不断提升

1. 反洗钱协调机制有效运转

一是召开天津市反洗钱司法会商联络员座谈会，总结近年来天津市打击洗钱及其上游犯罪工作，分析当前反洗钱工作面临的新形势，研究明确今后一个时期天津市打击洗钱及上游犯罪工作重点。

二是会同天津市公安局经侦总队、禁毒总队和市安全局等部门进行21次情报会商，研判洗钱及上游犯罪案件18件。三是举办针对司法机关的反洗钱业务培训班，培训起诉、审理、侦查人员共计125人，通过研讨培训，提升了天津市相关司法人员办理洗钱犯罪案件的意识和能力。四是编写《天津市洗钱类型分析报告》，加强对反洗钱工作的理论和实践指导。

2. 反洗钱机制改革不断深入

一是积极配合天津自贸区成立准备工作，讨论拟定《中国人民银行天津分行关于切实做好天津自由贸易试验区反洗钱和反恐怖融资工作的通知》。二是积极探索跨境调运外币现钞、第三方支付机构、互联网金融等行业洗钱风险评估，认真做好高风险业务和新兴业务的反洗钱工作基础。

（四）跨境人民币业务发展步伐加快

1. 跨境人民币业务快速发展

全年累计办理跨境人民币结算2 379.31亿元，同比增长87.1%，占同期银行代客跨境国际收支总额的19.5%，比上年增加8.0个百分点，成为仅次于美元的第二大跨境收支货币。自2010年6月试点至2014年末，累计办理跨境人民币结算4 803.20亿元，共有2 607家企业办理跨境人民币业务，结算地域涉及95个国家和地区。目前，在各省及直辖市中列第7位。

2. 扩大人民币跨境使用范围

积极推动天津生态城开展新加坡银行机构对生态城内企业发放跨境人民币贷款、股权投资基金人民币对外投资、生态城内企业到新加坡发行人民币债券、个人经常项下及对外直接投资项下人民币业务四项试点工作。制定印发了生态城跨境人民币创新试点工作相关制度办法，通过新闻发布会、宣讲会、银企对接会和官方网站对创新政策和业务进行了宣传解读。

3. 提升市场主体认知度

一是通过政府网站、户外广告屏、大学校园、业务论坛等渠道，扩大政策宣传覆盖面，积极营造跨境人民币结算业务的舆论氛围；二是积极组织开展跨境人民币政策业务培训，提高企业认知度和参与度。

（五）现金管理业务稳步推进

1. 继续推进流通中人民币券别结构合理化工作

一是逐步完善发行基金投放回笼分析模型，对现金需求及投放回笼趋势进行预测分析，制定发行基金调拨计划，有效满足市场需求。二是建立健全小面额长效机制，不断优化流通中人民币券别结构。对部分小面额人民币需求量较大的银行和单位进行定向定点投放，满足市场对小面额人民币的需求，并对31家商业银行下达了小面额人民币回笼计划，实现了以新逐旧、提高整洁度的工作目标。三是完善人民币流通状况监测网，选定200家金融机构及402个单位进行人民币流通状况监测分析和数据统计，对全市现金流通状况进行了全面评估和分析。

2. 不断提高人民币全额清分的比例和质量

一是有序推进商业银行现金全额清分工作，截至2014年末，天津市各商业银行共配备清分机1 838台，同比多配备758台，月均清分量为974.00亿元，同比增长72.1%，对外付出现金的清分比例同比提高29.0个百分点。二是加大对全额清分工作的组织指导和监督检查力度，组织开展了31家金融机构钞票清分质量、设备配置和全额清分进度完成情况专项检查。

3. 冠字号码查询工作顺利开展

截至2014年末，天津市取款机与存取款一体机渠道冠字号码记录查询已完成100%，柜台付出渠道已完成71.1%。全年办理冠字号码查询业务40起，公众通过查询冠字号码解决假币纠纷呈上升趋势。

（六）金融消费权益保护工作取得新进展

1. 金融消费权益得到有效保护

一是正式开通12363金融消费权益保护咨询投诉电话，并通过报纸、互联网等方式向社会公布投诉热线和网络邮箱，为金融消费者提供多种反映问题的途径，全年累计受理咨询704件，投诉38件。二是进一步梳理热线投诉处理工作流程，提高投诉处理的效率。三是制定了《中国人民银行天津分行处置群体性投诉事件应急预案》，以应对可能发生的群体性投诉及其他突发事件。

2. 金融知识宣传教育活动扎实开展

一是组织全市银行开展金融消费权益保护工作暨培训会，以提高商业银行金融消费权益保护工作意识。二是组织法人支付机构与货币兑换公司开展“新型支付知识”专题宣传活动，增强市民对第三方支付业务的了解。三是开展“金融知识进高校”宣传活动与专题讲座，普及金融知识，提高大学生的金融风险防范意识。四是组织商业银行围绕《消费者权益保护法》及与消费者有关的金融知识开展宣传教育活动。

3. 专项检查工作与评估工作取得成效

一是从保护金融消费者合法权益的角度出发，对部分商业银行的银行卡业务开展专项检查。二是建立评估工作机制，出台《天津市银行业金融机构金融消费权益保护工作自评估管理办法（试行）》。三是对银行业金融机构金融消费权益保护工作整体情况进行评估，为下一步开展金融消费权益保护工作打下坚实基础。

五、政策建议

（一）加快经济转型升级，夯实金融体系稳健运行基础

一是调整优化产业结构，强化科技创新的引领作用，加快创新体系建设，增强自主创新能力，在生物医药、电子信息、科技服务等重点产业领域，加快自主创新产业化重大项目建设，推进落实京津冀协同发展战略，积极构建京津冀协同创新共同体。二是推动制造业转型升级，做大做强优势产业，大力发展战略性新兴产业，提升改造传统产业，构建航空航天、装备制造、电子信息等产业链，建设石油化工、资源综合利用等新型工业化产业基地。三是促进生产性服务与先进制造业融合发展，延伸制造业产业链条，积极发展现代金融、现代物流、研发设计等产业，加快发展会计审计、法律服务、信用评估等中介机构，大力发展电子商务，促进与传统商业的有机融合，培育大数据产业。

（二）大力开展金融改革与创新，全面提升金融服务质量效益

一是把握京津冀协同发展、“一带一路”建设以及天津自由贸易区建设等重大国家战略，提升金

融服务实体经济效能，全面了解和掌握天津自贸区主体市场需求，充分发挥天津在航运经济、融资租赁、商业保理等方面的特色，探索新型业务模式。二是全面推行金融服务体系建设。深化银行业金融机构产权结构和治理结构改革，积极推进产业与金融相结合，通过利率市场化改革，提升发展竞争力和创新能力，支持社会民营资本进入金融领域，形成多层次、多元化的金融服务体系。强化证券期货业合规管理，提升全面风险管理能力，完善风险防范和处置机制，加强投资者保护，开展投资者教育，逐步改善盈利结构，提高盈利水平。创新保险业公共服务机制，积极落实《天津市人民政府关于加强现代保险业务发展　促进天津经济社会建设的意见》，完善风险补偿机制，将保险纳入灾害事故防范救助体系，推动商业保险在社会救助体系中发挥重要作用。三是强化银行业、证券业、保险业和影子银行体系对小微金融的服务，支持实体经济发展，重点支持符合国家产业和环保政策，有市场、有需求、可持续发展的小微企业，提高小微企业金融服务的专业化水平和效率，提升小微企业金融服务的广度和深度。

（三）加强重点领域的风险监测，增强风险防范的有效性

一是做好流动性监测和压力测试，制定相应的应急预案，丰富流动性管理工具，提高资产流动性，合理安排资产负债结构，提高资金来源的稳定性。二是加强对P2P、众筹、第三方理财机构、私募基金等新兴业态机构的研究，关注银行案件与非法集资等外部风险的关联，加强宣传引导，最大限度地减少金融产品风险对银行业的负面影响。

（四）完善金融监管协调机制，促进天津金融业稳健发展

一是完善金融稳定协调机制，建立宏观审慎的理念，加强金融宏观政策与微观政策的协调，通过与监管机构的沟通协调，形成监管合力，充分发挥金融稳定协调机制的作用。二是通过金融信息共享机制，及时了解和掌握相关行业的发展动态，形成应对区域性风险的联动工作机制，从宏观整体稳定的角度出发，加强风险预警、早期纠正和早期介入的协调，相关部门各司其职，共同构筑金融风险防范和处置的安全网。三是明确中央与地方金融监管职责的划分，加强顶层设计，自上而下建立中央监管机构与地方政府之间的信息共享、风险处置、业务发展、消费者与投资者权益保护等方面的协作机制，明确处置金融风险和金融突发事件的各方职责、衔接方式，确定责任义务，细化工作程序，强化制度约束。

总　　纂：李文茂
统　　稿：李泽军　宁　悦　刘　丹
执　　笔：刘　丹　杨彩丽　曾　薇
其他参与写作人员：张园园　孙勇军　刘振斌　刘丹丹　周中明　杨冬梅
侯玉玲　陈明端　崔　乐　郭　佳　钟　辉　安瑞萍
刘亚楼　寇霭婷　徐　力　刘　李　李　师　李　磊
刘皎瑶　张　真

河北省金融稳定报告摘要

2014年，河北省经济保持平稳运行态势。金融业积极应对经济下行压力，进一步加大对实体经济和小微企业、“三农”等薄弱领域资金支持，金融运行质量和效益稳步提升，金融生态环境持续改善。

一、河北省宏观经济

2014年，河北省以建设“三个河北”为目标，坚持稳中求进、改革创新，打好四大攻坚战，推进改革、调整、巩固、提升四大任务，着力稳增长、调结构、促改革、治污染、惠民生，全省经济在新常态下爬坡过坎、换挡提效、凝聚动力，实现了缓中趋稳，稳中有进，经济结构调整改善，运行质量效益有所提升，为金融业稳健运行创造了良好的外部环境。

（一）河北省经济运行概况

经济基本面总体良好。2014年，河北省实现国民（初步核算，全省）生产总值29 421.2亿元，同比增长6.5%，增速回落1.7个百分点，七年来首次低于全国平均增长水平。全年呈逐季回升良好态势，支撑河北省经济持续健康发展的基本面总体良好。

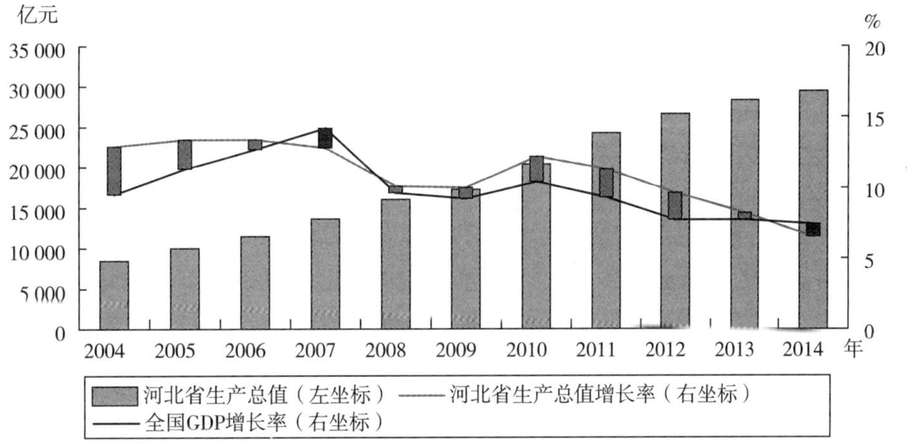

图1　2004—2014年河北省年度生产总值与增速

三次产业保持增长，工业生产稳中趋缓，服务业较快增长。2014年，河北省第一产业完成增加值3 447.5亿元，增长3.7%；第二产业完成增加值15 020.2亿元，增长5.0%；第三产业完成增加值10 953.5亿元，增长9.7%，快于全省生产总值3.2个百分点。农业生产态势良好，对经济增长的贡献率同比增加 1.0 个百分点，为 5.8%。工业生产稳中趋缓，对经济增长的贡献率回落至 42.1%，较上年降低 17.9 个百分点。服务业加快发展，对经济增长的贡献率为 52.1%，较上年大幅提升 16.9 个百分点。

固定资产投资平稳增长，消费市场运行平稳，对外贸易较快增长。投资需求对经济增长的贡献率为 56.4%，较上年回落 2.7 个百分点；消费需求对经济增长的贡献率为 48.6%，较上年提高 2.0 个百分点；外需对经济增长的贡献率为 -5.0%。较上年提高 0.7 个百分点。

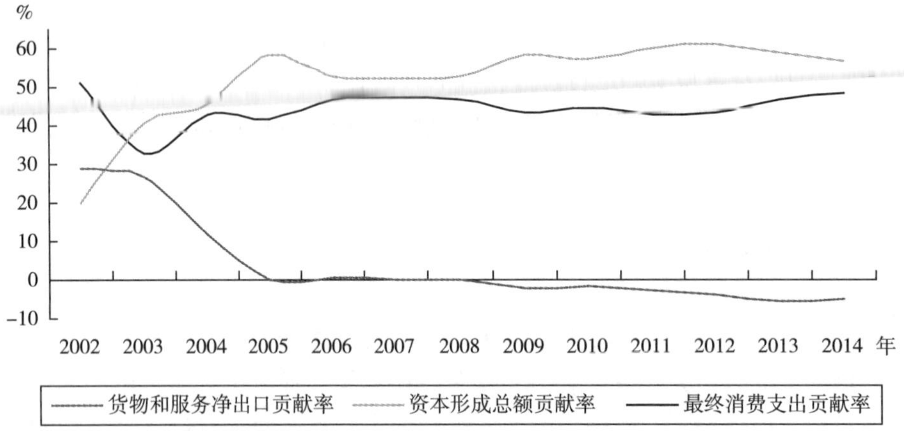

图 2　2002—2014 年河北省三大需求贡献率变化趋势

2014 年，河北省全社会共完成固定资产投资 26 671.9 亿元，增长 15.0%，其中，第一产业投资增长 46.0%，增速最快；第二产业投资增长 18.5%；第三产业投资增长 10.5%。亿元以上在建项目增长 8.3%，民间投资增长 18.1%，社会消费品零售总额增长 12.4%；进出口贸易持续较快增长，出口 357.1 亿美元，增长 15.4%，进口 241.7 亿美元，增长 0.9%；实际利用外资 70.1 亿美元，同比增长 5.1%，第三产业外商直接投资、合同外资增长较快。

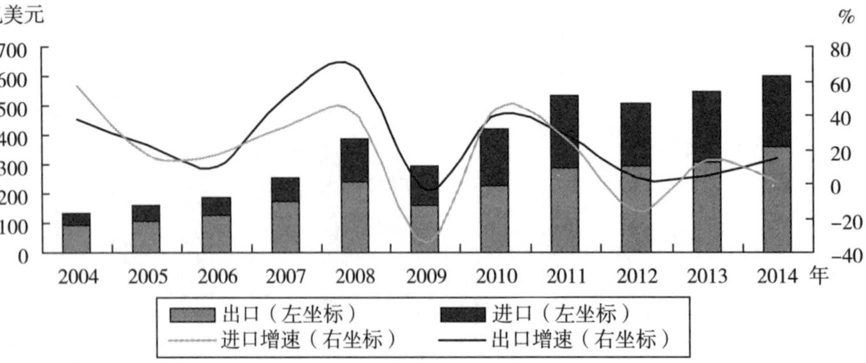

图 3　2004—2014 年河北省进出口贸易规模及增速变化

财政收入平稳增长，企业效益有所下降，居民收入较快增长。2014 年，河北省全部财政收入累计完成 3 764.6 亿元，同比增长 3.4%。规模以上工业实现利润 2 421.7 亿元，同比下降 6.7%。居民人均可支配收入 16 647 元，比上年增加 1 458 元，同比增长 9.6%，城乡居民收入增长均快于全省经济增速，农村居民收入增速快于城镇。

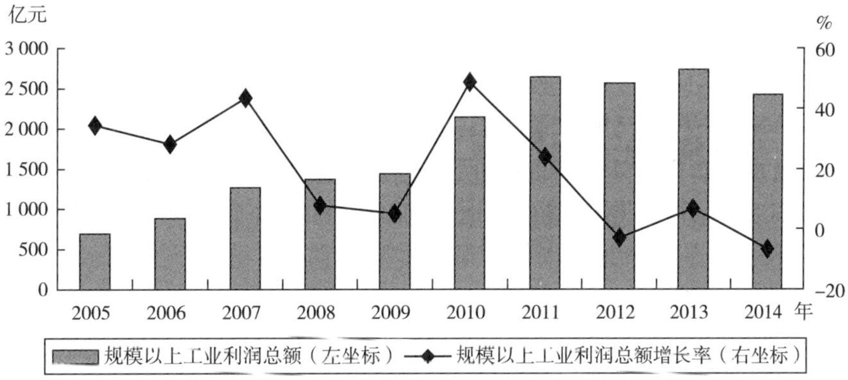

图4　2005—2014年河北省规模以上工业实现利润总量与增速

物价涨幅延续回落态势，居民消费价格基本稳定，工业生产者价格下降。居民消费价格同比上涨1.7%，比上年回落1.3个百分点，低于全国水平0.3个百分点，是最近5年新低，全年各月波动幅度较小。工业生产者出厂价格和购进价格延续2012年以来连续下降趋势，同比分别下降4.8%和4.4%；“高出低进”情况略有改善，但“倒挂”现象依然存在。

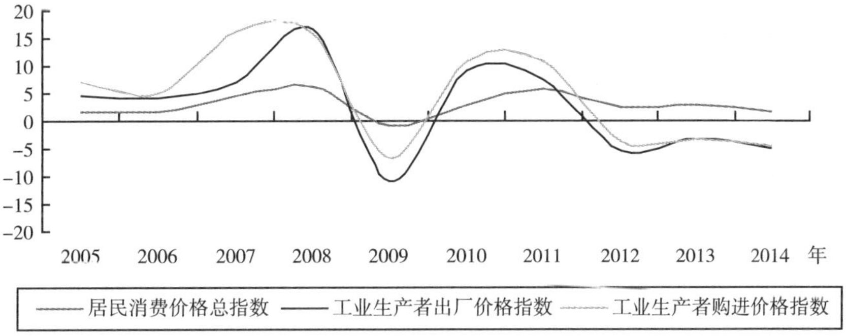

图5　2005—2014年河北省各年度主要价格指数增速（上年同期）

（二）河北省经济运行中需关注的问题

投资增长后劲不足。2014年，河北省固定资产投资同比减缓3.0个百分点，从产业观察，主要是第三产业投资持续低迷，同比减缓7.7个百分点，比全国平均水平低6.3个百分点；从项目观察，在建项目比上年下降6.1%，对投资后劲影响较大，高新技术产业投资仅占全省投资的12.1%，难以弥补传统产业投资回落的影响；从资金来源观察，资金供应总体偏紧，资金到位率低于全国平均水平7.0个百分点。因制造业产能过剩、市场有效需求不足、企业盈利能力下降、政府投资能力受限、新开工程项目减少、民间投资意愿减弱等因素导致的投资增长乏力是拖累当前经济的主要原因，也是未来一段时间经济下行风险的主要来源。

企业生产经营依然面临较多困难。2014年，河北省规模以上工业企业利润总额由上半年增长转为下降，且低于全国平均水平。黑色金属矿采选业、石油和天然气开采业、煤炭开采和洗选业等部分行业利润下降幅度较大，影响了全年工业利润增速。当前，一方面受产品市场因素影响，主要工业品价格下降，工业企业产成品存货持续回升且大幅高于主营业务收入增幅，库存周转率下降，企业去库存压力加大，导致经营效益普遍下降。另一方面，企业在环保、技改和节能减排等结构调整升级方面的投入明显增加，企业运营成本压力巨大，挤压盈利空间，企业短期内实现提质增效升级，面临诸多困难和挑战。

“三期叠加”制约经济提质增效。受市场有效需求不足和河北省化解过剩产能、治理大气污染力度加大叠加的影响，经济增长未能完成预期目标，2014 年全省生产总值增长 6.5% 左右，低于计划目标 1.5 个百分点。综合测算，化解过剩产能、治理大气污染影响全省生产总值增速 1.75 个百分点。一些涉及民生的问题仍较突出，产业重组化解过剩产能面临债务处理、人员安置、财政收支等方面的困难，农民工讨薪问题呈常态化趋势，食品安全、征地拆迁等领域损害群众利益的行为时有发生，社会保险、上学就医等公共服务亟待加强。

资金获取渠道仍然比较单一。河北省融资机构发展滞后于经济发展，融资产品数量较少且缺乏创新；中小企业融资难、融资贵和贷款利率上浮等问题仍较突出，获取资金渠道缺乏，资金来源渠道过于单一，制约经济快速走出低谷。同时，工业经济持续低迷，企业盈利能力减弱，低利润水平可能持续较长时间，企业偿债能力下降，商业银行基于违约风险考虑，惜贷、限贷现象增加，企业融资难题更加凸显，部分企业赊购增加、回款困难，资金相互拖欠增多，若企业与银行间的借贷关系形成不良连锁反应，将对全省经济造成更大冲击。

物价上涨压力仍需密切关注。受节能减排工作、资源价格改革、税费工作改革等多重因素影响，物价上涨的压力仍然存在，由结构调整、价格改革和工资上涨等因素引发的物价温和上涨仍会持续一个时期。同时，经济持续低迷引发相关行业景气度不断下降，导致大量从业人员收入预期降低，对消费能力提高形成较大阻力。在一定时期内，有可能出现经济增速下行与物价上涨压力并存的矛盾，需要对下阶段的经济及物价走势加以综合关注。

二、河北省银行业

2014 年，河北省银行业积极应对经济新常态宏观环境的挑战，充分发挥银行资金对实体经济发展和结构调整的杠杆推动作用，加快改革，转变发展方式，优化信贷结构，加强风险管理，河北省银行业总体保持了稳定、健康发展态势。

（一）总体发展情况

银行业资产负债规模进一步扩大，但增幅继续收窄。2014 年末，河北省银行业金融机构资产总额 52 816.07 亿元，较上年增加 5 611.57 亿元，增长 11.9%，同比减缓 2 个百分点。银行业金融机

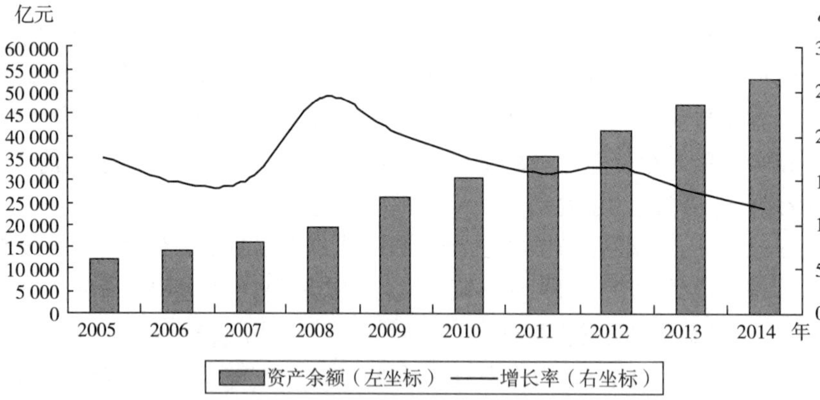

图 6　河北省银行业金融机构资产总量及变化

构负债总额 51 112 亿元，较上年增加 5 363 亿元，增长 11.7%。

银行业组织体系进一步完善，机构布局进一步合理优化。2014 年，河北省银行业全面实现股份制银行设区市全覆盖、城商行县域全覆盖、银行业机构乡镇全覆盖、基础金融服务行政村全覆盖。非银行业金融机构增加新成员，河北港口财务有限公司获批开业。

表 1　　河北省银行业机构从业人员及其资产规模情况

机构类别	营业网点			法人机构（个数）
	机构数（个）	人员数（人）	资产总额（亿元）	
国有商业银行	3 245	77 832	22 845.2	
政策性银行及开发银行	164	3 637	3 327.2	
股份制商业银行	284	8 118	5 128.6	
城市商业银行	780	16 444	7 438.3	11
农村合作机构	4 848	47 598	10 600.5	181
邮政储蓄机构	1 459	9 634	2 734	
金融性公司	12	615	516.6	8
农村新型机构	105	2 101	192.6	62
外资银行	2	75	33.1	
合计	10 899	166 054	52 816.1	262

存款增长放缓，稳定性增强。2014 年末，全省各项存款余额 43 764 亿元，较上年增加 4 319.6 亿元，同比少增 861.5 亿元；较上年增长 11.0%，同比减缓 4.12 个百分点。股市回暖、互联网金融、理财业务等对银行业存款形成分流。存款季节性波动减弱，“冲时点”现象减少，规范同业业务和存款偏离度监管强化的效果有所显现。

银行贷款稳中有升，信贷结构进一步改善。截至 2014 年末，全省各项贷款余额 28 052.3 亿元，较上年增加 3 516.4 亿元，同比多增 484.6 亿元；增长 14.9%，同比提高 0.73 个百分点，信贷投放创近五年新高。贷款期限向中长期倾斜，产业结构调整信贷投入加大，环首都和沿海重点区域拉动力增强，涉农贷款、小微企业贷款等薄弱环节的贷款支持进一步加强。地方法人机构新增贷款占比由 2011 年的 30.7% 提升至 2014 年的 35.6%。

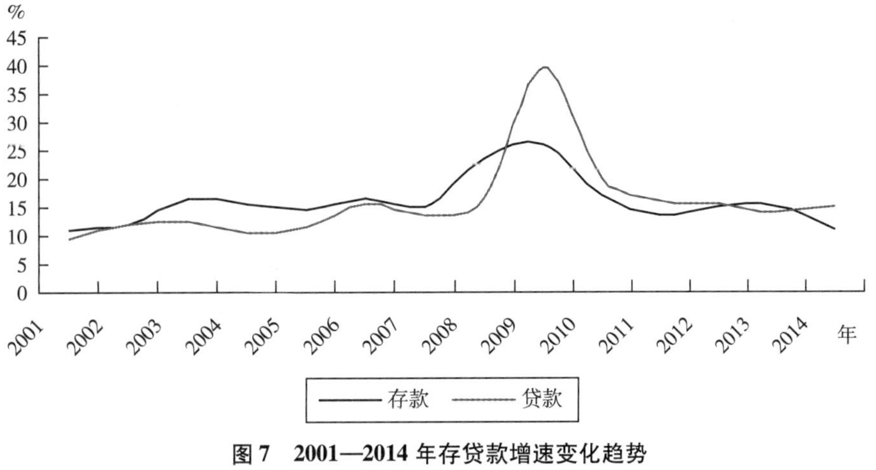

图 7　2001—2014 年存贷款增速变化趋势

货币市场平稳发展。2014 年，全省累计签发商业汇票 8 941.86 亿元，同比增加 938.45 亿元，增幅 11.7%；累计办理票据贴现业务 15 997.18 亿元，同比增加 3 013.33 亿元，增幅 23.21%。年末全省票据贴现余额 997.38 亿元，较 2013 年末增加 357.05 亿元，增幅 55.79%。全年票据贴现和转贴现加权平均利率呈现同比下行态势。

2014 年，河北省企业注册发行 59 只非金融企业债务融资工具，募集资金规模达到 511.8 亿元，同比大幅增加 106.7%；占全部直接融资规模的 54.9%，同比提升 18.7 个百分点。其中，短期融资券 286.3 亿元，同比增加 198.2%；中期票据 208 亿元，同比增加 324.5%，定向融资工具 17.5 亿元，同比减少 82.7%。

改革和创新取得成效。完善农村合作金融机构法人治理，稳步推进股份制改革，农信社法人股占比达到 42.44%；共有 32 家县级联社（唐山五区联社合并组建）启动农商行组建工作，50 家县级联社启动股份制农信社改制工作；蠡县农村信用社改革全面启动。大力推进城商行改革创新，积极引进民间资本，全省城商行民间资本占比达到 71.37%；鼓励推动城商行业务发展，2014 年 10 月 24 日河北银行成功首发河北省首只资产证券化产品，2014 年 12 月 3 日河北银行在中国银行间市场成功发行了总规模 20 亿元的二级资本债券。新型农村金融机构迅猛发展，全省已开业新型农村金融机构 61 家，其中村镇银行 60 家，资金互助社 1 家；资产规模达 188.21 亿元，比年初增长 55.85%；负债总额 156.73 亿元，比年初增长 49.43%。

（二）稳健性评估

盈利能力进一步增强，但增速有所减缓。2014 年，河北省银行业机构当年实现净利润 704.34 亿元，同比增盈 94.31 亿元；较上年增长 15.46%，同比下降 5.17 个百分点，增速放缓。各类银行业金融机构均实现同比增盈，国有商业银行盈利能力最强，较高的盈利水平为银行业金融机构消化不良资产、增强风险抵御能力提供了有力保障。

不良贷款余额和占比“一升一降”，信贷资产质量总体保持较好水平。截至 2014 年末，河北省银行业不良贷款余额 485.29 亿元，比年初增加 6.57 亿元；不良贷款率 1.73%，比年初下降 0.23 个百分点。不良贷款一改自 2009 年以来的“双降”态势，全年波动运行、小幅反弹。次级类、可疑类贷款余额增加，损失类贷款余额减少；沧州、石家庄、唐山不良贷款双升，秦皇岛、廊坊不良贷款余额上升，其他各设区市实现不良贷款双降；不良贷款主要集中在农村信用社、政策性银行和国有商业银行，合计占全部不良贷款的 86.11%。

法人机构风险抵补能力进一步增强。截至 2014 年末，河北省法人银行业金融机构资本净额 1 355.05亿元，同比增加 270.42 亿元；资本充足率 12.46%，同比上升 0.44 个百分点。各项减值准备余额 425.39 亿元，同比增加 67.96 亿元，其中当年新提取减值准备 94.45 亿元。拨备覆盖率为 140.20%，同比上升 21.86 个百分点。

地方法人机构流动性充裕。2014 年末，河北省银行业金融机构余额存贷比由 2013 年的 61.92% 上升至 64.1%，上升了 2.18 个百分点，存款分流明显，流动性管理压力加大。2014 年河北省法人金融机构流动性比例 62.78%，较上年上升 0.22 个百分点。超额备付率 6.62%，同比上升 0.65 个百分点。

三、河北省证券期货业

2014年，河北省资本市场发展初具规模，随着市场行情的好转，河北省辖区证券经营机构业绩大幅上扬，而期货经营机构经营状况依然严峻，七成经营机构亏损；境内上市公司直接融资规模同比下降，但仍处历史较高水平；股权交易市场快速发展，成为优质中小微企业融资的重要平台。

（一）总体发展情况

证券机构数量显著增加，效益增长。截至2014年末，河北辖区共有法人证券公司1家，证券投资咨询公司1家，证券分公司8家，较上年增加3家，证券营业部199家，较上年增加20家。随着市场行情的好转，投资者账户数量增加，A股证券账户数491.46万户，同比增长8.52%；投资者人数297.91万人，同比增长8.85%。累计交易金额2.63万亿元，同比增长56.5%，创历史新高；累计营业收入24.74亿元，同比增长41.05%；累计净利润11.38亿元，同比增长81.21%；托管市值2 074.59亿元，同比增长64%。

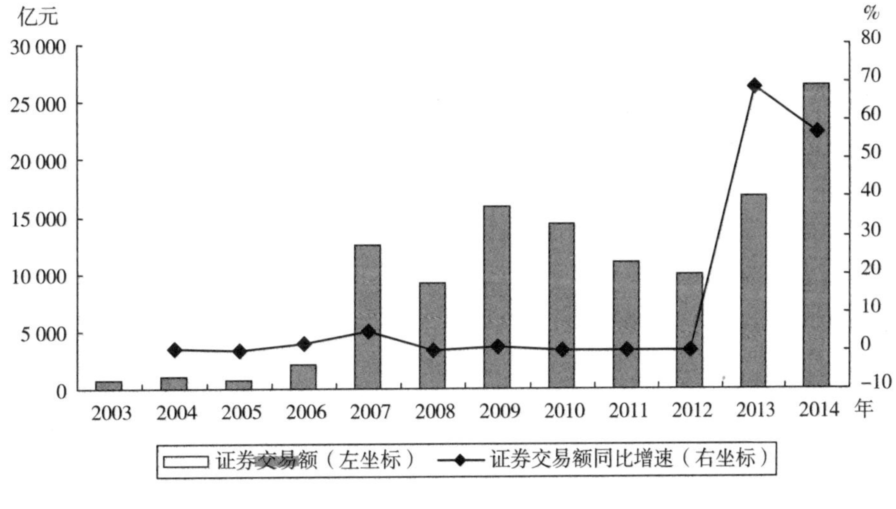

图8　河北省证券经营机构证券交易额变化示意图

期货市场交易额下降，经营机构七成亏损。截至2014年末，河北辖区共有法人期货公司1家，两证齐全的期货营业部37家，其中外埠期货营业部31家，交割（厂）库29家，在全国36个监管辖区排名第16位，较上年上升3个位次。2014年新设6家营业部，关闭1家营业部。七成期货营业部年内亏损，较上年增加9家。期货营业部全年营业收入和手续费收入分别为8 904.55万元和7 910.6万元，同比分别下降18.36%和24.03%；利润总额551.83万元，同比下降8.90%，亏损754.96万元。

截至2014年末，河北辖区期货客户数43 617个，同比增长9.33%，年内新增期货开户数3 724个。客户保证金总额23.1亿元，同比增长63.71%。全年代理交易量和代理交易额分别为3 689.75万手和36 503.73亿元，同比分别增长0.64%和下降7.01%。其中金融期货代理交易量和代理交易额分别为257.71万手和19 159.46亿元，同比分别增长3.03%和4.96%。金融期货代理交易量仅占全部期货交易量的7%，但交易额却占到全部期货交易额的半数以上。

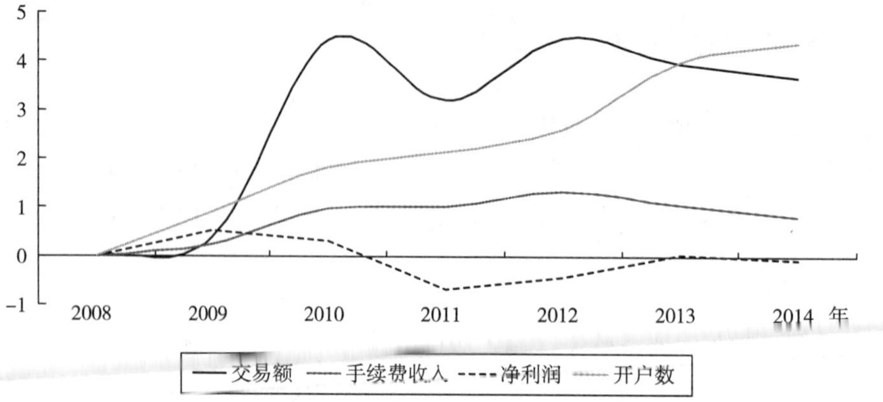

注：以2008年为基准点，较2008年倍数。

图9 河北省期货经营机构主要指标增速示意图

上市公司直接融资下降。截至2014年末，河北省共有50家境内上市公司，较上年增加2家。总股本和总市值分别为571亿股和6 180亿元，占同期沪深两市总股本和总市值的比例分别为1.55%和1.66%。直接融资额132.32亿元，较上年减少22.58亿元，下降14.58%，仅占全国直接融资额10 203亿元的1.3%。有14家上市公司通过沪深股市进行14次股权融资，融资额为117.32亿元，占全国股权融资总额7 249亿元的1.62%，其中，通过IPO融资4.62亿元，非公开增发融资109.05亿元，公开增发融资3.65亿元。1家上市公司在主板发行公司债融资15亿元，占全国债券融资总额2 954亿元的0.51%。

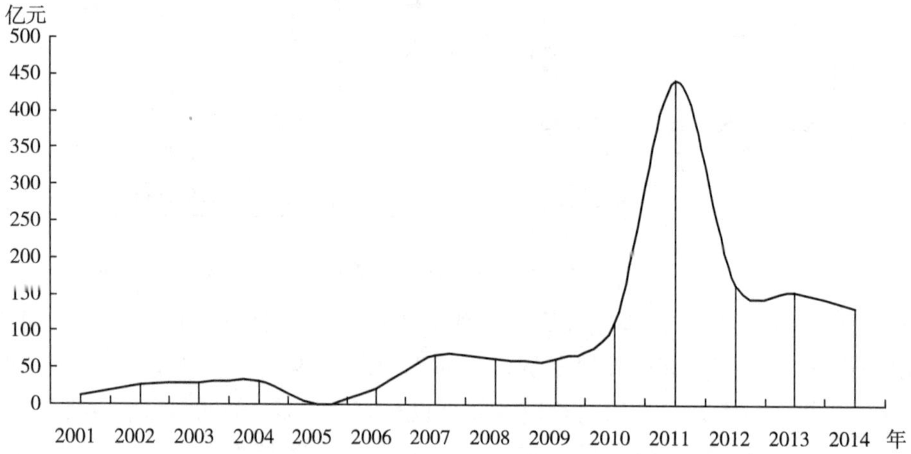

图10 河北省境内上市公司直接融资额变化示意图

积极推动企业境外上市。截至2014年末，全省境外上市公司总数共计38家，其中，美国14家，英国1家，新加坡3家，中国香港20家，累计融资400多亿元人民币。2014年，河北省2家企业在香港联交所上市，首发融资13.45亿元。

股权交易市场快速发展。截至2014年末，石家庄股权交易所挂牌企业105家，其中，省内企业104家，省外企业1家，全部为中小微企业，累计实现融资9.22亿元。2014年7月，由北京产权交易所、天津产权交易中心、河北产权交易中心联合发起成立的“京津冀产权市场发展联盟”成立，促进了京津冀要素资源自由流动和优化配置。

（二）稳健性评估

财达证券有限责任公司。财达证券有限责任公司（以下简称财达证券）是河北辖区唯一一家证券法人机构。截至2014年末，注册资本22.1亿元，在全国设有107家营业部，其中省内营业部92家，占河北辖区证券营业部总数的46.2%，网点规模具有地方区域优势。2014年，财达证券营业收入19.51亿元，同比增长84.39%，其中，手续费及佣金收入10.61亿元，同比增长41.11%；受托客户资产管理业务净收入2 772.32万元，同比增长6.43倍；利息净收入1.92亿元，同比增长1.24倍；投资收益净收入5.26亿元，同比增长91.9%。实现利润总额10.67亿元，同比增长2.2倍；净利润8.03亿元，同比增长2.3倍。财达证券传统经纪业务依然在公司收入中占据优势地位，但创新业务在公司收入中的占比逐步提升。

财达证券风控机制运行有效，各项风控指标均符合监管规定。截至2014年末，财达证券净资产70.9亿元，同比增加48%；净资本59.96亿元，同比增加54%。净资本/各项风险准备之和为678.06%，净资本/净资产为84.79%，净资本/负债为132.51%，净资产/负债为156.28%，流动性覆盖率为443%，净稳定资金率为175.82%。

河北恒银期货经纪有限公司。河北恒银期货经纪有限公司（以下简称恒银期货）是河北辖区唯一一家期货法人机构。截至2014年末，注册资本为5 800万元，有营业部6家，均为省内营业部。投资者数量10 885个，同比增长4.5%；客户保证金1.29亿元，同比下降17.31%；全年累计代理交易量328.32万手，同比下降14.12%；累计代理交易额3 064.37亿元，同比下降27.04%；累计营业收入1 631.28万元，同比下降20.20%，其中累计手续费收入1 219.33万元，同比下降29.50%，手续费收入占营业收入中的比例为74.75%；净利润亏损396.7万元。

恒银期货净资本高于预警标准，各项风险指标均符合相关监管规定。截至2014年末，公司净资产和净资本分别为4 751.70万元和4 149.70万元。净资本与权益总额的比例为32%，净资本与净资产的比例为87.33%，流动资产与流动负债（均扣除客户权益）的比例为511.65%，负债（扣除客户权益）与净资产的比例为16.5%。

四、河北省保险业

2014年，河北保险市场呈现持续稳健的良好发展态势。首家注册地在河北省的全国性法人保险公司开业，整体实力进一步增强，市场规模实现两位数增长，市场竞争更加充分，产品结构出现积极优化，中介机构规模趋向合理，各种销售渠道平稳增长，盈利能力持续提升，人身保险给付风险处于可控范围，对经济发展的保障功能和服务作用进一步发挥。

（一）总体发展情况

首家法人保险公司开业，分支机构数量增加。2014年，河北省首家法人保险公司——燕赵财产保险股份有限公司获批开业。各类保险公司省级分公司总数60家，增加3家。全省保险公司分支机构4 241家，较上年增加69家，营业网点覆盖面较广。

表 2　　2007—2014 年河北省保险公司法人机构、省级分公司数量　　单位：家

	2007 年	2008 年	2009 年	2010 年	2011 年	2012 年	2013 年	2014 年
财产险省分公司	18	18	19	22	25	25	25	26
人身险省分公司	13	16	21	25	28	32	32	34
中资省分公司	30	33	37	44	50	52	52	53
外资省分公司	1	1	3	3	3	5	5	7
法人保险公司	0	0	0	0	0	0	0	1
总计	31	34	40	47	53	57	57	61

整体实力不断增强，总资产增速持续放缓。2014 年末，河北省保险业总资产达到 2 172.31 亿元，总资产居全国第 8 位，比年初增加 123.32 亿元，同比增长 6.02%，增加额同比减少 86.05 亿元，增速较上年回落 5.36 个百分点。增速 2010 年达到较高水平后，已经连续 4 年增速放缓，降至 10% 以下的较低增速水平，大幅低于全国平均增速 16.55 个百分点。

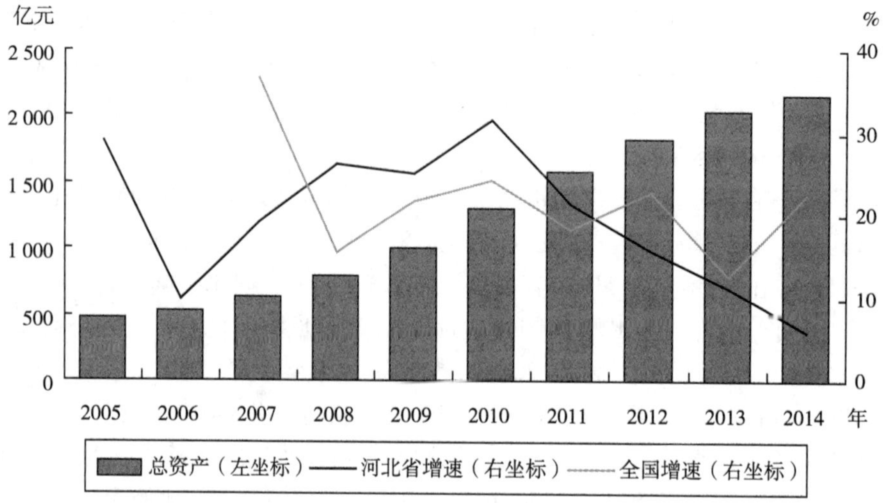

图 11　2005—2014 年河北省保险业总资产额与总资产增速

保费收入实现增长，整体增速明显放缓。2014 年，河北省保险业累计实现原保险保费收入 931.94 亿元，居全国第 9 位，较上年增加 94.35 亿元，同比增长 11.26%，增速较 2013 年增速明显放缓，低于全国增速 6.23 个百分点。其中，财产保险业务原保险保费收入 356.72 亿元，居全国第 6 位，较上年增加 46.95 亿元，同比增长 15.16%；人身保险业务原保险保费收入 575.22 亿元，居全国第 9 位，较上年增加 47.41 亿元，同比增长 8.98%。

保险密度增幅低于全国平均水平，保险深度接近全国平均水平。2014 年，河北省保险密度和保险深度依然双双低于全国平均水平。其中，保险密度为 1 266.53 元/人，较全国 1 483.20 元/人的水平低 216.67 元/人；保险深度为 3.17%，与全国 3.18% 的水平仅略低 0.01 个百分点。

承担风险总额保持增长，赔付支出总体增速回落。2014 年，河北省保险业累计承担风险总额 19.81 万亿元，较上年增加 5.29 万亿元，同比快速增长 35.81%，继续保持较高增速。保险业累计赔付支出 395.03 亿元，较上年增加 79.37 亿元，同比增长 25.14%，增速较上年回落 15.85 个百分点，高于全国平均水平 8.99 个百分点。其中，人身保险业务赔付支出 222.72 亿元，较上年增加 67.26 亿元，同比大幅增长 43.27%，增速明显高于全国增速水平和河北省财产保险业务赔款支出。

改革创新为发展提供动力。截至 2014 年末，已有 478.60 亿元保险资金投入河北省各个重点经济领域，

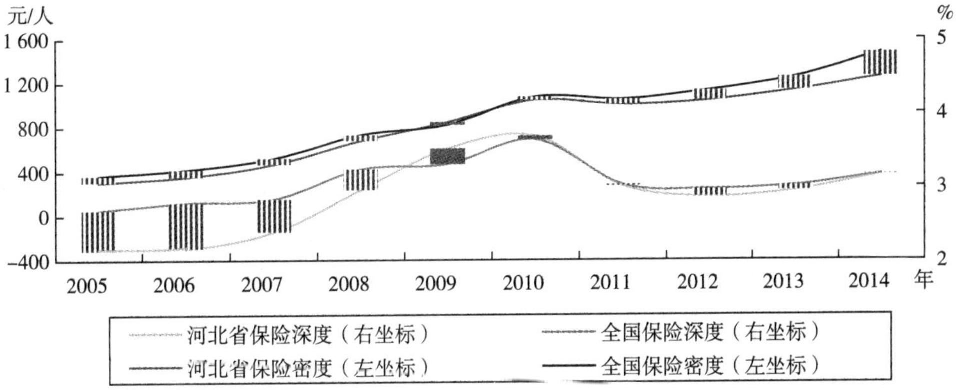

图 12 2005—2014 年河北省保险深度和保险密度与全国总体情况变化比较

有 60 家出口百强企业受惠于出口信用保险，小额贷款保证保险支持小微企业和个人获得贷款 16 亿元，贷款人意外伤害保险为贷款人提供风险保障金额 804.31 亿元；农业保险保障覆盖面不断扩大，玉米、小麦承保面积分别超过播种面积的 90% 和 70%，实现农业保险保费收入 17.90 亿元，支付赔款 439.22 万元；大病保险承保人数 3 278 万人，受益人次达到 11.92 万人；治安保险覆盖全省 132 个县（市），为 486.47 万农户提供风险保障 678.33 亿元；各类补充医疗保险覆盖 1 484.28 万人，赔付支出 6.67 亿元。

（二）稳健性评估

保障作用充分体现。2014 年，河北省保险业总资产增速受经济增速影响最大，与 GDP 增速同向运行，近年来增速首次低于 GDP 增速，具有较为紧密的联动性。保险业原保险保费收入增速持续向好，摆脱河北省生产总值增速下滑的影响。赔付支出和承担风险总额增速出现回落，但仍处于较高增速水平，降低了 GDP 增速放缓对实体经济的负面影响。综合来看，河北省保险市场健康成熟程度还远远不够，其稳定发展和可持续发展能力应当逐步予以增强。

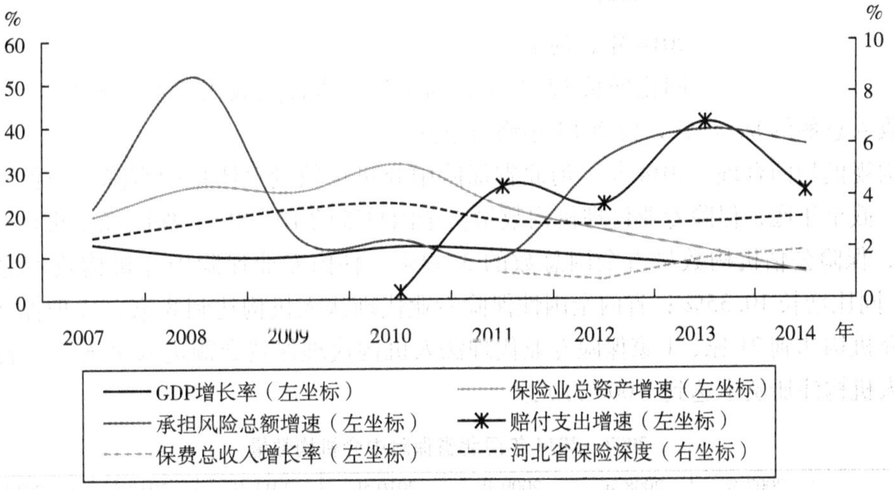

图 13 河北省部分保险业运行指标增速与河北省年度生产总值增速比较

人身保险公司风险应予以高度关注。2014 年，河北省人身保险公司退保金达到 207.99 亿元，大幅增长 90.54%；退保率达到 7.34%，超过 5% 的退保风险警戒线；全省有 16 家人身保险公司退保率超过警戒线，占比达到47%。当年满期给付超过175亿元，居全国第2位，同比增长近50%，满期给付风险压力也较大。财产保险公司平均应收保费率3.65%，批减保费率2.29%，没有发生重大群体性事件和突发事件，风险控制良好。

人身保险市场竞争激烈。2014年，河北省财产保险公司和人身保险公司CR4分别为72.23%和63.83%，同比分别下降0.31个和6.92个百分点，连续4年同比双双下降。人身保险公司下降速度远远大于财产保险公司，竞争更为充分。

险种结构趋向优化。2014年，河北省机动车辆保险保费收入在财产保险公司保费收入中的占比为83.41%，保险品种集中度过高未根本改变；分红型产品保费收入在人身保险公司保费收入中的占比大幅跌至53.13%，下降27.13个百分点，业务结构出现积极变化。

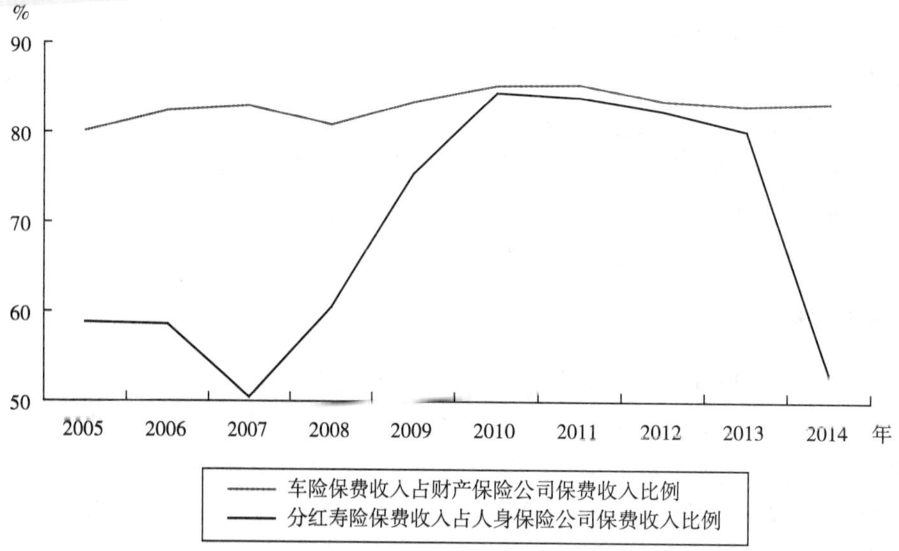

图14　2005—2014年河北省财产保险公司和人身保险公司中车险、分红寿险保费收入占比

代理保费保持平稳增长。2014年，河北省保险公司营销人员达到18.56万人，通过保险中介渠道实现保费收入784.6亿元，同比增长12.27%，高于河北省保费收入总额增速0.97个百分点；占河北省保费收入总额的84.19%，较2013年略有下降。

中介机构规模趋向合理。2014年，河北省保险中介机构数量总体稳中有降，与保险市场发展水平更加匹配。截至年底，保险专业代理机构数量占全国总数的10.38%，保险经纪机构数量占全国总数的2.46%，保险公估机构数量占全国总数的3.59%。辖内专业保险中介机构资产总额合计达到16.10亿元，同比增长10.35%；省内全国性保险专业代理法人机构达到8家，代理保费金额超1亿元的保险中介机构达到21家，1家保险专业代理法人机构代理保费金额进入全国前十名，38家保险专业代理法人机构注册资本达到1 000万元。

表3　2007—2014年河北省保险中介机构数量　　单位：家

	2007年	2008年	2009年	2010年	2011年	2012年	2013年	2014年
保险专业中介法人机构	89	98	101	105	107	108	104	107
保险中介服务集团							1	2
保险专业中介分支机构	282	313	331	388	469	600	797	797
保险兼业代理机构	2 695	3 075	3 733	5 723	11 504	12 228	11 503	9 850

财产保险公司效益指标领先，但对车险产品集中依赖。2014 年，河北省财产保险公司累计实现承保利润 17.95 亿元，居全国第 3 位，同比增长 50.39%。河北省财产保险公司各项主要效益指标继续领先全国，但大多仍停留在单一产品的低水平竞争上，对大幅提升财产保险公司自身盈利能力产生影响。

五、河北省社会金融活动

2014 年，河北省社会融资规模达到 5 177.05 亿元，较上一年度有所下降。但小额贷款公司、融资性担保公司、典当行等具有融资功能的非金融机构得到快速发展，这些机构定位于“积极支持‘三农’、大力服务小微”，一定程度上缓解了广大中小企业的融资困局，拓宽市场融资渠道，优化金融资源配置，有力地支持了全省经济平稳发展。

（一）发展现状

小额贷款公司继续保持规范健康发展势头。截至 2014 年末，全省小额贷款公司总数达到 608 家，注册资本 355.95 亿元，分别比上年增加 66 家和 42.7 亿元；贷款余额达到 349.56 亿元，同比增加 17.31%；利息收入 32.05 亿元，同比增加 18.56%，净利润 13.60 亿元，同比增加 14.48%，不良贷款率 0.28%，比上年增加了 0.17 个百分点。

2014 年，河北省特色小额贷款公司快速发展，扶贫小额贷款公司达到 86 家，科技小额贷款公司 171 家，居全国首位。2012—2014 年，河北省各小额贷款公司发放的涉农贷款余额分别为 129.48 亿元、274.46 亿元、309.02 亿元，余额逐年上升，有力地支持了“三农”发展。

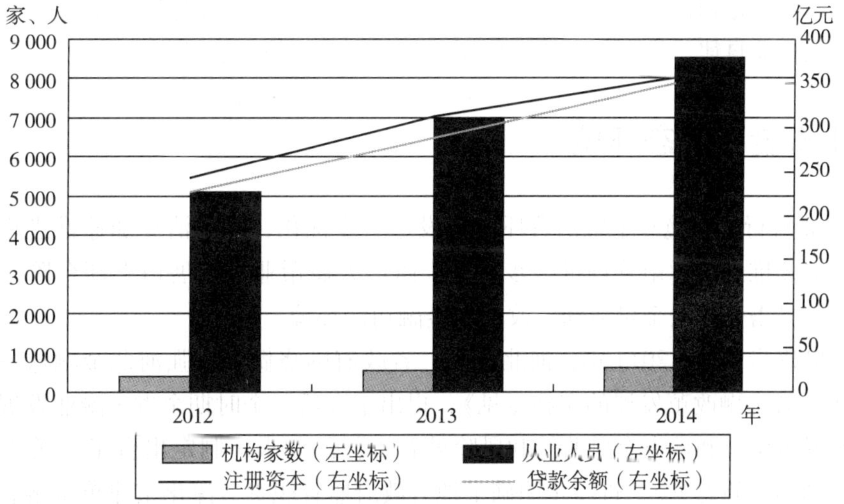

图 15 2012—2014 年河北省小额贷款公司发展情况

融资担保业发展稳健。截至 2014 年末，河北省融资性担保机构全行业从业人员达到 6 766 人，共有 587 家机构，比 2013 年减少 28 家，注册资本金总量 666 亿元，共有 442 家机构已开展担保业务，年末融资性担保责任余额 1 246 亿元，平均放大倍数 1.87 倍，风险代偿率为 0.14%。全省共有省级担保机构 12 家，市级担保机构 13 家，县级担保机构 562 家；3 亿元（含 3 亿元）以上的担保机构52家，1亿元（含1亿元）以上3亿元以下的担保机构288家，5 000万元（含）以上1亿元以下担保机构110家，5 000万元以下担保机构137家。

典当行规范发展，充分发挥资金融通补充作用。截至2014年末，河北省共有典当机构402家，其中典当行286家，分支机构116家，从业人数4 128人；注册资本总额67.87亿元，资产总额76.49亿元；全年发放贷款8.9万笔，总贷款额313.12亿元，实现业务利息及综合费收入7.35亿元，同比增长22%；全年上缴税金1.075亿元，同比增长24.28%；税后利润2.075亿元，同比增长14.5%。

企业民间融资规模持续下降。中国人民银行石家庄中心支行对河北省民间融资中介机构每季度开展问卷调查显示，2014年企业民间融资规模总体出现明显曲线波动走势，第三、第四季度波幅增大。银行贷款仍是企业资金来源的主渠道，民间融资在企业借入资金来源中仅占2%～3%，主要用于流动资金周转。

（二）管理情况

河北省小额贷款公司管理情况。一是进一步规范全省小额贷款公司的经营行为，积极拓宽小额贷款公司融资渠道。二是逐步提高小额贷款协会服务水平。三是进一步加强小额贷款公司风险防控，研发了河北省小额贷款公司运营监管信息系统。

河北省融资性担保公司管理情况。一是制定实施鼓励政策，促进融资性担保机构扩大业务范围，提高融资性担保机构的担保能力。二是加强现场检查，严控市场风险，净化融资性担保行业。三是积极落实各项扶持补贴政策，助力融资性担保机构健康发展。

河北省典当行业管理情况。一是实行分级管理、分级负责的属地管理机制，加强与公安、金融办等部门沟通协调。二是积极落实行业监管政策，加大对涉嫌违法行为的打击力度，着力防范和化解风险。三是加强行业自律，发挥行业协会作用，督促企业诚信守法经营。

六、河北省金融生态环境

2014年，河北省行政环境和金融消费环境建设进一步优化，支付清算加速推进现代化体系，社会信用体系建设继续推进，货币管理进一步优化，跨境人民币业务发展迈上新台阶，反洗钱履职能力大幅提升，严厉打击了非法金融活动，改善了金融司法环境。

行政金融环境逐步优化。2014年，河北省委、省政府围绕做大做强河北金融这一目标，制定出台了《关于加快全省金融改革发展的实施意见》，提出了今后一个时期全省金融业发展的总体思路和具体措施。按照界定中央和地方金融监管和风险处置责任的要求，制定出台了《关于建立健全地方金融监督管理体制的实施意见》，进一步明确了地方政府监管职责。深化京津冀金融合作，提出了京津冀合作意见，成立了京津冀产权交易市场发展联盟和规模为200亿元的“京津冀协同发展产业基金”。继续开展金融生态市、金融生态县创建工作，引进金融机构总部优秀干部到全省11个设区市挂职主管金融工作副市长。

加强金融消费环境建设。2014年，人民银行石家庄中心支行积极营造和谐有序的金融消费环境。组织开展河北省金融机构银行卡领域金融消费权益保护专项检查，从源头上减少金融消费者权益被侵害现象；强化金融知识宣传教育，帮助广大金融消费者丰富金融知识、了解金融风险、增强维权意识；2014年8月29日在全省开通“12363金融消费权益保护咨询投诉电话”，进一步畅通了金融消费者咨询投诉渠道，截至2014年末，12363电话共受理投诉103件、接受咨询1 389件，办结率、满意率均为100%。

支付清算体系现代化水平稳步提升。2014年，河北省支付体系实现了安全、稳定、高效运行，共处理业务15 959.46万笔、金额802 551.82亿元，同比分别增长38.64%、14.11%。截至12月底，人民币银行结算账户总数达2.45亿户，同比增长12.11%。2014年6月及9月，河北省辖内12家地方性法人银行机构及1家特许参与者成功切换为第二代支付系统报文标准，全省基本实现“一点清算”。

社会信用体系建设不断完善。截至2014年末，人民银行企业和个人征信系统已收录河北省39.0万户企业和2 790.9万位自然人信用信息，向金融机构、政府部门及社会各界提供782万次信用报告查询服务。累计为5.7万户小微企业建立信用档案，其中9 020户小微企业获得信贷支持，累计获得贷款4 370亿元，贷款余额1 653亿元。累计为1 224万户农户建立信用档案，其中218万户农户获得信贷支持，累计获得贷款1 828亿元，贷款余额672亿元。2014年，《河北省社会信用体系建设规划（2014—2020）》编制完成，确定13个农村信用体系试验区试点。

货币流通环境进一步优化。2014年，河北省进一步加大货币管理工作力度，深入开展反宣币专项整治工作，创新现场检查手段，使辖区货币流通环境得以优化。对全省553家银行业金融机构现金业务进行现场检查，接受公众现金业务咨询和处理投诉48次，为社会公众鉴定残币1.6万余元，打击处理9起涉嫌非法买卖流通人民币、非法使用人民币图样、非法人民币广告案件。

跨境人民币业务发展迈上新台阶。2014年，河北省跨境人民币业务收支1 069亿元，同比增长126%，占本外币全部跨境收支的22%。其中经常项下人民币结算870亿元，同比增长114%，资本项下人民币结算199亿元，同比增长197%。境外放款、跨境双向资金池、境外代理行业务取得零的突破。办理跨境人民币业务的企业从2013年的1 374家扩大至2 623家，除河北国开行外，具有国际结算资格的21家银行及其390家分支机构办理业务。

反洗钱履职能力大幅提升。2014年，对55家金融机构开展反洗钱专项检查、34家金融机构开展综合执法检查，包括33家银行业机构的72个营业网点，人保财险等15家保险公司的21个营业网点，4家证券期货类金融机构的4个营业网点及3家其他义务主体。对全省63家金融机构开展了洗钱风险评估，其中银行业机构58家，证券期货业机构1家，保险业机构2家，信托投资公司1家，金融租赁公司1家。接收金融机构书面报告的可疑交易线索100份，个人举报线索1份。经审核，对其中的38份可疑交易线索进行反洗钱调查。

严厉打击外汇领域违法违规活动。2014年，国家外汇管理局河北省分局共组织专项检查12次，完成非现场数据集中分析及现场检查3期，现场检查企业206家、个人142个，银行金融机构16家、分支机构208个，非银行金融机构4家，共查处违规案件42起，涉案金额1.88亿美元，收缴罚款571.40万元人民币。查处个人分拆结售汇案件9起，涉案金额达318.86万美元，收缴罚没款13.18万元。

打击非法金融活动 改善金融司法环境。2014年，全省公安机关共立案侦办各类破坏金融管理秩序犯罪和金融诈骗犯罪案件1 287起，破案725起，抓获犯罪嫌疑人1 377人，涉案金额202.7亿元。共立案侦办非法集资案件554起，是2013年的6.52倍；破案408起，是2013年的6.69倍；抓获犯罪嫌疑人1 020人，是2013年的8.36倍；涉案总金额超过200亿元，参与集资群众10余万人次，与2013年相比均大幅增加。全省法院系统共审结各类涉金融刑事犯罪案件518件、涉及被告人739人，审结各类金融纠纷案件21 893件、涉案标的额142.22亿元；法院系统共执结积案173件，执行到位标的额2.35亿元。

加强金融监管，化解金融风险。2014年，河北省人民银行系统共对683家金融机构开展了综合评价，对279家金融机构开展了综合执法检查，受理213家新设金融机构的开业事项申请。河北银监局开展现场检查64项，运用EAST系统开展现场检查17项，发现违规问题964个，强化重点风险防控。河北证监局进一步整合执法资源，加强执法力量，对内幕交易始终保持严打高压态势，加大对财务欺诈类、虚假信息披露类和市场操纵类线索及案件的发现与查处力度。河北保监局开展农业保险检查、寿险满期给付和退保风险排查，保险中介市场清理整顿以及以积压未决案件清理为重点的综合大检查等四次大检查，成立150余个检查组，6次深入全省全部132个县（市），检查5 400余家（次）基层保险机构和代理网点。

七、总体评估与政策建议

当前，河北省已进入经济增长换挡期、结构调整阵痛期、前期刺激政策消化期三期叠加的特殊阶段，经济运行中的不稳定、不确定因素依然很多，存在的突出矛盾和问题对金融业的稳健运行影响较大，金融体系中潜在的风险不容忽视，金融稳定任务依然严峻。

（一）总体评估

1. 经济继续平稳运行仍面临较大压力，潜在风险不容忽视

一是经济下行压力较大。经济回升基础尚不稳固，外需乏力、内需不足状况没有根本改观。相当一部分企业生产经营困难，生产成本上升。二是经济先行指标弱势运行。前11个月公路货运量增速同比回落6.9个百分点，全社会用电量增速同比回落4.4个百分点，港口货物吞吐量增速同比回落9.2个百分点。三是转型升级阵痛加剧。传统产业过剩产能加快退出，新兴产业不能及时跟上，缺乏经济增长动力，短期内难以形成多元支撑。治理大气污染和化解过剩产能直接影响全省经济增长约1.75个百分点。四是治理污染任务艰巨，加之环保标准和治污成本提高，治理难度加大。五是财政收支矛盾突出。财政收入增幅收窄，部分市县财政困难，地方政府偿债进入高峰期。

2. 金融业可持续发展面临新挑战

银行业经营在2015年可能出现拐点。部分产能过剩行业以及高杠杆企业债务违约增加，银行不良贷款将有所上升；地方融资平台贷款集中到期，政府偿债压力加大，政府融资平台违约率将有所上升；随着经济下行压力逐步加大，信托、银行业理财产品等影子银行风险正在逐步暴露，一旦打破刚性兑付，银行将面临较大声誉风险；同时，随着金融改革进程加快，利率市场化、存款保险制度、人民币国际化等重大改革举措正在研究推进并密集出台，将深刻影响和改变银行业的经营环境，金融风险日趋复杂，对银行业可持续发展将带来了较大挑战。

市场配置金融资源功能尚未充分发挥。一是资本市场发展的深度和广度有待进一步提高，2014年河北省生产总值排全国第6位，但证券化率不足全国平均水平58.3%的一半，与经济总量前十名省份及周边地区相比，存在着不小的差距。二是河北省内大型上市公司主营业务仍以钢铁、化工为主，受社会经济形势各方因素影响，部分上市公司经营业绩面临下滑趋势，给再融资带来一定压力。

三是多层次资本市场发展较慢，其融资作用尚未充分发挥。四是保险的深度和广度有待进一步提高，农业、出口信用、大病医疗等河北省薄弱领域保险保障功能有待进一步挖掘。同时人身保险公司满期给付风险、退保风险和现金流风险，财产保险公司投资型保险产品风险，农业保险经营管理风险等诸多风险仍需重点关注。

3. 金融生态环境仍需优化

河北省金融“三乱”现象需重点关注，部分农民专业合作社、投资公司乱设金融机构，乱办金融业务、非法吸收公众存款，导致资金链断裂，给河北省金融生态环境带来严重影响。随着房地产银根收紧以及经济下行压力加大，部分房地产企业以及高杠杆企业因民间融资引发的资金链断裂风险应予以关注。部分融资性担保公司、小额贷款公司违规经营、超范围经营金融业务，其风险也不容忽视。金融资源配置不合理，部分小微企业、“三农”等薄弱环节和领域金融服务不到位，导致民间高利贷行为盛行，给区域经济和社会稳定带来一定影响。当前，整个社会出现一种“浮躁”现象，加之部分居民金融知识匮乏，投资者教育欠缺，风险意识不强，参与非法集资活动，导致资金出现巨大损失，给河北省社会稳定带来严重影响。

（二）政策建议

1. 继续加大对实体经济的支持力度，实现实体经济发展与银行发展“双赢”

一是金融业要积极支持党中央提出的京津冀一体化发展战略和对接河北的各项重大发展战略。围绕京津冀协同发展、“四大攻坚战”等重要战略，加大对交通、生态环保和产业承接的支持。积极对接“一带一路”建设中交通建设、沿线能源资源合作、进出口和文化旅游等项目。二是支持产业结构调整和转型升级。积极支持过剩产能化解和大气污染防治，助力过剩产能行业企业“走出去”。优先支持符合国家产业政策和河北省产业结构调整升级的行业和项目。重点支持战略性新兴产业、清洁能源、城镇化建设等重点项目。三是发展普惠金融。继续做好对“三农”、小微企业等金融服务，实现小微企业和涉农贷款增速高于全部贷款平均水平。进一步加大银行业机构对县域经济发展的支持力度，提高县域市场主体的资金需求满足度。四是支持民生消费领域。积极支持首套自住购房等消费信贷需求。按照风险可控、商业可持续原则，大力支持保障性安居工程建设。稳步发展汽车、旅游等消费金融。五是降低社会融资成本。持续加大对不合法、不合理、不合情的收费行为的治理力度，争取解决“融资难，融资贵”的问题，进一步降低企业融资负担。

2. 鼓励推动金融创新，加快深化金融业改革

京津冀协同发展、环渤海地区成为国家开放热点，为河北省打造新的经济增长极提供了空前的历史机遇，为此我们一定要扎实推进各项改革措施落地，切实增强金融业改革内生动力。一是主动作为，积极推动辖内法人银行业机构深化改革，完善公司治理，加快发展转型；继续加大农信社改革推进力度。加快推进农信社“双改”工作。二是应以新“国九条”构建多层次资本市场为契机，推动省内企业在主板、中小板、创业板、“新三板”等市场进行股权融资，助力河北省产业转型与发展。相关部门应积极组织省企业与资本市场进行充分对接，为企业提供更多政策咨询、业务指导等支持，积极培育辖内上市资源，加快优势产业的优质企业上市，推动河北资本市场加快发展。三是高度关注金融体制改革和利率市场化改革进程，指导辖内银行业机构尤其是中小法人机构，加快转型步伐，找准市场定位，切实做好打基础、利长远的工作，实现辖内各类银行业机构共同稳步发展。四是在防范风险的前提下，加快发展资产证券化，通过盘活存量资产，进一步推动河北省产业转型

升级，培育新的经济增长点。

3. 采取综合措施，确保不发生系统性风险

加强对新常态下经济金融运行、产业政策变化的监测分析，提高对区域性、行业性、系统性风险的识别、研判和预警能力，避免由宏观环境的外部风险转移为银行经营的内生性风险。积极防范化解产能过剩行业、房地产、地方政府融资平台、具有融资功能的非金融机构以及信托理财等领域风险。组织开展金融稳定压力测试和金融机构稳健性现场评估。推动交叉性金融业务统一监管，强化市场机制约束作用，增强金融体系的抗风险能力。建议政府相关部门严格把控具有融资功能的非金融机构的审批和管理，明确管理主体，落实监管责任；在处置金融风险方面给予大力支持，优化金融生态环境；支持社会信用体系建设，改善融资环境；严厉打击以农民专业合作社、投资公司等名义非法集资活动，主动开展风险提示和投资者风险警示活动。

总　　纂：贾广军
统　　稿：李　伟　陈　芳　胡利峰　王丽英
执　　笔：高　远　杨辉平　杨　冀　林红家
黄　倩　王聿孜　李　鹏
其他参与写作人员：
薛秀丽　尚　楠　高东胜　杜彦尊
王　超　肖正午　张　明　谢瑞芬
李建令　孙刚强　赵　娜　王治宇

山西省金融稳定报告摘要

2014年，山西省国民经济在克服重重困难中实现新发展，经济结构呈现积极变化，改革创新取得明显进展，人民生活水平得到稳步提升。全省金融业总体运行平稳，服务实体经济发展取得新成效，风险防控能力得到新提升。金融基础设施建设不断加强，金融消费权益保护、法制环境、支付体系和社会信用体系建设、反洗钱、反假货币和现金管理工作持续推进。同时，经济金融中不确定、不稳定因素增多，经济金融保持稳健运行面临一定挑战。

一、区域经济运行与金融稳定

2014年，在宏观经济增速放缓、煤炭等能源原材料产品市场供过于求、价格持续下跌的情况下，山西省积极应对经济下行压力，国民经济在克服重重困难中实现新发展，为区域金融稳定奠定了基础。

（一）经济运行进入新常态

1. 经济增速大幅回落

初步核算，2014年，山西省完成生产总值12 759.4亿元，按可比价格计算，同比增长4.9%，增速比上年回落4个百分点，低于全国平均水平2.5个百分点。第一、第二、第三产业增加值分别完成788.14亿元、6 343.29亿元和5 628.01亿元，分别增长3.8%、3.7%和7.0%。

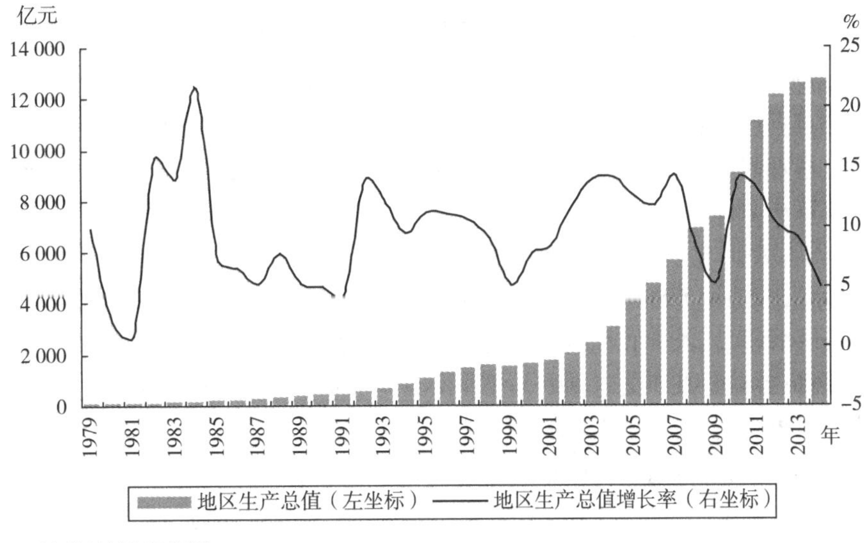

数据来源：山西省统计局相关资料。

图1　山西省生产总值及其增长率

2. 经济结构不断优化

2014 年，全省农业生产再获丰收，粮食总产量达到 133.1 亿公斤，同比增长 1.4%，实现“五连增”。全省工业生产低位运行，规模以上工业增加值按可比价格计算比上年增长 3.0%，较上年同期回落 7.5 个百分点，低于全国平均水平 4.9 个百分点。三次产业占全省生产总值比重由 2013 年的 6.1:53.9:40 变为 2014 年的 6.2:49.7:44.1，三次产业协调性更加合理。

3. 投资规模持续增长，投资结构呈现积极变化

2014 年，全省固定资产投资完成 11 977.0 亿元，同比增长 11.5%，连续两年超万亿元。分产业看，第一、第三产业投资增速分别比第二产业投资快 26.9 个、4.4 个百分点，所占比重明显上升，三次产业投资占比由 2013 年的 6.2:43.3:50.5 变为 2014 年的 7.4:41.8:50.8。从控股情况看，非国有投资增速比国有投资高 21.3 个百分点，明显快于国有投资，占全省固定资产投资的比重 59.4%，同比上升 4.7 个百分点。

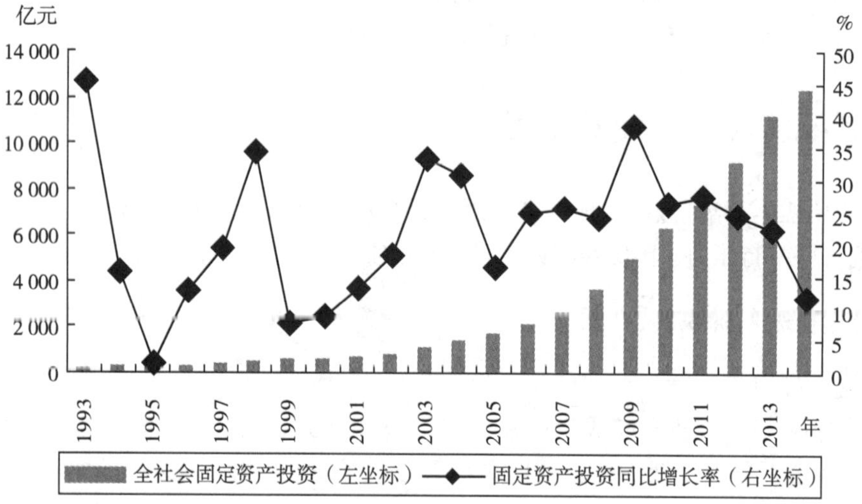

数据来源：山西省统计局相关资料。

图 2 山西省固定资产投资及其增长率

4. 消费市场持续下滑。2014 年，全省社会消费品零售总额 5 549.9 亿元，同比增长 11.3%，低于上年同期 2.7 个百分点，低于全国平均水平 0.7 个百分点，增速 6 年连续下滑。按经营地统计，城镇、乡村消费品零售额同比分别增长 11.2%、11.7%。按消费形态统计，商品零售额、餐饮收入同比分别增长 11.5%、9.2%。

5. 财政收入增速放缓，财政支出较为平稳

2014 年，全省公共财政收入 1 820.1 亿元，同比增长 7.0%，低于上年同期 5.1 个百分点。在税收收入下滑态势下，非税收入拉动财政收入增长的作用明显。全省财政支出 3 096.3 亿元，同比增长 2.2%。教育、文化体育与传媒、交通运输、社会保障和就业、医疗卫生等民生支出增长稳定。

6. 物价水平涨幅较低，工业经济通缩压力加大

2014 年，全省居民消费价格比上年上涨 1.7%，低于上年同期 1.4 个百分点，低于全国 0.3 个百分点。全省工业生产者出厂价格下降 8.6%，工业生产者购进价格下降 3.8%。全省工业产品购销价格已经连续 43 个月出现倒挂，工业经济通缩压力不断积聚。

7. 居民收入持续增长，劳动力就业形势向好

2014 年，全省居民人均可支配收入 16 538 元，同比增长 9.4%。按常住地分，城镇常住居民人均可支配收入 24 069 元，同比增长 8.1%；农村常住居民人均可支配收入 8 809 元，同比增长 10.8%，增速快于城镇常住居民人均可支配收入 2.7 个百分点。城乡居民人均可支配收入倍差缩小。全省城镇新增就业人数 51.4 万人，转移农村劳动力 37.7 万人。城镇登记失业率为 3.4%。

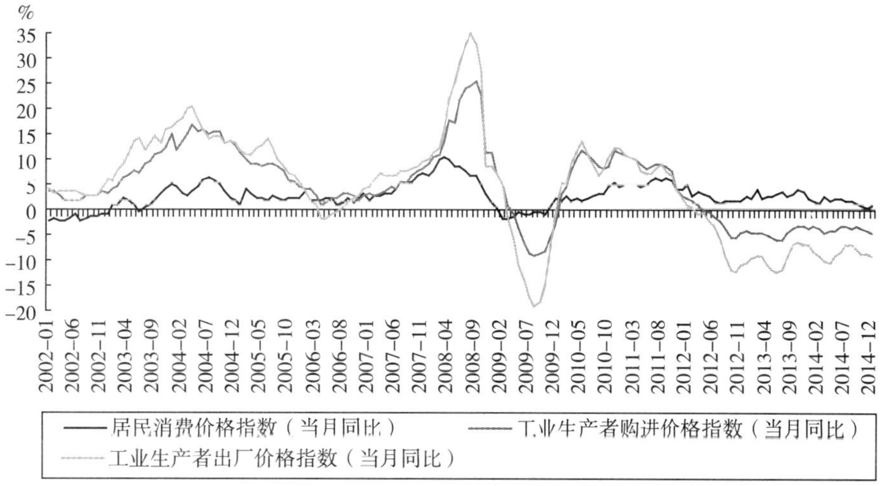

数据来源：山西省统计局相关资料。

图 3　山西省居民消费价格和生产者价格变动趋势

8. 对外经济增速放缓

2014 年，全省进出口总额 162.5 亿美元，同比增长 2.9%，增速较上年回落 3.1 个百分点。其中，出口总额 89.4 亿美元，同比增长 11.8%，增速较上年回落 2.1 个百分点；进口总额 73.1 亿美元，同比下降 6.3%，降幅较上年扩大 3.4 个百分点；进出口顺差 16.4 亿美元，同比扩大 7.2 倍。跨境资金流动规模小幅下降，国际收支总额 287.3 亿美元，同比下降 8.8%。跨境收入和支出双双呈现负增长，为近两年首次出现。其中，外汇收入 145.4 亿美元，同比下降 6.0%；外汇支出 141.9 亿美元，同比下降 11.4%，顺差 3.6 亿美元。

（二）经济运行中需关注的问题

1. 工业经济低位承压运行

受市场需求不足等因素制约，全省工业经济呈现低速、低效的运行态势。一是工业产值、产量和价格持续回落。2014 年，全省重点监测企业总产值同比下降 4.2%，煤炭、冶金、电力、焦化和化工行业产值明显下降。主导产品中粗钢、焦炭、水泥、电解铝产量负增长，而煤炭、钢材产量小幅增长，同比回落。重点监控的 12 种工业产品价格“9 降 3 涨”，煤炭、钢材、焦炭价格已跌至 10 年前水平。二是工业效益大幅下滑。2014 年，规模以上工业企业实现主营业务收入同比下降 6.1%。其中，煤炭、焦炭、冶金、电力同比分别下降 8.0%、21.9%、8.3% 和 0.6%；规模以上工业企业实现利税同比下降 32.6%，实现利润同比下降 61.4%。

2. 风险事件对山西省民营经济的影响持续发酵

由于较为单一的产业结构，山西民营企业多以煤、焦、钢铁、房地产为主产，在以前较为宽松的货币环境下，民营企业多采用联保、互保形式提高信用等级，逐步形成行业或区域担保链。2014

年以来，煤、焦、钢铁行业效益大幅下降，加之，联盛、海鑫等个体事件持续发酵，金融风险通过担保圈不断扩散，相关企业自身经营及代偿压力加大、资金链紧张，出现违约、形成新的金融风险的可能性不断加大。受此影响，金融机构对相关民营企业信贷逐步收紧，民营企业生存环境进一步恶化。

3. 经济困境引发全面信贷收紧

山西是典型的“资源型经济”，抵御市场风险能力偏低，在历次全国经济增速放缓时，山西经济均出现大幅回落。2014 年，受煤炭需求下降，产能过剩，价格低迷等因素影响，山西经济面临前所未有的严峻形势，主导产业效益下滑，亏损企业增多，违约事件时有发生，对商业银行资产质量及信用环境冲击较大。2014 年，全省银行业不良贷款余额、不良贷款率分别比年初增加 92.1 亿元，上升 0.15 个百分点。受此影响，商业银行贷款审批更加严格谨慎，信贷投放趋缓。实体经济与信贷环境交互不利影响，陷入“经济下行—资产质量恶化—信贷收紧”的恶性循环，直接影响区域经济发展。

二、金融业与金融稳定

2014 年，山西省金融业总体保持平稳健康的运行态势，改革发展取得新进展，服务实体经济发展取得新成效，风险防控能力得到新提升，但受经济持续下行影响，制约金融业稳健发展的因素明显增多，风险防控压力加大，需引起关注。

（一）银行业

2014 年，山西省银行业规模扩张速度放缓，各项存款明显少增，信贷投放增速回落，非信贷资产占比上升，盈利能力下降，不良贷款持续反弹，风险防控压力全面加大。

1. 银行业运行和发展情况

（1）资产负债规模增速回落。截至 2014 年末，全省银行业资产、负债总额比年初均增长 3.4%，同比分别回落 7.2 个和 6.7 个百分点。分类别看，股份制商业银行规模萎缩，资产、负债出现负增长；其他各类机构均保持正增长，但除政策性银行外，其他各类机构增速均大幅下滑。

（2）各项存款明显少增，信贷投放增速回落。截至 2014 年末，全省银行业各项存款同比增长 2.3%，低于上年同期 6.5 个百分点，比年初增加 675.5 亿元，同比少增 1 432.9 亿元，新增额不及上年同期的三分之一。全省金融机构各项贷款同比增长 10.2%，低于上年同期 3.5 个百分点，比年初增加 1 487.9 亿元，同比少增 319.1 亿元。

（3）盈利能力明显下降。受规模扩张放缓、信贷投放少增、存贷息差下降、拨备增加和贷款损失准备增提等因素影响，银行业效益指标明显回落。全年实现利润同比减少 47 亿元；初步测算，年末资产利润率同比下降 0.2 个百分点，成本收入比率同比上升 0.2 个百分点。

（4）抵御风险能力有所增强。截至 2014 年末，全省银行业所有者权益比年初增加 45 亿元，银行业贷款损失准备充足率同比提高 12.5 个百分点，拨备覆盖率同比提高 9.8 个百分点。法人金融机构资本充足率（原办法）同比上升 0.6 个百分点。

2. 银行业稳健性评估

（1）信用风险持续攀升。2014 年，全省银行业信用风险呈现持续上升态势。一是不良贷款持续

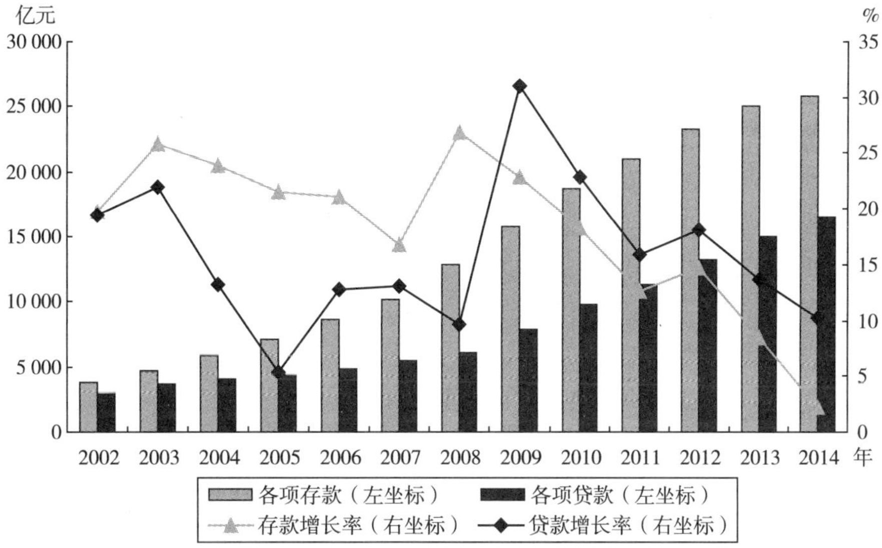

数据来源：人民银行太原中心支行相关资料。

图4　山西省银行业金融机构存贷款余额及其增长率

全面反弹。全省不良贷款余额和不良贷款率比年初均出现上升。全年有10个月连续反弹，反弹力度逐步加大，反弹机构扩散至全部类型机构。二是关注类贷款和逾期贷款大幅增加。2014年末，全省银行业关注类贷款、逾期贷款分别比年初增加276.6亿元、290亿元。三是银行垫款大幅上升。2014年末，银行垫款比年初大幅增加59亿元，增长8.8倍。

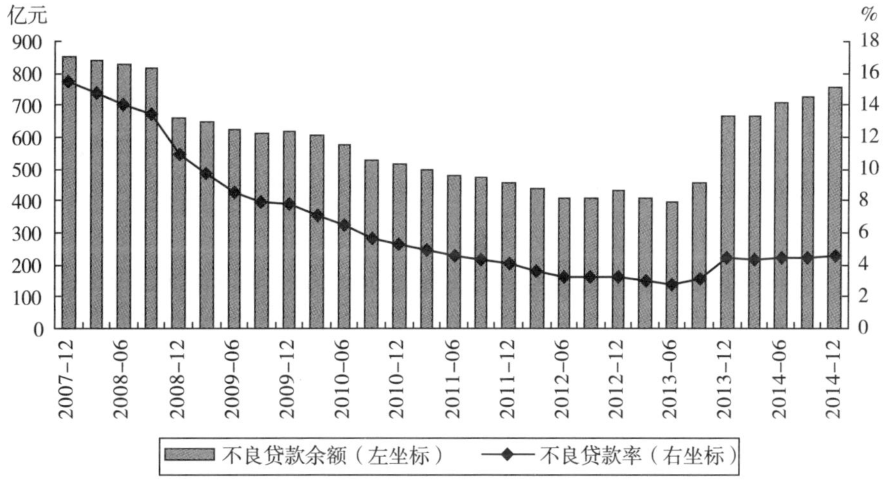

数据来源：山西银监局相关资料。

图5　山西省银行业金融机构不良贷款情况

（2）操作风险形势复杂。银行业内控体系仍存漏洞，“重业绩、轻管理”的思想依然存在，员工管理与行为风险排查力度不够，违规操作时有发生，产品风险揭示与信息披露不充分，银行业工作人员参与社会集资、内外勾结侵害客户利益等风险仍然存在，外部风险向银行业传染的压力加大。

（3）流动性风险隐患突出。受金融调控力度加大、利率市场化改革加快等因素影响，银行流动性管理难度加大，资金趋紧问题较为普遍。一是银行存款增速回落，资金来源稳定性下降。全省银行业月日均存款连续3个月下降，12月末同比少增1 135亿元。二是存放类业务大幅下降。从资产看，存放同业、存放系统内全年减少782亿元；从负债看，同业存放减少20亿元。三是资金运用相对加大。银行贷款增速快于存款7.3个百分点，信贷占用资金加大。四是法人机构核心负债依存度处于较低水平，部分城商行、农合机构流动性明显下降。截至2014年末，法人机构核心负债依存度低于60%的监管标准。

（4）同业业务潜藏风险。随着同业业务监管新政的实施，银行同业业务借道投资渠道以“非标债权业务”方式替代性增长。截至2014年末，银行投资规模比年初增加409亿元，占银行总资产的7.5%。其中，其他投资业务比年初增加427亿元，比监管新政出台前的3月增加356亿元，大部分业务是由买入返售资产中转入的非标债权业务。这些新型同业业务具有期限错配、投向不合规等特点，潜在风险不容忽视。

（5）委托贷款业务存在隐患。截至2014年末，全省银行业委托贷款规模比年初增加985亿元，增长51.8%，远超表内信贷增速41.9个百分点。从委托资金看，大部分来源于理财、信托计划及资管计划，资金实质来源仍为银行存款，承接风险的主体仍在银行体系。

（6）信托产品风险逐步显现。受经济持续下行、企业经营困难等因素影响，资金投向山西省实体经济的存续信托项目兑付压力加大，加之部分产品为集合类项目，涉及自然人较多，且存在风险提示和信息披露不到位的情况，若不能及时兑付，易引发群体事件。2014年，山西省发生了中诚信托、吉林信托2家信托公司的产品不能如期足额兑付的风险事件，对信托公司和商业银行的声誉造成了不利影响，引发了群体事件，影响了社会稳定。

（二）证券期货业

2014年，山西省证券期货机构资本实力不断增强，代理交易规模稳步扩大，私募基金产业快速发展，上市公司运行平稳，直接融资规模大幅增长，“新三板”和省股权交易中心企业挂牌实现新突破，地方金融创新步伐加快。但证券公司业务结构单一，期货公司抗风险能力较弱，上市公司后备资源不足，行业结构失衡等问题仍需关注。

1. 证券期货业运行和发展情况

（1）证券经营机构不断增加，交易额和利润大幅增长。截至2014年末，山西省共有2家证券公司、19家证券分公司和145家证券营业部，比上年新增6家营业部。受沪深综指较大幅度上涨影响，证券经营机构辖区投资者账户数、累计代理证券交易额同比分别增长5.61%、41.29%。2家法人证券公司总资产、净资产、净资本、营业收入、净利润同比分别增长72.99%、7.00%、3.57%、47.67%、95.47%。

（2）期货公司资本实力有所增强，市场交易规模稳步扩大。截至2014年末，山西省共有4家期货公司和29家期货营业部，比上年减少1家营业部。期货公司注册资本同比增长39.63%。期货公司资产总额、客户权益、投资者开户数也呈现增长态势，同比分别增长52.87%、67.05%、9.68%。期货市场全年累计交易量、累计交易额同比分别增长12.20%、6.41%。

（3）私募基金产业快速发展，支持实体经济的能力不断增强。截至2014年末，在省工商局注册登记的创投企业95家，股权投资企业57家，其他投资咨询等相关企业7家，共有39家在中国证券投资基金业协会备案，各类私募基金累计募资同比增长191%。私募基金以城镇化基金、农业风投基金等形式投向了土地收储、棚户区改造、煤化工、农业龙头企实业等多个实体项目，投资范围不断扩大。

（4）上市公司平稳发展。截至2014年末，山西省境内共有A股上市公司35家，比上年增加1家，其中主板30家，中小板3家，创业板2家，A股上市公司家数在全国排第20位，在中部六省排第5位；总股本562.48亿股，流通股本528.28亿股；总市值5 624.09亿元，流通市值5 068.13亿元，总市值在全国排第15位，在中部六省排第5位。同时，在证监会排队等候IPO审核的企业有申报中小板的普德药业和永东化工、申报创业板的东杰物流3家，有即将接受辅导验收的壶化集团1家，进入上市辅导期在山西证监局备案的企业有12家。

（5）银行间市场融资突破千亿元，直接融资规模大幅增长。2014年，山西省实现直接融资1 804.24亿元，同比增长27.13%。银行间市场实现融资1 325亿元，占融资总规模的73.44%，其中，超短期融资券250亿元，短期融资券253亿元，中期票据156亿元，非公开定向融资工具651亿元，资产支持票据（ABN）15亿元；资本市场实现融资479.24亿元，占融资总规模的26.56%，其中，股权融资22.81亿元，公司债35亿元，企业债51亿元，中小企业私募债10.1亿元，创投基金和私募投资基金规模227.67亿元，证券公司柜台市场融资22.07亿元，股权质押、定向资管计划、约定式回购等证券创新业务实现融资110.59亿元。

（6）场外市场实现新突破。截至2014年末，山西省有4家企业在“新三板”成功挂牌，有1 205家中小企业在山西省股权交易中心实现挂牌。此外，山西证券公司柜台交易市场建设、长治和朔州市开展“五位一体”融资服务平台试点建设都取得新进展。场外市场为中小企业股权转让、融资发债提供新舞台，为企业转板走向主板、创业板融资奠定了基础。

（7）地方金融创新步伐加快。一是山西省投资基金业协会与太原高新区管委会合作，启动了专司中小企业直接融资服务的“众筹平台”建设。二是借力众筹工具探索金融扶贫与产业扶贫有机融合，筹措众筹基金170余万元，为娄烦县白家滩村组建养鸡合作社和养羊合作社，95户贫困户成为合作社股东。三是中国（太原）煤炭交易中心试点开展商品场外衍生品交易。

2. 证券期货业稳健性评估

（1）证券公司抗风险能力较强，盈利模式有待改善。2014年，2家法人证券公司净资本/净资产、净资本/负债、净资产/负债高于40%、8%、20%的监管标准，流动性覆盖率和净稳定资金率指标表现良好，流动性充足，抵御风险能力较强，但受负债规模大幅增长影响，净资本/负债、净资产/负债下滑明显。同时，法人证券公司创新业务发展不足，依赖经纪业务的盈利模式仍未改善。2014年，法人证券公司经纪业务收入占营业收入的58.74%，融资融券、资产管理、财务顾问等创新业务收入增长较快，但在营业收入的占比仍较低。

（2）期货经营机构盈利能力减弱，服务实体经济的深度不够。2014年，受投资环境、竞争加剧等因素的影响，辖区期货经营机构代理交易量、交易额呈现增长趋势，但利润总额与上年同期相比有所减少。同时，辖区期货客户以中小散户为主，机构户数量严重不足，特别是在辖区产业中占比较大的煤炭、煤化工和电力等相关行业、企业参与期货市场进行套期保值的较少，期货市场服务实体经济的功能未完全发挥。辖区约200户企业开户参与套期保值，仅占全国的2%。

（3）上市公司数量少，资本运作能力有待加强。截至2014年末，山西省仅有35家上市公司，在中部六省中比排在前一位的少32家。山西省企业管理基础差、改制进程缓慢，上市公司后备资源不足。全省规模以上近5 000家企业中改制的不到400家，13.5万家中小企业中改制的不到500家。

同时，上市公司缺乏市值管理和资本运作能力，平台功能未充分发挥。辖区29%的上市公司没有实施再融资，开展过并购重组的只有34 %，开展股权质押业务的只有40%。

（4）上市公司行业、区域分布不均衡。一是新兴产业上市公司较少，60%的上市公司集中在煤炭采选业、化工、冶炼、炼焦、电力等传统行业。同时，民营上市公司较少，63%的上市公司为国有企业。二是区域发展不均衡，全省上市公司51%注册在太原。

（5）直接融资结构不均衡，债务融资偿付压力加大。2014年，山西省直接融资规模大幅增长，但直接融资中债务融资偏多，股权融资偏少，制约资本运作空间。2014年全省股权融资规模在中部六省中排末尾。同时，债务融资主要集中于煤焦冶电行业，受经济下行、企业效益下滑影响，债务偿付压力加大，相关风险需引起关注。

（三）保险业

2014年，山西省保险业市场主体建设有序推进，保费增速明显回升，赔款给付相对平稳，险种结构趋于优化，重点领域取得突破，服务能力显著增强。但保险业保持较快发展的压力加大，“一险独大”和市场集中度偏高的情况依然存在，寿险退保额大幅增加，区域发展不均衡等问题需要关注。

1. 保险业运行和发展情况

（1）主体建设有序推进，市场格局日臻完善。截至2014年末，全省共有法人保险公司1家，省级分公司46家。其中，财产保险公司24家，人寿保险公司19家，新增3家，养老保险公司2家，健康保险公司1家。保险中介方面，保险代理法人机构67家，新增2家，保险公估法人机构4家，新增1家，保险经纪分支机构10家，减少1家。全省保险市场逐步形成法人机构与分支机构并存，综合经营与专业经营互补，保险公司与中介机构协作的门类齐全、共同发展的市场格局。

（2）资产规模持续增长，保费增速明显回升。截至2014年末，山西省保险业总资产同比增长8.64%；保费收入同比增长12.85%，增速较上年加快5.64个百分点，高于山西省生产总值增速7.95个百分点；保费收入位居全国第18位。

（3）赔款给付相对平稳，保障水平持续提升。2014年，全省保险业赔款与给付支出同比增长7.77%。其中，财产险赔款支出同比增长0.49%，人身险赔款支出同比增长13.29%。全省保险密度同比增加139.67元/人，保险深度同比上升0.38个百分点。

（4）险种结构趋于优化，发展质量稳步提高。2014年，财产险市场中非车险保费收入同比增长9.83%，连续4年高于车险；非车险保费收入占比达19.62%，较2010年提高了3.87个百分点，连续5年提高。人身险市场，分红险保费收入占比52.37%，较上年下降20.85个百分点；普通寿险保费收入占比36.85%，较上年提高19.52个百分点。10年期及以上新单期缴保费同比增长26.8%，保费占比较全国平均水平高2.6个百分点。全省保险业承保利润近7亿元，同比增长60.5%；承保利润率4.4%，比上年提高1.7个百分点。

（5）服务能力显著增强，社会满意度不断提升。截至2014年末，山西保险业累计承保保额同比增长52.7%。全年累计清理产险积压未决赔案18.9万件，较上年增长14.5%；车险件数结案率93.2%，同比提高1.5个百分点，较全国高3.3个百分点；全年共清查补正寿险保单150.3万件，剔除中国人寿遗留问题，补正率达96.2%。保险业的社会满意度不断提升，尤其是“3·1”晋济高速特别重大燃爆事故发生后，行业积极参与善后处置，主动开展理赔，树立了良好形象，受到社会各界好评。

2. 保险业稳健性评估

（1）保险业保持较快发展的压力加大。2014 年，山西省保险业原保险保费收入同比增长12.85%，低于全国4.64 个百分点，连续3 年低于全国平均水平。同时，受经济持续下行，保险产品与银行理财产品、证券资管产品等高收益产品相比缺乏竞争力等因素影响，全省保险业保持平稳较快发展的难度加大。

（2）“一险独大”和市场集中度偏高依然存在。截至2014 年末，车险保费收入在财产险保费收入中的占比和分红险保费收入在人身险保费收入中的占比分别为80.38%和52.37%，占比仍较高。财产险和人身险市场经营主体发展不均衡，2014 年末，财产险市场共有24 家公司。其中，人保财险1 家公司市场份额占37.86%，最大五家公司市场份额占80.18%，而最小十家公司市场份额仅占4.40%；人身险市场共有22 家公司，其中，国寿股份1 家公司市场份额占32.03%，最大五家公司市场份额占76.10%，而最小十家公司市场份额仅占4.36%。

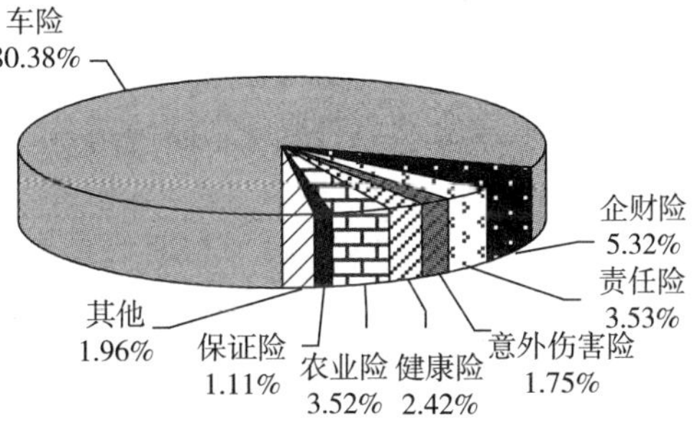

数据来源：山西保监局相关资料。

图6　2014 年山西省财产险主要险种占比

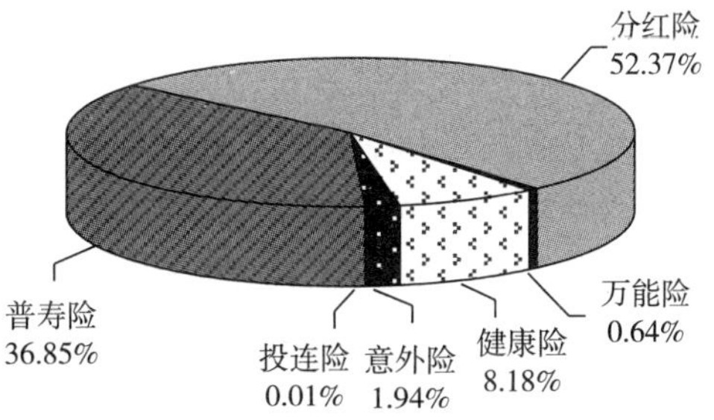

数据来源：山西保监局相关资料。

图7　2014 年山西省人身险主要险种占比

（3）寿险退保额大幅增长。2014 年，山西省寿险公司退保金总额同比增长71.12%，退保率同比提高1.70 个百分点。退保率的不断上升，保险公司的声誉和利润受到损失，若退保率未能得到有效控制，将影响保险行业的稳健发展。

（4）区域发展不均衡。2014 年，山西省辖内11 个地市，除太原外，其余10 个地市保费收入增速均低于全省平均增速。同时，保费收入区域分布不均衡，业务量居前三位的太原、运城、晋中三市保费收入占比45.55%。其中，省会太原占比达24.48%；而业务量小的朔州、阳泉、忻州三市保费收入占比仅为14.14%，业务量最小的朔州占比仅为2.98%。

三、金融基础设施与金融稳定

2014 年，山西省金融基础设施建设不断加强。金融法制宣传及执法力度加大，金融消费权益保护工作不断深化；支付体系平稳高效运行，支付结算环境继续改善；征信体系建设稳步推进；反洗钱监管持续深入；反假货币及现金管理进一步加强。

（一）金融法制环境持续改善

金融业运行的法制基础进一步夯实。保险法、证券法、预算法、行政诉讼法、环境保护法等法律的修订和《存款保险条例（征求意见稿）》面向社会公开征求意见，为金融业的持续、健康发展创造了更为完善的法治环境。人民银行太原中心支行组织全省金融机构采取多种形式开展征信知识、银行卡管理、金融消费权益保护等方面的金融法制宣传活动，社会公众遵守金融法律的自觉性和依法维权意识明显提高。

对金融违法行为的查处力度加大。人民银行各级分支机构加大对金融机构的专项和综合执法检查，2014 年共检查机构 201 家，作出行政处罚决定 120 件、罚款 669.5 万元，促进机构依法合规经营，有效维护辖区金融秩序。

金融消费权益保护不断深化。贯彻落实《中国人民银行金融消费权益保护工作管理办法（试行）》，制定实施辖区金融消费权益保护工作管理办法、评估办法、考核实施细则和处置突发性群体投诉事件应急预案。开通“12363”金融消费权益保护咨询投诉电话并在地市级及县级金融机构 4 705 个营业网点予以公布。全年全省共受理消费者投诉 288 起、咨询 4 369 件，投诉人满意度 100%。

（二）支付体系建设取得明显成效

支付系统参与者规模及业务量持续增长。2014 年，第二代支付系统和支付信息统计分析系统上线推广工作顺利完成。全省 207 家银行业金融机构加入现代化支付系统，111 家银行机构加入账户管理系统，61 家机构加入电子商业汇票系统，44 家机构加入同城票据交换系统。山西省大、小额支付系统业务量同比分别增长 15.87%、12.85%，金额同比分别下降 2.49%、增长 1.04%；全省全国支票影像交换系统提出业务量同比增长 46.49%，金额同比增长 3.17%。

非现金支付工具投放和使用量持续上升。截至 2014 年末，全省 22 家发卡机构累计发卡量同比增长 17.22%，特约商户、POS 机、ATM 累计数量同比分别增长 161.05%、112.96%、40.41%，全省银行卡特约商户交易笔数和金额，同比增长均达 50% 左右。

农村地区支付环境建设取得新进展。截至 2014 年末，全省在农村地区共发展服务点 58 362 个，其中 6 232 个改造升级为金融综合服务站，初步具备查询、小额取现、转账、代缴费等多项功能。布放受理终端 59 142 台，办理助农取款业务 330.16 万笔、23.23 亿元；发展手机支付用户 1 522 户，累计交易 5 720 笔、603.41 万元；办理农民工银行卡特色服务业务 18 万笔、1.5 亿元。

支付服务市场秩序有效规范。合规开展行政许可事项，办理银行账户开立 152 416 户、撤销 82 854户、变更 39 761 户；受理并上报总行联网核查社会公众投诉 86 笔，协助法院查询结算账户 6 393户。全面开展支付结算综合执法检查、银行卡收单业务和银行卡领域金融信息保护专项检查工作，检查机构 177 家，处罚 18 家、18.3 万元。积极开展支付服务市场整顿监管工作，完成 11 家非法人机构备案工作；对山西省法人支付机构及备案类非法人支付机构在《山西日报》进行公告，维护法规制度的严肃性。

（三）征信体系建设稳步推进

征信系统平稳运行，系统信息量及查询量持续增长。截至2014年末，山西省企业和个人征信系统共为23万户企业和其他组织即1 584.6万自然人建立了信用档案，全年提供企业系统查询54.7万次、个人系统查询319万次；累计受理公检法、中小企业局、审计、海关等公共部门查询807次，金融机构通过查询征信系统拒绝有潜在风险的贷款157.68亿元。

中小企业和农村信用体系建设有效推进。截至2014年末，全省共为5.95万户小微企业和404万农户建立了信用档案；建立了13个农村信用体系示范县；推进农村青年信用示范户工作，支持3.8万名农村创业青年获得贷款33.93亿元。

信用评级和机构信用代码工作健康平稳运行。截至2014年末，全省参加资信评级的借款企业和担保机构共728户，同比增长7.5%。全年完成8.3亿户机构的信息采集和代码证发放工作，机构信用代码得到大力推广和应用，对防范金融风险和预防腐败具有重要意义。

《征信业管理条例》专项检查工作顺利完成。对辖内16家银行业金融机构及其299个网点进行了现场检查，对8家机构、12名个人给予行政处罚29万元，对发现的问题责令金融机构限期整改，有效规范了金融机构征信及相关业务行为。

（四）反洗钱监管持续深入

反洗钱履职的机构数及行业覆盖面快速增长。全省已纳入监管的一级机构达645家，较上年增加89家；行业覆盖扩大到银、证、保、期货、六类公司①和支付机构，村镇银行、财务公司、期货公司、支付机构成为近年来反洗钱工作的新生力量。

多措并举促使机构反洗钱履职能力不断提高。整合监管力量，选取法人或风险集中、工作有效性偏低的32家机构进行走访、现场指导，对存在的问题限期整改。首次以垂直到底方式对两家银行的13个机构开展现场检查，对违规机构和责任人进行处罚，警示金融机构履职到位。继续开展反洗钱工作评估，对149家金融机构进行了评估，分别评出A、B、C类机构24家、123家、2家；经过5年的评估，金融机构履行反洗钱义务的自觉性积极性持续提高。

洗钱风险防控有效性进一步提高。2014年全省新增10余家商业银行进行了系统改造和流程改革，可疑交易甄别分析质量明显提高。全年共接收处理重点可疑交易报告59份，其中启动调查1份，上报中国反洗钱监测中心研判2份、其中1份同时上报公安部经侦局，经反洗钱局协调移送武汉分行2份，向外汇管理局山西分局移送5份，可疑交易报告成果转化率显著提升。帮助金融机构建立涉恐制裁黑名单数据库，强化涉毒资金监测，向省反恐办移交可疑交易3份，协助公安机关破获非法经营案件1起，深入推进平安山西、法制山西建设。

县域反洗钱履职取得新进展。通过培训全面提升人民银行县支行反洗钱人员监管技能，将新机构核验、反洗钱管理信息系统及检查走访等全部引入县支行监管，严格考核评比，全辖反洗钱工作得到整体提升。

---

① 六类公司是指信托投资公司、金融资产管理公司、财务公司、金融租赁公司、汽车金融公司和货币经纪公司。

（五）反假货币及现金管理进一步加强

加大反假货币工作力度。2014 年，建立了省市县银行业金融机构反假货币工作联席会议机制，形成了三级联动、全省一盘棋的工作模式。推进 ATM 冠字号码查询，截至 2014 年末，全省在用取款机、存取款一体机及柜台实现冠字号码可查询率分别为 100%、98% 和 57%。加强反假货币检查和宣传，对辖区办理人民币存取款业务的 1 392 个银行网点的反假货币工作进行了全面检查；按照“找准薄弱环节，创新宣传手段，注重实际效果”的原则加大反假货币宣传力度，推动新闻媒体加强反假货币正面报道，增强公众信心，维护人民币信誉。假币收缴力度加大，全年全省累计收缴假人民币同比分别增长 14.98%、22.14%，有力维护了人民币流通环境。

加强现金收支管理。全年累计投放现金 1 806 亿元、回笼现金 1 677 亿元，净投放 129 亿元。组织对 1 188 个银行网点开展了现金收入业务检查，促使金融机构提高现金服务质量。开展人民币净化工程，推进社会化清分业务发展，全省银行业金融机构自助取款机及一体机对外支付现金实现全额清分。

四、总体评估与政策建议

（一）总体评估

参照人民银行上海总部定量评估方案，采用专家调查法、层次分析法等技术方法，对山西省金融稳定状况进行了综合评价。结合山西省经济金融发展对部分指标阈值及标准值计算方法进行修正，在纵向比较中为排除指标权重变化对评价结果的影响，全部采用 2014 年专家调查法的权重进行计算。评估结果表明，2014 年山西省综合得分大幅下降，首次处在金融稳定等级评估 C 类一般区间。经济增速大幅下滑是评估结果偏低的主因，对比前两年的评估结果，区域经济发展势头明显恶化，金融机构发展和金融生态环境保持平稳。

（二）政策建议

1. 主动适应经济发展新常态，加快资源型经济转型步伐

加大对重点领域和薄弱环节的投资力度，不断优化投资结构，深化收入分配制度改革，努力扩大消费需求，进一步扩大开放力度，推动进出口加快发展。做好煤炭和非煤两篇大文章。加快传统产业转型升级，通过消化、整合、淘汰等途径，化解主导行业过剩产能，鼓励煤电联营和签订长协议合同，发展煤焦化、煤电材等循环产业链，促进传统产业一体化、循环化发展。促进新兴产业发展壮大，提升服务业规模和水平，大力培育发展文化旅游、新能源、新材料、现代服务业等七大产业。实施创新驱动，积极培育新兴业态。稳步提高经济发展质量和效益，为区域金融平稳运行奠定坚实基础。

2. 深化金融改革和创新，提升服务实体经济的能力和水平

加快金融改革发展，推进农村信用社改革，促进融资性担保企业、小额贷款公司健康发展，做大做强地方金融机构，不断完善区域金融组织体系。推进普惠金融发展，降低企业融资成本。构建和完善多层次的资本市场体系，发挥其融资功能，大力推动符合条件的企业上市和上市公司再融资。

鼓励发展创业投资和私募股权基金。支持证券、保险机构开展业务创新，优化业务结构，加大期货市场服务“三农”的力度，推动企业开展套期保值业务，稳步扩大保险覆盖面，扩宽保险服务领域。

3. 提升金融风险防控能力，守住辖区金融稳定的底线

金融机构应主动适应新常态，适当提高违约容忍度，避免“一刀切”式的抽贷、停贷、压贷，加剧企业资金链断裂风险，与企业共同抵御市场风险。监管部门应建立健全区域金融风险监测和预警体系，密切关注政府融资平台、房地产、贸易融资、信托等重点领域的风险状况，结合业务风险点适时开展重点产品风险排查，密切关注具有融资功能的非金融机构、第三方支付机构及民间融资活动发展中出现的不规范行为，防范非正规金融及相关领域风险向金融体系传导。深化监管合作，落实好监管合作备忘录，形成监管合力。扎实做好存款保险制度出台的准备工作。发挥人民银行太原中心支行牵头开发的山西省金融风险监测系统在风险监测工作中的基础性作用，不断扩大风险监测覆盖面。继续做好金融风险现场评估工作，建立健全重大金融风险舆情监测和应急处置机制，稳妥处置金融风险问题。

4. 加强金融基础设施建设，优化金融生态环境

加大金融相关法律法规的宣传教育，健全金融消费者权益保护机制；进一步完善支付结算体系，提高清算服务的安全、稳健、便利性；进一步加强征信管理，大力推进社会信用体系建设；建立健全反洗钱制度，加大对金融机构的现场检查力度，扎实推进反洗钱工作；持续开展反假货币和现金管理工作，维护合法健康的人民币流通环境；严厉打击逃废债行为，依法清欠、曝光不诚信行为，加强金融诚信环境建设；严厉打击非法集资、非法理财等违法金融活动，创造良好的金融融资环境。

总　　纂：赵志华　毛德君
统　　稿：卓小岩　任桂花
执　　笔：吴晋科　杨　明　张晓红　李坚强
其他参与写作人员：任　磊　孙树恩　苏和平　刘　璐　薄利华
郭立平　宋建伟　张雅婷　马儒静　刘　飞
王　军

内蒙古自治区金融稳定报告摘要

2014年，面对全国整体经济形势降速转型的发展阶段，经济发展呈现总体平稳、稳中有进的态势，主要经济指标企稳回升，结构调整取得积极进展，重点领域和关键环节改革实现新突破，人民生活水平和民生福祉进一步提高。金融业保持稳健发展，对实体经济的支撑作用进一步增强。银行业体系不断完善，经营状况整体向好，理财市场迅猛发展；证券市场逐步好转，业务范围不断拓展，资本市场融资规模不断扩大；保险业平稳发展，人身保险和农业保险领域表现突出。金融市场交易活跃，多元化融资市场逐步形成。金融基础设施建设稳步推进，服务水平不断提升，为维护辖区金融稳定提供了有力支持。

一、内蒙古经济运行与金融稳定

2014年，面对复杂多变的世界经济环境和全国整体经济形势降速转型，在能源和房地产市场持续低迷的严峻条件下，内蒙古自治区适应经济发展新常态，主动作为，全区经济发展保持稳定增长，整体经济呈稳中回升态势。

（一）经济运行基本情况

1. 经济运行总体平稳，产业结构持续优化

2014年，全区实现生产总值17 769.51亿元，居全国第15位，增长7.8%，处于合理区间，增速回落1.2个百分点，但仍高于全国平均增速0.4个百分点。人均生产总值达71 044元，首次突破7万元大关，按年均汇率折算为11 565美元，增长7.5%。

分三次产业看，实现第一产业增加值1 627.17亿元，增长3.1%；第二产业增加值9 219.79亿元，增长9.1%；第三产业增加值6 922.55亿元，增长6.7%。三次产业结构由上年的9.5∶54.0∶36.5调整为9.1∶51.9∶39.0，第三产业比重明显上升，产业结构继续优化。

2. 三次产业平稳增长，经济发展质量提升

第一产业保持平稳。2014年，全区粮食产量达到550.6亿斤，居全国第10位，粮食生产实现“十一连丰”。主要牲畜存栏、产量增多降少，全区牧业年度猪、牛、羊存栏头数分别达669.4万只、630.6万只和5 569.3万只，分别增长-2.2%、3%和6.3%；猪牛羊肉产量分别为73.3万吨、54.5万吨和93.3万吨，分别增长-0.1%、5.3%和5.1%。牛奶产量788万吨，增长2.7%，继续居全国首位。

第二产业稳步增长。2014年，全区共有规模以上工业企业4 353户，累计完成工业总产值19 615.02亿元，增长8.8%；工业增加值增长10%，增速回落2个百分点，仍高于全国平均增速1.7

个百分点。规模以上中小企业工业增加值增长12.5%，对工业增长贡献率达77.6%。能源、冶金建材、化工、机械制造、农畜产品加工和高新技术六大支柱产业对全区工业发展贡献最大，增加值占全部规模以上工业增加值的比重为90%以上。

第三产业稳中提质。2014年，交通运输仓储及邮政业和金融业稳定增长，分别完成增加值1 379.83亿元和715.63亿元，分别增长6.6%和11.3%，增速提高0.3个和1个百分点。房地产业实现增加值448.7亿元，增长0.6%，增速回落4.5个百分点。现代服务业发展较快，促进养老健康、电子商务发展等政策措施陆续出台，文化、信息等产业较快发展，旅游业快速发展，旅游业总收入增长28.7%。

3. 固定资产投资稳步增长，对外贸易增势明显

2014年，全区500万元以上项目固定资产投资完成11 920.26亿元，增长15.7%，与全国平均增速持平。分行业看，信息产业、科技服务业、建筑业投资增长较快，分别增长97.1%、86.9%和72.4%。全区城镇基础设施投资700亿元，增长5%。全年施工项目15 803个，增长11.4%；其中新开工项目数12 399个，增长9.1%；有11 449个项目在2014年投产达效，增长17.3%。房地产投资继续下降。2014年，全区房地产开发投资1 370.88亿元，下降7.3%。商品房销售全面下滑。全区商品房销售面积2 457.18万平方米，下降10.3%；商品房销售额1 064.82亿元，下降9.6%。与此同时，保障房建设进度加快。2014年，全区开工建设各类保障性住房24万套，投资484.4亿元，增长38.4%；完成农村牧区危房改造17万户，投资85亿元。

2014年，全区海关进出口总额145.54亿美元，创历史新高，同比增长21.4%，高于全国平均增速18个百分点。其中，出口额63.94亿美元，增长56.2%，进口额81.59亿美元，增长3.3%，贸易逆差17.65亿美元，缩小20.38亿美元。从贸易对象看，与蒙俄贸易额合计71.51亿美元，占全区贸易额的49.1%，分别增长29.8%和16.2%。

4. 居民消费涨幅回落，消费物价保持平稳

2014年，全区实现社会消费品零售总额5 619.94亿元，增长10.6%，增速回落1.2个百分点，低于全国平均增速1.4个百分点。其中，乡村市场消费增长11%，快于城镇市场1.2个百分点。消费个性化、多样化特点显现，新型化、网络化消费方式快速兴起。2014年，全区支付宝人均支付金额11 484元，其中移动支付笔数占57.6%，位居全国第4位。

2014年，全区居民消费价格上涨1.6%，远低于年初控制在3.5%左右的调控目标，也低于全国平均涨幅0.4个百分点。从八大类别看，呈现“七升一降”的格局。涨幅排前3位的分别是食品类、衣着类、娱乐教育文化用品及服务类，涨幅分别为2.9%、2.1%、1.2%。交通通讯类下降0.6%，其余类别价格涨幅或降幅均不大。从地区看，城市上涨1.7%，农村牧区上涨1.2%。

5. 财政收入稳步增长，居民收入增势良好

2014年，全区公共财政预算收入1 843.18亿元，增长7.1%；财政预算支出3 884.25亿元，增长5.4%，增速回落2.1个百分点。民生和重点社会事业支出增长较快，其中，文化体育与传媒支出增长4.3%，同比提高6.2个百分点。

2014年，全区居民人均可支配收入20 559元，增长10%，高于全国水平392元，居全国第10位。其中，城镇常住居民人均可支配收入达28 350元，增长9%，与全国增速持平，居全国第10位。农村牧区常住居民人均可支配收入达9 976元，增长11%，居全国第16位。城乡居民收入比进一步缩小为2.84:1。

（二）经济运行中需关注的主要问题

1. 经济继续下行压力仍然较大

经过2013—2014年的调整磨合，目前内蒙古主要投资品需求增势基本平稳，但由于国内外经济复苏基础依然脆弱，新的增长动力源尚不明朗，能源类产品需求总体仍处于较低水平，同时，受国家经济发展阶段由工业化中期向中后期过渡对能源需求递减的影响，下一阶段能源需求水平存在较多的不确定性。加之，2015年2月中国制造业采购经理指数49.9%，仍位于临界点之下，表明市场需求扩张动力总体仍显不足，这对于以区外市场为主导的内蒙古经济而言，是一个长期性的考验。另据内蒙古宏观经济景气预警系统监测，自2012年6月以来，全区经济预警指数持续走低，逐步由“正常区”下降至“偏冷区”，进而滑落至“过冷区”，目前已连续10个月维持“过冷”状态，后期经济景气继续下探风险仍然较大。

2. 投资消费拉动作用减弱，经济可持续增长动力不足

一方面，投资增长难度加大。2014年，全区固定资产投资增速从年初的22.5%快速降到4月的14%后转为平稳，6月以后增速一直稳定在15.6%～15.9%，投资需求面临回落压力，对经济增长拉动作用减弱。另一方面，消费增长乏力。受资源型地区投资主导型经济影响以及长期形成的消费习惯等制约，消费对经济的贡献率不高、消费结构升级缓慢等问题依旧严峻。

3. 实体经济经营困难，工业经济效益存在继续下滑风险

一方面，受经济增速放缓、市场需求下降、企业效益下滑等因素影响，全区工业生产者出厂价格和购进价格呈“双下降”态势，且出厂价格跌幅要高于购进价格，工业企业利润空间进一步收窄。2014年，全区工业生产者出厂价格下降2.7%，跌幅低于上年0.3百分点；全区工业生产者购进价格下降1.6%，跌幅高于上年0.9个百分点。全区工业生产者出厂价格自2012年6月以来连续29个月同比下降。煤炭、冶金、建材等重点工业平均价格持续下挫，企业利润进一步摊薄。另一方面，企业经济效益大幅下滑，实体经济运行艰难。2014年，全区规模以上工业企业实现利润总额1 294.38亿元，同比下降18.8%。在全区4 353户规模以上工业企业中，亏损企业895户，亏损面为20.56%；亏损企业亏损额346.7亿元，增长69.6%，增幅扩大56.6个百分点。在整体经济下行及市场需求不足、企业融资难融资贵的情况下，企业经济效益仍然存在较大的下滑风险。

4 产能过剩行业风险集聚

随着国家淘汰落后产能、化解产能过剩工作力度加大，一些被高速增长掩盖的风险开始逐渐暴露。由于产能过剩行业普遍存在高负债的问题，在产能过剩行业整体处于供大于求、价格下行、效益下降的时期，极易导致银行信贷资金不能及时收回，形成大量不良贷款，行业风险将日益显现。

5. 煤炭行业持续低迷，对经济的支撑作用继续减弱

近年来，受经济形势的影响，煤炭市场开始进入下行通道，煤炭产量持续下降，价格大幅下跌，销售不畅，企业效益持续下滑。2014年，煤炭行业实现利润447.23亿元，同比下降27.33%，内蒙古120户煤炭开采和洗选企业亏损，亏损面为28.1%，较上年末上升4.1个百分点，亏损额为92.78亿元，同比增长1.28倍。煤炭市场持续低迷，煤炭行业对经济的支撑作用减弱，对经济平稳增长产生一定影响。

6. 房地产市场持续低迷，行业风险显现

因全区房地产需求萎缩，库存较多，房地产行业各项指标均全面下降。2014年，全区房地产开

发投资下降7.3%，与上年相比多降21.8个百分点；全区房屋施工面积、竣工面积、商品房销售面积分别下降5.3%、23.7%和10.3%，同比分别多降12个、31.8个和18.8个百分点；商品房销售额下降9.6%，同比多降24.7个百分点。截至2014年末，全区房地产不良贷款余额15.3亿元，增长2.87倍；住房按揭贷款不良贷款8.0亿元，增长1.58倍。由于房地产贷款占全部贷款的15%左右，如果加上相关上下游行业贷款、其他以房地产为抵押的贷款以及银行持有的房地产企业发行的债券和票据，占各项贷款的比重接近25%，一旦房地产出现问题，极有可能引发区域性、系统性风险。

二、金融业与金融稳定

2014年，全区金融业认真贯彻落实国家宏观调控政策，积极推进金融改革，金融服务的辐射范围不断拓展，金融管理与服务水平持续提升，风险防范意识不断加强，金融业资产规模达2.49万亿元，同比增长13.18%，金融服务经济社会发展作用进一步显现。在经济转型和增速趋缓背景下，部分重点领域风险不断凸显，金融机构风险管控压力明显加大。

（一）银行业

2014年，全区银行业严守风险底线，强化金融服务，总体运行稳健，但信用风险和案件防控压力加大。

1. 总体运行情况

（1）资产负债规模稳步增长。2014年末，全区银行业金融机构资产总额24 018.80亿元，增长12.59%，其中，各项贷款余额15 314.25亿元，增长15.61%。负债结构保持稳定，负债总额23 017.47亿元，增长12.98%，其中各项存款余额16 478.41亿元，增长7.61%。

（2）银行业服务实体经济的水平继续提升。一是小微企业金融服务持续完善。2014年末，小微企业贷款余额2 524.46亿元，增长13.99%，高于全部企业贷款增速0.72个百分点。二是金融支农力度明显增强。2014年末，全区银行业金融机构涉农贷款余额5 578.64亿元，增长14.29%。新增涉农贷款695.26亿元，占全部新增贷款36.27%。三是信贷资源向民生领域倾斜。2014年末，全区保障性住房建设项目贷款余额421.31亿元，增长118.57%，高于房地产贷款增速99.34个百分点。

（3）服务体系不断完善。2014年，全区各金融机构积极通过增设分支机构、发起设立村镇银行、改制等方式，不断拓展金融服务的范围。2014年末，全区银行业金融机构营业网点共计4 686个，从业人员9.43万人，年内渤海银行呼和浩特分行落成开业，4家农村信用联社和1家农村合作银行改制为农村商业银行，新设立了3家村镇银行，鄂尔多斯财务公司、伊利财务公司相继成立。

（4）银行业机构改革继续深化。5家已改制上市大型商业银行业务发展态势良好，组织架构及制度建设不断改善，风险管控体系不断健全。国家开发银行努力发挥其开发性金融的优势，在基础设施、重大项目建设、重要民生项目等方面发挥了资金保障作用，同时积极按照市场化原则不断推进改革，在风险管理、拓展融资渠道、资本金管理以及公司治理等方面作出有益探索。农业发展银行继续强化政策性职能定位，为落实农发行改革发展实施总体方案做了大量准备工作。3家金融资产管理公司在化解自治区金融风险、帮助企业脱贫解困方面作出了积极贡献，近年来主动探索实现业务转型的新道路。

2. 稳健性评估

2014 年，受全区经济增速放缓、金融脱媒加快等因素影响，全区银行业金融机构出现信贷资产质量下降、利润增速下滑等不利情况，部分重点行业、重点领域和高风险机构的风险不断凸显。

（1）信用风险防控压力加大。2014 年，全区银行业金融机构不良贷款快速反弹，年末不良贷款余额 498.63 亿元，增长 68.96%，增量和增速均为近年来上升最快的一年。不良贷款率 3.26%，上升 1.03 个百分点。不良贷款的快速增加，一方面与银行业金融机构加大信贷资产质量核实力度有关。2014 年，银行业金融机构加大了信贷资产质量的核实工作，全区银行业不良贷款在 9 月出现大幅跳跃，当月新增不良贷款 149.20 亿元。另一方面，全区经济的持续下行也增加了银行业信用风险的防控压力。2014 年末，全区生产总值增速为 7.8%，下降了 1.2 个百分点，部分行业、企业经营困难，同时恶意逃废债现象也有所抬头，银行贷款清收面临种种困难。

（2）盈利能力出现下滑。2014 年末，全区银行业金融机构实现税后利润 274.98 亿元，下降了 24.15%，创近年来新低。资产利润率 1.21%，下降了 0.60 个百分点。中间业务收入比率 9.68%，下降了 0.14 个百分点。近年来，全区银行业净利润增速出现连续下滑态势。虽然与银行大幅计提拨备密切相关，但其他一些趋势性因素也不容忽视：一是全区经济增速进入稳中趋缓的通道；二是我国利率市场化的推进逐步收窄了银行业整体净息差水平；三是金融脱媒的快速发展挤压了银行业的盈利空间。

（3）风险抵补水平不高。2014 年，全区银行业金融机构贷款损失准备明显增加，但由于不良贷款快速增加，整体拨备水平出现明显下降。年末全区银行业金融机构贷款损失准备余额 454.22 亿元，增长 50.49%，拨备覆盖率 91.10%，下降了 11.18 个百分点。分机构看，除政策性银行外，其他各类银行业金融机构拨备水平均有不同程度的下降。其中，农村商业银行拨备水平降幅较大，年末农村商业银行拨备覆盖率为 116.44%，下降了 128.51 个百分点。从单家机构看，全区共有 49 家法人机构低于监管标准，增加 34 家，个别超标机构拨备覆盖率甚至低于 10%。

（4）法人银行资本充足水平有所降低。2014 年末，全区城市商业银行和农村金融机构的整体资本充足率分别为 12.81% 和 12.59%，均高于审慎监管要求，但比年初分别下降 0.85 个和 0.81 个百分点。其中农村合作银行和农村信用社资本充足水平整体较低，资本充足率分别为 7.77% 和 9.12%。

（5）部分重点行业、重点领域的风险不断凸显。房地产行业不良贷款快速增长。2014 年末，全区房地产贷款余额 2 767.83 亿元（包括建筑业贷款、房地产业贷款和住房按揭贷款），增长 20.76%，高于全区银行业各项贷款增速 5.15 个百分点，占全区银行业各项贷款余额的 18.08%，上升 0.78 个百分点，占比逐年上升。2014 年，房地产业不良贷款快速增长，年末全区房地产业不良贷款余额 43.20 亿元，增长 170.00%，不良贷款率 1.56%，低于全区银行业金融机构不良贷款率 1.70 个百分点。虽然目前房地产业不良率相对较低，但不良贷款快速增长的态势不容忽视。

煤炭行业信贷风险凸显。2014 年末，全区煤炭行业不良贷款余额 42.86 亿元，同比增长 8.99 倍，占全区金融机构不良贷款余额的 8.60%，不良贷款率 3.27%，高于全区金融机构同期不良贷款率 0.01 个百分点。2014 年末煤炭行业不良贷款率分别是前两年同期水平的 22.36 倍和 7.38 倍，煤炭行业不良贷款率已经从远低于同期金融机构不良贷款率跃升至高于金融机构不良贷款率，信贷风险开始显现。

融资平台可能引发的信贷风险不容忽视。2014 年末，全区监测的 209 家融资平台贷款余额 1 976.16亿元，下降了 4.45%，增速回落了 15.91 个百分点；不良贷款余额 3.34 亿元，下降了

23.57%；不良贷款率0.17%，下降了0.04个百分点。目前，全区地方政府融资平台不良贷款尚处于一个较为平稳的区间，总体风险可控，但随着平台贷款集中还款期的到来，其潜在风险不容忽视。通过对赤峰、包头、鄂尔多斯和呼伦贝尔市四市的地方政府负债情况调查显示，未来三年四市地方政府需偿还的债务占债务总额一半以上。目前，银行贷款是全区融资平台的主要资金来源，因此，对平台贷款可能引发的信贷风险需高度关注。

（6）金融风险案件防控压力加大。2014年全区各级金融机构累计向人民银行报告各类风险案件27起，涉案金额18.63亿元。农村信用社的高管职务犯罪案件和信贷人员违法违规进行信贷业务操作，如挪用信贷资金、冒名、借名发放贷款等案件大幅增长；其他金融机构高管及业务人员参与非法集资、民间借贷案件不断暴露；个别地区和机构还发生信托合同诈骗、伪造金融票证、ATM盗录客户银行卡信息等案件。案件频发暴露出金融机构内控制度不严密，案防基础不稳固，个别基层机构负责人和少数员工风险意识淡薄，内部管理松散等风险隐患。

（二）证券业

1. 总体运行情况

2014年，为适应业务快速发展的要求，恒泰证券和日信证券2家法人证券公司不断拓展业务辐射范围，积极增设营业网点，同时，恒泰证券合并了长财证券子公司营业部，使营业部数量大幅增加。截至2014年末，两家法人证券公司营业部数量达到98家，同比增加37家，增长60.66%；员工总人数1 847人，同比增加275人。

（1）法人证券公司规模不断壮大，收入大幅增加

法人证券公司规模不断壮大。随着证券市场的逐步好转，恒泰证券和日信证券两家法人证券公司规模不断壮大。截至2014年末，两家法人证券公司总资产232.94亿元，同比增加126.02亿元，增长117.86%；净资产65.01亿元，同比增加10.63亿元，增长19.55%。总负债为167.93亿元，同比增加115.38亿元，增长219.56%；净负债（剔除客户资金）85.69亿元，同比增加65.70亿元，增长329%。

各项业务均大幅增长。由于股市行情好转，客户交易意愿增强，客户数量及证券交易额不断增加，各项收入均出现较大幅度的增长。2014年，两家法人证券公司股民开户总数为85.06万户，同比增加18.88万户，增长28.53%。托管股票总市值685.11亿元，同比增加253.68亿元，增长58.80%；实现证券交易额累计9 616.55亿元，同比增加3 253.91亿元，增长51.14%；代理买卖证券款累计82.23亿元，同比增加49.67亿元，增长152.55%；融资融券累计额55.60亿元，同比增加40.58亿元，增长270.29%。累计实现营业收入21.51亿元，同比增加8.83亿元，增长69.60%。实现利润总额10.94亿元，同比增加6.61亿元，增长152.72%；实现净利润8.58亿元，同比增加5.28亿元，增长160.31%。日信证券实现了扭亏为盈。

（2）期货公司营业部成交量增幅较大，但营业利润持续减少

截至2014年末，内蒙古期货公司营业部数量12家，同比新增1家。经营范围大多都是商品期货经纪、金融期货经纪业务，营业收入主要是手续费收入。期货公司营业部经营呈以下特点：一是客户开户数与客户保证金均较上年有所增加。全区期货公司营业部开户数7 005户，增长22.94%；客户保证金3.69亿元，增长2.79%。二是成交量和成交金额大幅增长。成交量1 193万手，增长29.39%；成交金额20 173.76亿元，增长49.16%。三是营业部亏损额较上年同期大幅增加。由于管

理费用增加，佣金收入减少，亏损较上年出现较大幅度的增长。当年主营业务收入 2 145.28 万元，下降 25.06%；佣金收入 2 155.03 万元，下降 25.68%；实现利润总额 -293.72 万元，同比增亏 273.86 万元；净利润 -307.64 万元，同比增加 283.31 万元。

（3）上市公司总市值同比增加，债券市场融资规模扩大

截至 2014 年末，全区境内上市公司 25 家，其中，A 股上市公司 24 家，B 股上市公司 2 家，同比均无变化。上市公司总市值 4 046.52 亿元，增长 33.20%。流通市值 3 450.57 亿元，增长 51.89%。全年境内融资 122.48 亿元，其中股权融资 22.38 亿元，债券融资 100.1 亿元（发行公司债 85 亿元、中小企业私募债 15.10 亿元）。截至 2014 年第三季度末上市公司实现利润 138.64 亿元，同比增长 4.34%。

2. 稳健性评估

2014 年，整体看，内蒙古辖区内未发现非法证券和非法期货活动，资本市场健康有序稳步发展。从各证券、期货机构的主要财务指标情况看，权益资本和债务资本比例相对合理，以净资产为核心的风险覆盖率、净资产和负债比率、净资本和净资产比率等主要风险控制指标均符合国家《证券公司风险控制指标管理办法》的相关规定，流动性覆盖率和净稳定资金率均符合流动性管理相关监管要求（监管指标分别为 100%），各项风控指标均保持在监管标准的预警阈值之上，总体风险可控。

（1）证券公司经营中存在的风险隐患。一是证券公司风险管理能力与迅速扩张的业务规模不匹配，容易诱发经营风险。对各类业务的风险管控没有建立明确的流程，这样不仅会造成部门和人员之间职责分工模糊，一旦发生风险外溢，更无法及时准确地划分责任并处置风险。二是证券公司的风险信息管理系统受开发技术、成本等因素影响，缺乏金融工具的估值和风险计量模型，无法实现业务操作和风险管理的对接，由此可能导致经营、流动性和信用等各类风险。三是证券公司在管控经营风险和操作风险，以及由此带来的信用、流动性等领域的风险外溢，仍需在全面风险管理体系的框架下细致深化。

（2）证券公司分支机构和营业部经营中存在的问题。营业部和分支机构归属于其母公司，从建立之日起就受到所属法人机构各类非系统风险的波及。一是在盈利能力和增长模式方面，受地区社会经济发展不平衡限制，内蒙古辖区内营业部主要利润点仍为传统的证券经纪业务，利润增长依靠客户数量规模来维持，客户质量有待提高。二是在营业部经营战略方面，粗放的增长模式有可能带来道德风险和逆向选择。在利润最大化目标下，面对短期利益时，证券从业人员有可能为此不作为或作出与公司利益相背离的选择。

（3）法人证券公司规模较小，业务创新不足，收入结构单一，持续经营能力仍然不足。2014 年，内蒙古证券业虽然在经纪业务和自营业务方面均实现了较好的收益，行业竞争力得到了进一步增强。但经纪业务和手续费收入等传统业务的收入占全部营业收入的比例仍然较高，收入结构单一，尚未走出主要依赖于行情走势的经营方式，业务易受政策和市场变化影响，起伏较大，抵御市场下跌风险的能力不足。业务创新有待深入，持续经营能力需要增强。

（三）保险业

2014 年，内蒙古宏观经济下行压力较大，对内蒙古自治区保险市场持续快速发展产生较大压力。财产险整体处于低速增长状态，寿险增速较快，但满期给付和退保风险压力较大，产寿险发展不均衡。部分小、新公司展业困难，存在不规范竞争行为和外部监管风险。

1. 总体运行情况

（1）保险机构数量保持稳定，经营实力平稳。截至2014年末，全区共有各级保险分支机构2 160家，其中省级分公司37家，中心支公司（分公司）283家，支公司及以下分支机构1 840家。

2014年，全区实现原保险保费收入313.97亿元，同比增长14.30%。其中，财产险公司原保险保费收入144.58亿元，同比增加9.16亿元，同比增长6.76%，占总保费收入的46%；人身险公司原保险保费收入169.38亿元，同比增加30.12亿元，同比增长21.63%，占总保费收入的54%；累计赔付支出110.45亿元，同比增长9.84%；保险公司资产总计662.40亿元，较年初增长13.25%；保险深度1.77%，保险密度1 253.47元/人。

（2）市场运行的主要特点：一是市场整体低速运行，产寿险发展不均衡。总保费收入全国排名第25位，增速14.30%，较上年同期提高3.42个百分点，增速全国排名上升至第23位。产寿险市场发展很不均衡，人身险公司成为增长亮点，增速达到21.63%，高于上年同期9.42个百分点，增速全国排名逐月前进至第8位，西部排名跃升至第1位。财产险公司增长乏力，连续第三年保持一位数增速，较上年同期下降2.78个百分点，全国排名靠后，业务占比63%的车险连续三年微增，地区经济增长低迷对保险发展的不利影响持续释放。“十二五”以来，保险市场进入低速运行的新常态，2011—2014年总保费增速分别为15.56%、7.82%、10.88%、14.30%，与“十一五”年均28.77%的增速相比明显下降，但低速运行中呈现小幅回升趋势。二是农业保险突破30亿元，种植业保险平稳发展，养殖业保险表现突出，农险赔款同比下降。2014年，农业保险继续平稳增长，保费规模达到30.03亿元，仅次于新疆全国排名第2位，同比增长7.85%。种植业保险保持微增趋势，为297.84万户次承保各类作物、林木4.75亿亩，实现签单保费26.74亿元，占农业保险的89%。养殖业保险呈现加快发展态势，为5.27万户次承保各类牲畜219.19万头只，大幅增长76.35%，实现签单保费3.29亿元，全国排名第6位，占农险保费的11%。农业保险赔款支出14.90亿元，全国排名第4位，同比下降1.42%，受益农牧户219万户次，同比减少4%，主要是种植险赔款下降5.72%。农险理赔关系广大农户利益，关系政策实施效果，关系社会稳定，应切实加强关注理赔工作，保护农民利益。三是车险增速缓慢回升但整体发展仍然低迷。全年实现保费收入91.33亿元，同比增长3.96%，增速逐季缓慢回升，较上年同期提高3.26个百分点。“十二五”以来，车险年均增速仅为6%，较“十一五”大幅降低33个百分点，是财产险市场发展低迷的主要因素。四是部分非车非农险种表现突出。2014年，财产险公司非车非农险保费收入23.23亿元，同比增长17.71%，较上年同期提高2.93个百分点，略高于全国平均增速。其中，保证保险、信用保险、工程险表现突出。五是人身险公司加快增长。规模保费同比增长21.63%，标准保费38.28亿元，同比增长33.37%，高于全国平均水平8.8个百分点。从增长贡献看，主要有两大因素助推人身险公司快速增长，一是在寿险费率市场化改革新政带动下，各公司纷纷推出新产品，普通型产品取得快速发展，全年保费增速达到87.93%，增长贡献率达到68%；二是健康保险继续保持快速增长，增速达到44.34%，增长贡献率达到9%。

2. 稳健性评估

2014年，宏观经济下行压力持续，地区保险市场特别是财产险发展低迷，部分公司存在一些突出风险和隐患不容忽视。

（1）外部环境持续低迷对行业发展造成不利影响。2014年内蒙古经济下行压力持续加大，保险有效需求不足，行业发展面临较大挑战。主要表现在一是地区能源经济、房地产持续走低，汽车产销量增长回归理性，导致车险持续低增长；二是各行业普遍存在新开工项目不足、库存持续增加、利润下滑等困难，使非车险种发展缺乏有效支撑；三是经济发展低迷，居民可支配收入增长放缓，有支付能力的保险需求不足；四是人工工资、房租租金等成本费用居高不下，市场竞争不断增强，保险公司经营成本不断抬高，财产险公司综合费用率、手续费率均较上年同期有所提高。在外部内部多重因素挤压下，保险公司展业面临困难，特别是部分新开业公司、中小公司发展乏力，市场整体后续发展不容乐观。

（2）应收风险有所增加。2014 年，财产险公司应收保费 4.91 亿元，同比增长 95.26%，应收保费率 2.81%，较上年同期提高 1.52 个百分点，低于全国平均水平 3.12 个百分点。应收保费占比较大、增长较快的险种主要是农险（1.5 亿元）、保证保险（1.2 亿元），合计占比达到 86%。其中农业保险应收同比增长 82.83%，初步了解主要是 2014 年中央财政补贴到账较晚、相关部门人员调整等原因所致；保证保险应收同比增长 1 275.56%，主要是平安财险平安易贷产品为三年期期交产品，签单时全部确认保费，再分期核销所致。

（3）健康保险经营情况应引起关注。“十二五”以来健康险进入高速发展期，年均增长达到 36%，高于“十一五”年均增速 10 个百分点。2014 年健康险实现保费 24.17 亿元，同比增长 41.17%，较上年同期提高 5.23 个百分点。但同时健康险经营风险也在不断增加，一是赔付支出迅猛增长，2014 年健康险赔付支出 10.50 亿元，同比增长 56.89%。二是应收保费率偏高，财产险公司健康险应收保费率 6.2%，人身险公司健康险应收保费率 3.21%。

（4）满期给付、退保风险不容忽视。人身险公司满期给付 23.46 亿元，同比增长 36.54%，较上年同期提高 4.6 个百分点，较全国平均增速高 13.8 个百分点。人身险公司退保金 29.48 亿元，同比增长 55.45%，退保率 4.31%，较上年同期提高 1 个百分点，低于全国平均水平 1.3 个百分点。

三、金融市场与金融稳定

2014 年，内蒙古自治区金融市场平稳运行，市场交易活跃，融资品种增多、融资渠道进一步拓宽，多元化融资市场初步形成，为支持经济发展发挥了积极作用。

（一）金融市场运行情况

1. 同业拆借规模持续增长，利率有所下行

2014 年，内蒙古银行间同业拆借市场成员中有 17 家机构发生了业务，累计进行信用拆借交易 1 265笔，同比增加 348 笔，总成交金额 4 125.19 亿元，同比增加 2 075.92 亿元，增长 101.3%。其中，拆入资金 3 762.18 亿元，拆出资金 363.01 亿元，净融入资金金额 3 399.17 亿元，同比增加 1 978.94亿元。内蒙古自治区市场成员主动运用货币市场工具进行流动性管理的积极性不断提高，同业拆借市场的流动性调节功能进一步发挥。

2014 年，在稳健的货币政策背景下，同业拆借市场利率稳中有降，基本维持在 2.7% ~4.4% 区间内运行，波动明显减少。全年加权利率为 3.46%，较上年下降 49 个基点。全年拆借利率走势平稳，仅在特殊时点出现短时波动，表现为春节前及年底流动性紧张时点出现的小幅上涨。

2. 回购市场规模大幅增长，利率走势与拆借利率保持同步

2014 年，内蒙古银行间债券回购市场累计成交 39 935 笔，成交金额 59 075.61 亿元，同比增加

23 331.41 亿元，增长 65.27%，增幅较上年上升了 37.49 个百分点。其中，质押式回购金额 55 615 亿元，增长 62.46%，仍然是债券市场的主流；买断式回购金额 3 460.61 亿元，增长 128.93%；正回购金额 33 975.31 亿元，逆回购金额 25 100.3 亿元，净融入资金金额 8 875.01 亿元。债券回购市场的整体规模快速增长，表明债券回购市场作为机构短期融资和流动性管理平台的功能得到了较好发挥。

从债券回购利率走势看，全年债券回购市场利率与同业拆借利率走势保持同步，表明债券回购作为货币市场工具受到与同业拆借市场类似的因素影响。全年加权平均利率为 3.52%，较上年下降 77 个基点。

3. 现券交易规模有所萎缩，到期收益率变动较小

2014 年，内蒙古银行间债券市场现券交易累计成交 10 249 笔，结算量为 4 533.19 亿元，同比减少 485.32 亿元，下降 9.67%。其中，现券买入结算量 2 340.53 亿元，卖出结算量 2 192.65 亿元。与此同时，现券市场收益率平稳，加权平均收益率维持在 5% ~6.8%，变动较小。全年加权平均收益率为 6.53%，较上年增加 52 个基点。企业债、中期票据、政策性债券等公司信用类债券现券交易结算量占比居前三位，结算量分别为 1 452.68 亿元、1 156.38 亿元、874.63 亿元，占全区结算总量比重分别为 28.95%、25.51%、19.29%，合计占比超七成。国债和地方政府债现券结算量进一步放大，为 489.67 亿元，现券结算量占比 10.80%，同比提高 6.1 个百分点。

4. 融资品种进一步拓宽，非金融企业债务融资工具成直接融资主渠道

2014 年，全区非金融企业债券市场融资 697.9 亿元，同比增加 284.6 亿元，增长 68.86%。其中，发行短期融资券 190.5 亿元、中期票据 88.8 亿元、非公开定向融资工具 190.5 亿元、企业债 110 亿元、公司债 75 亿元、中小企业私募债 13.1 亿元、超短期融资券 30 亿元。年内，恒泰证券股份有限公司首次发行 28 亿元短期融资券、13 亿元次级债。

5. 记账式国债柜台交易量大增

中国人民银行（2014 年）第 3 号公告发布，放宽商业银行柜台债券业务品种，商业银行可以在记账式国债基础上增加国家开发银行债券、政策性银行债券和中国铁路总公司等政府支持机构债券。受此政策影响，全区商业银行柜台债券业务交易量大增。目前，全区有工行内蒙古分行、农行内蒙古分行、中行内蒙古分行、建行内蒙古分行、民生银行呼和浩特分行和招商银行呼和浩特分行 6 家银行承办记账式国债柜台交易业务。截至 2014 年末，全区商业银行开办记账式国债柜台交易营业网点共 1 557 个，全年累计买入金额 2 858.43 万元，卖出金额 1 033.1 万元，年累计交易总量为 3 891.53万元，增长 86.5%。工行内蒙古分行业务量占交易总量的近 60%。

6. 银行承兑汇票平稳增长，金融机构贴现余额大幅增长

2014 年，内蒙古金融机构累计签发银行承兑汇票 2 624.97 亿元，同比增加 69.81 亿元，增长 2.7%；期末银行承兑汇票未到期余额 1 381.41 亿元，同比增加 145.28 亿元，增长 11.75%。全区金融机构累计贴现 5 326.46 亿元，同比减少 2 528.39 亿元，下降 32.19%；期末贴现余额 307.92 亿元，同比增加 115.19 亿元，增长 59.77%。

7. 黄金交易规模大幅下降

2014 年，上海黄金交易所综合类会员内蒙古乾坤金银精炼股份有限公司全年在黄金交易所累计交易 85.55 千克，同比下降 40.36%，累计交易金额 2.17 亿元，同比下降 45.48%。其中自营交易（黄金交易所场内交易）69.26 千克，交易金额 1.77 亿元；代理非黄金交易所会员黄金交易 16.3 千

克，同比减少40.52公斤，交易金额0.4亿元，同比减少0.93亿元。发生现货交易85.55千克，交易金额2.17亿元。

2014年，全区有包括3家城市商业银行在内的15家金融机构开办了黄金业务，在上海黄金交易所的总黄金交易量为75 580.6千克（含自营和代理），累计成交金额为4.53亿元。其中，商业银行自营买卖上海黄金交易所黄金产品累计成交12.77千克，累计成交金额为315.47万元。商业银行代理个人投资上海黄金交易所黄金产品37 848.58千克，累计成交金额2.41亿元。自治区商业银行境内各项自有黄金业务累计成交15 810.13千克，成交金额39.33亿元。其中，账户金业务（含美元、人民币）累计成交4 383.07千克，成交金额11.05亿元；实物黄金业务累计成交5 896.06千克，成交金额12.30亿元；黄金拆借业务累计成交3 860千克，成交金额11.60亿元；黄金远期交易累计成交1271千克，成交金额3.33亿元。

8. 外汇市场成员即期交易同比大幅增加

2014年，作为内蒙古自治区银行间外汇市场成员的包商银行和内蒙古银行累计成交231笔，成交总量127.86亿元，银行间外汇即期市场呈现高度集中的状态，美元交易占主导地位。美元即期交易总额121.31亿元，同比增加28.09亿元，占市场成交总量的79.64%。

2014年，内蒙古自治区有13家商业银行开展了外汇市场业务，总成交量为115 428.64万美元，同比减少38 483.3万美元，下降50%。其中，买入成交29 331.33万美元，卖出成交86 035.51万美元。主要业务品种包括对公外汇买卖33 053.34万美元，个人实盘外汇买卖9 007.74万美元，外币理财业务1 232.08万美元，远期结汇业务5 389.36万美元，远期售汇业务23 153.7万美元，人民币对外币掉期业务13 592.12万美元。

（二）金融市场运行中需要关注的问题

1. 利率市场化推进使得债券投资风险增加

目前通胀率处于低位，甚至出现通缩的风险，实际利率被动抬升，在制约实体经济投资能力的同时也增大了债务的系统性违约风险，商业银行开始出现主动性信用收缩，货币政策进一步宽松，降低利率的必要性增强。相对宽松的资金面使市场面临的整体风险较为有限，金融机构在把握投资机会的同时，更要注重风险防控。

2. 黄金市场风险提示不足，给投资者投资埋下隐患

从目前的黄金投资市场环境来看，多数投资者对黄金投资的认识仍不成熟，对黄金投资的风险认识不充分，易为其日后投资带来隐患。目前黄金投资市场针对投资者的宣传多侧重于收益，对于相关投资风险没有详细说明，容易造成盲目投资。

四、金融基础设施建设与金融稳定

2014年，内蒙古金融基础设施建设稳步推进，金融服务水平不断提升，金融生态环境持续优化，为促进金融业稳健运行奠定了良好的基础。

（一）支付体系建设不断完善

2014年，中央银行会计核算数据集中系统（ACS）顺利上线运行，支付结算管理和服务水平进

一步提高。第二代支付系统切换上线，进一步满足了全区经济发展需要及社会公众多样性支付需求。积极开展非现金结算试点工作和银行卡助农取款业务，金融服务触角从乡、镇延伸到村、组，农牧民足不出村就能享受到便捷的金融服务。积极推进公务卡改革，与自治区财政厅联合建立公务卡强制结算目录制度。积极开展学生资助卡推行工作，推动地区银行卡产业持续发展。指导农村信用社发行兼具小额循环信贷及借记功能的“福农卡”，农牧民工银行卡特色服务实现了乡镇全覆盖。

（二）反洗钱局面良好

2014年，内蒙古反洗钱基础得到进一步巩固，各项监管措施的系统性和协同性不断加强，监管资源更加合理配置。地方法人机构反洗钱工作实现突破，全区各级人民银行以现场检查为抓手，非现场监管为重点，运用全口径监管工具，指导地方法人机构探索建立适合自身发展的反洗钱工作模式，全方位地规范法人机构反洗钱业务工作。反洗钱调查和监管进一步结合，为相关部门找准线索、摸清方向、锁定案件突破口给予了有力支援，监管协调和情报会商等合作机制正在发挥越来越大的作用。

（三）深入推进征信体系建设

2014年，全区征信系统深入开展维权工作，规范征信业务活动。稳步推进评级市场发展，已备案的两家评级机构完成各类业务合计133笔。切实履行社会信用体系建设牵头职责，配合自治区发改委制定出台了《内蒙古自治区公共信用信息管理办法》、《内蒙古自治区社会法人失信惩戒办法（试行）》。有序开展小微机构接入金融信用信息数据库工作，合作开发的“内蒙古自治区小微企业和农村信用体系数据库系统”已成功上线运行，农村和小微信用体系试验区建设工作扩大到全区12个盟市的24个旗县。积极推广应收账款融资服务平台，引导金融机构、应收账款债权人和债务人466家机构注册了平台用户。

（四）国库监督管理工作继续加强

2014年，全区完成国债发行任务14期，累计发行国债36.2亿元。加强对商业银行税收经收处、国债发行兑付网点和集中支付代理机构的监督检查，及时对相关问题进行查处，进一步规范商业银行代理国库各项业务，提高国库资金安全。加快推进财税库银横向联网建设，不断优化税费征缴流程，提升税费征缴入库效率，为纳税人提供优质高效服务。截至2014年末，全区财税库银横向联网覆盖面达到90%，实现电子缴税率达61%，纳税人可足不出户完成缴税，税收征收基本上实现了当日缴库。

（五）跨境人民币业务再上新台阶

2014年，受国家和自治区扶持外贸政策的激励，内蒙古进出口形势逐步好转，跨境人民币业务大幅攀升。全区共完成跨境人民币结算业务422.28亿元，增长101.6%。跨境人民币业务在全区对外经贸往来中的使用度上升，人民币跨境收支占全区本外币全部收支的比重为35.14%。充分利用区位优势，将俄罗斯、蒙古国作为跨境人民币结算业务重点拓展区域，同时积极发展海外市场，将人民币推向更多的国家和地区。积极进行窗口指导，创新性的开展毗邻国家货币卢布、图格里克与人民币的兑换业务，鼓励商业银行开展边境特色业务，跨境贸易、投资和融资人民币业务全面开展。

（六）反假币工作有序推进

2014 年，内蒙古强化反假货币专项治理行动检查力度，建立定期通报制度，同自治区公安厅联合开展了打击整治假币违法犯罪集中行动。以对外付出现金全额清分和冠字号码可查询为依托，构建涉假纠纷举证机制。全区金融机构取款机和存取款一体机付出现金实现全额清分和冠字号码记录可查询比例 100%，柜面渠道付出现金实现可查询比例完成 85%，为解决银行涉假纠纷的举证和责任认定，维护金融消费者权益奠定基础。开展反假货币全面检查和对银行业金融机构《假币收缴鉴定管理办法》执行情况的检查，促进银行业金融机构加强内部管理，提高员工反假业务素质，推动了反假货币工作的深入开展。

（七）金融法律环境不断优化

2014 年，在全区范围内开通“12363 金融消费权益保护投诉咨询电话”，畅通金融消费者投诉维权渠道。制定《内蒙古自治区金融消费权益保护典型案例通报制度》，推动金融机构积极采取措施处理通报案例所反映的典型问题。对辖内部分金融机构开展金融消费权益保护领域各类现场评估检查。全面落实简政放权政策，规范行政审批行为，提高行政审批效率。推进依法行政，制定《中国人民银行呼和浩特中心支行依法行政监督检查办法》，严格行政执法程序，规范行政执法案卷、提高行政执法质量。加强规范性文件管理，保证规范性文件的制定符合法定职权、遵循法定程序、与上位法统一。

五、总体评估与政策建议

（一）总体评估情况

按照人民银行上海总部的定量评估方案，结合内蒙古实际，从宏观经济、金融机构和金融生态环境三方面对全区金融稳定状况进行定量评估，结果显示，2014 年全区金融稳定综合评估值为 65 分，连续两年下降，经济金融运行中不稳定因素和风险有所加大。评估结果表明，2014 年，面对市场需求不足、整体经济下行压力加大的复杂严峻形势和我国经济发展进入新常态的阶段特征，全区经济发展呈现稳中有进的良好态势，经济指标由高速增长进入了平稳增长时期，经济发展更加注重结构调整和发展方式的转变，并不断积极主动适应经济发展的新长态。金融业总体运行平稳，银行业机构改革持续深化，资产规模保持适度增长，为地区经济发展提供了有力支撑；证券业机构坚持业务与风险控制并重的原则，稳健性经营状况不断改善；保险业保持快速发展，服务社会和经济的作用持续加强。金融基础设施建设不断稳固和加强，金融生态环境持续改善，为区域金融稳定奠定了良好的基础。

金融稳定综合评估值下降的主要原因：一是受宏观经济形势下行趋势的影响，全区实体经济增速继续放缓，投资和消费增速下降，城乡居民收入增速不同程度出现回落，典型城市房地产销售价格指数明显降低，导致宏观经济得分下降 26.5%，对金融稳定综合评估值下降的贡献度为 43.7%。二是由于全区银行业金融机构不良贷款继续大幅反弹，利润增速明显下滑，法人机构资本充足水平有所下降，暴露出银行业机构经营管理中的潜在风险，使银行业得分下降 13.9%。保险业受应收保费率增长的影响，得分下降13.5%。金融机构整体得分对金融稳定综合评估值下降的贡献度为55.3%。

（二）政策建议

1. 加强地方政府性债务管理，妥善处理存量债务，防范债务风险

抓紧建立和完善地方政府性债务规模管理和风险预警机制，实现对地方政府性债务的全口径管理和动态监控。制定地方政府债务融资风险控制标准，包括一定的规模控制标准和风险预警系统，加强融资资金监管。规范对融资平台债务的清偿保障管理，健全偿还保障机制，避免出现地方政府债务危机，保证经济和社会的平稳健康发展。

2. 强化重要领域的风险防控，有效防范区域性、系统性金融风险

加强对金融机构、政府融资平台、房地产、产能过剩行业金融风险监测，引导商业银行严格按照国家信贷政策开展业务。密切关注金融机构的综合运营情况，防止金融风险跨行业、跨市场传染，严防局部风险演化为系统性、区域性风险。

3. 重视案件防范工作，做好突发事件应急管理

积极引导金融机构牢固树立案防责任意识，加大风险的排查及处置力度，提高风险防控能力。做好突发事件应急管理，完善应急机制管理，加强队伍建设，提升金融机构风险处置和应急管理水平。

4. 充分利用资本市场，注重证券公司创新发展

证券公司应进一步壮大资本实力，大力开展资产管理业务，发展融资融券等新业务，努力改变以传统的经纪业务手续费为主的收入结构，拓宽盈利渠道，减少行情走势的影响。

5. 落实保险业市场化改革总方针，加强保险业诚信建设

保险业发展应注重与当地具体情况相结合，以产品创新、服务创新和销售方式创新为重点，发展符合当地保险消费需求特点的产品和服务，加大保障型产品创新力度。通过创新，引导保险机构切实转变增长方式，合理布局分支机构，科学开发保险资源，走内涵式、集约型发展道路，提高保险业的综合竞争能力和可持续发展能力。不断加强对保险营销员的管理教育，树立保险业良好的社会形象，着力增强保险及保险企业在社会上的认同感和信任感。尽快建立全保险企业资信评估制度，健全风险管理制度，加强对承保、理赔、资金运用等环节的风险防范和控制能力，保证公司偿付能力的充足性，为保险公司诚信体系构建奠定基础。

总　　纂：余文建　牧　人
统　　稿：尹志成　赵建国　高晓芬
执　　笔：郭　研　吕明旭　方松叶　道日娜　高　菲
其他编写人员：赵　婧　李　敏　王　静　李　岩　周雪峰
李晓霞　张海霞　刘成伟

辽宁省金融稳定报告摘要

2014年，面对经济增速放缓、下行压力较大等严峻形势的压力与挑战，辽宁省坚持以提高经济发展质量和效益为中心，实现经济中速增长，为调整结构、转型升级奠定了坚实基础。金融业规模进一步壮大，金融服务效率和质量持续提升；金融市场运行平稳，资源配置能力和效率显著提高；金融基础设施不断完善，金融生态环境进一步优化；金融服务实体经济的作用增强，为实施新一轮东北老工业基地振兴发展创造了良好的金融稳定环境。

一、辽宁经济运行与金融稳定

（一）经济运行状况

与全国经济形势相一致，2014年辽宁省经济也进入中速增长“新常态”阶段。实现地区生产总值2.86万亿元，同比增长5.8%，增速低于全国1.6个百分点；相比2013年下降2.9个百分点。2014年，辽宁省第一、第二、第三产业增加值占GDP比重分别为8%、50.2%和41.8%，第三产业占比同比提升3.1个百分点，结构进一步优化。

1. 工业经济增速减慢，但支柱产业发展后劲充足

2014年，辽宁省规模以上工业增加值累计同比增长4.8%，低于全国平均水平3.5个百分点；增速同比下降4.8个百分点。在总体工业经济运行不乐观的形势下，高新技术产业和装备制造业等支柱产业却展现了充足的后劲，增速明显快于工业平均增速。2014年，辽宁省装备制造业、冶金工业和石化工业增加值分别同比增长7.1%、7.8%和5.8%。

2. 投资负增长，消费稳中有升

2014年，受第二产业、第三产业投资增速低位运行因素影响，辽宁省固定资产投资出现负增长。全年固定资产投资完成额累计达到2.44万亿元，同比下降1.5%。而消费方面，得益于电子商务和物流业的蓬勃发展，辽宁省消费稳中有升。全年实现社会消费品零售总额1.18万亿元，同比增长10.4%（扣除价格因素影响后），高于全国平均水平0.4个百分点。

3. 外贸规模小幅下降，外商投资保持稳定

2014年，辽宁省进出口总额1 139.6亿美元，同比下降0.5%，是自2009年金融危机以来的首次下降，增速同比回落10.2个百分点。其中，出口587.6亿美元，同比下降9%；进口552亿美元，同比增长10.5%。全年外商直接投资流入82.56亿美元，同比增长2.69%。登记外汇债务余额471.39亿美元。

4. 价格水平低位运行，通货紧缩压力较大

2014 年，辽宁省居民消费价格上涨 1.7%，低于全国水平 0.3 个百分点；较 2013 年下降 0.7 个百分点。工业生产者出厂价格指数（PPI）和购进价格指数（PPIRM）分别同比下降 1.8% 和 2%。

5. 跨境收支总量持续上升，人民币成为跨境收支第二大结算货币

2014 年，辽宁省跨境收付总量 1 454 亿美元，同比增长 14.7%，增速同比提高 5 个百分点。其中，跨境收入 757 亿美元，同比增长 8.7%；跨境支付 697 亿美元，同比增长 22%。跨境收付顺差 60 亿美元，同比下降 52.3%。全年辽宁省共发生跨境人民币业务 1 700 亿元，接近于 2010—2013 年的总和，同比增长 83.39%，增速高于上年同期 46 个百分点；高于全国平均水平 24 个百分点。跨境人民币结算金额排在全国第 9 位，占同期辽宁省国际收支总量的 20%。试点以来，全省跨境人民币结算金额累计达 3 590.95 亿元，为企业节约成本达 71.8 亿元。人民币已成为辽宁省跨境收支的第二大结算货币，资本项下跨境收支的第一大结算货币。目前，全省已有 62 家银行的 502 家分支机构开办了跨境人民币结算业务，涉及企业 3 270 家，境外地域涉及 114 个国家和地区。

6. 居民收入增速同比回落，财政收支增长乏力

2014 年，辽宁省城镇常住居民人均可支配收入 29 082 元，同比增长 8.9%，增速同比回落 1.2 个百分点。农村常住居民人均可支配收入 11 191 元，增长 10.1%，增速同比回落 2 个百分点。

2014 年，辽宁省财政收支下行，增长乏力。全年公共财政预算收入 3 190.7 亿元，同比下降 4.6%，增速低于 2013 年 12.2 个百分点，自 2014 年 9 月以来已连续 4 个月负增长。全年各项税收 2 329.9亿元，累计同比下降 7.6%。辽宁省公共财政预算支出 5 075.2 亿元，较 2013 年下降 2.4%，增速低于 2013 年 16.5 个百分点。在财政支出中，社会保障和就业与城乡社区事务这两项支出最多，占比分别为 17.5% 和 16.7%。

（二）经济运行中需重点关注的问题

1. 主要经济指标处于低位，下行压力开始显现

2014 年，辽宁省 GDP 增速和工业增加值增速处于历史最低点，投资负增长，出口增速回落，房地产市场低迷，物价水平低位徘徊，财政收支增长乏力，加之自身内生增长动力不足，经济进一步下行的压力较大。

2. 传统产业产能过剩，产业结构调整任重道远

钢铁、有色、化工、建材、造纸、造船等产业的产能严重过剩，产能利用率较低。人民银行沈阳分行第四季度景气调查数据显示，辽宁省规模以上工业企业主要产品的平均产能利用率不足 80%，低于国际公认的产能利用率合理区间。

3. 高新技术产业未成规模，对经济增长的拉动作用有限

辽宁省高新技术产业虽增速较快，但是占比工业总产值仅为 4.2%，对经济拉动力十分有限。虽然辽宁省逐渐加大了对企业自主创新的投资，但整体而言，企业自主创新尚未实现突破性的进展。

4. 房地产市场带来诸多不确定性，潜在影响金融稳定运行

2014 年，辽宁省房地产开发投资 5 301.3 亿元，同比下降 17.8%，增速同比回落 36 个百分点。土地购置面积、房屋新开工面积和商品房销售面积分别同比下降 33.2%、39.1% 和 38.1%，房地产市场可能要进入较长一段调整期。由于其具有牵一发而动全身的特殊性，其潜在金融风险不容忽视。

5. 人口老龄化问题突出，影响辽宁经济可持续发展

截至 2014 年末，辽宁老龄人口突破 800 万人，约占全省总人口的 19% 左右，同比增长 0.5%。

辽宁省人口老龄化程度位于全国前5位。随着人口红利的消失及老龄化进程的加快，辽宁经济可持续发展将受到影响。

二、金融业与金融稳定

（一）银行业稳健性评估

1. 运行状况

资产负债规模稳步增长，地方性中小银行增速较快。截至2014年末，辽宁省银行业金融机构资产总额57 839亿元，同比增长13.5%；负债总额55 588.4亿元，同比增长13.6%。其中，增速较快的为农村商业银行和城市商业银行，增速达30%以上。

存、贷款增速放缓，现金投放净回笼。截至2014年末，辽宁省金融机构本外币各项存款余额42 053.1亿元，同比增长6.7%，增速比上年末低5个百分点。本外币各项贷款余额33 023.5亿元，同比增长11.1%，增速比上年末低1.9个百分点。全年累计净交存（净回笼）现金15.2亿元，由净投放转为净回笼。

贷款利率先升后降，存款利率上浮压力较大。2014年12月，辽宁省各期限贷款加权平均利率为7.03%，比年初下降21个基点。全年先升后降呈“倒U形”走势。存款利率方面，在新政实施后，大部分地方性中小银行受存款增速放缓、竞争压力加剧影响，纷纷将利率“一浮到顶”。

2. 审慎性分析

不良贷款明显反弹。截至2014年末，辽宁省银行业金融机构不良贷款余额984.6亿元，较年初增加196.4亿元；不良贷款率2.98%，较年初上升0.3个百分点；高于全国平均水平1.69个百分点。除农信社外，新增不良较多的是城商行和农商行，这两类机构新增不良合计占同期辽宁省新增不良的22%。

盈利能力普遍下降。截至2014年末，辽宁省银行业金融机构净利润605.2亿元，同比下降8.3%。其中，股份制银行净利润下降幅度最大，同比下降25.9%。

信贷投放分化明显，地方性银行放贷意愿较强。截至2014年末，辽宁省内地方性中小型银行累计新增贷款703亿元，同比多增91亿元。辽宁省内全国性中小型银行累计新增贷款875亿元，同比少增318亿元。

3. 需要关注的问题

一是地方法人金融机构风险管控能力不足，风险隐患较大。在经过前期改进贷款管理和加大清收力度等努力后，农村商业银行和农信社不良贷款余额仍较高，且其存量贷款也潜藏大量不良。部分农村金融机构资本充足率、拨备覆盖率等指标仍长期低于监管标准，且最近两年频发冒名贷款和挪用客户存款等违规案件，风险管理能力较差。

二是同业业务仍需进一步规范。同业业务监管新政出台后，金融机构违规现象有所改善，但仍有部分金融机构违规操作，仍需进一步规范。

三是重点领域所蕴含的金融风险有加大趋势。房地产贷款潜在风险加大。2014年末辽宁省房地产贷款余额6 846.60亿元，同比增长12.33%，增速高于同期各项贷款增速1.22个百分点；占同期辽宁省各项贷款余额的20.7%，部分金融机构的房地产开发贷款已出现违约。地方政府融资平台还款压力持续增加。截至2014年末，辽宁省内地方政府融资平台贷款余额3 000.24亿元，比年初增加105.13亿元；不良贷款余额6.59亿元，不良贷款率0.22%，部分地方政府融资平台贷款已逾期。企业风险暴露增多，部分企业资金链已断裂。

（二）证券业稳健性评估①

1. 运行状况

上市公司数量增加，中小企业私募债发行额度创新高。2014年，辽宁省新增4家上市公司，上市公司达到45家，上市公司总股本405.3亿股，同比增长22.99%，总市值3 357.41亿元，同比增长83.32%。非限售A股流通市值2 731.05亿元，同比增长82.3%。全年共发行私募债20.9亿元，同比增长178.67%。

证券期货市场交易活跃，交易规模稳步扩大。截至2014年末，辽宁省共有法人证券公司2家，证券咨询公司2家，证券营业部205家，比上年新增37家。全年证券交易额30 551亿元，同比增长47.5%。有期货公司2家，期货营业部32家，期货开户数2.6万户，同比增加0.4万户。全年期货成交量3705.54万手，同比增长13%，成交额4.19万亿元，同比增长9%。

法人证券公司创新业务快速发展，盈利水平大幅提升。2014年，辽宁省法人证券公司实现营业收入5.13亿元，同比增长75.57%；实现净利润1.36亿元，同比增长401.06%。全年融资融券业务收入达到0.6亿元，同比增长437.34%。首次发行集合资产管理产品，全年管理资产规模达到3.13亿元，实现营业收入55.66万元。

2. 风险分析

各类跨市场的创新业务快速发展，交叉性金融风险值得关注。证券机构通过投资银行和资产管理等多项创新业务，与银行、保险等行业和实体经济领域的联系越来越紧密。随着融资融券业务的迅猛发展，超万亿元融资余额一旦遭遇到市场持续下跌或突发状况，其影响将溢出证券领域，波及多个行业。

信用类业务规模不断扩大，证券机构流动性风险隐患增加。随着市场行情回暖，融资融券业务对证券机构资金需求量急剧增加。目前证券公司仍主要通过银行间同业拆放、融资融券债权收益权远期受让等方式融资来扩大信用类业务规模，若市场行情不稳定，货币市场利率升高，将增加融资成本，影响拆借资金等融资渠道，可能引发公司的流动性风险。

证券期货公司经营稳定性受市场行情影响较大，盈利模式亟待转换。辽宁省内证券公司基本上属于中小型券商，盈利模式较为单一，易受市场行情波动影响。随着行业竞争的加剧，辽宁省内证券公司将面临巨大挑战，期货公司也面临同样的问题。

（三）保险业稳健性评估②

1. 运行状况

整体实力不断增强，风险保障功能有效发挥。2014年，辽宁省保险业共实现保费收入557.7亿元，规模居全国第13位。资产合计1 424.8亿元。其中，财产险公司资产86.8亿元，同比增长12.5%；人身险公司资产1 338亿元，同比增长11.6%。辽宁省共有保险经营主体63家。其中，财

---

① 本部分内容除特殊标注外，均不包含大连。

② 本部分内容除特殊标注外，均不包含大连。

产保险公司26家，人身保险公司37家；法人机构1家，分支机构2 010家。全年累计为社会提供风险保障14万亿元，累计赔付支出229.6亿元，同比增长27.7%。

人身险业务发展较快，银行代理保费收入增长迅速。2014年，辽宁省人身险实现保费收入370.3亿元，同比增长31.7%。其中，银代渠道实现保费收入160.5亿元，同比增长77%，增速比上年同期提高89个百分点。

财产险业务收支增速下滑，车险仍为财产险市场主力。2014年，辽宁省财产险实现保费收入187.4亿元，同比增长13.2%，增速比上年同期下降2.3个百分点。其中，车险实现保费收入150.5亿元，占财产险总收入的80.3%。全年财产险赔付支出110.7亿元，同比增长17.2%，增速比上年同期下降3.8个百分点。

2. 风险分析

人身险方面。一是保费趸交占比较高，业务结构有待优化。趸交产品虽然有助于保险公司在短时期内发展保费规模，扩大市场份额，但占比过大会积聚给付风险。同时，其毕竟是一种短期效应，无法保障保险公司的持续发展。二是退保金额仍然较高，集中退保风险较大。2014年，辽宁省人身险退保增速趋缓，但退保金额仍在高位徘徊，尤其在高收益理财产品的影响下，客户的收益预期较以往明显上升，如果产品收益达不到客户预期，容易引发群体性事件。

财产险方面的风险主要来自保费收入增速放缓，过度依赖单一险种车险问题。

三、金融市场运行与金融稳定

（一）金融市场运行情况

1. 同业拆借市场交易量猛增，拆借利率阶段性波动

2014年，辽宁省内市场成员在全国银行间同业拆借市场累计拆借资金651笔，金额2 921.72亿元，同比增加1 368.87亿元。资金流向以拆入资金为主，全年市场成员在银行间市场净融入资金2 691.12亿元。拆借利率在7月冲高后回落，年末时点性冲高。

2. 债券市场交易量高速增长，国债发行量增加

2014年，辽宁省内市场成员在银行间债券市场交易总量87 332.35亿元，同比增长10.05%。发售储蓄国债150.92亿元，同比增长9.91%。

3. 票据签发量平稳增长，贴现利率总体下行

截至2014年末，辽宁省内票据签发余额4 541亿元，同比增加561亿元。当年累计签发10 044亿元，同比增加1 494亿元。贴现利率在年内持续下行。以直贴为例，利率一路下行，在11月达到最低点4.5%，12月回升到5.5%。买断式转贴现利率与直贴利率走势基本相同。

4. 黄金市场交易量增幅较大，价格保持低位震荡

2014年，辽宁省内各商业银行代理上海黄金交易所业务累计成交59 105千克，比上年同期增加30 587.9千克。成交金额148.7亿元，比上年同期增加72.5亿元。价格方面，受美国经济复苏、美国量化宽松政策逐步退出等因素影响，2014年国际黄金价格延续了2013年低位震荡的态势，价格保持弱势整理。

5. 外汇市场即期交易量大幅增加，城商行为市场交易主体

2014 年，辽宁省银行间外汇市场即期交易共成交 3 282 笔，成交金额折合 1 798 153 万美元，同比增长 111.83%。辽宁省 15 家银行间即期外汇市场成员中，城市商业银行占 10 家，是即期外汇市场交易主体。

6. 民间融资需求大幅上涨，借贷利率总体较高

据测算，截至 2014 年末，辽宁省民间融资总规模约为 1 223.6 亿元，同比增加 14.37%。利率水平总体较高，融资方式以信用为主。

（二）存在的问题

1. 民间融资存在风险隐患

一是缺乏对民间融资的监管。部分民间融资投向国家限制的产业和领域，在一定程度上削弱国家宏观调控效果。二是民间融资的法律保障不健全，容易引起纠纷，出资人的权益无法得到保障。三是民间融资信息披露不充分。

2. 金融市场组织体系不够健全

一是地方性承销机构空白，目前尚无获得 B 类主承销业务资格的城市商业银行。二是地方法人金融机构利用银行间债券市场调整资本结构的规模尚小。自 2007 年以来，全省共有盛京银行、大连银行等 7 家地方法人金融机构先后通过银行间市场发行次级债券和二级资本债券 134 亿元，但发行家数不足全省城商行的半数，发行金额与全省城商行的信贷规模相比差距悬殊。

四、金融基础设施与金融稳定

（一）支付结算体系

1. 辽宁省支付环境与体系运营现状

（1）第二代支付系统建设顺利完成。全省 16 家法人银行机构和 2 家集中代收付中心成功加入第二代支付系统，实现法人机构“一点清算”。完成中央银行会计核算数据集中系统的推广上线，实现中央银行会计的集中核算，降低资金风险。截至 2014 年末，辽宁省支付系统共处理大额支付系统业务 3 601.88 万笔、金额 108.70 万亿元，同比分别增长 14.23% 和 -0.8%。小额支付系统共处理业务 6 627.47 万笔、金额 7 926.41 亿元，同比分别增长 36.23% 和 23.45%。

（2）助农惠农业务覆盖率稳步提高。截至 2014 年末，全省 835 个乡镇中，共有 2 063 个银行机构网点，银行网点的乡镇覆盖率达 100%，乡镇银行机构服务网点占农村金融服务网点总量的 60%，有力地支持了农村经济的发展。农村地区银行卡发卡量大幅提升，人均持卡量为 1.66 张，同比增长 36%。全省农村地区共设立银行卡助农取款服务点 14 912 户，布放金融支付终端 47 960 台，同比分别增长 26% 和 33%。

（3）支付机构成为银行卡收单市场有力补充。截至 2014 年末，辽宁省共有支付机构法人 1 家，备案分公司 27 家，其中有 18 家从事银行收单业务，为辽宁省银行卡受理环境建设增添了新力量。银行卡使用更加广泛，截至 2014 年末，全省银行卡累计发卡 16 293.7 万张，同比增长 14.15%；人均持卡数量为 3.71 张，同比增长 14.15%。银行卡渗透率达到 48.66%，同比提高 0.66 个百分点，银行卡消费快速增长，对拉动内需起到了积极的促进作用。全省 POS 机具数量 151 886 台，同比增长

35.31%；ATM 数量 20 086 台，同比增长 18.31%，银行卡受理环境得到进一步改善。

2. 支付结算体系建设中需要关注的问题

现有政策文件法律地位较低，不能满足监管需要。目前，针对支付机构的相关规范要求主要以中国人民银行令、中国人民银行公告以及人民银行文件等部门规章和规范性文件为主，法律地位较低，在与其他法律相冲突时，执行力受到制约。现有法规对各种违法行为处罚力度明显不足。

支付机构风险意识、合规经营意识、消费者权益保护意识有待提高，可持续发展能力急需增强。一些支付机构还停留在低价抢占市场份额阶段，业务发展思路不清晰，缺乏差异化竞争优势和个性化产品，可持续经营的能力不足。支付机构客户备付金管理存在风险隐患，应重点关注。

（二）法律环境

1. 辽宁省法律环境有关情况

辽宁省立法机制不断健全，立法工作取得新成效。全年制定政府规章和提请辽宁省人大审议地方性法规草案 13 件。行政执法工作机制不断完善，执法行为更加规范，监督机制日趋完善，执法水平不断提升。全省法院全年审执结各类案件 566 823 件，同比上升 10.5%。全省检察机关全年批准逮捕各类刑事犯罪嫌疑人 27 731 人，起诉 53 677 人。通过多种形式的金融法律宣传，广大人民群众的金融风险防范意识和法律意识得到提高。

2. 法律环境需要关注的问题

一是密切关注《存款保险条例》出台后的运行情况，建立完善相关配套措施，为存款保险制度的有效运行提供保障。二是加强监管，促进互联网金融健康发展。依法规范互联网行业管理，加强对客户资金的第三方存管，健全信息披露、风险提示和合格投资者制度，强化消费者权益保护，提升网络与信息安全水平，打击洗钱和其他金融犯罪，加强互联网金融行业自律以及监管协调和数据统计监测。

（三）反洗钱体系

1. 辽宁省反洗钱工作开展情况

法人城商行反洗钱系统建设进程得到推进。全省 13 家总部级城市商业银行顺利完成反洗钱系统改造，对 5 家新系统成功上线的机构进行了风险评估。村镇银行大额和可疑交易数据报送取得突破性进展，全省 52 家村镇银行均完成了主体资格申请工作和线路搭建工作，全部实现了总对总数据的独立报送。

金融机构可疑交易识别能力得以提升。全年，经金融机构筛选、甄别后上报的可疑交易线索 298 条；向公安机关报案 11 起，涉及金额 103.53 亿元；协查案件 12 起，涉及金额 741.47 亿元。

反洗钱合作机制进一步拓宽。参与修订与辽宁省禁毒总队合作协议的部分条款，丰富、完善了涉及毒品犯罪线索移交的有关内容。2014 年，共协助辽宁省纪委调查腐败案件 7 起。为辽宁省纪委调查腐败案件提供有力支撑，搭建惩治腐败洗钱犯罪的联动平台。

2. 反洗钱工作需要关注的问题

一是在可疑交易自定义标准的总体趋势下，村镇银行等小型金融机构可疑交易自主监测能力较弱，面临着一定风险。二是保险公司在销售保险产品时多通过保险代理机构进行销售，但保险代理机构尚未正式纳入反洗钱监管范畴，履行客户身份识别义务仅依靠与保险公司签订的委托代理协议，客户身份识别效果不明显。

（四）征信体系

1. 辽宁征信体系现状

金融信用信息基础数据库平稳运行。截至2014年末，企业征信系统共征集辽宁省38万户企业及其他组织的信用信息，开通查询用户4 932个，月均查询量24.8万次，比上年同期增长82%；个人征信系统共收录辽宁省4 903万户个人信贷账户，收录辽宁省3 102万个自然人的信用信息，开通查询用户2.1万个，月均查询量达46万次。稳步推进小额贷款公司、融资性担保公司和村镇银行接入征信系统。大力推广中征应收账款融资服务平台，已成交融资业务22笔，金额6.4亿元。

社会信用体系建设协调推进。辽宁省累计建立小微企业信用档案77 417户，通过搭建银企对接平台、发放小企业联保贷款和创办小微企业信用体系试验区等方式有效解决小微企业贷款难问题，目前已有26 524户小微企业取得了金融机构授信意向。紧密结合各地区实际，在辽宁省内积极开展农民专业合作社信用评价体系建设试点与创新农村信用体系建设工作，成效显著。

公众征信意识明显提升。全年累计提供查询服务553万次，比上年增加15%。全年有53.7万人通过查询验证。沈阳和大连试点开展商业银行网点代理查询工作，已累计提供查询服务2.3万次，日均查询百余次，查询量稳步增加。沈阳和大连引入自助查询终端提供信用报告查询服务，已累计提供个人信用报告查询服务9.3万次，日均400余次，有效满足了社会公众的征信需求。

征信市场规范发展。创新信贷市场信用评级，扩大评级业务范围。全年开展评级业务1 040笔，备案评级机构6家。评级结果在政府监管、商业银行审查以及申请贷款担保风险补偿专用资金等方面得到广泛应用。

2. 征信体系建设中需要关注的问题

一是《社会信用体系建设规划纲要》已经出台，需要整合各方力量，形成完善的工作机制，协调推进征信体系建设、区域信用体系建设和行业信用建设。二是互联网金融的出现为征信业发展提供了广阔的市场前景，各类征信机构不断设立，征信业务类型更加复杂多样，也给征信监管带来挑战。三是社会对各类信用信息共享的呼声越来越高，如何实现信息的有效整合与共享是未来研究的重点内容。

（五）金融生态环境

2014年，辽宁省的“信用辽宁”建设进程加快。以国家印发《社会信用体系建设规划纲要（2014—2020年）》为契机，出台了《关于加快推进诚信辽宁建设的意见》，金融生态环境进一步优化。一是大力推进简政放权。辽宁省政府首次公布了各部门行政审批事项清单，做到“清单之外再无审批”；首次创造性地绘制了《建设工程项目审批流程图》，大幅缩减审批时间；及时出台《关于进一步深化行政审批制度改革转变职能简政放权的意见》，全年两次集中取消和下放行政职权783项。在全国率先探索企业工商营业执照、组织机构代码证和税务登记证“三证合一”制度。二是完善失信惩戒机制。辽宁省通过12346失信投诉举报电话，广泛接受社会各界对企业、个人和政府失信行为的投诉和举报，对失信黑名单企业实施联动惩戒。累计曝光了6批40起典型失信案件，并在“信用辽宁”网站继续曝光，起到长期警示作用。三是加快企业信用体系建设。积极开展第三届辽宁省诚信示范企业评选，举办“辽宁万名民营企业家‘我诚信　我光彩’集体倡议活动”。省工商联、发改委联合印发《关于共同推动辽宁省民营企业信用体系建设的若干意见》，通过制度建设打造诚实守信、文明经商的良好风尚，促进地区经济健康发展。四是征信文化建设进一步深化。全年共举办各类宣传活动1 480场，参与活动人数11万人，发放各类宣传品26万份，显著提升了社会公众的信用意识。

五、总体评估与政策建议

（一）总体评估

2014年，人民银行沈阳分行继续采用层次分析法和专家评价法相结合的多指标综合评价法，从宏观经济、金融机构和金融生态环境三个方面对辽宁省的金融稳定状况进行定量评估。受当前经济形势影响，2014年辽宁省金融稳定状况综合得分为76.3分，较上年下降5.2分，但稳定状况良好，属B类地区。

辽宁省金融稳定综合得分出现下滑的主要原因：一是辽宁省经济增速下降，固定资产投资出现负增长，实体经济面临不少困难；二是辽宁省银行业金融机构经营压力加大，利润普遍下降，不良贷款率有所上升。

（二）政策建议

1. 激发市场活力、培育新的经济增长点，保持经济稳步持续发展

继续深化行政审批制度改革，减少前置审批，明确权力清单、责任清单、负面清单，从注重事前审批，转向加强事中事后监管，更多地依靠市场和法律手段管理经济。进一步优化投资结构，推出一批面向社会资本参与的重大项目，不断激发民间投资活力。积极培育战略性新兴产业，将辽宁老工业基地打造成国家战略性新兴产业的重要承载地。着力发展电子信息产业，开展以云计算、互联网、卫星导航与位置服务等产业为主的大数据应用示范，打造信息通信全产业链生态系统。着力提高服务业发展水平和比重，重点发展研发设计、现代物流、融资租赁、会展等生产性服务业，推进工业企业生产性服务业分立。

2. 增强风险预警、识别与管控能力，有效防止银行业信贷资产质量下滑

银行业金融机构要进一步提高风险意识，始终把风险防范放在第一位。加大风险排查力度，对风险早发现、早介入、早处置，防止风险蔓延和传染，改进风险预警手段和方法，提高风险防范效果，降低风险处置成本。加强贷后管理，建立严格的定期贷后管理制度，有效落实责任人制度，对因贷后管理疏忽导致贷款不能收回的责任人进行追究。

3. 优化人身险业务结构，有效防范保险业集中退保风险

推动人身险业务向提高内涵价值方向转变，积极促进期缴与趸交业务的平衡发展，优化保险产品的缴费期限结构，形成新的竞争优势，在完善社会保障体系、提高社会保障水平等方面发挥保险应有的补充作用。另一方面，积极应对满期给付和退保风险，强化集中退保风险监测预警和银保合作机制建设，密切关注可能出现群体性、突发性非正常退保的重点业务区域和地区，有效防范集中退保风险。

4. 完善法律保障，规范民间融资健康发展

以立法形式明确民间融资参与主体的性质、借贷行为、利率、抵押担保以及借贷双方权利义务，规范民间融资行为。明确民间融资及相关民事纠纷与高息揽储、非法吸收公众存款、集资诈骗等违法行为的法律界限，消除司法层面的灰色地带，保护相关主体的合法权益。建立银行和民间融资的法律“防火墙”，严密防范金融机构的违规操作。进一步加强对银行信贷资金流向的审查力度，避免借款企业利用自身的信用资质，以生产经营的名义，骗取信贷资金用于民间借贷。

5. 加快金融市场体系建设，培育多层次资本市场

一是推进地方承销队伍建设。推动已有资质的盛京银行、大连银行等机构尽快获得银行间债券市场B类主承销商资格，为省内企业和项目发行债务融资工具提供有针对性的承销服务。推动更多地方商业银行尽快发展壮大成为全国银行间债券市场承销类成员。二是鼓励地方金融机构通过发行次级债券、二级资本债等方式壮大实力，促进业务转型升级，提升综合竞争力。

总　纂：薛　静　于大鹏　全庆鹏
统　稿：刘　涛
执　笔：由　华　许　胜　谭福梅　张新宜　刘冬云　文佳
其他参与写作人员（以姓氏笔画为序）：
于松涛　邓吉宁　安英俭　刘昊然　刘　萍
李士涛　李璐娟　张次兰　张晓玲　陈庆海
别　曼　阿　荣　苗丽光　郭宝华

吉林省金融稳定报告摘要

2014年吉林省经济金融面临着复杂的环境和严峻的形势，在全省上下的共同努力下，顶住了下行压力，实现了总体平稳的发展态势。金融机构运行稳健，社会融资规模显著增长，证券行业创新活跃，保险业社会保障功能有效发挥。金融市场平稳发展，各市场交易量活跃，交易额稳步攀升。金融基础设施建设不断完善，金融消费者权益保护工作进一步加强。但与此同时，伴随着宏观经济“三期”叠加，金融机构风险防控压力加大，金融创新业务风险控制机制不完善等问题仍需密切关注。

一、区域经济运行与金融稳定

2014 年，吉林省地区生产总值实现 13 803. 81 亿元，同比增长 6. 5%，低于全国平均水平 0. 9 个百分点。经济发展态势总体平稳，但各项主要经济指标增长明显减缓。

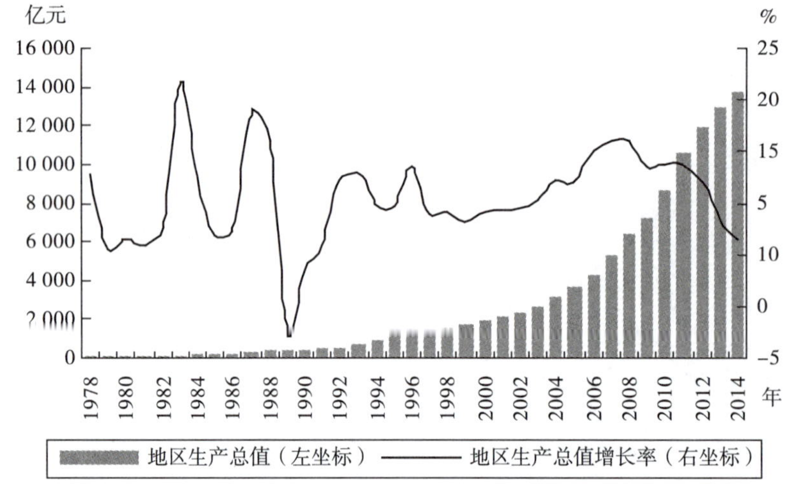

数据来源：吉林省统计局相关资料。

图1 1978—2014年吉林省地区生产总值及其增长率

（一）农业生产保持较快增长态势

2014 年，吉林省农林牧渔业实现增加值 1 570. 19 亿元，按可比价格计算，比上年增长 4. 6%。粮食生产继续稳产高产，总产量达到 706. 56 亿斤，在全国居第 4 位，单位面积产量达到 7 064. 7 公斤/公顷，单产继续位居全国第 1 位。畜牧业生产也保持平稳增长，全年全省畜牧业增加值同比增长

1.2%，增速高于上年 0.4 个百分点。

（二）规模以上工业增速稳步回升

2014 年，吉林省规模以上工业增加值 6 492.93 亿元，同比增长 6.6%，较当期全国平均增速低 1.7 个百分点，和相邻省份比较，比辽宁和黑龙江两省增速分别高 1.8 个和 3.7 个百分点。产业跃升计划的八大重点产业共实现增加值 5 339.99 亿元，同比增长 6.7%，对全省规模以上工业增长的贡献率达到 83.7%。2014 年，全年规模以上工业企业实现主营业务收入 23 220.02 亿元，同比增长 6.0%；累计实现净利润 1 397.69 亿元，同比增长 12.3%，在全国居第 7 位，保持了较高的增长水平。

（三）固定资产投资增速稳中有降

2014 年，吉林省完成全社会固定资产投资 11 486.52 亿元，同比增长 15.1%。其中，完成固定资产投资（不含农户）11 254.84 亿元，同比增长 15.4%；第一、第二、第三产业分别完成投资 414.04 亿元、6 445.19 亿元和 4 395.61 亿元，同比分别增长 44.7%、16.0% 和 12.4%。

2014 年以来，新项目陆续开工建设，全省新建项目完成投资额 4 410.04 亿元，同比增长 23.2%。其中，安装工程和设备工器具购置分别完成投资 948.91 亿元和 3 746.47 亿元，同比分别增长 48.3% 和 25.9%。新项目带来的投资需求成为拉动投资增长的主要动力，同时也为相关产业的增长提供了后劲和保障。

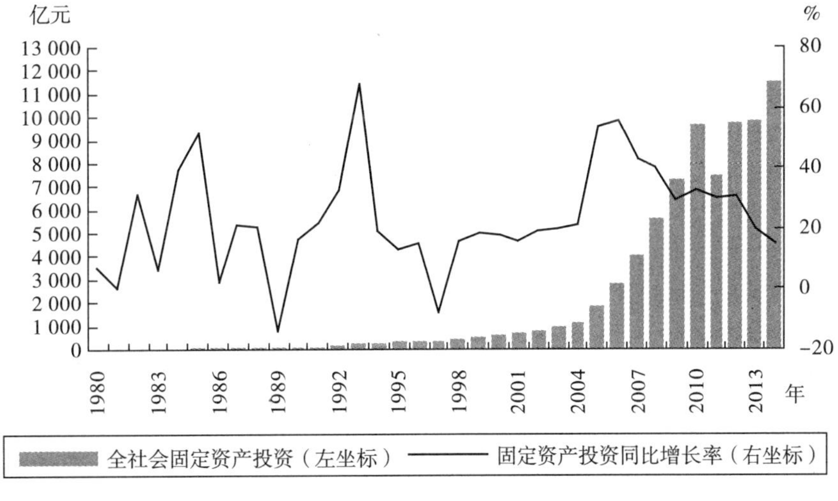

数据来源：吉林省统计局相关资料。

图 2　1980—2014 年吉林省全社会固定资产投资总额及其增长率

（四）消费市场平稳增长

2014 年，吉林省全社会消费品零售总额达到 6 080.90 亿元，同比增长 12.1%。其中，限额以上企业累计实现社会消费品零售额 2 309.33 亿元，同比增长 5.9%。全省城镇和乡村企业分别实现社会消费品零售额 5 385.30 亿元和 695.60 亿元，同比分别增长 12.0% 和 12.3%，乡村的增速略快于城镇。从商品看，吃类商品增速高于穿类、用类商品。限额以上企业网上零售额保持强进增长。

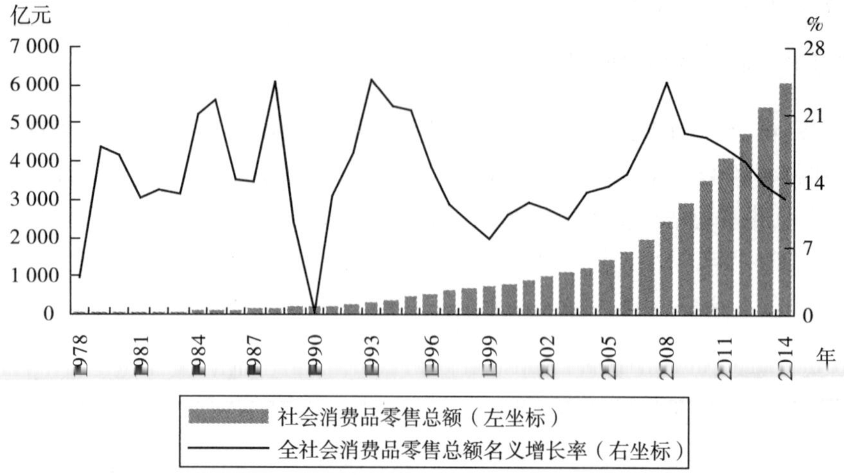

数据来源：吉林省统计局相关资料。

图3　1978—2014年吉林省社会消费品零售总额及其增长率

（五）外贸进出口持续低速增长

2014年，吉林省累计完成外贸进出口总值263.78亿美元，同比增长2.1%，低于当期全国平均增速1.3个百分点。其中，累计完成进口总值206.00亿美元，同比增长7.9%；累计完成出口总值57.78亿美元，同比下降14.3%。出口产品方面，机电产品出口下降19.6%，农产品出口下降1.3%，此外，传统大宗商品除胶合板、轮胎出口增长外，其他商品类别合计下降52.4%。

2014年，全省实际利用外资76.53亿美元，同比增长13.1%。其中，外商直接投资额19.66亿美元，同比增长8.1%，高于当期全国平均增速6.4个百分点。2014年全省实际利用外省资金5 880.93亿元，同比增长21.2%。

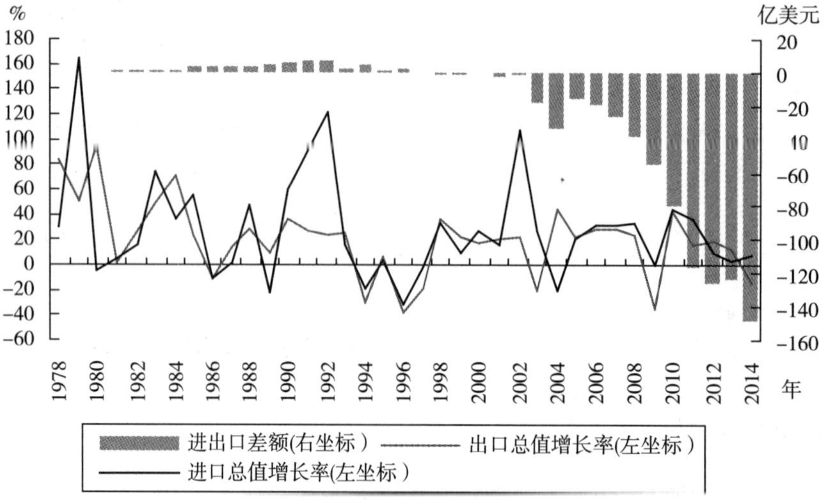

数据来源：吉林省统计局相关资料。

图4　1978—2014年吉林省外贸进出口变动情况

（六）物价水平稳定适度

2014 年，吉林省城乡居民消费价格同比上涨 2.0%，与当期全国平均涨幅持平。其中，食品类价格上涨 3.0%，低于当期全国平均涨幅 0.1 个百分点，基本处于平稳适度的区间。全年全省工业生产者购进价格同比下降 0.8%，小于当期全国平均降幅 1.4 个百分点；工业品出厂价格同比下降 0.9%，小于当期全国平均降幅 1.0 个百分点。工业生产者价格水平回落，但幅度低于全国水平。

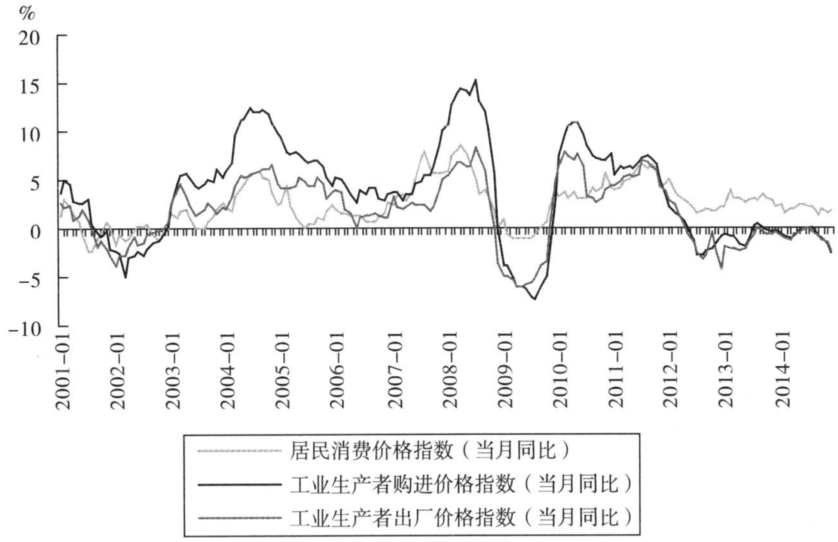

数据来源：吉林省统计局相关资料。

图 5　2001—2014 年吉林省居民消费价格和生产者价格变动趋势

二、金融业与金融稳定

（一）银行业分析

截至 2014 年末，吉林省银行业金融机构资产总额 22 671.74 亿元，同比增长 10.56%；负债总额 21 941.39 亿元，同比增长 10.34%。本外币存款余额 16 526.34 亿元，增长 11.02%，本外币贷款余额 12 695.25 亿元，同比增长 17.49%。

1. 社会融资规模大幅增长，信贷投向进一步优化

2014 年，吉林省社会融资规模为 2 909 亿元，同比增长 33.9%。其中，金融机构表内贷款融资占比为 63.4%，比上年同期下降 7 个百分点，表外贷款融资占比为 25.7%，比上年同期提高 9.5 个百分点，直接融资占比为 6.8%，比上年同期下降 0.9 个百分点。信贷投向结构进一步优化，增加对小微企业、“三农”领域的支持。2014 年全年投向小微企业、“三农”领域的贷款增速为 24.3% 和 20.5%，分别高于全部贷款平均增速 6.6 个和 3.2 个百分点。

2. 资产质量略有下降，经营效益有所提高

自 10 月开始，吉林省辖内银行业机构不良贷款余额开始出现上升，部分机构出现“双升”。截至 12 月末，吉林省银行业金融机构不良贷款余额比年初增加 0.14 亿元，不良贷款率 3.97%。同时，

银行业金融机构经营效益和综合竞争力稳步提升。2014 年，吉林省银行业金融机构累计实现净利润同比增盈 40 亿元。

3. 地方主要法人银行业金融机构运营平稳，涉农金融机构改革继续推进

2014 年末，吉林银行资产总额 2 757. 92 亿元，同比增长 17. 81%，全年实现利润 26. 40 亿元；农村商业银行资产总额 2 347. 92 亿元，不良率 1. 55%；农村信用合作社年末五级分类不良贷款余额 133. 71 亿元，不良率 21. 05%。年内，有 8 家农村商业银行开业，9 家村镇银行开业，辖内农村商业银行和村镇银行的数量分别达到 21 家和 40 家。

2014 年吉林省银行业总体保持稳健运行，但在宏观经济增速放缓、历史性遗留问题较多等因素的影响下，部分机构资产质量控制难度加大，农村信用社个体风险问题，交叉性金融产品风险防控问题，以及非法集资案件出现增长趋势等不稳定因素仍需要密切关注。

（二）证券业分析

2014 年，吉林省证券业总体结构保持稳定，证券交易规模大幅提高，多层次资本市场体系不断完善，资本市场融资功能有效发挥，券商创新政策效果明显，行业抗风险能力持续提升，市场运行总体健康平稳。

1. 证券业总体结构稳定，业务规模大幅提高

截至 2014 年末，吉林省法人证券公司 2 家；证券公司营业部 119 家，新增 12 家。吉林省辖内法人期货公司 2 家，期货公司营业部 20 家；境外期货业务持证企业 1 家。受益于全国资本市场行情的整体好转，吉林省证券市场交易活跃度显著提升。从总量规模看，2014 年吉林省证券市场交易总额 13 268. 85 亿元，同比增长 56. 79%。辖区证券营业部资金账户数量 183 万户，同比增长 2. 11%。从交易品种看，融资融券规模迅猛增长，截至 2014 年末，吉林省共有 101 家证券营业部开展融资融券业务，占全部营业部的 85%。已获批可使用授信额度 2 006. 06 亿元，同比增长 9. 4 倍。

2. 直接融资业务稳步发展，融资结构持续调整

2014 年，吉林省境内直接融资 128. 77 亿元，较 2013 年增长了近 90%。其中，首发 7. 56 亿元，定向增发 91. 09 亿元，可转债 17 亿元，公司债 10 亿元，中小企业私募债 3 亿元，“新三板”定向发行股票 0. 13 亿元。有 6 家上市公司计划实施再融资，其中通化金马定向增发申请已经获得证监会核准，4 家公司的非公开发行预案已经通过股东大会，拟募集资金共计 81. 24 亿元。

3. 吉林省区域股权交易市场运行正常，多层次资本市场体系逐步完善

吉林股权交易所是吉林省从事非上市公司股权交易的场所，目前，共有 7 家企业挂牌，挂牌总股本 8 385 万元，协助 2 户挂牌企业定向增发 600 万股，融资 800 万元。同时一方面与省内私募股权融资对接，为多家企业达成投融资合作意向，投融资额约 2 亿元；另一方面与省内银行机构达成 400 亿元授信额，为挂牌企业和投资人提供信贷支持。吉林股权交易所与吉林省小额贷款公司行业协会签署了业务合作框架协议，为吉林省小额贷款公司行业协会的会员提供股权质押贷款、发行私募债券、集合债券、定向债券等一揽子融资服务。

4. 法人证券机构盈利水平大幅提升

吉林省法人证券公司 2 家，东北证券仍是辖内唯一的上市证券公司，2014 年实现营业收入 27. 17 亿元，同比增加 79. 17%；净利润 10. 26 亿元，同比增加 95. 89%；净利润率 37. 69%，同比增加 6. 17 个百分点；权益净利率 10. 22%，同比增加 126. 06 个百分点。

5. 上市公司数量有所增加，经营情况好转

2014 年，吉林省新增 2 家上市公司，分别为迪瑞医疗（深市创业板）和长白山旅游（沪市主板），上市公司数量突破至 40 家，占全国上市公司总量的 1.53%，其中沪市 18 家，深市 22 家。同时 * ST 吉碳成功摘帽，经重大资产重组更名为中钢国际，尚余 1 家 * ST 成城股份。截至 2014 年末，吉林省 A 股上市公司总股本 284.70 亿股，总市值 3 489.07 亿元。

（三）保险业分析

2014 年，吉林省保险业资产实力稳步增强，保费收入规模快速增长，法人保险公司偿付能力保持稳定，保险综合服务功能稳步提升，市场整体保持平稳发展态势。

1. 资产实力稳步增强，市场组织体系不断完善

截至 2014 年末，吉林省保险业平稳发展，资产实力稳步增强，全行业分公司以上资产总额达到 854.70 亿元，同比增长 13.43%。吉林省法人保险公司仍为 3 家，分别为安华农业保险公司、都邦财产保险公司以及鑫安汽车保险公司。省级保险分公司 28 家，按业务性质划分，财产险公司 12 家，人身险公司 16 家。

2. 保费收入快速增长，保险保障功能有效发挥

2014 年，吉林省保费收入规模 330.0 亿元，同比增长 24.55%，增速排名全国第 5 位，高于全国平均水平 6.36 个百分点，是近五年来的最高增速。其中，财产险保费收入 107.66 亿元，同比增长 18.19%；人身险保费收入 222.34 亿元，同比增长 26.80%。保险保障功能进一步发挥，全年保险赔款给付支出 112.0 亿元，同比增长 11.34%。其中，财产险赔付支出 54.19 亿元，同比增长 7.50%；人身险赔付支出 57.82 亿元，同比增长 15.2%。保险深度为 2.39%，比上年提高 0.34 个百分点；保险密度为 1 200 元/人，比上年增加 231 元/人，增幅达 23.84%。

3. 农业保险不断创新，服务“三农”的广度和深度不断拓展

2014 年，吉林省农业保险覆盖全省 60 个县市，实现保费收入 9.21 亿元，赔付支出 5.65 亿元，同比增长 19.06%。中央财政补贴的玉米、水稻、大豆、花生、葵花籽五大作物保费收入 7.29 亿元，总参保面积 247 万公顷，参保农户 139.92 万户，提供风险保障 74.92 亿元，支付赔款 4.98 亿元。同时，积极推动地方财政支持的辣椒、人参、烟叶等特色农业保险和大棚等农业设施保险试点，开发生猪价格指数保险和采草场草原植被指数保险等新兴产品和服务，丰富农业保险风险管理工具。此外，推动农村治安保险和农房保险业务，开办至今已累计为 36 万户农民提供保险保障约 248 亿元；提高新农合大病保险服务水平，已累计向 20.2 万人赔付 7.54 亿元，为 1 344 万农民提供保险保障。

三、金融市场与金融稳定

截至 2014 年末，吉林省拥有全国银行间同业拆借市场会员机构 38 家；场外融资电子备案系统备案的会员机构为 78 家；全国银行间债券市场会员机构 39 家。整体来看，吉林省金融机构流动性管理水平有所提升，金融市场继续平稳运行，各市场交易量活跃，交易额稳步攀升。

1. 同业拆借市场

（1）市场流动性紧张状况有所减缓，融资意愿依然较强。2014 年，随着货币政策从定向降准到定点流动性供应再到不对称降息，银行间市场流动性趋于稳定，融资成本较低，省内金融机构整体

融资意愿增强。全年同业拆借累计成交2 579笔，其中拆入1 586笔，累计成交1 591.58亿元，同比增长142.3%；拆出993笔，累计成交775.6亿元，同比增长256.21%，累计净融入资金815.98亿元，同比增长98.54%。

（2）市场流动性相对宽松，利率水平大幅回降。2014年，吉林省银行间市场流动性紧张状况有所减缓，利率水平大幅回落，场内市场同业拆入加权利率3.54%，同比下降了0.5个百分点；同业拆出加权利率3.78%，同比下降了0.45个百分点。

2. 全国银行间债券市场

2014年，现券市场交易活跃，现券市场累计成交16 472笔，交易金额1.23万亿元，同比增长18.01%，回购市场成交额迅速增加，银行间回购市场累计成交41 860笔，累计成交金额7.81万亿元，同比增长67.98%，再创历年新高。回购利率水平持续下降，2014年质押式正回购加权利率2.99%，下降0.51个百分点，质押式逆回购加权利率3.2%，下降0.33个百分点；买断式正回购加权利率3.24%，下降1.25个百分点，买断式逆回购加权利率3.95%，下降0.42个百分点。

3. 跨境收付及结售汇

（1）经常项目外汇收支稳步增加。2014年，吉林省经常项目跨境收付285.7亿美元，同比增长7.9%，收付逆差173.3亿美元，同比增长15.1%。其中，货物贸易跨境收付额占比83%。同期，经常项目结售汇190.4亿美元，同比5.8%，结售汇逆差91.3亿美元，同比增长18.1%，其中，货物贸易结售汇逆差占比83.6%。

（2）资本和金融项目收支总额成倍快速增长。2014年，吉林省资本和金融项目跨境收支总额61.3亿美元，同比增长3.2倍；收支顺差4亿美元，同比下降39.8%。资本和金融项目结售汇总额19.9亿美元，同比增长41.9%；资本和金融项目结售汇差额由上年顺差1.4亿美元转为逆差1.2亿美元，其中国内外汇贷款结售汇逆差3.2亿美元，同比增长43.4%。

（3）跨境人民币结算业务迅猛发展。2014年全省跨境人民币实际收付结算金额达到775.9亿元，是上年同期业务量的1.4倍。其中，货物贸易人民币结算额占全部结算额的比重超过六成。服务贸易及其他经常项目人民币结算交易平稳，与上年同期基本持平。资本项目交易活跃，是上年同期业务量的5倍。辖内银行跨境人民币结算境外交易涉及国家（地区）达91个。对外直接投资、外商直接投资人民币结算业务、境外人民币借款/放款、境外项目人民币贷款等各类跨境投融资业务全面推进，2014年吉林省为境内企业办理境外人民币融资122.4亿元，同比增长3.8倍。

4. 票据市场

（1）票据承兑业务大幅上升。截至2014年末，吉林省商业汇票余额760.6亿元，同比上升39.2%，累计签发商业汇票2 874亿元，同比上升58.3%。其中，商业承兑汇票余额0.4亿元，占全部0.05%，全年累计签发商业承兑汇票1.53亿元。

（2）票据融资功能加强。12月末贴现余额309.5亿元，比同期增加53.2亿元，票据融资比年初增加55亿元，同比增长20.9%，累计贴现17 590.5亿元，比同期增加90.9亿元。票据贴现利率整体呈下行走势，12月加权平均利率6%，比1月贴现加权平均利率最高点7.37%降低1.37个百分点。

在发展过程中，吉林省金融机构整体上对短期流动性资金需求较大，金融机构的日常流动性支持主要来自货币市场，货币市场主要产品的利率价格对金融机构融资成本的影响较大。一些金融机构的同业市场活动除满足日常流动性管理需求之外，还同时通过回购套利、代持债券和购买债券后利用债券回购低成本融入资金、再进行购买债券或到同业市场等其他市场套利等跨市场短期操作。这种以短养大、不断放大的杠杆操作，一旦市场流动性出现急剧变化，将给金融机构带来巨大的损失，同时也会产生流动性风险。

四、金融基础设施与金融稳定

（一）征信体系建设

2014 年，吉林省征信体系建设稳步推进，社会信用环境得到改善。截至 2014 年末，金融信用信息基础数据库累计收录吉林省 16.4 万户企业，1 783 万自然人信用信息。征信系统全年向金融机构提供查询服务 300 余万次，为金融机构支持经济发展、防范金融风险提供了有力的信息支撑。社会信用体系建设取得积极成效，相关制度规划不断完善，小微企业与农村信用体系建设稳步推进，累计为全省 4.8 万户小微企业与 343 万农户建立了信用档案和龙市信用体系试验区建设不断深入，初步建立了信用信息应用与评价机制。信用宣传教育力度进一步加大，全省组织开展信用宣传培训活动 20 余次，覆盖公众 30 余万人，社会公众信用意识得到有效提高，全年近 50 万个人主动查询本人信用报告，同比提高近一倍。

（二）支付体系建设

2014 年，吉林省支付体系平稳高效运行，社会资金交易规模持续扩大，支付业务量稳步增长，零售支付服务市场不断改善，对提高资金往来效率、服务实体经济发展、满足公众日益增长的支付需求发挥积极作用。全省各支付系统全年共处理支付业务 3.08 亿笔、金额 77.57 万亿元，同比分别增长 19.41% 和 31.4%。

非现金支付业务保持增长态势。全年共发生票据、银行卡、汇兑等结算方式非现金支付业务 9.74 亿笔、金额 19.95 万亿元，同比分别增长 24.87% 和 3.5%。其中，票据业务 656.91 万笔、金额 2.98 万亿元，同比分别下降 6.75% 和 0.16%；银行卡业务 9.49 亿笔、金额 7.06 万亿元，同比分别增长 25.42% 和 9.82%；汇兑、托收承付、委托收款等结算方式业务 1 843.77 万笔、金额 9.91 万亿元，同比分别增长 13.29% 和 0.49%。

银行卡受理环境不断改善，消费交易量实现较快增长。截至 2014 年末，银行卡跨行清算系统联网商户 19.11 万户、联网 POS 机具 26.25 万台、ATM 1.23 万台，同比分别增长 43.37%、46.63%、24.46%。累计发行银行卡 7 805.73 万张，同比增长 15.48%，人均持有银行卡 2.84 张。全年银行卡消费业务 2.57 亿笔、金额 4 695.46 亿元，同比分别增长 58.78% 和 44.86%。

（三）反洗钱体系建设

2014 年，吉林省辖区反洗钱工作深入推进，人民银行长春中心支行按照《吉林省金融机构反洗钱考核评估管理办法》规定，完成辖内 344 家地市级以上金融机构的考核评估工作，并将考核评估结果充分运用于现场检查、分类监管中，取得了良好的效果。立足风险为本原则，加强反洗钱现场检查，构筑反洗钱防线，全年共对 22 家金融机构开展了反洗钱专项检查，检查中发现案件线索 20 件。全面推行现场走访制度，全年共走访银行、证券、保险类金融机构共 40 家，并深入 18 家金融机构开展专题调研及时提示洗钱风险，有效推动了反洗钱工作制度化、规范化，全面提升监管有效性。

（四）金融消费者权益保护

2014年，人民银行长春中心支行以加强制度建设为根本，以强化监管协调为保障，以完善投诉处理机制为抓手，以提高金融消费者教育有效性为依托，以发展普惠金融为目标，全面深入推进辖区金融消费权益保护工作。在全省范围内开通了“12363”金融消费权益保护咨询投诉电话。2014年，全辖受理并处置消费者投诉327件、咨询1 202件，其中涉及人民银行职责的投诉283件，跨市场、跨行业类交叉性金融产品和服务投诉20件，其他类投诉24件。投诉办结率及消费者满意度均为100%。通过组织开展“金融消费者权益日”及“金融知识普及月”活动，提升广大金融消费者对金融业和金融产品的整体认知度，树立起“自享收益、自担风险”的理念，维护好自身的合法权益。

反假货币工作力度加大，工作取得创新和突破。开展了打击假币犯罪专项整治活动，加强对银行业金融机构的管理和指导，监督银行业金融机构严格执行假币收缴程序，稳步推进对外付出现金实现全额清分，加快推进了冠字号码查询和贴标工作，有效解决银行对外误付假币和涉假币纠纷举证及责任认定问题，维护金融消费者权益。建立区域性反假货币合作机制，为边境地区开展国际反假合作提供参考，提升了人民币国际形象，维护了人民币在境外的信誉。

五、总体评估和政策建议

（一）总体评估

2014年，吉林省积极应对国内外错综复杂的经济环境，保持了经济平稳运行，不断加快结构调整步伐，经济结构进一步优化。吉林省区域金融运行保持了稳健态势，金融行业在不断提升经营质量的同时，积极支持实体经济发展和促进经济结构调整。金融业整体规模和效益继续稳步提升，金融改革深入推进，金融市场融资功能充分有效发挥，金融基础设施建设逐步完善，各方面风险整体可控。

展望2015年，世界经济仍处在深度调整期，我国经济发展面临经济增长速度换挡期、结构调整阵痛期、前期刺激政策消化期的“三期叠加”阶段，经济下行压力不减，经济金融发展形势将更为复杂。但同时，2015年也是吉林省全面深化改革的关键之年，也是全面完成“十二五”规划的收关之年，可谓挑战与机遇并存。金融行业在继续坚持稳中求进，改革创新的同时，也要注重防范经济下行压力和经济结构调整对金融资产质量带来的冲击；密切关注房地产行业贷款和政府融资平台贷款潜在风险的发展变化趋势；加强防范表外业务和创新性业务的潜在风险。

（二）政策建议

1. 主动适应经济发展新常态，促进结构调整的作用

抓住国家实施新一轮东北老工业基地振兴战略，重点领域和关键环节改革全面启动，“一带一路”建设为长吉图开发开放先导区战略深入实施开拓更大空间等重大历史机遇。注重发挥金融体系

支持实体经济发展的重要作用，坚持稳中求进工作总基调，主动适应经济发展新常态，把转方式、调结构放到更加重要的位置。积极增加对优势支柱产业、重点项目建设、新兴产业、中小微企业、节能减排等关键领域和经济薄弱环节的信贷支持力度，持续优化“三农”金融服务。

2. 深入推进金融体制改革，不断提升抗风险能力

促进各类法人金融机构进一步充实资本金，加强和完善公司法人治理结构建设，健全内控机制。做强中小法人金融机构，提升经营质量和效益，积极适应利率市场化背景下的市场转变，大力推进农村信用社向农村商业银行转制工作。提高辖区上市公司经营质量，加快构建多层次资本市场体系；充分发挥保险业保障功能，加强对保险市场营销活动的监督和规范。

3. 加强风险监测与预警，前移风险控制关口

加强对地方政府融资平台、房地产和产能过剩行业等重点领域的风险监测；密切关注地方高风险中小法人金融机构的风险状态，注重防范信用风险和流动性风险；加大对非法集资案件的打击和查处力度。加强各监管部门与地方政府之间的协调配合，健全和充分发挥金融稳定监管协调机制的作用，及时发现风险隐患，预警风险。

4. 推进金融生态环境建设，完善金融安全网

进一步健全金融监管法律法规制度建设，强化信用卡风险管理，完善支付结算服务网络建设；加强全方位的反洗钱工作体系，严厉打击洗钱犯罪；不断完善和加强全社会信用环境建设；加大对金融消费者合法权益的保护力度；培育良好的市场环境、法制环境，为存款保险制度的推出和金融体系的健康发展打造良好的基础。

主　任：张文汇
副主任：裴绍军
总　纂：刘仁龙 李柏秋
统　稿：刘　健
执　笔（按姓氏笔画排序）：王春萍　白云峰　冯　叶　石　磊
安立环　刘大为　刘晓明　刘　镇
李红梅　李志刚　张　鹏　杨　珩
周飞虎　赵　峰　赵新欣　袁春旺
董凯军

黑龙江省金融稳定报告摘要

2014年，黑龙江省深入贯彻落实党的十八届三中、四中全会精神，牢牢把握“稳中求进”的工作总基调，冷静应对发展过程中遇到的困难和挑战，扎实推进“五大规划”发展战略和“十大重点产业”建设，及时出台稳增长65条措施，深入挖掘经济增长潜力，实现经济平稳发展和民生持续改善。现代化农业建设步伐进一步加快，工业生产增速回落，服务业发展势头良好，财税体制改革继续深化，对外开放程度稳步提高，居民收入及消费能力持续提升。金融业运行总体稳健。银行业资产规模稳步扩大，风险状况总体可控；资本市场稳健运行，上市融资取得进展。保险市场体系进一步完善，风险补偿机制继续强化；具有融资功能的非金融机构适度发展，对传统金融业形成积极补充。

一、经济运行与金融稳定

（一）经济运行情况

1. 经济增速回落明显

2014年，在经济下行、“三期叠加”的大背景下，黑龙江省经济发展遇到多年未有的挑战和复杂局面，能源产业出现拐点，油煤量价齐跌。工业生产减速，投资增幅回落，房地产投资意愿下降，财政增

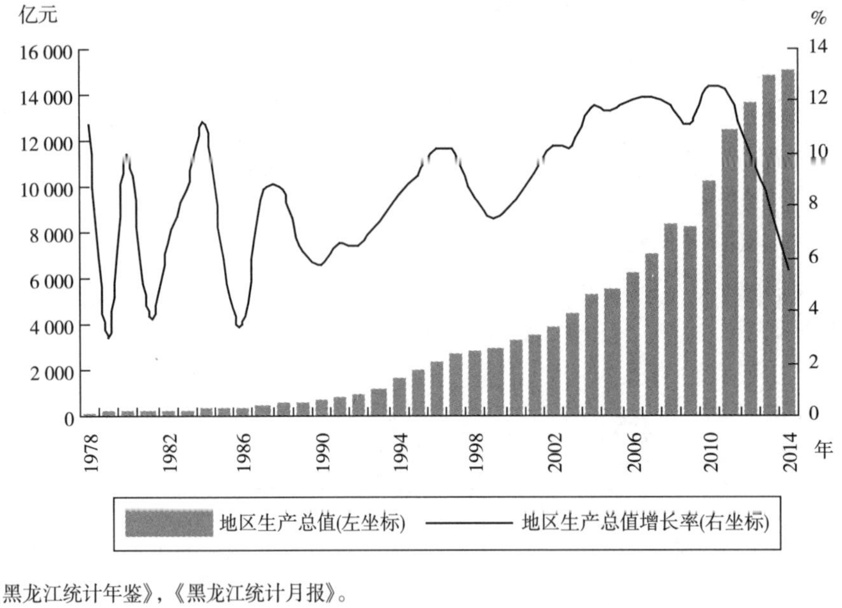

数据来源：《黑龙江统计年鉴》，《黑龙江统计月报》。

图1 1978—2014年黑龙江省地区生产总值及其增长率

长乏力。全年实现地区生产总值 15 039.4 亿元，同比增长 5.6%，增幅比上年回落 2.4 个百分点。

2. 产业结构调整加快

2014 年，黑龙江省第一、第二、第三产业分别实现增加值 2 659.6 亿元、5 591.8 亿元和 6 788 亿元，同比分别增长 5.6%，2.8% 和 9%。三次产业构成比例，由 2013 年的 17.5∶41.1∶41.4 调整为 17.7∶37.2∶45.1，第三产业占比明显超过第二产业。

现代化农业加速发展。2014 年，黑龙江省加速推进“两大平原”现代农业综合配套改革，牢牢抓住水利、农机、科技三条主线，积极培育新型农业经营主体，深入推进土地制度改革，进一步增强农业综合生产能力。全年粮食总产量达到 1 352 亿斤，实现“十一连增”，持续保持全国第一，增量占全国增产总量近 50%，农民人均纯收入突破万元大关。

专栏 1　“两大平原”综合配套改革引领黑龙江省现代农业大发展

黑龙江省松嫩平原、三江平原（以下简称两大平原）是世界仅有的三大黑土平原之一，位于黑龙江省腹地，面积 28.9 万平方公里。域内农业资源富集，耕地面积占全省 80% 以上，粮食产量占全省 90%，是我国重要的粮食生产战略基地。在“两大平原”地区发展现代农业具有众多优势。一是自然优势巨大。黑龙江省耕地相对集中连片，地势平坦，绝大部分耕地为平地、低平地和漫岗地形，适合大面积机械化生产作业，黑土、黑钙土、草甸土等肥沃土壤占耕地面积 70% 以上。二是国家大粮仓战略地位突出。国家实施东北等老工业基地振兴战略十年来，黑龙江省以水利化、科技化、机械化、合作化、产业化、市场化、城镇化、生态化等“八化”为引领，全力开展现代化大农业体系建设，为保障国家粮食安全作出了巨大贡献。三是现代农业基础雄厚。黑龙江省近年来不断夯实现代化农业发展基础，在“大水利、大农机、大棚育秧”等方面都有显著的提高。

2013 年 6 月，国务院正式批复《黑龙江省“两大平原”现代农业综合配套改革试验总体方案》。这是国家为黑龙江省量身定做的重大政策方针和制度性安排，为黑龙江省调整经济结构、转变发展方式提供了难得的契机，为深化改革、扩大对外开放搭建了更宽的平台，为提升整体影响力、增强竞争力创造了有利条件，为实现农业大省向农业强省转变奠定了坚实的基础。黑龙江省牢牢把握“两大平原”改革的全新定位和发展目标，以创新经营体系为改革的核心，以创新农业经营主体为改革的突破口，扎实推进各项改革工作。2014 年，黑龙江垦区新增水田有效灌溉面积 200 万亩、新增旱田节水灌溉面积 50 万亩、水土流失治理面积 25 万亩；30 多个县（市）启动了农村土地确权登记发证试点，35 个县（市）建立了流转网络平台，24 个县（市、区）建立了流转服务大厅，土地流转面积达到 6 507 万亩；全面实施“全价购机、定额补贴、先购后补、县级结算、直补到卡”的农机购置补贴方式，共发放专项补贴资金 5 亿元，补贴购置农机装备 1.98 万台（套）。

2013 年 9 月，国务院各相关部委组成的调研组深入黑龙江省就金融支持现代农业发展问题开展实地调研，召开金融支持“两大平原”现代农业综合配套改革座谈会。2014 年 5 月，由人民银行、发改委、银监会、证监会、保监会、黑龙江省政府会同中央农办、财政部、农业部制定并印发《黑龙江省“两大平原”现代农业综合配套改革试验金融改革方案》（以下简称《方案》），两大平原金融配套改革全面启动。一是加大再贴现、支农再贷款等货币政策工具支持力度，推动涉农贷款较快增长。二是引导金融机构加大对新型农业经营主体和重点领域的信贷支持力度。三是开展“一县一品”活动，加快金融产品和服务方式创新。四是积极推动各级政府部门搭建各类农村资产登记、流转服务平台，开展农机具和农村土地经营权抵押贷款试点，拓宽抵押担保品范围。五是强化农村支付服务体系的支持功能，加快实现行政村基础金融服务全覆盖，全面提高农村地区支付结算效率。

目前，全省各相关金融机构已经按照《方案》全面启动了“两大平原”金融改革创新工作，进一步加大对新型农业经营主体和重点领域的信贷支持力度，加快金融产品和服务方式创新，拓宽抵押担保品范围，提高创新产品覆盖面，改善农村信用体系。截至2014年末，“两大平原”地区贷款余额3 476.7亿元，同比增长22.4%，其中，涉农贷款余额2 799.3亿元，同比增长23.8%。全省土地承包经营权抵押贷款余额137.9亿元，同比增长70.5%；农房抵押贷款余额13.5亿元，同比增长109.4%；全省新型农业生产经营主体贷款余额720.2亿元，同比增长24%。

工业生产低位运行。受原油价格持续下滑、煤炭市场不景气等因素影响，全省规模以上工业实现增加值4 499.8亿元，同比增长2.9%，增速比上年回落5.5个百分点。工业用电量539.1亿千瓦时，同比增长0.2%，增幅比上年回落0.7个百分点。货物周转量下降1 979.5亿吨公里，同比下降5.7%，增速比上年多降3个百分点。

服务业成为新亮点。在国家各项促进消费政策作用下，全省第三产业发展势头良好，尤其是物流、旅游等现代服务行业发展呈逐步加快势头。2014年，营利性服务业实现增加值896.5亿元，同比增长17.7%，高于全省GDP增速12.1个百分点，成为黑龙江省经济的一大亮点。

3. 财税改革不断深化

2014年，黑龙江省受经济增长放缓和结构性减税降费力度较大等因素影响，全省实现公共财政预算收入1 301亿元，同比增长仅1.8%，比上年回落7个百分点。其中，税收收入977.4亿元，同比增长7.1%，占公共财政收入的比重为75.1%，比上年提高3.6个百分点；全省完成公共财政预算支出3 434.2亿元，同比增长1.9%，比上年回落4.3个百分点，其中，社保就业、医疗卫生、城乡事务、农林水事务等民生领域财政支出增长较快，同比分别增长11.2%、16.4%、10.3%、5.4%，占比稳步攀升。

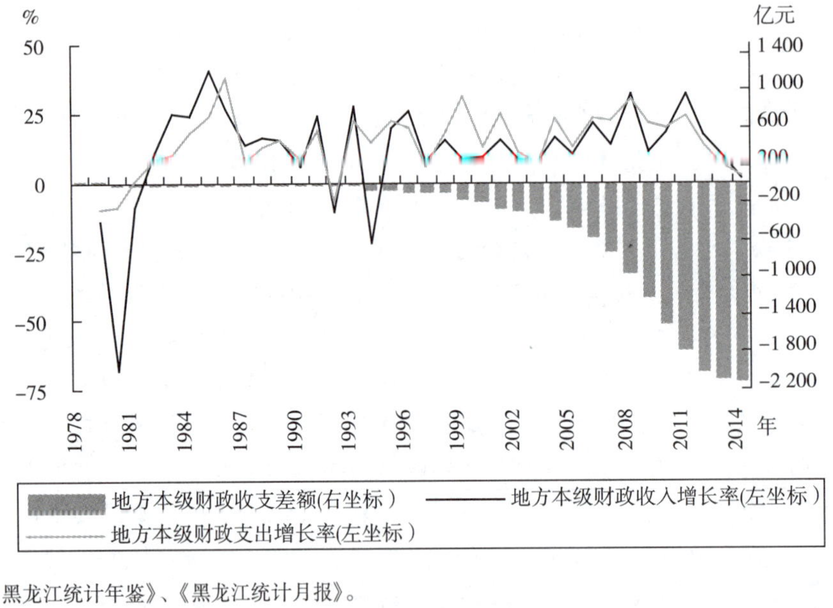

数据来源：《黑龙江统计年鉴》、《黑龙江统计月报》。

图2　1978—2014年黑龙江省财政收支状况

4. 固定资产投资增速回落

2014 年，全省固定资产投资同比仅增长 1.5%，增速比上年回落 17.1 个百分点，低于全国平均增速 14.2 个百分点。主要原因是装备、食品、石化、能源等支柱产业投资减少，房地产、民间投资意愿不足。

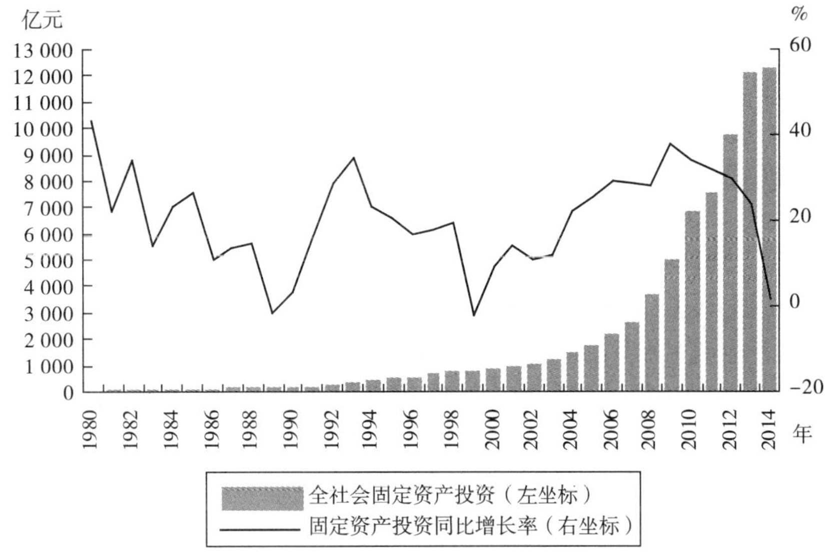

数据来源：黑龙江省发展和改革委员会相关资料。

图 3　1980—2014 年黑龙江省固定资产投资及其增长率

5. 外贸发展有喜有忧

2014 年，全省实现外贸进出口总值 389 亿美元，同比增长 0.1%，增速比全国平均水平低 3.3 个百分点。其中，出口总值 173.4 亿美元，同比增长 6.8%，增速比全国平均水平高 0.7 个百分点；进口总值 215.6 亿美元，同比下降 4.8%，增速比全国平均水平低 5.2 个百分点。全省实际利用外资

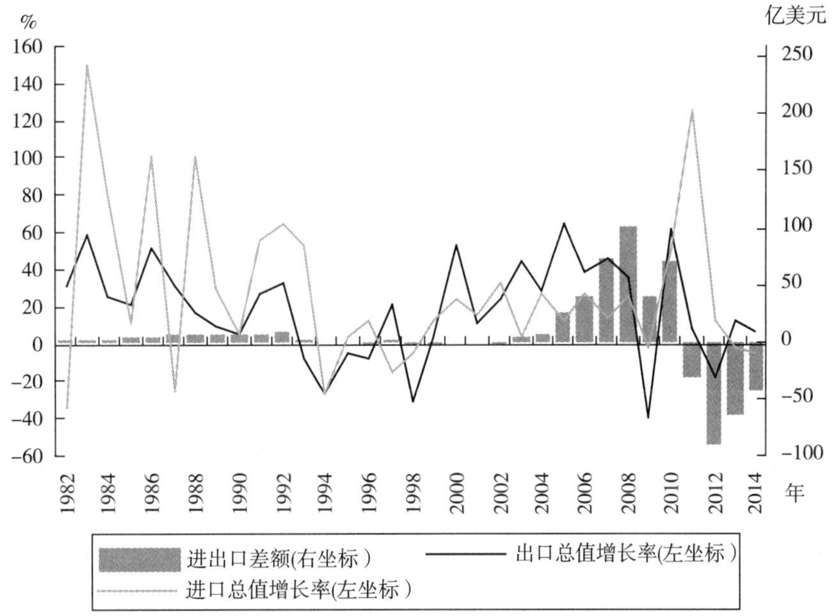

数据来源：《黑龙江统计年鉴》、《黑龙江统计月报》。

图 4　1982—2014 年黑龙江省外贸进出口变动情况

50.9 亿美元，同比增长 10.3%。

6. 房地产市场供大于求较为突出

2014 年，受经济下行等多方面影响，黑龙江省房地产市场呈现出开发规模总体回落、销售量明显放缓的特点，全省共完成房地产开发投资 1 324.1 亿元，同比下降 17.5%；房屋新开工面积 3 281.4万平方米，同比下降18.6%；住宅竣工面积2 295.7 万平方米，同比下降2.1%；全年商品房销售面积2 475.7 万平方米，同比下降25.9%；商品房销售额1 208.5 亿元，同比下降23.6%。截至 2014 年末，房地产贷款余额2 336.26 亿元，同比增长 20.3%；房地产开发贷款和个人住房贷款分别增长27.4%和17.6%，房地产贷款不良率0.59%，比年初下降0.22 个百分点。

（二）宏观经济运行中影响金融稳定的风险因素

1. 部分行业企业效益下滑，经营困难加剧

当前，黑龙江省经济增速放缓，企业面临产能过剩、市场需求不足等多重压力，部分行业和企业销售明显减少，产品价格下跌，盈利能力下滑。煤炭、石油、装备制造等传统行业效益下滑，部分企业出现员工待岗、拖欠工资现象，给社会稳定带来很大压力。

2. 小微企业发展相对缓慢，经营风险增大

黑龙江省小微企业发展相对滞后，特别是在经济下行期，生产方式落后、市场竞争力差等问题进一步显现，企业资金趋紧，经营风险有所增加。一是总体规模小，占全省企业总数90%以上的小微企业，实现增加值和创造税收仅为全省的1/3 左右；二是企业产品结构单一，生产粗放，技术含量低，面对市场不景气，无力扭转不利局面；三是用工成本增加，一些技术工人、重体力劳动者流动频繁，工资福利上涨较快，进一步压缩了企业盈利空间；四是受利润水平下滑、资金紧张等因素影响，企业扩大再生产投入减少，企业完成投资同比下降0.4%，势必影响企业的后续发展。

3. 外部环境不确定性进一步增加

2014 年，黑龙江省对传统贸易伙伴，除对美国实现增长外，对俄罗斯、欧盟、日本、韩国、中国香港等均呈降势。特别是俄罗斯，自 2014 年 3 月乌克兰危机爆发以来，欧美对俄罗斯实施了多轮经济制裁，使其经济受到严重影响，全年资本净流出达到 1 340 亿美元，经济发展疲态尽显。作为黑龙江省最大的贸易伙伴，俄罗斯经济形势萎靡将对黑龙江省实现外贸持续增长产生不利影响。

二、金融业与金融稳定

（一）银行业

1. 银行业基本情况

2014 年，全省银行业金融机构认真执行稳健的货币政策，结合地域经济特点和运行态势，积极支持全省经济转型和发展。在各项存款增速减缓的情况下，各项贷款增速保持较高水平，为有效降低经济硬着陆风险起到了积极作用。

资产规模稳步扩大，贷款保持快速增长。截至 2014 年末，黑龙江省银行业金融机构资产总额达 2.8 万亿元，比年初增加 0.23 万亿元，同比增长 8.9%；负债总额达 2.7 万亿元，比年初增加 0.22 万亿元，同比增长 8.6%。全省本外币各项存款余额 1.94 万亿元，同比增长 6.2%，增速比上年同期

下降4.4个百分点，处于历史较低水平；各项贷款余额1.38万亿元，同比增长17.1%，增速比上年同期高2.3个百分点，继续保持较快增长态势。

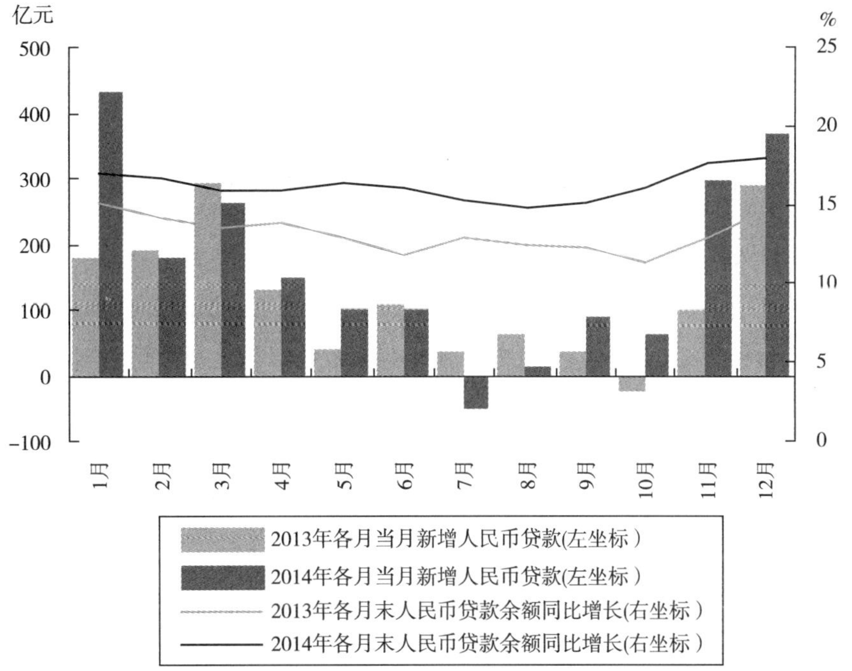

数据来源：中国人民银行哈尔滨中心支行相关资料。

图5　2013—2014年黑龙江省金融机构贷款变化对比情况

金融改革继续深化，市场体系不断完善。截至2014年末，全省共有银行业金融机构网点6 574个，比上年增加100个；法人机构105家，比上年减少1家（大庆市大同联社、市区联社改制合并为大庆市农商行）。哈尔滨银行正式在港交所上市，民生银行在哈尔滨设立分支机构，渣打银行哈尔滨分行启动筹建工作。哈银金融租赁公司组建完成。大庆、绥芬河、孙吴农商行完成改制重组工作。

风险成本快速上升，盈利能力首现下滑。2014年，黑龙江省银行业累计实现利润286.8亿元，比上年同期减少4亿元，同比下降1.4%，净利润近7年来首次出现负增长。风险成本的快速上升是净利润增长乏力的最主要原因，直接反映为资产减值损失的大幅增加。2014年全省银行业资产减值损失达111.7亿元，比年初增加51.3亿元，同比增长84.9%。计提资产减值损失前净利润同比增加53亿元，增长13%，而计提资产减值损失后净利润仅增加1.7亿元，增长0.5%，减值损失对净利润增长的负面贡献显著。受净息差连续四年持续收窄影响，全省银行业净利息收入增速呈现放缓迹象，对净利润增长的贡献度也在持续下降。

不良余额出现反弹，不良比率继续下降。截至2014年末，全省银行业不良贷款余额535.5亿元，比年初增加53.5亿元；不良贷款率3.7%，比年初下降0.2个百分点，仍是全国平均水平的2.27倍（剔除农发行政策性因素，不良贷款率1.8%，比年初上升0.4个百分点）。从企业规模看，大中小型企业“双升”，微型企业“双降”。总体来看，全省不良贷款余额增加的主要原因是大中小型企业，三类企业不良贷款比年初增加40.3亿元，占全年新增不良的75%。

同业业务波动较大，业务发展趋于规范。2014年，全省银行业同业业务增长出现较大幅度波动，总体呈现“前高后低”的态势。前三个季度同业资产（包括存放同业款项、同业拆放和买入返售资产）同比增速逐步加快，第三季度末增速达18%，同业资产占总资产比重在13%以上。随着同业业务规范治理力度加大，全省银行业同业业务发展趋于规范，增速逐步回归理性，第四季度增速回落至-0.9%，同业占比降至9.5%，基本回归至5年前水平。

2. 银行业面临的主要问题

信贷风险压力依然较大。2014年，受经济下行压力大、企业效益下滑等因素影响，部分三、四线城市前期房地产过剩问题逐步显现，房地产开发贷款和按揭贷款面临回收风险。钢铁、煤炭行业亏损严重，银行贷款到期偿付压力加大。黑龙江省不良贷款和关注类贷款余额持续上升，同比分别增长11.1%和67.6%，信贷资产质量下行压力依然较大。一是在经济结构调整的下行时期，部分调控行业偿债压力增加，尤其是煤炭、钢铁等行业银行贷款到期偿付压力很大。二是受粮食生产及销售环节诸多因素影响，小额农贷逾期增加，银行业农林牧渔业不良贷款率达到8.7%，比上年增加0.6个百分点，暴露出部分银行近期农贷投放急速扩张和粗放管理带来的隐患。三是委托贷款业务在发展过程中，资金投向不尽合理，加剧了银行的信贷风险。四是房地产项目销售速度减缓，房地产贷款潜在风险加大。2014年，全省商品房销售额1 208.5亿元，同比下降23.6%，销售面积2 475.7万平方米，同比下降25.9%。由于资金回笼不畅，迫使房地产开发商不得不占用大量银行资金。全年银行业金融机构房地产业贷款860.6亿元，比上年增长34.5%，房地产业潜在风险较大。五是个人消费领域不良贷款增速快。年末，个人贷款不良余额12亿元，在各行业中居第4位。其中，信用卡不良贷款增长最快，比年初增加1.3亿元，增速超过100%；不良贷款率为1.8%，比上年上升0.1个百分点。

同业、理财等非信贷业务风险仍需关注。目前，全省银行业同业业务治理改革已初见成效，但通过现场检查发现，个别机构同业业务风险管理体系仍存在缺陷，业务开展仍不规范。主要表现为内部管控不到位、制度设计和更新滞后、岗位制约机制不健全、业务后评价和监督工作缺位，存在混用、错用、滥用会计科目、隐藏业务实质等问题。特别是投资业务大幅增长值得关注。在传统同业合作模式受到限制的情况下，部分银行开始借助“非标准化债权投资业务”规避监管新规，相关投资业务出现替代性快速增长。2013年，全省银行业各项表内投资资产余额1 928.0亿元，比年初增加327.5亿元，增幅为20%，投资占比6.9%，达到历史高位。2014年，黑龙江省各银行业金融机构累计发行各类理财产品20 762期，比上年增加5 666期，总募集金额16 724.2亿元，比上年增加8 383.5亿元，总量翻一番。各银行理财事业部制改革推进缓慢，不适应理财规模的快速扩张，相关业务审计剥离、组织架构搭建、人员整合、岗位梳理、制度完善以及系统建设等各方面亟须完善。同时，伴随经济下行压力加大，非标资产背后运作不规范、监管套利、资本约束不足等风险不容忽视。

新型融资工具较为匮乏。2014年，全省地区社会融资总量2 731.1亿元，剔除投放省外信托贷款影响，实际融资规模2 236.7亿元，同比多增23.5亿元。但受经济下行以及投资意愿下降的影响，2014年黑龙江省非公开定向融资工具同比少增33.2亿元，公司债更是零发行、零融资，这在一定程度上反映出黑龙江省金融市场体系建设仍不完善。另外，可转债、可分离债、中小企业私募债、资产支持票据等融资方式基本尚未启动，各类新型融资工具及融资手段仍然较为贫乏，这在一定程度上制约着黑龙江省企业多渠道融资。

案件防控形势依然严峻。2014年，全省银行业金融机构案件呈上升趋势，呈现以下特点：一是作案手段低级，同质、同类案件屡有发生。从发生的典型案件看，多为盗取尾箱款、截留盗支储户存款等低级作案手段。二是基层营业机构、网点负责人、信贷人员仍然是案件高发区。2014 年发生的典型案件，全部集中在基层分支机构，且有支行（社）负责人参与作案。三是非法集资、民间借贷等外部风险向银行转嫁的问题依然存在。个别机构仍然存在制度执行不严、流程形同虚设、日常疏于管理等问题，为案件发生滋生提供了温床，为犯罪嫌疑人提供了可乘之机。

（二）证券期货业

1. 证券期货业基本情况

2014 年，黑龙江省证券期货业总体运行平稳，资本市场融资取得新进展，未发生影响区域金融稳定和安全的事件。

上市公司加快重组改革，效益大幅增长。截至 2014 年末，黑龙江省共有上市公司 32 家，比上年增加 1 家。其中，主板公司 28 家，中小板公司 3 家，创业板公司 1 家。从控股构成看，中央企业控股公司依然占主导地位，地方国有控股的上市公司数量近几年未发生明显变化，民营控股上市公司 12 家；从地域分布看，上市公司主要分布在哈尔滨、齐齐哈尔和牡丹江，数量共达到 29 家，占全省上市公司 90% 以上；从行业构成看，32 家上市公司主要分布于制造业、农业、电力及水的生产和供应业等 9 个行业。其中，19 家公司集中于制造业，占全省上市公司的 59.4%。

2014 年，全省有 6 家公司筹划重大资产重组，6 家公司非公开发行，1 家公司配股募集资金。佳电股份完成非公开发行，航天科技完成配股，共募集资金 12.84 亿元。辖区 32 家上市公司中仅有“S 佳通”未启动股改程序，“S 佳通”也成为我国资本市场唯一尚未提出股权分置改革方案的上市公司。

证券经营机构盈利能力增强，代理交易额持续增加。截至 2014 年末，黑龙江省共有 1 家法人证券公司、7 家分公司、136 家证券营业部。其中，江海证券所属营业部 32 家，异地 29 家证券公司所属营业部 104 家。全省证券经营机构实现营业收入 18.9 亿元，比上年增加 5.2 亿元；实现利润总额 8.6 亿元，净利润 7.7 亿元，同比增长 75.9%。全省开立资金账户 244.8 万户，同比增加 8.7 万户。代理证券交易总额 26 085.4 亿元，同比增长 54.8%。

表 1　　2014 年黑龙江省证券业基本情况表

项目	数量
总部设在辖内的证券公司数（家）	1
总部设在辖内的基金公司数（家）	0
总部设在辖内的期货公司数（家）	2
年末国内上市公司数（家）	32
当年国内股票（A 股）筹资（亿元）	76.17
当年发行 H 股筹资（亿港元）	77.22
当年国内债券筹资（亿元）	182.56
其中：短期融资券筹资额（亿元）	35
中期票据筹资额（亿元）	49.4

数据来源：黑龙江证监局相关资料。

期货公司持续亏损，经营呈萎缩态势。截至 2014 年末，黑龙江省共有期货公司 2 家，分别是大通期货经纪有限公司和黑龙江时代期货经纪有限公司，期货营业部 15 家，营业部比上年底年增长 1 家，已获批尚未开业备案的营业部 1 家。大通、时代两家期货公司总资产合计 20 497.5 万元，同比增长32.2%；营业收入932.2万元，同比增长3.1%；净亏损381.3万元，同比减亏22%。

2. 证券期货业面临的主要问题

市场份额占比偏低。从总量分布看，2014年黑龙江省GDP约占全国总量的2.4%，而上市公司总市值仅占全国总量的约0.7%，流通总市值仅相当于中国石油流通市值的十分之一，与贵州茅台流通市值基本相当，资本市场发展水平与经济社会总体发展水平严重失衡。从机构分布看，黑龙江省上市公司只有32家，仅占全国总数的1.23%，远远低于全国平均81家的水平；全省法人证券公司仅1家，低于全国平均3.8家的水平；期货公司2家，低于全国平均4.8家的水平；基金公司尚处空白，没有具备证券期货业务资格的法人类会计师事务所和资产评估事务所。

运行质量和效益有待提高。从质量上看，黑龙江省上市公司仍然存在着治理结构不规范等一些突出问题，同业竞争、关联交易等问题普遍存在；证券机构还存在不正当竞争、经营模式单一、经营行为不规范等问题。从效益上看，2014年前三个季度上市公司实现的营业收入、净利润等指标较上年有大幅提高，但主要是因为哈飞股份完成重大资产重组，上市公司实际盈利能力未现明显改观。上市公司规模偏小，在经济下行压力较大的情况下，部分上市公司出现亏损，抗风险能力明显不足。

证券业创新手段不足。证券业创新业务发展迟缓，无法改变各证券营业部“靠天吃饭”的经营格局，证券机构收入对传统经纪业务的依赖程度高达70%以上。各证券机构虽极力拓宽盈利渠道，开展融资融券、约定式购回、资产管理及金融产品销售等创新经纪业务，实现传统经纪通道业务与创新经纪业务互惠发展。但从实际运行情况看，效果并不理想。

跨市场风险传导不容忽视。黑龙江省虽只有1家法人证券公司，但证券业务开展的品种却较为齐全。投行、资产管理、资产证券化等业务的开展，与银行信贷、房地产、融资平台都产生千丝万缕的联系，金融“混业”趋势越发明显，跨市场、跨行业形成的金融风险及其传导不容忽视。

（三）保险业

1. 保险业基本情况

2014年，黑龙江省保险业紧紧围绕省委、省政府经济发展战略，稳步提升经营实力，壮大业务规模，不断完善保障功能，服务经济社会发展的能力进一步增强。

保险机构不断增加，市场体系逐步完善。截至2014年末，黑龙江省保险市场共有主体41家，比年初增加2家（中航安盟、中银保险）。其中，财产险公司19家（含1家法人机构），人身险公司22家。另有农银人寿、和谐健康、中华联合三家保险公司正在筹建中。保险公司分支机构2 650家。保险专业中介法人机构55家，保险兼业代理机构6 606家，保险公司销售从业人员12万人。

表2　　2014年黑龙江省保险业基本情况表

项目	数量
总部设在辖内的保险公司数（家）	1
其中：财产险经营主体（家）	1
寿险经营主体（家）	0
保险公司分支机构（家）	41
其中：财产险公司分支机构（家）	19
寿险公司分支机构（家）	22
保费收入（中外资，亿元）	507.1

续表

项目	数量
其中：财产险保费收入（中外资，亿元）	122
人身险保费收入（中外资，亿元）	385.1
各类赔款给付（中外资，亿元）	154.8
保险密度（元/人）	1 323.6
保险深度（%）	3.4

数据来源：黑龙江保监局相关资料。

人身险保费收入增幅较大，行业规模逐渐壮大。2014 年，全省保险业共实现保费收入 507.1 亿元，同比增长 31.9%，增速高于全国平均水平，业务规模列全国第 16 位。其中，财产险公司保持平稳发展，累计实现保费收入 124.5 亿元，同比增长 7.6%；人身险公司较快增长，累计实现保费收入 382.6 亿元，同比增长 42.4%。全省保险公司总资产 1 227.8 亿元，比年初增长 15.8%。积累各项责任准备金1 391.1 亿元，比年初增加 199.2 亿元。管理保户储金与投资款 283.5 亿元，同比增长 4.1%。

保障功能有效发挥，服务经济发展能力进一步增强。2014 年，全省农业保险提供风险保障 330.7 亿元，主要粮食作物保险面积 9 349.2 万亩，承保能繁母猪、奶牛共计 47.5 万头。向 58.6 万受灾农户支付赔款 17.8 亿元，户均赔款超 3 000 元，对恢复灾后重建和提供经济补偿等工作发挥了积极作用。此外，出口信用保险推进“走出去”战略，为全省 353 家外贸投资企业提供风险保障 16.7 亿美元；发挥保险资金投资期限长、资金规模大的优势，引导保险资金支持基础设施建设；利用保险机制提升企业信用水平，缓解小微企业融资难问题。保障并改善民生服务，在多个城市启动大病保险试点工作，为特殊群体提供意外伤害保险。

2. 保险业面临的主要问题

业务领域有待拓展。黑龙江省保险业发展虽然取得了长足进步，但在一些重要领域业务发展还很不充分，增长空间和开拓渠道有限，试点经验、典型做法还需要加快推广和扩面，在“五大体系”中的功能作用发挥还需进一步加强。

农业保险发展仍需加强。黑龙江省农业保险发展主要集中在损失后的理赔和补偿工作上，属于“末端服务”。在农业保险“前端服务”的相关领域，如灾害的预警与防治、损失缩减建议等方面有所欠缺。

（四）具有融资功能的非金融机构

黑龙江省小额贷款公司、担保公司、典当行等具有融资功能的非金融机构充分发挥自身“小、快、灵”的特点，积极满足小微企业的资金需求，对传统金融业形成良好的补充。截至 2014 年末，全省共有小额贷款公司 396 家，全年累计投放贷款 11.7 万笔，贷款总额 968 亿元。其中，涉农贷款累计投放 20 亿元、小微企业贷款累计投放 86.6 亿元；融资担保法人机构 162 家、分支机构 43 家，注册资本 239 亿元，全省融资性担保责任余额 503 亿元；典当法人企业 234 家，分支机构 6 家，全年实现典当业务笔数 14 305 笔，典当总额 17.94 亿元。

存在的问题：一是缺乏明确有效监管。小额贷款公司、担保公司由政府金融办审批，工商管理、人民银行、银监局等监管部门配合监管。管理工作偏重于审批注册，其他监管部门监管职责模糊。实际是以政府监管为主，其他部门监管架空。协调监管效率低下，小额贷款公司仍没有完全纳入人民银行的征信系统，对可能出现或突发的违规行为和信息监管存在滞后性。二是融资渠道不畅通。目前，除少数几家担保公司具有国资背景以外，绝大部分小额贷款公司、担保公司主要依靠股东提供的资本金经营，随着业务发展，自有资金规模不足、融资渠道不畅等问题愈发凸显。小额贷款公司是按照企业贷款利率标准，从银行融入不超过注册资金50%的资金，从而赚取利差。银行需要小额贷款公司提供有效的抵押物或由担保公司提供担保，但小额贷款公司一般不具备充足的抵押和质押资产或者担保附加费用太高，增加了融资成本，降低了融资能力。三是市场秩序有待进一步规范。社会上充斥着大量以贷款公司、经纪公司、投资咨询公司名义进行非法集资活动的机构，而且处于监管盲区，严重影响了依法设立、合规经营机构的社会形象，扰乱了金融市场秩序。

三、金融市场与金融稳定

（一）金融市场平稳运行

2014年，黑龙江省金融市场平稳运行，产品创新不断深化，促进经济结构调整和转型升级功能进一步加强。

1. 贷款融资和直接融资占比提升，表外融资大幅下降

受涉农贷款拉动，人民币和外币贷款融资占比超七成，比上年提高了26.7个百分点，仍为全省主要融资渠道。企业债券和非金融企业境内股票融资均比上年有所增多，直接融资占比升至12.7%，但仍低于贷款和表外融资占比。受一系列同业业务监管措施影响，委托贷款、信托贷款和未贴现的银行承兑汇票融资量同比下滑，特别是委托贷款和信托贷款融资规模分别比上年下降了81.7%和55.8%，表外融资占比降至15%，比上年下降了29.8个百分点。

2. 同业拆借市场交易量下降，债券市场利率整体下行

2014年，受市场成员参与度较少且多为中小金融机构等因素制约，黑龙江省银行间市场成员累计成交1 169.6亿元，同比下降7.2%。其中，拆入金额562.3亿元，同比增长113.5%；拆出金额607.4亿元，同比下降39.1%；净融出金额45.1亿元，比上年下降了93.9%，净融出局面有所降温。债券质押式回购累计成交39 951.2亿元，与上年基本持平；买断式回购累计成交11 672.9亿元，同比增长82.4%。全年质押式和买断式回购加权平均利率分别为2.92%和3.44%，均较上年有所下降。

3. 票据贴现业务有所增长，市场利率下行明显

年末全省票据融资贴现余额为376.2亿元，同比增长18.3%，其中，银行承兑汇票贴现额占主体。受货币市场利率和票据市场供求变化等因素影响，票据贴现和转贴现利率呈逐季下滑趋势。

表3　　2014年黑龙江省金融机构票据业务量统计　　单位：亿元

季度	银行承兑汇票承兑		贴现			
			银行承兑汇票		商业承兑汇票	
	余额	累计发生额	余额	累计发生额	余额	累计发生额
1	515	267	249	800	4.2	3.3
2	494	555	248	1 505	4.1	5.1
3	478	851	273	2 429	2.2	7.6
4	518	1 157	373	3 396	3.4	11.8

数据来源：中国人民银行哈尔滨中心支行相关资料。

表 4　　2014 年黑龙江省金融机构票据贴现、转贴现利率　　单位:%

季度	贴现		转贴现	
	银行承兑汇票	商业承兑汇票	票据买断	票据回购
1	7.04	6.46	6.25	6.29
2	5.26	6.24	5.97	5.03
3	5.21	7.12	5.59	4.83
4	4.89	6.06	4.73	4.51

数据来源：中国人民银行哈尔滨中心支行相关资料。

（二）黑龙江省金融市场发展需关注的问题

1. 直接融资占比偏低

由于经济结构以重工业为主，且发展态势较好、财务制度健全、信用等级优良的非公有制企业少，黑龙江省企业直接融资比例虽有所上升，但占比偏低，既不利于降低经济整体杠杆水平，也不利于全省金融市场改革与发展。

2. 表外融资流向值得关注

2014 年，全省表外融资规模呈大幅下降趋势。但是由于表外融资具有短期逐利的性质，资金通常以“流动资金”、“委托贷款”、“过桥贷款”等形式融出，而且有一部分流向了房地产、钢铁钢贸等高负债率行业，一方面削弱了国家宏观调控政策效果；另一方面也给信贷风险管控带来新的挑战。

四、金融基础设施与金融稳定

（一）金融基础设施建设情况

1. 支付体系建设取得显著成效

2014 年，全省支付系统运行平稳，为经济社会持续健康发展提供了高效安全的支付服务。截至年末，全省大小额支付系统共处理业务 4 670.1 万笔，金额 40 万亿元，同比分别增长 24.4% 和 4.7%；同城票据清算系统共处理业务 277.3 万笔，金额 6 183.2 亿元，同比分别下降 33.2% 和 30.1%。全年发生电子支付业务 4.4 亿笔，金额 12 万亿元，同比分别增长 8% 和 10%；全省银行卡发卡总量达到 10 371 万张，布放 POS 机 11.3 万台、ATM 12 015 台，同比分别增长 15.3%、24%、10.9%，全省人均持卡量达到 2.70 张。非金融机构支付服务管理加强，全省共有 3 家法人支付机构获得人民银行总行颁发的支付业务许可证，25 家支付机构分公司进行了备案。

2. 征信体系建设不断完善

2014 年，企业征信系统已收录全省企业及其他组织 17.3 万户，同比增长 5.5%，为 30.4 万户提供企业信用报告查询服务；个人征信系统共收录 2 345 万自然人信息，同比增长 2%，为 507 万人次提供个人信用报告查询服务。继续深化克山农村信用体系建设试验区工作，强化新型农业经营主体信息采集共享与信用评价功能；推广“克山模式”，已有 18 家县域信用信息中心挂牌成立；涉农金融机构已为“两大平原”地区的 251 万农户建立了信用档案，其中 197 万农户获得信用评定，累计获得贷款1 739亿元；共为6 516户家庭农场、3 405户农民专业合作组织、235户农业产业化龙头企业建立信用档案。

3. 反洗钱监管效果提升

2014年，全省反洗钱工作稳步推进，监管效果显著提升。对辖内121家金融机构进行反洗钱现场检查，对60家金融机构进行反洗钱监管走访，对394家金融机构进行反洗钱“5C”风险评估，对32家金融机构进行反洗钱高管约谈，对1家金融机构进行反洗钱行政处罚，处罚金额为20万元；全年共开展反洗钱调查11次，其中开展反洗钱协查7次，移交公安机关1起。加强对金融机构重点可疑交易监测力度，定期与中国反洗钱监测分析中心核对重点可疑交易接收和处理情况，降低洗钱风险事件的发生。成功识别1份涉恐可疑交易报告，为打击境外恐怖活动提供有价值线索。

4. 金融法治环境逐步改善

2014年，全省人民银行系统进一步推进综合执法和综合评价工作，累计开展综合执法检查24次，综合评价金融机构181个，辖区金融机构依法合规经营、防范金融风险意识进一步增强。推动金融消费权益保护工作，加强“一行三局”与各金融行业协会协调机制建设。在东北三省率先开通“12363”金融消费权益保护咨询投诉电话，有效拓宽消费者投诉渠道。金融法治和消费权益保护宣传教育形式多样、载体丰富、成效显著。协调配合省高院建立与金融机构之间的“失信被执行人”财产“点对点”查控网络。

（二）金融基础设施建设需关注的问题

1. 非金融机构支付业务迅速发展，亟待金融监管创新

支付机构资金管理仍存较大风险隐患，要采取支付机构非现场监管电子化手段，强化对客户备付金的动态监测，切实保障客户资金安全，严防资金风险。移动互联网支付创新纷繁复杂，应尽快确立监管框架，完善法律法规，加强规范和引导。

2. “信用身份证”意识仍需提高，信用信息管理亟须规范

目前征信系统信用信息应用范围逐步扩大，但在信用信息管理等方面仍存在一些薄弱环节。应加大征信宣传力度，引导公众关心自身的信用记录，培养公众提高风险意识，防止个人信息被盗用而损害自身的信用权益，提高自我防范能力；引导商业银行正确使用信用信息和信用评级结果，合理确定企业和个人信用状况，完善负面信息解决机制；加强对数据上报机构数据质量管理，从源头上杜绝征集主体对被征集人主体权益的侵害，加快研究开发企业和个人征信产品，提供多元化的征信信息服务。

3. 洗钱和恐怖融资犯罪复杂性不断增加，反洗钱资金监测存在压力

目前，非法资金外流、腐败、诈骗、涉黑、暴力恐怖犯罪活动日益频繁，互联网金融、比特币、余额宝等新产品、新技术带来新的洗钱风险隐患，对反洗钱及反恐怖融资工作提出更高的要求。应进一步丰富完善反洗钱监管措施，提升监管工作实效；指导金融机构健全可疑交易资金监测分析机制，加大对高风险领域反洗钱资金监测分析力度；密切关注金融创新对反洗钱监管的挑战，研究探索对新产品、新技术的反洗钱政策措施。

五、2015年展望

2014年6月，黑龙江省推出稳增长65条措施；8月，国务院又出台振兴东北老工业基地35条的

政策，为经济企稳回升打下良好的基础。目前黑龙江省经济运行已经触底。在利好政策的作用下，近期经济形势稳步复苏的可能性较大，2015 年黑龙江省 GDP 增长率预计达到6% 左右。

从金融行业看，黑龙江省已实现连续两年信贷高增长，基数累积已经较大，信贷持续高速增长将有所放缓。但在“三农”、基础设施建设、装备制造以及高新技术、现代服务业等行业，特别是黑龙江省“两大平原”建设所需资金方面，全省将继续加大信贷投放力度，以满足资金需求。2015 年，预计全省信贷仍将保持两位数的增长。

总　纂：黄丽新
统　稿：关立群
执　笔：梁　蒙　董　磊
其他参与写作人员（以姓氏笔画为序）：
包艳龙　刘　爽　刘　帆　刘　恕　刘晓依
孙丽颖　那　颂　杨　捷　杨志宏　李　丹
别丹丹　金明慧　高　扬　高　磊　谢　镭
窦凌蛟　蔡志力

上海市金融稳定报告摘要

2014年，上海市努力克服严峻复杂的外部环境影响，积极应对经济下行压力加大等挑战，认真贯彻落实党的十八大和十八届三中、四中全会精神，深入推进创新驱动发展、经济转型升级各项工作，经济保持平稳增长，经济发展质量和效益进一步提高，改革开放增量红利不断积累。上海市金融机构认真贯彻稳健的货币政策，国际金融中心建设、金融支持实体经济工作稳步推进，自贸试验区金融改革取得重大突破。

一、经济与金融环境

（一）上海经济金融运行总体平稳有序

2014年，上海市实现生产总值23 560.94亿元，按可比价格计算，同比增长7%；增幅比2013年回落0.7个百分点，比全国低0.4个百分点。

1. 固定资产投资增速放缓

2014年，上海市完成固定资产投资总额6 016.43亿元，同比增长6.5%，增速比2013年回落1个百分点，比全国低9.2个百分点。从三大投资领域看，城市基础设施投资同比增长1.3%，房地产开发投资增长13.7%，工业投资继续下降6.5%。工业投资占全社会固定资产投资比重从三分之一左右回落到不足五分之一。

2. 消费增长保持平稳

2014年，上海市社会消费品零售总额8 718.65亿元，同比增长8.7%，增速比2013年提高0.1个百分点，比全国平均水平低3.3个百分点。商业结构出现新变化，电子商务增势明显好于传统消费。2014年，全市无店铺零售额同比增长21.7%。其中，网上商店零售额同比增长24.6%，占社会消费品零售总额比重为9.4%，比2013年提高3.6个百分点，增势明显好于传统商业。

3. 外贸形势有所好转

2014年，上海市全年进出口总额4 666.22亿美元，同比增长5.6%；增速比2013年提高4.5个百分点，高于全国3.3个百分点，近年来增速首次超全国平均水平。其中，出口总额2 102.77亿美元，同比增长3%；进口总额2 563.45亿美元，同比增长7.9%；贸易逆差460.68亿美元。上海自贸区带动效应显现，自贸区进出口总额同比增长8.3%，占全市进出口总额的26.6%。

4. 财政收入增长较快

2014年，上海市完成地方财政收入4 585.55亿元，同比增长11.6%，增速比2013年提高1.8个百分点，明显高于全市经济增幅。全市地方财政支出4 923.44亿元，同比增长8.7%，增速比

2013 年提高 0.5 个百分点。

5. 工业企业效益增速回落

2014 年，上海市规模以上工业企业实现利润总额 2661.13 亿元，同比增长 10.4%，增速比 2013 年回落 2.7 个百分点。从全年走势看，企业利润增速呈倒“V”形，汽车、电子信息等行业支撑了利润增长，但石化、钢铁行业对利润增长形成拖累。

6. 居民收入稳步增长

2014 年，上海市城市和农村居民家庭人均可支配收入分别为 47 710 元和 21 192 元，同比分别增长 8.8% 和 10.3%；扣除价格因素，实际增长分别为 5.9% 和 7.4%，分别比全国平均水平低 0.9 个和 1.8 个百分点。就业形势基本稳定保证了居民收入稳步增长。截至 2014 年末，城镇登记失业人数 25.63 万人，比 2013 年末减少 0.74 万人。

7. 金融业持续发展

2014 年，上海市实现金融业增加值 3 268.43 亿元，同比增长 14%。全国银行间市场总成交金额 361.51 万亿元，同比增长 27%。上海黄金交易所总成交金额 6.51 万亿元，同比增长 24.7%。上海证券市场上市证券 3 758 只；其中，股票 1 039 只。2014 年，上海证券交易所各类有价证券总成交金额 128.15 万亿元，同比增长 48.1%。中国金融期货交易所总成交金额 164.02 万亿元，同比增长 16.3%。

（二）促进经济增长和金融稳定的重要举措

1. 深化经济结构战略性调整

服务业成为经济增长主要驱动力，战略性新兴产业制造业加快发展。全市金融业、房地产业和信息服务业增加值同比分别增长 14%、3.2% 和 12.5%。互联网金融、移动互联网、电子商务、云计算等新产业、新业态、新技术和新模式蓬勃发展，增势明显好于传统产业。近 5 年全社会研发经费支出年均增长 15% 以上，研发经费支出占地区生产总值的比例逐年提高，2014 年达到 3.6% 左右。自贸区建设是上海市利用外资再创新高的重要推手。2014 年，上海自贸区合同外资 92.35 亿美元，占全市合同利用外资近 30%。

2. 继续实施稳健的货币政策

2014 年，人民银行上海总部认真贯彻落实总行各项货币信贷政策，稳妥推进利率市场化改革，创新实行分账核算、封闭管理的自由贸易账户管理方式，摸索区域性金融改革的新管理模式。注意保持货币信贷松紧适度，加强定向调控，深入推进货币信贷政策导向效果评估；通过再贷款、再贴现工具引导加强对“三农”和小微企业的支持力度，合理满足上海市重点建设资金需求；多措并举做好缓解企业融资成本高的相关工作；加强宏观审慎管理，灵活调整差别准备金政策参数；落实定向降准政策，支持货币信贷政策执行有力的地方法人金融机构的信贷投放；完善流动性应急预案，维护货币信贷平稳运行。

3. 积极支持上海国际金融中心建设

2014 年，黄金交易所“国际板”正式上线运行，外汇交易中心“国际金融资产交易平台”已经上线，上海国际能源交易中心正式挂牌成立。金融市场开放程度进一步增加。一是支持境外机构和自贸区注册企业的境外母公司在境内发行人民币债券。二是系统评估港澳人民币清算行拆借业务开展情况，推动境外人民币清算行进入同业拆借市场，推动银行间债券市场对外开放。三是推动人民币外商投资股权投资企业试点和人民币合格境内有限合伙人试点。研究个人境内外双向投资试点方案。

4. 扎实推进上海自贸区金融改革

2014 年，人民银行上海总部以服务实体经济为出发点和落脚点，确立了自贸试验区金融改革的总体框架；建立了具备实时逐笔监控功能的自由贸易账户管理信息系统，完善了事中事后监管；有序推进人民币资本项目可兑换，自贸区人民币结算、人民币境外借款、人民币双向资金池等业务均有大幅提升；建立了利率市场秩序自律组织，探索出风险可控的利率市场化路径，自 3 月 1 日放开小额外币存款利率上限试点以来，小额外币存款挂牌利率总体稳定，市场决定利率的机制增强；有效实施了简政放权和负面清单管理，金融服务实体经济的功能显著提升；切实把防控风险作为重要底线，建立了开放经济下的宏微观金融审慎政策框架和金融安全保障制度。

（三）经济金融运行中需要关注的方面

1. 关注经济转型中面临的各种困难

一是有效需求明显不足，经济紧缩风险在上升；二是结构调整任务依然艰巨，钢铁、石化、电子信息等产业持续负增长，新兴产业短期内难以弥补传统产业结构调整过程中增速下滑所形成的缺口；三是在新常态下，尽管经济转型要比全国领先一步，但由于要求高、任务重，上海市改革创新也将面临更加紧迫的形势；四是政府性项目融资面临政策“瓶颈”，将影响全市基础设施建设和旧区改造工作进度；五是面临的民生改善任务依然繁重。

2. 关注科技创新能力对上海经济发展的影响

2014 年，上海市科研投入稳步增长，全年用于研究与试验发展（R&D）的经费支出为 831 亿元，占地区生产总值的比例为 3.6%。但同时也必须看到，与北京、深圳等科技创新能力较强的地区相比，上海市的科技创新基础还不牢，原始创新能力还不强，市场配置创新资源的作用还没有充分发挥；上海面临的资源、环境、人口压力更大，经济转型升级更迫切。

二、银行业

（一）上海银行业发展运行情况

1. 资产负债规模持续增长，结构出现新变化

2014 年，上海市银行业金融机构资产负债规模平稳增长。截至年末，上海市银行业金融机构资产总额[①] 11.27 万亿元，同比增长 15.14%；负债总额 10.86 万亿元，同比增长 14.86%。本外币各项存款余额 7.39 万亿元，同比增长 6.7%，增幅较年初下降 2 个百分点；本外币各项贷款余额 4.79 万亿元，同比增长 8%，增速较年初微降 0.4 个百分点。

2. 存贷款增速持续放缓

2009 年末，上海银行业各项存款、贷款的增速分别为近年高位 23.5% 和 21.8%，远高于同期上海地区生产总值 8.2% 的增速。截至 2014 年末，各项存、贷款增速分别降至 6.7% 和 8%，其中存款

① 全国银行业资产总额为 168.2 万亿元，同比增长 13.6%；各项存款余额 117.4 万元，同比增长 9.6%；各项贷款余额 86.8 万亿元，同比增长 13.3%。

增速已低于同期上海地区生产总值7%的增速。

3. 表外业务占比不断提升

2014年末，上海市银行业表外业务余额19 824.81亿元，同比增长16.41%，增速高于同期各项贷款8.25个百分点。表外业务与总资产的比值升至17.60%，比年初上升0.2个百分点。

4. 存款呈现批发化、结构化、定期化，资金成本显著上升

截至2014年末，上海市银行业定期存款、结构性存款、协议存款分别新增914.88亿元、691.73亿元、421.39亿元，合计占同期新增各项存款的51.28%，而活期存款增量仅占24.94%。资金成本显著上升，前三个季度上海市银行业机构按日均付息比例计算，每100元存款的利息支出为1.71元，较2013年同期上升0.06元，升幅达3.6%。银行间回购加权利率（7天）由年初的2.5%~3%的波动区间，提升至3.5%~4%的波动区间，同业资金成本不断上升。

5. 信贷结构继续优化，支持实体经济成效明显

2014年，上海市新增的本外币企业贷款（不含票据融资）中，投向第三产业的贷款增加2 472.4亿元，占全部境内企业贷款（不含票据融资）增量的100.2%，该占比在年内持续上升。2014年，全市金融机构对大型企业投放的本外币贷款减少488.3亿元，对中、小和微型企业投放的本外币贷款分别增加558.6亿元、522.1亿元和217.5亿元。

（二）上海银行业机构稳健性评估

1. 资本充足率小幅下降，仍高于监管要求

截至2014年末，上海中资法人商业银行平均资本充足率12.44%，同比下降1.06个百分点；外资法人银行平均资本充足率18.16%，同比下降0.60个百分点。随着资本监管要求的提升，上海法人银行资本管理主动性有所提高，资本补充渠道进一步拓宽，部分银行还推出了非公开发行模式的员工持股计划。这些融资性资本工具的推出拓宽了资本补充渠道，为银行业务增长提供了基本保障。

2. 不良贷款持续双增，资产质量总体可控

2014年，受宏观经济增速放缓，上海市银行业虽加大不良资产处置力度，但不良贷款仍延续不良贷款余额和不良贷款率双增的局面。截至年末，上海市银行业不良贷款余额427.14亿元，同比增长19.4%，比年初增加69.42亿元。不良贷款率为0.89%，比年初增加0.08个百分点。

3. 流动性变化因素复杂，流动性管理难度加大

随着金融市场的发展，商业银行资金来源和运用渠道日益多元化，特别是随着同业业务发展，银行机构逐步由资产负债持有型机构向交易型机构转变，由存量业务向流量业务转变，影响银行业机构流动性的因素较为多样，特别是在月末、季末等关键时点，银行需要兑付、转表的资金量比较大，增加了流动性管理的难度。

4. 盈利水平超预期，业务持续发展能力进一步提高

2014年，上海银行业利息净收入为2 009亿元，在营业净收入中占比为74.4%；中间业务收入为523亿元，在营业净收入中占比为19.4%。全年上海市银行业金融机构实现利润1 378.82亿元，同比增长18.24%。总体上看，银行规模扩张和净息差仍是银行收益保持稳定的主要原因。成本收入比继续下降，在集约经营和规模效益的作用下，整体经营费用保持自然增长。成本收入比例的下降对银行利润的增加有所贡献。

（三）上海银行业发展中需要关注的方面

1. 关注房地产贷款集中度上升和风险源头多极化的风险

上海房地产市场没有大幅反弹基础，但信贷资源还在继续加速向这一领域集中，增量占比、贷款余额占比、房地产开发贷款增量均创历史新高。上海市银行业机构对房地产信贷热情具有一定趋同性，中资银行在沪分行比较突出。房地产贷款风险暴露源头多极化，由原来集中在购房贷款领域，开始向开发贷款领域蔓延。

2. 关注政府平台贷款风险

截至2014年末，上海市全口径融资平台227户，贷款余额为5 071亿元，较年初减少354亿元，降低6.5%，同比多降2个百分点。2014年第三季度，国务院相继出台了加强地方政府性债务管理和深化预算管理制度改革的意见。其中的剥离融资平台公司政府融资职能、政府存量债务实施甄别、确保在建项目后续融资、债权人按照商业化原则承担相应责任和损失等措施，有可能导致个别政府平台逃废债务，银行面临潜在的信贷风险加大。

3. 关注大宗商品价格波动和贸易融资套利带来的风险

大宗商品贸易及其融资继续快速发展，风险也在加速集聚。部分企业通过虚构大宗商品贸易背景，利用境内外利差和汇差，进行套利交易，并与国内房地产和股市等各类投资风险相互关联，进而将风险传导至银行业金融机构。同时，由于2014年大宗商品价格整体回落，部分回落幅度较大，价格的巨大波动极易诱发贸易融资的风险。

4. 关注表外业务不规范发展带来的风险隐患

一是标的资产信用风险。目前新发信托计划用于偿付到期信托计划难以为继，部分信托计划若遇宏观经济形势恶化、融资方资金链断裂或其他原因可能出现到期交付困难。预计风险暴露会更多地出现在房地产、产能过剩行业、政府融资平台等前期通过三方模式提供资金支持的领域。二是表外业务项下委托贷款存在一定风险隐患。2014年，上海银行业委托贷款同比增长27.8%，远超过同期各项贷款8%的增幅。其中，撮合委贷业务表面上仅作为银行无须承担信用风险的一项中间业务，实际上银行在其中承担了实质性风险，脱离了委托贷款业务的实质。此外，银行通过撮合委贷业务规避信贷规模限制、资本计提、拨备计提等表内贷款的监管要求，存在监管套利之嫌。

5. 关注银行业面临的声誉风险

2014年，上海市银行业监管部门收到信访投诉4 527项，同比增长21.63%。其中，来信来访投诉量呈“井喷式”增长，由2013年的每月约70项增长至2014年的每月约113项，同比增长近60%。消费者服务纠纷类投诉占88%，主要集中在信用卡、代理业务、收费等方面，银行业面临严峻的声誉风险。

三、证券业

（一）证券业发展运行情况

截至2014年末，上海市共有证券公司22家，总资产9 168.4亿元，净资产1 923.9亿元，净资本 1 449. 2 亿元[①]，同比分别增长 100. 55%、13. 99% 和 17. 53%。共有基金公司 45 家，管理公募基金 797 只，基金总净值 12 769 亿元，同比分别增长 18. 07% 和 35. 81%。上海市基金公司子公司管理资产 12 020 亿元，同比增长 113. 20%。共有期货公司 28 家，总资产 855. 34 亿元（含客户权益），净资产 129. 95 亿元，净资本 105. 33 亿元，客户权益 710. 09 亿元，同比分别增长 38. 35%、25. 68%、17. 12% 和 41. 47%。

1. 基础制度建设和行业规范进一步完善

2014 年，上海市证券公司公司治理持续优化，风险管理体系开始建立，合规管理继续深化。2014 年分类评价中，上海市共 11 家证券公司参评，其中 4 家公司被评为 A 类 AA 级。基金公司内控和风险管理水平逐步提高，基金公司及从业人员规范执业的意识也得到进一步增强，行业自律管理机制运作顺畅。期货公司合规管理水平不断提升，期货监管法规进一步完善，信息技术基础进一步夯实。

2. 行业创新的深度和广度不断增强

2014 年，上海市证券公司不断增强业务创新的深度和广度，创新业务效益日益显现，上海证券公司创新业务收入占营业收入的比例由 3 年前不足 10% 提高到目前的 25%，个别公司已高达 35%，行业收入来源从单一通道向多元化转变，收入结构明显改善。有 9 家期货公司取得资产管理业务资格，20 家期货公司取得投资咨询业务资格，7 家期货公司设立了风险管理子公司，1 家期货公司取得基金销售业务资格，各类创新资格数量在全国位居前列。

3. 国际化业务加快推进

2014 年，上海市证券经营机构积极拓展海外业务。5 家证券公司的香港子公司实现营业收入 55 亿港元，净利润 23 亿港元，同比增长 111. 6% 和 91. 7%；8 家基金公司的香港子公司共设立 46 只基金，受托资产总额达 300 亿元。5 家证券公司、7 家基金公司借助香港子公司获准开展 RQFII 业务；截至年末，获批规模达 419. 6 亿元，管理 RQFII 资产 254. 7 亿元。与此同时，截至 2014 年末，本异地证券公司共在自贸区设立了 8 家分支机构。

4. 证券市场融资稳步发展

截至 2014 年末，上海市共有上市公司 206 家，占全国 7. 9%，市值约占全国 11. 6%。2014 年，上海上市公司境内资本市场直接融资 607. 51 亿元，其中，IPO 融资 19. 62 亿元，股票再融资 404. 79 亿元，债券融资 183. 10 亿元。

（二）上海证券机构稳健性评估

1. 证券公司资产规模增长，风控体系运行良好

2014 年，上海市证券公司总资产 9 168. 4 亿元，同比增长 100. 55%；净资产 1 923. 9 亿元，同比增长 13. 99%。另外，上海市证券公司合计净资本、托管证券市值、客户资产、金融资产均较 2013 年末大幅上升，幅度分别为 17. 5%、61. 6%、69. 7%、21. 0%。截至 2014 年末，上海市证券公司的平均流动性覆盖率为 188. 5%，平均净稳定资金比率为 118. 0%，显示上海市证券公司流动性风险总体可控。

2. 盈利水平明显上升

---

① 华泰证券（上海）资产管理有限公司于 2014 年 12 月 26 日取得经营许可证，因此上海市证券公司的财务状况及经营成果数据的统计范围为 21 家证券公司，不含华泰证券（上海）资产管理有限公司，以下同。

2014 年，受益于股市与债市的双繁荣，上海市证券公司实现跨越式增长，全部实现盈利。上海市证券公司营业收入 518. 3 亿元，同比增长 68. 4%；实现净利润 211. 5 亿元，同比增长 130. 1%；平均净资产收益率达到 11. 0%，远高于 2013 年同期的 5. 4%。

3. 信用类业务发展迅猛

2014 年，上海是证券公司融资融券业务规模 2 295 亿元，较 2013 年末增长了 189. 2%，利息收入 98. 5 亿元，同比增长 147. 5%，收入占比较 2013 年同期增加了 6. 1 个百分点；股票质押回购待购回金额 777. 1 亿元，较 2013 年同期增长 3 倍，利息收入 22. 3 亿元，同比增加 4 倍；约定购回交易规模有所下降，待购回金额 28. 8 亿元，较 2013 年同期下降 59. 7%，利息收入 4. 3 亿元，同比增长 189. 2%。

4. 资管业务快速扩张

2014 年，上海市证券公司资管业务收入 29. 5 亿元，同比增长 72. 4%，受托资产管理规模 2. 1 万亿元，较 2013 年末增长了 89. 0%。资管规模仍以通道业务为主，定向资管规模占比 93. 0%。从业务收入占比看，资产管理业务收入占总营业收入的比重为 5. 7%，较 2013 年提高 0. 2 个百分点。

（三）上海证券业发展中需要关注的方面

1. 关注外部风险的传导与暴露

一方面，随着实体经济下行压力加大、企业生产经营困难增多，产能过剩、地方债务、影子银行、房地产等领域风险逐步显性化，金融领域的风险压力日益增大。另一方面，证券公司正逐步向全能型投资银行转型，不同业务之间的相互渗透越来越强，证券行业与其他金融同业之间的合作越来越频繁，虚拟经济与实体经济之间的关系越来越紧密，刚性兑付被打破的概率加大。单一领域的风险爆发或单个黑天鹅事件，都可能会形成“蝴蝶效应”，向外渗透、传递。

2. 关注内部风险敞口与杠杆率的提升

近年来，机构的业务结构和风险特征主要发生三个变化：一是表内到表外，二是场内到场外，三是低杠杆到高杠杆。经营结构较之前的同质化模式发生了较大改变，业务本身的交叉化、复杂化、杠杆化、程序化，都使风险隐患不断增强。在本轮创新发展中，证券公司资本消耗型业务发展最快，加杠杆进程明显提速，2014 年上海市证券公司杠杆率从年初的 2 倍增长到年末的 3. 4 倍。

3. 关注创新业务的合规风控

目前证券公司综合化经营程度越来越高，信息系统的升级换代涉及对传统业务流程、运营模式的改造。同时，新理念、新业务、新产品越来越丰富，行业的组织、业务和产品模式越来越复杂。这些都对合规风控提出了新的挑战。相对创新转型的持续深入，目前证券公司合规风控体系尚存在系统支持不足、人员配置不足、话语权不足等问题，需要克服的疑点、难点、盲点仍然较多，合规风控的水平和能力有待进一步提升。

四、保险业

（一）上海保险业发展运行情况

1. 市场主体数量大幅增加，资产规模稳步提升截至2014年末，上海市共有50家法人保险机构，88家省级保险分支机构，213家保险专业中介法人机构，150家保险专业中介分支机构。航运保险中心、资金运用中心、数据中心、电网销中心等功能性机构达63家。上海保险业总资产（含法人公司）达到19 966.21亿元，约占全国保险业总资产的20%；6家在沪保险资产管理公司受托管资产规模超过3万亿元，占全国总数的近一半；3家在沪养老保险总公司企业年金受托管资产1 610亿元，占全国保险业总数的55%。

2. 保费收入稳步增长，赔付支出尤其是寿险给付支出大幅增长

截至2014年末，上海市原保险保费收入累计986.75亿元，同比增长20.13%。产、寿险公司原保险保费收入比例为35∶65。中、外资保险公司原保险保费收入比例为85∶15。保险赔付支出累计378.66亿元，同比增长25.40%。其中，寿险给付支出158.41亿元，同比增长53.55%。

3. 上海保险业改革稳步推进

一是构建功能强劲的自贸区保险市场体系，鼓励保险市场主体创新。二是加强市场基础和环境建设，以航运保险为重点推进保险业务和模式不断创新。三是推动地方经济转型升级。创新推出“科技型中小企业短期贷款履约保证保险”项目。四是创新发挥都市型农业保险保障功能。农业保险为全市种养两业提供风险保障数额占农业总产值首次超过50%。五是创新运用保险机制提升服务大局能力，完善保险的社会保障作用。截至2014年末，上海市大病保险已经实现上海市全覆盖，为近400万人群提供大病风险保障。六是责任保险有力保障城市公共安全。截至2014年末，责任保险提供风险保障4.66万亿元。

（二）上海保险机构稳健性运营情况

1. 整体实力大幅增强，盈利能力显著提高

截至2014年末，上海市法人保险机构①总资产共计7 590.73亿元，同比增长42.41%。2014年共实现净利润101.57亿元，较2013年大幅增长174.62%。

2. 保费收入稳步增长，业务结构明显优化

截至2014年末，上海市法人保险机构实现原保费收入2 009.81亿元，同比增长27.52%。其中，法人财产险公司车险保费收入为431.30亿元，同比增长11.74%，占财产险公司业务收入比重为72.88%，较2013年同期下降0.32个百分点。法人人身险公司保障功能最强的普通寿险保费收入达449.87亿元，较2013年同期大幅增长393.66%，占人身险保费收入的比例也由2013年的8.69%上升至31.72%。

3. 偿付能力充足率总体良好，风险整体可控

按照保监会《保险公司偿付能力管理规定》的划分标准，截至2014年末，上海市36家法人保险公司②偿付能力充足率情况整体良好，所有法人保险公司偿付能力充足率均高于150%，属于充足II类公司，风险整体可控，没有出现系统性和区域性风险。

4. 保险资金运用余额稳步增长，投资收益率明显上升

---

① 包括法人注册地在上海的37家保险公司和6家保险资产管理公司全国分支机构的汇总数据，未包括东方人寿保险股份有限公司（2004年起停业整顿至今）和3家再保险公司。由于太保集团尚未披露2014年年报，因此未包括太保集团、太保寿险和太保产险的数据。下同。

② 包括财产保险公司17家（不包括太保财险），人寿保险公司15家（不包括太保寿险和已停业整顿的东方人寿），养老保险公司2家（由于长江养老保险公司经营信托型企业年金管理业务和养老保障委托管理业务，故不适用偿付能力信息披露要求），健康保险公司2家。

截至2014年末，上海市法人保险机构保险资金运用余额达6 703.24亿元，同比增长39.51%；实现投资收益348.87亿元，同比增长68.86%；投资收益率达5.20%，较2013年提高0.74个百分点。

（三）上海保险业发展中需要关注的方面

1. 关注资金运用风险

随着第三季度以来股市上涨，保险业加大了权益类投资力度。但目前经济下行压力较大，信用风险有所上升，低等级信用债以及部分另类投资项目风险显著增加。根据《国务院关于加强地方政府性债务管理的意见》，地方政府进行债务甄别工作，部分地方融资平台债务将不能被认定为政府债务，风险变数加大。近一段时期，国际大宗商品价格和我国资本市场波动性增大，保险投资也面临一定挑战，资金运用风险也在积累。

2. 关注人身险公司面临的现金流压力

2014年，上海市法人人身险公司全年退保金累计182.14亿元，同比大幅增长81.41%。退保高企的重要原因是人身险公司前期大量销售高现金价值产品，这些产品变相鼓励中短期退保，把名义长险变为实际短险，从而造成投保人策略性退保。满期给付和退保规模快速上升，导致经营性现金净流入量下降，加大了人身险公司流动性压力。

3. 关注人身险公司投诉量持续增长

2014年，上海市人身险公司投诉量明显上升，全年投诉总量累计为1 837件，较2013年增长145件。在国家全面深化改革和新“国十条”出台的大背景下，人身险行业能力建设明显滞后，存在人才储备少、基础数据缺乏、政策理解不透、机构人员庞杂、管理方式落后、内部控制薄弱等自身能力建设方面的不足，与消费者的需求相比，还有较大差距。人身险行业的自身服务能力亟待进一步提高。

4. 关注个别产险公司综合成本率上升

2014年，上海市法人财产险公司综合成本率整体较2013年下降。其中，4家法人财产险公司综合成本率上升，1家保持不变，其余较2013年下降。个别财产险公司综合成本率明显上升，如信利保险公司和太阳联合保险公司综合成本率分别为257.54%和142%，较2013年分别上升172个和32个百分点，需要重点关注。

五、金融基础设施建设

（一）支付体系建设稳步推进

2014年，人民银行上海总部成功实施上海市参与机构第二代支付系统上线切换工作。支付清算系统运行稳定，上海市大额支付系统办理业务笔数、金额同比分别增长17.49%和17.19%，小额支付系统办理业务笔数、金额分别增长18.57%和28.52%。2014年，人民银行上海总部支持支付机构开展跨境人民币支付业务，启动人民币自由贸易账户管理体制改革，实施自贸区支付清算基础设施优化升级。组织财务公司实施电子商业汇票线上清算业务试点，优化上海市电子商业汇票业务发展环境。深化非金融支付服务市场管理，推动行业自律管理。

（二）发挥征信体系作用，支持国际金融中心建设

截至2014年末，上海市各金融机构共开通个人征信系统查询网点2 340个，用户2 611个。企业征信系统查询网点1 797个，查询用户5 245个，月均查询量分别为493万次（个人）和41万次（企业）。2014年，人民银行上海总部稳步扩大征信系统接入范围，推动上海市小额贷款公司和融资性担保公司接入金融信用信息基础数据库。保障征信系统的合规使用，组织金融机构进一步贯彻落实《征信业管理条例》相关规定，常态化开展《征信业管理条例》贯彻落实情况的现场和非现场检查工作，严格按照《征信投诉办理规程》处理各类征信异议和投诉。加强培育与管理，促进评级市场的健康发展，积极转变评级管理模式，完善评级机构备案制度，用市场化机制和手段培育信贷评级市场。

（三）反洗钱工作深入开展

2014年，人民银行上海总部依法开展了对5家机构的反洗钱执法检查，努力推动行业反洗钱工作水平的提升。针对支付机构业务创新快、反洗钱基础相对薄弱等实际情况，对部分支付公司开展了非现场监管走访和调研。加强了对新机构、新业务准入前的反洗钱制度合规性审核，完成了对申请开办自贸试验区分账核算业务的13家中资银行和4家外资银行的评估。加强重点可疑交易报告的分析研判，并通过调查分析，向侦查机关和反恐部门移送了相关可疑线索。充分依托反洗钱联席会议制度，商请公安、检察、海关等合作单位协助提供打击洗钱犯罪的形势信息、相关数据和典型案例。深化与各合作单位的沟通协作，共同打击洗钱活动。

总　纂：杜要忠
统　稿：王新东　谢　斌　张雅楠
执笔人：王新东　谢　斌　张雅楠　张国文　郭　芳
其他参与写作人员（按姓氏笔画）：
李冀申　包　钧　雷宗怀　万阿俊　李腾飞　周　婧
钱国根　董宝茹　周佳慧　李　倩　陈　露　唐　甜

江苏省金融稳定报告摘要

2014年，面对错综复杂的外部环境和较大的经济下行压力，我国政府坚持稳中求进的工作总基调，统筹稳增长、调结构、促改革，不断创新宏观调控思路和方式，通过"定向调控、精准发力"，在短期经济增长与长期结构调整之间寻求平衡点。下半年以来，我国经济已出现企稳迹象，结构调整呈现积极变化，表明已出台的一系列调控政策取得了良好成效。2014年，我国国内生产总值达到63.65万亿元，比上年增长7.4%。

一、江苏经济运行情况

2014年，全省生产总值同比增长8.7%，增速低于2013年0.9个百分点。从2014年各个季度来看，第一季度、上半年、前三个季度、全年，全省生产总值累计同比增速分别为8.8%、8.9%、8.8%、8.7%。从经济运行的特点看：一是固定资产投资增速明显放缓，基建投资支撑作用明显。2014年，全省固定资产投资（不含农户）同比增长15.5%，增速比2013年下降4.1个百分点。2014年，全省基础设施投资同比增长28%，增速比2013年下降1.2个百分点，但仍高于2009—2013年平均增速5个百分点，也高于全部投资增速12.5个百分点。二是消费增速放缓，网络消费仍保持强劲增势。2014年，全省社会消费品零售总额同比增长12.4%，增速比2013年下降1个百分点。根据江苏省商务厅测算，2014年，全省电子商务交易额达到15 000亿元，其中网络零售额约2 900亿元，同比增长60%左右。三是出口增速仍处低位。2014年，全省进出口总额同比增长2.3%，增速比2013年提高1.8个百分点。四是物价涨势回落，通胀压力趋弱。2014年，江苏CPI同比上涨2.2%，涨幅比2013年回落0.1个百分点。五是财政收入增速放缓，国有土地出让收入大幅回落。2014年，全省公共财政预算收入同比增长10.1%，增速比2013年下降2个百分点。2014年，全省国有土地出让收入同比增长7.3%，增速比2013年下降35个百分点。六是就业水平稳步增长。2014年，全省实现城镇新增就业138.34万人，超额完成全年新增就业100万人的目标，比2013年多增1.44万人。

当前经济运行中值得关注的问题主要有以下几个方面。

（一）内外经济形势及政策变化带来的不确定性值得关注

从国际上看，发达经济体的宽松政策，加大了包括中国在内的新兴市场国家管理跨境资本流动和汇率预期的难度。从对出口的影响看，欧元对人民币中间价已从2014年11月3日的7.6696下跌至2015年1月23日的6.9795，跌幅达9%。而欧盟是江苏出口贸易的重要市场，2014年出口额达到635亿美元，占全省出口额的18.6%。欧元走弱将不利于江苏对欧盟的出口贸易。

从国内看，当前经济社会发展稳中有进，稳中提质，经济结构调整出现积极变化。但同时经济运行中仍面临不少困难和挑战，主要是经济下行压力依然较大，投资增速持续回落，房地产市场调整影响不断扩大，政府融资平台债务风险和影子银行风险不容忽视。尤其是国务院发布《关于加强地方政府性债务管理的意见》（国发〔2014〕43 号）后，地方政府债务融资机制的重塑将会对信贷市场和债券市场带来深远影响。一方面，在切断地方政府与平台的债务关联，平台存量债务经甄别后纳入预算管理后，平台贷款的增长势头预计将进一步放缓。另一方面，为贯彻落实 43 号文件精神，交易商协会和中国证券登记结算公司先后对城投类企业发行直接债务融资工具和企业债回购采取了相应措施。

（二）微观主体预期普遍趋于谨慎，有可能进一步加剧经济下行

人民银行南京分行在全省开展的 2014 年第四季度企业家、银行家和城镇储户问卷调查显示，各类微观主体对宏观经济的预期普遍趋于谨慎。企业家信心指数①、银行家宏观经济预期指数②、城镇居民未来经济预期指数③分别较 2013 年同期分别下降 5.5 个、11.5 个、1.9 个百分点。

微观主体经济增长预期同步回落，导致其决策行为也同步趋于谨慎。一是从企业层面来看，受企业对经济增长预期谨慎的影响，企业生产备货意愿持续低迷。二是从居民来看，经济预期谨慎导致居民增收信心不足，对后期消费产生了一定负面影响。三是从银行来看，对经济增长预期回落，导致商业银行信贷投放趋于谨慎。不同层面经济主体对于经济增长预期普遍趋于谨慎，在正反馈机制④作用下，可能会加剧后期经济下行压力。

（三）制造业发展面临双重约束，竞争力新优势亟待构建

一方面，劳动力、环保、土地等要素成本上升，导致江苏省中低端劳动密集型制造业的比较优势趋弱，产业转移力度不断加大。一是随着江苏省最低工资标准不断上移，制造业平均工资快速增长。统计显示，与中西部省份和周边国家相比，江苏用工成本已明显偏高。二是随着近年来全社会环境保护治理的力度不断加大，制造业企业环保成本不断攀升。三是企业土地成本不断攀升。

另一方面，发达国家“再工业化”导致部分高端制造业回流。2008 年金融危机后，美国和欧盟等发达经济体再度将重整制造业视作拉动经济复苏、恢复经济活力的关键，出台了一系列政策来实现本国的“再工业化”，并吸引制造企业的回归。外资企业在江苏省制造业，特别是高端制造业中占比较高，制造企业向发达国家回流，对江苏省制造业发展，特别是通过承接国际产业转移、利用跨国公司的技术溢出效应向价值链高端攀升的产业升级造成的冲击不容忽视。

---

① 企业家信心指数 = 0.5 ×（对当前宏观经济形势判断“正常”的企业家占比 + 对下季度宏观经济形势预期“正常”的企业家占比）。指数越高，反映企业家对整体宏观经济信心越强。

② 宏观经济热度指数、预期指数 = 判断或预期宏观经济“偏热”的占比 ×1 + 判断或预期宏观经济“正常”的占比 ×0.5，该指数越高，宏观经济越热，这两个指数的荣枯线均为 50%。

③ 未来经济预期指数 = 剔除选择“不清楚”的居民占比，按百分之百对剩余三个选项进行重新分配，然后用认为未来三个月经济形势比现在“好”的居民占比 +0.5 × 认为未来三个月经济形势与现在“基本不变”的居民占比。该指数越高，表明居民对未来经济形势的判断越好。

④ 正反馈机制，是指预期与现实相互加强的机制。

（四）房地产市场进入中期调整，对后期经济增长推动作用有限

在市场库存消化压力依然较大，且城镇人口增长放缓导致房地产市场需求的中长期驱动力减弱背景下，预计本轮房地产政策放松的刺激效应难以持续，房地产市场将进入较长一段时间的调整期，对后期经济增长的推动作用也有限。一是房地产市场供给过剩压力较大。二是城镇人口增长放缓与适龄购房人群占比下降导致房地产市场需求的中长期驱动力有所减弱。一方面，城镇化进程放缓与外流人口加快回迁等因素叠加导致江苏城镇常住人口增速放缓，且有进一步下降的趋势。另一方面，人口老龄化不断加剧，适龄购房人群占比下降，也导致房地产市场需求减弱。

二、企业与居民部门

（一）企业

2014 年，江苏省企业部门生产经营活动总体保持增长势头，各项指标增速小幅回落，企业资金周转效率比上年有所降低，企业债券融资增长显著。

1. 企业部门生产经营活动指标增速有所下降

截至 2014 年末，人民银行南京分行监测的 595 户工业企业主营业务收入同比增长 0.25%，增速同比下降 1.46 个百分点。595 户企业利润总额同比下降 0.24%，增速同比下降 17.41 个百分点。资产利润率和资本收益率分别为 5.19% 和 31.93%。

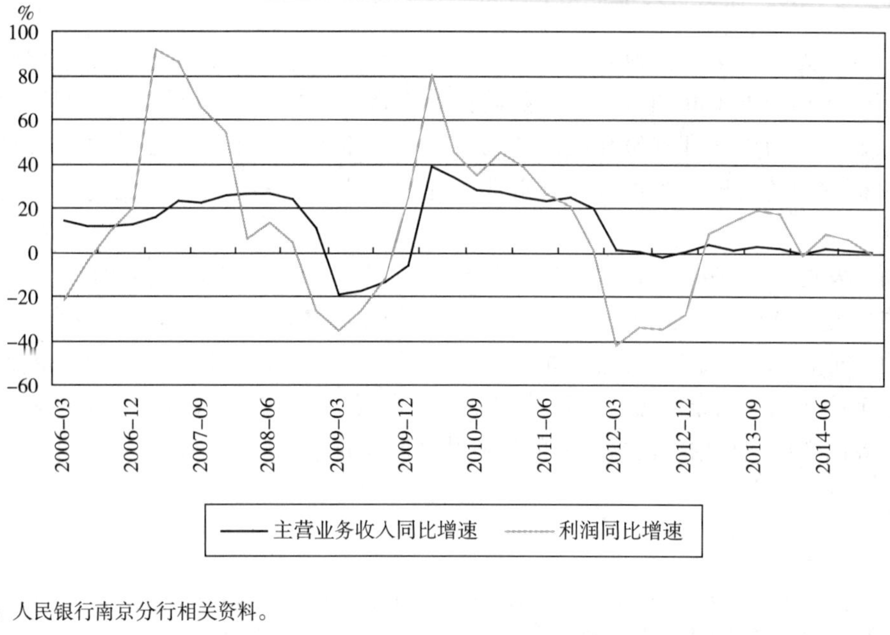

数据来源：人民银行南京分行相关资料。

图 1　595 户企业主营业务收入、盈利水平同比增速走势图

2. 企业营运能力和资金周转效率降低，偿债能力有所提高

截至 2014 年末，595 户企业营业周期为 119.34 天，较上年同期增加 3.35 天；企业应收货款周转天数 65.74 天，较上年同期增加 1.84 天，应收货款周转天数上升，意味着应收账款占用资金增加，

资金周转效率有所降低。

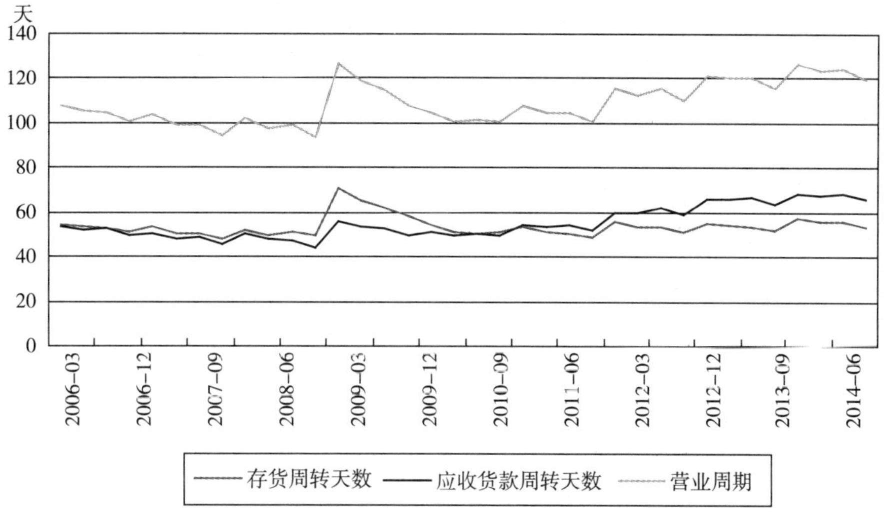

数据来源：人民银行南京分行相关资料。

图 2　595 户企业资金营运情况走势图

从短期偿债能力来看，截至 2014 年末，595 户企业流动比率为 120. 3%，比上年同期上升 4 个百分点，速动比率为 89. 87%，比上年同期上升 3. 58 个百分点，表明企业短期偿债能力有所提高。从长期偿债能力看，截至 2014 年末，595 户工业企业资产负债率 53. 3%，比上年同期下降 2. 24 个百分点，表明企业长期偿债能力有所提高。

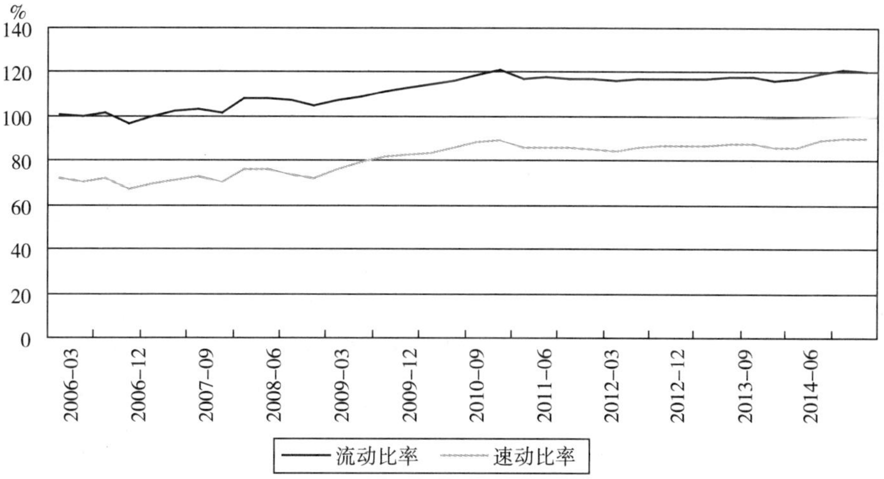

数据来源：人民银行南京分行相关资料。

图 3　595 户企业偿债能力走势图

3. 企业债券融资增长显著

2014 年，全省企业直接融资（包括企业债券融资和境内股票融资）为 2 858 亿元，较上年和 2011—2013 年同期平均值分别增加 1 166 亿元、1 101 亿元；占同期社会融资规模的 21. 3%，同比上升 7. 3 个百分点。其中，企业债券融资（含直接债务融资工具和企业债）净额为 2 509 亿元，较上年和 2011—2013 年同期平均值分别增加 866 亿元、1 050 亿元，直接债务融资发行额位居全国第一。企业债券融资快速增长，一方面是因为在银行间市场资金面充裕的背景下，债券发行利率波动下行，企业发债意愿有所增强；另一方面，在地方政府债务管理进一步趋严背景下，部分城投公司在地方政府债务甄别期限来临之前突击发行城投债，也助推了企业债券融资增加。

（二）居民

2014 年江苏省住户部门贷款继续保持稳定增长，杠杆率维持在较高水平，居民储蓄意愿继续回升，股票基金理财产品投资热情明显上升。

1. 住户部门负债规模稳定增长，杠杆率维持在较高水平

2014 年江苏省住户部门人民币贷款余额占全省人民币各项贷款余额的比重为 23.47%，与上年同期基本持平。数据显示住户部门贷款热情不减，杠杆率依然维持较高水平，这将会使居民对收入、利率及资产价格变化的敏感性显著提高。

2. 居民对存款利率满意度提高，股票基金理财产品投资热情明显上升

随着利率市场化的不断推进和金融机构存款竞争的加剧，居民对存款利率满意度小幅提升。调查同时显示，第四季度选择"更多地储蓄存款"最合算的居民占比分别较上季和上年同期上升 0.58 个和 0.02 个百分点。

调查也显示，第四季度选择"更多地投资"更合算的居民占比较上年同期提高 3.77 个百分点，为 2013 年第二季度以来次高水平。

三、金融业

（一）银行业

截至 2014 年末，全省非法人银行金融机构共有国有大型商业银行 5 家，政策性银行及国家开发银行 3 家，邮政储蓄银行 1 家，股份制商业银行 12 家，城市商业银行 10 家，外资银行 18 家。法人银行业金融机构共有城市商业银行 4 家，农村商业银行 59 家，农村信用社 3 家，外资银行 6 家，村镇银行 69 家。2014 年全省银行业金融机构经营总体稳健。一是资产负债规模不断扩大。截至 2014 年末，全省银行业金融机构资产总额 12.21 万亿元，比年初增加 1.35 万亿元，负债总额 11.81 万亿元，比年初增加 1.32 万亿元。二是存贷款保持增长，但增速有所放缓。全省金融机构人民币各项存款余额 93 735.61 亿元，比年初增加 8 131.55 亿元，同比少增 1 962.56 亿元；人民币各项贷款余额 69 572.67 亿元，比年初增加 7 546.63 亿元，同比少增 338.8 亿元。三是盈利水平有所下降。2014 年全省银行业金融机构共实现净利润 1 519.29 亿元。

银行业运行中存在的风险主要表现在以下几个方面。

1. 不良贷款持续双升，商业银行加大清收处置力度

随着信贷资产质量持续下行，商业银行普遍加大了对不良贷款集中核销和清收处置的力度。

2. 重点行业风险暴露趋缓，但风险缓释效果仍需观察

一是光伏行业整体有所好转，但需防范新一轮产能过剩风险。二是大型船企信贷风险仍需高度关注。三是钢铁企业资金状况趋紧，部分企业资金链断裂风险加大。

3. 部分地区企业互保联保风险比较突出

受经济持续下行、产业结构调整等因素影响，省内部分企业互保联保风险事件逐渐增多。从企业类型看，主要为中小微企业，多集中于钢贸、金属制品、机械设备制造、电子机械及器材制造、纺织等产能过剩行业。

（二）证券业

截至2014年末，全省共有法人证券公司6家（华泰证券、南京证券、华英证券、国联证券、东吴证券、东海证券），资产总额3 116.56亿元，同比增长123.97%；净资本总额404.4亿元，同比增长19.67；利润总额68.59亿元，同比增长121.53%。法人期货公司10家，资产总额144.33亿元，同比增长12.12%；净资本总额31.95亿元，同比增长3.92%；利润总额2.23亿元，同比减少5.99%。截至2014年末，江苏境内上市公司254家，其中主板111家，创业板48家，中小板95家①。

证券业运行中存在的风险主要表现在以下几个方面。

1. 少数上市公司面临退市警示风险

一是天龙光电分别于8月22日至12月31日连续19次发布关于公司股票可能被暂停上市的风险提示公告。目前，该公司已收到常州诺亚已支付的江苏中晟股权转让对价款1.1亿元，江苏中晟股权变更登记手续已完成，该股权转让收益能否计入2014年损益仍需会计师审计结果为准。二是受行业市场周期性低谷影响，2014年3月，霞客环保公司资金链出现断裂，不能清偿银行到期债务，公司主要银行账号被冻结，公司被实行其他风险警示，股票简称由“霞客环保”变更为“ST霞客”；2014年5月，因债务危机、持续经营能力存在不确定性等原因，公司2013年年报被出具无法表示意见的审计报告，被实行退市风险警示，股票简称由“ST霞客”变更为“*ST霞客”。

2. 融资融券业务畸形发展放大投资风险

据Wind统计，截至12月31日，全国融资融券余额10 256.56亿元，其中融资余额10 173.73亿元，融券余额82.83亿元，融券余额仅占融资余额的0.81%。业务发展严重失衡，融券余额较之于融资余额来说，几乎可以忽略不计，给投资者乃至整个市场带来较大风险隐患：一是进一步强化了投资者单边做多的思维，不利于投资者走向成熟。二是不利于融资融券业务健康发展。三是进一步放大投资风险。融资融券杆杠放大资金效用，在本轮上涨中发挥了重要的推动作用。此外，据了解，相较于融资融券，伞形信托杠杆比例更高，最高可以达到5倍，投资风险更大。受市场传闻证监会近期将检查证券公司融资融券业务影响，2014年12月9日上证综指、深证成指放量暴跌，振幅分别达8.50%和9.56%；在证监会规范融资融券业务和龙头证券公司大股东股票减持等打击下，2015年1月19日沪深股市暴跌，上证综指、深证成指收盘时跌幅分别达7.7%和6.61%，盘中创下近7年来最大跌幅。

（三）保险业

2014年，江苏保险业呈稳健运行态势。截至2014年末，全省共有保险主体93家，其中法人机构5家（紫金产险、乐爱金产险、利安人寿、东吴人寿、国联人寿），省级分公司91家。2014年全年全省累计实现保费收入1 683.76亿元，同比增长16.44%。其中，财产险保费606.29亿元，同比

① 数据来源：江苏证监局相关资料。

增长16.91%，人身险保费1 077.47亿元，同比增长16.17%。人身险业务中，寿险保费916.72亿元，同比增长13.29%；健康险保费112.27亿元，同比增长46.93%；意外险保费48.47亿元，同比增长15.74%①。

保险业运行中存在的问题主要表现在以下几个方面。

1. 满期给付和退保风险加大

一是满期给付风险仍存在较大不确定因素，特别是银邮渠道的满期给付风险更为突出。二是退保风险需高度防范。抵御风险能力相对薄弱且销售产品以短期趸交高现价产品为主的公司将面临集中退保风险。

2. 业务创新不够，提升行业综合实力和影响力迫在眉睫

一是基层公司粗放式经营依然比较普遍。二是行业缺乏创新。三是基层机构高管素质不高。

3. 短期高现价产品竞争加剧，资金运用风险值得关注

一是流动性风险。二是资金运用风险。三是抑制客户的风险保障需求，不利于市场结构的调整。

四、具有融资功能的非金融机构

（一）小额贷款公司

截至2014年末，全省共有621家小额贷款公司，实收资本合计897.76亿元，贷款余额为1 100.19亿元。同时，全省小额贷款公司贷大贷集中现象凸显，全省农村小额贷款公司单笔贷款平均金额约150万元，科技小额贷款公司单笔贷款平均金额约320万元。

（二）融资性担保公司

截至2014年末，全省共有416家融资性担保公司，比年初减少120家②。在新发生担保业务大幅萎缩的背景下，部分融资性担保公司的累积代偿压力较大。目前，商业银行普遍从民营担保机构审慎退出，存量担保在逐步压缩。

（三）农民资金互助合作组织

截至2014年末，江苏省登记备案的农民资金互助合作组织共有443家，比年初减少16家，社员人数为45.65万人，比年初增加1.43万人。

（四）典当行

截至2014年末，全省共有435家典当企业，典当余额106.2亿元，利润总额为2.6亿元。受银监会《关于防范外部风险传染的通知》的政策影响，典当企业外部融资受限，典当行经营资金趋紧，典当企业平均业务规模（典当余额）收缩了10%~20%。

---

① 数据来源：江苏保监局相关资料。

② 数据来源：江苏省经信委相关资料。

五、互联网金融和第三方支付

从省内情况看，银行与互联网金融的融合日益深入。南京银行、江苏银行均成立了直销银行，2014 年 6 月南京银行“你好银行”上线，目前有“鑫元宝”货币基金和“好享存”两款产品；2014 年 8 月江苏银行直销银行上线，目前有“惠多存”、“开鑫盈”、“放心汇”、“容易付”等多款产品和业务。直销银行通过去网点化的经营模式、去个性化的标准产品、简捷的操作流程，降低了运营成本，为客户提供了便捷、低成本的金融服务及较高收益的理财产品。2014 年 10 月，苏州银行宣布与点融网共同搭建 P2P 网络借贷平台，探索将互联网信贷审核技术与传统银行的信贷审核方法相结合，成为继国开行、平安银行、招商银行等银行之后又一家布局 P2P 的银行机构。

随着互联网金融进一步发展，行业分化加剧。从实际运行情况看，银行系 P2P 网贷平台风控措施比较到位，经营较为规范，但社会资本成立的 P2P 公司经营混乱情况较为突出。网贷之家数据显示，2014 年 12 月单月国内问题平台数量达 92 家，69% 的问题平台因为“提现困难”被曝光，“诈骗或跑路”问题平台占比达 25%。P2P 网贷公司频繁出现的风险事件，在很大程度上反映出该行业存在的不规范和巨大经营风险。

六、金融改革与创新

（一）银行业

1. 开发性、政策性金融改革继续推进

国家开发银行突出同业引领，全面满足江苏多样化融资需求。一是发挥“投、贷、债、租、证”多维度综合金融服务优势，全方位满足客户需求，全年实现社会融资总量 1 168 亿元，列开行全系统第 2 位。二是发挥银团品牌优势，成功组建南京青奥会、常州轨道、江苏斯尔邦、以及徐州、南通和镇江棚户区改造等重点建设项目银团，引导省内其他商业银行资金 168 亿元，保证了省内重大项目的资金需求。三是与省外金融机构建立差异化发展的合作格局，通过内部银团、信托贷款、债券销售、开行子公司协同等业务，引入省外金融机构资金 424 亿元，对支持江苏经济建设起到了积极的促进作用。四是创新融资工具，拓宽融资渠道，推动南京安居集团 32 亿元保障性住房 PPN 顺利发行，惠及低收入家庭 1.93 万户；推动江苏交通控股 30 亿元超短融顺利发行，保障了省内重大交通基础设施项目建设；通过国银租赁厂商租赁模式解决徐工集团近 40 亿元的融资需求，解决了其应收账款流动性问题。五是和省金融办联合创新设立的“开鑫贷”社会金融服务平台累计引导社会资金 63 亿元，支持了江苏 1 712 家小微企业发展，得到国务院马凯副总理的肯定。

农业发展银行坚持政策性业务的主体地位，审慎把握商业性业务发展，继续实施“两轮驱动”业务发展战略。一是创新收购资金风险防范措施，以“粮食共同担保基金”作为防控市场化收购贷款风险为有效抓手，积极联合粮食行政主管部门，加大粮食共同担保基金筹集力度，协调财政性资金纳入并充实粮食共同担保基金，有效解决国有地方粮食购销企业缺乏抵押担保的难题。二是探索支持农村土地流转和规模经营，着眼于农业现代化发展趋势和江苏人多地少的现状，依托产业化龙头企业、种粮大户，开展支持农村土地流转试点，2014 年以来共发放贷款 4 笔，金额 3 040 万元，其中 3 笔 2 540 万元采用了土地承包经营权抵押方式。三是拓展银保企政多方合作。如与南京市雨花区政府、人民保险公司保险资本达成合作意向，首次以担保行、独立监督人身份为雨花区棚户区改造项目引入保险债权投资资金 20 亿元，未来十年将稳定获得每年 3 000 万元的中间收入。四是探索支持城镇化建设新模式。对接苏州市推进城乡一体化发展的“三优三保”行动，以土地复垦、高标准农田建设为重点，首次整体支持市级城镇化建设，目前已初步达成合作意向，待省政府批复苏州实施方案后推行。五是适时调整优化信贷支持政策。为突破苏南地区土地资源少、受金融危机冲击大等发展“瓶颈”，推动农发行总行先后出台了组合式担保，滚动式抵押、贷款归还 50% 后按比例释放抵押物等有针对性的政策，为基层行释放经营活力增加了空间。

进出口银行注重金融创新，推动业务发展。一是积极对接“一带一路”和“长江经济带”等国家战略，加大对国家批复的重大民生基础项目的支持力度。累计向苏州中环、南通大丰港、沪通高铁等重大基础设施项目发放贷款 152 亿元。积极推进与新疆分行以行内信贷合作方式共同支持新疆广汇 12.5 亿元启东吕四港区 LNG 分销转运站项目。积极支持文化产业发展。向京杭大运河、无锡灵山、南京牛首山等重点文化保护开发项目投放贷款超过 30 亿元，支持了重点景区的保护开发，带动当地服务业发展。二是不断加强业务创新力度。进一步加大贸易融资业务推广力度。全年累计办理各项贸易金融业务 86.7 亿美元，贸易金融业务责任余额 36.4 亿美元，其中贸易融资余额 11.94 亿美元；开立保函金额 12.82 亿美元，责任余额 21.10 亿美元；开立信用证 23.74 亿美元，余额 3.36 亿美元。全年实现贸易金融业务收入 1.2 亿元，完成任务目标的 116%。在全行率先开办了常年咨询顾问业务和保险代理业务，进一步拓宽了分行的业务收入来源。积极推广网银业务，新增网银开户 108 户，占全行的 10%；办理网银支付 240 笔计 126 亿元，占全行的 26%；办理网银贸金业务 27 笔，进一步提高了服务客户的效率和便利程度。

2. 大型商业银行改革进一步深化

一是进一步完善组织管理架构，精简和优化机构和流程。如工商银行为进一步提升支行经营效能，试点开展城区支行扁平化管理，由市行直管二级支行，通过简化行政层级，激发城区网点经营活力。农业银行 2014 年对内设机构进行了微调。对原信贷管理部等 6 个部门进行更名，如农村产业金融部更名为农村产业与城镇化金融部、个人金融部更名为零售银行业务部、信息技术管理部更名为科技与产品管理部等。变更后的名称更加凸显部门主要职责和业务范围，有效减少了部门间推诿、边界不清等弊病。中行对二级分行、中心支行、经营性支行的组织架构由省行统一实施总量管理，将组织架构设置作为一项重要的资源投入，体现与各级机构绩效产出的匹配性，对二级分行组织架构按照现行的一、二、三类行分类进行差异化设置；对中心支行、经营性支行组织架构主要依据全辖机构内部等级评定结果进行差异化设置。建设银行 2013 年以来逐步将二级部建制的内控合规部、企业年金中心升格为一级部建制的内控合规部、养老金业务部，撤销了总务部，分行本部一级部门数增加为 27 个。二是持续提升内部管理水平，增强风险管控能力。工商银行围绕内控文化建设，以“零案件、零重大事故、零重大负面舆情”为目标，强化运营风险的监测分析与核查，重视加强服务管理，及时妥善处理服务投诉和舆情事件，防范声誉风险；强化金库、营业网点、离行式自助银行等重点部位的安全管理，严防抢盗、火灾等风险。农业银行建立了评价点评级定性动态计量模型，引用评价期内收集的各种内外部监管检查成果，按季度开展评价考核，真实动态反映被评价行的内控管理状况，实现自我纠偏、持续完善的内部控制。建设银行在考核激励机制上高度重视风险防范，在KPI考核中风险及内控类分值权重占到70分（占比41.2%），对于发生重点风险事项的机构，年度考核实行一票否决制。交通银行按照一体化经营管理需要，运用分行内控委员会平台，在全面风险管理委员会例会上，将审计署、银监局、总行审计局、地区审计分局、分行本部审计结果对全辖进行阶段性通报，研究整改方案，通过条线管理部门具体督导，提高全辖对内外审检查问题的整改，促进内控管理工作再上新台阶。三是积极支持民生发展，提升服务国民经济的效率和能力。工商银行以供应链融资、小企业经营型物业贷、集中收银贷、个人经营贷款等产品为重点，积极满足小微企业的融资需求。农业银行试点推广小微企业"工厂化"、"表单化"运作，通过适度调整优化授权，明确表格式的信贷调查、审查、审批模板，统一各环节操作要求等途径，解决小微企业准入难、流程长的突出问题；积极支持现代农业发展，截至2014年9月末，全行支持省级以上龙头企业120户、贷款余额65亿元，对国家级和省级龙头企业服务覆盖率分别达到86%和92%；农田水利建设贷款余额59亿元，其中2014年新支持农田水利建设项目13个，发放贷款22.3亿元。

（二）证券业

1. IPO融资在全国位居前列

2014年IPO重新启动后，江苏有18家公司首次发行股票，首发融资92.99亿元，IPO融资数量和融资金额都位居全国第2位。2014年江苏企业通过证监会IPO审核达15家，排名也是全国第2位，占全国通过IPO审核企业总数的14%。IPO审核通过率创新高，达到93.75%，大大高于全国平均水平。随着今世缘的上市，淮安市也实现了境内上市公司零的突破。

2. 并购重组和再融资规模创新高

2014年全省上市公司并购重组的数量和再融资规模都有大幅提升，有59家次公司公布重大资产重组计划，涉及金额达945亿元，同比增长超过150%，其中25家已经完成并购重组。并购重组已经成为江苏上市公司产业升级、行业整合、优化资源配置的重要手段。再融资方面，全省上市公司完成再融资608.45亿元，是历史最好水平。

3. 多层次资本市场发展实现了新突破

在2014年新三板扩容以后，全省在新三板挂牌的公司已达到171家，占全国挂牌公司总量的11%，位居全国第2位；新增挂牌公司数量占2014年全国新增挂牌公司总数的14%，位居全国第1位。此外，江苏挂牌公司的做市转让及定向融资也较为活跃。截至2014年末，采取做市转让方式的挂牌公司达16家，占全国总量的13%，排在全国第2位。新三板挂牌公司的股权融资开始起步，33家挂牌公司通过定向增发共融资4亿元。

4. 私募市场发展态势良好

截至2014年末，全省共登记备案私募基金管理人251家，占全国总数的5%，备案数量排在全国第5位；管理基金466只，管理基金规模803.95亿元，分别占全国的6.22%和3.92%；从业人员达3 636人。截至2014年末，共有244家江苏企业的中小企业私募债通过备案，备案金额560亿元，备案家数和备案金额占全国的三分之一以上，都位居全国第一；195只中小企业私募债完成发行，发行金额315.33亿元，发行家数和发行金额分别占全国的30.42%和36.55%，都名列全国第一。

5. 证券期货业的创新能力得到提升

2014年，江苏省证券、期货公司积极推进业务和产品创新，证券公司参与了沪港通业务试点，获得了收益权互换、公募基金托管、客户资金消费支付等创新业务资格。全年江苏省证券公司融资类业务收入合计40.4亿元，占总收入的比重达到了22.6%，同比提高了6个百分点；融资融券和股票质押式回购两项业务规模分别占全行业的8.47%和11.02%。3家期货公司的风险子公司通过备案，4家期货公司取得期货资管业务资格。

6. 投资者权益保护进一步加强

2014年，全省共有204家上市公司在2013年报中公布了现金分红方案，分红总额达174亿元，占全省上市公司净利润总额的34.1%。130家公司的225次股东大会在表决时中小投资者单独计票，8家上市公司还召开视频股东大会，保障了中小投资者参与决策权。证券期货经营机构建立了以“首问负责制”为核心的投诉处理机制，提高了解决矛盾纠纷的效率。

（三）保险业

1. 农业保险工作迈上新台阶

一是推动优化条款费率，农业保险保额较上年提高11%，而费率降低10%，农民投保成本进一步降低。二是进一步扩大主要种植业保险承保规模，不断提高主要种植业覆盖面和风险保障水平。江苏农业保险已实现“三个涵盖”，即保险险种基本涵盖江苏种植养殖业主要品种、保险责任基本涵盖江苏发生较为频繁和易造成较大损失的灾害风险、参保对象基本涵盖从事农业生产和农产品加工的各类主体，全省农业保险的覆盖网络已经形成。三是不断推动农业保险创新，持续推出了高效设施农业保险、特色种植养殖农业保险、价格指数型农业保险等险种，风险保障水平不断提高。四是稳妥推进涉农贷款保证保险试点工作，探索建立农业保险和农村信贷结合的银保互动机制。目前徐州等地已正式开展家庭农场保证保险和小额贷款金融合作试点。

2. 社会保障领域责任保险工作深入推进

一是为医疗和养老基本社会保障提供经办服务。以江阴模式为代表，保险业积极做好新型农村合作医疗经办服务，目前覆盖17个县（市、区）的756.4万农民。以宜兴地区为代表，保险业积极探索经办新型农村养老保险业务，取得较好成效。二是做好大病医疗保险工作。“太仓模式”为国家医保新政的顶层设计提供了蓝本，多次得到国务院领导肯定。与省医改办等五部门联合下发《关于开展城乡居民大病保险工作的实施意见》，制定大病保险服务标准，组织大病保险政策培训，完善全流程大病保险监管体系，开展全省范围的大病保险合规检查。三是积极发展医疗责任保险。覆盖范围已经逐步由二、三级医院延伸到社区医院和私立医院，有效缓解了医患矛盾。

3. 环境污染险稳步推进

指导保险业聘请建立风险评估专家组，探索创建全流程风险管理服务体系。以无锡为例，保险业为全市2 000多家企业提供了风险评估服务，排查出较大环境污染安全隐患1 300多个，为近百家企业的环保工作人员进行了风险防范技术指导。在2014年12月环保部首次公布环境污染险投保情况中，江苏省2 000家企业投保环境污染险，投保企业数量占据全国的40%。

4. 科技保险发展迅速

目前江苏省是全国唯一设立科技保险专营机构的省份，苏州、南京分别获批1家科技保险支公司。全省保险业为1 600多家（次）科技企业提供了1 500亿元的科技创新与经营风险保障。

七、金融基础设施

（一）支付体系

1. 完善支付基础设施建设，推动多项系统上线运行

2014年，人民银行南京分行推动中央银行会计核算数据集中系统（ACS）在江苏省顺利上线，其子系统ACS综合前置在江苏省22家银行机构上线运行，各上线银行机构能够正常通过前置系统办理账户核对、流动性查询、准备金和财政性缴存款业务。组织辖内14家法人机构和江苏省集中代收付中心切换为第二代支付系统，组织45家银行一级分行支付系统直接参与者切换为第二代支付系统。推动辖区内143家机构完成支付信息统计分析系统的上线运行，自主开发数据审核软件，要求各参与机构利用该软件对报送的数据自行检验并及时进行更正问题数据，提高了统计分析数据的正确率。

2. 稳步推进农村金融发展，进一步提升农村支付结算服务水平

农村金融综合服务站①建设已取得明显成效。截至2014年末，辖内农村金融综合服务站已达8 362家，覆盖了全省68.7%的无银行网点行政村，已提前、超额完成2014年覆盖30%的计划目标。深入推动改善农村支付服务环境建设工作。2014年，辖内人民银行太仓市支行完成了全市74个行政村的ATM全覆盖，成为继昆山之后全国第二个实现ATM“村村通”的县级市。切实防范助农取款服务点的各类业务风险。积极部署助农取款服务点从事民间借贷业务的风险排查工作，督促辖内收单机构强化对综合服务站拓展、签约、管理、终止以及合规和风险教育培训的要求。对不合规、存在风险隐患的综合服务站或收单机构，视情节轻重采取撤销站点、退出农村支付服务市场等措施。

3. 全面推进青奥支付服务环境建设，实现零有责投诉目标

为迎接青奥会的召开，人民银行南京分行全面推进青奥支付环境建设。建立青奥支付环境建设工作机制，指导辖内青奥银行启动青奥主会场、运动员村临时网点的选址和设计工作以及重点网点的升级改造，青奥比赛场馆周边各银行营业网点ATM布放齐全，柜面窗口100%开放；加强省内重点旅游地区青奥支付环境建设，满足人民群众和外地游客在商业网点、公共交通、旅游景区等领域的小额支付需求；青奥会开幕前，开展青奥支付环境建设工作检查和风险排查，对南京市青奥主场馆周边3公里范围内的银行机构、商圈支付环境建设情况进行了现场检查验收。伴随着青奥会的圆满闭幕，人民银行南京分行实现了青奥会期间支付结算服务零有责投诉的目标。

（二）信用环境

1. 加强征信市场监管

细化征信监管制度，出台了《关于银行业金融机构贯彻落实〈征信业管理条例〉的指导意见》，细化《征信业管理条例》相关内容，印发了《江苏省银行业金融机构征信非现场监管工作指引（试行）》，制定了《江苏省征信投诉办理规程》和征信机构备案及设立许可工作的实施细则。开展银行

① 农村金融综合服务站是在现有场所条件较好、信用状况优良、人员素质较高、业务需求较大的银行卡助农取款服务点基础上，整合支付、现金、征信、国库和金融消费者权益保护五大类服务功能的综合化农村金融服务平台，提供小额取现、刷卡消费、公用事业费缴纳、人民币真伪识别和兑换、农户信用信息采集、金融知识宣传、金融消费纠纷投诉指导等20项金融服务功能。

业金融机构现场检查。2014 年人民银行南京分行共对全省 15 家全国性金融机构、15 家地方性金融机构、95 个分支机构、568 个网点开展了现场检查，抽查 13 711 份企业和 24 275 份个人查询授权资料。同时，开展省内人民银行系统个人信用报告查询情况的自查。对 2012 年 8 月 1 日至 2014 年 7 月 31 日期间人民银行南京分行受理的个人信用报告查询申请资料进行了自查，全省 13 个地市中心支行及 55 家县支行共 68 家分支机构抽查了查询记录 61.49 万笔；针对自查中发现的问题，认真分析原因、研究整改措施、强化贯彻落实，避免类似问题再次发生。

2. 规范信用评级市场发展

修订信用评级管理制度，通过明确备案管理、业务管理、信息披露、行业自律等四个方面的工作要求，初步建立了以“备案管理—执业行为检查—评级结果考核评价”为主线的事前、事中、事后管理监测机制。加强日常监管，提高信用评级工作质量。2014 年，组织中心支行对省内 8 家备案评级机构开展现场检查，查处专业评估人员不符合规范要求、现场访谈不到位、三级审核及内部评审流于形式等问题 100 余例，督促相关评级机构及时整改。召开评级报告质量专家评审会 13 场次，对评级机构执业质量进行客观公正的考核评价。同时，与省金融办加强沟通，组织评级机构参与金融办的日常监管工作。2014 年省内评级机构共参与 36 家小贷公司的现场检查及监管评级，得到省金融办的认可，为推动小贷公司信用评级工作打下良好基础。组织各市中心支行与当地担保机构主管部门联合发布评级结果，将评级结果录入银保监测系统，利用评级结果提高风险防范和处置的前瞻性和主动性以及监管效率。

3. 深入推进中小微企业、农村信用体系试验区建设

积极贯彻落实《中国人民银行关于加快小微企业和农村信用体系建设的意见》，指导无锡、常州、苏州等地区探索开展综合性的试验区建设，将信用评级、应收账款平台推广及信用信息应用等工作有机结合起来，全方位创建试验区。组织开展江苏省中小企业信用信息辅助管理系统的升级改造工作，截至 2014 年 12 月末，辅助系统为 1 436 万户中小企业建立了信用档案，累计采集企业各类信用信息 6 000 余万条，其中非银行信息 2 600 万条，入库贷款余额 5.15 万亿元。同时，组织各市中心支行利用农村金融服务站等载体开展农户及农村经济主体信息采集工作。截至 12 月末，省内已有 74 个县区开展了农户系统推广应用工作，共采集 260 万农户 2 291 万条信息、2 208 户农村合作经济组织 1.56 万条信息，与 2013 年末相比采集的农户数增加了 50.4%、农村合作经济组织增加了 21.7%。

4. 提升征信及相关系统的管理与服务

加强对新设法人机构接入征信系统的审核管理，指导村镇银行等 60 余家法人机构开展接入工作。加强对金融机构系统升级测试验收的指导，完成了对苏州银行等 5 家机构征信接口升级和江苏省农联社等 4 家机构“企业征信系统接口一期改进”的测试验收工作。强化征信数据质量的检查与监测。2014 年对 110 个网点的 10 073 笔信贷数据进行了准确性核查，2 809 笔进行了完整性核查，监测面涵盖了省内所有金融机构。加强考核力度，按季度通报金融机构的数据质量。数据质量考评结果显示，省内企业征信系统地方性接口行综合评分平均为 99.02，非接口行综合评分平均为 98.53，个人征信系统综合评分平均 97.02，数据质量稳定保持在一个较高的水平上。选择南京与苏州两地推进个人信用报告金融机构代理查询试点工作。自代理查询试点正式启动以来，8 家代理查询点分别提供了 0.99 万次和 1.91 万次查询，查询量约占两地本级查询总量的 21.32% 和 29.45%，有效地提升了个人信用报告查询的便利性。推动动产融资登记公示系统及应收账款融资服务平台的应用，取得

显著成效。截至12月末，省内已有877家机构注册成为登记系统常用户，累计登记21.56万笔，查询28.49万笔，登记量全国第1位，查询量全国第3位。

（三）反洗钱

1. 提升监管有效性，充分发挥监管效能

全面开展综合评价，分行业通报评价结果，并以此作为分类监管的依据，充分发挥反洗钱非现场监管的警示作用。2014年，人民银行南京分行共完成对1 503家金融机构2013年反洗钱工作的综合评价。借助南京分行自主开发的反洗钱通用数据分析系统，对被查单位检查期内全时段全业务展开拉网式分析，充分发挥了现场检查的效能。2014年，全辖共对45家金融机构实施执法检查，其中银行业22家，证券期货业9家，保险业14家。

2. 完善风险预警，防范洗钱及上游犯罪

继续加强洗钱类型分析，定期发布风险提示。2014年，人民银行南京分行发布洗钱风险提示，内容涉及假证开户、第三方支付、非面对面交易等产品或业务。强化对金融机构报送重点可疑交易的研判调查工作。在涉恐、反贪、涉税、走私等领域进一步深化与公安、国安、海关等相关部门的交流合作，多次开展情报交流及案件会商，预防和打击洗钱犯罪的部门合力进一步增强。

3. 探索工作创新，完善信息系统功能

根据总行提出的优化意见以及前期使用及试运行中发现的问题，完善并推广反洗钱通用数据分析系统，新一代系统运行更加稳定，功能更加丰富，固化分析模型更加全面，数据分析效率提高20%以上。优化完善反洗钱重点可疑交易报送系统。

（四）金融生态环境建设

1. 完善金融生态环境综合评估指标体系，有效增强科学性和针对性

遵循“金融生态环境考核评估重点由推动、鼓励金融生态环境创建向金融生态环境实际状况评估转变”的基本思路，成立课题小组，研究出台了《江苏省县域金融生态环境评估指标体系》。新设计的县域金融生态环境评估指标体系包括经济环境、金融运行、信用环境、法制环境和政策环境等5个一级指标、14个二级指标和40个三级指标。与原有考核指标体系相比，新指标体系突出定量考核，定量与定性相结合，减少定性指标及关联度较低的指标；增加对地方财政平衡性考核，推动地方政府自觉遵循经济规律，防止过度透支政府信用和金融资源；指标考核参照值由“所在市县域平均水平”调整为“全省县域平均水平”，统一全省参考标准，更具科学性、系统性、可比性及可操作性。

2. 有效衔接金融生态县评审和县域金融生态环境综合评估工作，实现评审与评估的有机结合

采用一套评价指标体系、一次性征求评审意见、一种评价方法计算综合得分，对全省69个设乡、镇的县（市、区）金融生态环境进行综合评估，组织开展2013年度金融生态优秀县和达标县考核评定工作，对获得“金融生态示范县”称号满三年的地区组织开展“回头看”。考虑到当前经济处于下行周期，从逆周期调控角度考虑，为维护金融发展环境和金融业发展信心，保护各地金融生态建设工作的积极性，2014年金融生态县评审工作遵循“审慎适用摘牌、降级制度，实事求是看待‘一票否决性事件’、适当控制评审总体通过比例、加强金融生态环境评估结果的运用”的基本思路，2014年，共评定出7个金融生态优秀县、5个金融生态达标县，8个“回头看”地区继续认定为金融

生态优秀县，全省金融生态县覆盖面已达到91.3%，提前完成工作目标。

3. 持续组织开展县域金融投资者教育工作

组织全辖各中心支行、各县支行制定金融投资者教育年度工作计划，并报分行备案。针对射阳农商行挤兑事件，要求各县认真总结金融投资者教育工作的成果及存在的问题，从基层党员干部抓起，普及金融知识，培养法治理念，带动和教育群众；进一步改进教育工作方式，深入农村基层一线，采取农民群众能够接受、喜闻乐见的方式方法，确保宣传教育工作能够入户、入脑、入心，接地气，有实效。

总　　纂：李　军
统　　稿：马卓帅
执　　笔：卜建明　宋　磊　张　曦　杨　洋
其他参与写作人员：周晨阳　倪海鹭　王　凡

浙江省金融稳定报告摘要

2014年，浙江省经济保持平稳发展势头，全年经济运行平稳健康，主要经济指标处于中高速增长合理区间，结构、效益持续向好，为区域金融稳健运行创造了良好的环境。银行业存贷款规模增长平稳，信贷结构持续优化，法人银行机构经营状况良好，总体运行情况较为稳健。证券业发展势头较好，资本市场功能有效发挥，多层次资本市场建设持续推进；证券期货机构经营态势良好，券商利润大幅提升，资本充足情况良好。保险业积极推进改革创新，市场体系日益完善，资产规模稳步扩大，服务领域进一步拓宽，有效发挥了现代保险经济补偿和风险保障功能。小额贷款公司、融资性担保公司、典当行等具有融资功能的非金融机构继续发挥补充作用，温州、丽水、台州等区域金融改革稳步推进，两家民营银行筹建顺利，金融基础设施持续完善。总体来看，2014年浙江省金融稳定状况良好，但未来面临的形势仍然不容乐观。

一、区域经济

2014年，浙江省经济运行平稳健康，主要经济指标处于中高速增长合理区间，结构、效益持续向好。

（一）经济运行概况

1. 经济增长保持稳定，产业结构优化调整

2014年，浙江省实现地区生产总值40 153.5亿元，比2013年增长7.6%，增幅下降0.6个百分点；人均生产总值72 967元，比2013年增长7.3%，增幅下降0.6个百分点。三大产业结构由2013年的4.8∶49.1∶46.1变为4.4∶47.7∶47.9，第三产业比重首次超过第二产业，产业结构向着服务业为主的“新常态”迈进。工业经济发展总体平稳，规模以上工业增加值12 543亿元，比2013年增长6.9%，增幅下降1.6个百分点。

2. 内需保持平稳增长，外需增速稳步回升

2014年，浙江省全社会固定资产投资23 555亿元，比2013年增长16.6%，增幅比2013年下降1.5个百分点。社会消费品零售总额16 905亿元，扣除价格因素实际增长11.7%，增速比2012年下降0.1个百分点。进出口增势良好，进出口总额3 551亿美元，比2013年增长5.8%，增幅提高1.7个百分点；全年实现进出口贸易顺差1 916亿美元，比2013年扩大298亿美元。

3. 物价涨幅温和上扬，进出价差有所缩小

2014年，浙江省居民消费价格同比上涨2.1%，涨幅比2013年下降0.2个百分点。从价格走势看，下半年以来涨幅逐月回落。工业品出厂价格和原材料购进价格同比降幅有所收窄，分别比2013

年下降1.2%和1.8%，降幅分别同比收窄0.6个和0.5个百分点；出厂价格和原材料购进价格涨幅差0.6个百分点，比2013年上升0.1个百分点，价差略有扩大。

4. 创新驱动作用增强，转型升级稳中有进

2014年，浙江省装备制造业、高新技术产业和战略性新兴产业继续保持快速增长，分别同比增长8.9%、8.5%和8.6%，增幅分别比规模以上工业平均水平高2.0个、1.6个和1.7个百分点。八大高耗能行业比重下降，增加值为4 496亿元，比2013年增长4.6%，增幅比规模以上工业低2.3个百分点。信息经济发展势头较好。2014年，规模以上工业电子信息制造业增加值1 133亿元，比2013年增长8.2%。电子商务交易额突破2万亿元，比2013年增长25%左右。

（二）经济运行中需要关注的问题

1. 企业承受的各类压力尚未有效缓解

2014年下半年以来，宏观经济增长动力依旧偏弱，缓慢下行的趋势仍未改变。在此形势下，企业承受的各类压力尚未有效缓解，如市场需求不足制约依然明显、产能过剩与产品销售价格弱势难改、销货款回笼不畅，导致生产经营状况难以改善，总体上呈稳中放缓趋势，走出低谷仍需较长时间。

2. 房地产相关领域风险需密切关注

2014年9月以来，浙江房地产市场近期出现持续性回暖，但短期回暖并未改变供过于求格局，房地产中期调整的趋势不会因为降息等利好政策而发生改变，浙江房地产市场可能进入高库存与高去化并存、房价稳中有降的“新常态”。这意味着房地产市场对浙江省经济金融相关领域的负面影响在很长一段时间内都将持续，尤其是资金链较紧张的房地产企业、与房地产业相关的上下游产业以及涉房较深的制造业企业，由此带来的风险需密切关注。

（三）经济形势展望

2015年，浙江省将面临较为复杂的宏观经济金融环境，世界经济仍将延续缓慢复苏、分化加剧的态势，国内经济发展进入新常态，仍然处于“三期”叠加阶段。在此背景下，浙江经济发展存在一些不确定和不利因素，增长速度可能进一步放缓。

二、银行业

2014年，浙江省银行业存贷款增长平稳，总体运行情况较为稳健。但不良贷款反弹尚未得到有效遏制，信用风险仍处于高发态势。

（一）银行业稳健性评估

1. 存款同比少增，同业存单快速发展

2014年，在资本市场、理财产品对存款的分流效应增强，存款偏离度监管政策出台背景下，浙江省银行业金融机构各项存款同比少增，年末存款余额79 241.9亿元，同比增长7.5%，增速同比回落3.1个百分点；新增存款5 509亿元，同比少增1 543.2亿元。2014年，浙江省有23家法人金融机构共发行同业存单1 139亿元，占全国发行总量的1/8。

2. 贷款增速较为平稳，贷款结构有所调整

2014 年，浙江省贷款增长总体适度，与经济发展态势基本匹配。年末，各项贷款余额 71 361 亿元，同比增长 9.2%，增幅回落 0.6 个百分点；全年新增贷款 5 805.7 亿元，同比多增 101.1 亿元。从期限看，中长期贷款同比多增 1 567.4 亿元，余额增速达 19.1%。从信贷投向看，基础设施类贷款多增，水利、环境、公共设施业贷款同比多增 844.4 亿元。

3. 利润水平持续下滑，中间业务收入占比提升

2014 年，浙江省银行业金融机构实现利润 847.79 亿元，比上年减少 269.67 亿元，降幅为 23.54%，已经连续三年出现下降。利润出现下降主要是由于不良贷款余额的攀升及处置力度的加大，各银行大幅计提了拨备。中间业务收入率 15.22%，比年初上升 0.48 个百分点，盈利结构继续改善。

4. 不良贷款持续反弹，资产质量下行压力较大

年末，浙江省银行业金融机构不良贷款额 1 396.97 亿元，比年初增加 197.23 亿元；不良贷款率 1.96%，比年初上升 0.12 个百分点。全省不良贷款已经连续三年“双升”，其中，11 月不良贷款余额和不良贷款率创出五级分类以来的高点。关注类贷款比例达 4.15%，比年初上升 0.96 个百分点，处于历史高位。

5. 中小法人银行机构经营状况较为稳健

年末，浙江省法人银行机构①各项存款 28 494.92 亿元，增长 12.13%；各类贷款余额 21 204.59 亿元，增长 15.31%。不良贷款率 1.34%，比年初上升 0.08 个百分点；全年实现利润 478.67 亿元，比上年增长 16.76%，各项指标均好于全省平均水平。年末加权核心资本充足率和资本充足率分别为 11.82% 13.46%，拨备覆盖率 275.43%，均高于监管要求，抗风险能力较强。

（二）银行业运行中需要关注的主要问题

1. 信用风险防控压力不减

一是企业经营仍显困难。浙江省经济各项宏观经济指标趋好，但微观主体经营仍显困难。二是担保链风险仍在延续。以保证方式发放的企业贷款占比仍在三分之一以上，部分前期已处置企业风险再度暴露。三是逃废债行为时有发生。企业逃废债严重破坏金融生态环境，影响不良贷款处置。四是房地产市场、政府融资平台等重点行业隐性风险较大。

2. 法人机构存在流动性风险隐患

从日常监测指标看，法人银行机构的流动性指标均符合监管要求，流动性水平总体稳定，没有出现大的流动性风险事件。但在当前较为复杂的经济金融形势下，银行机构尤其是中小法人银行机构流动性风险、特别是声誉风险导致的流动性风险可能会趋于常态化，应该引起高度的重视。

3. 员工涉案风险相对高发

一是部分银行机构基层营业网点风控薄弱，还存在不少案防漏洞，发生多起存款被非法转走事件。二是企业资金链、担保链问题日益严重，这些问题背后有些涉及银行员工内外勾结骗贷等，但也有担保企业为逃避担保责任，抓住银行员工在业务办理过程的不合规行为，要求公安部门立案侦查。

---

① 包括浙商银行、城市商业银行、农村商业银行、农村合作银行、农村信用社、村镇银行、农村资金互助社、贷款公司和外资法人银行。

4. 盈利能力出现下滑

2012 年以来，受经济增速放缓、利率市场化、金融脱媒等因素的影响，浙江省银行业净利润出现连续下滑态势。虽然银行因新发生不良贷款和处置不良贷款大幅计提了拨备是主要原因，但经济增速放缓、利率市场化收窄净息差、金融脱媒挤压盈利空间、负债成本上升等其他趋势性的因素也不容忽视。

三、证券业

2014 年，浙江证券行业发展势头较好，资本市场功能有效发挥，多层次资本市场建设持续推进；证券期货经营机构经营态势良好，券商利润大幅提升，资本充足情况良好。

（一）证券业稳健性评估

1. 资本市场功能有效发挥

2014 年，浙江省境内上市公司累计融资 674.85 亿元，比上年增长 1.76 倍。其中，首发融资 66.62 亿元。多层次资本市场建设持续推进。截至年末，浙江股权交易中心挂牌企业 1 588 家，比上年增加 851 家，区域股权差异化融资体系初步成型；新三板挂牌企业 69 家，多层次资本市场建设持续推进。

2. 证券期货机构经营态势较好

2014 年，浙江省证券经营机构累计代理交易额 20.79 万亿元，增长 53.57%；利润总额 54.17 亿元，增长 54.42%。期货经营机构代理交易额 61.21 万亿元，增长 1.9%；利润总额 8.6 亿元，增长 3.74%。

3. 法人证券公司资本充足情况良好

年末，浙江省法人证券公司总资产 1 022.16 亿元，增长 1.45 倍；净资产 187.57 亿元，增长 49.03%；净资本 166.55 亿元，增长 83.57%。净资本/净资产为 88.79%，净资本/负债为 19.07%，净资产/负债为 21.48%，证券公司自身持有的资本对负债的覆盖能力较强。

4. 证券公司业务结构持续优化

2014 年，浙江省法人证券公司营业收入 66.67 亿元，增长 50.12%；净利润 22.27 亿元，增长 91.02%。证券公司资产管理、融资融券、约定式购回等新型业务快速发展，盈利模式改善，2010—2014 年，经纪业务手续费收入占营业收入比例分别为 71.54%、68.49%、60.35%、58.88%、53.12%，占比逐年下降。

（二）证券业运行中需要关注的问题

1. 部分上市公司经营风险有所上升

在宏观经济结构持续调整以及经济社会改革步伐加快的背景下，部分上市公司经营风险有所显现。如中捷股份因出现重大风险而停牌。个别上市公司因实际控制人出现问题，对公司正常经营带来一定的不利影响。

2. 跨市场业务的金融风险值得关注

证券业资产管理业务的政策性放开，促使房地产、地方融资平台通过基金子公司资管计划等通道方式获得融资，但由于这些非银行机构对信用风险认识不足，缺乏必要的经验技术和人才储备，难以准确识别、评估基础资产的安全性。

3. 部分券商合规意识有待提高

部分券商加大了非经纪业务的拓展力度，但在业务开展过程中，部分机构合规意识不足，受到监管部门行政处罚。此外，部分券商融资融券业务客户信用评估制度有待完善，个别券商存在向证券资产不足50万元的客户融资融券等问题。

4. 部分新型业态风险值得关注

随着A股市场指数持续上扬，部分借助互联网平台以提高客户杠杆为目的新型业务快速发展。部分P2P平台向客户提供股票配资业务，借助低门槛、限制少、方便快捷的优势，满足投资者放大杠杆投资的需要，业务模式中蕴含账户安全等风险。

四、保险业

2014年，浙江省保险业坚持稳中求进，稳中有为，积极推进改革创新，市场体系日益完善，资产规模稳步扩大，服务领域进一步拓宽，保险深度达到3.13%，保险密度达2 311元/人，有效发挥了现代保险经济补偿和风险保障功能。

（一）保险业稳健性评估

1. 行业格局日益完善，资产规模稳步增长

年末，浙江省共有保险市场主体79家，各类保险机构达到3 651家，保险专业中介机构174家，兼业代理机构10 532家。保险公司资产总额2 565.6亿元，比年初增加291.3亿元。其中，外资保险公司资产总额达到56.9亿元，比年初增加28.7亿元。

2. 业务规模平稳增长，保险补偿功能有效发挥

2014年，浙江省保险业共实现原保险保费收入1 258.1亿元，排名全国第4位，收入增长13.35%，低于全国平均水平4.1个百分点。保险业赔付支出474.6亿元，增长5.2%，但增速比上年下降26.4个百分点。

3. 区域集中度保持稳定，产寿险集中度继续分化

从区域看，杭州、宁波、温州三市保费收入全省为53.47%，衢州增速达19.8%，为全省最快。从市场主体看，财产险市场前3大公司市场占有率62.1%，上升1.9个百分点；寿险市场前3大公司市场占有率58.4%，下降3.8个百分点。

4. 保险覆盖面继续扩大，服务领域稳步拓宽

2014年，全省（不含宁波）农业保险产品提供风险保障379.21亿元，向10.91万农户支付赔款2.49亿元；农房保险为869.04万户农户提供风险保障2 266.45亿元，向1.47万户农户支付赔款8 054.32万元。大病保险大幅推进，出台了《关于加快建立和完善大病保险制度有关问题的通知》，目前已覆盖2 634万人。

（二）保险业运行中需要关注的问题

1. 财产险公司盈利基础不稳固

一是车险盈利能力仍然薄弱，2014 年承保利润率仅为 0.6%。二是非车险盈利能力不稳定，2014 年利润增幅最大的险种为企财险和农业险受自然灾害影响大，盈利水平波动较大。

2. 财产险市场马太效应凸显

大型公司凭借规模优势和成本控制能力，竞争优势越发明显，2014 年前七大公司市场份额上升 2.2 个百分点，利润占比超 80%。部分中小公司持续亏损，甚至连续亏损 5 年以上。

3. 人身保险退保率逐年攀升

2014 年，人身保险全年发生退保 164.4 亿元，增长 40.3%；退保率 5.7%，上升 1 个百分点。究其原因：一是由于近年来分红险分红水平较低，退保率不断上升。二是短期趸缴型业务、高现金价值产品占比持续上升。

五、社会金融活动

2014 年，浙江省具有融资功能的非金融机构[①]业务规模有所下降，三类机构的资产质量不佳，行业风险因素有所显现，个别机构风险持续暴露陷入经营困境，可持续发展受到挑战。

（一）小额贷款公司稳健性评估

1. 贷款投放同比负增长

年末，浙江省正式注册小额贷款公司 340 家，比 2013 年末增加 26 家。2014 年累计发放贷款 2 890.94亿元，下降 10.27%，呈逐季下行态势；年末贷款余额 899.72 亿元，增长 22.85%。

2. 信用贷款占比略有提高

年末，浙江省小额贷款公司抵押、质押和保证等非信用贷款余额共计 868.87 亿元，其中信用贷款 41.28 亿元，占比 4.54%，较上年同期提高 1.54 个百分点。

3. 净利润持续收缩

2014 年，浙江省小额贷款公司累计实现净利润 58.27 亿元，下降 19.05%。小额贷款公司平均净利润自 2011 年第四季度以来呈震荡下行趋势，2014 年第四季度增速降至 2011 年以来的历史新低。

（二）典当行稳健性评估

1. 机构数量略有增加

截至 2014 年末，浙江省共有 504 家典当企业，比上年末增加 21 家。注册资本总额 109.43 亿元，增长 5.58%，资金实力略有增强。

2. 业务量同比全面下降

尽管新增典当企业 21 家，但 2014 年浙江省典当企业累计发放典当贷款 368.26 亿元，下降 6.29%；其中，动产质押典当贷款降幅最大，下降 14.53%。

3. 盈利能力继续下降

2014 年，浙江省典当行业实现利息与综合服务费收入 7.19 亿元，下降 12.64%；实现税后利润 1.25 万元，下降 35.71%；综合息费率 1.95%，较上年同期下降 0.2 个百分点，已连续三年下降。

① 包括小额贷款公司、典当企业和融资性担保公司。

（三）融资性担保机构稳健性评估

1. 机构数量有所减少

2014 年末，浙江省融资性担保公司共计 486 家，较年初减少 72 家。原因一是部分担保机构因风险事件频发、利润下滑等因素，主动放弃担保牌照；二是行业整顿，淘汰部分经营不规范、主业不达标的担保机构。

2. 业务规模继续下降

2013 年，浙江省融资性担保机构担保责任发生额 101.99 亿元，比上年下降 7.99%。自 2013 年第三季度以来连续五个季度下降，反映出当前融资担保公司开展业务较为谨慎。

3. 净利润大幅下降

担保业务收入减少，以及担保代偿额持续高企，导致浙江省融资性担保机构净利润大幅下降，2014 年融资性担保机构实现累计净利润 1.09 亿元，同比下降 36.99%。

（四）值得关注的问题

1. 信用风险持续上升

小额贷款公司不良率持续上升，年末不良贷款率已攀升至 5%；典当企业逾期贷款余额增长 6.67%，占全部典当贷款余额的比例为 15.26%；融资性担保公司担保代偿风险加大，年末担保代偿率为 2.19%。

2. 内部管理相对薄弱

三类机构人员总体素质不高，资金实力不强，运营管理运作尚不规范，多数机构治理结构与风险控制机制不够健全，有效抵御和疏散风险的能力较弱。

3. 担保业盈利模式有待完善

融资性担保具有典型的“高风险、低收益”特征，担保公司在为企业贷款担保时得到 1.5% ~ 3% 保费，但要承担 100% 的风险，顶层制度设计上没有很好地解决行业盈利模式。

六、金融改革与创新

（一）温州金融综合改革

1. 积极推进贸易投资便利化

温州成为浙江省唯一的开展外商投资企业外汇资本金意愿结汇试点地区，20 家外资企业办理意愿结汇 1 006.28 万美元。推进人民币跨境投融资业务，2014 年跨境人民币实际收付总量 521 亿元，增长 45%。

2. 推进企业直接债务融资业务

2014 年，温州共注册银行间市场各类债务融资工具 177.1 亿元，发行 113 亿元，是 2013 年全年发行总量的 3 倍。其中，全国首单地级市保障房私募债在银行间市场成功发行，发行金额 36 亿元。

3. 推进延长贷款期限类信贷产品创新

2014 年，温州银行机构累计发放各类延长贷款期限类信贷创新产品 2.6 万笔，金额 326 亿元。

截至年末，温州中长期贷款余额1 938.2亿元，占比26.4%，较年初提高5.9个百分点。

4. 加快征信体系建设

推动“一系统、一平台”的建设和使用，推进温州市征信综合数据查询平台建设。推动征信市场健康发展，规范发展信用评级业务，扩大信用报告在行政管理中的应用。

5. 推进金融综合统计工作。在进一步完善“温州金融业综合统计信息平台”和“温州金融监测报数平台”的基础上，参与人民银行总行的金融业综合统计系统开发建设，探索金融业综合统计分析框架。

（二）丽水农村金融改革

1. 支持农村普惠金融产品创新

探索开展农村土地流转经营权和农房抵押贷款创新；建立市、县、乡三级的农村产权交易中心，出台了覆盖林权、农房、土地流转经营权抵押贷款的配套实施办法和政策体系，年末“三权”抵押贷款余额达63.2亿元。

2. 推进外汇产品服务创新

在成功建成全国首个村级外币代兑点的基础上，持续发展个人外汇贷款业务。截至年末，已创建村级外币兑换点5个、货币兑换公司1家，累计办理代兑业务达13.9万笔、金额6.08亿美元；已发放个人外汇贷款549万美元。

3. 推进农村金融服务组织建设

已设立社区银行1家、村镇银行9家、小额贷款公司18家，实现新型农村金融组织县域全覆盖。持续推动多层次农村担保体系建设，年末，建立4家由政府财政出资的涉农融资性担保公司、25家融资性担保公司、86家村级担保组织和330个村级资金互助会。

4. 成功创建总行级农村信用体系建设试验区

加快完善农户信用信息系统，全面推进“四信”工程建设。截至年末，共收录农户档案43.8万户，当年信息更新率达98.9%；评定信用农户38.9万户，成功创建信用村（社区）869个、信用乡（镇、街道）38个；有30.4万农户累计获得贷款313.5亿元，农户贷款覆盖面同比增长14.5%。

5. 完善农村金融服务平台建设

年末，小额取现和代理转账业务累计办理分别达121.3万笔和29.2万笔，金额分别达到3.8亿元和1.1亿元，惠及150余万农民。不断推进电子支付业务在农村地区的广泛应用，创建28个网上支付示范区。

（三）台州小微金融专项改革

1. 支持地方法人金融机构开展主动性负债

目前，台州三家城市商业银行发行的专项金融债、同业存单、信贷资产证券化等产品共100多亿元，有效盘活存量信贷。其中，台州银行作为全国三家城市商业银行试点机构之一成功发行了5.31亿元的信贷资产证券化产品。

2. 引导金融机构开展产品服务创新

截至年末，台州小微金融创新产品贷款同比增长21.6%，高于同期全部贷款增速8.4个百分点。同时，支持推进企业债务融资工具发行，2014年新注册各类非金融企业债务融资工具22亿元，发行

26 亿元，发行量超过 2013 年。

3. 完善小微金融服务组织体系

2014 年新设小微企业金融服务专营机构 26 家，村镇银行数量达到 7 家并实现全覆盖。推动建立以政府出资为主、地方银行和其他组织捐资为辅的台州小微企业信用保证基金，首批与 6 家银行、31 家企业顺利签约，承保金额 5 187 万元。

4. 深化小微企业信用体系建设

推进金融服务信用信息共享平台建设，截至年末，平台已征集金融、工商、税务等 13 个部门 2 500多万条信用信息，覆盖 45 万多家企业与个体工商户，共开通金融机构查询用户 1 085 个，累计查询量约 9 万笔次。推广应收账款融资服务平台，成功办理全省首例集群型应收账款融资业务。

（四）民营银行设立

1. 筹备进展

2014 年，温州民商银行和浙江网商银行先后获准筹建，入围全国首批 5 家民营银行试点。目前，浙江两家民营银行的筹建工作较为顺利。其中，温州民商银行已召开创立大会，高管选任、网点选址等准备工作基本完成，预计 2015 年上半年正式开业。浙江网商银行筹备进程稍慢，目前各股东持股比例已确定，但因在远程账户开立等操作问题上突破较大，仍在与监管部门进一步沟通，预计 2015 年年内正式开业。

2. 潜在风险

根据定位，民营银行设立将在提供多元化金融服务、缓解中小企业融资难等方面发挥积极作用，但潜在的风险也不容忽视。一是市场定位是否明确。如果民营银行不是错位竞争而是同质竞争，那么民营银行不仅不能提高银行业金融效率，相反会导致银行业恶性竞争，增加发生系统性金融风险的概率。二是风险控制是否严密。主要包括三大风险隐患，即不完善的业务风险识别体系、不完善的内控管理体系、专业的金融管理人才以及从业人员的缺乏。三是经营模式是否健全。如果对关联交易缺乏有效监管，那么民营银行有可能沦为股东间的融资工具。

七、金融基础设施

（一）支付体系稳健性评估

2014 年，浙江省支付清算系统共处理业务 4. 19 亿笔，262. 44 万亿元，分别增长 26. 19% 和 18. 1%。顺利上线中央银行会计核算数据集中系统（ACS），16 家法人银行机构完成第二代支付系统切换上线、45 家非法人银行机构完成第二代支付系统身份变更。支付服务市场监管不断强化。首次对网络支付机构开展综合执法检查，对预付卡支付机构开展专项执法检查，及时启动支付机构应急处置工作机制。开展银行同业账户清理核实工作和预授权套现风险排查及现场调查。农村支付服务环境持续改善。共创建完成 252 个“网上支付示范区”，覆盖全省所有县（市）；农村地区网银用户达 3 908. 9 万户，增长 34. 5%，全年发生交易笔数、金额分别增长 51. 5% 和 31. 6%；手机支付用户增长 104. 5%，交易笔数、金额分别增长 3. 57 倍和 2. 71 倍。

（二）征信体系稳健性评估

2014 年，个人和企业征信系统共收录浙江省 3 549 万自然人和 134 万户企业及其他经济组织的信用信息，全年累计查询 4 469 万次，为金融机构防范信用风险提供保障。68 家小额贷款公司等小微机构接入征信系统，信用信息的采集和共享范围不断扩大。征信市场稳步发展。社会化征信机构初具雏形，2 家个人征信机构通过机构开立许可初审，4 家企业征信机构通过备案审核获得备案证。信用评级市场日臻成熟，全年共完成 9 000 余家信贷企业、200 余家发债企业及其债项的信用评级。征信市场监管日趋完善，及时、妥善处理信息主体异议、投诉 245 起。中小企业和农村信用体系建设稳步推进。2014 年累计为 20.92 万户尚未与银行发生信贷关系的中小企业建立信用档案。推广应用中小企业信用信息辅助系统、应收账款融资服务平台，缓解银企信息不对称。推进“三信”创建工作，全年共采集并纳入农户系统的农户档案 155 余万户，评定信用户 113.6 万户，创建信用村 3 414 个、信用乡 159 个。推广“整村批发，集中授信”信贷业务，累计有 3 010 个行政村办理了该业务，共 42.2 万信用农户获得授信 436 亿元。

（三）反洗钱体系稳健性评估

2014 年，全省反洗钱工作继续推进。反洗钱监管不断深化，可疑交易报告质量不断提升，全年向公安部门移送案件线索 117 起。与浙江省国家安全厅联合印发了《打击恐怖融资犯罪协作办法》，向当地公安部门和浙江省国家安全厅移送多起涉恐线索，反恐融资初显成效。发布新的风险评估指标体系，建立标准化的电子评估表格，洗钱风险评估指标体系进一步完善。发布 44 期反洗钱风险提示，反洗钱风险提示成效日益显现，为公安部门进一步侦查提供了线索。反洗钱基础日益扎实。主办或参与的各类广场、街头宣传活动千余场次；报刊、电视宣传、广播宣传 1 500 余次，播放宣传短片超过 6 万次，进一步扩大了反洗钱工作的社会影响力。

八、金融稳定总体评估

2014 年，浙江省经济增长平稳，金融业总量合理增长，金融改革与创新不断推进，金融结构相对合理，社会金融活动补充功能有效发挥，金融基础设施较为完善，整体金融稳定状况较好。人民银行杭州中心支行运用区域金融稳定定量评估模型对浙江省 2014 年区域金融稳定状况进行定量评估，结果显示，总分较 2013 年减少 4 分，区域金融稳定状况总体较好。从分项指标看，宏观经济得分较 2013 年减少 4 分，主要是国内生产总值增长率和典型城市房地产销售价格指数下降较多；金融机构中银行、保险部分指标有所下降，但仍大幅好于最低监管标准，证券业指标则明显优化，因此得分继续保持满分，金融总体运行质量和效益保持平稳；金融生态环境得分与 2013 年持平，金融活动发展基础仍然稳固。

总　纂：陆志红
统　稿：李跃华 潘晓斌
执　笔（以姓氏笔画为序）：
王　勇　王紫薇　艾　蓓　李冠琦　芦华征
邵荣平　吴伟岐　胡虎肇　翁　磊　潘晓斌

安徽省金融稳定报告摘要

2014年，面对复杂多变的国内外经济环境，安徽省坚持稳中求进、改革创新，统筹做好稳增长、促改革、调结构、惠民生、防风险各项工作，紧紧抓住国家扩大内陆开放和长三角一体化战略机遇，主动作为，精准发力，经济发展呈现总体平稳、稳中有进的良好态势。全省金融业以深化金融改革、促进金融发展为主线，推动金融业改革创新，提升金融服务实体经济能力，加强金融风险管控，加大金融基础建设，完善金融消费者权益保护机制，优化金融生态环境，全省金融业运行整体稳健。未来一段时期，在政策保持稳定、深化改革推动经济结构调整以及外部经济环境基本趋稳的背景下，全省经济有望保持平稳健康较快增长，金融发展的基础进一步夯实。但经济金融运行中的机遇与挑战并存，新老问题交错叠加，可能使潜在风险进一步暴露，防范区域性金融风险面临一定的压力。

一、区域经济运行与金融稳定

2014年，面对复杂多变的国内外经济环境，安徽省坚持稳中求进、改革创新，统筹做好稳增长、促改革、调结构、惠民生、防风险各项工作，紧紧抓住国家扩大内陆开放和长三角一体化战略机遇，经济发展呈现总体平稳、稳中有进的良好态势。初步核算，全年地区生产总值达20 848.8亿元，按可比价格计算，比上年增长9.2%，增速高于全国1.8个百分点。其中，第一、第二、第三产业增加值分别增长4.6%、10.3%和8.8%。

（一）区域经济运行情况

1. 经济运行总体平稳，发展活力不断增强

2014年，安徽省经济运行平稳，逐步由以往的高速增长向中高速增长的“新常态”过渡，主要指标增速保持较快增长区间。按常住人口计算，全年全省人均GDP达34 427元，比上年增加2 426元。分季度看，全年四个季度生产总值累计分别增长9.6%、9.3%、9.1%和9.2%，季度间波动幅度在0.3个百分点以内。分性质看，民营经济实现增加值11 946.3亿元，增长9.2%，占生产总值比重由上年的57%提高到57.3%。

2. 发展方式加快转变，结构调整成效明显

第一、第二、第三次产业比例由上年的12.3:54.6:33.1调整为11.5:53.7:34.8。规模以上工业中，高新技术产业和战略性新兴产业实现增加值分别增长13.6%、22.5%，分别高于全部工业2.4个和11.1个百分点。服务业对经济增长的贡献率由上年的30%提高到31.8%。

3. 三大需求平稳增长，结构有所改善

一是消费平稳增长，消费结构优化。全年社会消费品零售总额增长12.5%，增幅列全国第2位、中部第1位。农村消费市场增长高于城镇，电商销售加速发展，耐用品消费增长加快。二是投资稳中趋缓，投资结构改善。全年固定资产投资增长16.5%，增幅比全国高0.8个百分点。投资增速逐季小幅回落，房地产开发和六大高耗能行业投资增速放缓，民间投资保持较快增长。三是对外贸易触底回暖，"引进来"和"走出去"齐头并进。全年进出口总额增长8.2%，进出口、出口、进口增幅分别高于全国4.8个、5.4个和2.6个百分点。贸易结构优化，高新产品出口大增。实际利用外商直接投资增长15.5%，增幅居中部地区第2位；"走出去"战略加快实施，对外直接投资汇出美元增长20%。

4. 消费价格水平保持稳定，生产价格水平持续回落

全年居民消费价格上涨1.6%，比全国低0.4个百分点，各月均维持在2%以内波动。工业生产者出厂价格指数（PPI）、购进价格指数均连续33个月同比下降，全年分别下降2.6%和2.8%。

（二）需要关注的问题

当前新常态下，全省经济保持平稳运行具备诸多有利因素，但也面临不少问题和挑战。

1. 外部经济复苏依然脆弱，外部贸易环境较为复杂

全球工业生产和贸易疲弱，世界经济复苏缓慢，新兴经济体风险因素增多。美元升值加快、美联储量化宽松政策的调整等因素导致国际金融市场波动，新兴市场和发展中国家可能面临较大的不确定性，并对我国经济发展产生重要影响。国内经济企稳的基础还不稳固，经济发达地区向内地的产业转移和资金流动趋缓，利用外部资金发展后劲仍显不足。

2. 内需增长动力有待提升，经济结构面临继续调整压力

全年固定资产投资增幅比上年回落4.6个百分点、比全国多降0.7个百分点。从投资意愿看，新开工大项目减少，投资资金供应偏紧，房地产投资增速放缓。从消费意愿看，社会消费品零售总额增幅比上年回落1.1个百分点、比全国多降0.1个百分点。企业产成品库存和商品房待售面积增长加快，同时，居民收入增长有所放缓，全年城镇居民人均可支配收入和农村居民人均纯收入增幅分别比上年回落0.9个和1.1个百分点。

3. 节能降耗压力较大，部分行业产能过剩矛盾有所加深

全年规模以上工业综合能耗比上年增长1.9%，增幅比上年回落，但高耗能型的工业结构尚未根本改变，工业发展对能源的需求仍较为强劲，节能降耗仍面临较大压力。煤炭消费占比偏高，原煤消费占规模以上工业能耗的比重达64.2%，全省钢材、水泥、平板玻璃、房间空气调节器、彩色电视机等的产能利用率相对较低，煤炭、有色、化工、纺织等传统优势产业也面临产能过剩压力。

4. 劳动适龄人口比重下降，劳动力市场存在结构性矛盾

近年来，全省老年人口比重持续提高，人口老龄化程度不断加深。截至年末，全省老年系数（65岁及以上老年人口占比）为11.4%，比上年提高0.6个百分点。全省企业用工人数平稳增长，但"招工难、用工难"问题依然存在。

二、金融业与金融稳定

（一）银行业

1. 银行业发展基本情况

（1）资产负债增速有所放缓，结构调整速度加快

截至年末，安徽省银行业机构资产、负债总额分别为4万亿元、3.9万亿元，同比分别增长14.2%、14.1%，增幅较上年同期分别回落3.7个、3.4个百分点。同业资产占总资产比重由上年末的9.5%提升至12.1%，存款占负债总额比重由上年末的79%降至78%。

（2）存款增速放缓，存款稳定性趋强

截至年末，全省银行业机构本外币合计各项存款余额3万亿元，同比增长11.7%，增幅比上年同期下降4.4个百分点，但仍高于全国平均水平2.1个百分点。金融机构存款增量逐季下滑，存款偏离度监管要求效果逐步显现。财政性存款同比增速放缓，单位存款和个人存款同比少增。定期存款增长较快，活期存款占比下滑。部分股份制商业银行和城市商业银行存款增长乏力。

（3）各项贷款平稳增长，投放结构更加均衡

截至年末，全省银行业机构本外币合计各项贷款余额为22 754.7亿元，同比增长15.6%，增速较上年同期下降1.6个百分点，但仍高于全国水平2.3个百分点。信贷季度投放节奏较为均衡。中长期贷款和票据融资快速增长，短期贷款持续放缓。单位贷款增量占比提高，个人消费贷款平稳增长。信贷结构进一步优化，重点风险关注领域贷款投放力度减弱，薄弱领域信贷满足度不断提高。新兴产业发展较快地区及皖北地区贷款快速增长，传统能源型城市和信用风险暴露较多地区贷款增速放缓。

（4）利润总额持续增加，成本费用控制较好

全年银行业机构实现利润总额472.1亿元，同比增长6.8%。净利息收入增速小幅上升，营业费用增速回落，成本收入比持续下降。

（5）不良贷款率维持低位，涉农机构不良贷款双降

截至年末，全省银行业机构不良贷款率较年初下降0.1个百分点，不良贷款率连续七年下降。其中，政策性银行资产质量明显提升；农村合作金融机构受改制因素影响，不良贷款实现账面双降，年末不良贷款余额和不良贷款率比年初分别减少7亿元和0.6个百分点。

（6）地方法人银行业机构资本充足水平总体提升

截至年末，全省法人银行业机构核心资本充足率和资本充足率较年初分别上升1.2个和0.5个百分点。其中，农合机构年末核心资本净额和资本净额同比分别增长34.8%和31.5%，资本充足率比年初上升1.4个百分点。

2. 需要关注的问题

（1）银行业机构不良贷款反弹压力加大

截至年末，全省银行业不良贷款余额较年初增加34.8亿元。一是潜在信贷风险仍在累积，年末逾期贷款和关注类同比分别增长116.4%、47.7%。二是重点行业和重点领域信用风险仍需关注。地方政府融资平台贷款规模持续增加，集中还款压力大；房地产贷款增速快、占比高，风险敞口不断

上升；产能过剩等行业表内外授信存量风险依然较大。

（2）利润增速明显回落，机构间盈利分化特征明显

全年银行业机构实现利润增速较上年回落 9.4 个百分点。一是中间业务收入增速明显下滑，同比增长 14.6%，增幅较上年同期回落 14.5 个百分点。二是息差水平逐步收窄，年末全省银行业机构利息收入率较年初下降 0.8 个百分点。三是贷款质量向下迁徙导致银行拨备计提较多，进一步削弱盈利能力。

（3）交叉性金融业务和表外业务快速增长，业务发展亟待规范

交叉性金融业务快速发展，但为规避金融监管，其复杂性、交叉性和隐蔽性程度日益上升。表外业务快速增长，业务发展亟待规范。截至年末，全省银行业机构表外业务余额同比增长 54.6%，增速比上年同期上升 7.7 个百分点。其中，委托贷款、委托投资同比分别增长 36.1%、152.7%。

（二）证券业

1. 证券业发展基本情况

截至年末，安徽省共有 2 家法人证券公司、9 家证券分公司、205 家证券营业部，证券从业人数 4 272 人；共有 3 家法人期货公司、36 家期货公司营业部，期货从业人员数 909 人。

（1）证券市场交易活跃度大幅回升，证券期货交易两极分化。全年证券累计交易量 26 532.9 亿元，同比增长 51.9%；年末客户保证金余额 165.4 亿元，同比增长 119.5%。期货市场交易量下滑明显，全年期货经营机构累计代理交易额 15 万亿元，同比下降 18.7%，上年同期为增长 27.1%。

（2）证券期货机构资产规模由降转升，盈利水平分化。截至年末，全省证券、期货经营机构总资产同比分别增长 114.4%、20.9%，上年同期则分别为下降 7.7%、23.4%。全年证券经营机构累计实现利润 13.8 亿元，同比增长 68.9%；期货经营机构实现利润 0.4 亿元，同比下降 15.3%。

（3）证券期货机构经营环境持续改善，创新业务快速发展。2014 年，国务院出台《关于进一步促进资本市场健康发展的若干意见》后，证券机构资产管理、融资融券、证券约定式购回、股票质押回购、债券质押式报价回购等创新业务快速发展。截至年末，辖内两家法人证券公司融资融券余额合计 145.5 亿元，同比增长 147.9%，创新业务已成为仅次于经纪、自营、投行的重要业务。

（4）上市公司市值规模快速增长，区域多层次资本市场体系建设不断推进。截至年末，全省境内上市公司总数 80 家，上市公司总股本 670.1 亿股、总市值 7 041.6 亿元，同比分别增长 10% 和 48.8%。辖区新增上市公司 3 家，IPO 辅导备案企业 9 家，过会待发行公司 2 家，在审企业 16 家、辅导备案企业 13 家，45 家企业挂牌“新三板”。

2. 需要关注的问题

（1）证券公司抗风险能力整体稳健，但负债增长较快。截至年末，两家法人证券公司合并计算的净资本/净资产为 59.1%，较年初提高 7.1 个百分点。值得注意的是，负债增速较快，全年负债总额同比增长 120.8%，同期资产总额增速为 65%。

（2）期货公司盈利能力下降，风险控制水平有待提升。全年 3 家法人期货公司实现净利润同比下降 10.1%。个别机构风险控制指标波动大，其高杠杆经营风险和净资本对客户的保障程度需重点关注。

（3）证券公司需平衡好业务创新与风险管理间关系。证券公司在开展创新业务过程中财务杠杆增长较快，需关注流动性风险；另类投资业务资金主要偏向宏观政策调控行业，信用风险增大，创

新业务风险管理有待加强。

（4）合规性风险和信息安全风险管理压力较大。经营模式变化导致合规管理压力增大；互联网金融大力发展，信息化建设与信息安全保障工作面临挑战。

（三）保险业

1. 保险业发展基本情况

截至年末，安徽省共有法人保险机构 1 家，省级分支机构 53 家。保险机构资产总额 1 187.2 亿元，同比增长 6.96%。全省保险深度和保险密度分别为 2.7% 和 945 元/人。

（1）保费收入较快增长，服务领域继续拓宽。全年实现保费收入 572.3 亿元，同比增长 18.5%。其中，财产险业务实现保费收入 241.5 亿元，同比增长 18.4%；人身险业务实现保费收入 330.8 亿元，同比增长 18.5%。辖内森林保险、大病保险、环境污染责任保险进一步推进，农业保险实现重大突破。

（2）保险赔付支出增速大幅放缓，赔付压力有所缓解。全年累计赔款与给付 234.4 亿元，同比增长 5.1%，增速较上年回落 41 个百分点。其中，财产险业务赔付支出 127.4 亿元，同比增长 10.5%，增速较上年回落 15.5 个百分点；人身险业务赔付支出 107 亿元，同比下降 0.7%，上年同期为增长 76.1%。

（3）产品结构调整继续推进，保险保障功能得到加强。财产险方面，保证险、信用险、家财险等业务得到较快发展，保费收入同比分别增长 102%、45.2% 和 22.8%，增速均高于财产险平均增速。人身险方面，产品结构不断优化，健康险业务继续保持较快发展，保费收入同比增长 63.8%，占人身险保费收入的比重较上年提高 3.8 个百分点。大病保险被列入民生工程，养老机构责任保险统保工作正式启动。

2. 需要关注的问题

（1）部分人身险业务赔付和退保增加，保险机构资金流动性压力加大。部分人身险业务赔付支出增速加快，如人身意外险和健康险赔付支出同比增速较上年同期分别提高 17.7 个和 14.2 个百分点。寿险业退保压力有所加大。

（2）财产险产品结构不均衡仍较突出。财产险保费收入对车险业务依赖程度依然较高，财产险业务发展将受制于机动车数量的持续增长能力。2014 年，全省车险业务占财产险保费收入的 80%，较上年提高 0.9 个百分点。

（3）保险消费投诉数量增加，保险消费者权益保护工作有待加强。截至年末，全省共受理保险消费有效投诉数 896 件，同比增加 47.4%。

（4）外汇保费收入和赔付支出双降。因部分短期信用保险费率下调和上年出口信用保险赔付基数大等原因，保险公司出现外汇保费收入下降、赔付支出缩减情况。全年外汇保费收入 0.3 亿美元，同比下降 10.6%；外汇赔款支出 0.2 亿美元，同比下降 26.7%。

三、金融市场与金融稳定

（一）货币市场作为市场参与者短期头寸调节工具的重要性增强

1. 同业拆借市场交易大幅增长，拆借交易机构明显增多全省银行间市场全年累计进行信用拆借978笔、金额2 370.8亿元，同比大幅增长117.7%。参与机构明显增多，拆借交易期限多集中于短期品种，总体呈净拆入态势。

2. 债券回购交易由降转升，短期质押式回购交易主导地位增强

全省债券回购市场全年累计成交71 143.6亿元，同比增长21.3%。质押式回购交易依然占整个回购市场的主导地位，买断式回购交易增速较快，回购交易短期化趋势加强。

3. 票据融资增速快速回升，融资利率总体下行

部分银行业金融机构运用票据融资替代一般性流动资金贷款，年末全省票据融资余额同比增长46.3%，余额占各项贷款的比重较年初提高0.9个百分点。全年票据融资利率呈现先降后升、总体下行的态势。

（二）债券交易小幅增长，债务融资规模和工具创新取得突破

1. 银行间债券交易小幅增长，交易机构和品种相对集中

全年全省现券买卖交易累计成交16 065.5亿元，同比增长14.6%。政策性金融债、国债和中期票据成交量排名前三，债券资金净回笼。

2. 债务融资规模大幅增长，融资结构持续改善

全省债务融资实现跨越式发展，发行各类债务融资工具和金融债券（含同业存单、资产证券化）1 210.9亿元，是上年同期的2.2倍。债券品种创新取得全面突破，融资工具覆盖市场主要品种。

（三）银行间外汇市场小幅增长，跨境人民币业务快速发展

1. 银行间外汇市场交易小幅增长，美元结算交易占比明显上升

全年即期结售汇交易累计成交折合77.6亿美元，同比增长10.6%。以美元结算的交易占比96.4%，同比提高16.6个百分点。

2. 银行结售汇平稳增长，跨境人民币业务快速发展

全年银行代客结售汇总额381.9亿美元，同比增长15.3%。全省跨境人民币实际收付金额744亿元，同比增长107.8%，占全省本外币跨境收支总额的18.1%，比上年提高6.7个百分点；跨国公司外汇资金集中运营管理试点启动。

（四）商业银行黄金业务快速发展

1. 商业银行黄金代理业务快速发展，代理个人黄金延期交易占比较高

全年商业银行代理上海黄金交易所产品业务累计成交51.86亿元，同比增长145.10%。其中代理个人黄金延期12 772千克，占比为61.46%。

2. 账户金业务交易量明显下降，实物黄金、黄金租赁业务快速发展

全年商业银行账户金业务（包括纸黄金）累计成交金额28.7亿元，同比下降41.3%。全年实物黄金累计成交金额38.3亿元，同比增长19.7%；黄金租赁业务成交金额58亿元，同比增长454.49%。

（五）利率市场化改革稳步推进

存款利率上浮幅度调整后，各类金融机构定价差异化趋势显现，全国性大型银行上浮幅度较小，

股份制银行对挂牌利率调整更为频繁，地方法人金融机构基本“一浮到顶”，徽商银行全年累计发行同业存单119亿元。

四、地方金融改革与金融稳定

2014年，安徽省地方金融改革渐次推进，农合机构改制基本完成，新设金融机构步伐加快，金融市场体系日臻健全，金融服务广度和深度逐渐提升，服务实体经济能力增强。

（一）农村合作金融机构改制基本完成

截至年末，全省83家农村合作金融机构中未改制的7家农村合作银行和7家农村信用社已获批准筹建农商行，农村合作金融机构改制工作基本完成，成为全国首个完成农村商业银行改制的省份。支持民间资本参股农村合作金融机构，年末全省农合机构总股本中民间资本占比近87%。

（二）新型农村金融机构较快发展，金融服务覆盖面不断扩大

全年新增9家村镇银行，基本实现县域全覆盖。截至年末，全省已开业村镇银行达58家，总资产和存、贷款余额分别达322.81亿元、255.45亿元和192.98亿元。

（三）非银行金融机构业务快速发展，经济金融融合度增强

非银行金融机构建设稳步推进，皖北煤电集团财务公司、淮北矿业集团财务公司顺利挂牌开业；徽商银行发起设立金融租赁公司获批筹建，消费金融公司等新型金融机构设立工作积极推进。

（四）农村金融市场改革不断推进，两权抵押贷款试点取得积极进展

2014年，安徽省政府出台了《关于金融服务“三农”和实体经济发展的意见》等一系列文件，为推动金融服务“三农”和小微企业发展起到积极作用。金寨、凤台县农村金融综合改革试点工作稳步推进；两权抵押贷款试点工作取得了积极进展，“两权”抵押贷款余额达2.74亿元；家庭农场直管直贷试点实现62个县域全覆盖，全年累计发放贷款2.49亿元。

（五）地方金融资产管理公司和住房金融公司相继破题

2014年7月，全省首家金融资产管理公司——国厚金融资产管理公司获得银监会、财政部资格认证，填补了安徽省在金融资产管理领域地方法人机构建设的空白。9月，芜湖市成立芜湖市惠居住房金融有限公司，成为全国首个对住房公积金制度展开实质探索的试点城市。

五、金融基础设施与金融稳定

（一）支付系统运行安全稳健

1. 支付系统业务量和交易金额大幅提高

一是大、小额支付业务继续保持较快增长。2014年，全省4家现代化支付系统直接参与者和

5 803家间接参与者通过大、小额支付系统共处理支付清算业务 9 221.2 万笔、金额 65 万亿元，同比增幅分别为 10.7% 和 8.5%。二是支票影像交换系统业务量继续保持平稳增长。全年共处理支票业务 2.7 万笔，金额 7.6 亿元，同比分别增长 50.8%、22.3%。三是中央银行会计核算数据集中系统（ACS）顺利实现上线运行。四是同城票据交换系统业务量处于逐年萎缩态势。全年共处理支付清算业务 120 万笔，清算资金 4 603.2 亿元，同比分别下降 53.2% 和 30.6%。五是银行卡跨行交易笔数、交易金额持续稳定增长。全年全省银行卡跨行信息交换系统成功处理交易 37 313.8 万笔，交易金额 9 533.2 亿元，同比分别增长 37.7%、31.2%。

2. 非现金支付工具平稳较快发展

全年共办理非现金支付业务 166 806.6 万笔，金额 356 901.4 亿元，同比分别增长 21.8% 和 4.8%。票据业务笔数和金额同比分别下降 22% 和 8.2%。银行卡业务笔数和金额同比分别增长 22.7% 和 8.5%；汇兑、委托收款等结算方式业务笔数和金额同比分别增长 13.7% 和 10.8%。

（二）征信体系建设不断完善

1. 征信系统服务应用水平显著增强

一是企业征信系统接入网点数继续增加，收录企业和其他组织数、有效信贷记录的企业和其他组织数、查询网点数均稳步增长。二是个人征信系统收录自然人数不断增加，金融机构用户数逐月递增，查询量不断攀升。三是动产融资登记公示系统应用不断增加。四是应收账款融资服务平台应用成效显著。全年完成融资交易 592 笔，占全国成交笔数的 20%；合计融资金额 97.56 亿元人民币，占全国融资总额的 10.6%。

2. 信用体系建设取得积极成效

一是农村信用体系建设取得新拓展。全省农户和农民专业合作社信息采集和评价工作稳步推进，农村青年信用示范户工作全面试点，积极建设农村信用体系试验区。二是小微企业信用体系建设取得新成效。截至年末，全省累计收集中小企业信用档案 50 534 户，已累计录入企业信用信息基础数据库 47 992 户。三是外部信用评级体系管理进一步规范。进一步强化银行间债券市场信用评级管理，积极推动商业承兑汇票领域信用评级结果应用，加强评级机构管理。

（三）反洗钱工作成效显著

1. 推进反洗钱制度建设与研究

构建地方适用型反洗钱工作风险评估标准，初步形成全省银行、证券、保险业（法人机构、分支机构）反洗钱风险评估“5C”标准。

2. 提升反洗钱非现场监管实效

全年完成 312 家银行、157 家证券、449 家保险、12 家六类机构共 930 家金融机构的非现场监管评价。选取洗钱风险较高的金融机构开展监管走访和约谈。推动金融机构反洗钱工作自评估和人民银行复评估。督导支付机构和新设机构做好反洗钱基础工作。

3. 提高反洗钱现场检查有效性

全年完成对银行 52 家、证券 5 家、保险 24 家共 81 家金融机构的反洗钱现场检查工作。

（四）反假币工作扎实推进

1. 反假货币工作联动机制成效显著

进一步发挥了地方政府在反假货币工作中的重要作用，促进形成以政府为核心、人民银行为主导、公安机关为拳头、其他相关部门为主体的反假币工作联动机制。

2. 反假货币基础逐渐夯实

组织开展了以货币防伪知识、相关法律法规和冠字号码查询管理为主要内容的防伪反假宣传月活动；深入开展“反假货币知识走进助农取款点”活动，延伸农村地区反假货币工作触角。

（五）金融消费权益保护工作顺利展开

1. 加强金融消费权益保护机制建设

建立健全金融消费权益保护有关制度；“12363”投诉咨询热线电话顺利开通，有效拓展了辖区金融消费咨询投诉渠道。

2. 推进农村金融消费者保护网络建设

全面启动县域金融消费“三级维权网络”建设，构建以人民银行县支行为中心、金融机构为分中心、覆盖全省所有行政村的金融消费维权服务点为末梢的农村金融权益保护体系。

3. 加强金融知识普及宣传工作力度

集金融知识普及宣传工作合力，努力扩大金融知识普及宣传的辐射面和影响力。

六、总体评估与政策建议

（一）总体评估

2014 年，安徽省经济持续平稳健康发展，金融体系整体稳健，但存在着一些不确定、不稳定因素。

1. 宏观经济方面

外部经济复苏依然脆弱，外部贸易环境较为复杂；内需增长动力有待提升，经济增长转型压力大；节能降耗压力仍然较大，部分行业产能过剩矛盾依然存在。

2. 金融业方面

银行业机构信用风险防控压力增加，利润增速持续回落，跨市场、跨机构的交叉性金融风险加大，业务发展亟待规范。证券业机构负债增长较快，期货经营机构经营业绩明显下滑，创新业务风险管理亟待提升。保险业部分寿险业务偿付和退保增加，保险消费投诉数量增长较快，保险消费者权益保护工作有待加强等问题。

（二）相关政策建议

1. 加快经济发展方式转变，为金融业稳健运行创造良好环境

深入推进重要领域改革，加快释放改革红利。全力推动产业结构优化升级，促进信息化与工业化深度融合。大力实施创新驱动发展战略，推进创新试点省和合芜蚌自主创新试验区建设，发挥科技创新对产业升级的核心作用。从深化改革、政策落实等方面促进民营经济发展。加强地方政府性债务管理，有效防控政府性债务风险。加强对具有融资功能非金融机构的规范和引导，加大对非法集资等非法金融活动打击力度，积极营造良好金融生态环境。

2. 推动金融机构持续深化改革，强化风险管控能力

推进现代金融企业制度建设，完善金融机构公司治理结构，加强业务流程规范，提升内控执行力，强化资本配置效率，提高金融体系的抗风险能力。推动金融机构加快业务转型和结构调整，规范开展产品与服务创新，优化盈利模式，不断提升风险管控能力。

3. 加强金融风险监测评估，建立健全风险评估预警机制

完善各类金融风险监测、评估和预警体系，加强对跨区域、跨行业、跨市场、跨机构金融风险的监测分析。加大风险排查力度，及时掌握重点地区、重点机构、重点领域的风险点和潜在风险因素。建立健全区域金融监管合作与风险处置机制，推动监管合作与信息共享，切实维护金融稳定。

总　纂：陶　诚
统　稿：管玉贵　梁　斌　季　军
执　笔：王　亮　张　媛　陶　峰
其他参与写作人员：
鲁玉祥　孙　韦　石少功　薛晓倩　方德发　毛瑞丰
徐　惬　陈海波　张晓萍　丁成林　周　浩　王　娟
邓　谦　罗　婷　王祥峰

福建省金融稳定报告摘要

2014年，面对全球经济增长动力不足，国内经济处于“三期叠加”的复杂环境，福建省主动适应新常态，着力稳增长、调结构、促改革、惠民生，经济增长呈现“稳中有进”的特点。主要经济指标高于同期全国平均水平，产业结构调整与转型升级取得新进展，投资、出口和消费齐头并进，财政实力进一步增强。随着福建自贸区试点获批和“一带一路”战略中福建作为21世纪海上丝绸之路建设核心区的定位，福建经济发展后劲潜力持续显现。

一、区域经济运行与金融稳定

（一）区域经济运行总体情况

1. 经济总体稳步增长

全省实现生产总值24 055.76亿元，增长9.9%，较全国高2.5个百分点。第一产业增加值2 014.91亿元，增长4.4%。第二产业增加值12 515.36亿元，增长11.7%。规模以上工业增加值达10 038.20亿元，增长11.9%，增速回落1.2个百分点。第三产业增加值9525.49亿元，增长8.3%，增速回落1.3个百分点。其中，金融业增加值增长13.3%，占地区生产总值比重提高至6%。

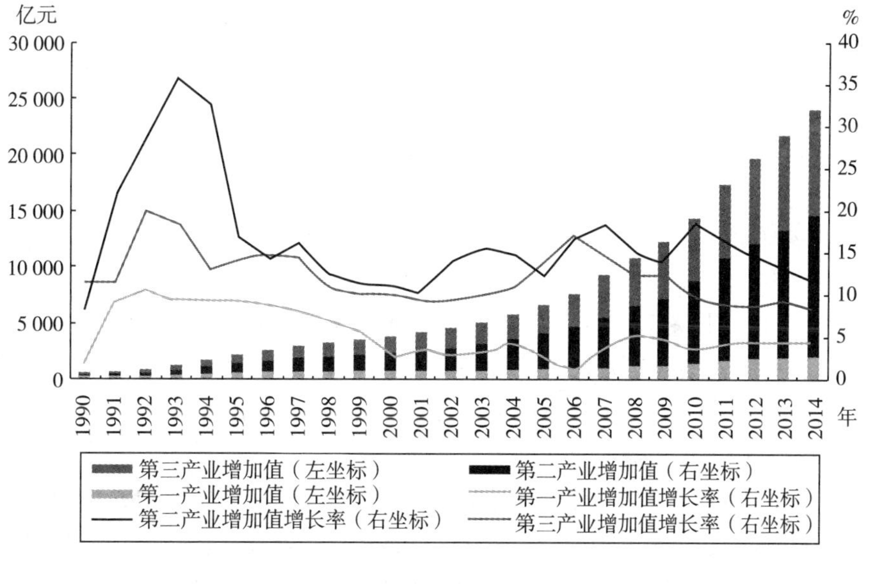

图1　福建省三次产业结构走势

2. 固定资产投资较快增长

全省完成社会固定资产投资18 449.48亿元，增长18.8%，受房地产和制造业投资放缓影响，增速回落3.4个百分点。其中，固定资产投资（不含农户）18 141.37亿元，增长19%，高于全国3.9个百分点；农户投资308.11亿元，增长9.4%。制造业投资仅增长9.9%，回落13.5个百分点。房地产开发投资4 567.40亿元，增长23.3%，回落7.8个百分点。其中，住宅投资2 917.17亿元，占房地产开发投资的63.9%，增长21.4%，回落15.7个百分点。

3. 消费品市场平稳发展

全省社会消费品零售总额9 205.55亿元，增长12.9%。城镇消费品零售额8 418.25亿元，增长12.9%，高于全国1.1个百分点；乡村消费品零售额787.31亿元，增长13.5%，高于全国0.6个百分点。限额以上企业零售额增长17.8%。限额以上单位实现网上零售额增长102.3%，拉动社会消费品零售总额增长2.5个百分点。

4. 外贸增速稳中有落

全年外贸进出口1 774.99亿美元，增长4.8%，回落3.8个百分点，高于全国1.4个百分点。其中，进口640.42亿美元，增长1.9%，回落6.3个百分点；出口1 134.57亿美元，增长6.6%，回落2.3个百分点；累计实现贸易顺差494.15亿美元。进口及出口增速分别比同期全国平均水平高1.5个和0.5个百分点。全省实际利用外商直接投资71.15亿美元，增长6.5%，高于全国4.8个百分点。对外直接投资实际投资13.77亿美元，增长116.5%。福建与“一带一路”国家地区双边贸易值达4 614.6亿元，增长4.2%，占同期福建省外贸总值的四成以上。全球经济复苏持续分化，国内低成本优势削弱，制造业吸收外资下降，成为抑制福建省外贸发展的不利因素。

5. 财政收支增幅趋缓

全省公共财政总收入3 828.02亿元，增长11.6%，回落2.4个百分点。其中，地方公共财政收入2 362.29亿元，增长11.5%。公共财政支出3 300.70亿元，增长7.6%，增幅回落9.6个百分点。全年各级财政与民生直接相关的支出占财政总支出的73.2%，较上年提高1个百分点。

6. 城乡居民收入继续增加

全省城镇居民人均可支配收入30 722.4元，增长9.0%，扣除价格因素，实际增长6.8%；农村居民人均可支配收入12 650.2元，增长10.9%，扣除价格因素，实际增长8.8%。全省城镇新增就业66.13万人，城镇失业人员再就业12.8万人；城镇登记失业率3.47%；农村劳动力转移就业42.4万人。

7. 市场价格总体稳定

全省居民消费价格上涨2.0%，其中，城市上涨2.1%，农村上涨1.9%。生产资料价格总体下降，工业生产者出厂价格下降1.4%，工业生产者购进价格下降1.7%，农业生产资料价格下降0.5%。固定资产投资价格上涨0.4%，商品零售价格上涨1.1%。中心城市房价涨幅趋缓，福州、厦门、泉州三个城市新建商品住宅销售价格分别上涨4%、8.8%和2.4%。

8. 社会融资规模结构出现积极变化

全省社会融资规模3 487.7亿元，同比下降49.63%，银行信贷增量自2011年以来首次超过社会融资规模新增量。分项看，本外币贷款、企业债券融资、股票融资、保险公司赔付等项目同比增加。其中，本外币贷款新增3 785.73亿元，占融资规模的108.55%，比重同比上升58.23个百分点。企业债券和境内非金融企业股票融资合计增加765.57亿元，占社会融资规模的21.95%。委托贷款、信托贷款和未贴现的银行承兑汇票净减少1 253.52亿元，同比减少3 901.07亿元。其中，信托贷款同比减少3 122.55亿元，占全省社会融资规模下降量的比重为90.87%。

（二）区域经济运行中值得关注的方面

1. 经济下行压力依然较大

全省生产总值增速自2010年以来连续4年回落，也是12年来增速首次降至个位数。从投资情况看，全省固定资产投资增速为19%，降至56个月新低，投资增速较2010年末回落11个百分点。从消费情况看，全省社会消费品零售总额增幅已连续三年出现小幅回落态势，消费需求的持续增长面临较大压力。从进出口情况看，全省传统优势出口商品增长乏力，进口增速依然低迷。

2. 企业生产经营面临较大困难

部分企业生产经营困难，融资难和用工短缺等问题突出，综合经营成本上升，而汇率波动也造成部分外贸企业出口面临较大不确定性。一是企业融资难问题依然存在。为了抑制不良贷款上升势头，部分银行对新增贷款采取“惜贷、慎贷、惧贷”等规避手段，增加了实体企业的融资难度。二是劳动力价格居高不下，招工难、留工难现象突出。近年来，要素成本进入上升期，尤其是劳动力价格快速上涨制约了企业的进一步发展。部分企业用工短缺也使得劳动力成本不断提高，招工难、留工难问题已从“季节性”问题转为常态问题。三是涉外企业经营压力增大。受美国经济复苏影响，对美出口的企业出口竞争加剧。受欧、日量化宽松政策和俄罗斯卢布大幅贬值影响，出口这些国家的企业订单有所减少，企业在手订单出现汇率损失，部分企业因汇率变动导致利润下降10%以上。

二、金融业与金融稳定

（一）银行业稳定评估

1. 银行业运行评估

（1）银行业总体运行稳健。全省银行业金融机构资产总额59 748.91亿元，增长20.25%，其中，各项贷款余额30 051.27亿元，增长15.74%；负债总额56 259.68亿元，增长19.84%，其中，各项存款余额31 858.43亿元，增长10.09%。存贷比94.33%，较上年末上升4.6个百分点。实现净利润538.42亿元，增长12.33%，较上年上升3.03个百分点。

（2）信贷结构调整优化。一是“三农”金融服务持续完善。全省中资金融机构涉农贷款余额10 140.82亿元，增长19%。二是小微企业贷款增长放缓。小微企业贷款（含个人经营性贷款）余额增长12.2%，低于全省各项贷款增速3.5个百分点。三是对高新技术产业项目、新材料、新能源和传统产业技术改造的支持力度加大。全省金融机构对该领域中的省级重点项目发放贷款526.52亿元，年末贷款余额811.62亿元，增长31.55%，高于全省贷款增速15.81个百分点。

（3）中小法人银行机构经营整体稳健。年末，全省共有城市商业银行4家、农村合作金融机构68家（其中农村商业银行16家、农村信用社52家）、村镇银行42家。全省中小法人银行机构各项资产7 155.67亿元，增长34.25%；各项负债6 390.42亿元，增长34.42%。各项存款余额4 924.54亿元，增长17.61%；各项贷款余额3268.93亿元，增长21.86%。实现净利润103.07亿元，增长14.04%。资本充足率13.64%，核心资本充足率13.49%。不良贷款余额50.62亿元，较年初增加

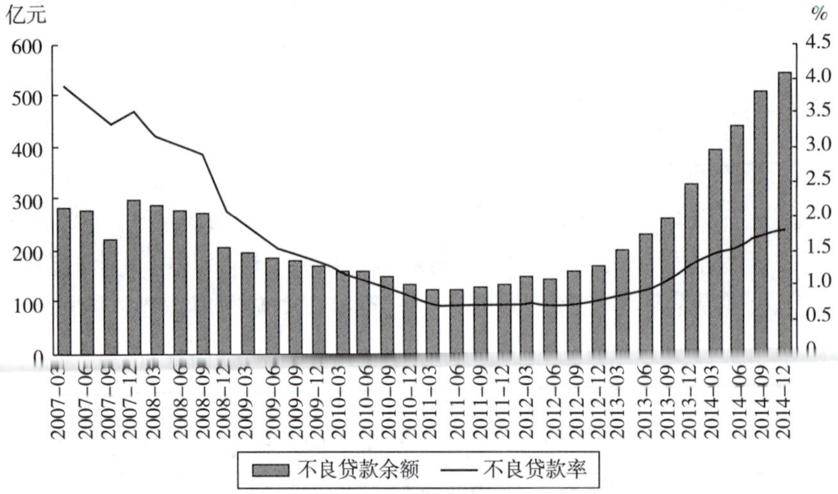

图 2 福建省不良贷款变动趋势

17.41 亿元。

（4）金融改革创新持续深化。一是国家开发银行、中国进出口银行和中国农业发展银行福建省分行继续深化各项改革，提升支持经济的广度和深度。二是大型商业银行持续深化改革，不断推出改革创新措施，促进经营模式和发展方式的转型，提升了可持续发展能力与企业竞争力。

2. 银行业运行中需要关注的问题

（1）资产质量下降。截至 2014 年末，全省银行业金融机构不良贷款余额 544.54 亿元，较年初增加 212.98 亿元；不良贷款率 1.81%，较年初上升了 0.53 个百分点，高于全国银行业金融机构不良贷款率 0.17 个百分点。各项垫款余额 117.55 亿元，增长 50.94%；关注类贷款 1 539.12 亿元，较年初增加 490.85 亿元，对信贷资产质量构成持续压力。

（2）房地产贷款质量值得关注。一是房地产相关融资高速增长。全省房地产行业贷款余额占各项贷款比重 25.1%，余额增长 24.60%，高于各项贷款增速 8.86 个百分点。同时，房地产企业普遍通过表外、类信贷以及绕道上下游关联企业等方式多渠道融资。二是房地产市场变化影响银行信贷安全。当前房地产开发投资增速下降。年末全省商品房待售面积增长 25.5%，平均去库存化周期为 18 个月，个别三四线城市尤为突出，对银行业信贷资产质量形成影响。

（3）流动性风险管理压力日益加大。随着利率市场化改革的深入，社会公众对降准降息预期加强，资本市场进一步发展扩容，引发存款在银行间更频繁的转移或流出银行体系；互联网金融的快速发展，一般性存款资金转化为同业大额资金存放在银行，导致大额资金往来频繁且难以预测，降低存款稳定性，增加银行流动性管理压力。

（4）同业业务发展有待规范。一是存在以同业业务变相规避金融监管和宏观调控现象。部分金融机构通过资管计划、信托计划等对接完成信托贷款的发放，通过信托受益权转让、委托贷款等方式实现贷款出表，并将同业业务资金投向不符合国家宏观调控政策导向的领域。二是同业业务规模快速发展提高了省内银行业金融机构的杠杆率水平。三是违反 127 号文规定开展同业业务。包括买入返售标的不合规、同业代付不合规、与不具有业务资格的交易对手开展同业业务等。四是同业业务内部管理有待提高。包括同业业务错配问题仍较突出、同业业务风险集中度与规模管理未达标、风险管理与内部控制存在漏洞等。五是同业业务资本计量与拨备计提有待规范。不少机构同业投资资本计量未有效“穿透”到基础资产，未对同业业务资产计提风险拨备或拨备计提不足。

（二）证券业稳定评估

1. 证券业运行评估

（1）证券期货经营机构持续发展壮大。2014 年末，全省共有 3 家法人证券公司、5 家法人期货公司，3 家基金管理公司。法人证券公司总资产为866.33 亿元，增长110.67%；净资本173.61 亿元，增长58.03%；累计实现营业收入59.76 亿元，增长70.26%；实现净利润20.58 亿元，增长121.53%。证券经营机构积极推进产品创新和业务转型，积极开展柜台交易试点、新三板做市业务，参与区域性股权交易市场建设，在行业创新中逐步实现多元化发展。全省期货经营机构客户保证金余额95.3 亿元，期货交易总额32.78 万亿元，营业收入7 068.21 亿元，实现净利润1.33 亿元。

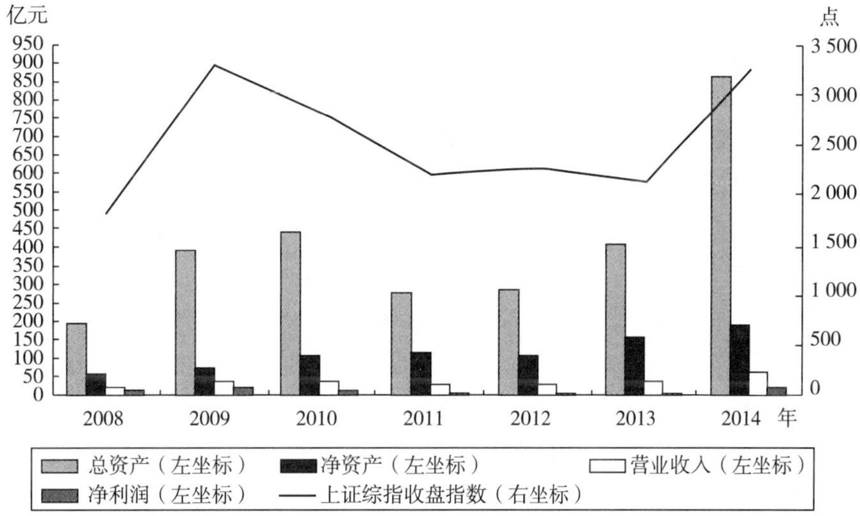

图3 福建省法人证券公司经营情况变动

（2）以净资本为核心的风险指标监控体系建设不断完善。全省各法人证券期货经营机构积极完善以净资本为核心的风险指标监控系统，加强内控机制建设，完善风险管理体系，防范个体风险向行业以及跨行业传染。法人证券公司以净资本为核心的各项风控指标均持续符合监管标准，未发生触及预警标准、监管标准的情况和涉稳事件。

（3）上市公司整体经营状况良好。全省共有境内上市公司92 家，其中主板49 家，中小板32 家，创业板11 家，总市值10 267.72 亿元，增长60.77%。总资产、净资产分别居全国第4 位和第8 位，平均每股收益、平均净资产收益率分别是全国平均水平的1.3 倍和1.2 倍。并购重组持续活跃，全年共有24 家（次）公司停牌并披露进行重大并购重组。

（4）直接融资渠道有效拓宽。全省上市公司累计直接融资超810 亿元。其中，新增3 家上市公司首发融资19.38 亿元；36 家上市公司通过定向增发、非公开发行、发行优先股、配股、公司债、短期融资券、中期票据等合计筹资795.34 元。3 家新三板挂牌公司定向融资0.26 亿元；海峡股权交易中心为福建挂牌企业提供融资13.05 亿元。截至年末，省内还有6 家企业已过会待发行，21 家企业提出 IPO 申请，合计拟募集资金超过 100 亿元，44 家上市公司启动定向增发、非公开定向债务融资、短期融资券等再融资工作，拟融资 1 091.06 亿元。

（5）场外市场建设取得重大进展。新三板挂牌企业 41 家，另有 12 家企业在挂牌审核中、70 多家企业与主办券商签约启动了改制挂牌相关工作。海峡股权交易中心挂牌企业超过 1 200 家，增长 275%，托管总股本 6.08 亿股，省内 13 家银行合计授信 205 亿元。已完成登记的私募基金管理人 84 家，已备案私募基金（含投资顾问管理型）143 只，管理资金规模 249.7 亿元。

（6）市场秩序得到有效维护。以福建省打击非法证券联席会议为依托，通过信息共享、协作调查、联合检查等方式，持续保持对非法证券活动高压严打态势。全年证券监管部门向有关部门移送非法证券活动线索 3 个，对实名举报的"福建妈祖联盟"涉嫌非法发行证券案件线索进行重点调查，清理整顿以电子商务名义开展的标准化合约交易活动。各市场主体、主流媒体积极开展形式多样、内容丰富的政策宣传和风险警示，全年未发生重大风险事件。

2. 证券业运行中需要关注的问题

（1）市场主体质量需进一步提升。一是上市公司发展不平衡。从整体上看，上市公司规模不小、质量不低，但主要源于兴业银行等少数绩优公司的贡献。二是受宏观环境、行业竞争、自身经营等因素综合影响，部分上市公司亏损进一步加大。三是上市公司规模效应不够明显，大部分公司市值在 100 亿元以下，仅有 3 家公司市值超过 300 亿元。四是上市公司重组总体水平有待提高。

（2）证券公司流动性风险有所上升。截至年末，全省法人证券公司融资融券余额 205.92 亿元，增长 247.19%；资产管理规模为 4 916.15 亿元，增长 128.06%，但业务结构单一，为商业银行规避金融监管和监管套利行为提供通道特征明显，导致市场的流动性更加脆弱。

（3）证券期货业发展模式亟待转变。一是证券机构经营业绩分化。今后，证券机构将逐步由服务中介向资本中介转变，业务经营将日趋综合化、专业化和差异化，证券机构创新发展的基础、合规管理水平、人才储备与风险管理能力及服务实体经济的能力有待持续完善和提高。二是期货公司改革创新能力不足。目前期货公司的主要收入来源为交易手续费，各公司间容易产生佣金价格战。此外，期货公司注册资本较少，规模偏小、收益偏低，均未设立风险管理子公司，不具备资产管理等业务资格。三是期货公司客户结构有待进一步优化。机构投资者严重匮乏，重营销、轻客户服务的局面未得到根本改观，且期货专业人才发展滞后，客户服务水平有待提高。

（4）场外市场发展后劲有待加强。全省已完成登记的公募投资基金管理人家数、已备案私募投资基金产品数、管理资金规模分别仅为全国总数的 1.56%、1.91% 和 1.22%，明显低于北京、上海、广东等地区。从区域股权市场看，海峡股权交易中心挂牌企业已超过 1 200 家，但其中挂牌交易企业仅 30 多家，绝大部分为挂牌展示企业，交易活跃度不够。

（5）非法证券活动仍时有发生。涉非活动更趋小型化、分散化、网络化，不法分子利用投资者想要迅速致富的想法，以代客理财、代客操盘、期货交易、发行股票等手段从事非法活动，具有更强的欺骗性与隐蔽性，在泉州、三明、龙岩、福清等地时有发生，对区域金融稳定造成一定的影响。

（三）保险业稳定评估

1. 保险业运行评估

（1）保险业发展势头良好。一是保费收入较快增长。全省保险业累计实现保费收入 686 亿元，增长 20%。其中，财产险和人身险保费分别为 239 亿元和 447 亿元，分别增长 16.6% 和 20.8%。二是保险主体基本稳定。全省保险公司主体数量 52 家（财产险公司 23 家，人身险公司 29 家），其中外资保险公司 11 家。保险公司分支机构网点 2 391 家，保险专业中介机构主体 110 家（其中代理公司 70 家、经纪公司 22 家、公估公司 18 家）。三是行业资产规模逐步壮大。全省保险业总资产 1 551 亿元，增长 14.7%。其中保险公司总资产 1 546 亿元，保险专业中介机构总资产 4.6 亿元。

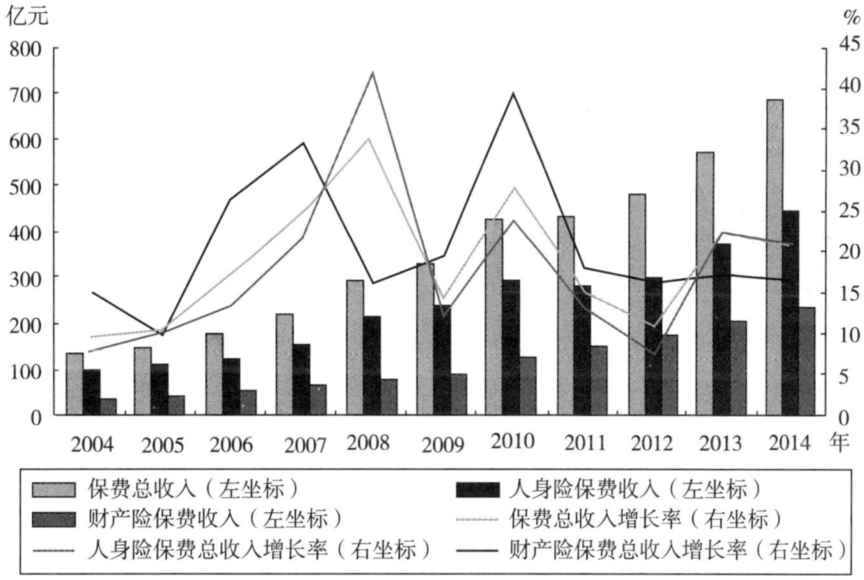

注：2012 年度保险业指标按执行《2 号会计准则解释》后采用的新口径计算。

图 4　福建省保险业保费收入变动趋势

（2）保险市场运行总体平稳。一是车险引领财产险业务平稳增长，非车险市场整体平稳。辖内（不含厦门，下同）车险累计实现保费收入 142.8 亿元，增长 16.2%，占财产险保费的 74.1%；非车险业务保费收入 39.4 亿元，增长 15%。二是人身险新单保费增速再创新高，续期业务相对疲软，个人代理和银邮代理仍是人身险公司销售的主渠道。人身险公司实现新单保费 192.3 亿元，增长 37.6%，增幅创近六年新高，续期业务保费增长 8%；个人代理渠道实现保费收入 198.8 亿元，占人身险公司总保费 55%；银邮代理渠道实现保费收入 120.9 亿元，增长 41%，该渠道新单保费增长 51.2%，占新单总保费 56.9%。

（3）助推经济功能日趋增强。一是对社会经济生活的渗透率继续提高。全省保险密度 1 802 元/人，增长 18.3%；保险深度 2.85%，同比上升 0.21 个百分点。二是积极参与全省重大项目建设。与宏观经济密切相关的工程险、保证保险、车险均实现较快增长，分别增长 56.9%、31.8% 和 17.4%。三是促进对外贸易增长。中国信保在闽机构为全省出口企业提供出口收汇风险保障 232 亿美元，增长 8.6%；保单项下为企业提供融资金额近 44 亿美元。四是服务“三农”发展。政策性农险保费收入 5.2 亿元，增长 12.8%，累计赔款支出 2.4 亿元。

（4）民生保障水平逐步提高。一是总体保障水平稳步提升。全年累计为社会承担风险保障总额 22 万亿元，增长 22%；累计赔付支出 215 亿元，增长 14.8%，其中财产险和人身险累计赔付支出分别为 122 亿元和 93 亿元。二是支持社会保障体系建设。全省累计计提寿险责任准备金 1 436 亿元，持有长期寿险保单达1 379万人次；累计发生健康险赔付支出21.2亿元，增长44.9%。大病保险保费收入17 304万元，参保人数832万人，赔付支出9 356万元；“新农合”试点工作继续推进，为455万农民提供健康保障。

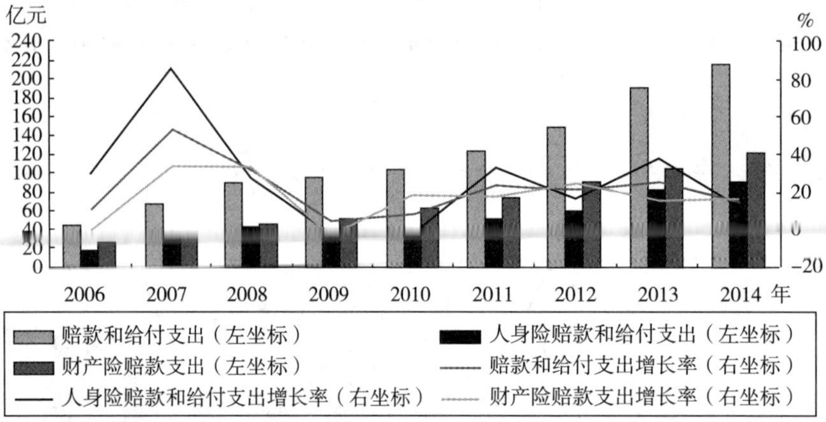

图5 福建省保险业赔款和给付支出变动趋势

（5）区域特色与服务稳步推进。一是闽台保险业务合作加深。辖内共有台资保险经营主体4家，分支机构20家；实现保费收入3.4亿元，增长22.9%。出口信保福建分公司全年支持企业对台出口4.2亿美元，增长15.1%。二是支持泉州金融改革试验区发展。全年累计实现保费收入136.8亿元，增长15.1%，提供风险保障金额2.8万亿元，增长24%，累计各项赔款给付支出39.5亿元，启动泉州小微企业贷款保证保险试点，完成首笔保额30万元的签单。三是服务平潭综合试验区建设。试验区内实现保费收入6.1亿元，增长40.3%，高于全省20个百分点，尤其是体现当地产业特点的船舶保险发展较好；累计各项赔付支出近1.3亿元。

2. 保险业运行中需要关注的问题

（1）财产险市场部分领域经营状况有待改善。一是宏观经济形势和政策调整给财产险市场带来不确定性影响。二是部分中小产险公司业务增长乏力。23家保险公司中的16家中小公司市场份额合计仅12%。财产险公司有6家出现负增长。

（2）人身险业务发展稳定性有待增强。一是业务发展波动性增大。人身险主要依靠高现价产品，且部分产品存在同质化现象，可持续能力偏弱。辖内人身险公司新单期缴率28.1%，同比下降3.7个百分点。二是高现价产品热销带来退保风险。由于产品设计特点（投保一定年限后即可退保获取收益），高现价产品容易出现集中退保。

三、金融市场运行与金融稳定

（一）金融市场运行状况

1. 货币市场交易较为活跃

全省同业拆借、债券回购、现券交易三项成交总额145 960.72亿元，增长52.18%。其中，拆借市场成交19 878.75亿元，下降15.87%；债券回购成交92 859.69亿元，现券交易成交33 222.28亿元，分别增长83.58%和53.09%。全省新发行126只非金融企业债务融资工具，募集资金734亿元，增长41.62%。受票据承兑业务量减少影响，全省票据融资总量（含承兑、贴现、转贴现）4 156.01亿元，较年初下降1.58%。票据市场直贴加权平均利率5.9727%，转贴现加权平均利率5.1019%，分别下降12个基点和4个基点。衍生品仅有人民币利率互换累计交易额5 059.05亿元，增长158.72%。

2. 跨境资金流出压力增大

受美联储货币政策收紧、境外资金利率走高、人民币汇率双向波动加大等因素影响，全省跨境资金净流入整体呈现"前高后低"走势，资金流出压力增大。全年跨境净收汇和净结汇分别下降16.8%和38%，均呈逐季下降趋势，其中，9月、10月、12月净结汇均降至8亿美元以下的十年低位，未出现年末"翘尾"走势。全省跨境收付差额占跨境收付总额14.8%，下降4.8个百分点，占比回落至2001年以来最低点。结售汇差额占结售汇总额20.5%，与2011—2013年（分别为37.6%、25.9%和34.2%）相比下降趋势较明显。

3. 跨境人民币结算业务快速增长

全省银行业机构共办理跨境人民币结算业务3 567.34亿元，增长123.73%。其中，经常项下人民币结算业务量2 168.4亿元，资本项下人民币结算业务量1 398.18亿元，分别增长79.52%和261.68%。截至2014年末，全省参与跨境人民币结算业务的企业达5 932家，开办该项业务的银行分支机构累计792家，已实现全省地市、县（区、市）全覆盖。跨境人民币业务已基本涵盖贸易结算、投融资结算以及证券投资等领域。全省外经贸企业发生跨境人民币结算的境外地域扩大至195个国家和地区。

4. 黄金市场运行平稳

全省开办黄金业务的银行业金融机构（不含兴业银行）代理上海黄金交易所黄金交易774.25亿元，增长93.05%，其中对公黄金交易421.01亿元，增长115.65%；其他黄金交易品种受市场因素和价格影响合计交易897.29亿元，下降9.71%。省内上海黄金交易所的4家会员单位①全年成交总量605 351.52公斤，增长14.16%。其中，自营量333 947.72公斤，增长57.84%；代理量271 403.8公斤，同比下降14.84%。

5. 民间融资规模和利率稳中有升

全省监测样本②共发生民间融资金额约65亿元，据不完全统计，全省59个县（市、区）平均每县民间标会归集金额在5 000～10 000万元。民间融资加权平均利率19.77%。民间融资总体规模稳中有升，民间融资利率小幅上升且处于高位，民间融资期限趋于短期化。

（二）金融市场运行中应关注的问题

1. 银行承兑汇票业务变化对中小企业资金产生影响

截至2014年末，全省银行承兑汇票未到期余额3 518.44亿元，较年初减少245.55亿元，下降6.52%。其中既有实体经济不景气的原因，也有信贷量略松，商业银行收紧贸易型企业签发银票的审批、保险金存款监管新规等方面的因素。一直以来银行承兑汇票都是中小企业增信和资金

---

① 分别是兴业银行、紫金矿业集团股份有限公司、福州福辉珠宝有限公司、厦门银行。

② 福建省每个县（市）选择民间借贷较为活跃的3个乡镇为监测点，每个监测点选取10户监测对象（包括企业和个人）。目前全省已建立217个监测点，共有2 170户监测对象。

融通的重要手段，在当前商业银行已审慎放贷的情况下，收紧银行承兑汇票，将使中小企业资金进一步承压，加大部分企业资金链断裂风险。

2. 民间融资风险呈现多点触发的态势

一是民间借贷风险向正规金融体系蔓延。如部分地区出现房地产企业涉及民间融资，多因素引发资金链断裂，影响信贷偿还的现象。二是非法吸收公众存款案和非法集资诈骗案呈增长趋势。三是部分农民专业合作社违规开展资金互助业务。部分合作社擅自扩大营业范围，开展非法融资活动。四是部分民间资金投向互联网金融产品。部分公司通过多种方式归集民间资金投向互联网金融产品，潜藏一定风险。

四、金融基础设施与金融稳定

（一）支付体系

福建省支付体系快速发展。一是银行机构向第二代支付系统切换基本完成，实现以法人为节点的“一点接入、一点清算”。二是ACS① 及其综合前置子系统在福建省上线运行，实现人民银行会计核算管理的科学化、集中化和信息化。三是农村支付体系建设不断深入。全省共设立银行卡助农取款服务点23 796个，办理银行卡助农取款业务819.42万笔、金额13.1亿元。四是农村地区手机支付业务快速增长。宁德环三都澳地区等结合当地产业特色，推出“海上移动银行”、“农产品收购掌上银行”等手机支付应用品牌。其中，“海上移动银行”手机支付金额达到1 002.59亿元，增长91%。相关经验做法被《金融时报》刊发。五是金融IC卡发卡量和使用率大幅提升。全省新增金融IC卡1 740.55万张，占新增银行卡总数的86.47%，比重提高了18.57个百分点。银行卡消费交易额14 514.66亿元，其中IC卡芯片消费交易额2 902.64亿元，占比达20%。六是商业汇票电子化率逐步提高。全省共办理各类电子商业汇票业务87 923笔，金额4 593.64亿元，商业汇票电子化率19.6%，提高7.2个百分点，比全国高7个百分点。七是非金融机构支付服务市场快速发展。全省已有法人支付机构9家，备案展业的省外支付机构28家，累计清算笔数1.43亿笔、金额3 713.63亿元。八是建设推广基于数字证书认证的“福建省人民币银行结算账户互联网年检平台”，解决传统年检方式下客户向各开户银行提交年检材料的不便，减少了银行和客户工作量。

在支付体系快速发展过程中，应密切关注和防范非金融机构支付服务市场激烈竞争、迅猛发展和快速创新过程中出现的各种风险漏洞、恶性竞争、违规经营等问题，尤其应重点关注支付机构与P2P平台之间基于第三方资金托管的合作以及可能引发的P2P平台风险向支付机构传递的情况。

（二）信用环境

福建省征信系统建设稳步推进。一是金融信用信息基础数据库的建设和应用进一步加强。金融信用信息基础数据库收录全省各类企业30.45万户，涉及人民币贷款余额2万亿元；企业系统和个人系统日均查询量分别为3.15万次和4.74万次。全省应收账款质押登记公示系统登记数量71 560

① 指中央银行会计核算数据集中系统。

笔，累计查询 107 324 笔，登记数量和查询量均名列全国第 7 位。应收账款融资服务平台已注册用户 572 家（不含厦门），成交金额 15 996. 73 万元，位列全国第 24 位。二是有序推进全省社会信用体系建设工作。全省累计发放机构信用代码 787 198 个。累计建立中小企业信用档案 106 707 户，其中 22 601户企业获得银行融资；对 512. 5 万户农户建立了信用档案（约占农户总数的 75. 64%），对已建档的 195. 29 万户农户累计发放贷款 4 011. 6 亿元。《福建省社会信用体系建设规划（2014—2020 年)》、《福建省公共信用信息系统建设总体方案》相继颁布，福建省公共信用信息交换共享平台正式上线试运行。三是信用评级业务稳步开展。全省共完成信贷市场信用评级企业 3 778 家，其中借款企业评级 3 654 家、小额贷款公司 35 家、融资性担保公司 89 家；接受银行间债券市场信用评级进场前报备材料 119 份。

（三）反洗钱

洗钱风险评估体系进一步完善，跨部门协作和实务应用不断加强。一是开展国家/区域、人民银行对义务主体、义务主体等“三个层次”洗钱风险评估理论研究和实务运用，通过运用评估指标检验，及时发现金融机构受威胁状况及风险防控缺陷。二是地方性法人机构“法人监管”工作全面推进。福建农信系统在全国率先实现首个省级农信系统按法定和自定标准并行、通过新系统报送数据。异常交易预警量下降 77. 3%；补正补录量同比下降 99. 2%，人均补录时间节省 95. 5%。三是执法检查质量大幅提升。全年共对 308 家机构组织开展执法检查（增长 185%），发现涉及“三项核心义务”违法问题累计 26. 7 万户、127. 8 万笔，依法对 25 家机构及 79 名相关责任人员罚款 507. 5 万元。全年发出警示性非现场监管意见书 36 份，发出全省警示性通报件 2 份，组织开展洗钱风险评估 41 次。四是资金监测和反洗钱调查成效突出。全年省内各级人民银行收集重点可疑交易线索 431 条，报案 93 起，立案 37 起，破案 10 起（立案率增长 11. 46%）。上报反洗钱中心研判线索 17 条，由反洗钱中心移送公安部 14 条（分别增长 88. 8% 和 100%）。反洗钱调查立项 38 项，累计调查 279 次，协助破案 15 起（增长 25%，重大督办或批办案件 6 起）。五是跨部门长效协作机制取得实效。与省纪委、省公安厅、省级公、检、法等部门联合印发相关文件并组织落实；探索构建“三方”（人民银行、反洗钱中心、公安禁毒部门）禁毒合作联动机制，通过建立跨部门协作机制，提升线索报案和案件协查效率。

（四）司法环境

一是金融司法环境进一步改善。福建省高级人民法院紧密围绕平潭综合试验区建设、厦门综合配套改革、泉州金融服务实体经济等，采取有效措施强化司法服务保障；出台《福建省高级人民法院关于依法规范金融案件审理和执行若干意见（试行)》，对金融案件的立案受理、送达、管辖、特别程序适用、财产保全及执行等方面进行具体细化。全省法院审结涉金融纠纷案件 100 025 件，标的总额 675. 93 亿元；审结合同纠纷案件 77 382 件，标的总额 237. 65 亿元。二是金融法治建设进一步推进。《平潭综合试验区条例》和泉州金融综合改革试验区相关管理办法多次征求意见，推进金融改革创新。三是金融消费权益保护工作进一步加强。2014 年 8 月 28 日，人民银行正式开通福建省 12363 电话。截至年末，共通过 12363 电话受理投诉 104 笔，咨询 113 笔，满意度和办结率均超过 90%，切实维护了金融消费者权益。

（五）金融宣传

福建省金融系统结合地域特色，全面开展金融安全宣传教育活动。一是立足政策传导，依托互联网、报纸、电视等载体，开展形式多样的专题宣传，普及金融知识。二是突出区位优势，开展针对闽台、少数民族的特色宣传。三是贴近公众需求，拓宽宣传渠道。在金融知识普及月活动期间，联合《海峡都市报》、福建交通广播电台开展金融宣传。据不完全统计，全省共举办宣传活动 1 650 场，参与宣传的金融机构 782 家，参加的金融机构网点共 3 154 家，发放宣传材料 100 多万册，累计受众 110 多万人次。

五、总体评估与政策建议

（一）总体评估

2013 年，福建省主动适应新常态，着力稳增长、调结构、促改革、惠民生，经济保持了较好的增长态势。银行业资产负债规模适度扩张，服务实体经济能力不断增强。证券期货经营机构持续发展壮大，直接融资渠道有效拓宽展。保险业发展势头保持良好，区域特色与服务稳步推进。支付结算体系和征信服务日趋完善，反洗钱反假货币取得进展，金融消费权益保护工作机制逐步健全。2014 年，经济下行压力较大，影响金融稳定的风险因素增多，应高度关注银行体系资产质量下降、证券期货业发展模式单一、保险高现价产品热销带来退保风险等风险。

（二）政策建议

1. 大力推动经济结构升级和发展方式转型，为经济金融发展创造良好环境

积极采取有效措施，切实防范实体经济风险向金融体系传递。引导企业加大创新力度，大力发展循环经济、低碳经济，支持新兴产业和区域特色产业集群发展，改造提升传统产业，做大做强优势产业。将经济发展所依托的投资增长方式从单纯的外延扩张性增长转向内涵提高式增长，提高产品附加值。

2. 以建设中国（福建）自由贸易试验区为契机，扩大对外开放和深化闽台金融合作

充分利用中央赋予福建的特殊优惠政策，扩大金融对外开放，全面推进闽台金融交流合作。支持台资金融机构在闽设立银行分支机构，鼓励符合条件的省内金融机构到台湾设立分支机构，推动设立闽台合资全牌照证券公司和两岸合资股权投资基金。推进海峡股权交易中心完善服务中小企业的功能，设立台资企业板块，为台资企业提供投融资服务。加快厦门两岸区域性金融服务中心、福州海西现代金融中心、泉州金融服务实体经济综合改革试验区和平潭自由港的建设，争取国家金融改革和创新在福建省先行先试。

3. 深化金融体系改革创新，提升金融支持实体经济发展的能力和水平

继续深化政策性银行和大型国有商业银行改革，支持城市商业银行创新发展，推动符合条件的农村信用社改制为农村商业银行，继续增设和规范村镇银行等新型农村金融机构，加强融资性担保公司、小额贷款公司、典当行等融资性组织的监督管理。引导银行业金融机构积极应对利率市场化和新型金融业务的冲击，提升利率定价能力、经济资本管理建设水平和流动性管理水平；支持证券

公司开展业务创新；规范保险市场，拓宽保险服务领域。

4. 加强重点领域风险防控，坚守区域金融稳定底线

引导银行业金融机构提高风险意识，强化对新发生关注类贷款的监测，关注不良贷款反弹迹象。继续加强对房地产行业、政府融资平台等重点领域和行业的信贷风险管控，持续监测表外业务风险。密切监测具有融资功能的非金融机构、第三方支付机构、互联网金融以及民间融资活动发展中出现的违规和异常经营行为，关注交叉性金融业务发展中存在的突出问题，防止风险跨行业、跨市场、跨区域传染。

5. 完善金融基础设施建设和生态环境，充分发挥金融体系基础性保障作用

进一步完善支付结算体系，优化支付清算网络，改进支付结算服务。深化征信系统建设，继续拓宽企业和个人征信系统信息覆盖面和服务对象，进一步推进中小企业和农村信用体系建设。严厉打击高利贷和非法集资、地下钱庄、非法证券等非法金融活动和恐怖融资、洗钱、制贩假币等犯罪活动。进一步健全金融消费者权益保护机制，加强金融管理部门与相关部门之间的沟通协作，实现金融监管信息共享，提升监管合力。

总纂：吴国培
统稿：杨长岩
执笔：赖永文　杨　敏　沈理明　林　晖　郑　平
郑境辉　江　颖　林路曦　黄　静　魏　芳
胡炎仁　林　涵

江西省金融稳定报告摘要

2014年，面对复杂严峻的国内外发展环境，江西全省上下坚持稳中求进、改革创新的工作总基调，统筹做好稳增长、调结构、促转型、抓改革、惠民生各项工作，经济金融发展呈现稳中有进的良好态势，全省处于金融稳定的安全区域，但非稳定性隐患值得关注。

一、区域经济运行有利于金融稳定的方面

社会供给稳步增长，产业结构进一步优化。2014年，全省大力实施种粮四项补贴、粮食最低收购价等各项惠农政策，粮食总产428.7亿斤，增长1.3%，再创历史新高。规模以上工业实现增加值6 827.3亿元，增长11.8%。非公有制企业完成工业增加值5 638.7亿元，增长13.3%，对工业增长的贡献率91.2%；全省三次产业协调发展进一步改善，第一、第二、第三产业占比调整到10.7:53.4:35.9，第三产业占比上升0.8个百分点，第三产业实现增加值5 636.6亿元，增长8.8%，分别高于第一、第二产业11.8个和17.0个百分点，对全部投资增长的贡献率62.3%。旅游接待总人数31 306.2万人，增长25.2%，同比提高3.2个百分点。文化产业主营业务收入2 130亿元，增长19.2%。电子商务、服务外包等新业态发展势头良好，电子商务交易额1 384.8亿元，增长110.6%。

三大需求保持稳定，增长动力有所减缓。2014年，全省固定资产投资总额14 677.0亿元，增长18.0%，其中房地产开发投资增长12.6%，同比下降8.5个百分点；社会消费品零售总额5 129.2亿元，增长12.7%。传统消费业态增长进一步减弱，社会消费品零售总额增速创近10年来新低，限额以上金银珠宝、日用品、家具类零售额增速同比分别下降17.8个、13.3个和10.8个百分点；外贸进出口总额320.4亿美元，增长13.7%。赣港经贸合作等系列活动成功举办，全省开放型经济升级政策效应显现。实际利用外资84.51亿美元，增长11.9%，同比提高1.3个百分点。规模以上工业出口交货值增长26.3%，增速比国内销售产值高12.6个百分点，同比提高21.0个百分点，开放型经济进一步提振向好。

创新驱动转型升级，持续发展结构优化。2014年，全省装备制造业完成增加值1 477.3亿元，增长14.5%，对全省工业增长的贡献率25.6%。十大战略性新兴产业工业增加值1 085亿元，增长11.3%。新组建科技协同创新体13个，新增产业技术创新战略联盟11个、院士工作站28家。专利申请量、授权量分别为2.56万、1.38万件，增长51.1%、38.7%，授权量增幅居全国第一位；全省环境质量呈现稳中向好态势，成为全国首批全境纳入生态文明先行示范区建设的省份。南昌、九江空气质量优良率分别为80.5%和84.4%。全省单位工业增加值能耗比上年下降9.9%，累计完成“十二五”工业节能总目标119%，淘汰80家企业落后产能项目。

收入效益企稳回升，价格水平低于目标。2014年，全省财政总收入2 680.5亿元，增长13.7%，

连续第五年增量超300亿元。其中税收收入占财政收入的比重81.3%，同比提高0.1个百分点；规模以上工业企业实现主营业务收入3 0537.13亿元，同比增长13%，实现利税总额3 358.71亿元，同比提高14.4%，38个工业行业大类全部实现盈利，企业经济效益综合指数339.33%，同比提高13.4个百分点；城镇、农村居民人均可支配收入分别增长9.9%、11.3%；居民消费价格总水平涨幅2.3%，低于目标值0.7个百分点。

二、区域经济运行需要关注的方面

市场需求持续不旺，经济循环动力不足。近年来，江西消费率明显偏低，一直徘徊在50%左右，低于世界平均消费率28个百分点。全省城、乡居民收入与全国平均水平之差明显扩大，分别由1978年的+7.13元、-7.13元发展到2013年的-115元、-5 082元。城乡居民消费水平所占比重呈明显下降趋势，其中农村居民消费水平所占比重由1980年的71.9%下降到2012年的32.4%。随着当前经济下行压力加大，即期消费缺乏动力，影响城乡居民未来消费预期，从而使生产—收入—消费—投资的良性循环机制不断弱化。

企业经营成本上升，未来投资意愿不足。全省工业品出厂价格连续负增长，高进低出“剪刀差”达0.6个百分点。工业企业普工工资同比普遍上涨15%～20%，企业用工成本提高。节能减排、地价攀高、水价上调等因素使企业相关成本呈刚性上涨趋势。全年企业主营业务成本增长14%，每百元主营业务收入成本88.6元，同比增加0.8元；企业三项费用增长15.2%，高于主营业务收入增速2.2个百分点；工业应收账款增长23.8%。企业负担进一步加重，盈利能力下降，影响未来投资、技改等活动。

产能结构过剩严重，转型升级任重道远。近十年来，江西宏观经济环境发生显著变化，由“短缺”的卖方市场转变为“相对过剩”的买方市场。许多工业品及能源、电力、运输能力等出现不同程度“相对过剩”，不少工业品的生产能力利用率不到50%。其中一些工业品不符合市场需求但受市场分割等因素影响而难以淘汰；而另一些工业品潜在需求量很大，却因市场低迷而不能被利用，造成严重的结构性投资过剩，对全省经济增长形成巨大约束。在经济新常态下，全省传统产业改造升级，高新技术产业正处起步阶段，面临较大的不确定性，消费需求难有大的提升，国际贸易环境错综复杂，外贸波动较大，未来发展动力亟须转换，产业转型升级任重道远。

企业参与民间借贷，业主“跑路”风险频发。当前受经济下行等因素影响，一些企业出现流动性困难，甚至资金断链。全年出现涉及金融体系的突发事件11起，其中因企业经营困难和企业主“跑路”危及银行债权类事件7起，涉及各类债务约34.7亿元，涉及银行和小贷公司债务26.43亿元。民间借贷利率高昂，据调查最高能达到3分甚至以上，加重企业负债成本，成为压垮企业的最后一根稻草。企业金融风险突发事件中，老板跑路的占比很大。金融机构参与民间借贷的事件也不时发生，通过发放过桥贷款等方式流入了民间借贷市场。

三、金融业运行有利于金融稳定的方面

（一）银行业

各项存款增速放缓，偏离度控制基本有效。2014年末，全省金融机构本外币各项存款余额

21 754.9亿元，增长 11.1%，同比下降 5.2 个百分点，创十年来最低增速，存款增速仍高出全国 1.46 个百分点。由于股市大幅回暖，互联网金融和各类理财产品等新型金融分流效应持续影响，存款增速持续放缓。年末全省个人存款余额 11 083.85 亿元，比年初增加 1 105.39 亿元，同比少增 299.51 亿元。其中，个人储蓄存款比年初增加 1 067.08 亿元，同比少增 188.36 亿元。11 月末，全省纳入监测范围的 141 家商业银行中，存款偏离度控制在 3% 以内机构 130 家，达标率 92.2%，较 9 月末提高 15.6 个百分点。

贷款增量再创新高，信贷结构不断优化。2014 年末，全省银行业机构本外币各项贷款余额 15 696.8亿元，增长 19.7%，同比提高 1.4 个百分点。年度贷款增量突破 2 500 亿元，创历史新高。全年贷款结构呈现鲜明的政策效应。年末全省短期贷款余额 6 618.53 亿元，比年初增长 15.68%，同比下降 8.97 个百分点。中长期贷款余额 8 623.47 亿元，比年初增长 20.76%，同比提高 5.18 个百分点，表明信贷支持经济企稳的力度进一步加强。票据融资余额 422.07 亿元，比年初增长 135.56%，同比提高 161.63 个百分点，达到四年来最高增速，“冲量”意图明显。年末全省小微企业、涉农贷款余额分别为 3 425 亿、6 131.82 亿元，增长 25.69%、19.8%，高于全部贷款增速 5.99 个、0.1 个百分点，实现了“两个不低于”的目标。

资产规模稳步扩大，运行质量不断提升。2014 年末，全省银行业机构资产总量 27 857.06 亿元，增长 13.71%，同比提高 0.11 个百分点。不良贷款余额 295.50 亿元，比年初增加 72.05 亿元，不良贷款率 1.88%，同比提高 0.18 个百分点；全省所有城商行、农商银行、农合银行和财务公司以及 96.5% 的县级农信联社、82.5% 的村镇银行资本充足率均提前达到过渡期末监管要求，抗冲击能力进一步增强。中小法人银行机构风险抵补能力继续增强，贷款损失准备金 232.56 亿元，比年初增加 45.55 亿元，增长 24.36%；全年全省银行业机构实现税后净利润 359.49 亿元，增长 2.5%，同比提高 1.66 个百分点。在存款同比少增的情况下，贷款实现大幅增长，使增量贷存比高达 116.1%。年末全省贷存比 72.15%，同比提高 4.03 个百分点，金融资源得到充分运用。

体系建设稳步推进，案防基础逐步夯实。全省银行业机构统筹推进机构体系建设，不断提升基础金融服务覆盖面。汇丰银行南昌分行筹建完毕，东亚银行南昌分行获准筹建。省级法人银行设立进入实质性操作阶段，省内拟设民营银行进入筹建前期辅导。农村合作金融机构改革进一步深化，农商银行 26 家，其中会昌等 10 家农商银行成功开业。全年批准 6 家村镇银行开业，全省村镇银行共 38 家，县域覆盖面 55%。中小银行批量设立社区支行、小微支行等新型金融服务网点 167 家。银行业机构围绕赣南苏区振兴发展等区域战略，推动实现绿色信贷、绿色发展。年末赣南 54 个苏区县机构网点 3 232 个，较振兴意见出台前增长 23%；各项贷款比年初增加 1 213 亿元，增长 25%，高于全省平均增速 6 个百分点。会昌等县市开展“两权”抵押贷款试点工作，发放农民住房抵押贷款 1 533 万元，土地经营权抵押贷款 2 916 万元。全省发放“财政惠农信贷通”贷款 20 亿元；全省银行业机构案件数量同比下降 75%，涉案金额下降 44%，案件风险管控能力明显提高。同时，全省人民银行开展综合执法和专项执法检查，对违规金融机构处罚 232.7 万元。银监部门实施行政处罚 18 起，对 17 家银行机构和 1 名高管的违法行为实施了行政处罚，其中对银行机构处罚 269.52 万元。

（二）证券期货业

股票市场发展势头强劲，证券机构利润稳步增长。2014 年末，全省共有法人证券公司 2 家；证券分公司11家，新增5家；证券营业部239家，新增106家。全省证券投资资金账户数255.12万户，增长5.50%，同比提高2.36个百分点；客户保证金余额171.00亿元，增长127.33%，同比提高139.12个百分点。全年累计成交金额29 427.48亿元，增长55.04%，同比提高20.35个百分点，其中A股（含基金）21 914.92亿元，增长58.42%，同比提高34.29个百分点。受IPO重启、沪港通等影响，资本市场发展势头较为强劲，证券机构盈利能力增强。全省证券经营机构累计实现营业收入23.01亿元，增长44.95%，提高0.72个百分点；净利润11.93亿元，增长66.42%，下降62.78个百分点。

证券公司规模大幅扩张，抵御风险能力不断增强。2014年末，全省两家法人证券公司资产总额203.90亿元，增长84.36%，同比提高61.94个百分点；负债总额145.91亿元，增长116.71%，同比提高107.75个百分点。两家法人证券公司不断完善风险控制制度，建立以净资本为核心的动态监控体系，各项风险控制指标均远高于监管标准和预警标准。

期货市场交易活跃，利润空间有所缩减。2014年末，全省共有法人期货公司1家，期货营业部30家，新增2家。全省期货投资者账户数3.44万户，增长19.03%，同比提高0.69个百分点。累计代理交易量3 929.84万手，增长20.69%；累计交易金额52 191.29亿元，增长50.05%。受国内经济结构性调整和欧美货币政策变化影响，钢铁、建材、能源和化工等品种期货价格大幅下跌，期货机构盈利能力受到影响。全省期货机构全年累计实现营业收入、净利润分别为1.40亿元、0.26亿元，减少18.78%、46.56%。法人公司瑞奇期货资产总额5.39亿元，下降12.21%；负债总额4.26亿元，下降16.31%；实现营业收入0.72亿元，减少9.88%，净利润870.62万元，减少9.49%。

上市公司业绩良好，“新三板”融资新突破。2014年末，全省上市公司共51家，包括境内上市公司32家，因中航电子迁址而减少1家，境外上市公司19家，增加1家。2014年前三个季度，32家A股上市公司实现营业收入2 956亿元，增长8.7%；净利润77.29亿元，增长8.23%，已扭转前两年收入增长但利润下降的不利局面。全年省内6家上市公司实现资本市场再融资，募集资金65.36亿元，增长14.41%，其中股票融资32.36亿元，公司债融资33亿元。中华包装控股在香港成功上市募集1亿港元。全省并购重组再融资活跃，13家上市公司提出并购重组或再融资项目。全省上市后备企业资源丰富，世龙实业已通过发审会，3L医用制品已上初审会，国泰民爆等3家企业在证监会排队审核。“新三板”扩容后，挂牌企业金达莱定向发行500万股，筹资1.3亿元。华宇软件等13家公司在股转系统挂牌。

（三）保险业

市场规模不断扩大，整体实力有效提升。2014年，全省保险资产总额766.80亿元，增长12.7%。保险深度2.55%，增加0.35个百分点；保险密度885.34元/人，增加179.39元/人。保费收入400.37亿元，增速25.9%。其中，产险公司全年累计实现保费收入145.90亿元，增长20.1%，同比提高3.1个百分点。在南昌地铁项目开工等推动下，工程险保费增长120.6%，同比提高49.7个百分点，增速为各险种之首。产险全年综合成本率、综合费用率分别为93.9%、26.3%，下降5.02个、1.3个百分点，两项指标均为中部六省最低。全省产险承保利润7.63亿元，机车险承保利润占总承保利润60.0%；人身险公司全年实现保费收入254.46亿元，增长25.9%，同比提高18.2个百分点。由于高现价产品多以普通寿险和年金保险形式销售，普通寿险、年金保费分别实现保费收入70.81亿元、69.21亿元，增长303.7%、107.7%，同比分别提高273.7个、51.5个百分点。受新增市场主体抢占份额和高现价产品销售等因素影响，市场集中度进一步降低，市场占有率前三位的中国人寿、人保寿险和新华人寿所占市场份额50.8%，同比回落9个百分点。

组织体系继续完备，服务水平稳步提升。2014年末，全省共有1家法人产险机构；37家省级保险分公司，其中财产险分公司16家，人身险分公司21家，同比分别增加1家和2家，共有分支机构2 726家。专业中介机构114家，兼业代理机构7 008家，同比分别增加33家和减少551家。恒邦财产保险股份有限公司的开业，填补了江西地方法人保险公司的空白；社会保障体系不断完善，全年累计赔付支出142.06亿元，增长11.86%，同比下降24.44个百分点。全年保险业支持江西外贸出口34亿美元，增长18.8%，支持服务企业1 100家，占全省有实绩外贸企业比重41.2%，同比提高11.5个百分点，覆盖面居全国前列，首创小微企业信用保险服务新模式，支持小微出口企业900家，覆盖率52.8%，同比提高13.6个百分点。累计支付企业赔款2 134万元，帮助企业追回海外欠款4 120万元，全年拉动出口51.8亿美元，占全省出口总额16.2%。

服务“三农”持续推进，农险产品不断创新。全省大地产险等4家财产险公司承办农业保险业务，其中人保产险公司承办全部政策性农业保险业务。农业保险实现保费收入7.38亿元，增长11.6%，累计赔款支出4.36亿元，增长14.5%，为511.14万户次参保农户提供729.79亿元风险保障。南昌市率先试点自主研发的蔬菜设施大棚保险，成为“政策性支持、商业化补充”相结合的农业保险新模式，填补了农业设施险的空白。同时为提高水稻保险保障程度，全省调整农业保险费率，保险金额由每亩200元提高到300元，农户可自主选择投保，并新增病虫害责任险。

大力推动“险资入赣”，运用领域不断拓宽。全省“险资入赣”引进和落地的项目从无到有，险资运用规模稳步上升。2014年引进保险资金30.3亿元，占险资投资总额43.72%，实现较大突破。全省履约险资项目集中在铁路、高速公路等基础设施建设领域，并逐渐向水利、棚户区改造等领域拓宽。

四、金融业运行需要关注的方面

房地产市场贷款结构性风险进一步加大。全省房地产市场地区间、企业间风险进一步分化，房地产贷款结构性风险加剧。全年全省房地产开发投资、商品房销售面积、销售额分别为12.6%、3.2%、1.6%，同比下降8.5个、35.0个和46.5个百分点。一些中小房地产企业，以民间借贷高息融资，在房价下行和库存加大的双重压力下，资金困难进一步加大，资金链出现断裂，房地产贷款苗头风险显现。同时，受总量过剩和电子商务冲击的影响，全省商业用房销售面积、销售额增长-2.5%和3.8%，同比分别下降36.4个和26.1个百分点，商业地产潜在贷款风险加大。

商贸融资与担保圈交织性风险进一步暴露。受国际经济因素和国内产能过剩影响，以铁矿、煤炭、铜为代表的大宗商品及其产业链系列产品价格下降，导致质押在银行的资产价值收缩，相关贷款质量恶化，回收难度加大。年末全省钢贸贷款不良率5.55%。萍乡市处于关停和转让状态煤矿企业98家，占78.4%，煤贸不良贷款4.21亿元，新增3.98亿元，占全市同期新增不良总额97.55%。鹰潭市铜贸不良贷款占全市不良总额的42.84%，同比上升2.11个百分点。企业间引发的担保圈风险，也与商品融资风险相互交织，将风险传染放大。全省16家银行存在担保圈风险，涉及风险担保圈218个，风险贷款43.55亿元。随着企业去杠杆进程的延续，企业间涉及民间融资和“担保圈”风险持续发酵，贷款风险呈沿产业链和担保链蔓延的态势。

同业理财等创新业务违规性风险隐患依然存在。随着央行等部门对理财、同业业务监管的强化，相关非标债权资产一定程度上得到控制，但仍存在新发生的信托 T + D 业务模式、表外增信业务、借道同业存款对接非标资产和投向中小企业私募债等突出问题。年末全省银行业金融机构“其他类投资”余额 1 579. 96 亿元，增长 62. 46%，占总资产的比重 5. 67%，同比提高 1. 7 个百分点，显示总体非标债权业务规模仍持续较快扩张。在地方对同业业务规模考核和机构市场利益的双重驱动下，部分机构存在资本和拨备计提不足、会计核算不规范等问题，降低授信标准、“三查”流于形式，盲目扩张同业理财业务，各种相关风险逐渐暴露。

法人银行机构资本补充面临多重压力。尽管近些年全省银行业法人机构资产规模在稳步壮大，资本充足率不断提高，但是，全省仍有 3. 5% 的县级农信联社、17. 5% 的村镇银行资本充足率未达到过渡期监管标准，法人银行机构资本补充面临多重压力。全省银行业法人机构信贷规模持续扩张，2012—2014 年分别新增 487. 48 亿元、692. 19 亿元、969. 62 亿元，同比分别增长 21. 33 %、24. 96%、27. 98 %，需要不断扩充资本金，提升抗风险能力；同期不良贷款新增 51. 84 亿元、-47. 01 亿元、19. 7 亿元，不良率分别为 4. 92%、2. 58%、2. 42% 。尽管从账面看，全省银行业法人机构不良率在信贷高速增长和不良贷款剥离力度加大下在逐年降低，但受经济下行等因素影响，不良贷款防控任务和压力依然较重，所形成的银行业信贷资产质量下降趋势，将直接侵蚀银行资本金。一些法人银行机构股东强烈要求增加分红，将直接减少资本金补充来源。

资本市场规模偏小，机构经营模式较为单一。一是资本市场发展水平明显滞后于经济发展水平。年末全省上市公司股票市值 2 631. 63 亿元，占同期全国股票市值 0. 71%，与同期全省生产总值占全国 2. 47% 的水平明显不相称。全省上市公司数量仅占全国的 1. 22%，在中部地区仍为最少。上市公司平均总资产和平均净资产均低于全国平均水平。截至 2014 年 9 月底，全省 32 家境内上市公司资产负债率 55. 31%，远低于全国 A 股公司 85. 68% 的资产负债率。二是法人机构规模偏小、资本实力不强。国盛、中航证券分类评级仍为 B 级，年末其净资本分别为 26. 63 亿、26. 56 亿元，属于行业低水平。瑞奇期货尽管 2014 年评级上升为 B 级，注册资本金仅 0. 56 亿元，净资本仅 0. 50 亿元，同比下降 43. 82%，难以形成有效的发展规模。三是全省证券期货行业创新规模较小，大小类型券商新业务发展差距较大。省内法人机构的盈利模式仍然比较单一，全年国盛证券、中航证券两家机构代理买卖证券业务手续费收入占比分别高达 48. 79% 和 42. 79%，盈利水平极易受到市场行情的影响。瑞奇期货仅从事期货代理业务，随经纪业务竞争激烈，未来佣金率水平下降，进一步压低其利润空间。

高现价产品满期给付带来退保风险上升。2014—2015 年是高现金价值产品满期一年的高峰期，退保风险处于高位，2014 年全省寿险退保率 6. 09%，超出 5% 警戒线，同比增加 2. 62 个百分点，退保金 64. 19 亿元，增长 104. 24%，高于保费收入增速 78. 34 个百分点。退保率持续上升将减少寿险公司预期利润，全年全省寿险公司预期税前利润 -32. 52 亿元，同比多亏 1. 53 亿元，寿险公司面临现金流平衡、扭亏增盈的巨大压力。

险资运用规模较小，投资方式相对单一。全省保险资金投资项目与中部其他省份存在明显的差距，江西省五年来落地险资总额分别是湖南、河南、山西和安徽等省落地险资总额的 55%、0. 51%、0. 37% 和 0. 40%。全省险资投资方式较单一，已履约和正在签谈的险资项目约 95% 为债权投资计划形式，限制了险资的合理匹配和使用效率，影响“险资入赣”的深度和广度。

五、融资性非银行机构运行有利于金融稳定的方面

（一）小额贷款公司

资本实力稳步增强，业务发展增速放缓。2014 年末，全省开业小额贷款公司 223 家，列全国 22 位，同比增加 8 家；注册资本总额 243. 88 亿元，增长 5. 44%，实收资本列全国 13 位；全年累计为 3. 43 万余客户发放贷款 418. 95 亿元，同比减少 90 亿元；贷款余额 278. 13 亿元，增长 4. 24%，同比下降 31. 9 个百分点，单户 50 万元以下贷款余额 87. 6 亿元，下降 0. 68%。

融资渠道多元化发展，盈利水平有所下降。2014 年末，全省小贷公司融资余额 33. 37 亿元，增加 14. 54 亿元，其中银行融资余额 16. 99 亿元，占注册资本总额 6. 97%，同比下降 1. 16 个百分点；从长城资产管理公司获得流动资金余额 15. 88 亿元；在赣南金交所通过资产打包转让方式获得流动资金 5 000 万元。全省小额贷款公司实现利息总收入 27. 37 亿元，减少 0. 63 亿元；累计缴纳税金 5. 76 亿元，增长 21. 26%。

（二）融资性担保公司

资本实力基本稳定，担保余额有所提高。2014 年末，全省融资性担保机构 148 家，减少 27 家，其中民营出资 78 家；注册资本金额 125. 09 亿元，减少 16. 88 亿元，平均单个规模 8 452 万元，增加 339 万元，其中 1 亿元至 10 亿元 32 家。担保机构累计为 1. 1 万户企业和个人服务，累计提供担保 349 亿元，增长 5. 4%；在保责任余额 352. 28 亿元，增长 15. 09%；担保平均放大倍数 2. 8 倍，比上年高出 0. 6 倍。

业务品种日益丰富，支小力度不断加大。全省融资担保机构不断创新担保产品和方式，开发了应收账款质押、仓单质押、存货质押、股权质押等多种适合小微企业融资担保的产品；探索开展企业私募债发行担保、信托产品担保业务等直接融资担保产品，开展诉讼保全、履约担保等非融资性担保业务，逐步形成了以贷款担保为主体，直接融资担保、非融资担保为补充的担保业务品种体系。融资担保机构依托地方财政和工业园区，大力发展中小企业互助融资等新型融资担保模式，有力支持中小企业发展，全年为 9 430 家小微企业提供担保 222. 03 亿元，增长 3. 1%。

抗风险能力稳步提升，经营效益进一步改善。2014 年，全省担保机构存缴银行保证金、“两金”提取比例上升，抗风险能力进一步提升，经营效益持续改善。全省 130 家融资性担保机构向银行存缴保证金，占总数的 88%，同比提高 4 个百分点；提取未到期责任准备金 3. 92 亿元，增长 40%，占年末担保业务收入的 85. 24%；担保赔偿准备金 7. 88 亿元，增长 21. 23%，占年末在保责任余额的 2. 24%。实现担保业务收入 4. 60 亿元，增长 35. 29%；实现净利润 5 735 万元，增长 136. 11%。

（三）典当机构

业务规模扩展较快，总体盈利水平稳定。2014 年末，全省典当法人机构 174 家，增加 26 家，同比多增 10 家；注册资本 20. 4 亿元，增长 22. 2%，其中注册资本 2 000 万元（含）以上的 35 家，增加 14 家。全年全省典当企业发生业务笔数 42 111 笔，增长 11. 4%；典当总额 40. 8 亿元，增长 50%；典当余额 12. 4 亿元，增长 50. 3%；实现税后利润 2 355. 4 万元，减少 2. 5%。137 家典当行实

现盈利，增加9家，盈利面78.74%。

业务范围不断扩大，财权质押发展较快。2014年，全省典当行业中动产、房地产、财产权利三大业务典当总额占比分别为25.9%、65.3%、8.8%。典当机构的民品业务范围从以贵重金属、汽车为主，发展到包括手表、珠宝、字画、古董以及生活生产资料等。全省典当机构全面开展财产权利质押业务共计241笔，发放贷款3.5亿元，分别增长21.7%、73.5%。

监管水平日益提高，经营管理逐步规范。全省各级商务主管部门严格行使监管职责，采取现场监管和非现场监管相结合的方式，及时发现和纠正典当、融资租赁企业日常经营过程中存在的问题。绝大多数典当企业能严格自律，规范经营，合法操作。在2013年度年检工作，全省以A类通过的典当行130户，以B类通过的典当行15户，以C类通过的典当行3户，良好率87.8%。

（四）融资租赁公司

业务集中内资企业，资产规模大幅增加。2014年末，全省经批准设立的融资租赁企业共10家，其中内资融资租赁企业3家，总注册资本21亿元，同比增长3.6倍。内资融资租赁企业资产总额16.9亿元，增长40.95%，同比提高5.47个百分点。

服务领域不断拓宽，盈利水平稳步上升。2014年，全省融资租赁行业服务的范围不断拓宽，经营模式日益灵活，由传统的设备租赁发展到重点开发中小企业项目、医疗卫生、教育服务等民生领域项目。内资融资租赁企业业务收入11 319万元，增长15.3%；实现利润4 843万元，增长16.5%。

（五）私募投资基金

机构种类呈现多样发展，产业投资基金迅速增加。2014年末，全省创业投资和股权投资企业共22家，其中已备案创业投资企业12家，股权投资企业10家（无备案企业）；注册资本总额39.47亿元，其中已备案创业投资企业注册资本17.93亿元。已批准的产业投资基金4家，增加3家，其中已备案的创业投资企业实收资本35.57亿元，累计投资项目67个，投资总额44.93亿元，退出项目17个，退出金额15.21亿元。

经营方式灵活多样，资金运作较为规范。江西省创业投资企业组织形式涵盖有限责任公司、股份有限公司、有限合伙制等，法人公司仅为有限合伙企业。全省登记注册投资基金类企业分为合伙企业、分公司、合伙企业分支机构等三种企业类型。2014年末三种类型比重分别为36.4%、50%、13.6%。投资对象主要为处于起步期的中小企业，退出方式以上市转让、协议转让、股权回购为主。全省已备案创业投资企业总体运行平稳，在项目资金使用、资金二次募集以及闲置资金保管等方面运作较为规范，未发现非法集资、发放高利贷的情况。

六、融资性非银行机构运行需要关注的方面

小贷公司后续资金不足，风控水平低，贷款风险大。近年来小贷公司盈利能力较差，难以通过积累增加资金；由于经营风险较大，从银行获得资金支持不到注册资本的10%，后续资金不足严重影响了小贷公司业务的拓展。小贷公司内部组织结构和管理机制存在较大缺陷，大部分小贷公司除了贷款操作流程、信贷人员规程之外，风控及处置等规章没有建立或落实；存在未经监管批准将法定盈余公积金和利息收入资金直接放贷、跨地区或向股东等关联人放贷等违规情形。年末，全省小

贷公司不良贷款余额6.58亿元，增长105%，不良贷款率2.37%，同比提高1.2个百分点，出现不良贷款的小贷公司数量77家，同比增加22家，占全省小贷公司数量34.5%。9家小贷公司因经营不善或违规经营被注销或停业。

担保机构经营管理水平低，银担合作渠道不畅，民营机构盈利能力弱。多数融资担保机构公司治理结构不完善，尤其小型民营担保机构股东单一，股东、董事长和总经理角色“一肩挑”现象普遍；部分担保机构经管水平不高，内部管理松懈，内控机制形同虚设；审慎合规经营理念缺失，变相开展过桥、拆借等违规活动；银行对融资担保机构合作顾虑较多，银担合作准入门槛高，授信额度低，担保倍数普遍低于5倍（业界认可值），担保贷款利率上浮多，公平合理的银担合作机制难以建立。加之当前宏观经济持续下行，中小企业普遍境况不佳，全省民营担保机构数量持续减少，仅2013年就减少了29家。

私募基金监管尚不到位，容易引发非法集资风险。目前国家既未针对投资基金类企业制定专门的登记规范，也未明确投资基金的设立和运营可否作为企业的普通经营范围予以核准。为适应投资者的需求，目前工商部门出于降低金融风险考虑大多以有限合伙企业形式作为投资基金的载体，进行登记注册管理，其运营过程中没有受到严格、规范的监管。近年来，以投资基金为名、行非法集资之实的违法行为时有发生，甚至引发群体性事件。

融资性非金融机构总体规模偏小，发展不足。一是典当行单个机构规模偏小，新晋业务发展有限。全省典当机构平均注册资本仅为1 172.4万元，其中1 000万元（含）以下40家。尽管2014年财产权利质押业务取得较好发展，业务收入占比仍不足10%收入结构单一的问题依然突出。二是融资租赁总体规模有待壮大。融资租赁公司作为准金融类机构的社会认知度普遍较低，对融资租赁业务了解甚少，企业难以主动利用这一方式进行技术改造、设备更新。2014年末，全省内资融资租赁企业仅3家，占全国总数的1.97%，总注册资本金仅为7亿元。三是私募基金数量总体偏少，机构地区分布不均。与经济发达省份相比，江西省创业投资企业起步较晚，数量整体偏少。全省尚无1家股权投资企业备案。已备案投资企业12家全部集中在南昌和赣州。

融资性非金融机构政策扶持力度不足，外部发展环境不优。一是政策措施落实到位少。如省财政仅在近两年安排专项资金共1 210万元对担保机构进行担保费补助，而安徽2008年就建立总量15亿元的担保行业资本金补充和风险补偿基金；“营改增”实施后，融资租赁行业的税收基础扩大，税负加重，当前融资租赁行业税收优惠政策仅限于进口飞机等业务和集中于上海自贸区等试点区域，江西相关行业获得优惠政策有限；与村镇银行等机构相比，小贷公司得到的政策扶持较少，经营压力较大。二是目前寄卖行、投资公司、金银首饰店和二手车行等行业和机构进行“贷款抵押、典当”等虚假宣传，违法开展融资服务，严重地损害典当机构等的正当利益。三是部分机构面临抵押登记难、授信难、征信查询难等“三难”情况，相关业务开展难以得到有关职能部门的支持和配合。

七、金融市场运行有利于金融稳定的方面

债券发行规模创历史新高，资产证券化试点取得突破。2014年，全省非金融企业累计在银行间市场发行债券547.1亿元，增长24.34%，发行量创历史新高。16家企业累计发行46只债务融资工具，发行量362.6亿元，增长63.94 %，同比多增32.8亿元。全省全年新增6家企业发行债务融资工具，涵盖8个设区市和15个行业。其中，江西省高速公路投资集团发行20亿元短期融资券，利率

仅为3.99%，成为当年全国首家债券利率低于4%的企业。南昌银行成功发行15.945亿元规模的“洪元2014年第一期信贷资产证券化信托资产支持证券”，成为全省首家、全国第十一家发行信贷资产支持证券的城市商业银行，标志着全省信贷资产证券化创新试点取得实质性进展。

银行间市场稳步发展，市场利率年底翘尾。2014年，全省银行间市场累计交易量41 491.18亿元（不含外汇市场交易），增长57.14%，同比多增92.03个百分点。同业拆借市场成员新增2家，总数16家，共发生交易120笔，累计拆借资金162.91亿元，增长0.44%。受定向降准、公开市场操作等政策工具调整，市场利率总体呈现较为宽松格局。年中年末面临缴准、分红等因素影响，市场利率的小幅回升，全年质押式回购、买断式回购利率分别为3%、3.94%和5.98%，同比分别下降30个、53个基点。

票据市场平稳发展，市场利率逐步下行。2014年，全省银行业金融机构累计签发银行承兑汇票13 796.89亿元，增长11.02%，同比提高5.08个百分点。其中城市商业银行累计签发11 397.77亿元，占全省银行承兑汇票市场份额的36.81%，同比下降5.95个百分点。累计办理票据贴现业务13 771.97亿元，增长81.36%，同比下降40.89个百分点。其中股份制银行全年累计票据贴现金额10 615.4亿元，占全省票据贴现市场份额的77.08%，同比下降7.57个百分点。年末全省票据直贴和转贴加权利率水平分别为5.56%和5.42%，同比分别下降228个和110个基点。

黄金市场快速发展，价格全线小幅下挫。2014年，全省黄金市场交易活跃，金融机构各类黄金业务累计成交量103.81吨，成交额266.3亿元，同比分别增长32.48%和23.1%。其中，黄金代理、黄金远期和黄金租赁交易快速增长，成交量同比分别增长114.29%、98%和67.71%；成交金额同比分别增长99.4%、91.3%和59.76%。而账户金成交量和成交额有所下降，同比分别下降53.36%和54.8%。受国际市场黄金价格大幅下滑因素影响，全省金融机构各类黄金交易价格继续下挫，各类黄金交易均价256.53元/克，同比下降7.06%，创出新低。

外汇收支净流入压力减缓，管理服务有效提升。2014年，全省跨境收支总额362.58亿美元，增长19.7%，同比提高13.3个百分点；银行结售汇总额233.54亿美元，增长12.2%，同比提高14.8个百分点。从资金净流入看，全年收支净流入压力有所缓解，全省跨境收支顺差88.69亿美元，增长13.0%，同比下降1.8个百分点；银行结售汇顺差80.77亿美元，增长3.7%，同比下降41.9个百分点。开展跨国公司外汇资金集中运营管理试点，4家试点企业顺利完成备案审查。

八、金融市场运行需要关注的方面

重点行业和企业偿付风险对区域金融生态影响。在地方政府和银行的通力协作下，赛维LDK虽通过工业用地“变性”为商业用地向银行融资，成功化解中期票据兑付危机，但是辖区一些债券发行的行业和企业产能过剩，盈利持续下滑甚至亏损严重、负债率较高或上升较快、融资渠道变窄，融资成本高，资金链紧张甚至断裂，如钢铁、钨业、饲料等行业和企业所面临的融资成本上升和难度加大的问题，企业集中偿付将带来流动性风险和出现债券违约。这将对江西债券产品“质量”及整个江西金融生态环境产生负面影响。

区域债务融资市场要素实力有待进一步提升。受经济发展水平等因素影响，全省债务融资市场要素的发展实力与全国比存在较大差距，直接影响江西债券融资做大做强。全省评级在AA+级以上的企业仅8家，列中部六省倒数第一，不到湖北AA+级以上企业总数的30%；大体量的企业较少，直接制约全省融资规模的扩大；全国35家承销商仅有17家在赣设有分支机构，且全省无法人机构具备承销资格。全省无1家可以做债项财务审计的独立会计师事务所。仅5家在交易商协会注册或备案的律师事务所，具备出具债项法律文书资格，市场中介组织不健全。

组长：王　信
总纂：张智富
统稿：赵峰林　刘向东　曹军新
执笔：曹军新　孙　静　罗　婧

山东省金融稳定报告摘要

2014年，山东省金融业认真贯彻落实中央各项工作部署，坚持稳中求进工作总基调，保持了良好的发展态势，有力支撑和保障了全省经济社会发展。金融机构总体实力和稳健性不断提高，社会融资规模稳步增长，金融服务实体经济的针对性和有效性逐步增强，金融生态环境和基础设施建设继续加强，金融监管成效显著，地方金融监管体系逐步建立，区域金融稳定工作机制进一步完善。但在“三期叠加”形势下，全省经济增长环境复杂严峻，经济下行压力持续向金融体系传导，部分区域金融生态环境有所恶化。

一、宏观经济与金融稳定

（一）经济运行基本情况

1. 经济增速略有放缓，三次产业结构继续优化

2014年，山东省实现地区生产总值5.94万亿元，增速8.7%。其中，第一产业增加值4 798.4亿元，增速3.8%；第二产业增加值28 788.1亿元，增速9.2%；第三产业增加值25 840.1亿元，增速8.9%。三次产业比例由上年的8.3:49.7:42.0调整为8.1:48.4:43.5。

2. 三驾马车平稳运行，外需改善明显

全年完成固定资产投资41 599.1亿元，增长15.8%，同比回落3.8个百分点。社会消费品零售总额24 492.0亿元，增长12.6%，同比回落0.8个百分点。进出口总值2 771.2亿美元，累计增长4%，同比回落4.8个百分点。其中，出口1 447.5亿美元，增长7.9%；进口1 323.7亿美元，降低0.2%。

3. 工业生产运行平稳，企业效益低速增长

2014年，山东省规模以上工业增加值增长9.6%，分别比全国和东部地区高1.3个和2个百分点。其中，高新技术产业产值44 566.29亿元，增长15.5%，占规模以上工业比重31.39%，提高1.16个百分点。全年规模以上工业企业实现主营业务收入143 488.14亿元，同比增长9.8%；实现利润8 763.41亿元，同比增长4.6%。

4. 地方财政收支平稳增长，居民收入协同提高

2014年，山东省公共财政预算收入5 026.7亿元，同比增长10.2%。全省居民人均可支配收入20 864元，同比增长9.8%。其中，城镇居民人均可支配收入29 222元，同比增长8.7%；农村居民人均可支配收入11 882元，同比增长11.2%，高于城镇人均收入2.5个百分点。

5. 物价总体平稳，就业形势保持稳定

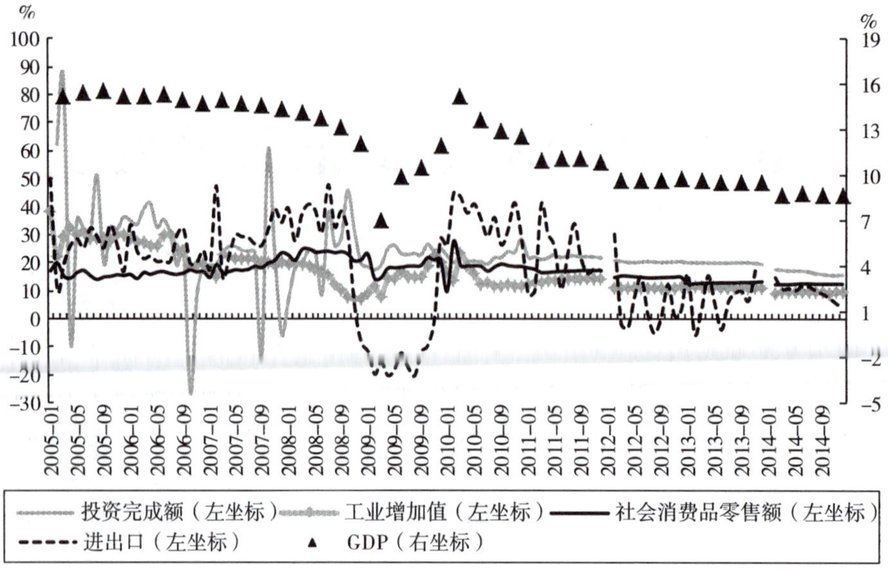

数据来源：山东省统计局相关资料。

图 1　2005—2014 年主要经济指标月度增速变动图

2014 年山东居民消费价格总水平上涨 1.9%，其中，城市上涨 2.1%，农村上涨 1.5%。农业生产资料价格、工业生产者出厂价格、工业生产者购进价格分别下降 0.5%、1.6% 和 1.8%。城镇新增就业 118.5 万人，农村劳动力转移就业 131.2 万人。城镇登记失业率为 3.3%。

6. 区域经济融合发展，县域经济实力不断壮大

半岛蓝色经济区、黄河三角洲高效生态经济区、西部经济隆起带分别实现生产总值 27 715.4 亿元、8 512.0 亿元、17 386.0 亿元。公共财政预算收入过 10 亿元的县（市、区）达到 119 个。其中，过 30 亿元、50 亿元、100 亿元的县（市、区）分别达到 44 个、24 个和 4 个。

（二）经济运行中存在的问题

1. 经济下行压力仍然较大

经济运行步入“新常态”，经济下行和企业生产经营压力加大具有客观必然性。市场主体对宏观经济预期不乐观，企业家宏观经济热度指数连续 4 个季度下滑；银行家对经济形势的热度指数仅为 24%。

2. 房地产市场分化调整继续

全年商品房销售面积、商品房销售额同比分别下降 11.1% 和 6.4%，商品住房累计可售面积 15 900万平方米，同比增长 41%，去库存压力仍然较大。

3. 经济结构调整和转型升级依然任重道远

全年六大高耗能行业①合计投资增长 26%，高于同期全部投资增速 10.2 个百分点，占全部投资的 16%，同比提高 2 个百分点。六大高耗能行业新增中长期贷款 289.2 亿元，同比多增 192.3 亿元。

① 六大高耗能行业包括石油加工、炼焦及核燃料加工业，化学原料及化学制品制造业，非金属矿物制品业，黑色金属冶炼及压延加工业，有色金属冶炼及压延加工业，电力、热力的生产和供应业。

4. 外贸形势不容乐观

国际贸易保护主义频发，2014 年前三个季度山东省共遭受国外贸易救济调查 46 起，同比增长 9.5%，涉案金额 43.6 亿元，同比增加 9.1 倍。

（三）经济运行对金融稳定的影响

2014 年，山东省经济增速略有放缓，但整体运行平稳，质量稳中有升，为山东省金融业的持续健康发展提供了良好的外部环境，为区域金融稳定奠定了坚实的基础。但经济增速放缓和结构调整使得企业财务问题不断暴露、信用风险大幅上升，风险由实体经济不断金融领域传递。大型企业信贷风险、贸易融资风险等暴露增加，通过担保圈、担保链发散传导，对山东省的金融生态造成了较大负面影响。

二、金融业与金融稳定

（一）银行业

1. 运行状况

（1）资产负债规模增势放缓。2014 年，全省银行业机构资产、负债同比分别增长 9.6% 和 9.5%，增速分别下降 4.69 个和 4.67 个百分点。本外币存、贷款分别增长 9.1% 和 11.9%。本外币新增贷款占社会融资规模的 59.46%，较上年上升 13.11 个百分点。

（2）地方法人银行机构市场份额继续上升。地方法人机构资产、负债占比分别为 32.22% 和 30.68%，同比提高 1.96 个和 1.69 个百分点。新增存款市场份额较上年提高 3.8 个百分点。

（3）金融机构组织体系更加健全。全省国有商业银行、政策性银行、股份制银行、外资银行二级分行以上机构共有 219 家。银行业体系多元化进程加快，本年共批复筹建城商行分行 19 家，新设村镇银行 20 家，2 家财务公司、1 家汽车金融公司、1 家外资银行济南分行批复筹建。

（4）信贷支持实体经济的力度进一步增强。全年投向制造业、批发零售业贷款合计新增 2 312 亿元，占各项贷款增量的 40.4%。“黄、蓝” 两区贷款分别增加 769.9 亿元和 2 670.4 亿元，分别占全省新增贷款的 13.9% 和 48.22%。涉农贷款增速高于全部贷款增速 0.88 个百分点。保障性安居工程贷款新增 182 亿元，同比多增 166 亿元，增速 48.9%，高于各项贷款增速 37 个百分点。

（5）银行业改革取得新成效。5 家大型商业银行山东省分支机构深入落实股份制改革要求，业务发展态势良好，内部控制与风险管理能力不断提升。农业银行山东省分行持续完善“三农”金融事业部管理体制和运行机制，“三农” 存款年度增量居系统首位，涉农贷款连续 4 年增速高于全行平均水平，新设“惠农通” 工程服务点 8 581 个，布放电子机具 14.9 万台，覆盖全省 76.95% 的行政村。农村信用社改革不断深化，2014 年新增组建农商行 12 家。

（6）监管有效性不断增强。新资本管理办法有序实施，中小法人机构理财、同业两项业务治理体系改革基本到位。监管部门全年共依法实施行政处罚 45 起，罚款 369 万元，处理从业人员 22 人，对 3 家机构实施监管强制措施。

2. 需关注的问题

（1）不良贷款反弹较多，信用风险持续暴露。年末不良贷款余额 995.95 亿元，新增不良贷款

347.89 亿元，不良贷款率 1.86%，较年初上升 0.5 个百分点。关注类贷款、逾期贷款分别较年初增加 606.5 亿元和 598 亿元。全省银行业机构贷款质量向下迁徙率 4.67%，高于向上迁徙率 4.16 个百分点。21 家法人银行机构不良贷款率超过 5% 的监管标准。

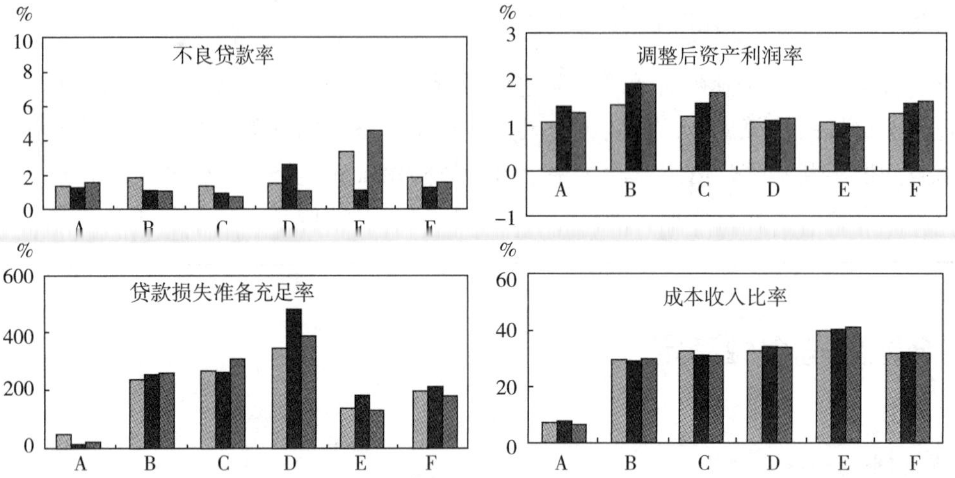

注：A 为政策性银行，B 为国有银行，C 为股份制银行，D 为城市商业银行，E 为农村金融各机构，F 为全金融机构合计。
数据来源：山东银监局相关资料。

图 2　2012—2014 年银行业主要评价指标状况

（2）资本状况整体充足，风险抵补能力较强。全省法人银行业机构资本净额较年初增加 573.5 亿元，其中，实收资本较年初增加 264.95 亿元。资本充足率 12.06%，核心一级资本充足率和一级资本充足率均为 10.71%。年末全省银行业机构共计提贷款损失准备 1 532.12 亿元，较年初增加 281.08 亿元；拨备覆盖率、贷款损失准备充足率分别较年初下降 39.21 个和 7.31 个百分点。全年累计清收处置不良贷款 956.94 亿元，同比增加 631.68 亿元。

（3）流动性状况总体良好，影响流动性的因素复杂。全省法人机构统算流动性比例、核心负债依存度分别较年初提高 5.3 个和 0.1 个百分点。部分中小法人机构流动性风险管理仍存在不足，17 家法人机构备付率不足 1%，16 家农村合作金融机构存贷比超标，71 家法人机构前 10 大户存款占各项存款的比重超过 30%，资金来源稳定性降低。全省法人银行业机构各项存款占总负债的比重为 84.9%，较年初下降 1.8 个百分点；同业负债占比 16.64%，较年初降低 2.22 个百分点。个别机构年末同业负债占比仍超过监管标准。

（4）案件防控、舆情控制和应对群体性事件的压力较大。2014 年，全省银行业机构共发生案件 6 起，涉案金额 7.77 亿元，同比增加 7.48 亿元。部分机构因内部案件和管理问题引发负面舆情报道和群体性事件，凸显了金融机构内控文化建设亟待加强。

（5）盈利能力略有下降，发展转型压力增大。全省银行业机构共实现净利润 1 031.48 亿元，同比下降 5.7%；资产利润率、成本收入比率、中间业务收入比率同比分别下降 0.23 个、0.07 个和 0.09 个百分点。受利率市场化改革进程加快等因素影响，传统银行业主要依赖利差和信贷增长的盈利模式将不可持续，转型压力进一步增大。

（二）证券期货业

1. 总体发展状况

（1）证券市场景气上升，运营机构大幅增盈。全年新增证券营业部37家，市场交易金额、投资者开户数和保证金余额同比分别增长61.2%、5.0%和130.1%。运营机构营业收入和净利润同比分别增长41.4%和109.5%。齐鲁证券、中信证券2家法人券商连续四年被评为A级，总资产和净资本同比分别增长122.3%和23.7%，各项风控指标远离预警和监管标准。

表1　2014年末山东省法人证券机构净资本核心风险监控指标　单位：亿元，%

项目	齐鲁证券	中信证券（山东）	预警标准	监管标准
净资本	85.02	28.93	>2.4	>2
净资本/各项风险资本准备之和	395.04	793.42	>120	>100
净资本/净资产	61.95	81.65	>48	>40
净资本/负债	25.21	48.80	>9.6	>8
净资产/负债	40.70	59.76	>24	>20
自营权益类证券及证券衍生品/净资本	39.19	3.91	<80	<100
自营固定收益类证券/净资本	59.94	26.56	<400	<500

数据来源：齐鲁证券公司、中信证券（山东）公司相关资料。

（2）市场融资较快增长，并购重组成效显著。2014年，全省154家境内上市公司总市值同比增长25.7%。52家企业A股市场融资同比增长3.84倍。11家新三板挂牌企业募集资金2.35亿元，6家企业境外上市融资70.5亿元。10家公司实施并购重组，向上市公司注入优质资产92.9亿元，21家企业发起重组事项，涉及资金111.7亿元。

（3）期货市场健康发展，服务实体经济能力增强。全省新设期货交割库7家，累计达55家。新增期货营业部37家，投资者开户数、保证金余额同比分别增加0.99万户和19.7亿元。3家期货经纪公司总资产和净资产同比分别增长35.0%和5.7%，净利润同比增长30.8%。

（4）深入推进改革创新，多层次资本市场建设取得积极进展。齐鲁股权交易中心挂牌、托管企业分别达412家和534家，累计融资150亿元，成功实现与“新三板”批量转板机制建设。蓝海股权交易中心开业，挂牌展示企业达1 386家。金融资产、能源环境、农村产权、海洋产权等4家交易场所获批成立。

2. 需关注的问题

（1）法人券商业务结构不均衡，竞争实力有待增强。两家法人券商经纪业务转型仍处初级阶段，通道业务佣金收入占比分别较全国平均水平高22.3个和27.5个百分点。投行与资管业务发展滞后。资产证券化、量化做市交易等新兴盈利模式亟待突破。

（2）上市公司盈利能力低位徘徊，债务风险上升。截至2014年第三季度末，省内15家上市公司出现亏损，69家净利润同比下滑，其中32家净利润下滑超过40%。部分大型传统国有企业受产能过剩影响，出现巨额亏损。第三季度末，全省上市公司平均资产负债率为62%，同比提高1.3个百分点，13家公司对外担保额占净资产比重超过30%，其中6家公司超过70%的警戒线。

（3）违法、违规行为有所抬头，市场环境仍须净化。全年监管部门立案调查了12起证券业违法违规行为。7 家上市公司的违法违规案、内幕交易案或股票异动案已被结案或处罚。

（三）保险业

1. 总体发展状况

（1）机构实力逐步增强，市场体系不断完善。2014 年末，全省共有法人保险公司 3 家。保险市场主体 79 家，其他各级分支机构 6 470 个，从业人员 40.65 万人。全省保险业总资产同比增长 11.8%；保险业提供风险保障 42.65 万亿元；累计赔付 518.8 亿元，同比增长 17.5%。

（2）各项业务加快发展，业务结构有所改善。全年累计实现保费收入同比增长 13.6%。财产险公司业务收入同比增长 16.8%，人身险公司业务收入同比增长 11.8%。车险保费收入同比增长 15.4%，业务占比达 79.6%。企财险、责任险、保证保险和健康险业务收入同比分别增长 4.2%、19.3%、63.5% 和 84.5%，增速较快。

（3）服务领域进一步拓展，保险保障作用增强。全年共实现政策性农业保险保费收入 9.63 亿元，赔付 4.53 亿元，受益农户 188 万户。大病保险覆盖 7 029 万城乡居民，占全国总量的四分之一。安全生产责任保险对重点行业实现了全覆盖。各类责任保险规模 13.1 亿元，同比增长 19.3%，赔付支出 5.37 亿元。出口信用保险为全省贸易出口提供风险保障 1 710 亿元。小额贷款保证保险为小微企业贷款提供保障 3.52 亿元。

（4）资金运用稳步增长，投资领域不断拓宽。全年保险资金运用新增 157 亿元，主要投向基础设施、保障房、医疗健康、养老社区等领域。新增债权投资计划 229 亿元，集中在交通和保障房领域。

2. 需关注的问题

（1）财产险经营效益下行风险加大。车险保费充足度持续走低。受市场竞争加剧、新型销售渠道快速发展及行业自律转型等因素影响，车均保费呈走低态势，车险赔付成本上升。部分公司违法违规行为抬头，以费用换业务的发展方式扰乱了市场秩序，高费用、高投入的特征较为明显。

（2）人身险发展质量和持续性值得关注。前期依靠高现金价值产品拉动的高速增长可持续性弱，业务回升基础不牢固，尚未形成新的有效增长方式。同时受新单业务趸交化影响，2014 年全省人身险公司寿险新单期交率仅为 35.9%。

（3）保险机构风险防范任务艰巨。非正常退保和满期给付风险压力持续上升，满期给付涉及公司和金额均明显增加。部分中小公司偿付能力不足和现金流风险逐步显现。保险中介销售误导可能引发退保等群体性事件。部分保险中介非法销售非保险理财产品，涉嫌非法集资。

（四）金融业综合经营

1. 金融控股公司

（1）总体发展状况

山东省内有山东省国际信托有限公司（以下简称山东信托）和莱芜钢铁集团有限公司（以下简称莱钢集团）两家由总行认定的金融控股公司。山东信托控股泰信基金、鲁信资产管理两家金融业公司，莱钢集团控股齐鲁证券一家金融子公司。2014 年，两家公司总体运行平稳，股权结构稳定，风险相对可控。年末，山东信托管理的信托规模同比增长 8.96%；实现净利润同比增长 2.65%。莱钢集团实现净利润同比增长 441.11%。

（2）需关注的问题

一是信托贷款兑付风险压力加大。2014 年，山东信托个别信托计划出现违约。此外，受同业业务的逐步规范及“通道”类业务竞争加大等因素影响，山东信托新增资金信托业务规模明显下降。二是受信贷政策和产业政策影响，莱钢集团融资成本上升，资金压力加大，持续经营面临挑战。

2. 交叉性金融业务

（1）整体发展情况

2014 年，山东省金融机构跨行业交叉性业务总量继续扩大，业务模式趋于复杂。据对 270 家①银行机构和 2 家法人证券公司调查：一是银行业理财产品持续高速增长。全年累计发行及代销理财产品募集资金额较上年增长 39.4%，同比多增 12.8 个百分点。银行机构理财产品手续费收入同比增长 1.87 倍。二是同业业务增速减缓。年末全省银行机构同业资产余额同比增长 1.73%，增速较上年下降 24 个百分点；同业负债余额同比下降 5.93%。三是跨业投资规模增长迅速。全年共开展跨业投资项目② 13 991 笔，投资金额 8 583.4 亿元，其中，资金来源为银行自有资金的比例为 76.1%，超过半数的资金投向证券公司的资产管理计划。四是代理类业务发展持续分化。保险、基金、资产管理计划、其他债券等产品销售额同比分别增长 31%、81.8%、72.1%、47.7%；信托、黄金、白银等产品销售额同比分别减少 32.4%、6.5%、51.1%。五是证券公司跨业合作业务发展迅猛。年末，辖内法人证券公司存续定向资产管理产品 348 只，规模为 1 803.11 亿元。两融收益权转让全年业务额 176.92 亿元。

（2）需关注的问题

一是部分银行通过委托贷款业务规避监管，弱化了宏观调控与产业政策效果。部分资金借道证券公司、资产管理公司、基金公司，以资产管理计划、基金产品等方式，通过银行向房地产业发放委托贷款。部分委托贷款由银行机构主导，将表内信贷资产转变为表外委托贷款业务，实现了信贷资产出表。二是证券公司两融收益权转让业务潜藏风险点。两融收益权转让业务打通了银行、保险资金进入股市的通道，放大了金融风险跨市场传染的可能性。同时，两融业务普遍存在期限错配现象，加大流动性管理的难度。三是部分小额贷款公司存在将资金用于购买商业银行高收益理财产品或通过银行机构发放委托贷款的现象。

三、金融市场与金融稳定

2014 年，山东省金融市场运行平稳，机构覆盖面继续扩大，企业参与度不断深化，产品交易量不断上升，整体利率下行，波动幅度同比减弱。

（一）货币市场及债券市场交易活跃，资金价格下行明显

2014 年，全省共有 105 家市场成员和非法人投资者参与货币市场和债券市场交易，成交总量同比增长 40.5%。42 家市场成员同业拆借总成交额同比增长 18.5%，拆借加权平均利率、拆入拆出资金加权平均价格同比分别下降 0.07 个、0.09 个和 0.01 个百分点。79 家法人金融机构和非法人投资者现券交易额 2.3 万亿元，同比增加 78.3 亿元，现券买卖加权平均利率、买入卖出加权平均利率同

① 包括政策性银行、大型银行、股份制银行、外资银行的省级分支机构及各法人银行机构。

② 包括投资理财产品、信托计划、资产管理计划及其他产品。

比分别上升 0.35 个、0.4 个和 0.31 个百分点。83 家市场成员和非法人投资者债券回购成交额 14.83 万亿元，同比增长 51.06%。

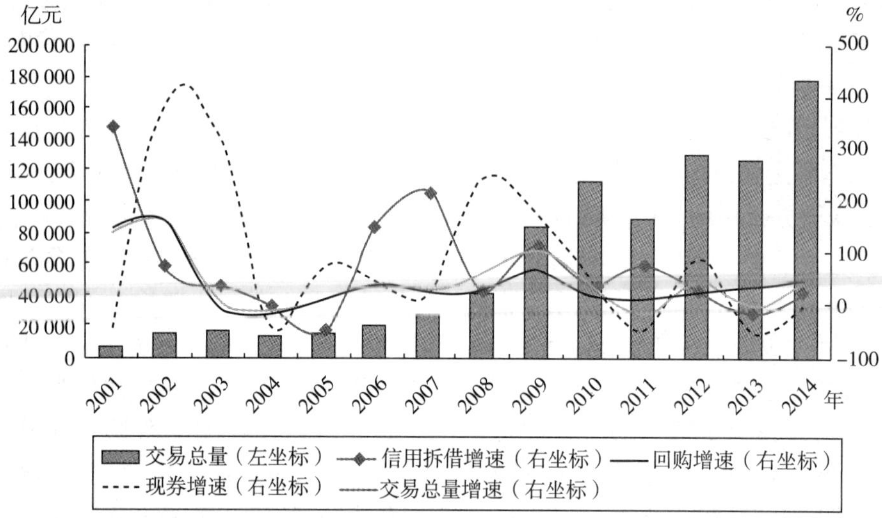

数据来源：中国人民银行济南分行相关资料。

图 3　2001—2014 年货币市场成员交易量变动状况

（二）票据签发量先增后降，贴现利率持续低行后反弹

票据签发先增后降。6 月末全省金融机构银行承兑汇票签发余额 12 529 亿元，较年初增长 24%；年末签发余额 11 534 亿元，较 6 月末减少 995 亿元，较上年末增加 1 435 亿元，同比少增 67 亿元。保证金比例同比下降 0.77 个百分点，风险敞口同比增加 851 亿元。年末全省金融机构票据融资余额 1 916亿元，较年初增加 197 亿元，同比多增 463 亿元。票据贴现利率前 11 个月持续走低，12 月快速反弹。

（三）债务融资工具融资规模持续扩大，企业参与度不断深化

2014 年末，全省存续期内的债务融资工具共有 318 单，余额 3 316.2 亿元。年内新发行债务融资工具 215 单，同比增加 79 单；融资 2 278.2 亿元，同比增长 59.4%。31 家民营企业共发行 67 单，融资 335.7 亿元。分类别看，除中小企业集合票据外，其余各类债务融资工具均实现了较快增长。

（四）黄金市场交易持续活跃，成品金利润空间收窄

全省 13 家上海黄金交易所会员单位全年累计成交量 1 783.6 吨，同比增加 501.3 吨，增长 39.1%。全年纸黄金成交量与成交金额同比分别下降 48.4% 和 53.2%。各监测企业销售金额同比下降 11.6 亿元，销售利润同比下降 2.9 亿元。

四、金融服务与金融稳定

2014 年，山东省金融基础设施建设稳步推进，促进了金融体系的平稳运行，支持了区域经济金

融发展。

（一）金融消费权益保护工作有序推进

2014 年，全省 17 个地市实现金融消费权益保护协会组织全覆盖，同时成立市级协会分会和办事处 14 家、县级协会 56 家。17 个地市全部开通金融消费权益保护咨询投诉电话，全年共受理咨询 6 514件，投诉 1 355 件，办结 1 336 件，办结率 98.6%。

（二）支付体系运行稳定

在全国首批完成财务公司电子商业汇票系统线上清算业务试点，完成第二代支付系统和 ACS 综合前置子系统推广。实施农村支付服务“新双百”工程，实现了助农取款服务点和手机支付业务在全省行政村 100% 全覆盖。全年各银行机构通过支付系统办理结算笔数、金额同比分别增长 9.7% 和 8.2%。电子商业汇票系统处理商业承兑汇票、银行承兑汇票金额同比分别增长 35.1% 和 60.2%。网上支付、电话支付和移动支付交易笔数、金额同比分别增长 25.0% 和 17.3%。

（三）信用体系建设不断深入

2014 年，山东省金融信用信息基础数据库平稳运行，企业、个人信用信息基础数据库收录量分别增长 4.33% 和 1.63%。扎实推进信托贷款、委托贷款信息纳入金融信用信息基础数据库。积极推广动产融资登记公示系统和应收账款融资服务平台。深入开展小额贷款公司和融资性担保公司信用评级工作。深入开展农村信用体系建设，组织开展“信用乡镇、信用村、信用农户”评定工作。不断提升服务水平，全年共受理个人信用报告查询 130 万人次，增长 38.79%；依法为公安、检察、法院等部门提供查询 1 418 笔，增长 3.65%。互联网个人信用信息平台全年累计注册人数达 41 万人，累计查询各类个人信用信息 173 万笔，分别增长 49.32% 和 55.64%。

（四）反洗钱工作持续深入

2014 年，人民银行济南分行共对 44 家县级以上金融机构、1 家支付机构开展现场检查，对 1 375 家市级以上机构开展自律考核评估，对 97 家具有省级管辖权的金融机构、1 564 家市级以上金融机构建立了反洗钱监管档案。全年共开展反洗钱行政调查、案件协查 204 次，移送线索 58 个，立案 5 个，侦破 4 个，涉案金额 11 亿元。召开山东省反洗钱工作联席会议，与相关部门举行各类情报会商 40 次，发布风险提示 61 期，向公安机关报案 58 个，涉及金额 914.3 亿元。

（五）货币流通管理水平有效提升

2014 年，全省现金流通渠道畅通，反假币工作不断深入。制定发行基金券别搭配投放管理办法，建立小面额货币的良性循环机制，积极推进现金全额清分工作。2014 年流通中人民币整洁度平均水平为 94.67%，提高 0.81 个百分点，各券别平均需求满意度为 98.02%，提高 0.41 个百分点。全年累计收缴没收假币张数和金额分别增长 127.7% 和 28.1%。

（六）金融知识宣传培训和投资者风险教育成效显著

全年开展征信、反洗钱、反假币宣传逾 5 844 次，受众超过 231 万人次，发放宣传资料 96 万份，提供咨询逾45万人次，开展专业培训近2 344次，培训人数逾5万人，金融消费者权益保护、金融支持服务业发展、金融支持现代农业加快发展等宣传活动受到社会各界的广泛关注。圆满完成“送金融知识进村社企校”三年规划，全省金融知识宣传的影响面在村庄、社区、企业、学校分别达86.5%、86.0%、70.3%、72.4%，有效提升了公众金融素质。

五、总体评估与政策建议

按照统一的层次分析模型和权重，对山东金融稳定状况定量评估显示：2014年综合评分76.43，比上年下降2.28。其中，因经济增速放缓，宏观经济得分下降1.15；受资产质量劣变、利润下滑等因素影响，银行业得分下降0.5；受经营效益下行等因素影响，证券业得分略降0.04；受退保金额大幅增长等因素影响，保险业得分略降0.02。

2015年是全面深化改革的关键之年，是全面推进依法治国的开局之年，也是全面完成“十二五”规划的收官之年。随着经济增长步入新常态，全省金融业发展既有难得的机遇，又面临严峻挑战。一方面，全省经济发展总体向好的基本面没有改变，经济增速保持在合理区间内，经济转型升级稳步推进，新的改革红利持续释放，金融业发展面临难得的机遇。另一方面，经济发展仍存在较大不确定性，复杂的形势给经济金融运行带来了很多新的困难，预计2015年金融风险管控形势仍然严峻，风险的防范、化解和处置仍是区域金融稳定工作的重中之重。因此，全省金融系统应继续牢牢把握稳中求进工作总基调，主动适应经济发展新常态，深入推进地方金融改革，全面提升金融服务水平，努力加强对经济提质增效升级发展的金融支持。不断强化金融业风险管理，切实防控金融风险，确保辖区金融稳定。

（一）认真贯彻稳健的货币政策，保持信贷和社会融资规模合理适度增长

引导金融机构优化信贷结构、盘活存量、用好增量、强化定向支持，进一步发挥再贷款、再贴现、差别存款准备金动态调整机制等的结构调控作用，有针对性地引导金融机构落实信贷政策要求，将更多的信贷资源配置到“三农”、小微企业、服务业、科技创新、新兴产业、新增长点，以及水利、铁路等重点领域和薄弱环节，努力缓解企业融资难和融资贵问题。

（二）加强金融风险监测、预警和报告，继续坚持金融风险监测全覆盖

加大风险监测排查力度，深入推进金融机构稳健性现场评估，严格落实银行机构重大事项报告制度，强化对金融创新业务和地方中小金融机构的风险监测，重点关注产能过剩行业、大企业融资担保圈、地方政府债务、房地产市场、影子银行等风险状况。促进加强对小贷公司、融资性担保公司等机构监管，推动区域金融生态环境建设。切实防范支付机构风险。

（三）深入推进金融机构公司治理和内控建设，切实提高稳健经营水平

督促各金融机构强化内部控制和风险防范，进一步健全激励约束机制。平衡好业务发展与风险防控、市场规模与经营效益、市场开拓与内控管理等方面的关系，真正转变“重效益、轻风控”的经营理念，实施审慎集约经营。健全完善信贷审批管理，高度重视现金流等第一还款来源，适度弱化担保抵押条件，合理确定互保联保授信额度，避免过度授信。强化内部信贷风险防控，防止金融

机构内部人员内外勾结骗取银行资金。创新实施新型主办银行制度，促进银企双方构建长期稳定合作关系，缓解银企间存在的信息不对称问题。

（四）完善金融风险应对处置措施，有序推进各类金融风险化解处置

推动各地政府在区域金融风险处置中发挥主导作用，强化对舆论宣传的管理和引导，弱化负面舆情对公众的误导，防止负面信息发酵和蔓延；优化区域金融生态环境，加大金融债权保护力度，坚决打击恶意逃废银行债务行为。不断加强金融监管协调和合作，防范跨行业、跨市场风险传递，强化金融市场秩序综合治理，严厉打击非法吸存、发放高利贷、集资诈骗等金融违法犯罪活动，严防相关风险向正规金融体系传递。加大金融安全宣传力度，强化金融投资者教育，切实提高社会公众理性投资意识及风险防范能力。

总纂：苑治亭
统稿：郑宇明
执笔：于明星　王　冠　居　立　林　毅
杨　猛　张　宁　崔西强　吴天飞

河南省金融稳定报告摘要

2014年，河南省经济平稳运行，各项指标趋于协调，经济结构更趋优化，发展后劲持续增强，航空港经济综合试验区建设加快，中原经济区发展基础更加坚实。金融运行总体保持平稳，机构体系更加完善。银行业机构改革不断深化，综合实力持续提高；证券期货业规模质量同步提升，融资功能日益增强；保险业保障能力持续增强，服务领域不断拓宽；金融市场融资规模加快增长，金融基础设施建设稳步推进。全省金融稳定性进一步增强。

一、经济运行与金融稳定

（一）基本情况

1. 经济结构更趋优化，发展后劲持续增强

2014年，河南省实现国内生产总值34 939.38亿元，同比增长8.9%，高于全国平均水平1.5个百分点。三次产业对地区生产总值增长的拉动率分别为0.5%、4.9%、3.5%，第三产业对地区生产总值增长拉动作用提高7.66个百分点。高成长服务业加快发展，全年服务业增加值12 875.9亿元，增速高于全省地区生产总值增速0.5个百分点。全省邮政业务量增长26.03%，快递业务量增长51.62%。

2. 粮食产量保持连增，现代农业快速发展

2014年，河南省粮食总产量1 154.5亿斤，比上年增产11.72亿斤，占全国总产量的9.5%，实现“十一连增”。全省新建高标准粮田952万亩，新增省级示范性现代农业产业化集群25个，农民合作社、家庭农场分别达到9.7万家、1.6万家。全省土地流转面积3 393万亩，占家庭承包耕地面积的34.8%，流转土地用于粮食生产的比重高于全国水平。

3. 工业转型升级加快，产业集聚带动作用增强

2014年，河南省规模以上工业增加值增长11.2%。高成长性制造业、高技术产业增速分别高于全省规模以上工业增速2.6个、11.4个百分点，占规模以上工业增加值的比重同比分别提高2.7个、1.2个百分点。全省产业集聚区规模以上工业增加值增长16.7%，对全省工业增长的贡献率为75.3%，同比提高1.6个百分点；全省产业集聚区规模以上工业主营业务收入、实现利润对全省工业主营业务收入、工业利润总额的贡献率分别为70%、75%。

4. 投资内生动力增强，消费活力逐渐释放

2014年，河南省累计完成固定资产投资同比增长19.2%。高成长性制造业投资占比提高2.5个百分点，增速高于全省平均水平5.7个百分点；传统支柱行业投资占比下降2.3个百分点。全省社

会消费品零售总额同比增长12.7%，高于全国平均水平0.7个百分点；乡村消费品零售额增长14.5%，高于城镇2.2个百分点。

5. 对外贸易平稳增长，开放水平持续提升

2014年，全省实际利用外商直接投资、引进省外资金分别增长10.9%、16.3%。全省进出口总值650.3亿美元，增长8.5%。承接产业转移拉动外贸的效应进一步显现。富士康在豫企业进出口占全省进出口总值的60.3%，对外贸增长的贡献率为75.6%。成功举办第八届中国（河南）国际投资贸易洽谈会、中国（郑州）产业转移系列对接活动、中国（郑州）世界旅游城市市长论坛，郑州铁路汽车整车进口口岸成为全国内陆地区首家陆港型整车进口口岸，河南航投参股卢森堡货航公司，南阳国宁成功并购欧洲最大的动臂塔机制造商。

6. 财政收入持续增加，民生保障稳步改善

2014年，河南省地方财政总收入4 094.8亿元，增长11.0%。公共财政预算收入同比增长13.4%，全年税收收入增长10.5%。公共财政预算支出6 042.6亿元，增长8.2%，财政用于民生支出占一般公共预算支出的74.6%，同比提高2个百分点。

7. 居民收入稳定增长，市场物价涨幅平稳

2014年，全省城镇居民人均可支配收入2 4391.5元，增长8.9%，扣除价格因素实际增长6.8%；农民人均纯收入9 416.1元，增长11.1%，扣除价格因素实际增长9.4%。全年居民消费价格总指数同比上涨1.9%，低于全国0.1个百分点。

8. 郑州航空港经济综合试验区建设加速，中原经济区发展基础更加坚实

2014年，航空港经济综合试验区生产总值411亿元，同比增长18%，航空港经济综合试验区主营业务收入超千亿元的工业主导产业集群达到10个，超50亿元的服务业集群达到7个。中原城市群正式列入国家新型城镇化规划，郑州、洛阳成为丝绸之路经济带主要节点城市，郑欧班列班次密度、货重货值均居中欧班列前列。郑州机场累计货邮吞吐量增长44.9%，旅客吞吐量增长20.3%，客、货运量增速在全国大型机场中排名均为第一位。

（二）经济运行需关注的问题

1. 经济下行压力较大，增长动力转换难度较高

一是投资增速持续回落。全年全省新开工项目计划总投资增速大幅下降，房地产房屋新开工面积、土地购置面积、成交价款持续负增长；工业生产者出厂价格（PPI）和购进价格（IPI）同比分别下降1.9%、1.6%，降幅比上年同期扩大0.4个和0.9个百分点。二是工业企业效益下降，亏损增加。全年全省工业企业利润总额同比增长7.3%，较上年同期下降5.5个百分点；亏损企业亏损额同比增长9.1%，亏损企业单位数同比增长8%。三是财政收入和税收收入增速放缓。全年全省财政收入同比回落1.3个百分点；公共财政预算收入同比回落4.9个百分点；税收收入同比回落9个百分点。四是结构优化升级难度大。河南省煤炭、有色、建材等传统支柱产业需求空间受阻，竞争压力加大。同时，战略性新兴产业和高新技术产业规模偏小，带动力不强，科技创新能力不足，短期内还难以形成较强的增长动力。

2. 经济运行中不确定因素进一步增加，非法集资和企业担保链风险突出

一是互保联保、担保圈风险有所加大。2014年以来，受宏观环境及企业经营等多重因素影响，在河南省部分区域，由于担保链条呈网状分布，波及面广，处置难度大，一批主业良好但受牵连的

知名企业陷入困境，一些企业疲于应付，无心经营，银企互信降低，对当地经济金融发展和社会稳定造成了较大影响。二是非法集资风险高发。2014 年案件总体存量多，涉案金额大，参与集资群众多，案件高发领域和高发区域不断向其他行业和地区蔓延，对全省经济的健康运行带来较大的风险隐患。

二、银行业与金融稳定

（一）基本运行情况

1. 机构体系更加完善，资产规模持续增长

截至 2014 年末，河南省银行业金融机构网点 12 423 家，比年初增加 262 家。从业人员 171 706 人。全省首家金融租赁公司——洛银金融租赁公司正式成立。河南省银行业金融机构本外币资产总额51 579.82亿元，同比增长 12.51%；本外币负债总额 49 846.11 亿元，同比增长 12.51%。

2. 存款稳定性增加，“冲时点”现象明显改善

截至 2014 年末，河南省银行业金融机构本外币各项存款余额 41 931.1 亿元，较年初增加 4 340 亿元，同比增长 11.5%。全省单位、个人定期存款较年初分别增长 10.17%、5.76%，分别高于各自活期存款 1.82 个、1.87 个百分点，定期存款增速较快，活期存款占比降低。9 月中旬，监管部门加强了对商业银行存款偏离度的管理，金融机构各项存款季末时点波动趋于减弱，3 月、6 月、9 月新增存款逐步减少，12 月减少 271.39 亿元。

3. 贷款保持快速增长，长期化趋势明显

截至 2014 年末，河南省银行业金融机构本外币各项贷款余额 27 583.38 亿元，比年初增加 3 971.3亿元，同比增长 16.82%，高于全国平均增速 3.57 个百分点。受个人住房金融、棚户区改造以及城市基础设施建设等相关信贷扶持政策影响，中长期贷款新增额占各项贷款新增额的 66.48%，同比提高 21.28 个百分点。短期贷款新增额占全省新增贷款的比重同比下降 27.11 个百分点。

4. 机构增盈面进一步扩大，全部机构均实现盈利

2014 年，河南省银行业金融机构全部实现盈利，全年盈利 681.47 亿元，同比多增 49 亿元。其中，大型商业银行同比多增 11.22 亿元，政策性银行同比多增 1.04 亿元；农村中小金融机构同比多增 26.33 亿元。

5. 法人机构流动性趋好，抗风险能力较强

2014 年末，河南省法人机构流动性比例比年初提高 1.78 个百分点，农村商业银行、村镇银行、农村信用社分别较年初提高 12.57 个、5.78 个、3.16 个百分点。全省法人机构核心资本充足率 12.27%，资本充足率 14.71%。城市商业银行、农村中小金融机构①、财务公司超额备付率分别为 6.79%、6.81%、1.42%。贷款损失专项准备较年初增加 50.44 亿元，所有法人机构继续保持零缺口；城市商业银行、农村中小金融机构贷款损失准备充足率分别为 293.46%、391.68%。

6. 整体改革不断深化，法人机构改革成效显著

2014 年，河南省银行业金融机构改革进一步深化，国开行以棚户区改造为核心，全力推进河南

① 农村中小金融机构包括：农村信用社、农村商业银行、村镇银行、农村资金互助社。

省新型城镇化建设，农发行加大对农村基础设施建设的贷款力度，农业银行“三农”金融事业部改革有序推进。由13家城市商业银行通过新设合并方式组建而成的中原银行股份有限公司顺利开业，成为全国实收资本规模最大的城商行；未参与改革重组的郑州、洛阳、平顶山、焦作4家城商行签订流动性支持备忘录；截至2014年末，全省已组建农商行32家；已组建村镇银行70家，覆盖82个县（市），覆盖县（市）数量全国第一，全省有8个省辖市实现村镇银行“县域全覆盖”。

（二）银行业发展需关注的问题

1. 信用风险暴露增多，不良贷款余额增加

河南省经济结构中产能过剩行业占比较高，随着经济结构调整的深化，“降杠杆”将一方面使企业有可能无法按时偿还到期融资；另一方面通过快速风险传导，影响到上、下游企业的经营规模和现金流状况，增加这些企业无法按时偿还到期融资的风险，区域性信用风险将会进一步加剧。目前，企业经营困难现象增多，企业担保链风险呈蔓延趋势，信用违约现象明显增多，社会融资风险向银行传染，直接波及银行信贷资产质量。从账面情况看，河南省银行业金融机构不良贷款余额整体呈温和上升趋势，由于贷款投放总量不断增加，不良贷款被稀释，不良贷款率持续下降。截至2014年末，全省银行业金融机构不良贷款余额较年初增加41.4亿元；不良贷款率较年初下降0.11个百分点。

2. 房地产信贷风险不减，政府融资平台风险压力陡增

受宏观经济放缓和房地产市场调控的影响，河南省一些地级市房地产成交量出现下滑，部分中小房地产企业贷款质量下迁压力较大。房地产市场波动，房价回落导致住房抵押价值下降会使银行遭受违约甚至“断供”风险，同时会造成开发商销售停滞，资金链断裂形成贷款损失。银行机构作为债务人在政府债务清理、确权、甄别各个环节相对被动，且今后地方政府举债融资将通过地方政府债券及政府与社会资本合作模式，可能会出现融资额度不能及时、全面覆盖短期内到期政府存量债务情况，增加了银行短期内债权悬空风险和集中偿贷风险。

3. 存款增速持续回落，资产负债业务压力增加

由于受互联网金融、银行理财产品、股票市场等分流的影响较大，2014年各项存款增速持续回落，12月末降至11.7%，低于上年同期5.4个百分点，低于各项贷款增速6.2个百分点。随着利率市场化进程不断加快、存款保险制度即将出台，存款市场竞争更加激烈，金融机构吸收存款的成本提高，贷款保持持续快速增长的压力进一步增大，存款成本提高也会在一定程度上抬高贷款成本。

三、证券期货业与金融稳定

（一）基本运行情况

1. 证券市场主体持续增多，融资功能日益增强

截至2014年末，河南辖区境内上市公司67家，总市值5 531.61亿元、同比增长25.4%；证券化率16.21%，同比提高2.57个百分点。境外上市公司32家。全年新增“新三板”挂牌企业55家。证券期货经营机构同比增加27家；证券投资者同比增长6.06%；客户总资产同比增长33.48%。期货投资者同比增长11.88%。全年通过境内资本市场实现融资567.45亿元，同比增长17.6%。有52

家上市公司实施现金分红共73.94亿元，同比增加22%。

2. 多层次资本市场建设加快，服务实体经济功能拓展

2014年，河南省共有16家次上市公司完成并购重组再融资，另有28家次上市公司正积极推进并购重组再融资工作、涉及金额282.18亿元。13家沪港通标的上市公司进一步改善公司治理，提高透明度和国际市场竞争力。积极推动涉农、金融、高科技企业上市，新增境内上市公司1家；年末23家在审在辅导拟上市公司中，具有高新技术企业资格公司15家，涉农公司7家，金融公司2家。郑州高新区成立全国首家新三板挂牌公司服务协会，全年新增“新三板”挂牌公司55家，实现融资0.52亿元。积极参与区域性股权交易市场建设，中原航空港产业投资基金获批。累计备案中小企业私募债12家次，备案金额27.4亿元，其中5家完成发行。

3. 市场环境更加开放自由，机构创新发展活力增强

2014年，全省新增证券期货分支机构27家，证券交易佣金率由0.9‰下降到0.82‰，期货交易手续费率由0.018‰下降到0.012‰。中原证券6月在香港主板上市，募集资金15.01亿港元，是河南省第一家上市的金融企业。万达期货控股股东变更基本确定，并稳步发展资产管理、现货管理等创新业务。中原期货注册资本扩充到3.3亿元，正式获批取得期货投资咨询业务资格。证券经营机构全年网上开户数占新开户数的32%，证券分支机构新业务收入占比从21%上升到38%。“证企对接”项目完成90个；“期现对接”实体企业参与期货市场客户数量达3 844户。完成登记私募基金管理人34家，备案私募基金10只，管理基金认缴规模22.51亿元。

4. 监管协作执法力度加大，违法违规治理成效显著

2014年，河南监管部门共办理各类案件16起，案件数量创历史新高，主办案件办结转审理率同比提高33.33个百分点至83.33%。河南监管部门联合省高院、郑州仲裁委分别成立证券期货业社会（巡回）法庭和仲裁分会。联合公安机关开展非法“荐股”专项打击行动，先后查获74家涉嫌诈骗的“荐股”公司，其中3起案件涉及22人被法院以非法经营罪判决，有效遏制了非法“荐股”活动的蔓延势头。

（二）证券期货业发展需关注的问题

1. 上市公司行业结构不合理，综合竞争力还有待提高

河南上市公司在产业结构、公司规模质量及核心竞争力等方面，与发达地区相比还存在较大差距，传统行业和低附加值行业的企业较多，这类企业在盈利能力、可持续发展等方面与发达地区新兴产业差距较大。同时，上市公司整体行业结构不合理，部分公司受行业影响业绩大幅下滑，个别公司历史包袱沉重，长期难以转型脱困。部分公司规范运作水平不高，公司治理流于形式，难以发挥有效制衡作用，个别公司存在信息披露违法违规问题，已被立案调查或行政处罚。

2. 投资者风险意识需进一步加强，各监管部门间的监管协作需不断加深

随着A股市场行情的好转，投资者利用证券公司融资融券、股票质押等业务提升资金杠杆，截至2014年末，河南证券经营机构客户融资融券授信额度同比增长174.89%，大量资金由此进入股市，市场波动加剧，投资者需关注和防范其潜在风险。目前征信系统尚未覆盖证券、期货、基金等经营机构，这些机构在办理融资类业务时，不能及时跟踪客户信用状况的变化，给业务开展带来一定风险隐患；而商业银行在基金销售方面也存在诸多问题。因此，各监管部门之间应加强监管协作，做好交叉性金融业务的监管和风险防范工作。

3. 期货市场功能尚未得到充分发挥，服务实体经济能力仍待提高

期货经营机构整体实力较弱，经营模式单一，期货经纪业务占比较大，资产管理、投资咨询、风险管理子公司等业务还未形成利润增长点。投资者结构以散户为主，机构投资者比例较小。截至2014年末，河南期货经营机构的客户中法人投资者仅占3.64%。期货市场服务实体经济的能力有限，大量市场经济主体还未参与到期货市场中去，期货市场风险管理、价格发现的功能还未得到充分发挥。全年全省67家上市公司中仅有15家参与期货交易，仅占22.39%。

四、保险业与金融稳定

（一）基本运行情况

1. 市场体系实现突破，资产规模稳步扩张

2014年，河南首家保险法人机构——中原农业保险股份有限公司获批筹建，有10家保险机构在河南着手设立区域总部、后援中心，省会郑州在全国率先推出“中部金融保险后台服务基地建设战略”。截至2014年末，全省共有省级分公司62家，在筹4家，各类保险分支机构5 806家。截至2014年末，全省保险业总资产2 300.7亿元，同比增长9.75%。其中，财产险公司总资产同比增长53.33%，寿险公司总资产同比增长7.14%。全省保险业从业人员达34.23万人。

2. 保费增速逐步回升，保险赔付平稳增长

2014年，河南省保费收入达1 036.08亿元，同比增长13.04%，为“十二五”以来最高水平。其中，财产险保费收入同比增长16.56%；人身险保费收入同比增长11.81%。全年全省赔付支出324.03亿元，同比增长15.83%。其中，全年寿险赔付支出同比增长16.08%；财产险赔付支出同比增长15.51%。

3. 业务结构持续优化，承保盈利水平提升

2014年，河南省商业车险同比增长23.14%，高于交强险增速7.78个百分点，在车险业务中的比重提高1.46个百分点。人身险传统保障性产品业务占比51.44%，上升30.11个百分点；普通寿险、分红险、类资管产品规模比例1:1.22:0.67；个人代理渠道占比超过银邮渠道，达到49.5%，上升2.1个百分点；电销、网销等新型渠道发展迅速，同比增长26.84%；寿险新单期缴率25.63%，同比上升2.56个百分点。财产险公司实现承保利润4.7亿元，承保利润率1.91%；人身险公司短期意外、健康险实现承保利润1.93亿元，承保利润率6.26%，同比上升6.51个百分点。

4. 保障能力持续增强，服务领域不断拓宽

2014年，河南省保险业累计提供风险保障同比增长119%，养老和健康准备金累积3 056.81亿元。新农合大病保险率先在全国实现省级统筹，覆盖8 260万参合农民，城镇居民大病保险省级统筹完成，覆盖1 200万城镇居民。农业保险累计573.79万户次，提供风险保障309.55亿元，济源养殖业保险模式被农业部在全国进行推广；信用保险提供出口保障44.71亿美元；出口信用保险、贷款保证保险、保户保单质押等业务累计帮助企业和客户融资164.73亿元。保险参与棚户区改造债权项目在洛阳落地。自11月25日开展中央财政直补小麦种业保险试点工作以来，已为中国农业发展集团所属洛阳、周口两地16个国有农场76 310亩小麦提供了7 631万元风险保障。

（二）保险业发展需关注的问题

1. 保费增速逐月下滑，持续稳定增长压力较大

2014 年，河南省保险业收入由 1 月的 68.1% 下滑至 10 月的 12.46%，全年增速低于全国平均水平 4.45 个百分点。从收入结构看，非车险业务增长乏力，增速比上年同期低 24.26 个百分点；寿险新单保费增速由 1 月的 184.56% 逐月下滑至 12 月的 10.65%，低于全国平均水平 18.37 个百分点，续期业务规模增速比全国平均水平低 0.92 个百分点。

2. 满期给付、退保率居高不下，寿险流动性压力较大

2014 年，由于分红险等产品的收益率低于投保人心理预期等原因，河南省寿险退保金增幅较大，退保率比上年提升 3.0 个百分点。针对风险情况，保险业制定了应急预案，强化保险公司风险防范的主体责任，加大产品创新力度，增加保费收入，缓解流动性压力。2015 年仍是满期给付高峰年，大量给付与退保风险相叠加，寿险业的流动性管理仍将面临挑战。

3. 农业保险业务萎缩，保障功能有待提升

2014 年，河南省农业保险受支持农险发展的有关财政补贴和费用支付政策落实不到位等因素影响，全年农业保险保费收入同比下降 26.35%，参保农户同比下降 39.11%，提供风险保障同比下降 13.82%。农业保险业务与河南省作为农业大省的特点不相匹配，农业保险保费收入占财产保险行业保费收入的 4.09%，低于全国平均水平 0.81 个百分点。

五、金融市场与金融稳定

（一）基本运行情况

1. 债券发行大幅增加，市场交易明显好转

2014 年，河南省银行间债券市场债务融资金额 948.6 亿元，同比增长 33.46%。主承销机构以省内金融机构为主；发行主体主要是地方融资平台和行业内龙头企业，涉及交通、煤炭、钢铁等行业。全年债券回购累计成交同比增长 39.78%；现券累计成交金额同比增长 335.40%。

2. 货币市场交易活跃，利率中枢震荡下行

截至 2014 年末，河南省银行间债券市场成员 115 家，银行间同业拆借市场成员 29 家。机构成员资金融入、融出交易活跃，轧差后，融入资金 8 397.01 亿元。银行间债券市场交易结算量达 98 711.5亿元，同比增长 75.99%。交易品种以质押式回购成交量最大，占总成交量的 65%；交易期限以隔夜及 7 天交易为主，占总成交量的 90.71%。全年 Shibor 保持震荡下降趋势，受 SLF 推出、公开市场操作、定向降准等多项措施以及加强对同业、非标业务监管的影响，大量资金被配置到短期货币市场，导致利率下行。

3. 票据承兑快速增长，贴现利率回升显著

截至 2014 年末，河南省金融机构票据承兑余额 4 066.74 亿元，增长 26.98%，同比提高 11.98 个百分点；全年累计发生额 8 523.95 亿元，增长 28.63%，同比提高 10.63 个百分点。全年票据贴现余额 856.3 亿元，增长 18.22%；累计发生额 7 345.58 亿元，降幅达 37.45%。票据贴现利率回升显著，特别是进入 12 月，货币利率不断上行，12 月最后一周银行间 7 天回购加权利率均值为 5.32%，

创2014年2月以来新高。第四季度，河南省法人金融机构办理票据融资加权平均利率为5.49%，环比上升0.53个百分点，其中，贴现、转贴现加权平均利率环比分别提高0.44个、0.61个百分点。

4. 黄金业务品种分化，期货交易增加较多

2014年，河南省共17家银行业金融机构开办了黄金市场业务，代理金交所业务大幅增长，全年成交量129 930.22千克，增长76.58%；境内账户金和实物黄金业务下降，全年交易量下降3.47%；黄金质押、租赁、境内远期大幅增长，同比分别增长35%、72.17%、40.33%；境外黄金远期业务增加，全年成交量增长47. 53%。2014年郑州商品交易所期货市场累计成交13.23亿手，累计成交额为45.81万亿元，同比分别上升28.75%和22.97%。粳稻JR、菜籽粕RM是主要交易品种，成交量占比分别为50%、23%。

5. 外贸形势持续向好，跨境收支规模扩大

2014年，河南省进出口总值3 994.4亿元人民币，再创历史新高，同比增长7.5%。2014年全省跨境收支规模继续扩大，同比增长11.4%，跨境资金收入增长0.7%，支出增长28.7%。全年跨境人民币收入增长130.6%；支出增长24.4%；净流入178.58亿元。橡胶、化学纤维、纺织品、皮革等制造业净流入均呈现倍增，分别增长3.6倍、1.9倍、1.8倍、1.5倍，黑色、有色金属冶炼净流出有所下降。

（二）金融市场运行中需要关注的问题

1. 票据业务相对集中，风险不易分散

目前，河南省辖内金融机构票据业务服务的重点对象是采矿、制造、建筑业，这三个行业累计承兑商业汇票占全部发生额的50%；一旦出现大的经济波动，银行资产将面临较大风险。

2. 债券市场产品同质突出，市场结构有待完善

目前债券市场品种主要是国债、央行票据、金融债。在中长期信用债中，中低信用评级债占比较低，中高级信用评级债占九成以上，市场资源分配不均，资质低但处于高速发展的中小企业利用债券市场融资的机会相对较小。债券市场的品种不多，结构不合理，难以满足各类企业的融资需要，也难以满足不同风险偏好的投资者。

六、金融基础设施与金融稳定

（一）金融监管部门多措并举，推动金融消费权益保护有效实施

2014年，人民银行郑州中心支行开通了金融消费权益保护热线12363，建立了严格的热线投诉处理流转程序；银监部门成立银行业消费者权益保护处和由重要银行参加的河南省银行业消费者权益保护工作联席会议；证监部门将投资者权益保护工作嵌入日常现场检查中，开展了对11家机构的投资者适当性专项检查和3轮上市公司投资者咨询电话接听情况专项检查；保监部门在全省推动建立"诉调对接"机制，形成法院主导的调解室模式、法院和行业协会合作的调解中心模式和"保险社会法庭"三种模式，实现18个省辖市全覆盖，推动车险理赔难专项治理，全省车险案件结案周期、赔款支付时间同比分别减少0.68天、1.75天。

（二）支付服务体系进一步健全，农村支付环境持续改善

2014年，河南省支付清算系统安全稳定运行，第三方支付机构业务迅速发展，第二代支付系统、中央银行会计核算数据集中系统推广运行，法人银行业金融机构全部实现“一点接入、一点清算”；银行卡等非现金支付工具推广保持较快增长速度，公务卡、农民工银行卡特色服务业务量均位居全国第一位。推动农村支付省级财政资金补助政策实施到位，协调出台助农取款服务点通信资费优惠方案，实现助农取款服务点、农民金融自助服务终端等基础金融服务设施在农村地区的基本覆盖。

（三）征信系统建设不断完善，社会信用体系建设有序推进

截至2014年末，个人征信系统收录自然人数4 695万人，企业征信系统收录有贷款卡的企业户数48万户，6家小额贷款公司和担保公司通过互联网接入金融信用信息基础数据库。截至2014年末，全省共在应收账款融资服务平台注册用户1 910家，通过平台成交351笔应收账款融资业务，成交金额23.3亿元。2014年，出台《河南省公共信用信息管理办法》，协调推动部分地区小微企业和农村信用体系试验区建设，全省建立小微企业档案100 166户，建立农户信用档案6 990 536户，评定信用农户3 857 067户。

（四）依据反恐融资标准强化协调配合，深入推进反洗钱监管

2014年，人民银行郑州中心支行加强与公安反恐部门和国家安全机关的协作配合，积极推进全省金融系统反恐怖融资体系建设，与省公安厅联合发布《河南省金融机构反恐怖融资标准（试行）》。分行业开展风险评估，完成对104家金融机构的风险评估，对81家金融机构开展现场检查。全省共对25家机构实施行政处罚。

（五）发挥反假币工作合力，反假币履职力度不断加大

2014年，人民银行郑州中心支行联合省公安厅加强反假币合作，积极督促银行业金融机构加强清分能力建设，全年收缴假币3 471.06万元，同比增长30.72%；银行业金融机构发现并收缴假币1 762.23万元，同比上升30.89%。2014年12月，人民银行清分金融机构缴存款中的假币浓度①较上年同期减少0.54ppm，有力地维护了全省经济金融秩序稳定。

（六）成立省委金融工作委员会，强化地方金融监管职责

2014年12月，河南省成立中共河南省委金融工作委员会，与河南省人民政府金融服务办公室合署办公，加强地方政府促进金融稳定发展职责，强化地方金融监管，完善地方金融协调服务体系，强化金融生态环境建设。其主要职责：协调联络国家金融管理部门、金融机构及其驻豫分支机构；推进多层次资本市场建设，协调期货市场发展；牵头负责地方投融资体系建设；指导地方金融机构改革、发展和重组；负责全省各类交易场所的日常监管、统计监测、违规处理、风险处置等工作；负责小贷公司和融资性担保机构的监督管理；协调有关部门做好打击非法集资、非法证券买卖和反洗钱、反假币工作；会同有关部门防范、化解和处置全省金融风险和经济其他重点领域风险，维护

---

① 假币浓度（ppm）=发现假币的张数/复点清分的捆数×1 000。

地方经济金融稳定。

七、总体评估与政策建议

（一）总体评估

从定量评估的结果看，2014 年河南省金融稳定综合评价值为 77.31 分，属于“B 类地区较好 +”，影响综合评价的主要因素为河南省经济金融处于结构调整期，指标增速趋缓明显。整体来看，河南省金融稳定状况保持良好。

（二）政策建议

1. 贯彻稳健的货币政策，主动适应经济发展新常态

在国内外复杂经济环境下，河南省应主动适应经济新常态变化，继续贯彻稳健的货币政策，强化“底线管理”的重要性，将“微调”与“预调”常态化；发挥差别存款准备金动态调整机制的逆周期调节和信贷结构引导功能，不断补充和完善货币政策工具组合，保持流动性合理充裕。更加注重信贷结构优化调整，继续加大对经济结构转型升级的支持力度，加强对符合国家产业政策的重点领域和行业的信贷投放，提高对“三农”和小微企业等薄弱环节的金融服务，进一步降低实体经济融资成本，保持货币信贷及社会融资规模平稳适度增长。

2. 加强对重点领域风险排查，及时化解各类风险隐患

一是加强对产能过剩行业、房地产、地方政府性债务等领域的风险监测和排查，建立健全化解各类风险的体制机制。二是将风险监测延伸向企业，建立重点关注企业数据库，实行名单制管理，及时掌握企业生产经营、债务规模等相关数据，重点是涉及互联互保、巨型担保圈等信贷风险的监测管理，防止出现集体违约和风险蔓延现象。三是高度重视防范民间融资、非法集资、金融传销等风险向正规金融系统传染渗透。四是加强对影子银行、跨行业跨市场工具的识别和分类，对其进行综合统计和有效监管。五是加大对法人银行业金融机构隐性不良贷款的监测与评估；积极开展对银行业、证券业、保险业机构的稳健性现场评估，适时开展压力测试，动态分析可能存在的风险点，做好风险提示；对问题机构进行早期干预，及时防控和化解风险。

3. 完善金融监管协调机制，形成监管合力

一是探索地方层面监管部门间有效的合作监管方式，加大监管合作力度，切实发挥合作监管效能。二是合理划定地方政府的金融管理边界，按照地方特点或经济区域设立分层金融管理模式，充分发挥地方金融监管部门和地方政府的相应作用，把地方金融管理的重点放在规范和完善对准金融机构的监管上，重点防范各类民间金融风险，在明确地方政府监管职责的同时，坚持市场化原则，减少地方政府对金融业的过度干预。三是构建地方政府牵头，金融监管部门协调配合的区域金融风险处置模式，发挥地方政府在行政、司法、宣传、财税等部门的协调主导作用，强化部门间的信息交流和协同行动。加大对逃废银行债务行为的惩处力度，对不诚信企业建立黑名单，定期内部通报。

4. 加快建设河南省多层次资本市场，促进机构创新发展和规范经营

一是大力支持涉农、文化、旅游、金融、先进制造业和高成长服务业等行业企业上市融资。推动更多河南高科技企业和战略性新兴产业企业通过发行上市加快发展；推动更多创新型、创业型、

成长型中小微企业到“新三板”市场挂牌和定向融资。引导企业积极利用公司债和中小企业私募债进行融资。推动河南省区域性股权交易市场建设，引导各类交易场所规范发展。二是推动辖区市场对内对外双向开放。吸引更多综合实力强的证券期货经营机构进入市场，促进市场竞争，激发市场创新。证券期货公司通过设立境外分支机构、开展境外业务等方式参与国际竞争，提升综合实力。抓住“沪港通”开通和“深港通”即将开通的机遇，积极引进国际投资者。三是中原证券应通过境内外资本市场多种融资工具建立资本补充和管理机制，设立香港子公司开展境外业务；期货公司要增强资本实力，开展创新业务，提升竞争力。四是证券期货公司应健全完善风险管理体系，建立与创新发展相适应的风险责任机制，严格落实风险防范的主体责任。五是深入推进监管转型，坚持依法治理，建设法治市场。坚决惩处欺诈上市、虚假披露、内幕交易、市场操纵等违法违规行为，维护辖区市场形象和秩序。

5. 创新与归法并举，确保保险市场健康稳定运行

一是深入推进行业改革创新。加快推动农产品目标价格保险试点等涉农保险发展，探索建立巨灾保险制度，统筹发展城乡养老、健康保险，大力发展重点领域责任保险，推进保险产品、服务、渠道创新，不断扩大和提高保险业服务经济社会发展的覆盖面和渗透度。二是防范退保与满期给付风险、销售非保险类金融产品风险以及从业人员参与非法集资、传销等各类案件风险，加大对高风险地区和公司的风险监测，指导高现金价值产品销售量大的公司做好退保压力测试和应对工作。三是整顿和规范保险市场秩序，重点解决车险理赔难和寿险销售误导问题，推动保险纠纷快速处理。查处销售误导、业务和财务数据不真实等违法违规问题，提高规范市场秩序的有效性，有效防范和化解市场风险。

6. 完善金融基础设施建设，提高应急管理水平

一是充实、完善企业和个人信贷征信系统，建立社会征信服务体系；开展金融生态环境评价，促进社会信用环境不断改善；健全反假货币网络体系，净化现金流通环境；加大反洗钱工作力度，预防和打击洗钱犯罪活动，维护正常经济金融秩序。二是积极构建金融突发事件应急管理长效机制，不断完善应急体系预案，稳定和锻炼应急队伍，增强应急演练的实效性；加强金融监管部门和政府相关部门的联系和沟通，进一步畅通和完善金融信息共享制度，努力形成金融应急工作合力，提升应急工作水平，增强金融业突发事件的应急处置能力。

总　　纂：张正杰
统　　稿：王树生 戚兴如 张明辉
执　　笔：尹志刚 琚亚利 朱永海
其他参与写作人员（以姓氏笔画为序）：
王利娟　王淑云　仇慧敏　石彦杰　冯鸿凌　李玉欣
李　伟　李金良　李　孜　吕金旺　许艳霞　张　毛
余　涓　郭　伟　赵庆光　秦向辉

湖北省金融稳定报告摘要

2014年，面对错综复杂的经济社会发展环境和经济发展下行压力继续加大的严峻考验，湖北省坚持以党的十八大、十八届三中、四中全会和习近平总书记系列重要讲话精神为指导，坚持“稳中求进”的总基调和“竞进提质、升级增效”的总要求，践行“绿色决定生死、市场决定取舍、民生决定目的”的三维纲要，统筹推进稳增长、促改革、调结构、惠民生，经济社会发展保持了“稳中有进、进中向好”的良好态势，延续了“高于全国、中部靠前”的发展势头。同时，湖北省继续深化科技金融改革创新试点力度，创新湖北特色金融模式，制定《武汉城市圈科技金融改革创新专项方案》，湖北银行发起设立湖北消费金融公司、武汉经发投发起设立湖北金融租赁公司均已获批筹建，湖北省交通投资公司设立企业集团财务公司即将获批，湖北省政府组建湖北省资产管理公司，为处置金融资产搭建了功能性平台。持续推进武汉东湖高新区“资本特区”建设和武汉区域金融中心建设，促进经济金融良性互动。总体上，湖北省经济金融呈现稳健协调发展的良好态势，区域金融体系保持稳定。

一、经济与金融稳定

（一）运行状况

产业结构持续优化，工业生产保持稳定增长。2014年，全省完成生产总值27 367.04亿元，按可比价格计算，比上年增长9.7%。其中，第一产业完成增加值3 176.89亿元，增长4.8%；第二产业完成增加值12 840.22亿元，增长10.1%；第三产业完成增加值11 349.93亿元，增长10.5%。三次产业结构由2013年的12.2:47.6:40.2调整为11.6:46.9:41.5。在第三产业中交通运输仓储和邮政业、批发和零售业、住宿和餐饮业、金融业、房地产业、营利性服务业及非营利性服务业增加值分别增长9.2%、7.6%、6.4%、14.6%、6.6%、12.4%和12.5%。2014年，全省规模以上工业企业达到14 842家，比上年净增1 463家，增长10.9%。完成工业增加值按可比价格计算，比上年增长10.8%。其中，国有及国有控股企业增长8.2%；集体企业增长10.5%；股份合作企业增长11.0%；外商及港澳台投资企业增长7.4%；其他经济类型企业增长12.8%。轻工业增长12.7%；重工业增长9.6%。

消费品市场稳中向好。全年全省实现社会消费品零售总额11 806.27亿元，比上年增长12.8%。分城乡看，城镇实现零售额9 884.04亿元，增长12.7%；乡村实现零售额1 922.23亿元，增长13.2%。其中，限额以上企业（单位）实现消费品零售额7 644.28亿元，增长13.6%。城镇共实现消费品零售额9 884亿元，增长12.7%；乡村消费品零售额1 922亿元，增长13.2%。从主要商品大类看，全省服装、鞋帽、针织品类消费增长 15.3%，同比加快 2.2 个百分点；体育、娱乐用品类增长 18.5%，同比加快 7.8 个百分点；电子出版物及音像制品类增长 11.4%，同比加快 4.0 个百分点；通讯器材类增长 22.7%，同比加快 3.6 个百分点；机电产品及设备类增长 35.6%，同比加快 19.5 个百分点；汽车类增长 20.2%，同比加快 1.6 个百分点。网上零售保持快速增长。全省限额以上单位网上零售额 156 亿元，增长 88.7%。

固定资产投资增长较快。2014 年全省完成固定资产投资（不含农户）24 303.05 亿元，比上年增长 20.4%，其中房地产开发投资完成 3 983.79 亿元，增长 21.2%，商品房销售面积 5 601.98 万平方米，增长 5.7%，实现商品房销售额 3 088.31 亿元，增长 10.7%。按产业划分，全省第一、第二、第三产业投资分别为 536.01 亿元、10 733.09 亿元和 13 033.94 亿元，分别增长 32.5%、16.8%、23.1%。全省 338 个在建重点建设项目全年完成投资 2 595.36 亿元，占全部固定资产投资的比重为 10.7%。

外贸进出口较快增长。全年全省实现外贸进出口总额 430.64 亿美元，比上年增长 18.4%，其中，出口 266.46 亿美元，增长 16.7%；进口 164.18 亿美元，增长 21.2%。新批外商直接投资企业 301 个。全年实际使用外资 79.28 亿美元，增长 15.1%。

物价水平平稳运行。全省居民消费价格总指数（CPI）为 102.0，价格水平上涨 2.0%，其中，城市上涨 2.0%，农村上涨 1.9%。分类别看，食品上涨 2.3%，烟酒下降 0.3%，衣着上涨 2.0%，家庭设备用品及维修服务上涨 1.5%，医疗保健及个人用品上涨 0.7%，交通和通信价格上涨 0.2%，娱乐教育文化用品及服务上涨 1.7%，居住上涨 3.3%。全年农业生产资料价格下降 2.1%。工业生产者出厂价格下降 1.6%，工业生产者购进价格下降 2.2%。

财政运行保持稳定。全年全省完成财政总收入 4 095.80 亿元，比上年增长 14.8%，其中地方公共财政预算收入 2 566.90 亿元，增长 17.1%。在地方公共财政预算收入中，税收收入 1873.11 亿元，增长 16.7%。全年财政支出 5 008.85 亿元，增长 14.6%。

居民收入继续增长。根据城乡一体化住户调查，全省居民人均可支配收入 18 283 元，比上年增长 11.0%。按常住地划分，城镇常住居民人均可支配收入 24 852 元，比上年增长 9.6%；农村常住居民人均可支配收入 10 849 元，比上年增长 11.9%。

金融运行稳中有升。2014 年末全省金融机构本外币各项存款余额 36 494.82 亿元，比年初增加 3 591.99亿元。其中，个人存款 17 820.70 亿元，增加 1 840.39 亿元。金融机构各项贷款余额 25 289.82亿元，比年初增加 3 408.80 亿元。其中，短期贷款 8 613.55 亿元，增加 779.18 亿元；中长期贷款 15 517.22 亿元，增加 2 388.62 亿元。

（二）经济运行稳健性分析

2014 年，湖北省经济金融运行总体平稳，结构调整出现积极变化，主要经济指标有所回落但仍处在合理区间，但隐患和风险依然存在，总体来看有以下几个方面的问题值得关注。

经济运行短期下行压力仍然存在。2014 年，湖北省包括生产总值在内的主要经济指标处于合理区间，并明显领先全国。但短期内，主要工业经济指标下行压力依然很大。具体来看，全省规模以上工业企业利润同比增长 5.9%，比上年同期回落 20.5 个百分点；产品销售收入增长 8.9%，比上年同期回落 9.0 个百分点；亏损企业亏损额增长 13.6%，同比提高 22.5 个百分点；全年全省工业用电量同比增长 2.1%，比上年同期回落 3.9 个百分点。另据调查，预计 2015 年全省新增 2 000 万元以上产值的工业增长点 2 422 个、总产值 3 400 亿元，分别比 2014 年同期减少 164 个、400 亿元。其中，超过 10 亿元产值以上的大增长点仅为 30 个、产值 880 亿元，低于 2014 年已经实现的 53 个、320 亿元。

产业结构积极调整与投资结构失衡状态并存。一方面，湖北省产业结构调整出现积极变化。2014 年湖北省改建及技改投资增长 25%，快于全省投资增速 5 个百分点，约占工业投资比重达到 34%；高新技术产业增加值占地区生产总值比重达到 15.4%，较上年提高 0.8 个百分点；六大高耗能行业增加值占规模以上工业增加值的比重降至 28%，单位生产总值能耗下降 4% 左右，且四项主要污染物排放量分别下降 1.73%、2.46%、1.95% 和 4.27%。另一方面，投资结构失衡状态依然存在。2014 年全省制造业投资同比增长 17.2%，低于投资平均增速 3.2 个百分点，低于上年同期 9.5 个百分点，创 10 年以来的新低。基础设施行业累计投资同比增长 22.5%，持续高于投资平均增速 2 个百分点以上，其中，交通运输和城市基础设施行业分别增长 24.6% 和 23.9%，是全省投资增速的重要支撑。这种“重基建轻制造”的投资结构对经济平稳运行带来一定隐患。首先是就业方面的隐患。相对制造业，大多数基础设施建设提供的就业机会是临时性的，如果不能持续增长，可能会造成较大的劳动力市场失衡。其次是资源挤出方面的隐患。有限的财政、土地和金融等社会资源被过度配置到基础设施行业，不仅造成部分过剩产能行业继续低效运行，同时可能显著抬高市场资源成本，造成实体经济的有效需求下滑。最后是地方债务方面的隐患。国务院 43 号文和财政部《地方政府存量债务纳入预算管理清理甄别办法》出台后，地方债务的甄别不仅影响银行持有的存量政府或有债务风险，同时也必然会抬高新增基建项目的融资成本。近期推出的《资产证券化业务基础资产负面清单指引》也进一步弱化了地方政府的负债能力，而被政府寄予厚望的 PPP 融资模式，由于长期以来在合作中民营资本弱势的负面示范效应也推进缓慢。

市场流动性总体宽裕，但信贷结构性异化现象依然明显。从数据看，全省金融运行平稳，信贷投放和社会融资规模持续增长，银行信贷项目储备充足，但信贷结构异化，部分企业资金的结构性短缺问题依然存在。一是贷款长期化的趋势依然明显。2014 年全省新增中长期贷款 2 389 亿元，同比多增 958 亿元，在新增贷款中占比 70%，同比提高 22.4 个百分点。其中，增长较快的行业主要是基建相关的电力热力生产和供应业、建筑业、交通运输业和房地产业。部分银行反映，除行业结构调整因素外，同业业务监管趋严导致表外信托贷款到期后于表内叙做也可能是表内贷款长期化的原因之一，2014 年全省信托贷款增长 448 亿元，同比少增 648 亿元。二是产能过剩行业的结构调整速度减慢。部分金融机构表示，目前产能过剩客户多为地方支柱企业，压降产能过剩行业信贷存量的难度逐步提升。

企业融资成本未出现明显降低。2014 年末湖北省金融机构 6 个月以内短期贷款利率 6.5%，6 个月至 1 年的短期贷款利率 7.4%，均与上月基本持平，宽松政策并未导致企业融资成本明显降低。实体经济融资成本上升，既有融资成本正常增加的因素，也有非正常提升的因素，其原因在于，一是政策传导存在时滞，政策传导需要经历流动性局部释放、市场利率中枢下移、产业链自上而下传导等一系列过程，真正带动下游中小企业融资成本降低可能需要一定时间观察；二是实体经济不景气，企业贷款违约频现，导致金融机构选择以更好的风险溢价来覆盖风险。经抽样调查，327 户被抽查企业发生贷款利息 59 965 万元，占融资总成本的 95%。除贷款利息外，中介性收费 2 369 万元，占融资总成本的 3.8%。在所有中介性收费中，担保类费用较高，抽样贷款担保费率达 2.2%，在中介服务费中占比 97.8%。这反映出，有效降低企业融资成本需要标本兼治，既需要托住经济底部，促进实体经济企稳回升，降低金融机构风险溢价，也需要进一步清理中介性收费，降低涉贷附加融资成本。

信贷资产质量总体可控，但部分领域风险有所凸显。2014 年末，全省金融机构不良贷款余额 401 亿元，不良贷款率 1.58%。关注类贷款余额 1 562 亿元，比年初增加 461 亿元，不良水平低于监管指标，总体风险可控，但部分领域风险加剧，金融机构信贷资产质量存在恶化趋势。一是部分领域的信贷风险日趋严重。2014 年以来，大宗商品价格下跌造成贸易类企业大幅亏损，核心客户失控、虚假贸易背景、民间借贷等现象造成了钢贸、煤贸等行业的企业风险迅速蔓延，并在多家银行集体暴露。同时，近期民营和小微企业违约现象也比较普遍，且未有好转迹象。二是不良率数据背后的隐性风险不容忽视。其一，目前有部分贷款出现债务人跑路等导致实质损失，但由于未触发条件而没有计入不良。其二，在利润压力下，类似 2014 年这种高频率的资产转让和核呆不可持续。其三，随着股市上涨等因素对银行理财等表外负债业务的分流，后期表外资产负债期限错配风险的问题可能会有所显现。三是后期风险发展趋势不容乐观。受经济增速放缓的影响，企业财务报表恶化的趋势愈加明显，部分机构反映制造业实体企业出现销售利润下滑，成本存货上升等不利信号的比例达到 40% 以上。四是不良资产处置难度加大。部分大型企业多头贷款导致债权债务关系复杂，小微企业实际控制人跑路失联情况时有发生，公检法等部门与金融部门之间缺乏沟通协调机制，不良贷款清收难度增大。五是银行风险态势出现明显的顺周期化。2014 年以来，全省多家机构重新设立风险管控体系，拉长贷款的审批周期，提高授信条件。并提前预判，主动压缩和退出重点领域贷款规模。从宏观看，金融机构同质的顺周期惜贷行为可能进一步加剧风险隐患。

二、银行业与金融稳定

（一）运行状况

资产负债规模稳步增长。2014 年末，湖北省银行业金融机构资产余额 45 074.50 亿元，同比增长 12.14%；负债总额 43 585.68 亿元，同比增长 12.13%，各项存款余额达到 36 494.82 亿元，同比增长 10.94%，各项贷款余额达到 25 289.82 亿元，同比增长 15.56%。存贷款增速在中部地区均保持前列。其中，政策性银行的存款增速较快，农村合作金融机构的贷款增速较快。同时，贷款更多投向小微企业、县域经济和“三农”，贷款余额同比增长分别为 25%、19.3% 和 14.6%，贷款结构更加优化。

流动性较为充裕。2014 年末，湖北省银行业金融机构流动性比率为 66.65%，比上年提高 7.88 个百分点，流动性较为充裕，资金运用效率较高。

资产质量有所下滑。2014 年以来，湖北省银行业金融机构不良贷款首次出现“双升”。2014 年末，全省银行业金融机构不良贷款余额 400.79 亿元，比年初增加 64.37 亿元；不良贷款率 1.58%，比年初上升 0.05 个百分点，不良贷款率连续八年下降后首次转升。同时，辖内法人机构主要指标基本保持稳定，风险补偿能力逐步增强。

资本充足水平稳中有升。2014 年末，湖北辖内中小法人机构金融机构核心资本充足率为 13.52%，同比提高 1.54 个百分点；资本充足率为 15.75%，同比提高 1.91 个百分点。2014 年，湖北省银行业金融机构实现利润 601 亿元，同比增长 3.6%，盈利能力居中部六省第二位。2014 年末，辖内银行业息差4.0%，比年初提高0.02个百分比。2014年湖北省银行业金融机构资产利润率2.16%，同比提高0.07个百分点。

金融市场总体平稳运行。2014年，湖北省货币市场融资金额大幅增长，市场利率波动平稳；现券交易企稳回升，收益率高位回落；债券结算代理量稳步增长，商业银行柜台债券交易业务和黄金市场业务发展迅速。

（二）改革进展与成效

武汉区域中心建设加快，武汉金融业的影响力和辐射力不断提升。2014年湖北省直接融资总额突破1 500亿元，同比增长49.2%。新增境内外上市公司6家，"新三板"挂牌公司数量达到94家；武汉股权托管交易中心挂牌交易企业351家，托管登记企业总数556家，展示各类企业1 835家，实现融资总金额过百亿元。武汉地区目前拥有各类金融机构188家，其中总部设在武汉的有16家，根据2014年发布的中国金融中心指数，武汉综合竞争力名列中国十大区域金融中心第8位，居华中地区首位。湖北省长江国际商会成立，湖北省长江国际商会旨在汇聚以金融为核心的国际商业资源，实施长江经济带国家战略，构建以湖北为中心的跨区域和国家经济交流、合作与发展平台。第七届中国·武汉金融博览会暨中国（中部）湖北创业投资大会在武汉成功举办。湖北银行发起设立湖北消费金融公司、武汉经济发展投资（集团）有限公司起设立湖北金融租赁公司均已获批筹建，湖北省交通投资公司设立企业集团财务公司即将获批，湖北省政府组建湖北省资产管理公司，为处置金融资产搭建了功能性平台。武汉民间金融街开街，这是全国第三条、中部首条民间金融街，目前已有168家民间金融企业入驻，集合民间投资、小额贷款、担保、典当、互联网金融等近10类金融业态。

金融改革创新亮点纷呈，政策引领效果进一步强化。2014年，湖北省政府出台《关于加快发展现代保险服务业的实施意见》，《湖北省小额贷款保证保险试点工作实施方案》，鼓励各地因地制宜开展小额贷款保证保险试点工作，为广大无抵押、无担保的小微企业和种养大户提供"政银保"合作贷款。制定《武汉城市圈科技金融改革创新专项方案》，促进科技与金融融合发展、完善科技金融组织体系、深化科技金融产品和服务创新、拓宽科技创新融资渠道、创新科技金融市场体系、加快科技保险发展、深化区域科技金融合作等。筹备建立湖北省金融监管协调机制，维护全省金融生态环境。《武汉区域金融中心建设总体规划（2014—2030年）》亮相，规划到2020年，武汉全面建成中部金融中心，以及以科技金融为重点的全国性专业金融中心、全国性金融后台服务基地，金融业增加值达到1 200亿元。武汉市政府制定了《武汉区域金融中心空间布局规划》，武汉金融中心将形成"一心、两核、资本谷"的空间结构。为推进民间融资阳光化、规范化、成本合理化，省政府办公厅印发《关于规范发展民间融资机构的意见》，鼓励支持民间资本参与地方金融市场建设，促进民间资金供给与需求的有效对接。

农行"三农"事业部改革试点评估工作有效开展，服务"三农"效力进一步提升。2014年，人民银行武汉分行继续强化对湖北省农行"三农"事业部改革试点工作的督导，深化"三农"事业部改革试点工作，增强了服务"三农"能力。截至2014年末，湖北省农行"三农"县域事业部存款余额2 287.47亿元，比年初净增217.32亿元，比年初增速为10.50%；县域贷款余额818.75亿元，比年初净增129.36亿元，比年初增速为18.76%；存款增速和贷款增速分别快于湖北省农行全行0.9个和4.1个百分点。存量存贷比35.79%，增量存贷比59.52%，分别同比增加2.49个和11.23个百分点。占全省43.5%生产总值的县域支行，存款余额及增量、贷款增量、拨备后利润分别占到全行的49.7%、54.2%、44.3、48.7%，均高于地区生产总值占比并比年初有所提升。2014年，湖北省农行“三农”事业部县域不良贷款率0.86%，比湖北省农行全行低0.22个百分点；县域人均拨备后利润48.3万元，比全行多4.1万元；县域成本收入比31.9%，低于全行5.4个百分点。

（三）银行业稳健性评估

2014年，全省银行业整体运行平稳，但部分领域潜在风险不容忽视。不良贷款防控形势不容乐观，房地产风险需密切关注，地方政府融资平台贷款还款压力加大，不规范经营现象依然存在，互联网金融冲击传统银行业务。

三、证券业与金融稳定

（一）运行情况

证券经营机构情况。截至2014年12月末，辖区证券经营机构共有278家，其中，证券公司2家，证券分公司18家（其中，15家设在武汉），证券营业部250家，本年累计新增4家；辖区基金分公司2家；证券投资咨询公司分公司1家。截至2014年12月末，长江证券总资产为636.41亿元，同比增长118.23%；净资产137.73亿元，同比增长9.40%。天风证券总资产144.96亿元，同比增长257.31%，净资产30.09亿元，同比增长63.53%。辖区证券分支机构资产总额达366.19亿元，同比增长104.22%；资产净值25.08亿元，环比减少25.49%。辖区证券资金账户数为451.72万户，其中，辖内证券分支机构客户交易结算资金余额为310.61亿元，同比增长109.97%；期末指定与托管市值4 306.3亿元，同比增长63.37%；客户总资产4 616.91亿元，同比增长65.85%。

期货经营机构情况。截至2014年12月末，辖区共有2家期货公司，50家期货营业部。长江期货和美尔雅期货公司净资产分别为50 263.14万元和25 383.09万元，净资本分别为38 455.13万元和24 035.46万元。截至12月末，辖区期货账户数为122 362户，其中，法人客户数为4 022户。两家期货公司客户权益45.84亿元，同比增长37.20%；期货营业部客户权益53.11亿元，同比增长36.39%。截至12月末，2家期货公司累计代理交易量8 933.46万手，同比增长10.89%；代理交易额累计107 862.94亿元，同比增长6.99%；累计实现手续费收入24 602.10万元，同比减少16.66%；累计实现净利润8 667.30万元，同比增长17.05%。期货营业部累计代理交易量10 096.94万手，同比增长10.33%；累计代理交易额113 011.09亿元，同比增长12.62%；累计实现手续费收入28 655.11万元，同比减少19.84%；累计实现营业利润11 396.43万元，同比减少0.78%。

（二）湖北多层次资本市场稳定分析

资本市场发展分析。截至2014年12月末，湖北共有上市公司86家，上市公司数量居全国第9位，中部六省第1位。其中，在上海证券交易所上市的有36家，在深圳证券交易所上市的主板公司有27家，中小板10家，创业板13家。上市公司总股本692.10亿股，流通股本605.77亿股；总市值7 469.94亿元，流通市值6 251.12亿元，分别较2013年12月末提高了48.88%和52.67%。2014年，湖北累计新增60家新三板挂牌企业，净增58家新三板挂牌企业。截至2014年12月末，湖北企业在新三板挂牌家数达 93 家，列全国第 6 位。武汉股权托管交易中心“企业展示板”已展示各类企业 1835 家；托管登记企业总数达 562 家，托管总股本 251.47 亿股；股权挂牌交易企业 351 家，挂牌总股本 71.71 亿股，总市值 529.78 亿元。长江证券柜台交易市场系统实现与中国资本监测中心报价系统互联互通，发行收益互换产品规模超过 30 亿元，场外期权产品规模超过 2 亿元。

直接融资分析。按证监会口径计算，2014 年 1—12 月，全省资本市场直接融资总额为 243.51 亿元，较上年同期增长 156.47 亿元，全国排名第 11 位，中部六省排名第 2 位。大口径下，湖北资本市场融资总额为 565.31 亿元，包括 IPO，上市公司再融资，并购重组，新三板挂牌公司增发，区域性股权交易市场融资，中小企业私募债及券商开展短融、中票、城投、直投等业务给全省带来的资金。

（三）拟上市公司辅导培育情况分析

截至 2014 年 12 月末，湖北共有 16 家公司报会待审，其中，7 家拟在主板或中小板挂牌（凯龙化工、知音传媒、振华化学、泰晶电子、赛力斯医疗、黑旋风锯业、瀛通线材）、9 家拟在创业板上市（盛天网络、海波重工、智迅创源、华舟重工、农尚环境、久之洋、理工光科、中科创新、精测电子）。此外，湖北还有 23 家企业处于 IPO 辅导期。

（四）新三板及区域性股权市场的发展分析

新三板的发展政策。2014 年，新三板向全国扩容，定向发行优先股、做市商等制度创新陆续出台，市场功能逐步完善。挂牌公司数量迅速攀升，已有 1 851 家公司挂牌，实现飞速发展。做市商交易制度的推出，丰富了挂牌公司价值发现功能，提升了股票流动性，为公司发展提供了更好条件。2014 年新三板将继续加快改革步伐，连续竞价交易方式、分层监管方式、转板机制都已提上日程。湖北证监局将积极引导挂牌公司应正确认识新三板市场的环境和功能，找准自身的发展方向和需求，善用、巧用、活用各类市场工具，借力资本市场加快发展。

区域性股权市场的发展政策。区域性股权市场是由地方政府管理的、非公开发行证券的场所，是资本市场服务小微企业的新的组织形式和业态，是多层次资本市场体系的组成部分。其主要功能和作用表现在：一是小微企业培育和规范的园地，二是小微企业的融资中心，三是地方政府扶持小微企业各种政策和资金综合运用的平台，四是资本市场中介服务功能的延伸。区域性股权市场发展的业务范围应以属地化为原则；业务和品种先以债信融资、并购重组为重点，逐步带动股权融资；运营模式以中介服务为主导，积极发挥投行等中介服务功能，在投融资双方个性化需求匹配中牵线搭桥，设计产品，创新投融资模式。

（五）证券期货公司风控体系建设及创新业务风险分析

风控体系建设情况。一是加强净资本监管，督导辖区证券公司完善风险监控机制。湖北证监局每月审核证券公司提交的净资本等风控指标变动情况报告、业务开展压力测试报告；每季度对证券公司流动性风险监管指标进行评估报告；加强公司信息隔离墙制度建设，防范不同种类的业务风险外溢。二是督导辖区 2 家证券公司建立净资本补足机制。湖北证监局督促辖区证券公司认真落实《关于鼓励证券公司进一步补充资本的通知》要求，制定未来三年的资本补充计划，持续完善净资本补足机制和业务规模调整机制。2014 年湖北证监局指导辖区 2 家证券公司分别实施了增资扩股，其中长江证券实施资本公积转增股本 23.71 亿股，转增后总股本金额增至 47.42 亿元；天风证券采取非公开发行的方式进行增资9亿元，注册资本由17.41亿元增加至23.41亿元。三是强化辖区机构信息系统安全的监管和风险防范。湖北证监局开展证券机构信息安全应急演练、开展信息安全专项检查等手段，督导辖区机构加强信息系统建设，强化信息系统对业务创新和风险控制的支持能力，并根据系统承受力决定创新业务开展的范围和规模。

创新业务发展分析。辖区两家法人证券公司投行业务实现收入3.59亿元，同比增长37.02%；资管业务实现收入1.94亿元，同比增长90.19%；两融业务实现利息收入10.12亿元，同比增长185%。

融资融券发展风险分析。两融风险主要体现在两融业务制度，特别是投资者适当性管理制度和不能严格执行。少数证券公司短借长贷问题突出，面临较大的流动性风险隐患；个别信用交易客户高比例持有单一担保证券，信用风险凸显；违规为到期合约展期、未按规定及时处分客户担保物、为不符合条件的客户融资融券等。

（六）非法证券期货业务风险分析

非法发行、非法证券投资咨询等违法违规行为依然存在。2014年的交易场所清理现场检查中，发现宜昌九汇贵金属公司涉嫌非法期货交易，武汉宝树大宗商品交易市场连续竞价、电子撮合、匿名交易等违规交易方式等情况。在日常监管中，通过舆情监控，发现报“千里马”、“一起好”公司非法发行、“京山潭龙”通过平面媒体非法公开发行，财富基石非法公开募集等等。2014年，湖北证监局共向公安部门移送非法发行线索3起。在打击非法证券期货活动方面，更多地发挥了四方联席会议机制的作用。

四、保险业与金融稳定

（一）湖北省保险市场运行情况分析

业务实现较快增长。2014年，全省共实现保费收入700.2亿元，在全国排名第10位，中部排名第2位。保费增幅19.2%，为近四年最好水平，在全国排名第9位，中部排名第2位。其中，财产险公司保费收入219.4亿元，同比增长20.6%；人身险公司保费收入480.9亿元，同比增长18.6%。

行业实力明显增强。2014年，湖北省财产险公司承保利润超6亿元，同比增长38.2%，为近三年最好水平，利润规模和增幅在全国均排名第15位，较上年分别上升3位和5位。全省保险业净资产达1 693.8亿元，创历史新高，较年初增长15.1%。保险主体67家，较上年增加3家，分别是中邮人寿、太平养老和中意人寿。各级保险分支机构3 832家，各级保险专业中介机构222家。全省保险从业人员达18.3万人，比上年增加1.5万人。截至2014年末，湖北辖内保险密度为1 204元/人，保险深度为2.56%。

结构调整取得积极成效。财产险方面，与实体经济联系紧密的保证保险保费收入6.2亿元，同比增长46.65%；企财险、责任险、车险等重点险种保费收入11.2亿元、7.8亿元和161.3亿元，同比分别增长13.3%、18.1%和25%。人身险方面，与民生保障关系密切的寿险、年金保险、健康保险保费收入306.5亿元、115亿元和55.6亿元，同比分别增长0.4%、115.3%和41.03%；全省10年期及以上新单期交占比为69.65%，较上年末提高6.27个百分点，期交产品呈现长期化趋势。

服务经济社会发展的能力进一步增强。2014 年，湖北省新增保险投资近 200 亿元，有力支持了湖北省重大项目建设。全省保险业赔款与给付支出 230.64 亿元，同比增长 22.94%。财产险公司累计支付赔款 110.29 亿元，同比增长 21.22%；人身险公司赔付支出 120.35 亿元，同比增长 24.56%。其中，政策性“三农”保险全年支付已决赔款 3.58 亿元。大病保险共覆盖 5 042 万人，赔付支出 5.44 亿元。责任保险覆盖环境污染、医疗、火灾、校园安全、食品安全、特种设备等领域，共支付赔款 3.7 亿元，有效发挥了化解矛盾纠纷的作用。

（二）保险市场发展中存在的主要矛盾和问题稳健性分析

农业保险发展不够。2014 年，湖北省农业保险保费收入 6.7 亿元，同比下降 3.4%，为近年来首次负增长。从全年保费规模看，湖北省农业保险的总保费不到湖南的四成（只占 33%），在中部六省中排名第 5 位。近四年来，湖北省“三农”保险年平均增幅只有 7.5%，落后中部 6 省平均水平 8.77 个百分点，与湖北省农业大省的实际不相符。

业务增长点比较单一。财产险方面，车险对业务增量的贡献度达到 86%，非车险发展速度仍然偏慢。人身险方面，新型普通寿险产品对业务增量贡献度达到 160%，其中 90% 以上的银邮代理保单为一次性缴费，寿险的风险保障功能未得到有效发挥。

退保和满期给付存在一定风险。受保单投资收益变动以及高现金价值产品设计的影响，部分公司退保增长较快，2014 年全省退保率较上年增长 1.87 个百分点。特别是受首次进入满期给付高峰期的泰康人寿和人保寿险等公司影响，全省满期给付同比增长 20%，预计 2014 年的满期给付总量将进一步增加。

保险案件风险需要引起重视。2014 年，保险业发生了 6 起保险诈骗和 1 起中介涉嫌非法集资案，涉案金额近 2 000 万元，案件团伙性、职业性趋势明显，手法隐蔽，危害性较大。此外，武汉市建工意外险接受了省工商局的反垄断调查，多个市州的政策性农业保险受到检察部门的检查，对行业发展造成了一定影响。

五、金融新业态与金融稳定

近年来，以担保公司、小额贷款公司及各类名目的投资公司、咨询公司、理财公司等为代表的体制外类金融机构呈现迅猛发展的态势。然而，这些机构处于监管薄弱或监管缺失状态，面临市场不规范、经营粗放、风险防控技术落后等诸多问题，始终处于高风险状态，并通过多种渠道向体制内金融渗透。

（一）影子银行类型与监管主体

为规范以担保公司、小额贷款公司及各类体制外金融机构等为代表的金融新业态的经营行为，防范相关金融风险，人民银行会同银监会、证监会、保监会、外汇管理局一同发布了《关于加强影子银行监管有关问题的通知》（国办〔2013〕107 号），对影子银行进行了明确界定，同时也明确了分业监管原则与责任。

（二）影子银行发展状况与风险分析

理财业务发展现状及潜在风险。2005 年以来，我国银行理财产品得到了快速发展，规模年均增长率接近10%。我国银行理财产品发展较快的主要原因是市场因素：一方面是居民财富增加，有投资获取较高收益的需求；另一方面市场资金需求较旺，在利率未完全市场化和投资渠道不畅的大背景下，银行推出了收益相对较高、风险相对较低的理财产品，得到了普通投资者的青睐。银行理财产品风险主要有两方面：一是规模大，信贷市场与资本市场存在传染和风险叠加的危险，此外还有潜在的流动性风险。二是信托理财产品存在投向和兑付的风险。

货币市场基金发展状况及存在的问题。我国货币市场基金成立于2003年底，由华安、博时和招商3家基金公司分别发起管理的首批3只货币市场型基金获准成立。2006年，我国货币市场基金规模已突破2 000亿元，占全部开放式基金管理资产总份额的半壁江山。截至2014年1月，我国已有货币市场基金151只，份额合计8 812.49亿份，资产净值8 834.44亿元，占全部基金资产净值的4.58%。存在的问题：一是投资范围狭窄，只能投资规定了剩余期限的债券、回购和银行定期存款等产品，降低了货币市场基金对投资者的吸引力，影响了货币市场基金的发展；二是投资工具单一，国债较多，企业债较少，中长期国债较多，短期国债较少，央行票据的持有比重过高。

融资性担保公司发展状况及潜在风险。截至2014年末，湖北省融资性担保公司共有416家，担保余额1 136.5亿元。在融资性担保公司监管方面，湖北省政府成立了由省金融办牵头的融资性担保业监管联席会议制度，省经济与信息化委员会为日常监管部门，人民银行武汉分行为成员单位，并出台了《湖北省融资性担保公司管理暂行办法》，自律组织有湖北省中小企业信用担保协会。潜在风险：总体上看，湖北省融资担保业务发展迅速，整体实力显著增强，为缓解中小企业难作出了积极贡献。同时，融资性担保公司在发展过程中也存在以下问题：一是与银行合作机制不健全。二是资金运用难以监控。三是部分担保公司存在单一客户超标现象。四是内部管理结构不完善。

典当业发展状况及存在的问题。截至2014年末，湖北省共有207家典当行，典当余额29亿元，典当总额74.52亿元，累计绝当金额2 148万元。存在的问题：一是《典当管理办法》（商务部、公安部颁布）法律层级不够。二是融资渠道狭窄。尽管《典当管理办法》明确典当行可以向商业银行进行融资贷款，但目前全省几乎没有典当行向商业银行融资贷款成功的案例。三是典当企业自身管理不够规范。如少数典当行法人治理结构不够合理，内部管理制度不健全。

小额贷款公司发展状况及潜在风险。2014年，湖北辖内新增小额贷款公司68家，合计注册资本110.62亿元。截至2014年末，湖北省共批准设立413家小额贷款公司，开业371家，累计发放贷款2 139.16亿元，贷款余额445.67亿元，2014年末，湖北辖内小额贷款公司不良贷款余额19 051.68万元，同比增加375.6%；不良贷款率4.27‰，同比增加3.15个千分点。潜在风险：风险管理能力较弱，经营水平有待提高；经营理念错位，偏离政策预期；监管缺失，违法风险显现。

第三方理财机构发展状况及潜在风险。与传统模式下的金融理财服务相比，目前第三方理财机构在国内提供的服务大致有两种：代销产品和进行委托理财。除此之外，专业咨询服务以及会员制也并存于其中。潜在风险：第三方理财业务的发展需要完备的法律法规环境来保证各方的利益、保障业务的规范与高效运作。但我国金融市场采用的是分业经营、分业监管的体制，因此目前第三方理财业务处于灰色地带，缺乏明确的监管部门和监管要求。监管制度的缺失，不仅不利于保障投资者权益，也将危及整个金融体系的稳定和安全。

资产证券化发展状况及潜在风险。湖北省信贷资产证券化试点工作启动较早，是全国第7个发行资产支持证券的地区。2013年9月，汉口银行向人民银行总行报送《关于信贷资产证券化业务额度的请示》。2014年6月，人民银行总行同意汉口银行“2014年汉银第一期信贷资产支持证券”在全国银行间债券市场发行，总金额不超过21亿元。9月3日，汉口银行信贷资产支持证券成功发行，成为全国第四家获批、中西部第一家成功发行信贷资产支持证券的城市商业银行。潜在风险：一是基础资产池质量风险，二是交易结构风险。

新型网络金融公司发展状态及潜在风险。近年来，随着互联网技术迅猛发展，各类为客户提供个性化服务的网络金融公司逐渐涌现，涉及的具体业务从单纯的支付业务向小额信贷、供应链金融、基金和保险代销、信用卡还款等传统银行业务领域渗透，在金融产品和服务方面的创新弥补了传统金融业的不足。根据目前市场发展现状，网络金融模式以第三方支付和网络融资为主要代表。截至2014年末，湖北省共有5家地方法人支付机构及31家全国性支付机构分公司。潜在风险：关于第三方支付业务，2号令出台后，人民银行陆续出台了相应的实施细则，并制定了《支付机构客户备付金存管办法》、《银行卡收单业务管理办法》等配套制度，对备付金的存管问题进行了明确，并将依托互联网从事的银行卡收单业务纳入监管，在一定程度上保障了第三方支付领域的资金安全和客户信息安全等。但是，对于支付机构从事的个别跨界金融业务，因为涉及人民银行以外的多家监管部门，在多方监管职责尚未厘清的情况下，给支付机构监管套利提供了可能。

六、金融基础设施与金融稳定

（一）金融基础设施建设与运转情况

支付体系平稳运行。截至2014年末，湖北省支付清算系统共办理支付业务10 842.89万笔，金额73.61万亿元，同比分别增长16.41%和11.14%；累计发行银行卡19 671.41万张，其中，借记卡17 933.13万张，信用卡1 738.27万张；布放ATM 23 357台，POS机具22.85万台；办理各类票据业务2 193.77万笔，金额70 700亿元；累计开立单位银行结算账户124.64万户。一是支付清算基础设施进一步完善。截至2014年末，湖北辖内实现19家全国性银行机构省级分行及4家地方法人银行机构在支付系统的“一点清算”，第二代支付系统稳步推进。20家全国性银行机构省级分行及辖属446个分支机构成功加入中央银行会计核算数据集中系统（ACS）综合前置子系统，实现了银行机构与人民银行之间账务核对、缴存款、流动性查询以及业务回单接收等的电子化处理。二是农村支付服务环境进一步改善。截至2014年末，湖北省2.6万个行政村共建成村级惠农金融服务联系点3.2万个，实现行政村地区支付服务全覆盖。随州市等7地市涉农银行机构结合农村地区实际，开展了手机银行、手机贴膜卡等手机支付业务试点，累计发展手机支付用户36.4万户。三是支付服务市场秩序有效规范。2014年，《湖北省支付机构管理办法》和《湖北省银行卡收单外包服务管理暂行办法》等支付服务业务管理规定相继出台，辖内完成69家银行卡收单外包服务商的报备工作，指导支付机构淘汰16家不符合要求的外包服务商。积极推动行业自律，农业银行湖北省分行、招商银行武汉分行、湖北省农村信用社联合社等发起筹备湖北省支付清算协会，湖北省建立起“政府+自律+市场”的支付服务市场监管机制。

法律环境不断完善。一是立法、司法、执法建设不断完善，维护公正、公平的金融市场环境。2014年，湖北省政府制定了《湖北省社会信用体系建设规划（2014—2020年）》，为增强社会成员诚信意识，营造优良信用环境指明了方向；制定了《湖北省政府办公厅关于规范发展民间融资机构的意见》，引导民间融资行为规范化、阳光化，引导民间融资投资实体经济；制定了《省政府办公厅关于加强支小支农金融服务促进实体经济健康发展的意见》，为解决相关主体“融资难”、“融资贵”问题提供政策支持。二是加大社会公众金融法律知识普及力度，提升金融维权意识和能力。2014 年，人民银行武汉分行开展了“金融知识普及月”、“9·15 金融知识宣传日”、“3·15 金融消费者权益日”、“12·4 全国法制宣传日”等主体宣传活动，组织全省各金融机构有针对性地开展金融知识进乡村、进社区、进学校、进小微企业、进工地等活动，内容涵盖支付结算、银行卡、人民币反假、征信管理、国库管理、反洗钱等便民实用的金融知识。

金融生态环境和征信体系建设不断完善。一是信用创建工作深入开展，信用创建成果运用进一步加强。2014 年全省共创建信用乡镇 1 018 个、信用社区 2 679 个；全省小微企业贷款余额 4 475.93 亿元，增长 20.76%，高于全部贷款金额增幅 5.2 个百分点；发放小额担保贷款余额 56.01 亿元，与上年持平；发放助学贷款余额 28.66 亿元，支助 10.08 万名贫困学子继续学业。二是搭建金融服务常态化平台，推动政银企互信合作。2014 年初，共选取 8 个金融生态环境优良区域开展“早春行”送金融服务活动，“早春行”活动共签约企业 3 042 家，签约金额 1 059.47 亿元，到年末实际到位 1 117.71亿元，履约率超过 100%。三是金融信用信息基础数据库不断完善发展。2014 年末，人民银行金融信用信息基础数据库录入湖北省企业及各类机构户数 36.1 万户，同比增长 4.34% ；收录自然人数 3 800.7 万人，其中有信贷账户的借款人数 16 247 205 万户，分别同比增长 2.2% 和 9.3%；收录了个人公积金缴存账户数 345 万户，同比增长 7.81%。2014 年全省各查询机构共查询企业征信系统 148 万次，同比略减少，查询个人征信系统 393 万次，同比增长 10.39%，为防范金融风险、改善社会信用环境发挥了重要的作用。四是小微企业和农村信用体系建设加速推进。2014 年，湖北省社会信用体系建设领导小组印发了《湖北省小微企业信用体系建设试验区创建工作意见》，积极推动小微企业信用信息数据库建设，建立健全小微企业信用征集、共享、评价和应用机制。五是动产融资相关金融基础设施日益完善。截至 2014 年末，动产融资登记公示系统累计登记笔数达到 58 696 笔，其中应收账款质押/转让登记笔数达到 52 358 笔，有 1 848 个质权人为 8 514 户中小微企业提供了质押融资服务；融资租赁登记笔数达到 6 237 笔，累计为 866 户中小微企业融资租赁业务提供了登记服务。

反洗钱、反假货币工作有效推进。一是加大反洗钱案件调查和协查力度，破获两起贪污贿赂洗钱罪。2014 年，人民银行武汉分行共发现和接收案件线索 168 起，立项调查反洗钱案件和线索 40 起；协助破获案件 27 起，涉案金额共计 5.87 亿元，其中，协助破获的两起贪污贿赂洗钱案，协助武汉海关查明“1·08”特大奢侈品走私案涉案单位和个人走私资金流向情况。二是反假货币工作深入推进，假币收缴量大幅上升。2014 年，湖北省共收缴假人民币 1 207.4 万元，同比增长 80.5%。其中金融机构柜面收缴 880.3 万元，同比增长 37.3%；公安机关案件解缴 298.5 万元，同比增长 1 039.3%；人民银行清分复点送交 0.7 万元，同比减少 41.7%；其他来源 27.9 万元，同比增长 9 200.0%。三是加快推进冠字号码查询工作，有效化解假币纠纷。截至 2014 年末，湖北省银行业金融机构已基本实现冠字号码可查询，假币纠纷的举证不再困难，储户和银行间的假币纠纷得以有效化解，银行业金融机构的服务意识进一步加强，社会公众的权益得到有效保护。四是开展反宣币专项整治，净化人民币流通环境。2014 年，全省组织开展“法轮功”反宣币专项整治工作。专项整治期间，湖北省共清查收兑反宣币 33 万余张、金额 221.4 万元，破获 52 起反宣币案件，捣毁反宣币制作兑换窝点 12 个，抓获 105 名犯罪嫌疑人，收缴 5 万余张反宣币，计 19 万元，有力打击了法轮功犯罪分子利用反宣币进行反动宣传活动的嚣张气焰，进一步维护了人民币的流通秩序，净化了人民币流通市场。

（二）金融基础设施稳健性分析

信托业成为洗钱分子利用的新渠道。近年来，信托公司的业务创新一直不断，但与之不相适应的是其应对反洗钱风险能力没有跟上业务创新的步伐。在洗钱的离析和融合阶段，信托业务可能被犯罪分子所利用，通过隐瞒资金的真实来源和去向，将犯罪收益融入一般经济体系。信托行业洗钱风险势必成为金融机构及其监管部门的重要研究课题和监管方向。

支付机构客户备付金管理应予关注。政策因素、预付卡机构经营管理等多方面的原因，全国范围内预付卡市场资金风险正逐步暴露。2014 年，上海、浙江、广东等地先后发生预付卡支付机构违规挪用客户备付金造成资金缺口、公司资金链断裂的风险事件。从湖北省情况看，目前共有 4 家预付卡机构，其中 3 家发行了多用途预付卡。根据人民银行武汉分行对预付卡机构及其备付金存管银行的调研显示，湖北省预付卡业务存在违规开立备付金账户、备付金管理不甚规范等问题。在预付卡市场前景不乐观的情况下，支付机构客户备付金管理及其金融消费者权益保护问题应予高度关注。

监管法规不完善影响了支付服务市场持续健康发展。一是随着技术进步和业务发展，支付业务逐渐呈现线上支付与线下支付融合发展的趋势，但现有制度办法主要适用于线下支付业务，尚无专门办法对线上支付业务进行规范，两类业务的管理规定不统一，不利于市场有序发展。二是为抢占银行卡收单市场，银行机构、支付机构都有不同程度的违规行为，但两类市场主体的管理制度、处罚依据不一致，不利于公平竞争。三是对已获得许可证的支付机构，人民银行总行建立了监管体系并有效实施监管，对未获得许可证但仍开展业务的支付机构，由于缺乏有效的制约手段而逃避监管，肃清机制不完善不利于市场风险防范。上述监管法规不完善，有碍于支付服务市场持续健康发展。

七、区域金融定量评估与对策建议

2014 年，面对日趋严峻的经济金融形势，湖北省加大信贷投放和金融支持力度，优化金融服务质量，金融运行呈现平稳发展态势。为全面、客观评估 2014 年湖北省金融稳定性总体状况，本报告继续采用综合分析法和压力测试，以区域金融稳定的影响因素为主线，结合宏观经济和金融生态发展状况，量化评估区域金融风险程度。

（一）湖北省金融稳定性量化评估

近年来，我们持续开展对区域金融稳定性定量评估方法的探索与研究，并通过实践不断调整与完善我们的定量评估体系。采用综合分析法，计算出 2007—2014 年湖北省金融稳定性量化评估结果如下：

2007—2014 年，湖北省金融稳定性得分分别为 67.57 分、66.94 分、71.40 分、73.11 分、76.45 分、73.32 分、66.64 分、61.46 分，对应评级为一般 +、一般 +、较好 -、较好 -，较好 +，较好 -、一般 +、一般。2014 年以来，湖北省经济增长速度有所放缓，GDP 增长率创近年低点 9.7%，导致宏观经济金融稳定性得分总体大幅下降趋势；银行业的稳中有升的稳定发展态势为湖北省较高的金融稳定性奠定了基础；同时，多项资本市场建设措施的出台，证券业发展质量的快速提高成为带动近几年总分增长的重要因素。同时，银行业、证券业、保险业呈现不均衡的趋势（证券业得分

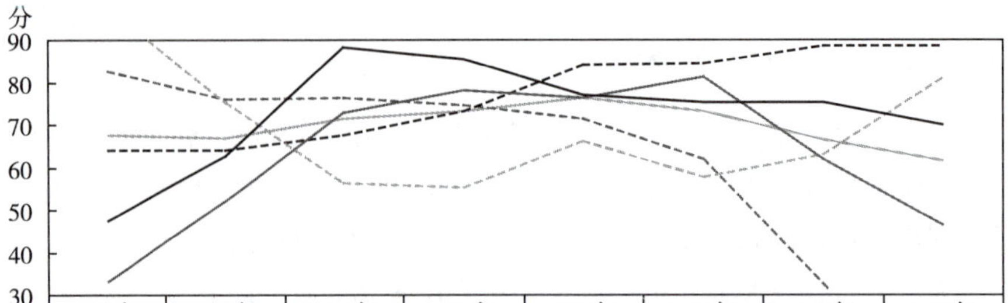

	2007年	2008年	2009年	2010年	2011年	2012年	2013年	2014年
总分	67.57	66.94	71.40	73.11	76.45	73.32	66.64	61.46
宏观经济	82.60	75.92	76.31	74.43	71.53	61.05	[illegible]	[illegible]
银行业	64.18	64.18	67.38	73.26	83.94	84.27	88.50	88.68
证券业	97.73	75.15	56.48	55.42	66.23	57.56	62.84	80.91
保险业	33.08	52.14	72.90	78.06	76.48	81.12	62.10	46.35
金融生态环境	47.57	62.57	88.10	85.58	76.93	75.27	75.27	70.12

图 1　2007—2014 年湖北省金融稳定量化评估情况

高达 80. 91 分，保险业得分仅 46. 35 分）。2014 年，受宏观经济形势下行趋势影响，湖北省金融稳定性得分继续下降。

（二）湖北省城市商业银行压力测试

2014 年，央行根据经济金融形势，于 11 月下旬降低一次基准利率，货币政策趋向宽松，以抑制经济增速下滑。今后一段时间内，合理释放流动性、大力支持实体经济发展的需求仍然存在，法定存款准备金率与基准利率的下调预期仍较为强烈，银行业机构所面临的重定价利率风险有所凸显，信贷风险有上升的趋势。

1. 利率风险压力测试

情景设置：利率下降 200 个基点。

参数设置：

（1）利率下降对风险加权资产和资本净额的影响相同；

（2）净利息收入的时间权数：1 个月内为 1. 917%，1 个月至 3 个月为 1. 667%，3 个月至 1 年为 0. 75%。

测试结果显示，湖北城商行利率敏感性缺口是负缺口，当基准利率下降 200 个基点时，利率下调对 2 家城商行资本充足率的影响是正面的，汉口银行资本充足率将上升 0. 17 个百分点，湖北银行增幅则达到 0. 29 个百分点。

2. 信贷风险压力测试

截至 2014 年 12 月末，湖北城商行不良贷款率 1. 79%，比年初上升 0. 84 个百分点；不良贷款余额 26. 5 亿元，比年初增加 14. 76 亿元，继续出现不良贷款率和不良贷款余额双升的现象。假如未来一年内，不良贷款率继续上升造成一定规模的新增不良贷款，通过准备金计提将压力传导至资本，进而影响资本充足率的下降。

情景设置：

新增不良贷款上升，假设轻度、中度、重度三种情景。

参数设置:

(1) 全部新增不良贷款按照50%的比例扣减资本;

(2) 轻度、中度、重度情景分别为新增不良贷款上升比率为100%、150%、200%。

在轻度、中度、重度的情景下，未来湖北城商行整体的资本充足率为13.68%、13.41%、13.15%，相比目前14.21%下降0.53个、0.8个、1.06个百分点。测试结果显示，目前，湖北城商行信用风险状况整体较好，不良贷款的增长可能对湖北城商行的信用风险产生一定影响，但总体风险可控。

(三) 宏观经济对区域金融稳定影响的定量分析

为研究宏观经济发展状况对湖北区域金融稳定的影响，采用计量模型定量研究宏观经济发展指标对湖北省金融风险的冲击。具体做法是选取金融风险作为被解释变量，湖北省宏观经济指标作为解释变量，分析宏观经济指标的变动对湖北金融风险的影响。

选取的金融风险代理变量为金融机构不良贷款率（NPL），解释变量包括贷款利率（I）、预期通货膨胀率（EP）、国内生产总值增长率（DGDP）、房地产业增长速度（DCRB）。将上述宏观经济代理变量对金融机构不良贷款率（NPL）进行回归检验，可以判断各宏观指标变动对金融系统稳定程度的影响。基本的计量模型为

$$NPL = \alpha_0 + \alpha_1 \mathrm{I} + \alpha_2 EP + \alpha_3 DGDP + \alpha_4 DCRB + \varepsilon$$

选用Stata10.0统计软件，进行OLS回归得到的计量结果为

$$NPL = -25.48 + 3.90 \times I - 0.659 \times EP + 0.893 \times DGDP - 0.053 \times DCRB$$

回归方程的拟合优度为0.8239，调整后的拟合优度为0.7932，方程拟合优度较高，说明采用该计量模型解释宏观经济变量对金融稳定的影响在统计上是显著的。计量结果显示，贷款利率（I）、国内生产总值（DGDP）对不良贷款率的影响最为显著且为正向，表明贷款利率上升将导致不良贷款率有较大上涨；而预期通胀（EP）、房地产业增长速度（DCRB）对不良贷款的影响为负向，说明三者的上升会降低不良贷款率，三者下降会增加不良贷款率。

如果未来贷款利率上升，通货膨胀有所降低，国内生产总值增速减缓，房地产行业景气状况下降的情况下，金融机构不良贷款率潜在风险加大，一旦引起连锁效应，容易诱发区域性金融风险。

八、进一步提高湖北省区域金融稳定性的相关建议

大力推进经济结构转型，促进经济平稳较快发展。调整优化经济结构，着力改造提升传统支柱产业，强力推进节能减排和淘汰落后产能，大力发展循环经济和低碳产业；进一步深化循环经济示范试点，大力发展清洁能源、环保等低碳产业，推动低碳技术产业化。增强内生动力，加快推进湖北省经济发展方式的转变。加快发展服务业，继续推进国家级和省级现代服务业示范区建设，大力发展生产，保障主要农产品、基本生活必需品、重要生产资料的生产和供应，完善价格调节基金制度，增强价格调控监管能力。

贯彻落实稳健型货币政策，加强信贷结构调整。继续保持宏观政策的稳定性。加强流动性监测分析，灵活运用各种工具组合，保持流动性合理充裕，引导倾向信贷和社会融资规模平衡适度增长；引导金融机构盘活存量、用好增量，增加对关键领域和薄弱环节的信贷支持。保持信贷稳定均衡增

长，各金融机构应结合湖北省经济社会发展的实际，准确把握和科学执行稳健的货币政策，合理安排贷款投放节奏，保持信贷合理增长。

充分利用和发展资本市场，健全多层次资本市场体系。大力推动多层次资本市场建设，鼓励支持企业到新三板和区域性股权交易场所挂牌，让更多的企业能够利用资本市场发展壮大；加大上市资源培育力度，推进企业IPO进程。加快培育科技含量高、发展潜力大、竞争实力强的后备企业；有序推进上市公司再融资和并购重组，鼓励有条件的上市公司通过整体上市和行业整合做大做强；更加注重培育期货市场，引导重点龙头企业以套期保值为方向，利用期货市场规避市场风险。

稳步推进保险业发展，推动保险进一步融入民生保障体系。提高“三农”保障水平，落实中央惠农政策，扩大有政策补贴的农业保险覆盖面和保障程度；推动责任保险发展，医疗责任保险努力实现在2015年底前三级公立医院参保率100%、二级公立医院参保率90%的目标；积极开展食品安全责任险、特种设备责任险、养老机构综合责任险等试点工作，探索形成用责任保险化解民事责任纠纷的工作机制；推动民生保险发展，鼓励保险公司进一步发展治安保险、社区综合保险等民生保险；推进小额贷款保证保险加快发展，构建“政银保”合作贷款体系；积极推动老年人住房反向抵押保险即以房养老保险试点，加强对合众人寿、幸福人寿等公司的指导，力争在全国开出第一单。

继续加强金融基础设施建设，不断优化区域金融环境。巩固完善支付结算基础设施，推广应用非现金支付工具，提升支付结算服务水平；推动风险评估与客户风险等级分类工作在法人金融机构的落实，扩大洗钱类型分析试点范围，加大反洗钱监管力度，完善金融机构洗钱风险评估体系；优化金融生态环境，警惕经济下行压力下企业逃废债现象抬头；推动各地持续开展金融案件执结活动，防范地方金融风险聚积；发挥金融信用市州县考评“一票否决”机制作用，支持金融机构维护债权。推进农村金融服务全覆盖和金融支持县域经济发展“五个一”工程，支持普惠金融发展。重点抓好标准化村级惠农金融服务示范联系点的建设，进一步完善农村基础金融服务。继续扩大小额贷款公司和融资性担保公司信用评级试点，稳步推进融资性担保公司信用评级使用人付费试点。指导符合条件的小额贷款公司和融资性担保公司通过互联网平台或金融城域网接入征信系统。继续开展应收账款融资服务平台推广应用工作，推动大中型企业带动供应链上下游小微企业到平台注册，重点推动金融机构利用平台开展应收账款质押或转让业务。加强社会信用宣传教育，进一步改善社会信用环境。强化重大事项报告制度，完善应急管理体系，提高防范、化解、处置风险能力。进一步提升金融机构规范经营水平，加强金融消费权益保护工作力度，营造稳定和谐的区域金融消费环境。

总　　纂：陈　玥
统　　稿：刘威林　王邦武　计惠龄
执　　笔：贺　杰　方爱国　陈　娟　陈　亮　姚　熹
　　　　　陈　楠　刘鸿伟　彭　慧　陈　阳
其他参与写作的人员（以姓氏笔画为序）：
王鹏程　何英艳　杨　亮　李政为　吴　涛
张　琨　周永胜　周远慧　陈　鑫　段　鹏
聂文斌　涂德君　曾　妮

湖南省金融稳定报告摘要

2014年，国际经济仍处于金融危机后的深度调整期，面临的环境依然错综复杂，我国经济发展进入新常态，国内经济增长具备诸多有利条件，但也面临着投资增长后劲不足、经济下行压力较大等问题。面对挑战，湖南省坚持稳中求进，促进“三量齐升”①，推进“四化两型”②，全省金融业认真贯彻落实中央各项宏观决策部署，推进改革发展，狠抓风险防控，确保金融体系总体保持稳健运行。银行业资产负债规模适度增长，信贷结构调整稳步推进，防范交叉性金融风险意识提高。证券业市场主体进一步增多，盈利能力稳步增强，融资融券等创新业务快速发展。保险业业务扩张态势良好，财产险主要风险指标优于全国，人身险满期给付有序进行。金融基础设施进一步完善，支付体系、信用服务体系建设成效明显，金融消费权益环境和金融生态环境得到优化。

一、区域经济运行与金融稳定

（一）区域经济运行状况

经济增长速度趋缓，产业结构持续优化。2014年，全省实现地区生产总值27 048.5亿元，同比增长9.5%，增速较上年同期下降0.6个百分点，但快于全国平均水平2.1个百分点，总体保持较快增长。第一、第二、第三产业增加值同比分别增长4.5%、9.3%和11.1%，三次产业结构由上年的12.1:47.6:40.3调整为11.6:46.1:42.2，其中第三产业比重提高1.9个百分点。

固定资产投资增速回落，民间投资快速增长。2014年，全省完成固定资产投资21 950.8亿元，同比增长19.4%，比上年减缓6.7个百分点，2014年初以来持续回落，为2003年以来首次运行在20%以下区间。2014年全省完成民间投资14 409.8亿元，增长21.2%，快于全部投资增速1.8个百分点，占全省投资比重为65.6%，拉动全省投资增长13.9个百分点。

消费需求平稳增长，消费结构趋于合理。2014年，全省实现社会消费品零售总额10 082.0亿元，增长12.8%，比上年回落1.0个百分点。从消费结构来看，汽车等耐用消费品持续热销，全年零售额增长15.0%；基本生活品需求较为旺盛，粮油食品饮料烟酒类、服装鞋帽针纺织品类零售额分别增长23.1%和12.9%。通讯器材、机电产品及设备类零售额分别增长20.1%和22.7%，同比分别加快14.6个和11.0个百分点。

出口增速持续回升，进口增速有所回落。2014年，全省完成进出口总额310.3亿美元，同比增长23.2%，比上年提高8.5个百分点，高于全国平均水平19.8个百分点。其中，出口200.2亿美

① “三量齐升”：指经济总量、人均均量和运行质量同步提升。

② “四化两型”：“四化”指新型工业化、农业现代化、新型城镇化、信息化，“两型”指资源节约型、环境友好型社会。

元，增长35.1%，比上年提高17.5个百分点，高于全国29.0个百分点；进口110.0亿美元，增长6.3%，比上年回落4.4个百分点，但高于全国5.9个百分点。

财政收入增速减缓，居民收入平稳增长。2014年，全省实现财政总收入3 629.7亿元，增长9.5%，同比下降3.1个百分点。其中，地方财政收入2 259.9亿元，增长11.3%，比上年下降2.2个百分点。全省财政总支出5 024.5亿元，增长7.1%，比上年回落5.4个百分点。全省城镇居民人均可支配收入26 570元，同比名义增长9.1%，扣除价格因素实际增长6.9%；农村居民人均可支配收入10 060元，同比名义增长11.4%，扣除价格因素实际增长9.9%。

CPI月同比涨幅低位徘徊，PPI同比持续回落探底。2014年，全省消费者价格指数（CPI）同比上涨1.9%，比全国平均水平和上年分别低0.1个和0.6个百分点。全省工业生产者出厂价格指数（PPI）同比下降1.6%，降幅比上年扩大0.1个百分点。其中12月下降2.6%，降幅比上月继续扩大0.7个百分点，已连续32个月负增长。

（二）区域经济运行需要关注的问题

部分企业受市场需求不足和产能过剩双重影响，经营压力增大。全省产品市场需求指数已连续7个季度运行在35%左右的历史低位，尤其是机械制造、有色、冶金、石化、纺织等湖南省传统产业表现较为突出，应收账款回笼缓慢，或企业经营行为不当，盲目扩张，造成资金链紧张、断裂，企业逃债、倒债、骗债等问题突出。

政府债务集中到期偿还压力大，部分地区政府综合债务率较高。根据2014年审计结果，截至2013年6月底，全省政府负有偿还责任的债务3 477.89亿元，负有担保责任的债务733.41亿元，可能承担一定救助责任的债务3 525.99亿元。2014年到期需偿还的政府负有偿还责任债务占17.03%，2015年、2016年和2017年到期需偿还的分别占16.32%、10.02%、9.00%，2018年及以后到期需偿还的占20.38%。全省12个市县区综合债务率超过100%，出现政府性债务风险预警。

二、银行业与金融稳定

（一）银行业运行状况

资产负债规模适度增长，存贷款增速有所减缓。2014年末，全省银行业总资产3.84万亿元，总负债3.74万亿元，同比分别增长12.87%和12.82%，增速较上年分别回落0.79个和0.57个百分点，较前五年平均增速分别回落6.56个和6.52个百分点。各项贷款余额2.07万亿元，增长13.9%，同比回落1.73个百分点，较前五年平均增速回落6.68个百分点。各项存款3.02万亿元，增长12.56%，同比回落3.54个百分点，较前五年平均下降了7.0个百分点。

信贷结构调整稳步推进，小微、涉农金融服务力度加大。2014年，全省银行机构重点确保在、续建基础设施建设项目资金需求，全年新增基础设施贷款669.6亿元，同比多增81亿元。全年涉农贷款新增880.7亿元，同比增长15.1%，个人消费贷款新增685.6亿元，同比多增117.5亿元，“两高一剩”行业中长期贷款净下降4.3亿元。新增小微企业贷款824.4亿元，同比增速18.2%，高于全部贷款增速4.26个百分点；批设持牌社区支行101家，累计批设133家；新增涉农贷款880.7亿元，同比增长15.1%。

盈利能力有所下降。2014 年，全省银行业全年实现经营利润 515.2 亿元，同比增长 8.3%，增速首次降到一位数，不及前五年平均增速的 1/3，部分全国性银行分支机构利润同比减少。

（二）改革发展及成效

农村金融机构改革取得新进展。2014 年，湖南省实施或启动改制的农合机构 54 家，占年初 91 家未改制农信社的 59.34%。年末累计实施或启动改制的农合机构已达 84 家、占 121 家县级法人机构的 69.42%。村镇银行筹建 1 家，浏阳农商行在湖南和江西发起设立 4 家村镇银行获银监会备案同意。湘西长行村镇银行延伸机构，实现了自治州各县（市）全覆盖。截至 2014 年末，全省累计组建村镇银行 29 家，覆盖 36 个县（市）。

城商行稳步改善公司治理和业务治理。长沙银行持续七年之久的高管违规持股问题平稳处置，177 名高管及核心技术人员违规持有的 2 145.5 万股及红股红利全部清退，并完成增资扩股，资本充足水平提高。辖内两家城商行于 2014 年 9 月底前完成了同业业务、理财业务治理改革，并针对非信贷融资及表外业务的问题，真实还原风险承担和资本充足状况，采取有针对性的应对措施。

新型金融机构和融资中介机构数量规模不断扩充。2014 年，湖南省新型金融机构创建步伐加快，辖内三一集团申请开办民营银行，湖南出版集团财务公司开业，中联重科财务公司获准筹建。截至 2014 年末，全省已批准设立 210 家小额贷款公司，注册资本 169.31 亿元，贷款余额 180.18 亿元；已批准设立融资性担保公司 217 家，注册资本 254.7 亿元，累计为 94 408 户中小企业和个人提供担保 2 333.45 亿元；已批设典当行 254 家，注册资本 41.39 亿元，从业人员 2 497 人，年末资产总计 44.92 亿元。

（三）银行业需要关注的问题

银行资产质量下降且多行业信贷风险明显增加。2014 年全省银行机构关注类贷款快速增加，截至年末，银行机构关注类贷款 727.68 亿元，较年初增加 157.10 亿元，增长 27.53%。全省银行机构贷款投向 21 个大类行业（包括个人贷款）中，不良贷款余额上升的有 13 个，不良率上升的有 12 个。

银行声誉风险显著上升。湖南辖内声誉风险事件呈加速增长趋势，爆发频率、处置难度都明显增加。据统计，全年针对省内银行的负面舆论信息 207 条，增长 22.5%，有较大负面影响的声誉风险事件 8 起；处理各类信访 398 件。

民间融资风险上升并向正规金融体系传导。2014 年，全省公安机关立非法吸收公众存款、集资诈骗刑事案件 303 起，涉案金额 161 亿元，涉案人数上十万人。此外，民间融资风险事件已覆盖全省大部分市州，集资参与者几乎涵盖社会各个阶层、众多行业和领域，且形式手段更趋债权化和机构化，依托网络平台进行借贷涉嫌非法融资情况日渐突出，企业债务风险上升，并通过银行授信、信托产品、资产管理等多种途径向正规金融机构传导，可能引发突发性或区域性金融不稳定。

三、证券业与金融稳定

（一）证券业运行状况

证券机构数量增多，盈利能力整体增强。2014 年末，湖南省共有法人证券公司 3 家，证券分公司 8 家，255 家获批证券营业部，比年初新增 86 家，已开业营业部 237 家，证券从业人员 7 484 人。2014 年，湖南省盈利的证券营业部共 159 家，占营业部总数的 67.08%，盈利证券营业部较 2013 年增加 29 家。

期货市场交易清淡，行业发展有所萎缩。2014 年末，湖南省有法人期货公司 3 家，辖内期货营业部 55 家，从业人员 822 人。年末期货公司总资产 23.13 亿元，同比下降 40.06%；全年期货交易 4 605.62万手，较上年下降 35.88%；期货交易额 18 841.78 亿元，同比下降 77.96%。

上市公司整体经营状况良好，市值增长较快。2014 年末，全省共有国内上市公司 74 家，较年初增加 2 家，境内上市公司累计募集资金 312.97 亿元。上市公司总资产 5 491.82 亿元，同比增长 5.9%。全年实现主营业务收入 1 993.51 亿元，实现净利润 75.67 亿元。与此相对应，全省上市公司总市值 6 347.5，同比增长 43.7%。

（二）创新发展及成效

融资融券业务快速增长。2014 年末，全省有 207 家证券营业部获得融资融券业务资格，累计开发客户 110 911 户，其中，实际交易客户 55 059 户，占已开发客户数的 49.64%。2014 年全省新增融资融券客户 58 891 户，融资融券交易总额为 5 746.63 亿元，融资融券业务累计产生收入为 7.32 亿元，同比增长 51.24%。

约定购回业务发展平稳。2014 年末，全省共有 128 家证券营业部已开展约定购回业务，累计产生业务收入 1 278.06 万元。72 家已产生业务收入营业部部均约定购回业务收入在总收入中的占比为 0.98%，较上年下降了 0.49 个百分点。

股权质押业务增长迅猛。2014 年末，全省共有 58 家证券营业部已开展股权质押业务，其中有 35 家营业部已获收入，2014 年该项业务累计收入达 5 527.51 万元，较 2013 年增长了 188.96%。

（三）证券业需要关注的问题

主营业务收入结构有待优化。2014 年湖南省证券营业部股票基金交易总额为 41 662.63 亿元，股票基金手续费净收入 31.08 亿元，同比分别上升 106.11%、61.37%。其中，股票基金手续费净收入在营业收入中占 87.37%，较 2013 年上升 7.62 个百分点，目前传统的经纪业务仍是证券营业部的主要收入来源。

交叉性金融风险压力加大。随着融资融券、股票质押等创新业的飞速发展，证券公司对外融资依赖程度愈来愈大，一方面证券公司通过银行间市场拆借、资产回购、股票质押贷款等多种方式进行主动融资；另一方面也借助基金理财计划、伞形信托等新型金融工具绕开监管使得银行理财资金流入证券市场。

四、保险业与金融稳定

（一）保险业运行状况

保险市场服务主体不断繁荣。2014 年末，全省共有法人保险公司 1 家。省级保险分公司 47 家，较年初增加 2 家。其中财产险公司 21 家；人身险公司 26 家，较年初增加 2 家。保险专业中介法人机构35家，保险兼业代理机构9 145家，保险公司从业人员15.7万人。

保险业务增长态势良好。2014年末，保险公司资产总额1 481.05亿元，较年初增长11.35%。产险业保险金额14.77万亿元，同比增长49.20%。寿险业期末有效保险金额7.06万亿元，同比增长107.04%。2014年，全省保险业实现原保险保费收入587.73亿元，同比增长15.57%，保费规模列全国第11位。保险深度2.18%，同比提高0.10个百分点；保险密度878元，同比提高118元。

财产险主要监管指标保持优于全国平均水平。2014年湖南省辖内财产险公司反映市场规范程度的各项关键指标优于全国平均水平：一是批退率1.85%，较全国平均水平低出1.55个百分点。二是综合成本率为94.31%，较全国平均水平低出4.91个百分点。三是全省手续费率为6.97%，业务及管理费用率为21.50%，较全国平均水平分别低出2.14个和1.40个百分点。

人身险行业风险总体可控。一是满期给付有序进行。满期给付金额79.54亿元，同比增长16.55%，与人身保险保费增量基本持平。行业现金流保持充足，2014年经营活动产生的净现金流81.72亿元，同比增长25.16%，未出现给付危机。二是退保情况总体保持稳定。各人身险公司累计发生退保金93.58亿元，退保率5.19%，低于全国平均水平0.43个百分点。

（二）改革发展及成效

财产险服务经济社会能力不断提升。2014年，全省产险业承担风险保障金额达14.77万亿元，同比增长49.20%，为因自然灾害和意外事故受损的企业和人民群众及时提供经济补偿114.05亿元，同比增长16.67%。

人身险服务范围不断扩展。2014年，全省人身险公司期末有效保险金额7.06万亿元，同比增长107.04%；期末有效承保人次1.58亿人次，同比增长43.97%；期末有效保单件数2 799.44万件，同比增长18.11%。承保城镇居民、城镇职工和企事业团体补充医疗业务共计3 200.19万人次，同比增长630.60%。承保新农合及新农合补充商业医疗险业务共计1 697.99万人次，同比增长124.01%。

（三）保险业需要关注的问题

寿险退保压力不容忽视。2014年，全省人身险公司寿险退保金支出大幅增加，达93.59亿元，同比增长53.90%，连续两年增速高于50%。其中，分红寿险退保84.51亿元，占寿险业务退保金比重90.30%，普通型产品退保8.15亿元，同比增长274.39%。全省退保率为5.19%，但较上年同期上升1.41个百分点。有可比数据的25家人身险公司中有17家的退保率高于上年同期，值得进一步关注。其中，有10家人身险公司退保率超过5%。

财产险部分监管指标出现反弹。一是应收保费率上升。财产险公司应收保费率3.32%，较上年同期上升0.56个百分点，连续两年呈上升趋势，其中保证险、农业险应收保费占比较大，占比分别为47.70%和15.43%。二是综合赔付率和综合费用率有所上升。全省财产险公司综合赔付率63.11%，综合费用率31.20%，较上年同期分别上升0.56个百分点和0.42个百分点。

五、金融市场与金融稳定

（一）金融市场运行情况

一是同业拆借交易量大幅增长。2014 年，湖南省金融机构累计发生同业拆借业务 434 笔，同比增加 115 笔，成交金额 2 396.8 亿元，同比增长 85.9%。二是债券市场业务快速发展，非金融企业债务融资工具增长迅猛。2014 年，湖南省共有债券市场成员 83 家，开展债券回购交易 34 728 亿元，同比增长 58.6%，现券成交 11 256 亿元，同比增长 4.6 倍。非金融企业债务融资工具余额 1 231.7 亿元，同比增长 79.5%。全年发行债务融资工具 707.6 亿元，同比增加 275.4 亿元。三是票据业务发展整体趋缓，票据融资利率持续下行。2014 年末，湖南省金融机构票据承兑余额为 1 789.3 亿元，同比增长 4.2%；全省票据融资利率高位回落，从年初 6.69% 下降到 11 月末的 4.96%。

（二）金融市场运行需要关注的问题

湖南省中小金融机构资金规模小、持券数量少，在债券市场上寻找金额、期限匹配的交易对手相对困难，在价格谈判中缺乏“话语权”。此外，省内中小金融机构交易对手以城商行、农信机构、证券公司、财务公司为主，存贷款业务期限结构较为相似，容易出现机构间富余资金“同松同紧”的局面。

六、金融基础设施与金融稳定

（一）金融消费权益保护深入推进

金融消费权益保护工作机制不断完善，金融消费者咨询投诉有效处理。一是全省人民银行加强与金融监管部门、工商行政管理、消费者协会等部门的协调与工作联动。制定《湖南省支付机构金融消费权益保护工作指引》。金融机构完善本单位的工作机制，确定责任部门和人员，积极开展工作。二是有序推进金融消费权益保护环境评估试点工作，印发《区域金融消费权益保护环境评估方案（试行）》。三是顺利开通运行 12363 电话。全省人民银行系统共处理 562 个投诉，解答 863 个咨询，咨询投诉均得到妥善处理。

（二）支付系统运行安全高效，金融 IC 卡应用成效显著

系统推广建设任务圆满完成，非现金支付业务快速发展。一是 ACS 上线并稳定运行。2014 年湖南省 ACS 系统顺利上线运行，成为总行点名支持北京数据处理中心迁移的两个省份之一。二是银行卡助农取款服务全面深化。2014 年末，全省累计发展助农取款服务点 7.4 万个，基本覆盖了所有行政村，全年累计办理各项业务 2011 万笔，金额 256 亿元。三是电子商业汇票业务快速发展。全年开展电子商业汇票业务笔数 13 556 笔，金额 529.4 亿元，同比分别增长 20.3% 和 20.5%。

金融 IC 卡应用成效显著。截至 2014 年末，全省累计发行金融 IC 卡 2 900 万张，2014 年新增发行金融 IC 卡 1 600 万张，占全年新增银行卡的 76%，湖南省金融 IC 卡公共服务运营新平台建成，为

全省金融 IC 卡公交项目和出租车项目应用提供统一规范的运营管理。

（三）征信市场日益规范，征信服务作用不断显现

征信市场持续稳健发展，市场作用不断显现。出台《湖南省个人征信机构设立初审和企业征信机构备案办法》，完成全省首家企业征信机构备案和首家个人征信机构设立初审工作，信用信息归集面逐步向商务领域延伸，市场上的信用产品日益丰富。按市场化原则持续推进小额贷款公司和融资性担保公司信用评级，累计完成 42 家小额贷款公司、110 家融资性担保公司的首轮评级，14 家信用等级较低的融资性担保公司被银行业金融机构剔除合作名单，信用等级较高的 11 家小额贷款公司、11 家融资性担保公司获批接入金融信用信息基础数据库。

征信系统平稳合规运行，防风险作用日渐增强。2014 年末，金融信用信息基础数据库累计已收录湖南省 4 319.52 万自然人、31.34 万户企业及其他经济组织信息；全省银行业金融机构全年共查询个人信用报告 537.54 万次、企业信用信息 50.01 万次，有力辅助了授信决策、防范了信贷风险。全省已有 52.39 万家机构拥有机构信用代码证，代码在信贷、反洗钱、征信等多个领域的桥梁、索引作用得以强化。

（四）反洗钱、反假币工作成效明显

金融机构反洗钱内控制度进一步健全。金融机构根据监管政策变化及自身业务发展变化，修订完善反洗钱内控制度，为有效履行反洗钱职责提供了制度保障。各金融机构按照法律法规要求，完善洗钱风险名单库，加强客户身份识别，通过系统评级与人工评定相结合的方式，合理评估客户风险等级，并采取有针对性的风险控制措施。部分金融机构设立省级及市州级反洗钱中心，实现对可疑交易的集中处理；部分金融机构完善反恐怖融资、跨境诈骗等犯罪类型的监测指标和模型，上线新的反洗钱监测系统，加强对可疑交易的分析甄别。全年全省共报送可疑交易 127 493 份，同比下降 55.6%。

打击假币违法犯罪力度不断深入。2014 年，全省收缴假人民币 4 239.21 万元，同比增长 86.43%，其中，金融机构收缴假币 2 134.95 万元，同比增长 58.42%，公安机关案件解缴假人民币 2 104.26 万元，同比增长 180.88%，警银收缴比例为 98.5%。

（五）区域金融生态建设取得新进展

进一步完善金融生态良好城市评价指标，开展 8 个试点地区的年度测评和 4 个申报地区的考评，一对一通报考评结果，适时增加邵阳市、常德市、张家界市为金融生态良好城市试点地区。此外，印发《湖南省金融安全区创建工作达标单位考核考评办法》，对申报 2014 年省级金融安全区达标单位的新晃县进行现场考核验收。截至 2014 年末，全省共建成市级及以上金融安全区 64 个，其中省级 27 个。

七、总体评估与政策建议

（一）总体评估

2014 年，面对复杂多变的国内外经济金融形势，湖南省坚持稳中求进，主动适应经济发展新常态，经济增长速度保持在合理区间，增长质量和效益进一步提高；银行业、证券业、保险业等正规金融体系运行总体稳健，未发生系统性区域性金融风险。

同时，湖南省金融体系也存在一些不容忽视的风险因素和苗头问题，应引起重点关注。经济方面，受市场需求下降和行业产能过剩影响，部分企业盈利能力下降，中小企业融资成本过高，部分地区政府偿债压力较大，房地产行业仍未走出低谷。金融方面，银行业资产质量和效益下滑，钢铁、煤炭、水泥、火电和有色金属等产能过剩行业及其上下游供应链融资和贸易融资企业以及房地产、建筑业等顺周期行业信用风险上升较快；证券业金融创新业务发展过快，交叉性金融风险加大；保险公司部分风险指标反弹，退保压力不容忽视；民间融资信用风险从多种渠道向正规金融体系传导。

（二）政策建议

1. 强化重点领域风险管控，突出防范系统性、交叉性金融风险

一是加强对“有色、钢铁”等支柱产业及两高一剩行业信贷风险、民间融资、政府性债务风险、房地产行业等重点领域、重点企业、重点行业的监测分析。二是引导金融机构提高风险防范的前瞻性，防范跨行业金融风险。主要包括加强银行信贷资产质量和表外业务风险的监测分析，密切关注证券公司融资融券、股权质押、专项资产证券化等新业务新工具创新发展动向，加强对人身保险公司满期给付和退保现象的监测，优化财产保险公司业务收入结构。三是理顺小额贷款公司、融资性担保公司、典当行等准金融机构风险监测渠道，构筑金融机构与民间融资中介、影子银行的防火墙，防范影子银行、民间融资风险向金融体系传导。

2. 推进金融稳定协调机制建设，提升维护金融稳定合力

完善金融安全网建设，夯实人民银行与地方政府、金融监管机构、行业主管部门、行业协会的信息交流与共享平台基础，推动建立区域金融风险协调处置机制和金融监管协调合作机制，强化与金融机构之间的长效联系机制，做到金融风险早发现、早报告、早处置。加强与地方金融办、公安机关协作，合力打击非法集资和金融犯罪活动，共同打造健康、稳定和高效的区域金融生态环境。

总　　纂：马天禄　徐　涌
统　　稿：魏祖元　彭敦良
执　　笔：胡丕吉　常　皓
其他参与写作的人员（以姓氏笔画为序）：
邓　婷　邓建丰　任中红　刘孟飞　杨　波
吴　敏　陈　昊　周伟中　肖灯峰　殷南明
梁宏梅　覃兆勇

广东省金融稳定报告摘要

2014年，广东经济稳健运行，结构持续优化，为金融业发展提供了良好的宏观环境，金融业抗风险能力不断提升，金融生态环境进一步优化，金融稳定工作机制建设继续强化，区域金融体系总体保持稳定。与此同时，受世界经济复苏艰难、国内经济下行压力加大等因素影响，广东经济金融运行中存在诸多困难和问题，需引起关注。

一、金融业发展环境

2014年，广东经济发展进入新常态，宏观经济稳健运行，产业转型升级取得新进展，经济结构进一步优化，经济增长内生动力不断增强，物价保持稳定，经济发展协调性、稳定性提升。一是宏观经济稳健运行。2014年，广东实现地区生产总值67 792.24亿元，比上年增长7.8%，增幅比上年下降0.7个百分点。近年来经济增速从2010年的12.4%下滑至近几年的8%上下，经济增速从高速增长转为中高速增长。四个季度增速分别为7.2%、7.5%、7.6%、7.8%，呈前低后高，逐季提升态势，总体上保持了平稳增长。二是产业转型升级取得新进展。2014年，广东第一、第二、第三产业增加值分别为3 166.67亿元、31 345.77亿元和33 279.80亿元，分别比上年增长3.3%、7.7%和8.2%。三次产业结构为4.7∶46.2∶49.1。第三产业的比重比上年提高0.3个百分点，产业结构进一步优化。三是内需对经济增长的拉动作用进一步显现，内生动力上升。2014年，广东实现社会消费品零售总额、完成固定资产投资分别比上年增长11.9%和15.9%，增幅分别比上年下降0.3个和2.6个百分点。实现进出口总额10 767.30亿美元，比上年下降1.4%。在外部需求持续减弱的情况下，内部需求的降幅相对较小，内需对经济增长的贡献提高，对于稳定经济增长发挥了重要作用。四是物价水平持续下降，通货膨胀压力减缓。2014年，广东物价水平延续2013年下半年以来的低位波动走势，居民消费价格指数全年累计上涨2.3%，涨幅比上年下降0.2个百分点。工业生产者出厂价格指数和工业生产者购进价格指数全年均处于100点以下，全年累计分别下降1.1%和1.2%，降幅均比上年有所缩小。五是房地产市场运行平稳，商品房价格高位回落。2014年，广东房地产开发企业共完成开发投资7 638.45亿元，同比增长17.7%，增幅比上年下降4.1个百分点。商品房销售面积和销售额分别为9 315.76万平方米和8 461.84亿元，分别同比下降5.3%和5.4%，房价过快上涨的局面开始扭转，但房地产市场整体运行平稳。

二、银行业

2014年，广东银行业机构认真贯彻执行稳健货币政策以及各项金融宏观调控措施，不断加强对

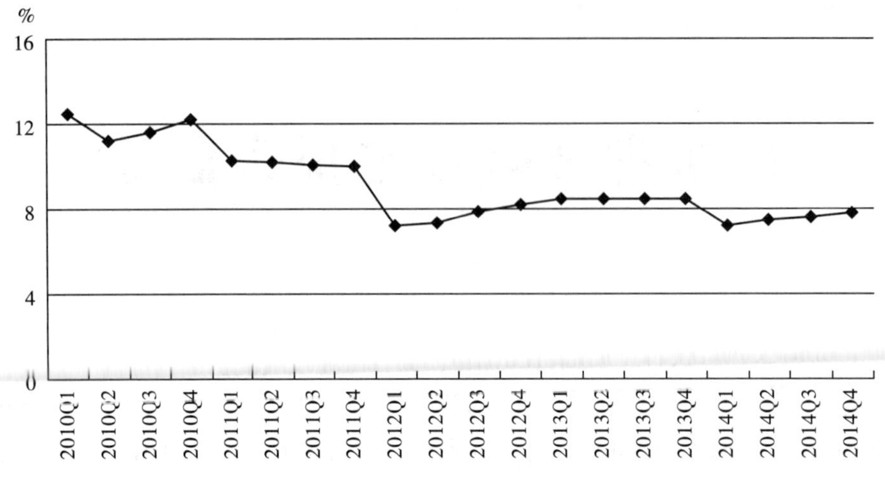

数据来源：广东省统计局相关资料。

图1 2010—2014年各季度广东地区生产总值累计增速

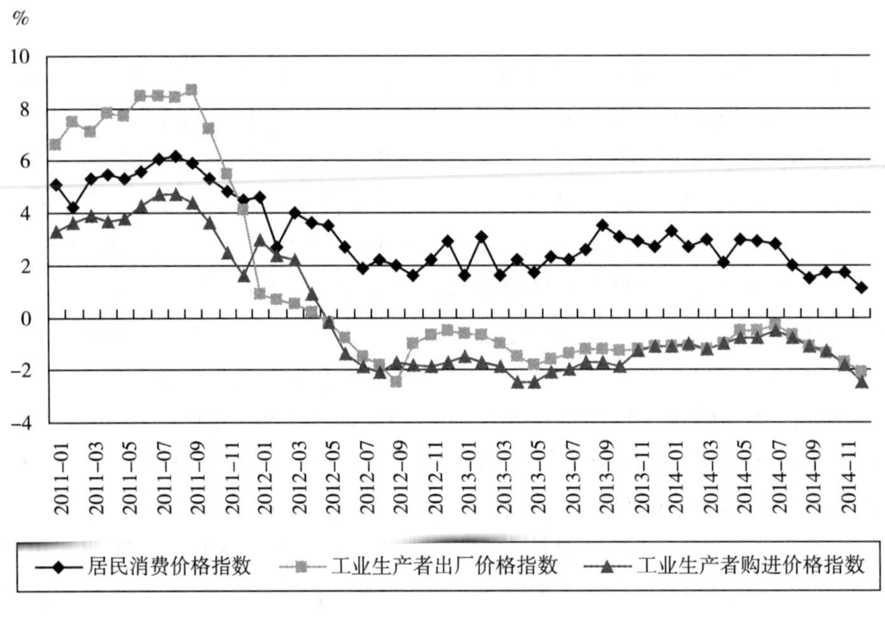

数据来源：广东省统计局相关资料。

图2 2011—2014年各月广东各类价格指数同比增幅

实体经济和薄弱环节的金融支持力度，努力提高经营管理水平，扎实推进机制体制改革，着力提升金融服务水平，各项业务继续保持稳健发展的良好态势。

业务发展保持稳健。2014年末，全省银行业机构总资产余额175 295.84亿元，比年初增长10.92%；本外币各项存款余额和各项贷款余额分别比年初增长6.85%和12.24%，增速较上年下降7.03个和0.56个百分点。

法人银行机构资本充足率保持较高水平。绝大部分法人银行资本充足率超过12%，能够较好地抵御外部冲击。近年新改制成立的农村商业银行以及新设立的村镇银行资本充足率普遍超过15%，

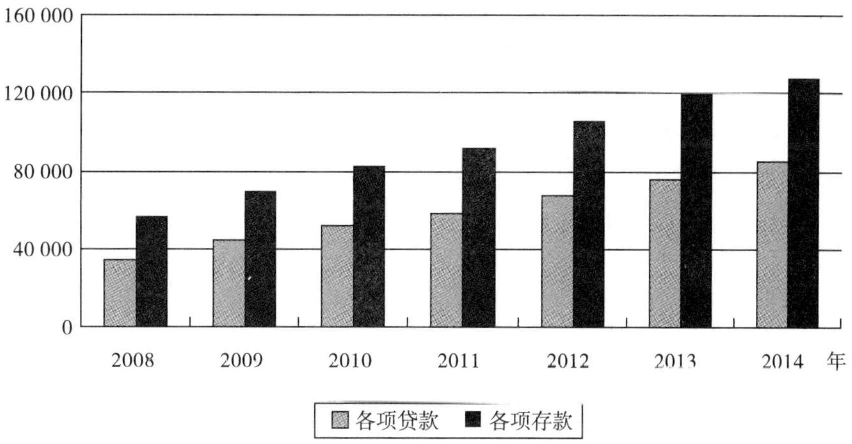

数据来源：人民银行广州分行相关资料。

图 3 2008—2014 年广东银行业机构存贷款情况

核心资本充足率超过 12%。

不良贷款余额和比例有所增加。按五级分类口径，2014 年末广东银行业机构不良贷款余额为 1 092.97亿元，比上年末增加 283.73 亿元；不良贷款率为 1.29%，比上年末增加 0.22 个百分点。

拨备水平小幅下降。2014 年末，广东银行业机构各项贷款损失准备余额为 1 794.21 亿元，拨备覆盖率达到 164.16%，拨备贷款比为 1.29%。

盈利能力稳中有升，但增幅收窄。2014 年，广东银行业机构实现税前利润 2 510.44 亿元，比上年增加 54.55 亿元，同比少增 343.33 亿元。资产利润率达到 1.43%，基本与上年持平。

流动性总体上保持充裕。2014 年，广东银行业机构新增贷款与新增存款之比 112.95%，比上年增加 54.58 个百分点，在上述因素推动下，2014 年末，广东银行业机构存贷比为 66.41%，比上年增加 3.19 个百分点，但仍远低于 75% 的监管标准，流动性保持充裕。

银行业改革稳步推进。国有控股商业银行分支行经营管理机制改革继续深化，股份制银行加快资本约束下的经营转型，邮储银行持续深化二类支行改革。农村信用社改制进展顺利，全年共有 4 家农村信用社改制为农村商业银行，年末辖内已开业农村商业银行总数达 28 家，汕头特区联社改革工作取得积极进展。村镇银行发展迅速，全年增设村镇银行 17 家，年末辖内已开业村镇银行总数达 48 家。

应该注意到，广东银行业在保持稳健发展的同时，仍存在一些潜在风险隐患，主要表现为：一是不良贷款双升，未来继续攀升压力较大。2014 年以来，受经济增速回落影响，企业经营困难加大，一些企业资金链断裂，光伏、航运、钢贸等行业信贷风险突现，广东省银行业机构不良贷款呈现“双升”态势，余额比年初增加 283 亿元、不良贷款率比年初提高 0.22 个百分点，而且未来不良贷款继续攀升的可能性较大。二是重点领域风险隐患较大。房地产行业贷款集中度偏高。2014 年末，广东省银行机构本外币房地产贷款余额 14 300.45 亿元，占本外币各项贷款的 16.84%，同比上升 0.22 个百分点。法人机构客户贷款集中度长期高位运行。2014 年末全省（除深圳外）有 70 家农村合作金融机构最大十家客户贷款集中度超过 50% 的监管标准，超标机构占比高达 74.6%。能源行业出现风险苗头。由于经济下行、油价大幅波动，企业盲目扩张，再加上银行收贷等因素，个别能源行业企业出现流动性紧张，甚至资金链断裂等信贷风险事件，虽暂未出现行业性的资金链断裂、逃废债务等明显风险信号，但风险苗头凸显。三是部分地方法人银行机构存款结构不合理，稳定性差。由于辖区城市商业银行主要在城市经营，面向较高端客户，村镇银行成立较晚，机构网点少，吸存较困难，只能专攻高端客户来迅速提高存款余额，因此，两者的大额存款和对公存款较多。其中，城市商业银行和村镇银行对公存款比例分别为 82.83% 和 72.57%；50 万元以上大额存款比例分别为 89.91% 和 81.16%。四是金融风险事件频发趋势明显。据初步统计，2014 年广东省共收到金融风险事件上报 301 起，涉及金额标的 304.9 亿元，同比分别下降 36.36% 和上升 219.86%。受国际金融危机、欧债危机、国内经济增速放缓、房地产市场不景气等因素影响，风险事件主要集中发生在低端制造业、房地产等行业，并且出现逐步从小微企业向大中型企业蔓延、产能过剩行业向上下游行业蔓延、传统行业向新兴行业蔓延、制造行业向批发零售等服务行业蔓延的趋势。五是金融机构高管及员工违法违规事件时有发生。2014 年，广东发生多起金融机构高管涉嫌商业贿赂等违法事件以及金融机构员工私售理财产品引发兑付风险事件，严重影响金融机构本身的经营运行，造成一系列不良影响。六是部分银行机构涉嫌违规开展同业业务。《关于规范金融机构同业业务的通知》（以下简称 127 号文）出台后，人民银行广州分行对辖区金融机构同业业务发展情况进行了全面督察，并对辖区 40 家机构开展了同业业务规范情况的现场核查。核查发现，127 号文出台前，广东省银行业机构同业业务普遍存在不同程度上不符合 127 号文规定的现象，127 号文出台后，特别是人民银行要求针对 127 号文自查自纠后，各家银行机构不符合 127 号文规定的现象大幅下降，但部分金融机构仍存在违规开展同业业务的行为，主要表现在以下几方面：开展三方买入返售模式下投向非标资产类业务，将信贷资产变道投向限制性行业；同业投资与一般性存款对接，虚增一般性存款规模；境内人民币代付纳入同业代付业务核算不合规定；同业业务风险资本权重和拨备计提不足；部分银行业金融机构对单一金融机构法人的同业融出资金超过一级资本的 50%。

三、证券业

2014 年，多层次资本市场发展迅速，股票市场增长强劲，大宗商品市场受国内外经济形势影响价格波动剧烈。总体而言，广东证券业机构经营状况良好，盈利能力普遍增强，持续发展能力维持在稳健水平，证券公司、期货公司和基金公司平稳发展。

证券公司各项经营指标大幅增长，综合实力大幅增强。2014 年，全省 23 家证券公司全年共实现营业收入 705.46 亿元，同比增长 63.55%，实现税后净利润 261.71 亿元，同比增长 112.71%。截至 2014 年末，全省证券公司总资产 12 701.81 亿元，比上年末上升 95.87%，所有者权益 2 644.73 亿元，同比增长 22.57%。总体来看，证券公司盈利能力增长强劲，资产规模大幅增长，经营杠杆水平进一步提升。

期货公司资产规模大幅增加，收入和利润增速大幅回落，综合实力维持稳定。2014 年末，全省共有期货公司 21 家，比上年减少 2 家；总资产 659.30 亿元，同比增长 47.76%，净资产 122.76 亿元，同比增长 26.15%；全年实现营业收入和净利润分别达到 28.64 亿元和 7.51 亿元，同比分别增长 0.99% 和 0.30%；全年代理交易额 987 628.74 亿元，同比增长 8.23%。

基金净值增长较快，基金公司规模稳步增长。2014 年末，全省共有基金管理公司 25 家，比上年增加 2 家；所管理的基金数量 687 只，比年初增加 117 只；基金规模 13 098.00 亿元，同比增加 12.65%；基金净值为 14 147.61 亿元，同比增长 30.64%，基金行业总体稳步增长，抗风险能力增强。

与此同时，证券机构的抗风险能力仍有待提高。2014 年，由于证券市场火爆行情，证券公司收入和利润指标大幅提升，但由于资本中介业务快速发展，资本消耗较快，受制于现有资本来源，其负债增长明显加快，风险监控指标下降较明显。融资类业务信用风险日益突出。2014 年，包括融资融券、股票质押式融资在内的各种常规融资类业务的规模不断增长，以不动产融资、地方融资平台项目融资、同业投资等为代表的创新类融资业务也持续开展。随着融资规模急剧增长，集中度风险日益明显；证券经营机构金融产品提供通道或者直接以自有资金参与资产管理计划，代销金融产品等，有些产品存在尽职调查不充分，融资标的公司质押比例过高，还款来源存在较大不确定性等风险。此外，证券创新业务的跨行业、交叉性金融风险较为突出。2014 年证券行业创新业务和资产管理业务发展迅猛，规模和品种数量都大幅增长，但是，部分创新类业务实质是规避监管的类融资业务，有些通道类、合作类产品资金最终投向“两高一剩”行业、房地产行业，也有部分资金投入到地方融资平台，存在一定风险；部分跨市场业务合作机构较多，业务链条较长，包括了银证保、银证信等多个行业，一旦某个环节出现问题，会影响整个业务链条，交叉性风险突出。

四、保险业

业务增长较快。2014 年，全省保险公司原保险保费收入按可比口径比上年增长 23.06%，高于 2009—2013 年平均增速 11.5 个百分点，占保费收入 2/3 左右的人寿险保费收入增速明显。

赔付成本增长势头放缓。2014 年，全省保险公司赔付支出按可比口径比上年增长 13.46 个百分点，低于 2009—2013 年平均增速 3.78 个百分点，其中人寿险赔付支出增速 12.32%。2014 年全省产险公司综合赔付率为 49.36%，比上年下降 4.06 个百分点，处于 2009 年以来较低水平。

盈利水平提升明显。2014 年，全省保险公司实现承保利润 27.44 亿元，比上年增加 7.24 亿元，同比增长 35.84%。行业承保利润与保费收入之比为 1.17%，比上年提高 0.11 个百分点。

各项准备保持充足。2014 年末，全省产险公司未到期责任准备金余额与当年财产险保费收入之比达到 54.07%，比上年略降 1.1 个百分点；未到期责任准备金余额与财险赔款支出之比为 109.53%，比上年提高 6.27 个百分点；未决赔款准备金与财产险保费收入、财产险赔款支出之比分别为 45.53% 和 92.23%，分别比上年上升 1.52 个和 9.84 个百分点。寿险公司寿险责任准备金余额增长较快。

五、具有融资功能的非金融机构

小额贷款公司发展迅速。2014 年末，广东省小额贷款公司达到 477 家，比上年增加 103 家；注册资本达 693.3 亿元，同比增长 37.56%；贷款余额 614.23 亿元，同比增长 39.26%。小额贷款公司以服务小微企业、个体工商户、农户和自然人为主，累计投放此四类群体的贷款金额约占投放总额的 99%，已经成为服务“三农”以及缓解中小微企业融资难的有益补充。

融资担保公司数量和担保余额小幅下降。2014 年，广东省融资性担保机构规模进一步精简，行业盈利水平持续下滑。截至 2014 年末，广东省融资性担保法人机构 343 家，比 2013 年减少 19 家，注册资本达 693.3 亿元，再保余额 1 407 亿元，同比下降 8.93%，行业平均融资担保业务放大倍数为

1.6 倍，为缓解小微企业和“三农”融资难、融资贵问题作出了积极贡献。

产权交易市场蓬勃发展。2014 年，广东省大力探索推进多层次资本市场建设，拓宽企业直接融资渠道，解决企业发展融资难融资贵的问题。目前，多个产权交易中心已覆盖国有产权、集体产权、中小企业产权、投融资服务、并购贷款、产权登记、知识产权等市场与平台，建立起了覆盖面广、规范有序、有效监管的产权交易体系。

六、金融生态状况

2014 年，广东继续优化金融业发展的政策环境，加大对金融业发展和金融消费的法律保护力度，加强对金融业信用体系的建设完善，继续推动支付体系建设，深入推进反洗钱工作，有力地促进了金融生态环境的改善，优化了金融体系稳健运行的基础。一是区域政策环境继续优化。广东省出台《关于深化金融改革完善金融市场体系的意见》、《关于金融支持粤东西北地区振兴发展的指导意见》、《关于深化农村金融改革支持农村改革试验试点示范区建设的指导意见》、《广东省开展农村普惠金融试点方案》等政策文件，全面推动金融改革发展，深入推动普惠金融发展。二是金融法治状况不断改善。广东省成立金融消费权益保护联合会，成为全国第一个专门以保护金融消费权益为宗旨的省级公益性社会团体，实现广东（深圳除外）金融消费权益保护社会组织全覆盖。广东全面开通运行 12363，不断完善金融投诉处理机制，受理范围涵盖金融全行业，2014 年共受理各类金融消费投诉 1 042 件，已办结投诉 1 003 笔，办结率为 96.3%，受理金融消费咨询 10 597 件。三是信用体系建设日益完善。2014 年，广东省出台《广东省社会信用体系建设规划（2014—2020 年）》，稳步推进社会信用体系建设。小微企业和农村信用体系建设进一步深化，江门，梅州、云浮郁南被评为全国小微企业、农村信用体系建设试验区。征信市场管理得到加强，2014 年，广东人民银行系统共检查银行业金融机构 89 家，对少数违规情节严重的机构和个人给予行政处罚 26 万元。开展了小额贷款公司与融资担保公司（两类机构）信用评级试点，广东有 52 家两类机构参与信用评级。推动动产融资统一登记平台和应收账款融资服务平台推广应用，广东省已注册用户 1 297 个，达成交易 173 笔，金额 27.5 亿元。四是支付体系稳健运行。中央银行会计核算数据集中系统（ACS）和第二代支付系统顺利推广，逐步实现商业银行在支付系统“一点清算”，有效提高商业银行资金清算效率。各支付清算系统安全、稳定、高效运行，主要支付系统业务量稳居全国各省（自治区、直辖市）前列。2014 年，广东各支付清算系统共处理业务 5.86 亿笔，金额 276.93 万亿元，同比增长 22.5% 和 15.9%。五是反洗钱工作实效性进一步增强。广东人民银行系统深入开展风险领域反洗钱现场检查，累计对 41 家金融机构进行反洗钱执法检查，依法对违法情节较为严重的 6 家机构作出行政罚款 109.5 万元，广东人民银行系统和金融机构主动发现、及时移送并成功告破 16 宗案件，反洗钱案件调查工作的有效性进一步凸显。

七、金融稳定工作实践与探索

2014 年，在错综复杂的国内外形势下，人民银行广州分行着力深化金融改革开放，严密防范金融风险，切实加强再贷款管理，强化金融稳定工作协调，不断加强内部管理和金融稳定履职能力建设，创新开展金融稳定工作，有效预防了系统性、区域性金融风险的发生，确保了广东金融总体稳定，为支持地方经济发展营造了良好的金融稳定环境。一是不断健全工作制度及平台建设。发布《广东省证券分支机构稳健性评估方案（试行）》，完善《广东省银行业机构综合评估办法（暂行）》，研究起草《广东省保险业机构综合评估办法（暂行）》，完成金融稳定信息系统、银行业机构综合评估信息系统开发，推动广东金融风险监测预警平台建设，不断完善金融生态考核评价体系，推动将金融稳定及金融生态建设纳入广东省普惠金融实施方案。二是加强金融稳定协调与监管协调。立足以项目促协调，逐步推进监管协调深入开展。人民银行广州分行邀请广东银监局派员参加全省同业业务现场核查工作，深度交流了检查经验，取得了良好的成效。探索建立区域金融监管协调机制，全省已有17个地市中支与当地银监局及政府部门建立了金融稳定协调机制或监管协调机制，部分地区跨区域金融稳定协调机制也基本形成，金融稳定工作外部环境不断改善，合力不断显现。三是全面推进风险监测与评估。加强系统性区域性金融风险监测评估工作，重点加强对金融机构创新业务、拟退市高风险上市公司、互联网金融及民间金融等新型业态的风险监测，全面深入开展银行机构现场稳健性评估，累计对22家银行机构开展现场全面稳健性评估并发出评估意见书，组织对辖区40家机构开展同业业务现场核查，在全国率先对保险机构开展同业业务现场核查，首次对证券公司柜台交易业务、基金子公司资管业务及人寿保险业务进行评估，开创了对证券保险机构稳健性评估新局面。四是深入开展“两管理，两综合”工作。全年为辖区新设38家银行机构顺利加入人民银行金融服务与管理体系提供指导和支持，组织开展对广州地区61家银行机构开展综合评估，指导组织全省开展银行机构综合评估工作，引导银行业机构按照更加符合宏观审慎要求的方向开展业务，加大综合执法检查力度，对金融机构开展综合执法检查共80余次。

八、总体评估和趋势展望

（一）总体评估

2014年，在错综复杂的国内外形势下，广东积极应对经济下行压力，经济保持平稳运行，经济发展稳中有进、稳中向好、稳中提质，内生动力得到增强，协调性、稳定性得到提升，金融业稳健运行的宏观经济基础得到进一步巩固。金融体系总体保持平稳运行，银行业、证券业和保险业多数稳健性指标持续改善，抗风险能力保持良好。金融体制机制改革进一步推进，金融生态环境不断优化，金融体系稳健运行和发展的体制和环境基础更加牢固。总的来看，广东整体金融稳定状况保持在较好水平。

同时，应该注意到，广东经济发展中不平衡、不协调、不可持续的矛盾仍然突出，消费需求增长动力偏弱，投资接续能力不足，出口形势仍未全面复苏；经济结构、区域发展、体制机制等方面存在的矛盾和问题仍然较为突出；企业经营形势出现分化，一些行业经营困难问题较大；经济发展提质增效再上新台阶的任务较重。银行机构不良贷款压力上升，钢贸贷款、房地产领域风险暴露，并可能形成系统性风险，高风险金融机构在市场化改革下风险防控压力加大，金融稳定形势依然严峻。

（二）趋势展望

当前及今后一个时期，中国经济金融发展还面临着复杂的国内外环境。从国际上看，世界经济继续缓慢复苏，但全球经济增长日益呈现两极分化趋势，且地缘政治冲突等潜在的风险和不确定性或阻碍全球经济发展。其中，美国经济将继续保持增长态势，房地产市场和个人消费继续较快增长，劳动力市场持续改善；在欧元区和日本，金融危机阴霾尚未完全消散，经济复苏步伐仍然缓慢，欧元区和日本经济依旧处于波动和低增长的状态之中；新兴市场经济体增速继续放缓，由于受到能源价格下跌、外部需求疲弱和美国货币政策变化的影响，新兴经济体面临资本外流风险，可能对经济增长产生系统性冲击效应。

从国内看，2014 年全国经济总体运行平稳，GDP 增速在全年四个季度均稳定在 7.4%，第三产业比重继续提升，三大需求结构中最终消费的比重进一步提升，结构得到优化。经济发展的质量和效益进一步提升，经济发展方式转变和经济发展新动力的培育取得新进展。但是，发展面临的问题和挑战仍然突出，主要表现在投资需求总体仍然疲弱，外贸增长的压力仍然较大，不确定性较多，一些重点领域如房地产市场、债务问题、产能过剩行业的风险隐患仍然较大，国际经济和地缘政治形势走向对国内经济的影响也有较大不确定性。从未来趋势看，经济发展的潜能和空间仍然较大，特别是全面深化改革的各项措施的推进，将激发经济活力，释放增长潜力，完善风险处置机制，外部经济稳定复苏也有利于为国内经济提供稳定环境，尽管金融风险变化更趋复杂，但改革释放经济发展红利可以维护金融总体稳定。

主　任：王景武
副主任：李思敏
统　稿：谢端纯　陈元富
执　笔：庄礼焕　陈育穗　苏宏召　吴　进　崔荣伟　郑　勇　李挚宁
金融稳定评估委员会成员：
刘云生　张　劲　苏　赟　李程枫　张　军　李　波
张　艳　姜小南　祝世京　缪铁文　陈　瑜　陈　军
何志群　杨白娥　黄　润　徐宏练　甄润赞
其他参与编写人员：郭红亮　龙永洁

广西壮族自治区金融稳定报告摘要

2014年，在国际经济复苏持续分化和国内经济“三期叠加”的背景下，广西经济增长动力减弱，金融业继续保持较快增长，金融改革成效显著，金融市场功能日益完善，金融基础设施建设稳步推进，金融生态环境持续优化。2014年，广西金融稳定整体形势仍然比较复杂，金融领域仍存在一些潜在风险，建议加强金融风险预警监测，关注防范重点领域风险，鼓励规范金融创新发展，推进金融生态环境建设，促进金融良性发展。

一、区域经济运行与金融稳定

（一）广西经济运行总体情况及主要特点

1. 经济增长进入新常态，工业增长缓中趋稳

2014年，广西实现地区生产总值15 672.97亿元，同比增长8.5%，增速同比回落1.7个百分点。其中第一、第二、第三产业增加值分别为2 412.21亿元、7 335.60亿元、5 925.16亿元，同比分别增长3.8%、10.1%和8.1%。三次产业结构由2013年的16.3∶47.7∶36.0调整为15.4∶46.8∶37.8，产业结构进一步优化。受国内外需求下滑影响，2014年广西工业增幅同比有所减缓，全年实现工业增加值6 065.34亿元，增长10.1%，比上年下降1.3个百分点，工业化率由2012年的40.5%下降至38.70%，连续3年下降。

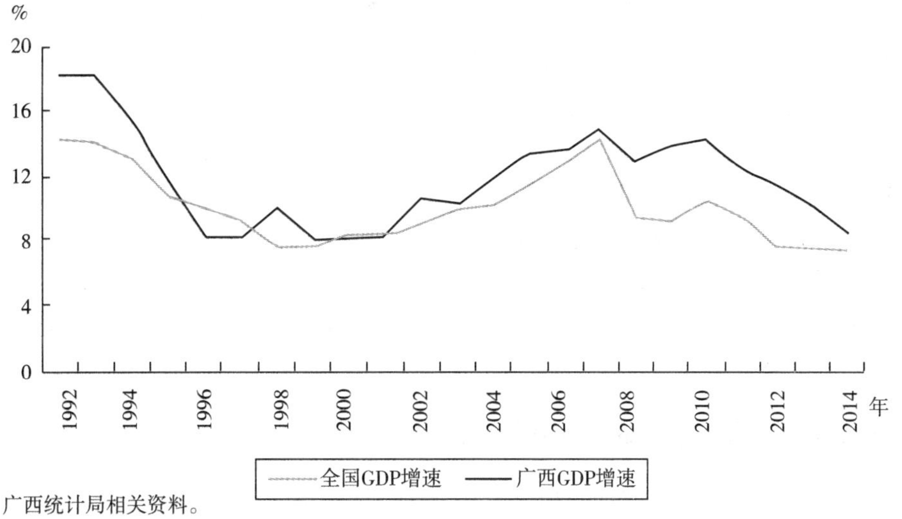

数据来源：广西统计局相关资料。

图1　全国和广西地区生产总值增速对比图

2. 企业利润增速下滑，两大收入增速回落

2014 年，广西财政收入 2 162.40 亿元，同比增长 8.1%，同比下降 2.4 个百分点。受经济下行影响，广西规模以上工业企业实现利润总额 963.78 亿元，同比增长 9.9%，同比下降 4.5 个百分点。居民收入增速放缓，2014 年广西城镇居民人均可支配收入 24 669 元，同比增长 8.7%，剔除价格因素，实际增长 6.5%，比上年下降 0.8 个百分点；农民人均纯收入 7 565 元，同比增长 11.4%，实际增长 9.3%，比上年下降 1.1 个百分点。

3. 投资增速下滑明显，对外贸易增长强劲

2014 年，广西固定资产投资（不含农户）13 287.60 亿元，同比增长 16.7%，增速同比下降 5.1 个百分点；其中房地产投资同比增长 13.9%，比上年提高 10.1 个百分点。广西社会消费品零售总额 5716.6 亿元，同比增长 12.5%，增速同比下降 1.1 个百分点。2014 年，广西进出口总值 2 491.1 亿元，增长 22.3%，增速同比提高 13 个百分点。

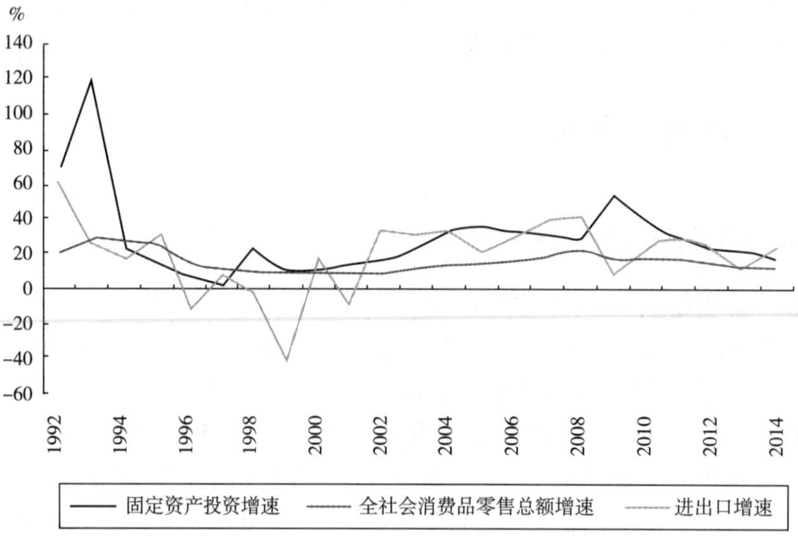

数据来源：广西统计局相关资料。

图 2　广西固定资产投资、全社会消费品零售总额、进出口增速趋势图

4. 消费价格低位运行，生产者价格出现下滑

2014 年，广西居民消费价格指数保持低位运行，累计同比增长 2.1%，比上年同期微降 0.1 个百分点。食品类是拉动上涨的主要原因，同比上涨 4.3%。2014 年工业生产者出厂价格同比下降 1.6%，降幅同比缩小 0.2 个百分点；购进价格同比下降 1.8%，降幅同比扩大 0.7 个百分点。

5. 新增就业保持稳定，失业水平持续下降

2014 年，广西城镇新增就业人数 47.7 万人；城镇失业人员实现再就业 9.72 万人，其中就业困难人员实现再就业 3.01 万人；新增农村劳动力转移就业 74.86 万人。2014 年末城镇登记失业率为 3.15%，同比下降 0.15 个百分点。

（二）对金融稳定有较大影响的经济因素分析

1. 经济增长减速下行，结构调整亟待加快

受基础设施投资下滑、企业投资意愿不强以及资金和土地等因素制约，投资增长后继乏力。2014 年广

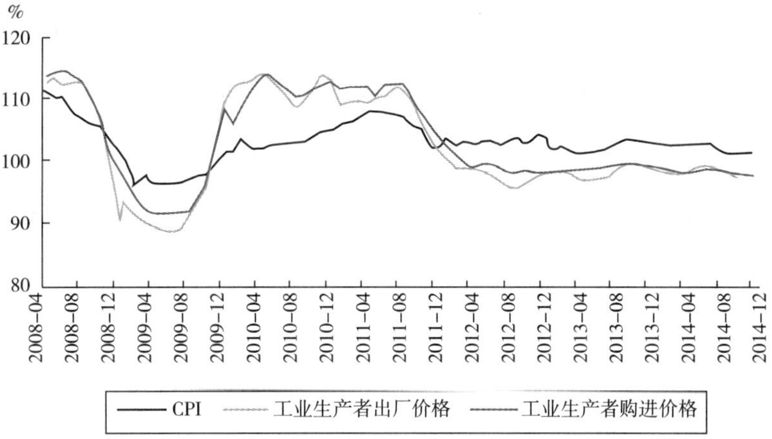

数据来源：广西统计局相关资料。

图3 广西 CPI、工业生产者出厂价格指数、工业生产者购进价格指数图

西基础设施建设投资增长13.7%，同比回落12.8个百分点；工业投资完成额仅增长14.2 %，同比回落11.5个百分点。经济低迷导致居民收入增长放缓，居民消费意愿仍未走强，反腐和厉行节约政策使政府消费受到抑制，消费升级未见明显成效，新的消费增长点有待培育挖掘。2014年广西社会消费品零售总额增长12.5%，比上年下降了1.1个百分点。广西外需占地区生产总值的比重不高，进出口波动明显，外贸形势受政府补贴政策影响较大。

2. 工业生产低位运行，部分行业效益下滑

2014年广西轻、重工业增加值同比分别增长8.6%和11.6%，增速同比分别下降3.1个和1.9个百分点，工业用电量同比增长3.0%，同比回落1.3百分点，工业总体呈低位运行态势。主要产品价格持续走低，全年工业生产者出厂价格同比下降1.6%，连续35个月处在负增长区间。广西部分重点行业受市场需求不足、产能过剩等因素影响效益持续下滑，如有色金属行业受国内外经济发展放缓、需求仍相对疲软、产能过剩、产品价格维持低位、企业生产成本上升以及环保问题等多重因素影响，生产经营困难，部分企业停产减产。

3. 涉外经济不确定性增加，企业承受压力加大

一是国际经济政策的复杂性加大辖区涉外经济金融的不确定性。2014年下半年以来，在人民币汇率双向波动明显增强的背景下，美联储QE退出等各因素叠加，可能加速境内企业资产负债币种结构调整、跨境资金流出压力增大。二是人民币汇率双向波动，区内多数涉外企业应对措施尚显不足。2014年以来，人民币对美元汇率波动幅度加大企业获取盈利的不确定性，但企业对避险产品认知的缺失和非合理决策等因素致使企业主动规避汇率风险意识和能力较弱，造成企业经营成本的上升。据人民银行南宁中心支行对117家进出口企业调查显示，在人民币兑美元汇率大幅下跌的过程中，有63%样本企业尚未充分做好应对汇率下跌的准备。

4. 平台贷款占比下降，风险隐患不容忽视

截至2014年末，广西平台贷款①余额3 006.75亿元，占全区人民币贷款余额的19.29%，其中

① 根据人民银行调统口径，从2014年第一季度开始，广西地方政府融资平台贷款采用调整后的名单统计（平台数从228家增至258家），因此与2013年同期不可比。

全年新增378.91亿元，占全部人民币新增贷款的19.97%。但政府融资平台仍存在一些风险隐患：一是国家债务管理新规对融资平台的影响具有不确定性。商业银行已形成损失的存量债务将失去政府刚性兑付，众多的融资平台将被分类清理，商业房地产开发等经营性项目将从政府债务责任中剥离，融资平台风险和收益市场化的转变会引起总体风险的上升。二是平台贷款集中度偏高。目前，平台融资集中依靠银行，且贷款投向的行业、客户集中度较高，容易引发信贷风险。三是政府融资平台未来面临较大的偿债压力。根据审计署《2013年第24号公告》，2014年到期政府负有偿还债务是21.89%，2015年到期占17.06%，这意味着地方债的偿债高峰期已经来临，地方政府面临较大的偿债压力。

5. 房地产市场融资受限，企业资金问题凸显

2014年，商业银行对房地产开发贷款规模严格控制，全区70%的房地产开发贷款新增来源于保障性住房开发贷款，说明普通房地产项目融资情况并不理想，个别中小房企陷入债务问题。由房企资金问题引发的风险应予密切关注：一是虚假按揭风险。如有的房地产商为回笼资金，利用内部职工或关系人冒充客户，通过虚假购买套取银行贷款。二是实体经济传导风险。实体企业通过关联企业或子公司参与房地产开发已成为普遍现象。三是房地产开发商利用关联企业将银行信贷资金“暗渡陈仓”。在房地产信贷政策收紧的形势下，部分开发商利用关联方作“二传手”，通过关联企业统一贷款后，再周转用于房产项目。四是“首付贷”类互联网房地产产品潜在风险。开发商为促进销量联合电商推出互联网房地产产品，变相突破住房信贷政策限制，抬高房贷融资杠杆，同时引发P2P资金兑付安全问题。

二、金融业与金融稳定

（一）金融机构经营情况及其风险分析

1. 银行业：经营情况总体稳健，信贷结构趋于优化

（1）银行业金融机构经营总体情况

经营情况总体稳健，法人机构升级改制步伐加快。2014年，广西新增1家外资银行，有5家农合机构改制为农商行。截至2014年末，广西辖内共有2家政策性银行、5家大型国有商业银行、7家全国性股份制商业银行、3家外资银行、3家城市商业银行、90家农村合作金融机构、36家村镇银行、2家财务公司、1家金融租赁公司、3家农村资金互助社。

存款增速持续回落，月度存款波动减少。截至2014年末，广西金融机构本外币各项存款余额20 298.54亿元，同比增长10.32%，增速同比下降4.92个百分点。全年新增本外币存款1 898.06亿元，同比少增527.01亿元。

各项贷款稳步增长，信贷结构趋于优化。截至2014年末，广西金融机构本外币贷款余额16 070.95亿元，同比增长14.13%，增速同比提高0.16个百分点。全年新增本外币贷款1 954.93亿元，同比多增243.58亿元，处于历史第二高位。2014年末，广西大、中、小微企业贷款余额分别同比增长10.26%、8.07%和20.28%，小微企业贷款增长较快。

（2）银行业稳定性评估

资产质量下滑，不良贷款“双升”。截至2014年末，不良贷款余额216.73亿元，同比增长38.11%；不良贷款率1.35%，较年初增加0.23个百分点。从机构类型看，除农合机构外，其他机

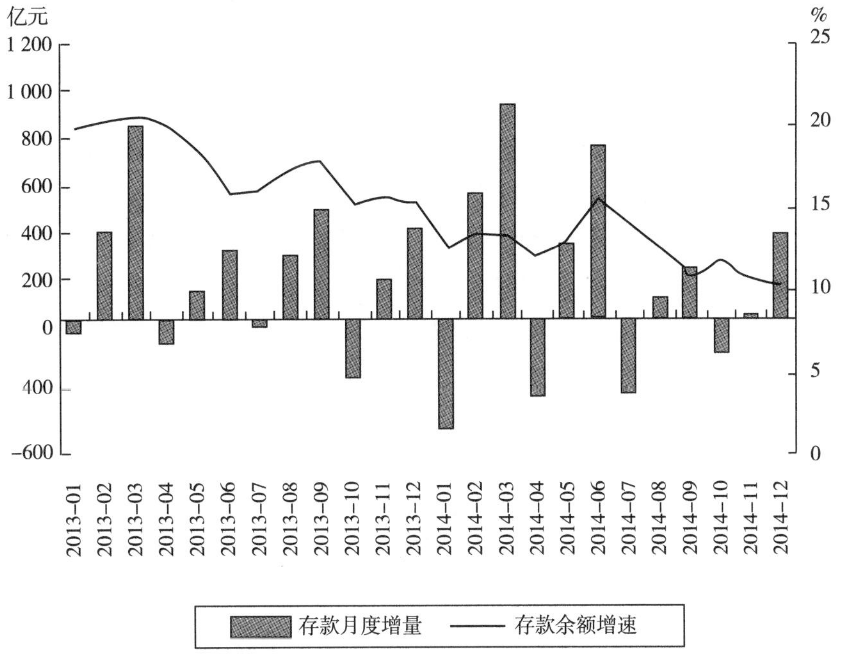

数据来源：人民银行南宁中心支行相关资料。

图4　广西本外币各项存款各月余额增速和增量图

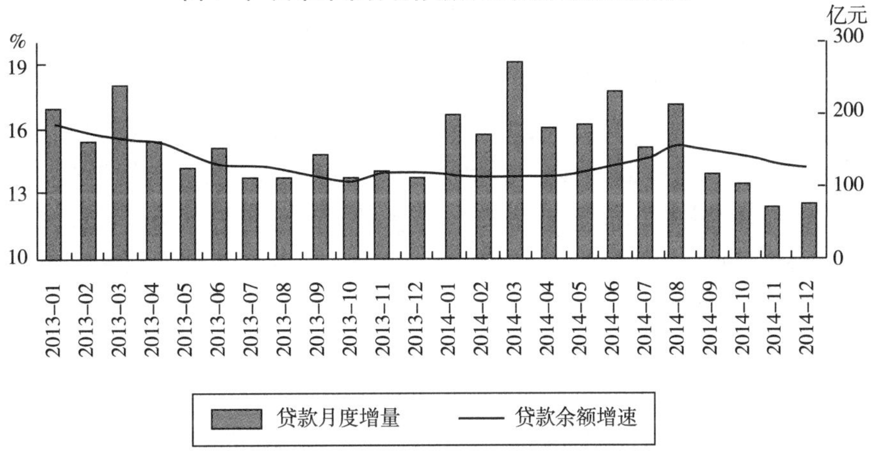

数据来源：人民银行南宁中心支行相关资料。

图5　广西本外币各项贷款各月余额增速和增量图

构全年不良贷款增幅超70%，其中，国有商业银行的不良贷款增加情况较为突出，占2014年全区不良贷款新增额度的60.02%，增幅达94.30%。从贷款主体看，在经济下行压力下，小微企业贷款加速劣变，大中型企业违约增多、影响较大。截至2014年末，广西小微企业不良贷款余额77.16亿元，比年初增加25.32亿元，占不良贷款新增额的42.33%，增幅达48.85%。

部分产能过剩行业信贷风险突出。一是机械重工行业，因国内外需求疲软导致产品积压严重，陷入资金周转困境，潜在的偿付风险持续加大。二是部分二三线城市商品房供给过剩，部分中小房企投资期过长陷入债务偿还困境，有的还涉及大量民间借贷，高额的融资成本和较大的资金回笼压力使融资风险凸显。三是钢材价格大幅下滑，相关行业亏损严重，企业资金链面临断裂的风险，甚至出现钢贸客户“跑路”的情况。四是制糖行业，受国内糖价持续低迷的影响，部分糖企盈利能力严重下降，甚至出现亏损，进而导致其偿还银行债务能力下降。

流动性风险压力增大。截至2014年末，广西银行业金融机构存贷比80.45%，较年初增长2.73个百分点，调整后的存贷比也达77.18%，均超过75%的监管标准。在“三期叠加”的宏观经济背景下以及资产负债期限管理没有较大改善的情况下，存、贷款增速的此种变化将会使各银行业金融机构流动性管理的压力进一步增大。究其原因，存款增速持续回落主要受以下几个方面的影响，一是受国内外宏观经济环境的影响，企业和居民可用于储蓄的资金减少；二是互联网金融的飞速发展、理财产品的层出不穷等因素导致传统存款市场竞争加剧。

经营效率下降，利润增速减缓。2014年，广西银行业金融机构实现本年利润428.83亿元，同比增长7.48%，增速同比回落10.08个百分点。从机构类型来看，国有商业银行、邮政储蓄银行和外资银行全年利润同比出现负增长，利润增速回落较快。其主要原因有以下几个方面：一是利率市场化背景下，金融机构存贷利差不断收窄，从而导致利润下降；二是从各商业银行自身看，金融业传统的经营模式面临一系列新的挑战，盈利增长空间压力明显，三是面对资产质量下滑，各金融机构加大拨备计提力度，不良资产的处置也进一步压缩利润规模。

（3）银行业金融机构同业业务督察情况

2014年，人民银行南宁中心支行按照总行统一部署，组织实施了对广西银行业金融机构同业业务的现场督察工作，选取辖区10类银行业金融机构中的10家进行现场检查。在督察过程中发现，广西辖内银行业金融机构开展的同业业务类型品种齐全，资金存量规模不大，约占资产和负债总额的0.57%和0.46%。《关于规范金融机构同业业务的通知》公布之后，各金融机构进一步规范了同业业务的操作和管理，但在会计核算、风险管理、内部控制、流动性管理、授权授信管理、资本计量和拨备等方面还是存在一些问题，并且，部分金融机构有利用同业业务“冲时点”做大规模、逃匿信贷规模调控、信贷资金借道改变流向、资产出表等不合规现象，造成大量资产游离于表外，信息披露不充分，使资金流向不透明，并且，多机构的参与，拉长企业融资链条，变相推高了企业的实际融资成本，容易造成风险隐患。

2. 证券业：证券市场平稳发展，融资规模再创新高

（1）证券类金融机构经营总体情况

证券市场主体持续增加。截至2014年末，广西有32家境内上市公司，1家已通过核准发行的创业板企业，5家新三板挂牌公司，3家IPO在审企业，4家辅导备案的拟上市企业，101家与新三板主办券商签订挂牌服务协议企业，1家证券公司，1家基金管理公司，9家证券分公司，134家证券营业部（筹建7家），34家期货营业部（筹建2家），9家具有证券、期货相关业务许可证的证券中介服务机构，15家完成登记的私募基金公司。

证券机构盈利明显提高。截至2014年末，广西证券经营机构投资者开户数209.06万户，比年初增长4.16%。全年代理证券交易总额15 375.01亿元，同比增长了46.07%。实现营业收入19.57亿元，净利润10.41亿元，同比分别增长37.33%和60.10%。

企业上市挂牌取得新进展。2014年福达股份、柳州医药等2家企业成功发行股票，博世科环保科技股份有限公司通过证监会核准发行，实现了广西创业板上市公司“零”的突破。另外，一铭软件成功在新三板挂牌，广西新三板挂牌企业达到了5家。

资本市场融资再创新高。2014年，广西利用资本市场直接融资753.15亿元，同比增长50.46%，再创

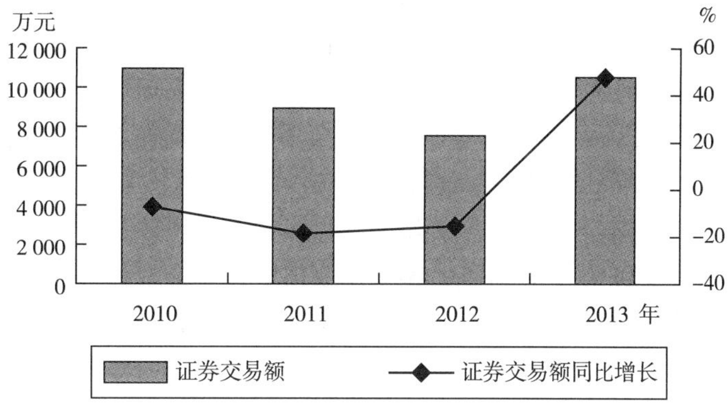

数据来源：广西证监局相关资料。

图6　广西证券交易额和增长图

历史新高。其中上市公司募集资金50.09亿元，包括IPO 8.42亿元，再融资41.67亿元；债券市场直接融资703.06亿元，包括企业债融资387亿元，短期融资券融资140.50亿元，中期票据融资97.50亿元，商业银行债融资75亿元，中小企业私募债0.8亿元，通过广西北部湾股权交易所融资2.26亿元。

（2）证券业稳定性评估

上市公司业绩逐步企稳，经营压力依然较大。截至2014年末，广西32家上市公司总股本208.78亿股，总市值2 234.19亿元，分别比上年增长5.58%和63.41%。受世界经济复苏缓慢、国内经济下行压力加大等内外部不利因素影响，2014年广西传统行业上市公司营业收入不同程度地出现下降，经营压力仍然较大。广西已有27家上市公司披露2014年业绩预告，预计实现盈利的有22家，亏损的5家。未披露业绩预告的5家公司中，预计实现盈利的3家，亏损的2家。其中南化股份预计2014年年度经营业绩将出现亏损，公司股票将被实施退市风险警示。

期货市场交易缓慢复苏，经营机构盈利逐步好转。受资金面相对宽松，以及白糖价格改变单边下跌呈震荡走势等因素影响，广西期货市场缓慢复苏，交易逐步活跃，经营机构亏损收窄。但是由于受前期市场低迷等因素影响，2014年广西期货经营机构共代理期货交易额29 775.89亿元，实现营业收入8 418万元，净利润-373.63万元，分别比上年同期下降了6.80%、28.30%和144.48%。广西32家期货经营机构中实现盈利的仅有8家，其余24家亏损。

打击非法证券期货活动，维护辖区市场良好秩序。2014年，广西证监部门共受理了7起涉嫌非法证券期货活动线索，查处1家企业涉嫌非法发行股票，1家企业涉嫌非法开展证券投资咨询活动，均移送公安机关依法处理，涉案金额2 200多万元。

3. 保险业：业务发展稳中有进，保障能力不断增强

（1）保险类金融机构经营总体情况及特点

业务保持较快增长。截至2014年末，广西累计实现原保险保费收入313.3亿元，同比增长13.73%，其中，财产险保费收入130.62亿元，人身险保费收入182.68亿元。保险赔付支出109.15亿元，同比增长20.02%，其中，财产险赔付支出67.53亿元，人身险赔付支出41.62亿元。保险密度为659.02元/人，同比增长12.89%；保险深度为2%，同比提高0.1个百分点。

行业实力进一步壮大。截至2014年末，广西共有保险主体34家，保险公司分支机构1 933家，其中，中心支公司262家，支公司及营业部582家，保险中介机构156家。保险从业人员8.58万人，

其中，营销员6.72万人。保险业总资产达到661.8亿元，同比增长13.1%。

市场份额集中度进一步下降。产险市场方面，前三大公司累计市场份额69.27%，较上年下降2.76个百分点。寿险市场方面，大中小公司市场份额占比仍较显著，占比在45%以上的公司一家，在10%左右的公司4家，在5%左右的公司2家，其余7家公司均在1.5%以下。

北部湾区域发展向好，中心城市发展存在差异。2014年，全区14个地市业务全部实现正增长，12个地市取得2位数增长。南宁、北海、钦州、防城港四市总体保费规模133.7亿元，同比增长14.27%，高于全区平均水平0.54个百分点。南宁、柳州、桂林、玉林4个中心城市市场份额合计占比42.67%，比上年同期上升0.2个百分点，其中柳州发展较快，产寿险增速均高于全区平均水平，而南宁产险、桂林寿险分别优于全区。

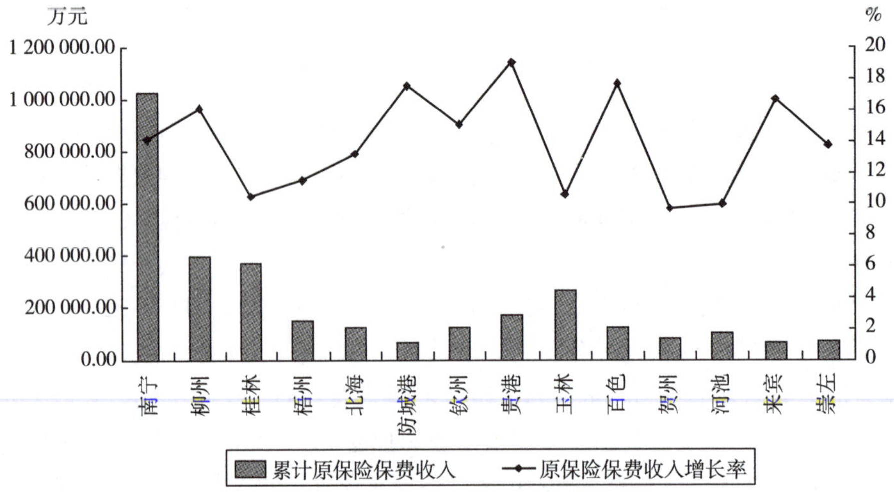

数据来源：广西保监局相关资料。

图7 广西各地区原保险保费收入和增长图

保障能力不断增强，多领域亮点频出。农业保险方面，全年共支付各类农业灾害损失赔款3.95亿元，同比大幅增长207%。农村小额人身保险方面，共为全区农民和低收入人群278.98万人次累计提供了人身保险保障，共计支付保险赔款766万元。大病保险方面，广西大病保险已覆盖7个市54个县区，惠及2 000多万城乡居民，有3.75万人获得大病保险补偿金1.94亿元。

（2）保险业稳定性评估

业务结构不合理问题仍然突出。财产险市场中，车险保费收入占比过高的情况仍然存在。截至2014年末，车险实现保费收入103.74亿元，占财产险保费收入的险种占比达79.42%，企业财产保险、责任险、工程险等保险产品发展相对较慢。寿险市场中，分红险占比较高。截至2014年末，分红险实现保费收入92亿元，同比下降21.79%，但其仍占全部寿险保费收入的50.36%，寿险公司的发展缺乏新的增长点。

应收保险和退保风险增大。财产险方面，由于企业经营压力增大、保险公司内控执行力不强、中介机构结算保费不及时等原因，截至2014年末，财产险应收保费率为5.68%，同比上升0.65个百分点。寿险方面，在居民投资渠道多元化的趋势和日趋激烈的竞争压力下，保险产品过多强调投资价值，而忽略了保险核心保障功能，特别是前期大量销售短期产品和销售误导埋下的退保隐患正在逐渐显现。截至2014年末，广西寿险业累计退保金支出38亿元，同比增长11.1%；寿险业退保率为 4.61%，同比上升 1.42 个百分点。

持续发展基础欠佳。一是赔付率维持较高水平。由于代位追偿的成本攀升，使产险业的赔付率维持较高的水平。截至 2014 年末，财险公司赔付率为 59.87%，同比上升 2.64 个百分点。二是盈利水平明显下降。由于综合成本率居高不下，产险公司盈利水平明显下降。截至 2014 年末，产险公司承保利润为 3.84 亿元，同比下降 43.2%。三是市场秩序还未根本好转。市场违规经营行为仍时有发生，维护市场秩序、保证行业健康发展的工作任务还比较艰巨。

银保渠道业务持续下滑。2014 年，受银保合作监管新政的影响，银保渠道跌幅进一步加大，全年实现保费收入 42.78 亿元，同比下降 13.55%，比上年跌幅增加 9.43 个百分点，其中新单保费 29.52 亿元，同比下滑 13.47%。

法人机构经营效益有待增强。一是公司经营仍未摆脱亏损局面。截至 2014 年末，北部湾产险公司亏损 1.73 亿元，承保利润率为 -38.91%。承保利润率为负数的主要是由于公司营业初期未到期责任准备金转回较少，导致已赚保费较低。二是综合成本率偏高。受市场竞争和赔付成本上升的影响，截至 2014 年末，北部湾产险公司的综合成本率达 138.91%。二是投资收益率偏低。截至 2014 年末，北部湾产险公司的投资收益率为 2.81%，投资收益率偏低，保险资金运用有待改善。

（二）地方非金融机构的发展及其风险分析

1. 小额贷款公司发展较快，潜在风险逐步暴露

截至 2014 年 11 月末，广西小额贷款公司 371 家，同比增长 20.45%；注册资本 290.76 亿元，同比增长 30.08%；贷款余额 354.65 亿元，同比增长 30.81%；当年累计有 21 家小额贷款公司完成增资扩股，增资总额 36.57 亿元；18 家小额贷款公司获得银行融资，融资余额 17.27 亿元。受经济下行影响，银行信贷政策持续收紧，实体经济资金周转困难，民间借贷景气度低，广西小额贷款公司经营呈恶化趋势。全区已有多家小额贷款公司提出了注销申请，部分小额贷款公司资金被投资人以隐秘的方式抽走，后续发展乏力。由于宏观经济不景气，高息民间借贷资金链断裂事件频发，部分违规从事高利借贷业务的小额贷款公司被拖累，资金周转陷入困境。

2. 融资性担保公司发展动力不足，代偿风险不断积聚

截至 2014 年 11 月末，广西获得融资性担保机构经营许可证的担保公司 185 家（法人 164 家，分公司 21 家），与年初持平；注册资本合计 209.7 亿元，同比增长 7.79%。全区共有 110 家融资担保公司与银行开展融资性担保业务，比年初减少 13 家；与银行开展业务的机构存入保证金余额 65.82 亿元，同比减少 17.37%；平均放大倍数 2.76 倍，同比减少 15.6%；与银行开展业务的机构在保余额为 457.12%，同比减少 15.15%；本年度融资担保发生额合计 409 亿元，同比减少 15.63%。2014 年以来，受经济增长持续放缓及外部市场萎缩等因素的影响，中小企业普遍面临效益下降、亏损面扩大的问题，加上民间融资、非法集资等因素的影响，对银行机构的贷款质量产生较大的压力，进而导致为企业提供融资“桥梁”的担保机构代偿率明显增长。截至 2014 年 11 月末，广西开展业务的 110 家融资担保公司中有 58 家发生代偿，本年累计代偿额合计 18.59 亿元，同比增长 221.07%，代偿率 3.98%。

3. 典当行持续弱势发展，业务风险不容忽视

截至 2014 年末，广西共有典当企业共计 138 家（本年新成立 20 家）。2014 年广西典当行业持续相对弱势发展，小额贷款公司、融资性担保公司等机构快速发展，加大了民间融资市场的竞争，对

典当行的经营和发展形成一定压力，利息和资费收取水平呈下降走势。大部分典当企业规模普遍较小，整体实力较弱，经营业绩呈现不同程度下滑。房地产抵押典当业务已成为典当行的主要业务项目，在经济下行，房价走势难以准确评估的情况下，若房地产价值出现大幅度缩水，典当行的资产将面临着巨大风险。如客户出现违约，房地产成为绝当，难以变现，典当行流动性将受到严重影响。

4. 非金融支付机构快速发展，经营风险值得关注

截至2014年末，广西法人非金融支付机构有3家，在广西备案的全国性非金融支付机构分公司累计达到20家。2014年，广西非金融支付机构发生支付业务6 116.53万笔，金额1 351.75亿元，同比分别增长16.52%和37.94%。目前，非金融支付机构在经营中仍可能存在如下风险：一是非金融支付机构面临着诸如经营风险、技术和操作风险、外部欺诈风险、信息泄露风险等一系列风险，其客户群体又以个人消费者和小微企业为主，一旦发生资金损失、信息泄露等风险事件，容易引发金融和社会不稳定。二是在激烈竞争的市场中，一些非金融支付机构开始围绕支付活动拓展服务领域，为客户提供担保支付、信用支付、短期结算垫款等业务，甚至为其中的核心企业提供资金流转和支付解决方案。在这种情况下，一旦付款方无法按时付款，非金融支付机构可能面临流动性风险和信用风险。

（三）金融改革与发展及其对金融稳定的影响

1. 沿边金融综合改革试验区改革取得重要突破

2014年以来，围绕沿边金融、跨境金融、地方金融三条主线，人民银行南宁中心支行提出“铺一条路，搭一个平台，建一个循环圈”的构想，基本建成了广西—东盟跨境人民币资金“高速路”，搭建起区域性跨境人民币业务平台；启动了人民币与越南盾银行间市场区域交易平台；基本形成了广西与东盟、南亚跨境投融资循环圈，扩大个人跨境贸易人民币结算业务试点范围，启动跨境人民币贷款、跨境双向人民币资金池业务、人民币国际投贷基金的筹备工作等。外汇管理和服务不断优化，开展了跨国公司外汇资金集中运营、中马钦州产业园区获得了资本金意愿结汇试点业务。农村金融产品和服务创新不断加快，“两权”抵押贷款试点力度加大，创新开展了“农村信用四级联创”，并出台了深化广西农村支付建设的指导意见。金融组织体系不断健全，积极鼓励民间资本进入银行业；东亚银行南宁分行获批；以小贷公司、融资性担保公司为代表的地方微型金融组织体系加快发展；实现北部湾4市同城化。多层次资本市场建设取得新突破，债务直接融资规模不断扩大，广西企业到新三板挂牌数量不断增加；北部湾股权交易所正式挂牌成立。保险资金的引进和运用取得新成效，2014年成功引进保险资金100亿元。搭建跨境保险服务网络，积极开展小微企业信用贷款保险保证试点，大力发展政策性农业保险。

2. 农村金融改革试点工作持续稳步推进

一是稳妥推动农村“两权”抵押贷款试点。田东县等3个县获人民银行总行初步同意成为全国首批“两权”抵押贷款试点县。二是建立新型农业经营主体主办行制度。建立支持新型农业经营主体的名录库，对名录库内新型农业经营主体提供“一对一”金融创新服务。三是加快农村金融产品和服务方式创新。在广西每个市重点创建1个农村金融创新示范县，黔桂“四地”金融扶贫跨省合作试验区成功建立，扶贫小额贷款奖补试点深入开展，“金融支少阳光工程”顺利推进，创建了首批“民生金融支少示范县”，通过贴息资金带动民贸民品贷款220亿元。四是全面推进农户信用信息采集与评价系统建设。百色、钦州、防城港、北海、贵港市等地区在全市范围内开展农户信用信息采

集和评价系统建设，其他城市也遴选财力较好的县开展系统建设工作，形成“县—市—省”逐级建设的广西农户系统工作新格局。五是大力推广非现金支付工具。截至2014年末，广西农村地区银行卡累计发卡量为5 752.47万张，受理银行卡的商户数量达61 831户，ATM县域总数7 651台，POS机县域总数达111 346台，助农取款服务点数量达到22 663家，受理终端数量达到22 663台。

3. 跨境贸易人民币结算试点业务发展居全国前列

一是充分发挥服务实体经济功能，人民币成为广西第一大跨境支付货币。截至2014年末，广西跨境人民币结算量1 561.18亿元，同比增长54.22%。人民币跨境收支占全部本外币跨境收支的比重达49.2%，高出全国平均水平29个百分点，人民币已超越美元成为广西跨境收支的第一结算币种。二是扩大个人跨境贸易人民币结算试点，激发市场活力。2014年，广西个人跨境人民币结算金额269亿元，同比增长83%，在全区跨境人民币结算总量中的占比超过17%。三是拓宽资金融通渠道，推出跨境人民币贷款业务试点。截至2014年末，广西已有6家企业从新加坡、泰国等境外银行融入资金，贷款签约项目9个，签约金额26.3亿元，提款金额16.3亿元。四是以市场需求为引领，启动人民币对越南盾直接交易。2014年12月29日，推出人民币对越南盾银行间市场区域交易，以市场化运作方式，帮助企业降低汇率风险和兑换成本，并更加有效地提供人民币结算服务。五是建设与区域合作相适应的跨境金融服务集聚区。目前，工商银行、农业银行、中国银行、建设银行、交通银行总行以及广西北部湾银行，均在南宁成立了中国—东盟跨境人民币业务中心；浦发银行在南宁设立了离岸业务创新中心。

（四）其他金融风险因素对金融稳定的影响

1. 民间融资活跃度增加，融资呈现五大特点

人民银行南宁中心支行开展的问卷调查显示，广西民间融资主要呈现以下特点：一是从融资来源结构看，调查企业民间借贷资金中来源于“中介机构”、“其他企业”、“股东和内部职工”和“其他个人”的分别为53.23%、20.53%、4.19%和22.05%。二是从用途看，过桥贷款的占比高达50.38%，流动资金需求为48.48%，仅有1.14%的资金用于固定资产投资或创办新企业。三是从融资期限结构看，以短期借贷为主。融资金额主要集中在1~6个月（含），占比达到66.34%，1个月及以内和6~12个月的占比分别为4.56%和8.03%。四是从利率水平看，企业民间融资利率逐季走高，行业对比来看工业和房地产业的民间融资利率较高。五是从担保方式和风险看，近六成为无担保的信用融资；利率均超过银行基准利率水平，其中约50%超过4倍。

2. 严厉打击违法活动，反假货币工作成效显著

2014年，广西全辖收缴假人民币3 560.04万元，同比增长15.15%，银行柜面及公安破案假币收缴量均呈上升趋势；公安机关破获的假币犯罪68起，其中100万元以上3起，抓获犯罪嫌疑人90人。广西人民银行联合公安机关严厉打击假币违法犯罪活动，成立银行业金融机构反假货币联络机制，进一步完善反假货币制度建设。建立反假货币工作快速反应机制，创新反假货币宣传形式，制定了银行业金融机构现金处理设备冠字号码查询功能的验收标准和程序，继续加大对现金全额清分工作的检查、督促和指导力度。随着广西反假货币工作力度不断加大，广西假币生存空间被不断压缩，制贩假币违法犯罪活动对金融稳定不足以构成威胁。但在利益驱动下，社会上滋生假币犯罪的土壤尚未根除，流通中假币仍有一定存量，对金融稳定构成不利影响。

3. 网络信贷快速发展，潜在风险值得关注

近年来随着互联网金融的快速发展，网络信贷正成为一股新兴融资力量不断壮大，部分融资产品具有零抵押、成本低、效率高、额度高等特点，深受资金供需双方的欢迎，但其存在的问题及可能引发的风险值得关注。一是存在集资、“倒贷”和洗钱风险。企业、个人可通过网络信贷业务进行非法集资，并把低成本募集来的资金用于民间借贷获得差价收益，也为犯罪分子进行洗钱活动提供了更有利的渠道。此外，部分资金流向房地产行业和“两高一剩”行业，削弱了国家宏观调控效果。二是存在兑付风险。部分网络信贷产品以信用担保方式进行，一旦信用风险集中爆发，若缺乏有效的流动性管理，可能引发兑付风险。三是监管安全的风险。除第三方支付企业外，我国对其他形式的互联网金融企业准入未有相关法规限制，对其发展的业务范畴、沉淀资金没有建立相应的监管规定。监管标准不统一或存在真空地带，容易引发业务混乱导致风险。

三、金融市场运行与金融稳定

（一）金融市场运行情况

1. 拆借总量大幅增加，拆借利率总体平稳

2014 年，广西有 3 家机构发生同业拆借业务，均集中于网上交易。一是交易总量大幅增加。截至 2014 年末，广西信用拆借累计成交 299 笔、金额 1 911.02 亿元，交易金额同比增加 1 876.72 亿元。二是资金拆借呈净融入态势。广西信用拆借净融入资金 1 898.58 亿元。三是交易产品以 1 天为主。1 天期限的信用拆借交易金额占全部信用拆借的 93.15%。四是拆借利率总体保持平稳。受同业整顿规范不断深入推进以及存款偏离度管理政策的影响，2014 年全国及广西拆借市场利率总体较为平稳。

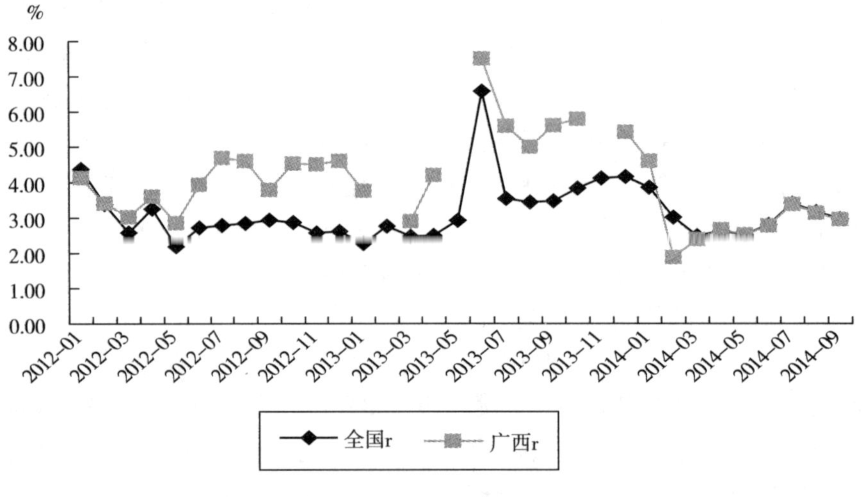

数据来源：人民银行南宁中心支行相关资料。

图 8　2012—2014 年广西同业拆借月度交易加权平均利率走势

2. 票据签发和贴现快速增长，再贴现业务大幅增加

一是票据签发和贴现同比增加，企业贴现余额与转贴现余额大幅增加。2014 年，广西银行业金融机构累计签发票据 2 462.87 亿元，同比多放 51.07 亿元。企业贴现累计发生 949.94 亿元，同比多

放66.94亿元。企业票据贴现余额173.12亿元，余额同比增长1倍。票据转贴现余额为1 151.66亿元，同比增长1倍。二是再贴现业务同比大幅增加。2014年，广西人民银行共办理银行业金融机构回购式再贴现1 332笔、累计金额85.97亿元，同比分别增加539笔、53.03亿元。

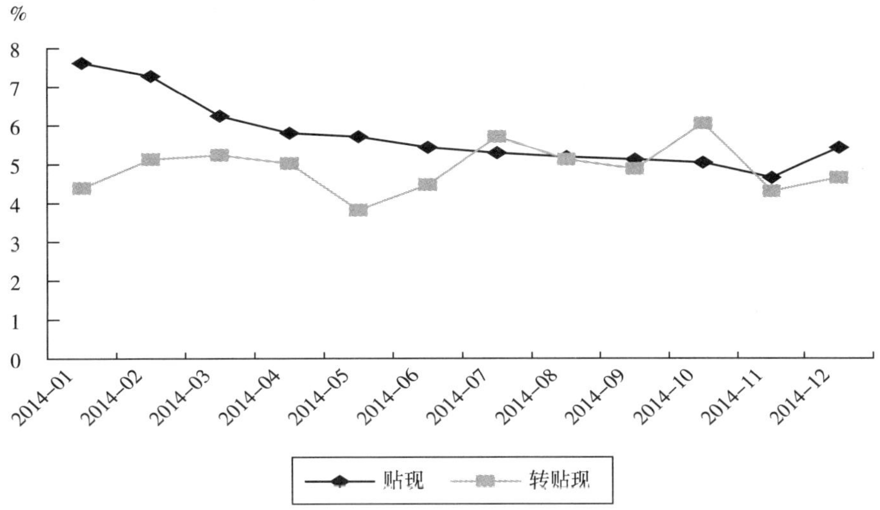

数据来源：人民银行南宁中心支行相关资料。

图9 2014年以来广西金融机构票据贴现和转贴现利率走势图

3. 银行代客结售汇稳定增长，外汇衍生品交易活跃

2014年，广西银行代客结售汇总规模208.51亿美元，同比增长10.23%，与上年相比增幅保持平稳。全年结售汇逆差规模为13.84亿美元，逆差规模同比微增3.8%。受年内人民币汇率双向波动加剧的影响，2014年广西远期结售汇合同签约额35.5亿美元，增长18.5%；外汇期权和掉期业务签约额分别增长18.5倍和3.4倍。

4. 债券交易持续活跃，企业债券发行再创新高

一是债券回购交易“量增价跌”，累计净融入资金大幅增加。2014年，广西银行间债券回购交易金额2.09万亿元，同比增长43.15%；累计净融入资金1.38万亿元，同比多净融入8 499.14亿元。二是现券交易“量增价升”，买入和卖出息差进一步缩小。2014年，广西银行间现券交易金额77 67.58亿元，同比增长13.4%；买入和卖出息差仅为0.008个百分点，较上年同期缩小0.018个百分点。三是投资持有债券力度明显加大，非政策性债券持有比例略有降低。截至2014年末，广西全国银行间债券市场成员持券余额达757.97亿元，较年初增长33.23%。其中持非政策性债券余额达304.08亿元，占全部债券持有量的52.99%，占比同比下降0.46个百分点。四是大力推动广西企业债券发行工作取得实效。2014年广西企业累计在人民银行主管平台发行各类债券融资533亿元，比2013年多发行178.32亿元，再创历史新高。

5. 黄金代理交易持续增长，实物黄金交易急剧飙升

一是场内黄金代理交易持续增长。2014年，广西各商业银行场内交易黄金15.69吨、金额39.41亿元，同比分别增加了20.34%、11%。二是账户金交易大幅减少。2014年，广西辖内共有6家商业银行开办了账户黄金业务，累计成交量12.39吨，成交金额31.64亿元，同比分别下降56.50%和59.59%。三是实物黄金交易急剧飙升。2014年广西各商业银行共累计成交实物黄金26.64吨，同比增长319.53%，成交金额66.95亿元，同比增长234.18%。

（二）金融市场运行中应该关注的问题

1. 城商行票据签发和贴现市场连续下降

在监管政策和金融机构自身规范发展要求背景下，广西城商行票据签发余额和贴现余额在2013年和2014年连续两年出现同比下降的情况，呈现出与其他机构发展趋势相反的状态。其中，2014年末广西城商行票据签发余额和贴现余额同比分别下降13.33%和32.22%。

2. 43号文件的影响有待进一步观察

国务院《关于加强地方政府行债务管理的意见》（国发〔2014〕43号）文件指出，2015年将是地方政府债务纳入到更规范的预算管理、地方政府债务与地方融资平台债务区分开来的第一年。目前，广西50%以上的发债企业为地方政府平台类或具有类似背景的企业，在国务院有关部门对平台类企业债务清理规范结果明确前，广西相关企业新注册或发债步伐将会明显放缓，对企业生产经营可能产生的影响值得密切关注。

四、金融基础设施与金融稳定

（一）金融稳定协调机制进一步完善

一是与广西证监局签署《关于加强证券期货监管合作 共同维护金融稳定的备忘录》，拓宽信息共享和监管合作的深度。二是与自治区纪委签署双边合作备忘录，反洗钱行政调查影响力日益增强。三是与南宁海关缉私局签订《广西打击走私和外汇领域违法犯罪合作备忘录》，在打击走私、地下钱庄、虚假贸易、逃骗汇等违法行为方面进一步加强合作。四是继续利用与公安机关的联合办案机制和异常资金流动监管协调机制两个平台，严密监测外汇违法行为。但从近年来金融稳定协调机制和信息共享机制的执行效果来看，并未达到预期效果，一定程度影响上金融稳定工作效能发挥。主要表现为金融监管协调机制对监管主体行为约束力不强，各单位之间信息共享工作停留在临时性、不确定的状态，部门之间配合、协同效应不足，存在各取所需、重复劳动、自我封锁等问题，信息采集难以有效及时和全面。

（二）支付清算体系建设有效性持续加强

2014年，广西基本完成辖区银行机构第二代支付系统推广上线，正式启动区域性跨境人民币业务平台（南宁）；强化支付机构属地管理，推动南宁、柳州等市政府建立风险处置机制，加强未获许可多用途预付卡业务风险的防范；制定广西银行卡收单业务管理实施细则，开展银行卡领域专项检查和支付结算综合执法检查；持续推广非现金支付业务，落实机具布放市场化补偿激励机制，提出“两点一站”农村支付建设模式，试点建立农村支付财政补贴机制；推动广西“点对点”司法查控制度化和自动化，有效解决案件“执行难”、“周期长”的困局。但支付清算体系在建设过程中仍存在人民银行支付业务监管工作缺乏有效履职手段、支付机构合规经营意识不强等有待完善的情况，需进一步改进。

（三）征信系统的服务范围不断扩大

截至2014年末，广西15.15万户企业及其他组织、2 667万个自然人信用信息被金融信用信息基础数据库收录。广西金融机构应用金融信用信息基础数据库中的环保违法信息拒贷，累计达5.18亿元；广西企业和个人到人民银行对外服务窗口主动查询信用报告为40万人（次）。目前，部门和行业间信用信息共享水平不高、缺乏规范集中统一的信用信息共享平台、守信激励和失信惩戒机制有待健全、信用服务市场发展相对滞后等是征信系统面临的主要问题，导致金融机构未能及时对各类失信行为采取联合惩戒措施，难以快速把控信贷风险，对辖区金融稳定带来一定影响。

（四）反洗钱工作继续向纵深推进

2014年，人民银行南宁中心支行与广西区纪委双边合作备忘录成功签订，强化部门间反洗钱工作合力，推动广西首例涉黑洗钱案成功宣判。搭建“行业类型、机构规模、业务品种——三全覆盖”的反洗钱5C风险评估工作框架。金融机构加强对涉恐重点地区、人员的资金监测，提高对反恐融资管理工作的重视程度和履职意识，维护国家和地方金融稳定安全。尽管反洗钱工作成效显著，但由于广西沿海沿边且邻近南亚恐怖活动活跃地带，“三股势力”非法越境案件猛增，恐怖犯罪风险进一步加大，跨境走私和毒品犯罪形势严峻，且随着沿边金融综合改革试验区的深入推进，非法资金跨境流动监管的难度将不断加大，各种犯罪活动引发的洗钱和恐怖融资风险仍不容忽视。

（五）金融信息化建设成效显著

2014年，中国—东盟货币交易服务平台和区域性跨境人民币业务平台投入使用，金融业信息交互平台完成建设，信息安全等级保护工作继续深入推进，金融业信息安全协调机制持续发挥作用，信息化自主可控能力进一步提高。全年新增金融IC卡1 445.9万张，占同期银行卡发卡总量的83%，ATM和POS机渠道降级交易率分别降低至0.09%和3.9%。但是，部分金融业机构在取得显著成效的同时，存在着内部风险管控能力不足、应急处置机制不够健全、灾难恢复能力有缺陷、核心信息技术和软硬件产品对国外厂商依赖较高等问题，导致系统性信息安全事件的风险隐患不容忽视。

（六）金融消费权益保护工作取得重要进展

2014年，广西在全区范围内开通“12363”金融消费权益保护咨询与投诉电话，引导消费者通过合法途径合理维护自身权益。人民银行系统在全区开展“金融知识普及月”活动，全面推进金融知识普及教育工作，对部分银行业金融机构开展了银行卡领域金融消费权益保护专项执法检查，对银行卡领域金融消费权益保护存在的普遍性问题做出警示，全面开展对银行业金融机构金融消费权益保护评估工作，促进金融机构完善金融消费权益保护机制、提升金融服务功能。

五、总体评估与政策建议

（一）总体评估

2014年，在国际经济复苏持续分化和国内经济“三期叠加”的背景下，广西经济进入新常态，不确定性增加，使得广西金融稳定整体形势更加复杂，老风险和新问题都将对金融体系的稳健运行产生较大影响，金融领域存在的潜在风险值得关注。

1. 关注实体经济风险向金融体系传递的问题

受基础设施投资下滑、企业投资意愿不强以及资金和土地等因素制约，投资增长后继乏力；经济低迷导致居民收入增长放缓，居民消费意愿仍未走强，反腐和厉行节约政策使政府消费受到抑制，消费升级未见明显成效，新的消费增长点有待培育挖掘；广西外需占地区生产总值的比重不高，进出口波动明显，外贸形势受政府补贴政策影响较大。工业生产低位运行，部分行业受市场需求不足、产能过剩等因素影响效益继续下滑，企业市场需求指数连续三个季度下降，企业经营状况指数持续处于不景气区间，反映当前广西市场需求短时间内仍难以恢复，经济整体动能不足。在经济减速背景下，广西实体经济面临的市场、政策风险仍然较大，实体经济的风险，未来有可能转移到金融体系，威胁广西整体金融稳定。

2. 关注金融业稳健发展存在的风险问题

银行业资产质量下滑、部分重点行业信用风险突出，存款分流引致流动性压力增大。上市公司营业收入不同程度出现下降，经营压力仍然较大，非法证券期货活动仍时有发生。保险业业务结构不合理问题仍然突出，应收保险和退保风险增大，持续发展基础欠佳，法人机构经营效益有待增强。地方非金融机构持续快速发展，但其经营风险不容忽视。土地出让金收入的下降使得地方政府融资平台的偿债压力进一步加大。网络信贷凸显出的集资、“倒贷”、洗钱和兑付风险也不容忽视。

3. 关注金融生态环境尚需继续优化的问题

支付清算体系监管手段有待完善、支付机构合规经营意识有待加强；部门和行业间信用信息共享水平不高、缺乏规范集中统一的信用信息共享平台、守信激励和失信惩戒机制有待健全、信用服务市场发展相对滞后；非法集资、洗钱、传销、地下炒金等非法金融活动仍时有发生；部分金融业机构金融信息化建设不足导致系统性信息安全事件的风险隐患不容忽视。辖区金融生态环境仍需进一步优化。

（二）化解金融风险、增强金融业稳健性的政策建议

1. 加强金融风险预警监测，提升风险评估水平

一是主动适应经济发展新常态，推动风险监测关口前移，构建金融机构集团客户风险监测机制，重点加强对实体经济特别是房地产、产能过剩行业、非金融机构、重大有问题企业等领域风险的监测。二是深入探索及完善风险监测方法，加强对银行业、证券业、保险业、交叉性金融工具及地方非金融机构等领域金融风险的监测和评估。三是在风险监测、稳定评估、现场评估中全面运用压力测试工具，加强金融风险监测、分析、预判，提高风险监测评估预警水平。四是建立本外币跨境资金流动非现场监管一体化格局，避免因政策交叉导致监管盲区。

2. 关注防范重点领域风险，维护地区金融稳定

一是关注和防范融资平台贷款风险。金融机构应掌握经济形势及地方政府财政变化，政府部门和融资平台应加强对外信息披露与透明度，金融监管部门要完善融资平台贷款数据监测体系工作，加强对项目建设和融资平台资金的管理。二是关注和防范房地产开发金融风险。各级人民银行要加强对地方房地产信贷的风险监测和管理，监督金融机构加强对房地产企业信贷资金质量的监测，防止流动性风险。三是关注和防范重大涉企金融风险。推动落实重大事项报告制度，加强重大金融风险事件和隐患的监测，及时制定应急处置方案。

3. 鼓励规范金融创新发展，提高服务实体经济水平

一是推进和完善农村“两权”确权发证、抵押登记管理等基础工作，建立全区互联互通的农村

产权交易平台体系。二是推动各级政府和相关主管部门出资建立小微企业担保资金池，引入政府、保险参与的小微企业增信机制，指导银行业金融机构根据资金池规模按一定放大比例提供贷款额度予以支持。三是出台 P2P 网贷平台管理的相关法律法规，加快互联网金融网络认证体系和仲裁规则的制定。完善互联网金融监管体系，建立大额和可疑交易资金监测系统，对可疑资金的转移进行跟踪监测。

4. 推进金融生态环境建设，促进金融良性发展

一是尽快完善支付结算法律法规，丰富对非金融支付机构的监管手段，推行支付机构的分类分级管理，实施支付创新负面清单管理模式，完善跨地区支付机构监管协作机制。二是搭建广西信用信息共享平台，统一规范信息记录、采集、整合和应用等标准和流程，建立信用信息交换共享机制，构建覆盖所有信用主体、所有信用信息类别、所有区域的广西信用信息网络。三是总结分析可疑资金交易特征，指导金融机构筑牢反洗钱防线。四是继续推进金融业信息安全监管协调机制建设，大力实施金融标准化战略，提高信息化自主可控能力。五是健全金融消费权益保护监督检查机制，深化金融消费权益保护工作，促进金融机构完善金融消费权益保护机制、提升金融服务功能。

总　　纂：罗跃华
统　　稿：黄云丰　谢　喜
执　　笔：王　涛　农丽娜　黄德钊　吴　强　朱燕宇
　　　　　李　雪
其他参与写作人员（以姓氏拼音为序）：
安立波　邓蒂妮　蓝日德　林启刚　陆文希
磨雁能　潘　玉　秦义春　沈　扬　王海全
王效瑜　韦诗婷　谢　钢　杨文玉　杨喜孙
杨运希　曾　婕　曾之莹

海南省金融稳定报告摘要

2014年，面对错综复杂的经济形势和两次强台风袭击的严重自然灾害，海南省经济保持健康发展，呈现出增长平稳、质量提升、物价稳定、民生改善的良好态势，为金融业安全运行提供了良好的环境。海南省金融业认真落实各项金融调控政策，积极支持实体经济发展，实现了金融与经济的协调发展。银行业继续深化改革，组织体系和机构布局日趋完善，金融服务能力不断增强，风险管理持续加强，经营效益稳步提升。证券业运行平稳，市场交易活跃性大幅增强，证券期货机构经营业绩明显改善，资本市场融资功能继续发挥。保险业组织体系进一步健全，保险业务实现平稳快速发展，保险覆盖面进一步扩大。金融市场平稳发展，金融基础设施建设稳步推进，金融生态环境持续优化。总体来看，海南金融体系稳健性不断增强，有力地支持了海南省经济社会发展。

一、区域经济运行与金融稳定

2014年，面对错综复杂的国内外经济形势，海南省经济运行总体保持健康发展，呈现出增长平稳、质量提升、物价稳定、民生改善的良好态势，为金融业安全运行继续提供良好的环境。

（一）海南省经济运行总体情况

1. 经济保持平稳增长

2014年，海南省实现地区生产总值3 500. 72亿元，按可比价格计算，比上年增长8. 5%，增速较上年下降1. 4个百分点。分三次产业看，第一产业增加值809. 64亿元，同比增长4. 8%；第二产业增加值874. 42亿元，同比增长11%；第三产业增加值1 816. 66亿元，同比增长8. 7%。地方公共财政收入555. 28亿元，同比增长15. 5%。其中税收收入480. 53亿元，同比增长16. 8%，占地方公共财政收入的86. 54%。

2. 产业提质增效步伐加快

三次产业结构由2013年的24. 0:27. 7:48. 3转变为本年的23. 1:25. 0:51. 9。海洋经济稳步发展。开工建造大型渔船116艘，新增深水网箱128口，完成池塘标准化改造9 732亩。西南中沙渔业补给基地一期基本建成，中海油南海西部油田海南码头投入使用。工业企业综合效益稳步提升，纳入统计监测的371家规模以上工业企业综合效益指数为364. 4%，比上年提高6. 8个百分点。全年单位工业增加值能耗同比下降4. 3%。

3. 固定资产投资增长较快

2014年，全省固定资产投资总额（不含农户）3 039. 46亿元，比上年增长13. 2%。其中，房地产开发投资1 431. 65亿元，增长19. 6%；基础设施建设投资693. 97亿元，增长15. 7%；两项投资共同拉动全部投资增长 12.3 个百分点。分产业看，第一产业投资 42.66 亿元，增长 43.2%；第二产业投资 448.77 亿元，增长 5.7%；第三产业投资 2 548.03 亿元，增长 14.2%。

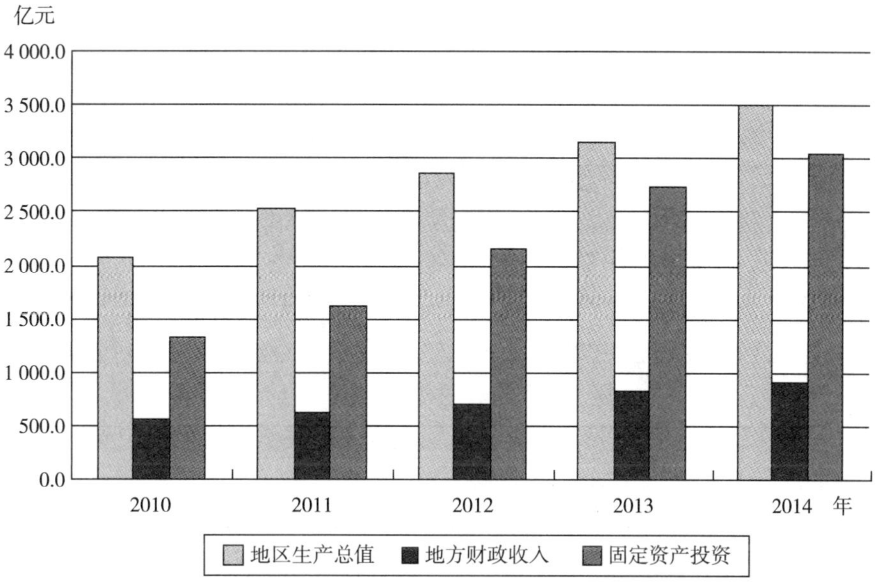

数据来源：海南省统计局相关资料。

图1 2010—2014 年海南省生产总值、财政收入、固定资产投资变动情况

4. 消费增长较为平稳

2014 年，全省社会消费品零售总额 1 090.93 亿元，同比增长 12.2%。其中，随着“万村千乡市场工程”的推进，以及乡村旅游日益火热，全年乡村零售额增长 16.6%，增速比城镇快 5.0 个百分点。汽车消费和购物旅游成为拉动海南社会消费品零售总额较快增长的主要因素。其中，汽车零售额同比增长 21.2%，对全省限额以上零售额增长的贡献率达 55.1%；海口、三亚两家免税店全年销售额同比增长 28.2%，对全省限额以上零售额增长的贡献率达 21.4%。

5. 对外贸易稳中有升

全年进出口总值 974.99 亿元，同比增长 4.3%。其中，出口总值 271.39 亿元，同比增长 17.8%；进口总值 703.6 亿元，同比下降 0.1%。全年实际利用外商直接投资 19.16 亿美元，同比增长 5.8%。

6. 物价保持基本稳定

全年全省居民消费价格比上年上涨 2.4%，低于预期目标 1.6 个百分点。食品、居住、衣着和医疗保健与个人用品是影响海南居民消费价格的主要因素，其中食品价格上涨 3.7%，居住价格上涨 2.6%，衣着价格上涨 2.3%，医疗保健与个人用品价格上涨 2%。农业生产资料价格上涨 5.3%，涉农生产成本进一步加重。工业生产者出厂价格下降 2.4%，企业盈利水平有所回落。

7. 民生保障持续加强

一是城乡居民收入增长较快。全省常住居民人均可支配收入 17 476 元，扣除价格因素，同比增长 8.5%。二是民生支出继续增加。全年教育、社会保障和就业等民生支出 791.71 亿元，同比增长 9.7%，占地方公共财政支出的 72.4%。三是社会保障体系不断健全。城镇新增就业 10.1 万人，农村劳动力转移就业 9.55 万人，下岗失业人员再就业 3.66 万人。企业退休人员基本养老金月人均增加

164 元，城镇居民医保和新农合财政补助标准由每人每年 280 元提高到 320 元，80 岁以上老人津贴制度实现全省覆盖。

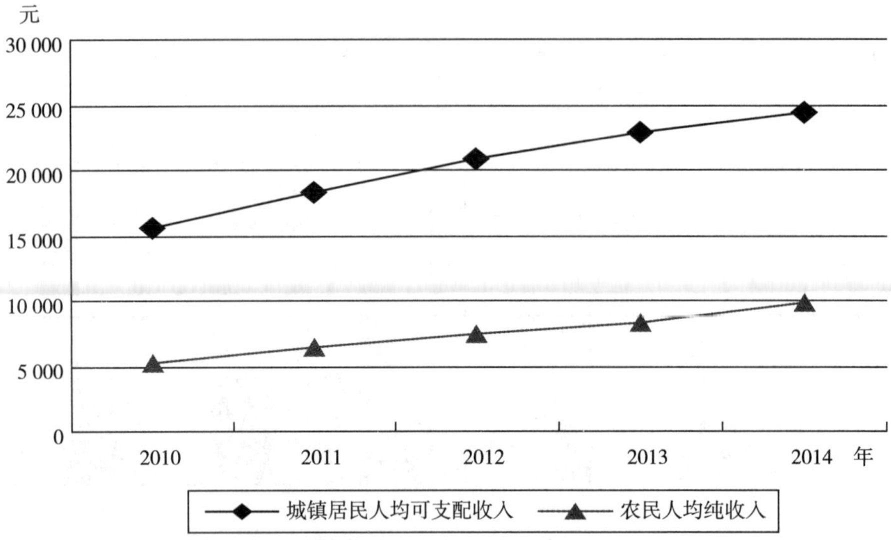

数据来源：海南省统计局相关资料。

图 2 2010—2014 年海南省城乡居民收入变动情况

8. 金融生态环境继续改善

2014 年，海南省通过一系列的措施不断改善辖区金融生态环境。一是推动“诚信海南”建设，出台《海南省企业失信行为联合惩戒暂行办法》。二是开通“12363”金融消费权益保护咨询投诉电话，实现“覆盖全省、直通县级”的金融消费维权网络。

（二）经济运行中需关注的问题

1. 经济增长的后劲不足

海南省对外经济规模较小，近年来的经济增长主要依靠扩大固定资产投资。国际旅游岛建设以来，海南省固定资产投资增速一度领先全国，但随着经济下行压力加大，固定资产投资增速也逐年放缓，经济增长后劲不足。2014 年，全省固定资产投资同比增长 13.2%，比上年回落 14 个百分点，低于年初预期目标 10 个百分点。

2. 经济转型升级有难度

一是产业结构仍不合理。2011—2014 年，海南省第三产业增加值占地区生产总值比重分别为 45.4%、46.9%、48.3%和 51.9%。尽管第三产业占地区生产总值的比重逐年上升，但离全球 60%的平均水平仍有较大的距离，且第三产业中房地产业、旅游业和批发零售等传统服务业占比较大，现代服务业发展不足。二是经济社会发展的资源环境约束加大。损害和破坏生态环境的现象时有发生，环境保护和建设的任务仍然艰巨，电力、天然气等资源紧缺的矛盾不断凸显。

3. 工业企业盈利能力下降，企业亏损面持续扩大

2014 年 1—11 月，全省工业企业综合效益指数 364.4%，同比增长 6.8 个百分点。但企业实现利润总额仅 100.6 亿元，同比下降 8.9%；企业亏损面 29.4%，同比增加 2.7 个百分点；亏损金额 13.96 亿元，同比增加 20.5%。

4. 物价水平相对较高

2011—2014 年，海南 CPI 涨幅分别为 6.1%、3.2%、2.8%、2.4%，全国排名分别为第 2 位、第 5 位、第 16 位、第 6 位。2014 年海南 CPI 涨幅比全国平均水平高 0.4 个百分点。未来受物流成本、劳动力成本上升和资源品价格改革等因素影响，海南物价仍可能在相对较高的位置运行。

二、金融业与金融稳定

（一）银行业与金融稳定

2014 年，海南省银行业金融机构认真落实国家宏观调控和产业政策，紧抓海南国际旅游岛建设的战略机遇，积极支持地方经济转方式、调结构，不断推进金融改革和创新，风险管理持续加强，金融服务能力不断增强，经营效益稳步提升，总体呈现安全稳健运行态势，有力促进了全省经济平稳增长。

1. 银行业整体运行情况

（1）银行业改革稳步推进，组织体系不断完善。2014 年，海南省政策性银行改革稳步实施，邮政储蓄银行改革继续推进；海南银行筹建工作稳步开展；农村信用社改革进一步深入。银行业金融机构在类别、数额、服务网点等方面规模扩张步伐持续加快。兴业银行海口分行、中国进出口银行海口分行建成开业，全年省内各银行业金融机构共新设 46 家分支机构，同比增长 53.33%；新型农村金融机构稳步发展，村镇银行总量达到 14 家。

（2）资产规模稳步扩大，服务能力继续增强。2014 年末，全省银行业金融机构资产总额 9 430.59亿元，同比增长 10.18%；负债总额 9 191.46 亿元，同比增长 10.08%；银行服务密度 1 044.36亿元/百万人，同比增长 5.79%。

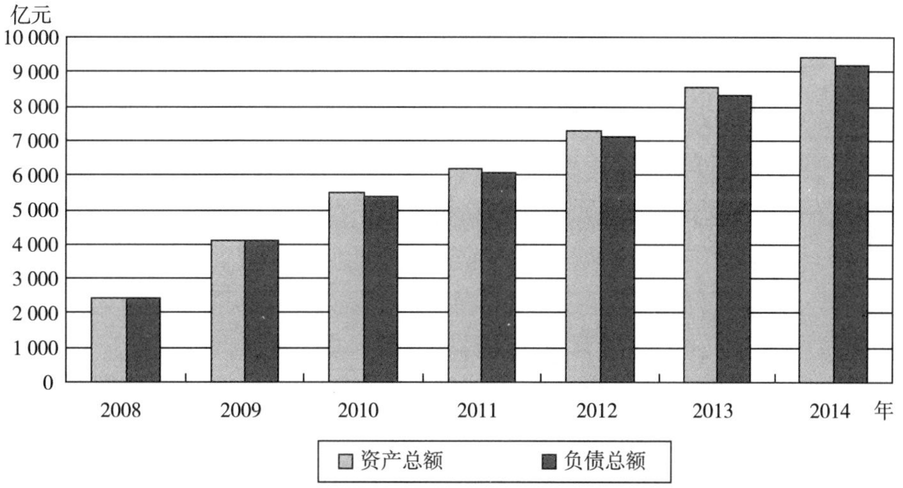

数据来源：中国人民银行海口中心支行相关资料。

图 3　2008—2014 年海南省银行业金融机构资产负债总额统计图

（3）各项存款保持增长，增速增量创近三年同期新低。2014 年末，全省本外币各项存款余额 6 427.88亿元，同比增长 8%，比上年同期下降 8.5 个百分点，低于全国同期水平 1.6 个百分点。全年新增存款475.38亿元，同比少增364.5亿元，增量下降明显。2014年末，全省本外币个人存款余额2 771.67亿元，同比增长8.4%，比年初增加215.47亿元，同比少增107.23亿元。本外币单位存款余额3 274.95亿元，同比增长6.7%，比年初增加199亿元，同比少增222.7亿元。财政性存款余额322.39亿元，同比增长23.3%，增幅同比下降10.9个百分点。

表1　2011—2014年末海南省金融机构本外币存款情况　单位：亿元，%

项目 年月	存款			个人存款			单位存款		
	余额	比年初	同比	余额	比年初	同比	余额	比年初	同比
2011	4 504.54	287.37	6.8	1 898.72	217.90	—	2 370.65	16.08	—
2012	5 109.70	599.68	13.4	2 221.26	322.54	17.0	2 646.75	270.61	11.6
2013	5 952.50	839.88	16.5	2 556.20	332.70	15.1	3 069.13	421.70	16.0
2014	6 427.88	475.38	8.0	2 771.67	215.47	8.4	3 274.95	199.00	6.7

注：数据来源于中国人民银行海口中心支行，由于2011年起统计口径调整，2011年分项数据无法同比。

（4）贷款同比增长较快，但增速持续放缓。2014年末，海南省本外币各项贷款余额5 391.51亿元，同比增长16.4%，高于全国平均水平2.8个百分点，但增速比上年同期低2.7个百分点，连续五年走低。2014年，全省新增贷款752.77亿元，同比多增17.93亿元。从贷款期限看，全省中长期贷款余额4 238.42亿元，同比增长15%，比年初增加553.08亿元，占全省新增贷款的73.5%，比上年同期低1.2个百分点；短期贷款余额774.39亿元，比年初增加58.98亿元，同比增长9.5%。票据融资余额151.35亿元，比年初增加112亿元，增量创历史同期新高。

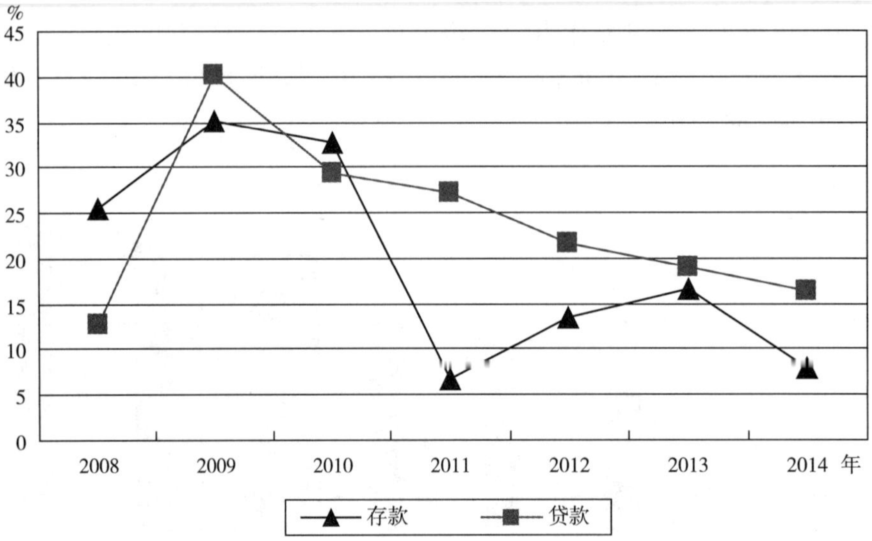

数据来源：中国人民银行海口中心支行相关资料。

图4　2008—2014年海南省银行业金融机构存贷款增速变化图

（5）法人银行机构资本充足水平有所提升。2014年末，海南省法人银行业金融机构核心资本充足率为12.21%，同比上升0.96个百分点；资本充足率为12.41%，同比上升1.3个百分点；资本利润率为12.02%，同比略降0.42个百分点；资产利润率为0.89%，同比略升0.02个百分点。

（6）经营效益稳步提高，经营效率略有提升。全年银行业金融机构累计实现利润123.56亿元，同比增长 13.8%；资产利润率为 1.37%，同比提高 0.1 个百分点；净利息收入 228.55 亿元，同比增长 9%；中间业务收入 33.31 亿元，同比增长 18.12%。

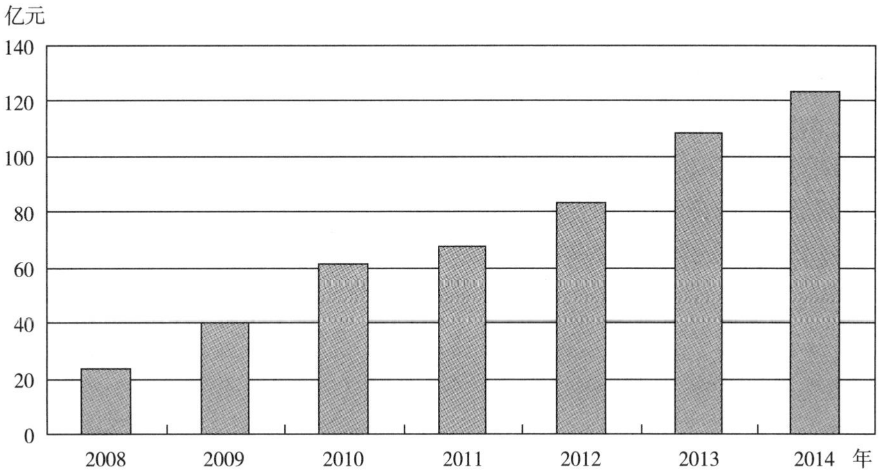

数据来源：海南省银监局相关资料。

图 5 2008—2014 年海南省银行业金融机构盈利情况统计表

2. 银行业发展中需要关注的问题

（1）存款增长乏力、波动明显，银行流动性面临考验。在实体经济疲软、资金沉淀减少、各类理财及其他投资渠道的资金明显增多等因素综合影响下，2014 年，全省新增存款 475.38 亿元，同比少增 364.50 亿元；各项存款余额同比增长 8%，增速低于上年同期 8.5 个百分点，创 2012 年 9 月以来新低。同时，全年存款波动明显，呈现出“季末冲高、季初回落”的明显特征，对银行的流动性管理提出了新的要求。

（2）不良贷款反弹压力加大。2014 年末全省银行业金融机构不良贷款余额、不良贷款率呈现“双升”态势，不良贷款余额 55.05 亿元，比年初增加 12.78 亿元；不良贷款率为 1.02%，比年初上升 0.11 个百分点。其中，农信社系统不良贷款增加较多，不良贷款余额比年初增加 13.39 亿元，不良贷款率高于年初 1.53 个百分点。同时，政府融资平台贷款中关注类贷款占比依然较高，资产质量向下迁徙压力较大。未来一段时期，随着经济下行、房地产市场调整以及地方政府债务集中到期，辖区银行业金融机构的不良贷款反弹压力较大。

（3）部分法人机构风险隐患较大。从整体看，海南省地方法人银行机构资产质量、流动性和资本充足等方面都已符合监管要求。但分机构看，仍有部分机构经营指标未达标，尤其是部分农村法人金融机构资本充足率水平仍然较低，不良贷款持续反弹，风险较大。2014 年末，全省有 14 家农村信用联社资本充足率低于 8%，其中 7 家为负数。12 家农村法人金融机构不良贷款率高于 5%，6 家机构拨备覆盖率低于 100%，3 家机构流动性比例低于 25%，12 家机构存贷比高于 75%。

（4）贷款集中度偏高，信贷结构有待优化。从贷款投向行业看，2014 年房地产业、批发零售业、租赁商服行业在全省银行业金融机构行业新增贷款总量中的份额分别达到 33.15%、18.46% 和 16.62%，合计占比达 68.23%。从贷款主体看，海南省农村合作金融机构单一集团客户授信集中度 54.40%，授信集中度 261.55%，远超监管标准。农村合作金融机构将过多的资金用于社团贷款，而社团贷款过度集中于房地产和酒店建设，偏离了“三农”方向，且随着房地产市场降温，贷款风险可能上升。

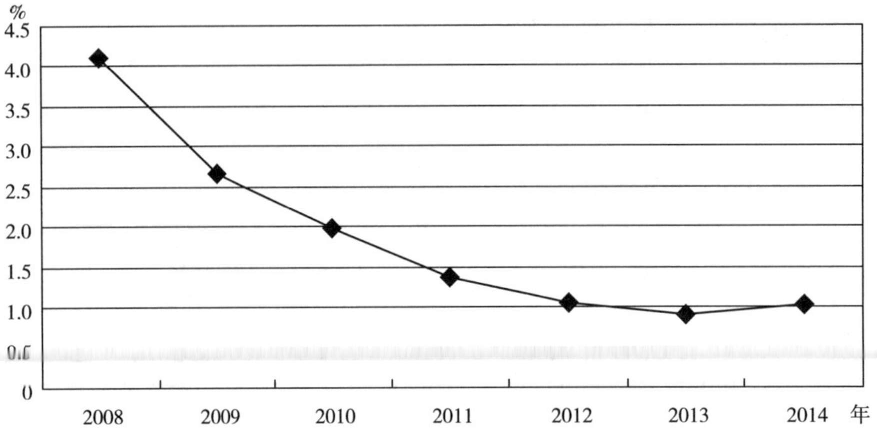

数据来源：海南省银监局相关资料。

图6　2008—2014 年海南省银行业金融机构不良贷款率变化图

（二）证券业与金融稳定

2014 年，海南证券业保持平稳运行，证券市场交易活跃性大幅增强，证券期货经营机构经营业绩明显改善，资本市场融资功能继续发挥。

1. 证券业整体运行情况

（1）证券交易量大幅提升，证券营业部盈利能力持续增强。2014 年，海南 42 家证券营业部证券交易金额同比增长 49.09%，管理客户资产余额同比增长 98.28%。证券营业部连续多年保持整体盈利，经营效益进一步提升，全年手续费及佣金净收入同比增长 45.96%，净利润同比增长 91.99%。证券营业部盈利面同比提高 7.7 个百分点。

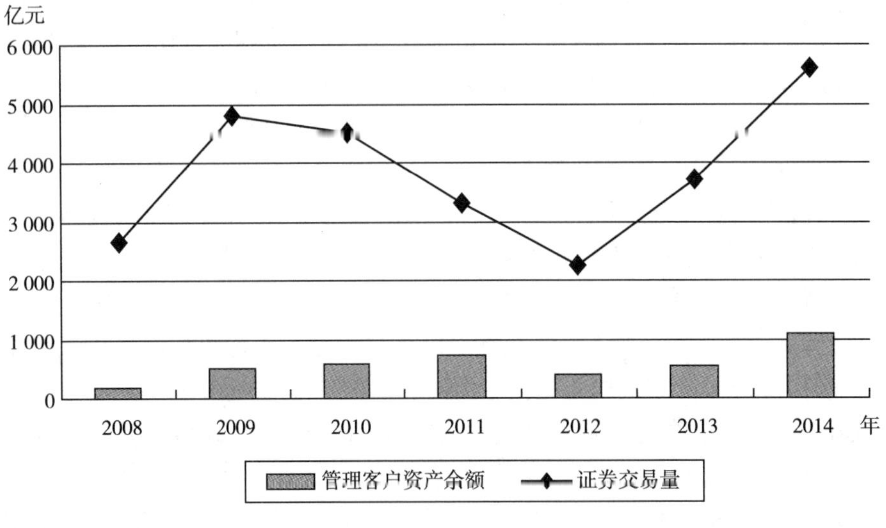

数据来源：海南省证监局相关资料。

图7　2008—2014 年海南证券营业部证券交易量与管理客户资产趋势

（2）法人证券公司经营稳健，利润实现大幅增长。2014 年末，海南 2 家法人证券公司净资本/净资产、净资本/各项风险资本准备之和、净资本/负债、净资产/负债等风险控制指标均符合监管要求。2 家法人证券公司全年共实现营业收入 11.56 亿元，同比增长 69.01%。其中，手续费及佣金净收入同比增长 25.97%，受托客户资产管理业务净收入同比增长 80.77%，投资收益同比增长 5.7%，利息净收入同比增加 1.8 亿元。2 家法人证券公司净利润同比增长 3.04 倍，盈利能力持续提升。

（3）期货机构经营状况有所改善，期货市场交易活跃度回落。2014 年末，海南 4 家期货公司资产规模增长较快，净资产同比增长 34.7%，净资本同比增长 45.07%，客户权益总额同比增长 70.73%，代理交易额同比增长 6.13%，净利润同比增长 99.64%。全年辖区期货营业部代理交易额同比下降 39.03%。

（4）上市公司总市值增长明显，多层次资本市场稳步发展。2014 年末，海南共有 27 家境内上市公司，比上年末增加 1 家；总股本 336.65 亿股，同比增长 10.12%；股本总市值 2 758.77 亿元，同比增长 53.63%。全年海南上市公司股票融资 89.53 亿元，同比增长 51.82%。其中，IPO 融资 19.3 亿元，定向增发融资 70.23 亿元。海南多层次资本市场稳步发展。海南矿业 2014 年 12 月 9 日登陆 A 股市场，琼中农信等 3 家企业在全国中小企业股份转让系统挂牌，海南股权交易中心建成运营。

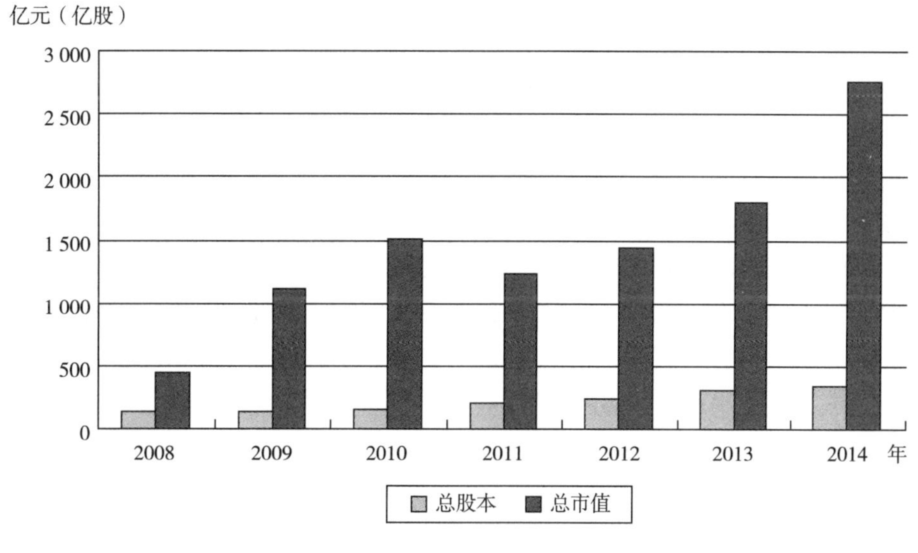

数据来源：海南省证监局相关资料。

图 8　2008—2014 年海南上市公司总值及总股本情况

2. 证券业发展中需关注的问题

（1）资本市场规模仍然偏小，直接融资功能较弱。2014 年，海南省企业境内股票融资额仅占全国的 1.55%，仅为同期海南省社会融资规模的 6.29%。上市公司数量增长滞后，质量不高。2014 年末，海南省仅有 27 家上市公司，约占全国上市公司总数的 1%，数量位列全国倒数，上市公司总市值和平均市值均低于全国平均水平。新三板挂牌企业 3 家，全国占比仅 0.19%。资本市场的层次也不够丰富，场外股权交易市场发展不足，大批中小企业通过资本市场获得资金的通道不够通畅。

（2）法人证券公司创新能力不足，综合实力有待增强。目前，海南仅有 2 家法人证券公司，且核心竞争力不强，创新能力仍显不足。2014 年证券公司分类评价中，一家证券公司被评为 BBB 类，实力位于全国中游，风险管理水平与全国先进券商仍有较大差距。另一家证券公司被评为 CCC 类，位列全国倒数，发展远远落后于全国行业平均水平。从其业务收入结构看，2014 年，该证券公司盈利模式单一，代理买卖证券业务净收入占营业收入的 68.77%，资产管理、融资融券等创新业务仍未开展，专业服务水平有待提升。

（3）部分期货公司市场竞争力较弱，风险管理能力有待增强。2014 年期货公司分类评价结果显示，海南 4 家期货公司有 1 家为 BBB 类，1 家为 BB 类，1 家为 CCC 类，1 家为 E 类，整体实力处于全国中下游，辖区部分期货公司仍存在资产规模小，业务创新不足，缺乏市场竞争力，风险管理能力不强，综合实力较弱等问题。

（三）保险业与金融稳定

2014 年，海南保险业组织体系进一步健全，保险业务实现平稳快速发展，保险覆盖面有所扩大，保险业的经济补偿功能不断增强。

1. 保险业整体运行情况

（1）组织体系逐步完善，市场秩序日益规范。2014 年末，海南有法人保险公司 1 家，保险省级分公司 23 家，其中：财产险公司 12 家，人身险公司 11 家。2014 年，海南保险业加强整顿和规范市场秩序工作，保险行业非理性竞争势头和保险违法违规行为得到有效遏制，保险消费者权益保护工作进一步加强，车险理赔难和寿险销售误导综合治理工作取得初步成效。

（2）保险业务实现平稳发展，保险覆盖面有所扩大。2014 年，海南保险业实现保费收入 85.15 亿元，同比增长 17.27%。其中，财产险保费收入 38.86 亿元，同比增长 19.05%；人身险保费收入 46.29 亿元，同比增长 15.81%。赔付支出 36.93 亿元，同比增长 67.78%。其中，财产险赔付支出同比增长 90.72%；人身险赔付支出同比增长 21.33%。2014 年末，海南保险公司资产总额同比增长 16.06%，保险深度同比提高 0.12 个百分点，保险密度同比增加 134.67 元。

（3）财产险业务发展稳健，车险占比略有提高。2014 年，财产险保费收入同比增速排名全国第 10 位。车险业务保费收入 25.51 亿元，同比增长 20.52%，占财产险业务保费收入的 65.65%，同比提高 0.8 个百分点。除了企财险、货运险和特殊风险保险业务有所萎缩外，其他非车险业务均实现稳健发展。

（4）人身险业务结构调整取得成效，风险防范能力提高。2014 年，寿险保费收入同比增长 13.82%，意外伤害险保费收入同比增长 34.14%，健康险保费收入同比增长 31.35%，业务结构趋于合理，发展质量有所提高。新单期缴占比 34.01%，同比提高 1.1 个百分点；标准保费折标率 40.77%，同比提高 2.35 个百分点。在风险防范方面，寿险集中满期给付和退保风险得到妥善应对，全年无退保类群体性风险事件发生，销售误导问题有所遏制，人身险公司整体运行稳健，风险防范能力进一步增强。

（5）农业保险覆盖面继续扩大，风险保障作用有效发挥。2014 年，海南农业保险基层服务体系建设逐步加快，服务网络不断延伸，支农惠农效果突出。全年农业保险保费收入 3.77 亿元，同比增长 17.06%；提供风险保障 296.3 亿元，同比增长 27.4%。2014 年，台风“威马逊”和“海鸥”相继重创海南农业，面对重大灾情，海南保险业及时做好理赔服务工作，进一步提高理赔效率，有效支持农业灾后恢复再生产，充分发挥社会“稳定器”的功能。截至 2014 年末，两次台风共支付农业保险赔款 2.2 亿元，较好地帮助了受灾农户恢复生产生活。

（6）服务经济社会能力不断提高，经济补偿功能增强。一是医疗责任保险覆盖面不断扩大，共承保医疗机构1 672家，同比增长57%。二是安全生产责任保险规模进一步扩大，投保企业较上年增加989家。三是学校责任险的覆盖范围扩大至全省各级各类学校，首次实现全覆盖。四是在琼海市启动食品安全责任保险试点。五是旅游保险保障功能逐步显现，旅行社责任保险覆盖省内旅行社359家。六是在海南遭受台风“威马逊”和“海鸥”等重大自然灾害后，保险业及时查勘理赔，较好地帮助了受灾企业和群众恢复生产生活。

2. 保险业发展中需要关注的问题

（1）车险业务占比较大，财产险公司经营出现亏损。2014年，海南财产险业务发展仍主要靠车险拉动，车险保费收入占财产险保费收入的65.65%，占比较上年同期提高0.8个百分点。但受台风“威马逊”和“海鸥”的影响，车险赔付支出同比上涨48.66%，增速同比提高22.05个百分点。受赔付支出规模增大的影响，财产险公司经营效益由上年的盈利状态转为亏损。

（2）人身险公司业务增速放缓，退保压力增大。2014年，海南人身险保费收入同比增长15.81%，增速同比降低0.46个百分点。满期给付支出规模较大，退保金增速明显提高。全年满期给付同比增长21.48%，寿险退保金同比增长159.47%，退保率同比提高2.38个百分点。

（3）农业保险发展受到多重因素制约。一是受农业保险经营成本高且风险大的制约。保险机构需承担的宣传、承保、保单维护、交通费用和人工等经营成本较高，致使其拓展农业保险业务的积极性不高。二是受产品开发技术落后的制约。集中表现在农业保险产品质量低、针对性差，真正根据农民收入水平和风险状况量身定做的产品较少。三是受风险监测技术落后的制约。风险识别、预测预警、信息统计与管理等技术落后，难以满足农业保险快速发展的需要。

三、金融市场与金融稳定

2014年，海南省金融市场总体运行平稳，交易活跃，发挥了优化资源配置、支持实体经济发展的积极作用。

（一）金融市场运行情况

1. 货币市场业务波动较大

一是现券交易大幅回落。现券融入交易同比下降82.75%。现券融出交易同比下降76.66%。二是回购业务平稳发展。回购业务以低风险的质押式回购为主，其全年交易量占全年累计回购交易量的97.45%。其中，质押式回购融入同比下降3.15%，质押式回购融出同比增长54.48%。买断式回购融出同比下降39.26%。

2. 同业拆借业务快速增长

目前海南省共有同业拆借市场成员单位两家，2014年受股市回暖的因素影响，银行间市场拆借业务主要是证券公司的拆入业务，全年累计完成145.47亿元，同比增长1.27倍。

3. 票据市场快速发展

2014年末，全省银行承兑汇票余额为216.17亿元，同比增长85.83%；银行承兑汇票累计发生额为271.24亿元，同比增长0.91%。贴现业务以转贴现为主要业务类型。全年企业直贴累计发生额为138.05亿元，同比增长30.83%。买断式转贴现累计发生额为3 332.7亿元，同比增长2.94倍。回购式转贴现累计发生额为915.02亿元，同比增长1.89倍。回购式转贴现业务全部是买入返售票据，没有发生卖出回购票据业务。

4. 直接融资工具使用多元化

2014年，辖内非金融企业直接债务融资工具累计发行39亿元，比上年增长2.25倍。金融企业发行债券取得突破。海口农村商业银行于2014年11月成功发行首期8亿元小微企业专项债，金元证券股份有限公司成功发行两期合计金额为10亿元的短期融资券，实现了金融机构银行间市场融资“零”突破。

5. 各黄金投资产品交易量增减互现

2014年，全省累计实现上海黄金交易所黄金代理交易4 752.8千克，同比增长32.41%。人民币账户金交易低迷，2014年，全省累计完成人民币账户金交易2 022千克，同比下降57.8%。全年累计完成实物黄金交易1 822千克，同比下降21.8%。其中，自营品牌实物黄金同比下降67.9%，黄金积存同比增长42.4%。

（二）金融市场运行中应关注的问题

1. 市场主体较为单一

目前海南的银行间市场会员有4家，其中，仅两家具有同业拆借资格，尚未有一家金融机构获得结算代理人资格。黄金市场仅有一家黄金交易所会员单位，并且由于2002年海南省黄金储备库被撤销等因素影响，造成企业生产经营受限，目前该企业已将生产加工企业迁出海南，一定程度上影响了海南省黄金市场业务的发展。

2. 业务品种较为单一

近几年来，海南省银行间市场业务从无到有，总体发展稳健。但在辖内市场业务量快速增长的同时，业务品种较为单一，主要是投资持有现券和质押融出资金业务，没有杠杆交易。

3. 监管法规待完善，信息沟通机制滞后

目前，金融市场备案、监督管理办法分散，缺乏统一完善的金融市场管理办法，且黄金市场监督管理措施尚未出台，形成监管上的真空和漏洞。同时各产金、用金企业与人民银行之间的业务信息缺乏有效沟通手段。

四、金融基础设施与金融稳定

2014年，海南省金融基础设施建设稳步推进，支付环境继续改善，社会信用体系进一步完善，反洗钱监管效力持续提升，增强了金融体系稳健性。

（一）支付系统稳健运行

1. 支付服务主体多样化

经过多年发展，海南已经形成人民银行、银行业金融机构、清算机构、支付机构等各类服务组织共存的格局，支付服务市场化程度不断提高。2014年末，海南省提供支付服务的商业机构包括3家政策性银行、5家大型商业银行、7家股份制银行、1家邮储银行、1家农信社、3家农村商业银行、1家外资银行、14家村镇银行、22家支付机构。

2. 支付系统建设稳步推进

第二代支付系统推广工作顺利进行，中央银行会计核算数据集中系统（ACS）和支付信息统计分析系统（PISA）顺利上线并稳定运行。2014 年，辖内加入支付清算系统的银行机构为 1 039 家，覆盖率为 74.21%；全省支付系统共处理支付业务 22 791.33 万笔、金额 168 719.72 亿元，同比分别增长 14.10% 和 23.10%。

3. 非现金支付工具平稳发展

2014 年，海南累计办理非现金支付业务 46 699.56 万笔、金额 70 642.85 亿元，同比分别增长 23.83% 和 17.17%。其中，票据业务量为 247.66 万笔，金额 9 579.43 亿元；银行卡业务量为 45 235.73万笔，金额 22 863.34 亿元；汇兑、委托收款和托收承付等业务共发生 1 216.17 万笔，金额 38 200.08 亿元。

4. 支付体系监督管理持续深入

一是印发《中国人民银行海口中心支行关于规范军人和武装警察开立个人银行结算账户有关事项的通知》（琼银发〔2014〕143 号），明确要求军人和武装警察使用居民身份证开立个人账户，防止不法分子伪造相关证件从事犯罪活动。二是规范开展支付机构分公司备案和变更事项监管。全年办理 11 家新设支付机构分公司的备案手续和 1 家法人机构事项变更审核。三是组织开展支付结算执法检查，全年共开展 3 次执法检查活动，检查 14 家机构。四是强化支付业务非现场监测和联合监管。通过系统及时掌握各机构日常业务开展情况，加强与公安、工商、银联等单位以及其他省市人民银行的协作，共同查处有关案件及违规行为。

（二）征信体系建设不断完善

2014 年，海南省大力提高征信管理与服务水平，全面推进征信制度、征信管理、征信市场和社会信用体系建设，征信体系建设不断完善。

1. 征信业务数量不断增长，信用信息应用程度逐步提高

2014 年末，海南省征信数据入库自然人上升到 4 529 152 人，同比增加 80 683 人；个人信用报告查询量大幅增长，全省查询 586 325 笔，同比增加 114 489 笔，其中人民银行系统查询 52 159 笔，同比增加 17 660 笔，增长 51.2%。建立企业信用档案 33 068 家，全年查询 128 320 次，增长 5.5%。

2. 中小企业信用体系和农村信用体系建设稳步推进

2014 年末，累计采集 20 638 户中小企业信息，共为 8 892 户中小企业建立了信用档案。三亚农村信用体系建设试验区工作初见成效，完成 5.9 万户农户信息采集工作，在三亚基础上选取试点市县开发建设农户征信系统。

3. 积极优化金融生态环境，稳步推进信用体系建设

联合海南省金融办建立了海南省企业信用信息综合管理系统，牵头有关部门出台《海南省企业失信行为联合惩戒暂行办法》，积极推动各市县参照海南省社会信用体系联席会议制度建立相应的工作机制。在全省加快推进农村信用体系建设。

（三）反洗钱工作水平持续提升

2014 年，人民银行海口中心支行坚持以风险为本为原则，探索有效监管措施，加强洗钱风险预警和研判，完善反洗钱调查机制，全面提升辖区反洗钱和反恐怖融资工作水平。

1. 创新监管机制，有效提升辖区金融机构反洗钱工作水平

一是加强对支付机构反洗钱工作的监督管理。建立支付机构定期上报反洗钱义务履行情况的工作机制。对5家新设立的支付机构进行走访，开展面对面指导。组织支付机构反洗钱人员参加培训，尽快提高反洗钱技能和水平。二是加大区域性洗钱类型分析力度，建立起覆盖全辖、要素规范的洗钱类型统计分析报告体系。三是综合运用考核评估、现场检查、走访质询、数据收集分析、严格准入等多种监管手段，督促金融机构全面履行反洗钱义务。全年共对90家金融机构、支付机构开展综合评估并汇总通报，对16家金融机构开展现场检查，对24家金融机构进行走访。

2. 完善调查工作机制和风险提示体系，增强反洗钱调查工作效能

一是采取有效措施提升可疑交易报告质量，对接收的重点可疑交易报告进行深入加工，挖掘每份报告的情报价值，确保每份报告得到及时、准确处理。二是加强与公安、海关、禁毒等部门协作，进一步增强辖区反洗钱工作合力。三是采用下发风险提示、组织座谈会等方式及时提示风险，帮助金融机构掌握洗钱犯罪新动向、新方法，加强风险预防与遏制。四是加大涉恐涉毒资金监测工作力度，持续抓好“黑名单”监控工作，主动配合禁毒部门打击毒品犯罪活动。2014年，共接收处理金融机构重点可疑交易报告25份，其中有13份移送公安部门，移送率为52%，同比上升21个百分点；共立项开展行政调查和案件协查11起；协助侦破两起走私案和一起禁毒案，海口海关、海南省禁毒总队分别来函表示感谢。

五、总体评估与政策建议

（一）总体评估

2014年，面对错综复杂的经济形势和两次强台风袭击的严重自然灾害，海南省坚持稳中求进工作总基调，主动适应经济发展新常态，扎实做好稳增长、调结构、促改革、防风险、惠民生各项工作，经济实现平稳较快增长，产业提质增效步伐加快，城乡居民收入水平稳步提高，为区域金融稳定创造了良好的外部环境。海南省金融业认真落实各项金融调控政策，积极支持实体经济发展，对经济增长的贡献度稳步提高。同时，各金融机构体制机制改革持续推进，审慎经营理念有效增强，经营效益稳步提升，抗风险能力不断增强。

总体来看，2014年，虽然部分领域和少数金融机构存在一些风险隐患，但风险可控，海南省金融稳定状况良好，全年未发生区域性系统性风险事件，金融体系保持了稳健运行。

（二）政策建议

1. 落实宏观审慎管理政策，支持地方经济转型升级

在金融市场深化和金融创新快速发展的背景下，银行业金融机构应落实好宏观审慎管理政策，盘活存量，优化增量，合理安排资产负债总量和期限结构，控制杠杆率，优化资金流向，更有针对性支持地方经济结构调整和产业转型升级，切实加大对小微企业、“三农”以及水利工程等重大基础设施的金融支持，规范有序开展金融创新，降低对大企业、大项目及房地产业的过度依赖，提高抗风险能力。

2. 继续推进地方中小法人银行机构改革

地方中小法人银行业机构应积极参与海南省农村金融综合改革试点，进一步加快管理体制和经

营机制改革，完善公司治理结构和风险管理机制，坚持服务地方、服务“三农”、服务小微、服务社区的市场定位，大力开展产品创新、业务创新、服务创新，进一步增强服务功能和竞争能力。

3. 防范和化解重点领域金融风险，进一步提升银行稳健性

银行业金融机构应关注经济下行对资产质量的影响，加强对房地产行业、政府融资平台、产能过剩行业等重点领域的信贷风险管控，确保银行资产质量控制目标。持续监测表外业务风险，加强流动性风险监测分析和预警，完善流动性风险管理工具和方法，合理配置资产负债期限结构，做好应急预案，切实提高流动性风险管控能力。

4. 进一步完善多层次资本市场体系，提高服务实体经济的能力

一是紧抓股票发行注册制改革契机，做好上市后备企业培育工作，争取更多企业首发上市；支持上市公司通过增发、配股、发行公司债券及可转债等方式实现再融资。二是鼓励支持中小微企业在全国中小企业股份转让系统挂牌。三是进一步明确区域性股权交易市场的定位和作用，为科技型服务型中小企业提供差异化服务。四是鼓励证券经营机构多元化、差异化及专业化经营，在切实防范风险的基础上，开展业务和管理创新。五是上市公司要夯实公司治理基础，加强内部控制，规范信息披露行为，保护投资者合法权益。

5. 强化保险业务创新，提升保险业务可持续发展水平

一是保险公司应以客户为中心，以市场为导向，着力发展具有区域特色的保险产品，创新保险服务模式，提升服务水平。二是财产险公司要大力拓展责任险，加快发展商业养老险、健康险和意外险，改善业务结构，形成财产险业务多元均衡发展的局面。三是人身险公司要注意防范化解满期给付和退保风险，加强监测预警，落实重大事项报告制度和风险响应机制，积极稳妥地处理各类风险事件，有效维护市场稳定。四是加强农业保险服务体系建设，推动农业保险产品创新，扩展IT技术在承保、理赔、财务核算等环节的管理与应用，提高农业保险经营管理水平。

总纂：曹协和
统稿：鄂　锋　黄明理
执笔：郑才林　蓝文兴　邓启峰　符瑞武　陈太玉　郭　雁　金为华
王振兴　郑其敏　吴志贵　王晓勃　潘文娣　林明恒

重庆金融稳定报告摘要

2014年，面对新常态，重庆以结构调整为主线，通过大力实施五大功能区域发展战略，加快推动发展转型，经济金融保持协调发展的良好态势。全市金融业在坚持稳健合规经营的基础上，改革创新和转型升级不断加快，运行的质量和效益进一步提升，金融业核心竞争力明显增强。同时，金融管理部门以推进监管协作为工作抓手，进一步丰富和完善防范金融风险工作机制，有效应对和化解了冲击辖区金融稳定的各种因素和问题，对促进重庆经济金融健康发展，维护辖区金融稳定发挥了重要作用。

一、区域经济运行与金融稳定

2014年，国内外宏观形势错综复杂，经济下行压力较大，重庆有效对接国家战略部署，在经济新常态中贯彻稳中求进、改革创新的政策要求，紧紧围绕“科学发展、富民兴渝”总任务，深入实施五大功能区域发展战略，全面深化改革开放，着力稳增长、调结构、促改革、惠民生、防风险，经济总体保持了稳步发展态势，经济结构调整稳中有进、稳中提质，物价水平总体平稳，为辖区金融稳定奠定了良好基础。

（一）经济运行情况

1. 经济增速位列全国第一，三次产业发展总体平稳

2014年，全市抓住全面深化改革的机遇，打造内陆开放高地，通过改革开放释放发展红利，主要经济指标继续保持较快增长。全年实现地区生产总值14 265.40亿元，同比增长10.9%，较上年回落1.4个百分点，但较全国平均水平高出3.5个百分点，位列第一。完成固定资产投资13 223.75亿元，同比增长18.0%；实现社会消费品零售总额5 096.20亿元，同比增长13.0%；实现进出口总额954.5亿美元，同比增长39.0%，较全国平均水平高35.6个百分点。分产业看，三次产业增加值同比分别增长4.4%、12.7%和10.0%，三次产业占比优化调整为7.4:45.8:46.8。

2. 经济结构呈现“四个向好”，质量效益进一步提升

一是动力结构向好。投资、消费、区域净出口“三驾马车”协同发力，对经济增长的贡献率更加均衡，投资增速回落，消费增长平稳，进出口对经济拉动作用增强。二是产业结构向好。第三产业比重超过第二产业，电子信息和汽车等战略性支柱产业增长快于一般工业，金融和服务贸易快于一般服务业。三是效益结构向好。企业效益普遍较好，规模工业利润突破1 000亿元，连续两年增长30%以上。四是投资结构向好。工业投资占比提高到31.5%，基础设施和房地产投资占比分别为25.6%和27.5%，三大板块布局更趋合理。民间资本活力得到不断释放，全市民间投资完成

6 558.04亿元，占投资总量的49.6%，同比增长27.1%。

3. 消费物价水平总体平稳，工业生产者价格持续走跌

全年居民消费价格指数（CPI）同比上涨1.8%，为五年来最低水平，较上年同期下降0.9个百分点，连续3年控制在3%以内。分类别看，八大类商品和服务价格呈现“七涨一跌”格局，除烟酒价格下降2.2%外，其余七大类消费价格温和上涨。食品、衣着、居住类价格仍是影响居民消费价格总水平的主要因素，其中食品价格上涨3.3%，衣着价格上涨2%，居住类价格上涨1.6%。工业生产者出厂价格指数（PPI）同比下降1.7%，持续同比负增长，总体处于全国中下游水平。

4. 房地产市场销售增速放缓，商品住宅销售均价小幅下降

全年房地产开发投资完成3 630.23亿元，同比增长20.5%。由于房地产市场持续调整，观望情绪较为浓厚，房地产消费有所回落，全年商品房销售面积5 100.39万平方米，同比增长5.9%，较上年下降0.6个百分点；销售额2 814.99亿元，同比增长4.9%，较上年下降11.9个百分点。随着销售增速放缓，商品住宅销售均价小幅下降，全年主城区商品住宅成交均价同比下降4.1%。

5. 就业形势总体稳定，城乡居民收入稳步提升

全年城镇新增就业人员65.3万人，城镇登记失业率为3.5%。城乡居民收入稳步提高。全年城镇常住居民人均可支配收入25 147元，同比增长9.1%，其中，工资性收入增长9.6%，经营净收入增长10.4%，财产净收入增长2.8%，转移净收入增长9.3%；农村常住居民继续保持快于城镇常住居民收入增长的态势，人均可支配收入9 490元，同比增长11.7%，其中，工资性收入增长16.5%，家庭经营净收入增长7.2%，财产净收入增长11.3%，转移净收入增长12.4%。

6. 财政收入平稳增长，民生领域支出结构持续优化

全年财政收入3 831.31亿元，同比增长11.73%。一般公共预算收入1 922.01亿元，同比增长13.9%，其中税收收入1 282亿元，同比增长15.2%，比重提高约1个百分点，成为拉动财政收入增长的主要因素。基金预算收入1 841.29亿元，同比增长10.27%。财政支出4 922.78亿元，同比增长8.11%。一般公共预算支出3 303.72亿元，同比增长8.0%，其中民生领域支出结构持续优化，全年在公共服务、教育、社保就业、城乡社区事务方面的财政支出共计1 837.92亿元，占一般公共预算支出的55.6%。

（二）值得关注的问题

1. 传统行业发展转型困难

从大环境看，经济下行压力较大，全国传统工业基本面尚未好转，第四季度工业增加值、利润、用电量、货物运输量、进出口等主要指标仍在下滑，预计短期内市场需求难以明显好转，传统产业“去产能化”仍将持续较长时间。受此影响，加上重庆市部分传统产业结构不合理、产品品种不优、经营管理不善，一些工业企业出现了不同程度的亏损，消费品、建材、化工、冶金、摩托车亏损面分别达6.5%、9.7%、21%、20.5%、18.4%。同时，传统行业在转型过程中还面临资源环境约束加剧以及节能减排任务艰巨等问题。

2. 企业融资难、融资贵问题依然突出

调查显示，2014年重庆工业企业综合融资成本高达15%，规模以上工业企业利息支出增长14.8%。从1 274户工业企业的景气调查看，27.7%的企业反映当前资金紧张，21.27%的企业反映当前融资较为困难，其中中小企业和民营企业更为突出。目前，银行贷款和直接融资渠道有限，利

率市场化改革可能在一定时期内导致企业融资成本上升，互联网金融、民间融资的利率优势吸引个人和企业等社会资金大量流入，推高银行吸收存款的利率水平和全社会融资成本，进一步加剧融资难和融资贵问题。

3. 房地产开发企业资金链紧张

2014 年以来，全国和重庆房地产市场明显降温，库存比居高不下。受商品房销售面积和销售额同比增速双双下降、部分银行收紧房贷或停贷等因素的影响，全市房地产开发企业到位资金同比增速大幅回落。在资金面难以好转的情形下，部分中小房企转向资金价格更高的民间融资市场，导致债务率过高和融资成本难以承受；可能引发破产或被兼并，出现债务纠纷问题。

4. 企业创新能力较为薄弱

过去几年中，重庆市工业研发经费持续增加，2014 年增幅达 20%。但横向比较看，目前企业科研投入缺口仍然很大，规模以上工业企业研发投入占销售收入的比重不到 1%，远低于全国 2% 的平均水平，而发达国家的研发投入比重一般在 2.5% 至 4% 之间。本地科技创新机构也没有优势可言，规模以上企业仅有 9% 建有自己的研发机构，在西部地区仅列第 5 位。科技创新能力和投入不足，自主知识产权和自主品牌不多，加上技术成果转化的市场机制发育不够，以技术创新升级改造传统产业的效果还不明显，制约区域经济核心竞争力提升。

二、金融业与金融稳定

2014 年，重庆金融业保持平稳发展势头，作为重庆支柱产业地位进一步巩固。金融业增加值占地区生产总值比重提高到 8.6%，较上年提高 0.2 个百分点。金融支持实体经济转型升级和民生发展取得了明显成效，区域性金融中心建设稳步推进。金融业稳健运行，风险状况整体可控，经营转型继续推进。银行业盈利水平与资产质量小幅波动，法人机构资本充足。证券业运行稳定，业务创新发展加快，证券市场直接融资额同比大幅上涨。保险业规模平稳增长，业务结构优化调整，民生保障作用不断增强。

（一）银行业稳健性

2014 年，重庆银行业抓住改革发展机遇，调结构、拓业务、强管理、严风控，支持实体经济转型升级和民生发展，取得了明显成效。主要运营指标保持良好，金融风险整体可控。但受实体经济下行、转型调整压力加大以及金融脱媒加快等因素影响，辖区银行业不良贷款反弹明显，政府融资平台、房地产等重点领域风险依然突出，准金融机构及民间融资风险逐步显现，需要密切监测和防范潜在的风险隐患。

1. 银行业运行分析

（1）机构数量继续扩张，法人机构资本充足水平提高。截至 2014 年 12 月末，全市银行业金融机构（分行或法人）数量达到 92 家，较上年增加 7 家[①]。银行业资产总额 35 223.9 亿元，同比增长 8.89%。法人银行整体资本充足率 12.67%，较年初提升 47 个基点，整体拨备覆盖率 420%，风险缓释能力较强。

① 新开业 1 家村镇银行、3 家外资银行、2 家财务公司和 1 家金融租赁公司。

（2）存款分流压力较大，贷款投放平稳适度。在利率市场化深入推进的背景下，各类金融机构、互联网理财竞争激烈，加上股票市场活跃度回升，银行存款分流压力明显。2014 年 12 月末，各项存款余额 25 160.11 亿元，较年初增加 2 391.99 亿元，同比少增 964.53 亿元，同比增长 10.4%，增速连续 6 个月回落。各项贷款余额 20 630.69 亿元，较年初增加 2 565.36 亿元，同比多增 182.05 亿元，同比增长 14.6%，高于全国水平 1.4 个百分点，处于合理增长区间。

（3）利润增速收窄，信贷资产质量下滑。全年累计实现税后净利润 591.89 亿元，同比增长 9.68%，增幅较上年同期回落 14.87 个百分点；平均资产利润率 1.75%，较全国平均水平高 51 个基点。从机构类别看，大型银行盈利能力较好，中型银行利润同比下降，地方性商业银行利润增长平稳。信贷资产质量下滑，不良贷款“双升”，年末不良贷款余额 93.05 亿元，不良贷款率 0.45%，同比分别增加 24.25 亿元、上升 0.07 个百分点。

（4）信贷结构持续优化，促进实体经济和民生发展。2014 年，全市银行业金融机构继续坚持“有扶有控、有保有压”的原则，“盘活存量，用好增量”，增强金融资源配置的合理性，信贷结构进一步优化。从贷款投向来看，信贷资源配置进一步向实体经济和民生领域倾斜。小微企业贷款余额占企业贷款比重较年初上升 2.9 个百分点；个人贷款、个人经营性贷款占比较年初上升 2.8 个百分点；公租房贷款余额和农村产权抵押融资余额保持全国前列；3 家主要法人银行等机构在“定向降准”等导向下，发放支农支小再贷款 51 亿元。

（5）法人机构稳中求进，改革创新步伐加快。2014 年，重庆银行、重庆农商行陆续加入市场利率定价自律机制，利率市场化适应能力有效提升。重庆银行发行全市首只信贷资产支持证券 19.13 亿元，成为全国首批 27 家获得信贷资产支持证券备案发行资格的金融机构之一；参股成立全市首家以互联网为载体的面向全国、多渠道、线上线下相结合的创新型消费金融公司。重庆农商行取得银行理财管理计划、理财直接融资工具和信贷资产平台试点资格；发起设立中西部首家银行系金融租赁公司。重庆三峡银行加速推进互联网金融平台建设，取得初步成效。

（6）信托、资管等创新业务发展放缓，表外融资在社会融资规模中占比增速下降。受规范同业业务发展影响，银行与信托、证券、私募、资产管理公司业务合作不断升级的趋势有所放缓，带动表外融资规模增速下降。全年社会融资规模达 5 473 亿元，其中委托贷款、信托贷款、未贴现银行承兑汇票净增融资 1 539 亿元，占社会融资规模的比重为 28%，较上年下降 5 个百分点。银行理财产品交易量增长显著，年末理财资金余额同比增长 65%，增速高于各项存款增速 55 个百分点，全年累计募集资金 12 650 亿元，净募集资金 1 095 亿元。

2. 需要关注的问题

（1）信用风险持续释放，贷款拨备消耗较快。虽然当前重庆银行业不良贷款在全国仍处于较低水平，但在经济周期调整和结构转型的大背景下，部分领域的金融风险进一步显性化。一些传统行业和企业生产经营面临长期困难，部分通过民间借贷与银行贷款两头融资，资金链断裂风险较大，容易向银行传递，信用风险事件频发。跨区域风险防控难度加大，江浙、四川等地区形成的债务链金融风险有区域传染的趋势。与此同时，迫于风险管理偏好及内部考核的压力，部分金融机构存在通过多种方式掩盖资产质量真实性的行为。受不良贷款持续增加的影响，辖内银行业金融机构拨备覆盖率 436.2%，较年初下降 44.7%。

（2）融资平台债务结构复杂化，风险防控难度加大。在相关部门通过全口径统计、加强同业业务管理、加大债务考核等方式控制名单内平台融资后，不少平台通过名单外第三方进行融资，融资来源和交易方式复杂化，加大政府性债务风险防范与处置难度。目前，部分区县债务风险较为突出，个别区县政府对涉及政府性债务的单个风险暴露影响估计不足，如涉及某区融资平台的信托计划违约事件，引发媒体关注。此外，部分银行机构为赶上政府性债务清理前的“末班车”，存在为融资平台突击融资的现象，加大了政府性债务的清理甄别与处置难度。

（3）准金融机构及民间融资风险不断暴露，对金融体系形成冲击。资金大量介入房地产、产能过剩行业等，推高融资企业债务杠杆及融资成本，在经济持续下行期间，企业资金链断裂风险加大。部分准金融机构与民间融资相互掺合，违规融资、变相高息放贷、账外经营等大量存在。第三方理财机构良莠不齐，业务经营中打“擦边球”诱导公众，这些都容易演变成非法集资、高利贷和诈骗风险。同时，准金融机构、准金融业务由于监管不足，融资信息非常不透明，严重干扰了正常的风险识别，甚至向正规金融体系传递风险，风险防控难度增大。

（4）同业竞争加剧和金融脱媒加快，传统银行业生存环境日益复杂化。当前金融业市场准入、利率汇率等资金价格正在逐步放开，全市各类民营资本发起设立民营银行的积极性很高，小贷公司、村镇银行等业务扩张也对银行客户资源形成分流。同时，当前互联网金融不断扩张，国内各大科技、电商巨头纷纷进军金融业，脱媒化进程加快，对传统银行业务的冲击日益显现。此外，当前重庆市部分银行机构高端人才储备和转型意识不足，综合化经营、资产财富管理和技术含量高的中间业务能力不足，经营粗放化特征较为突出，可能难以适应金融业竞争生态快速发展变革所带来的挑战。

（二）证券业稳健性

2014 年，重庆证券业整体保持平稳运行，未出现明显威胁区域金融稳定的风险。但辖区证券行业规模小、直接筹资功能弱、违法违规情况时有发生等问题依然存在，同时，随着证券行业创新业务的快速发展，金融同业交叉风险不容忽视。

1. 证券业运行分析

（1）证券机构数量保持稳定，市场交易活跃度上升。截至 2014 年 12 月末，全市共有 1 家法人证券公司、13 家证券分公司、160 家证券营业部、4 家期货公司、33 家期货营业部、1 家基金管理公司、1 家证券投资咨询公司。全年，受市场回暖的影响，股票期货市场交易活跃度明显上升。证券经营机构累计代理证券交易额 21 957.09 亿元，同比增长 53.02%，期货经营机构代理商品期货交易额 123 084.84 亿元，同比增长 25.76%，股票投资者开户数 213.48 万户，同比增长 5.0%，期货投资者开户数 8.37 万户，同比增长 18.54%。

（2）上市公司市价总值增长显著，辖内 3 家公司实现 IPO。截至 2014 年 12 月末，辖区上市公司市价总值 4 456.67 亿元，同比大幅增长 58.83%。辖内上市公司（境内 A、B 股）40 家，其中，仅发 A 股上市公司 37 家，仅发 B 股公司数 1 家，同时发 A、B 股公司数 1 家，同时发 A、H 股公司数 1 家。本年辖内共有 3 家公司实现 IPO，分别为重庆燃气（上证 A 股）、川仪股份（中小板）、博腾股份（创业板）。

（3）直接融资额同比大幅上涨，融资渠道进一步丰富。全年辖区证券市场累计直接融资金额 239.73 亿元，同比增长 44.43%。其中，沪深股票市场融资 180.83 亿元，同比增长 37.8%；公司债融资 18 亿元，同比增长 20.0%；中小企业私募债券融资 40.85 亿元，同比增长 106.8%。全年累计发行银行间市场债务融资工具 120 只，同比增长 90.48%，实现融资 917.63 亿元，同比增长 78.01%，较全国平均增速高 39.63 个百分点，占重庆市债券融资总量的 73.01%，较上年同期上升

4.23个百分点。融资品种扩大到11个，超短期融资券、永续票据和信贷资产支持证券首次成功发行。

（4）区域OTC市场快速发展，托管企业融资额大幅增长。截至2014年12月末，重庆OTC挂牌及展示企业达231家，较年初增加85家，总股本50亿股，同比增长12.49%，总资产170.28亿元，总市值139.43亿元。自成立以来，累计帮助托管挂牌企业融资384.12亿元，同比增长163.57%。其中，股权质押贷款358.19亿元，定向增发融资12.53亿元，私募债融资13.4亿元。托管企业达721家，托管股本648.45亿股，同比分别增长10.24%和15.66%。

（5）法人机构运营稳健，创新业务快速发展。截至12月末，西南证券资产总额548.76亿元，同比增长85.07%，全年实现净利润13.35亿元，同比增长177.55%。4家法人期货公司资产总额50.34亿元，同比增长57.31%，实现盈利7 063万元，同比增长0.25%。新华基金管理基金产品23只，较上年同期增加9只，基金管理规模196.99亿元，较上年同期增加95.56亿元。创新业务发展迅速。新华基金创新基金设立模式，采用发起式设立债券基金，积极探索建立公司高管、基金经理和投资者利益一致的约束机制，创新步伐不断加大。

2. 需要关注的问题

（1）资本市场规模仍然偏小，直接筹资功能较弱。2014年，重庆市股票市场直接融资额仅占全国的2.85%，仅为同期重庆市社会融资规模的3.3%。相对于重庆经济的快速发展，上市公司数量的增长比较滞后，现有上市公司总数仅占全国总数的1.53%。资本市场的层次也不够丰富，服务型科技型中小企业偏少，大批中小企业通过资本市场获得资金的通道还不够通畅。

（2）证券市场违规违法行为时有发生，行业秩序仍需规范。随着证券期货经营机构数量的不断增加以及非现场交易手段的不断普及，重庆市证券期货业的竞争日益加剧，部分证券期货经营机构采用不合规手段获取市场份额，损害投资者利益，对市场秩序造成了一定的不良影响。例如，个别证券机构在证券营销中非现场开户或开空户，在经纪业务中诱使客户频繁交易，中后台参与营销或代客理财，违规开展中介融资等。此外，一些非法证券活动依然存在，非法中介、非法发行、非法证券投资咨询、非法委托理财、非法期货活动和非法证券投资基金活动时有出现，干扰了正常的行业经营秩序，不利于证券期货业的稳定良性发展。

（3）证券公司资产管理业务蕴藏风险因素，可能放大银行体系风险。证券公司定向资管计划产品已涵盖委托贷款、信用证、委托债权投资等全部创新类通道业务品种，并相继推出客户保证金管理、结构化权益类投资、交易所股权质押融资等创新产品。合作对象包括银行、信托公司、证券公司、个人、企业、融资租赁公司及股份转让中心等。资金流向包括政府融资平台、房地产、“两高一剩”等多个限制性行业。这类银证合作模式规避规模和投向限制，带来风险传导机制不透明的问题，加大了极端情况下金融体系的脆弱性，以及风险跨行业、跨市场传递的可能，埋下银行体系系统性风险隐患。

（4）证券期货经营机构核心竞争力不强，创新能力依然不足。重庆辖区证券期货经营机构门类较为齐全，从业机构数量不少，但核心竞争力不强，创新能力虽有进步，但仍显不足。2014年，西南证券在分类评级中首次获得A类AA级，整体实力有所提升，目前处于全国中游，但公司创新发展水平和全国先进券商仍存在较大差距。新华基金资本实力弱，研发能力不足，基金管理规模在全国73家基金公司中处于中下游。期货公司BBB类1家，CCC类1家，C类2家，总体实力居全国中等偏下水平，并且期货经营机构人才问题较为突出，有影响力的研发团队极少，缺少过硬的拳头产品，信息系统安全情况参差不齐，个别机构较为落后。

（三）保险业稳健性

2014年，保险业抓住全市经济社会发展和五大功能区建设等发展机遇，行业规模稳步扩大，保障能力持续提升，服务经济社会发展的作用不断增强，全年运行总体平稳。但分红险和高现价业务带来较大的满期给付与退保压力，新模式、新业态带来的新型风险，以及保险从业人员违规经营行为等问题给行业风险防控带来挑战。

1. 保险业运行分析

（1）市场主体不断壮大，行业整体实力增强。截至2014年12月末，全市有保险公司各级机构1 230家，其中法人保险公司3家、省级保险分公司43家；全年新增省级分公司2家、中心支公司4家、支公司47家、营业部1家。各级保险专业中介机构111家，其中法人机构28家，分公司35家。保险公司总资产1 016亿元，同比增长7.9%。全年实现保费收入407.3亿元，同比增长13.4%，增速较上年提高4.9个百分点，规模位居全国第18位、西部第3位。其中，产险公司保费收入147.50亿元，同比增长21.0%，增速较上年提高1.2个百分点；寿险公司保费收入259.76亿元，同比增长9.5%，增速较上年提高6个百分点。保险深度2.9%，较上年基本持平；保险密度1 361元/人，较上年增加约150元。

（2）业务结构持续优化，偿付能力保持充足。从产险公司看，机动车保险保费收入114.2亿元，在财产险中占比82.2%，同比增长25.2%，车险增速自5月以来均保持在全国各省市第1位；家庭财产保险、保证保险增长较快，同比分别增长46.2%、44.2%；工程保险、责任保险、信用保险、船舶保险增速均超过11%。从寿险公司看，寿险保费收入222.9亿元，在人身险中占比83.1%，同比增长7.0%；健康险和意外险分别增长三成和两成。截至2014年12月末，辖区3家法人保险机构偿付能力充足，安诚财险受新增资因素影响，偿付能力充足率继续维持在1 000%以上的较高水平；利宝产险获得总部注资后偿付能力充足率达到287%；中新大东方人寿偿付能力充足率307.19%。

（3）风险保障能力不断增强，服务经济社会发展成效显著。全年为各行业提供各类风险保障金额达12万亿元，同比增长15.2%，其中财产险保险金额4.2万亿元，人身险保险金额7.8万亿元，分别同比增长14.9%、15.4%。全年累计赔付支出151.4亿元，同比增长21.5%。大病保险全年累计承保2 700万人，支付赔款超过4亿元，帮助16.6万人次减轻大病治疗经济压力。农业保险将水稻、玉米、马铃薯保险试点扩大至25个区县，并启动油菜保险、渔业保险试点。全年小额贷款保证保险累计拉动银行为小微企业和个人发放贷款22.9亿元。

2. 需要关注的问题

（1）分红险和高现价产品带来的给付与退保压力仍然较大。受前期销售集中和收益率较低等因素影响，寿险公司的满期给付和退保压力较大，投诉纠纷较多，甚至引发群体性事件。未来两年辖内人身险市场满期给付还将继续增加，退保金额保持高位运行，现金流压力较大。与此同时，2013年开始快速扩张的高现价业务风险也逐步释放。高现价业务预期收益高、产品期限短、保障功能弱，可能导致保险公司退保水平长期维持在高位，使业务大起大落，加大公司现金流压力。

（2）新模式、新业态带来的各种新型风险值得关注。一是保险资金运用风险。随着保险投资渠道的不断拓宽，经济金融领域的风险变化将更加直接地影响保险资金运用。特别是当前经济下行，信用风险事件增多，资本市场波动性较大，保险投资面临挑战，资金运用风险也在累积。二是互联网业务风险。网络技术与保险行业加速融合，创新保险行业发展方式的同时，也被一些机构利用，从而滋生新的风险。三是非法经营的风险。P2P、众筹、投融资咨询等新型社会融资机构大量涌现、良莠不齐，有的业外机构假借保险公司名义销售第三方理财产品，有的涉嫌销售境外保单，容易引起风险蔓延传染，冲击保险行业安全。

（3）保险从业人员违规经营行为仍然存在。近年来，重庆辖区保险市场秩序明显改善，但是，保险从业人员在经营管理中违规行为仍屡禁不止。传统的虚挂中介业务、套取费用、政策性业务利益输送等问题，在监管趋严之后，违规方式更加隐蔽化，甚至出现个别公司之间订立攻守同盟、采取过激方式对抗监管等现象。有的保险公司与中介机构之间分工扭曲、定位不明，相互借道、勾连不清，甚至与业外机构存在复杂的利益分配关系，侵害消费者合法权益，损害保险行业形象。行政干预政策性保险业务的现象依然存在，如农业保险、责任保险等政策性业务中通过虚假赔案等进行利益输送；学平险、建议险等团体业务中存在虚假费用、截留保费、商业贿赂等违法行为。

三、金融市场运行与金融稳定

2014 年，重庆金融市场运行平稳，流动性状况保持平稳适度，金融市场交易总体活跃，各子市场冷热互现，市场利率震荡走低。直接债务融资加快发展，有效服务实体经济。与此同时，经济发展新常态对金融市场构成新挑战，跨市场、跨行业的交叉性金融风险日益突出，宏观政策调整对金融市场带来一定影响等问题值得关注。

（一）金融市场运行情况

1. 银行间市场交易量平稳增长，市场利率总体上震荡走低

全年银行间市场累计成交 30 645.09 亿元，同比增长 22.34%；净融入资金 6 261.32 亿元，同比增长 19.35%。其中，同业拆借交易累计成交 3 506.73 亿元，增长 2.66%；债券回购交易累计成交 23 991.30 亿元，同比增长 29.01%；现券交易累计成交 3 147.1 亿元，同比增长 3.7%。受降息、降准和加大新型货币政策工具流动性调控力度等因素影响，市场资金面总体趋于宽松，利率呈震荡走低态势。全年银行间市场交易加权平均利率 3.26%，同比下降 0.44 个百分点。其中，同业拆借利率 3.37%，同比下降 0.34 个百分点；债券回购利率 2.94%，同比下降 0.47 个百分点。

2. 直接融资大幅增长，服务实体经济力度加大

全年直接融资规模达 986 亿元，占社会融资规模的 18%，同比上升 5.3 个百分点，其中债券融资占比 91.9%。发行银行间市场债务融资工具 917 亿元，其中非金融企业 783 亿元，同比增长 81.3%。重庆市级平台企业发行主体进一步拓宽，5 家平台企业共发行 70 亿元；7 个区县平台企业发债实现突破，共计发行 65 亿元。股权投资类企业投资余额 141 亿元，同比增长 42.9 %。

3. 票据交易保持活跃，市场利率平稳下行

全年金融机构票据承兑年累计发生额 7 204.86 亿元，同比增长 27.36%；票据承兑余额 3 432.83 亿元，同比增长 36.74%。票据贴现累计发生额 46 929.79 亿元，同比增长 23.61%；票据贴现余额 565.12 亿元，同比增长 67.56%。受票据市场交易息差收窄、货币政策定向宽松等因素影响，票据贴现利率平稳下行。全年金融机构银行承兑汇票贴现加权平均利率 5.66%，同比下降 1.99 个百分点。

4. 银行结售汇总额创新高，银行间外汇市场交易量保持增长

全年银行结售汇总额469.6亿美元，创历史新高，同比增长11.1%。其中，结汇261.7亿美元，同比增长7.7%；售汇207.9亿美元，同比增长15.6%；结售汇顺差53.8亿美元，同比下降14.7%。截至12月末，全市辖内共有银行间外汇市场会员12家，交易币种包括美元、欧元、日元、港元、英镑、加拿大元、澳元和卢布等8种，各币种交易折合45.88亿美元，同比增长14.8%。

5. 黄金价格持续走低，市场交易量大幅回落

2014年，受国际黄金价格持续走低的影响，黄金市场交易热情大幅减弱。全市辖内金融机构黄金业务交易量明显回落，全年累计成交178.48亿元，同比下降18.73%。其中，实物黄金成交8.51亿元，同比下降54.17%；纸黄金成交14.30亿元，同比下降64.58%；代理金交所黄金交易147.16亿元，同比下降3.77%；黄金租赁成交8.05亿元，同比下降7.72%；黄金远期成交0.43亿元，同比下降64.55%。

6. 市场主体更加丰富，改革红利不断释放

2014年，全市金融市场主体多样化取得重大进展。银行业机构数平稳增加，重庆银行参股成立全市首家消费金融公司，社区银行超过百家。支付机构数量居中西部前列。新增股权投资类企业146家。13个要素市场交易量1.5万亿元，同比增长1.6倍。重庆企业首次在境外发行人民币债券。离岸结算规模突破千亿美元。重庆市跨境人民币结算量同比增长1.3倍，首次跃居中西部首位。

（二）需要关注的问题

1. 经济发展新常态对金融市场构成新挑战

当前，我国经济发展进入新常态，经济下行压力增大、结构调整阵痛、部分领域经济风险上升等需高度重视。经济发展新常态在全市金融市场运行中有所体现，其特征包括：贷款和社会融资规模已由高增长转向平稳适度增长的趋势，直接融资比例不断上升、金融脱媒加快的趋势，利率市场化改革与互联网金融冲击下的存贷利差收窄、利润增速放缓的趋势。尽管重庆总体上金融风险可控，但在大环境下难以“独善其身”。

2. 跨市场、跨行业的交叉性金融风险日益突出

近年来，金融市场参与主体的多元化特征更加明显，竞争日趋激烈。从交易主体看，银行、信托、证券、基金、保险等各个金融子行业之间联系趋紧，个人、企业和准金融机构也逐步融入金融市场，呈现融资中介多样化、资金来源多元化、融资链条复杂化、资金流向隐蔽化、资金运作功利化等复杂特征，形成跨地区、跨行业、跨市场的网状化模式。从交易方式看，正规金融、准金融与民间融资之间相互渗透，金融同业和通道业务迅速发展，买入返售、第三方担保、抽屉协议、过桥操作等交易模式盛行，使传统相对分散、割裂、简单的融资链条，扩散为一张张纵横交错的、复杂的融资网络。

3. 宏观政策调整对金融市场的影响亟须关注

2014年10月，国家出台《国务院关于加强地方政府性债务管理的意见》，要求加强地方政府性债务管理。12月发布《关于加强企业债券回购风险管理相关措施的通知》，大幅收紧企业债质押回购资质门槛，交易所新增的大部分企业债难以进入质押库，且城投债甄别结束后，债项评级不到AAA级、主体评级不到AA级的城投债将被清理出库，部分机构将选择主动抛售AA级及更低评级的债券，加剧低评级债券价格下挫。在原来低评级债券套息与加杠杆的操作模式终结的背景下，集中

抛售可能引发整个市场被动去杠杆，导致交易所市场乃至银行间市场整体性资金紧张。

四、金融基础设施与金融稳定

2014 年，重庆金融基础设施继续保持稳定高效运行。支付清算体系进一步完善，支付业务监管有效加强，支付平台服务不断深化，农村支付环境建设深入推进，非现金支付工具服务民生成效显著。社会信用体系工作推进机制初步建立，征信系统覆盖面进一步扩大，农村和中小企业信用体系试验区建设深入推进。反洗钱监管措施深入推进，调查分析力度进一步加大、质量不断提高，反洗钱协作机制全面深化。金融消费权益保护机制不断完善，金融消费者投诉受理处理有序高效，监管效能逐步加强。

（一）支付清算体系

1. 第二代支付系统和 ACS 推广上线，支付清算系统安全稳定运行

第二代支付系统推广上线工作有序推进，支付清算平台功能不断优化，满足了社会公众日益增长的多元化支付需求。年内 3 家地方性法人银行成功上线第二代支付系统，30 家分行级银行机构切换为第二代支付系统间接参与者。截至 2014 年 12 月末，全市共有 38 家银行、1 951 个网点接入支付系统。全年支付系统共处理业务 6 285 万笔，金额 63 万亿元，同比分别增长 40% 和 6%。其中，大额支付系统共处理业务 2 216 万笔，金额 62 万亿元，同比分别增长 28% 和 6%；小额支付系统共处理业务 4 070 万笔，金额 0.5 万亿元，同比分别增长 48% 和 30%。同时，年内顺利推广上线中央银行会计核算数据集中系统（ACS），实现了全辖中央银行会计核算工作进一步集中化、信息化、科学化。

2. 非金融机构支付业务监管有效加强，银行卡受理市场秩序有力规范

支付监管部门审慎开展非金融机构支付业务行政许可初审工作，指导符合条件的机构做好申领支付牌照的前期准备，重庆第三方支付服务市场建设有序推进。截至 2014 年 12 月末，辖内取得第三方支付牌照的机构增至 5 家，获牌机构数在中西部居前列。全年对 4 家支付机构分公司全面开展银行卡收单业务专项检查。针对检查发现的外包服务商管理、特约商户实名制审查、POS 机具管理等方面存在的问题限期整改，并给予相应行政处罚，有力规范了辖区银行卡受理市场秩序。

3. 农村支付环境建设深入推进，村域基础金融服务全面覆盖

在上年实现银行卡助农取款行政村全覆盖的基础上，开通跨行助农取款服务点 69 个，在 14 个区县实现“助农取款、跨行通用”。截至 2014 年 12 月末，全市办理银行卡助农取款的特约商户增至 10 377 家，实现行政村全覆盖，全年共办理助农取款交易 10.4 万笔，金额 4 283 万元。农村地区手机支付试点业务加快发展。中国银行重庆市分行成为开展试点的首家非涉农银行，进一步丰富了市场参与主体。4 家试点银行已在 49 个便民服务点开通手机支付业务，覆盖 10 个区县，手机支付用户数同比增长 56%；全年办理手机支付业务笔数和金额同比分别增长 32% 和 18%，试点成效进一步显现。

4. 银行卡跨行交易保持较快增长，非现金支付工具服务民生成效显著

全年重庆市银行卡实现跨行交易 25 751 万笔，金额突破 7 000 亿元大关，达 7 511 亿元，同比分别增长 22.2% 和 26.1%。银行卡渗透率达 55%（剔除房地产和批发），较上年提高 3.4 个百分点。

其中，POS及固话交易持续增长，实现交易15 911万笔、6 192亿元，同比分别增长23.2%和24.3%；ATM跨行交易保持稳定，实现交易9 465万笔、1 254亿元，同比分别增长19.1%和33.1%；其他渠道交易较快增长，实现交易374万笔、65亿元，同比分别增长84.4%和111.5%。截至2014年12月末，重庆市收单机构活动终端18.8万台，较年初增长41.5%；活动商户14.8万户，较年初增长53.1%；ATM活动机具15 753台，较年初增长27.57%。全市共办理电子商业汇票出票、承兑、贴现及转贴现业务2.8万笔、金额1 749.9亿元，同比分别增长40%和124.9%。

（二）征信体系

1. 征信体系建设及运行情况

（1）社会信用体系建设工作机制进一步健全。重庆市政府印发文件，建立由市政府分管领导负责，市发展改革委、人民银行重庆营管部、市工商局牵头，各区县人民政府、市级有关部门各司其职，共同推进的工作机制。同时，市政府建立社会信用体系建设联席会议制度，统筹推进全市社会信用体系建设。

（2）征信系统覆盖面进一步扩大，信用报告查询渠道拓宽。截至12月末，全市累计接入各类机构共计148家，其中接入小贷公司和融资性担保公司89家，接入数量居全国首位。征信系统累计收录企业及其他组织信息22.9万户、自然人信息1 666万人，分别较上年增加1.4万户、38万人。全年共计查询企业和个人信用报告分别为101万次、377万次，同比分别下降13%、提高11%。其中，辖内人民银行提供个人信用报告查询35.7万笔（含自助查询5.2万笔），同比增长66%；社会公众通过互联网渠道查询个人信用报告48.3万笔。

（3）农村和中小企业信用体系试验区建设深入开展。人民银行重庆营管部出台巴南区和黔江区关于农村和小微企业信用体系建设深化意见。巴南区“农村征信系统”运行顺畅，金融机构对2 200余户农户开展信用评价，向24个信用村（镇）发放农户贷款184笔、金额1 769万元。黔江区自建设中小企业信用体系试验区以来，纳入小微企业信用培育系统的入库企业总数达到570户。年内试验区范围进一步扩大，丰都县、綦江区被纳入全市信用建设综合试点范围。

（4）两类机构信用评级稳步开展，征信市场培育有序推进。试点开展小贷公司和融资性担保公司两类机构信用评级。强化评级结果在征信系统、银贷合作、政府主管部门分类监管等多个方面的应用，提高评级机构公信力和评级报告质量，全年完成两类机构信用评级40条户。

2. 需要关注的问题

（1）市场化征信体系亟待全面发展。我国征信业发展虽然取得了很大成绩，但总体上看，市场化征信体系尚处于起步阶段，征信机构规模小，行业整体影响力有限，与当前信用经济发展和社会信用体系建设的要求不相适应，还不能充分满足社会各方对信用信息服务的需求。从重庆实际情况看，征信市场与北京等发达地区相比差距较大，征信业发展氛围不浓厚。因此，要进一步加强政策引导，创造公平竞争环境，支持包括民营资本在内的企业设立社会化征信机构，以此健全征信体系，促进社会信用体系建设。

（2）小微企业和农村信用体系建设工作联动不充分。一是推动合力不足，部分政府部门对试验区建设工作缺乏重视，导致跨部门合作难以持续深入推进，信息整合工作机制不稳定，影响信息整合质量。二是信息应用和部门间政策资源缺乏有机整合，优惠政策缺乏落足点。与全国其他优秀试验区相比，小微企业和农户的受惠规模、力度均存在差距，配套支小、支农措施有待进一步探索创新。

（三）反洗钱体系

1. 反洗钱体系建设及运行情况

（1）反洗钱监管措施深入推进，监管有效性明显提升。反洗钱监管部门系统推进法人监管，制定反洗钱法人监管三年规划。完善义务机构二维洗钱风险评估，探索构建反洗钱监管有效性评估体系，开展首次区域洗钱风险评估，网格化风险评估不断深入。编写银行、寿险、财险、支付四项业务反洗钱指引，促进义务机构风险识别能力提升。指导中国工商银行重庆市分行、中信建投期货经纪有限公司两家试点单位完善异常交易监测标准，督促非试点单位开展自查，提高可疑交易报告质量。编写出版《反洗钱管理检查指南》，业务指导针对性进一步增强。实施差异化监管，全年检查75家机构，走访85家机构，约谈17家机构。

（2）反洗钱调查分析工作机制有效运行，分析研判质量不断提高。反洗钱监管部门调查分析工作力度持续加大，对辖区洗钱形势分析研判和风险预警有效性增强，全年共接收、分析104条可疑交易线索，启动反洗钱调查28起，向侦查机关移送线索48条，同比增长1.4倍，涉及90.37亿元人民币，侦查机关据此立案14起。义务机构反洗钱监测分析水平持续提高，全年报送重点可疑交易报告92份。中国银行重庆市分行、中国建设银行重庆市分行分别成立反洗钱监测分析中心，由专人集中分析甄别可疑交易，可疑交易报告质量和工作效率有效提高。

（3）反洗钱协作机制全面深化，洗钱及相关犯罪打击成效明显。反洗钱工作联席会议机制有效运转，联席会议成员单位加强情报会商和联合研讨，全年开展情报会商34次、研讨会7次。反洗钱监管部门与金融监管部门、公安、国安等部门协作有效性不断增强，并与重庆市纪委监察局建立合作机制；协助打击洗钱等犯罪活动，开展案件协查83起，协助破获案件12件，涉及金额8.07亿元；配合重庆市公安局对2起以“洗钱罪”立案的案件开展协查，协助破获非法集资、非法传销、网络赌博、电信诈骗等一批涉众型犯罪重大案件。

2. 需要关注的问题

（1）义务机构洗钱风险管控机制有效性不足。部分义务机构未将洗钱风险控制措施与具体业务相结合，未根据业务特点和操作流程制定配套的风险控制措施；可疑交易分析报告机制流程不健全，未建立业务部门与牵头部门共同研判的工作机制，未将客户身份识别相关信息与可疑交易监测分析有机结合；反洗钱工作人力资源配置不足，大多数机构的反洗钱岗位由合规或风控人员兼任。

（2）法人义务机构的反洗钱工作管理力度有待进一步加大。部分法人义务机构公司治理层面的反洗钱工作机制有待完善，董事会、监事会、高级管理层的洗钱风险管理职责不够明确，职责权限分配的科学性、合理性有待提高。法人义务机构开展的风险评估主要侧重在对客户的风险等级划分，对于产品业务面临的风险尚缺乏足够的认识，业务、产品洗钱风险评估与管理工作较为薄弱。

（3）高风险行业及创新业务的洗钱风险不容忽视。支付行业的风险防范意识和能力有待增强，手机动态验证码、快捷支付等业务功能存在安全漏洞，易被犯罪分子利用。义务机构创新业务的洗钱风险审核评估机制存在真空，创新业务设计、审批和实施环节未开展洗钱风险的评估和论证，风险防控措施缺失，洗钱漏洞显现。直销银行、银行移动终端、自动发卡、支付机构跨境支付等业务的洗钱风险值得关注。

（四）金融消费者权益保护

1. 金融消费者权益保护机制建设及运行情况

（1）金融权益保护机制不断完善，监管协调联席制度有效运转。人民银行重庆营业管理部全年召开了3次金融消费权益保护工作内部联席会，确保金融消费权益保护工作的顺利开展；辖内各中心支行均成立了金融消费者权益保护工作领导小组，基本建立起金融消费权益保护工作基本制度，相关内部协调和投诉处理等工作机制稳步运行。借助重庆市金融工作协调联席会平台，人民银行与相关部门和机构在金融消费者教育、投诉处理、检查等方面的协调合作进一步加强。此外，通过"重庆市金融审判与金融监管联席会"会议平台，人民银行与重庆市法院系统、银证保及其行业协会定期交流金融消费权益保护工作情况。

（2）金融消费者投诉渠道不断丰富，受理处理有序高效。人民银行重庆营业管理部2014年6月开通"12363"金融消费权益保护投诉电话，建立了投诉电话内部受理处理机制，全年共计受理投诉269笔，办结263笔，办结率97.77%。同时，与辖内各中心支行、银行业金融机构建立了金融消费权益者投诉处理转办机制，全辖全年共计受理投诉891起（含12363受理投诉），办结885起，办结率99.32%。经过回访调查，消费者满意率为98.25%。此外，以"12363"电话为纽带，与重庆市保监局协商确定了涉及银保合作的投诉处理工作原则。创新开展金融消费者投诉分类标准应用试点工作，进一步提升了投诉处理效率，优化了金融服务。

（3）金融知识宣传点面结合，金融消费者教育成效明显。通过开展"3·15金融消费者权益日"、"金融知识普及月"等宣传活动提高金融消费者金融素养。在"3·15金融消费者权益日"宣传活动中，共计悬挂或播放标语横幅近9 000条，发放宣传资料近30万份，现场妥善处理金融消费者投诉5起。参与"金融知识普及月"活动的金融机构达49家、支付机构7家，举办宣传活动场次1 124场，发放各类宣传资料85万份。此外，金融机构运用网络等媒体，拓展金融知识普及新渠道，通过公众微信平台发送金融知识微信等方式，向社会公众普及金融知识。

（4）监督检查与评估工作有序推进，金融消费权益保护监管效能逐步加强。开展了银行卡领域金融消费权益保护专项检查，掌握了银行卡领域侵害消费者权益的主要表现形式以及存在的普遍问题，为保护银行卡领域消费者权益奠定了基础，有利于金融消费权益保护的工作开展。组织全辖银行业金融机构开展了金融消费权益保护试评估工作，掌握了辖区不同类型银行业金融机构金融消费权益保护工作的开展情况，发现了金融消费权益保护工作中的薄弱环节，深入剖析了个别银行业金融机构金融消费权益保护工作开展不力的原因，并提出了有针对性的意见和建议，为有效促进辖区银行业金融机构自觉履行保护金融消费者权益的义务，进一步提升金融消费权益保护工作水平打下了良好基础。

2. 需要关注的问题

（1）金融消费权益保护工作机制有待加强。部分金融机构未通过制度明确部门和人员的工作职责，未制定金融消费纠纷重大事件应急预案等制度；个别银行尚未建立个人金融信息保护制度，没有明确个人信息保护牵头部门和岗位，也未将接触个人金融信息的从业人员在岗期间履行保密义务情况纳入考核范围。

（2）投诉管理有待进一步优化。辖区银行业金融机构投诉管理未能覆盖银行业金融机构提供的所有投诉渠道和方式，未对投诉进行分类管理，也未对投诉进行系统分析并就金融消费者投诉反映的集中问题开展内控制度整改。

（3）金融消费者教育长效机制有待完善。大部分银行业金融机构没有建立金融消费者教育长效机制，也未定期开展金融消费者教育有效性评估。

五、总体评估与政策建议

（一）总体评估

2014年，面对新常态，重庆金融体系稳中求进，未发生系统性、区域性金融风险。通过大力实施五大功能区域发展战略，全面深化改革，扩大开放，全市经济社会呈现出平稳较快、结构优化、民生改善的良好局面。全市金融业在坚持稳健合规经营的基础上，改革创新和转型升级不断加快，运行的质量和效益进一步提升。金融与实体经济对接融合度不断增强，社会融资规模总体适宜，直接融资比重进一步提升，金融改革开放步伐不断加快，金融市场更具活力，金融业核心竞争力明显增强。

金融机构认真落实各项金融调控政策，主动对接国家和地方重大发展战略。金融业抓住功能区域经济结构调整优化的契机，盘活存量、用好增量，服务经济发展重点领域、薄弱环节取得了明显成效。金融机构改革平稳推进，审慎经营理念不断增强，经营平稳有序。各类法人金融机构公司治理结构不断完善，业务转型发展加快，盈利能力保持稳定，内在抗风险冲击能力增强，稳健发展的基础更加牢固，金融业风险总体可控。

金融基础设施不断健全完善，维护金融稳定的内外部环境日益优化。金融法治日益健全，社会信用意识不断增强，金融生态环境持续改善，支付清算、征信、反洗钱等金融服务更加完备，为维护区域金融稳定提供了良好的机制环境。尽管面临“三期叠加”等复杂严峻形势，以及金融领域新情况、新问题不断增多的现实情况，通过各方共同努力，积极应对风险隐患，各种冲击金融稳定的因素得以减弱和消除，全年没有发生扰乱金融秩序的系统性风险事件。区域金融体系整体保持稳健运行的态势，坚守住了不发生系统性、区域性金融风险的底线。

当前，国内外经济形势仍然错综复杂，影响重庆金融稳定的风险因素增多。随着经济增速放缓，金融改革持续深化过程中所暴露的问题和矛盾日渐复杂，各类隐性风险逐步显性化，融资平台债务，中小房地产企业、企业信用风险，具有融资功能的非金融机构及民间融资隐患需长期关注。在我国金融业改革开放全面深化的新时期，重庆金融业将面临更多发展机遇和挑战。总之，在新常态下，只有顺应形势、主动作为，坚持金融服务实体经济导向，主动对接各项金融改革，才能更大程度地释放政策红利，激发市场活力，有效防范各类金融风险。

（二）政策建议

1. 充分认识、主动适应经济金融发展的新常态

认识和适应经济金融发展的新常态，是做好重庆金融调控、改革、发展、稳定工作的出发点和立足点。金融市场参与者应主动适应新常态，调整发展战略，防止惯性思维、盲目冒进。特别是在市场深化和金融创新快速发展的背景下，应加快转变政府职能，简化行政审批，使市场在金融资源配置中起决定性作用。同时，金融监管部门应引导金融机构坚持合规审慎经营，更加注重内涵集约

式增长。通过加强流动性管理，盘活存量、优化增量，合理安排资产负债总量和期限结构，控制杠杆率，更有针对性地支持实体经济发展。

2. 防范创新引发的系统性金融风险

在金融创新不断深化和互联网金融、非银行金融机构蓬勃兴起的大背景下，金融业之间的关联性和交叉性容易导致风险传染。系统性金融风险具有全局性、穿透性和杠杆性特点。因此，在金融体系改革和鼓励金融创新过程中，必须增强风险防范意识，通过法治手段处理好改革、创新、发展、稳定的关系。既要不断探索管理制度创新，释放改革红利，激发市场主体的发展活力，又要确保不发生系统性、区域性金融风险。

3. 推动完善区域金融稳定协调工作机制

金融稳定部门应密切关注区域金融业发展的整体趋势和苗头性问题，及时识别影响金融稳定的风险因素和脆弱性来源。科学评估金融机构稳健程度，建立完善系统性金融风险早期预警指标体系。为及时有效防范和化解跨市场、跨区域风险，应进一步加强跨部门金融监管协调，完善金融数据和信息共享机制，推动落实中央与地方金融监管职责和风险处置责任，共同加强对交叉性金融业务、金融控股公司和综合经营等领域的风险防控。

4. 构建更具竞争性和包容性的金融体系

充分竞争有利于提高金融业的服务效率和普惠程度。应积极稳妥地扩大金融业对内对外开放，在加强监管的前提下，允许具备条件的民间资本依法发起设立中小型银行。推动各类金融市场主体不断完善公司治理和市场自律机制，全面加强风险管理和内控建设，形成有效的决策、执行、制衡机制，把公司治理的要求真正落实于日常经营管理和风险控制之中，逐步建立规范有效的激励约束机制。

总　　纂：宋　军
统　　稿：温江勇　张　赶　刘　林
执　　笔：张　赶　刘　林　易　娟　刘姝姝　刘科星　纪宝林
其他参与写作人员：王　睿　刘　刃　刘松涛　李高亮　何玲枢
周玉洁　罗　顶　贺　涛　谭明红　廖　旭

四川省金融稳定报告摘要

2014年，四川积极应对复杂局势，深入实施“三大发展战略”，经济保持平稳较快发展。各金融机构认真贯彻执行稳健货币政策，信贷结构继续调整优化，为实体经济发展提供有力支持。金融业整体稳健运行，金融市场健康发展，金融基础设施建设继续推进，金融综合管理不断深化，西部金融中心建设加快推进，金融创新不断突破。同时，全省经济运行仍面临不少困难和挑战，经济下行压力较大，结构调整阵痛显现，企业生产经营困难增多，各种隐性风险呈现显性化趋势。2015年，四川金融业要继续实施稳健的货币政策，着力强化融资保障，支持实体经济发展，持续优化信贷结构，支持经济结构调整和转型升级，深入推进金融改革，防范化解金融风险，切实维护区域金融稳定。

一、区域经济运行与金融稳定

2014年，在世界经济缓慢复苏和国内经济进入中高速增长的“新常态”宏观环境下，四川经济呈现出总体平稳、稳中有进的发展态势。

（一）经济运行总体平稳

2014年，四川全年实现地区生产总值2.85万亿元，增长8.5%，增速回落1.5个百分点，比全国平均水平高1.1个百分点（见图1）。分产业看，三次产业分别增长3.8%、9.3%、8.8%。

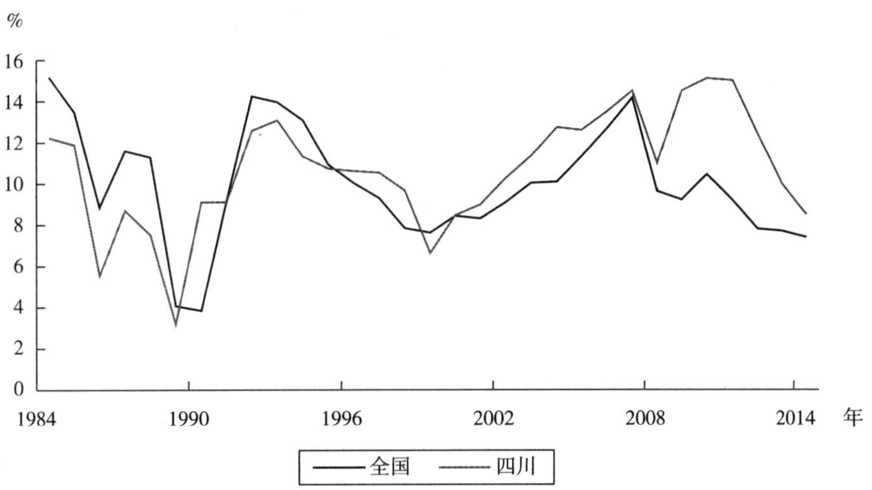

数据来源：四川省统计局相关资料。

图1　全国和四川经济增长

内需平稳增长，进出口增速持续回落。全年全社会固定资产投资 2.4 万亿元，增长 12%，低于全国水平 3.7 个百分点，回落 4.7 个百分点，其中房地产开发投资 4 380.1 亿元，增长 13.7%。社会消费品零售总额 1.2 万亿元，增长 12.7%，下降 1.2 个百分点（见图 2）。全年实现进出口总额 702.5 亿美元，增长 8.8%，比全国平均水平高 5.4 个百分点。全年跨境外汇收入与支出分别增长 6.2% 和 20.9%，回落 24.7 个和 3.9 个百分点；全年协议及实际利用外资分别下降 48% 和 27.1%。1 838户企业、43 家商业银行全年跨境人民币结算金额 1 223.8 亿元，增长 72.1%，交易对手覆盖 108 个国家和地区，交易量创历史新高。

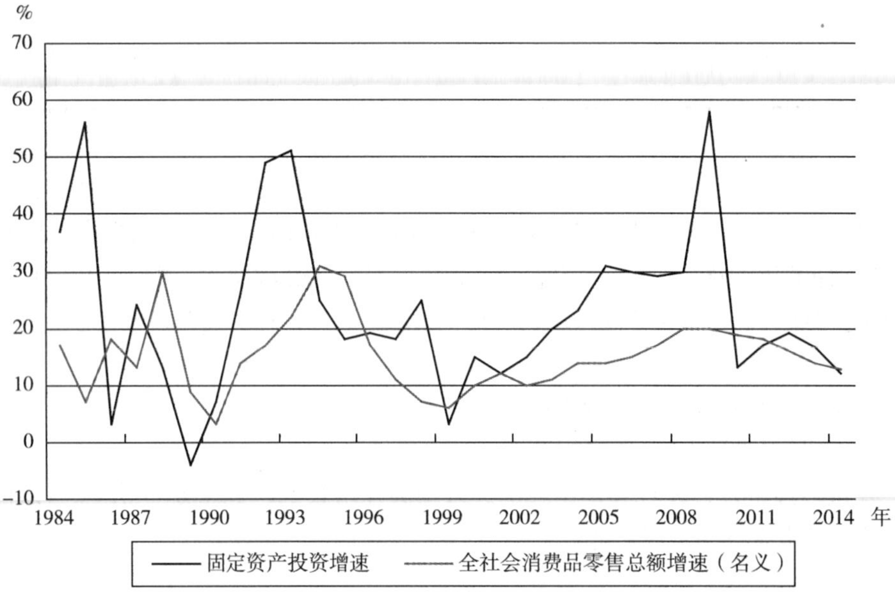

数据来源：四川省统计局相关资料。

图 2　投资与消费增长

居民消费价格指数（CPI）同比上涨 1.6%，较上年回落 1.2 个百分点，低于全国水平 0.4 个百分点，其中食品类价格上涨 2.1%，回落 2.7 个百分点，居住类价格上涨 1.9%，回落 1.8 个百分点。工业生产者出厂价格指数（PPI）累计同比下降 1.3%，较全国少降 0.6 个百分点，连续 32 个月负增长（见图 3）。

四川地方公共财政收入及支出分别增长 9.8% 和 9.1%，分别回落 5.2 个和 5.3 个百分点。1—12 月，规模以上工业企业利润总额 1 891.4 亿元，增长 5.6%，回落 3.7 个百分点。全年城镇居民人均可支配收入 24 381 元，增长 9%，比全国平均水平低 4 463 元；农村居民人均纯收入 8 803 元，增长 11.5%，比全国平均水平低 1 089 元。

（二）2015 年经济展望

2015 年是全面完成“十二五”规划的收官之年，改革发展任务艰巨繁重，经济惯性下滑的压力很大，结构调整的阵痛还很强烈，经济风险和社会矛盾的化解将很艰难。四川要主动适应经济发展新常态，坚持稳中求进的工作总基调，以提高发展质量和效益为中心，深入实施“三大发展战略”，着力内需拉动、产业带动、创新驱动，狠抓改革攻坚，加强民生保障，强化风险防控，促进全省经济平稳健康发展和社会和谐稳定。

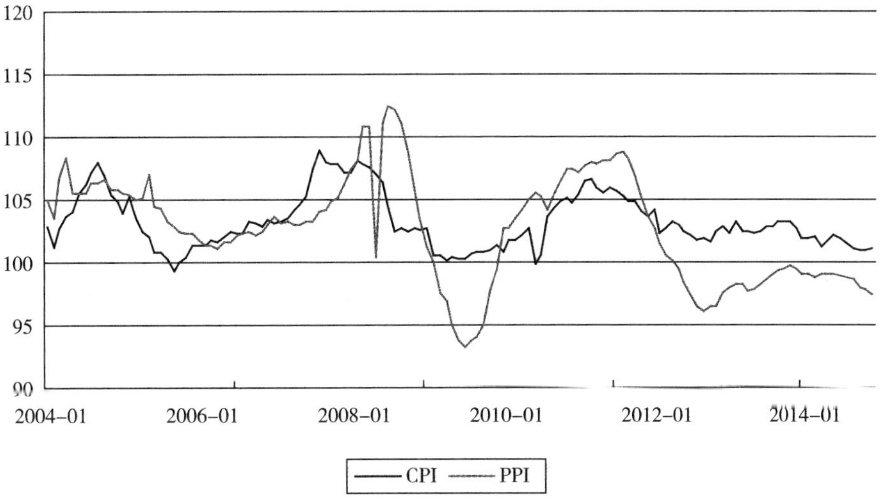

数据来源：四川省统计局相关资料。

图3　月同比物价指数

二、金融业与金融稳定

2014 年，四川金融业总资产 7.2 万亿元，增长 12.3%，回落 4.7 个百分点。金融业实现增加值 1 982.5 亿元，增长 15.5%，占全省生产总值的 7%，占比上升 1 个百分点。

（一）银行业

组织体系更加健全。2014 年末，四川银行业机构 234 家，其中省外机构一级分支机构 50 家，法人机构 184 家。全省银行业机构网点 13 751 个，增加 316 个，从业人员 22 万人。新设一级分行 4 家及法人机构 4 家。

资产负债规模稳步扩张。2014 年末，四川银行业金融机构资产总额 6.9 万亿元，增加 7 758.7 亿元，增长 12.6%，下降 4.2 个百分点；负债总额 6.7 万亿元，增加 7 466.7 亿元，增长 12.6%，下降 3.9 个百分点（见图 4）。五家大型商业银行、股份制商业银行资产占比分别为 37.4% 和 12.4%，下降 2.0 个和 1.2 个百分点，农村合作金融机构资产占比 21.7%，上升 3 个百分点，发展高于全省平均水平。

存贷款平稳增长。2014 年末，四川银行业金融机构各项存款余额 5.4 万亿元，增加 5 813.7 亿元，增长 12.1%，下降 3.6 个百分点。各项贷款余额 3.5 万亿元，增加 4 330.9 亿元，增长 14.2%，下降 1.4 个百分点。从存款结构看，单位存款少增 1 215.8 亿元，个人存款少增 606.7 亿元。从贷款期限结构看，中长期贷款增加 3 306 亿元，占全部新增贷款的 76.3%，信贷投放倾向于批发和零售业、交通运输业及房地产业。

薄弱环节金融服务水平不断提升。在定向宽松货币政策引导下，小微企业和“三农”信贷实现较快增长，2014 年末，银行业金融机构小微企业及涉农贷款余额分别增长 21.8% 和 15.1%，分别高于各项贷款增速 7.4 个和 0.4 个百分点；农村土地流转收益保证贷款试点取得突破，9 个试点地区发放土地流转收益保证贷款 155 笔，金额 4 亿元；全省发放保障性安居工程贷款 198.5 亿元，增

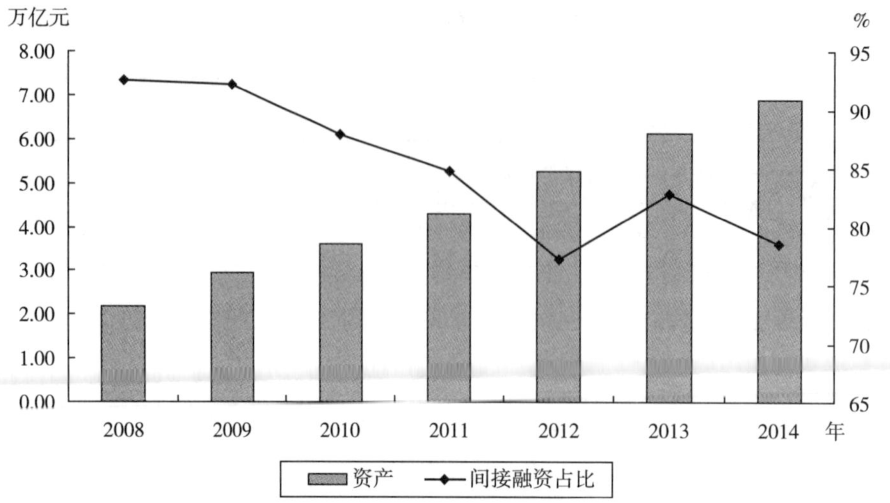

数据来源：人民银行成都分行、四川银监局相关资料。

图4　银行业资产及间接融资占比

长 188. 1%。

金融机构改革成效进一步显现。国家开发银行积极支持四川省棚户区改造工程，进出口银行和农业发展银行充分发挥政策性金融的支撑作用，农业银行“三农”金融事业部改革稳步推进，城市商业银行、农村信用社等地方法人金融机构法人治理和经营取得积极成效。

不良贷款逐步上升，信用风险管控压力加大。2014 年以来，四川部分地区金融风险显现，企业突发性信贷违约风险事件频发，银行业机构不良贷款出现汶川大地震后首次双升。全年银行业机构新增不良贷款 138. 9 亿元，不良贷款率上升 0. 2 个百分点（见图 5）。政府融资平台贷款不良率维持在较低水平，但集中偿还压力依然存在。个人住房贷款违约户数有所增加。关注类贷款增长 41. 1%，多增 34. 8 个百分点。银行表外垫款大幅增长。

法人银行业机构资本较为充足，拨备覆盖高位攀升。2014 年末，法人银行业机构平均资本充足率 14. 5%，上升 0. 7 个百分点。其中，城市商业银行平均资本充足率 14. 2%，下降 0. 4 个百分点；农村合作金融机构平均资本充足率 15. 1%，上升 3. 2 个百分点；村镇银行平均资本充足率 21. 6%，下降 1. 3 个百分点（见图 6）。法人银行业机构核心资本增加 385. 4 亿元，其中未分配利润增加 155 亿元，5 家城市商业银行增资扩股 17. 4 亿元，农村合作金融机构实收资本增加 87. 5 亿元，对资本质量改善起了极大作用。法人银行业机构拨备覆盖率 271. 8%，上升 51. 1 个百分点；贷款损失准备充足率 325. 4%，上升 73 个百分点。

盈利水平走低，盈利能力面临挑战。2014 年末，四川银行业机构实现净利润 874. 7 亿元，减少 14. 2 亿元；资产利润率 1. 4%，下降 0. 2 个百分点；资本利润率 42. 3%，下降 8. 8 个百分点。银行业机构净息差 3. 9%，与上年末基本持平。实现中间业务收入率 11. 3%，下降 0. 2 个百分点（见图 7）。

法人银行业机构流动性状况整体有所好转，但部分村镇银行流动性风险管理压力依然存在。2014 年末，四川中小法人银行机构流动性比例 59. 4%，上升 5 个百分点，其中，城市商业银行流动性比例 53. 1%，上升 1. 1 个百分点；农村合作金融机构流动性比例 61. 6%，上升 7. 2 个百分点；村镇银行流动性比例 62. 6%，下降 12. 1 个百分点。村镇银行平均存贷比上升 14. 5 个百分点。

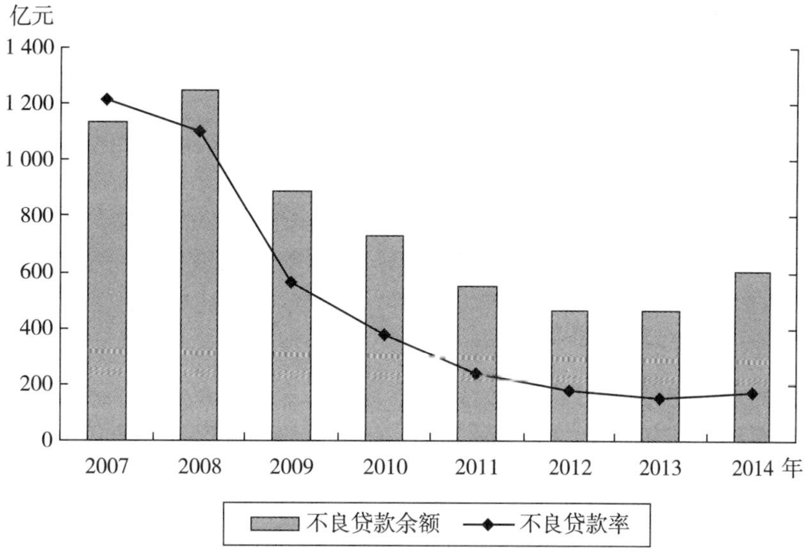

数据来源：人民银行成都分行、四川银监局相关资料。

图 5 银行业资产质量

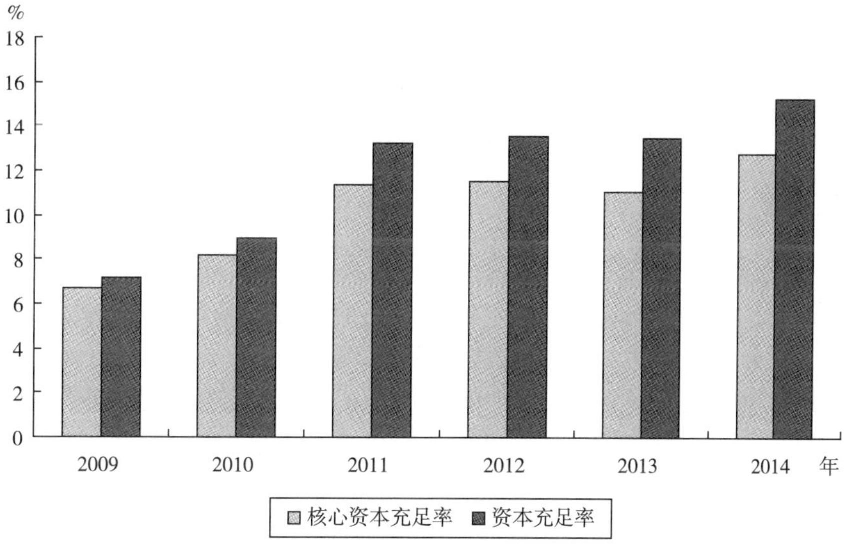

数据来源：人民银行成都分行、四川银监局相关资料。

图 6 法人银行机构资本充足状况

金融业综合经营发展迅速，潜在风险隐患应予关注。近年来，四川省跨市场交叉性金融产品快速发展，银行业机构借助交叉性金融产品创新，将信贷业务表外化、理财化、同业化，2014 年末，四川银行业机构表外业务规模 1.4 万亿元，同业业务规模近万亿元。大量交叉性产品成为信贷替代产品，实质信用风险并未转移，呈现出金融机构覆盖广、品种类型多、业务异地化、资金链条铺设长、资金来源运用透明度差、统计数据失真、信息披露不足等问题，风险具有隐蔽性。此外，四川现有 16 家产融结合性企业，涉及领域庞杂，关联交易普遍，信息不透明且缺乏防火墙，内控及风险管理存在薄弱环节，实业风险易传染到金融业。

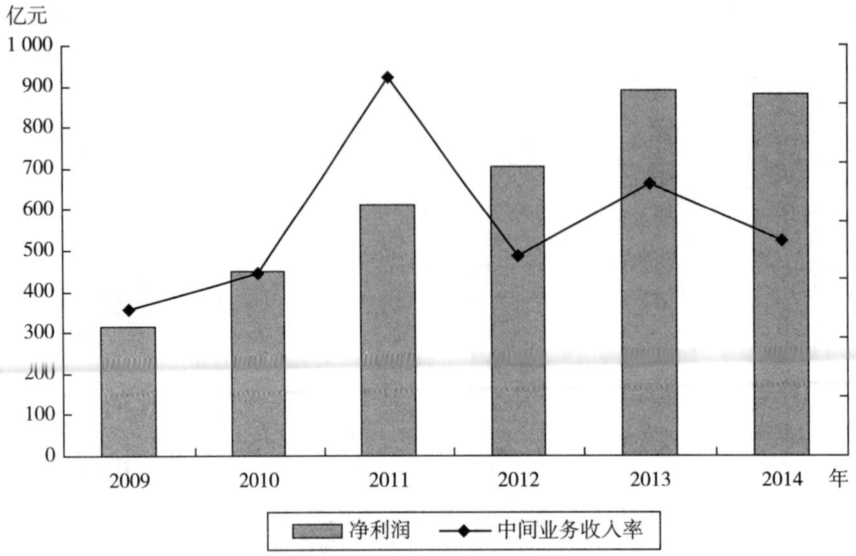

数据来源：人民银行成都分行、四川银监局相关资料。

图7　银行业盈利水平

民间融资风险集中爆发，风险易向金融机构蔓延。民间融资理财公司、融资性担保公司、小额贷款公司发展迅速，但内部管理和监管薄弱，部分机构参与非法集资、非法理财和高利放贷等违法违规活动，机构高管"跑路"现象频发，引发风险事件和群体性事件，部分风险已传导至银行体系。

（二）证券期货业

证券期货经营机构数量稳步增加。2014 年末，四川共有证券公司 23 家，新增 5 家，其中法人证券公司 4 家，证券分公司 19 家；证券营业部 290 家，新增 50 家；期货公司 3 家，期货营业部 44 家，新增 10 家；基金公司分公司 12 家；证券投资咨询公司 3 家。

证券期货公司资产负债规模大幅增长。2014 年末，4 家法人证券公司总资产 695. 3 亿元，增长 88. 4%；总负债 486. 3 亿元，增长 135. 5%。3 家法人期货公司资产总额 56. 2 亿元，增长 27. 5%；负债总额 49. 1 亿元，增长 31. 2%。

证券公司产品创新稳步推进。四川融资融券业务市场覆盖面稳步扩大、规模不断增长，证券公司积极参与互联网业务创新，推出互联网证券服务产品。

证券公司整体稳健。截至年末，四川法人证券公司净资本/净资产为 80. 8%，增加 7. 8 个百分点；净资本/负债为 34. 7%，下降 22. 6 个百分点；净资产/负债为 43%，下降 35. 6 个百分点。证券公司负债增长快于资产增长，部分风控指标较上年下降幅度较大，但仍符合监管规定，风险总体可控。

证券公司盈利能力大幅提升。2014 年，四川法人证券公司共实现营业收入 66. 6 亿元，增长 73. 4%。其中，手续费及佣金收入增长 57%，利息净收入增长 58. 4%，自营业务收入（含投资收益和公允价值变动收益）增长 203%。全年累计实现利润总额 32. 3 亿元，净利润 24. 6 亿元（见图 8），增长 126. 9%。从收入结构看，手续费及佣金收入占营业收入的比重达到 64. 3%，仍是证券公司收入的主要来源。

期货公司经营基本平稳。2014 年末，3 家法人期货公司净资产 7. 2 亿元，增加 1. 5 亿元，增长

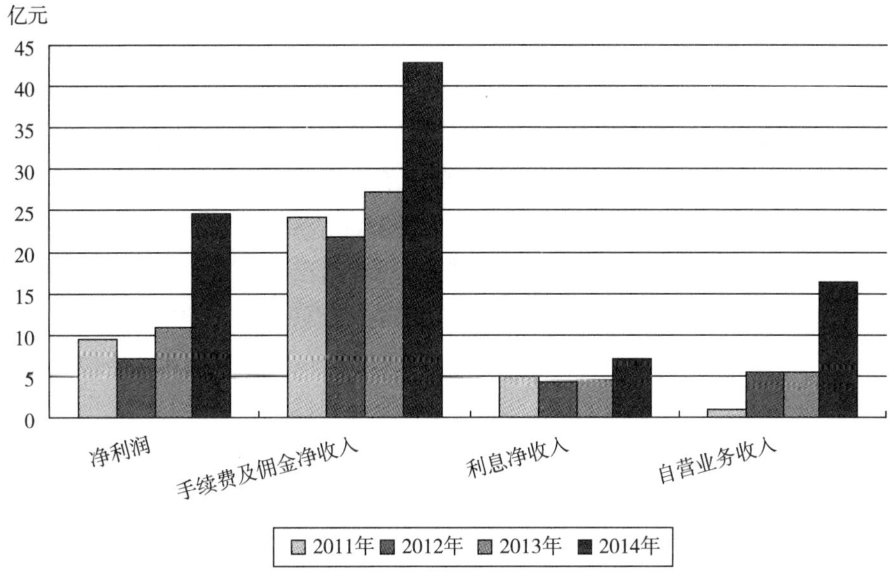

数据来源：四川证监局相关资料。

图8　证券公司收益

25.3%；全年共实现净利润0.5亿元，下降4.49%。

（三）保险业

市场主体不断完善。2014年，四川保险公司76家，其中，产险公司33家、寿险公司38家、养老险公司3家、健康险公司2家；中资公司59家、外资公司17家；法人机构3家；各级分支机构4 853家，全国排名第4位。

保费收入较快增长。2014年，四川保险业总资产2 231亿元，增长11.8%。全年共实现原保险保费收入1 060.6亿元，增长16%，增速上升4.4个百分点，保费规模居全国第5位，其中，财险公司实现保费收入371.8亿元，增长11.6%，下降5.2个百分点；人身险公司实现保费收入688.9亿

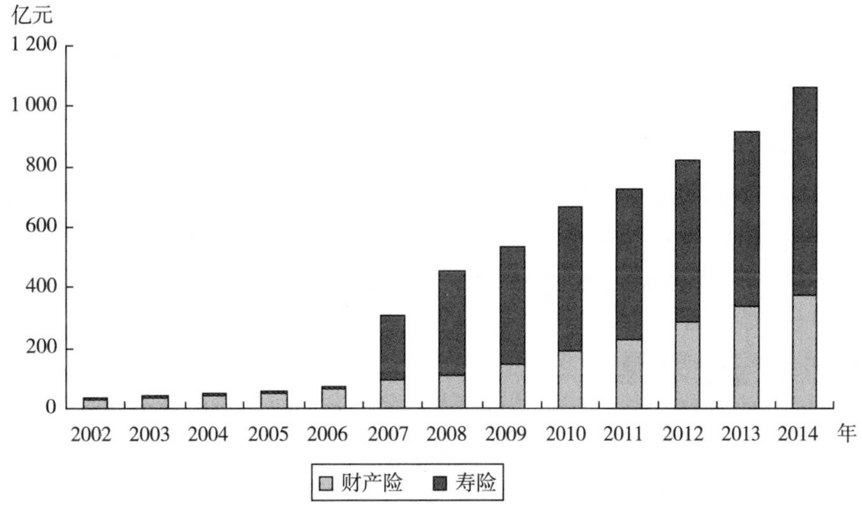

数据来源：四川保监局相关资料。

图9　保险业保费收入

元，增长 18.5%，上升 9.7 个百分点（见图 9）。保险密度 1 308.3 元/人，增加 173.9 元；保险深度 3.7%，上升 0.2 个百分点。

市场集中度有所下降。2014 年，四川财产险和人身险的赫芬达尔指数分别是 1 907 和 1 007，分别下降 4 和 176，呈持续下降趋势。最大财产险公司和人身险公司的保费市场份额分别为 35.5% 和 22.9%，分别下降 0.7 个和 3.6 个百分点，保险市场竞争更趋激烈。

保险保障功能进一步发挥。2014 年，四川保险业赔付支出 373.9 亿元，增长 18.9%，其中，财险公司赔付支出 206.4 亿元，增长 18.4%；人身险公司赔付支出 167.6 亿元，增长 19.5%（见图 10）。农业保险发展取得突破，全年实现保费收入 27.7 亿元，规模居全国第 3 位，为 3 792 万人次农户提供风险保障 2 359 亿元，两项指标均居全国第 1 位。

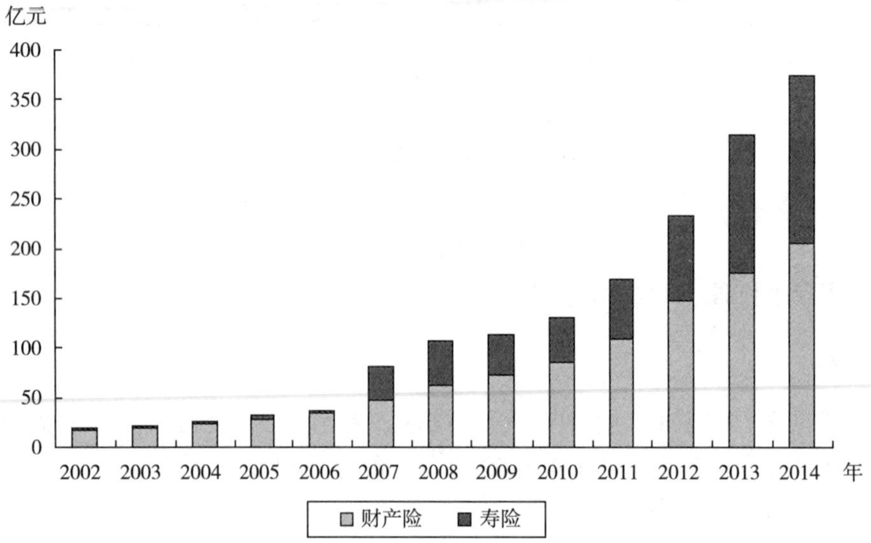

数据来源：四川保监局相关资料。

图 10　保险业赔付支出

产险险种结构失衡。2014 年，四川车险业务保费收入 300.8 亿元，增长 20.4%，占比 76.1%，高于全国平均水平 2.9 个百分点；非车险业务保费收入 94.7 亿元，增长 13.6%，低于车险保费增速 6.8 个百分点。财险市场中长期盈利基础薄弱，财产险平均费率 0.2%，降幅达 40%；综合费用率 33.9%，上升 0.2 个百分点。

寿险公司退保状况需密切关注。2014 年，四川人身险公司退保金增长 67.1%，退保率上升 2.5 个百分点，居全国第 2 位；满期给付 112.1 亿元，增长 15.6%。部分依赖分红险、投连险的寿险公司流动性压力更为突出，个别寿险公司容易因总公司现金流问题进一步加剧大额退保的流动性压力。

三、金融市场与金融稳定

2014 年，四川金融市场平稳健康发展，市场运行稳健，银行间市场直接融资继续保持良好势头，对经济结构调整与转型的作用进一步发挥。

（一）货币市场

同业拆借继续呈现净融入格局。2014 年，四川银行间同业拆借市场成员累计办理资金拆借 4 324.5亿元，增加 1 122.8 亿元，增长 35.1%；净融入资金 96 亿元，减少 723.9 亿元，下降 88.3%。债券回购与现券买卖累计成交 17.5 万亿元，增加 4.3 万亿元。

直接债务融资工具发行规模创历史新高。2014 年，在宏观经济下行压力较大且经济增速明显放缓背景下，四川企业在银行间债券市场融资继续呈现快速增长态势，全年累计发行各类债务融资工具 891.8 亿元，增长 55.5%。2014 年末，全省各类债务融资工具存续金额 1 713.3 亿元，增长 47.7%。在全年 50 家发行企业中，15 家企业为首次在银行间市场发行直接融资工具。

（二）票据市场

票据业务规模稳中有升。2014 年末，四川省辖内金融机构银行承兑汇票累计签发量增长 0.5%，银行承兑汇票余额下降 4.1%；商业承兑汇票累计签发 113 亿元，增加 35.4 亿元，商业承兑汇票余额 52.4 亿元，增加 1.5 亿元。累计发生票据贴现 1.18 万亿元，增加 0.3 万亿元，增长 34%。电子商业汇票再贴现业务实现零突破，累计办理电子商业汇票再贴现 22 笔，金额 1.1 亿元。

贴现利率水平整体下降。票据贴现利率在 2014 年 1 月达到高点后，连续 10 个月持续下行。12 月，受资金面趋紧影响，利率再次上扬，金融机构贴现利率 6.2%，下降 112 个基点。其中，银行承兑汇票贴现利率水平 5.8%，下降 152 个基点，商业承兑汇票贴现利率水平 8.3%，上升 23 个基点。金融机构转贴现利率水平 5.9%，下降 96 个基点（见图 11）。

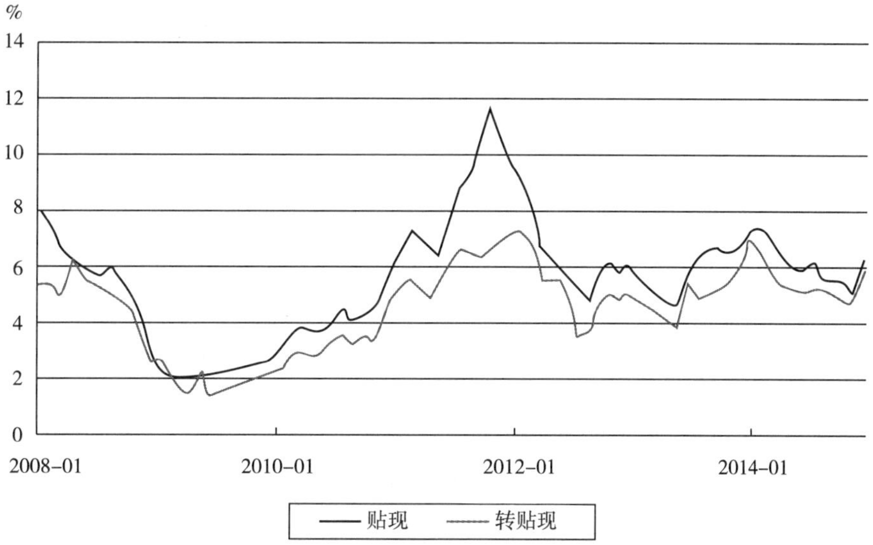

数据来源：人民银行成都分行相关资料。

图 11 四川票据利率

（三）股票市场

股票融资规模大幅提升，交易活跃。2014 年末，四川上市公司数量 92 家（A 股），增加 2

家，增长2.2%。股票市场筹资额387.2亿元（见图12），增加215.6亿元，增长122.7%，融资总量创历史新高。2家公司挂牌上市，首次公开发行筹资额5.7亿元；19家上市公司通过配股、公司债、重组融资等方式再融资381.57亿元。A股上市公司总股本772.8亿股，总市值8 449.8亿元，股票投资者开户数800.3万户，增加34.7万户。全年证券市场交易额6.3万亿元，增加2.3万亿元，上升57.1%。

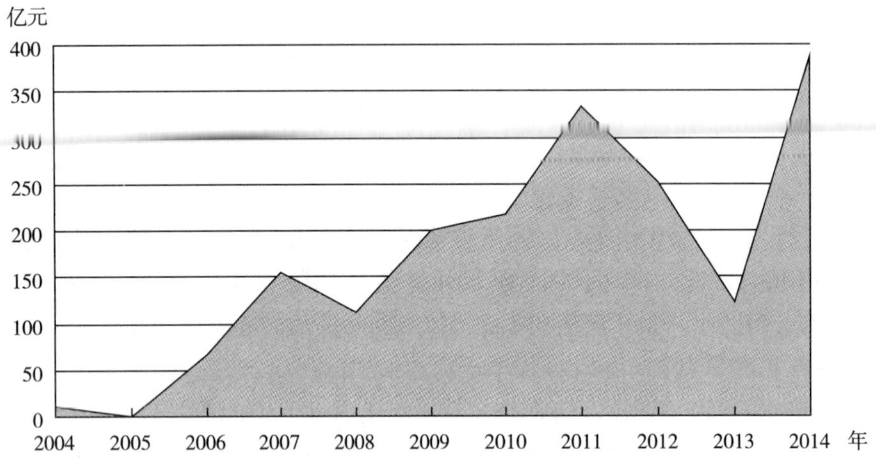

数据来源：四川证监局相关资料。

图12　上市公司股票市场融资量

（四）外汇市场

四川省银行间外汇市场全年成交19.5亿美元，增长38%，其中美元成交量占比最大，达91.6%。全年人民币对美元及港元略有贬值，2014年12月31日，人民币对美元及港元中间价比年初贬值0.3%和0.3%；对日元、欧元、英镑中间价比年初分别升值11.2%、11.2%和5.6%。

（五）黄金市场

黄金交易量和交易金额均呈下降态势。截至年末，四川商业银行黄金业务交易总量6.6万千克，下降7.4%；各类黄金业务交易金额159.4亿元，下降24.6%。受黄金消费下降，尤其是实物黄金消费大幅走低影响，投资者对黄金投资更趋谨慎。同时，国内互联网金融日渐崛起、高利率理财产品不断涌现，以及年底股市上涨，吸引部分从黄金市场流出的资金，投资者理财结构配置发生变化。

上海黄金交易所代理黄金业务增长较快。2014年，四川共有16家商业银行参与上海黄金交易所代理交易业务，代理业务累计成交5.3万千克，增长149.2%，其中代理个人业务占比95%。实物黄金交易量萎缩，13家商业银行实物黄金销售和回购业务累计成交4 864.3千克，下降60.8%；成交金额59.6亿元，增长28.4%，其中，品牌金销售及回购分别成交3 932.6千克和931.7千克，分别下降62%和54.8%。

（六）期货市场

期货市场开户数与交易额涨跌互现。2014 年，期货投资者开户数达到 5.7 万户，增加 0.8 万户，增长 15.2%。期货交易额 11.9 万亿元，减少 3.1 万亿元，下降 20.9%。

四、金融基础设施建设与金融稳定

（一）金融法治环境建设

深入开展金融综合管理工作。深化综合评价工作，更新综合评价细则标准，完善系统架构，强化结果运用。优化新设银行业金融机构开业管理流程，有效提高开业管理工作效率。强化重大事项报告管理，定期通报金融机构执行情况。全年对 285 个和 1 824 个金融机构网点分别开展综合执法检查机专项执法检查，对 498 起违法行为做出行政处罚。

金融消费权益保护工作扎实推进。在全省开通 12363 金融消费权益保护咨询投诉电话，进一步畅通金融消费者咨询投诉受理渠道，全年共受埋处理金融消费者咨询 17 302 件，受理投诉 805 件，已办结投诉 793 件，办结率 98.5%，及时化解纠纷，维护消费者合法权益。

深入开展金融法制宣传教育。将金融法制宣传教育与地方法治建设紧密结合，借助反假人民币宣传周、金融知识宣传月、金融消费者权益保护宣传月等活动平台，采取广场宣传、媒体宣传等方式，重点开展征信管理、反洗钱、人民币管理、支付结算、金融消费者权益保护等方面法制宣传活动，营造良好的金融法制环境。

（二）支付体系建设

非现金支付业务蓬勃发展。2014 年，非现金支付业务交易 29.2 亿笔，金额 52.8 万亿元，分别增长 24.7% 和 11.8%。发行人民币银行卡 2.9 亿张，增长 18.4%；银行卡业务量 27.9 亿笔，交易金额 17.5 万亿元，分别增长 25.4% 和 7%。其他结算方式业务量 9 891.1 万笔，金额 25.8 万亿元，分别增长 20.9% 和 19.9%。自助机具银行卡跨行转账业务迅速发展，全年 ATM 跨行转账交易 514 万笔，金额 335 亿元，分别增长 757% 和 1 017%。

支付清算系统平稳高效运行。积极推广第二代支付系统，全年直接及间接参与第二代支付系统银行机构分别为 22 家和 4 595 家。支付系统处理业务 1.4 亿笔，金额 103.4 万亿元，分别增长 14.9% 和 14.4%。四川支付结算综合服务系统运行良好，全年共计 51 家银行业机构加入系统，累计处理业务 303.2 万笔，金额 8 146.6 亿元。支票影像交换系统业务量大幅增长，全年共发生业务 37 518笔，金额 6.8 亿元，分别增长 854% 和 285%。

非金融机构支付业务迅速发展。2014 年末，四川支付机构共 38 家，其中法人支付机构 5 家，分支机构 33 家。业务涵盖互联网支付、移动电话支付、预付卡发行与受理和银行卡收单等方面。全年开展支付业务 4.5 亿笔，金额 3 649.9 亿元，分别增长 43.3% 和 68.7%。

支付服务监督管理工作进一步加强。开展银行卡收单业务专项检查，逐步健全支付结算业务内控管理机制。建立支付机构监管信息沟通协调机制、支付机构违规行为处置机制等措施，完善支付体系规章制度。

农村支付服务环境持续改善。发展银行卡助农取款服务点10.2万个，持续推动农村基础金融服务全覆盖。探索建设农村金融综合服务平台，不断丰富服务点业务种类。推进助农取款服务点联网通用，全年跨行取款笔数与金额分别增长3 023%和2 049%。开展农村地区手机支付试点，共设立手机支付便民点4 020个，发展手机支付用户1.2万户。共计十家银行和支付机构参与改善农村支付服务环境建设，农村支付服务市场主体日趋多元化。通过深化建设，四川农村支付环境再上新台阶，助农取款业务量位居全国第2位。

（三）征信体系建设

征信体系覆盖范围进一步扩大。推动四川首批30家小额贷款公司成功接入征信系统。加大信用报告在行政管理、司法诉讼等公务中使用力度，为公安、司法、审计署、证监部门等行政执法部门和社会公众提供企业信用报告查询3.5万笔，个人信用报告查询67.4万笔，分别增长77%和58%。金融信用信息基础数据库为四川5 793.7万自然人、63.9万户企事业单位建立统一信用档案。多渠道提升信用报告查询服务水平，开发“个人信用报告自动查询系统”，稳妥推广个人信用信息互联网服务平台，开展商业银行代理个人信用报告查询服务试点。

信用体系建设不断深化。联合省发改委等部门推动《四川省社会信用体系建设规划（2014—2020年）》出台。率先建立高校征信宣传教育固定队伍和长效机制，实现征信教育全覆盖。大力推进小微企业和农村信用体系全国试验区建设，开发推广信用信息数据库，建设信用信息服务网，推动成立“库网平台”专门运行机构，搭建网络化融资对接平台，打通信用主体信息采集难“瓶颈”。

促进征信市场规范发展。制定《四川省企业征信机构备案管理实施细则》，优化操作流程，接受4家公司企业征信备案，继续深化小贷公司和融资性担保公司信用评级，引导商业银行、评级公司和两类机构三方自主合作，充分发挥机制、市场、行业管理及社会监督约束力，信用评级质量明显提高，评级报告在商业银行、政府管理、征信系统接入审核等方面得到拓展运用。

（四）反洗钱

反洗钱分类监管有效性更加突出。组织完成对四川1 288家金融机构及支付机构反洗钱非现场监管评估工作，依据评估结果，实施分类监管。全年共对87家机构开展反洗钱执法检查，对33家违规机构和10家机构高管及直接责任人员进行处罚。

资金监测和行政调查成效显著。建立跨境资金交易监测系统，对涉嫌分裂、恐怖融资和洗钱等犯罪活动开展监测分析，防范跨境资金交易风险。进一步发挥重点可疑交易报告作用，为司法、纪检监察部门提供相关线索，积极开展行政调查立项，协助破获案件。

反洗钱协作机制日趋完善。牵头修订《四川省反洗钱工作联席会议制度》，召开反洗钱案件协查工作座谈会，深化人民银行与有关司法、纪检监察部门多边协作机制。加强与各级公安、国安和纪检监察部门交流、沟通，积极推动洗钱案件侦办，与有关部门共同推动洗钱案件的公诉和判决。

（五）西部金融中心建设

2014年，成都西部金融中心建设成效明显。2014年末，成都市共有银行机构62家，证券期货公司105家，保险机构74家；共筹建小额贷款公司123家，融资性担保公司152家，在中国证券投资基金业协会备案的投资基金93家，成为中西部地区金融机构种类最齐全、数量最多的城市。成都市金融机构本外币各项存贷款余额分别为2.7万亿元、2.1万亿元，增长13.8%、12.4%。累计签发商业汇票4 774.5亿元，累计办理贴现1 189.9亿元。共有境内外上市企业48家，企业股票市场融资20.1亿元，企业银行间市场债券融资611.3亿元，实现原保险保费收入增长15.2%，保险深度和密度位居中西部主要城市前列。跨境人民币结算量增长82.9%，第三方支付企业16家，居中西部首位。

人民银行成都分行大力支持西部金融中心建设，推动11家企业参与跨国公司外汇资金集中运营业务，积极争取成都市农村金融服务综合改革试点获得国家支持，推动法人支付机构及分公司数量不断增加，支持银行间市场融资工具创新试点，深化小额贷款公司和融资性担保公司信用评级工作，建成四川支付结算综合服务平台、金融IC卡暨移动金融基础服务平台，不断扩大外汇交易中心成都分中心交易规模。

总　纂：李　铀
统　稿：祁　红　温茹春
执　笔(以姓氏笔画为序)：
马　珂　王大波　王雅丽　王懋雄　邓　鑫
甘　力　冉智泉　付　伟　刘　敏　劳川奇
杨华强　何迎新　杨丽萍　陈　倩　陈　鹏
苟于国　罗来东　荣　巍　高　琦

贵州省金融稳定报告摘要

2014 年，贵州省经济坚持守住发展和生态两条底线，牢牢把握发展第一要务，深入落实主基调主战略，统筹稳增长、促改革、调结构、惠民生、防风险，经济社会发展稳中有进、稳中向好，经济发展呈现出运行平稳、转型加快、活力增强、民生改善的良好态势。全省金融业整体运行平稳，银行业整体发展稳中向好，证券业市场整体保持稳健发展的态势，保险业保持较快发展，金融风险整体可控，但局部金融风险凸显，银行业资产质量反弹压力加大、证券业金融创新带来监管挑战、保险业发展不平衡，以及金融风险传染性加大等问题亟须关注。

一、区域经济运行

（一）经济运行简述

总体来看，贵州省主要经济指标平稳较快增长，高于全国和西部增长水平，位居全国前列，经济发展呈现出运行平稳、转型加快、活力增强和民生改善的良好态势。

1. 经济发展稳中有进，产业结构优化升级

2014 年，贵州省实现地区生产总值 9 251.01 亿元，比上年增长 10.8%，增速高于全国、西部地区平均水平。其中，第一产业增加值 1 275.45 亿元，同比增长 6.6%；第二产业增加值 3 847.06 亿元，同比增长 12.3%；第三产业增加值 4 128.50 亿元，同比增长 10.4%。三次产业结构由 2013 年的 12.9∶40.5∶46.6 调整为 13.8∶41.6∶44.6。

2. 投资规模继续扩大，对重点领域支持稳步增长

贵州省全年固定资产投资完成 8 778.40 亿元，同比增长 23.6%。增长动力主要来源于：一是三次产业投资较快增长。2014 年，贵州省第一、第二、第三产业投资分别实现 173.85 亿元、2 321.46 亿元、6 283.09 亿元，同比分别增长 19.6%、18.9%、25.6%。二是重点领域投资稳步增长。其中，工业投资 2 337.81 亿元，同比增长 19.9%；公路投资 1 234.12 亿元，增长 36.3%；铁路投资 390.89 亿元，增长 20.6%；房地产开发投资 2 187.67 亿元，增长 12.6%。

3. 市场消费总体平稳，出口贸易增幅较大

消费品市场方面，贵州省全年限额以上商业企业 3 176 家，同比增加 751 家。在限额以上商业企业数量较快增长的带动下，消费品市场实现平稳增长，全年社会消费品零售总额 2 579.53 亿元，同比增长 12.9%。对外贸易方面，贵州省对外贸易发展呈“低开高走”发展态势，第一季度全省进出口总额为负增长，上半年由负转正，前三个季度速度提高，全年进出口总额 108.14 亿美元，同比增长 30.5%，增速比上年加快 5.5 个百分点。其中，出口总额 93.97 亿美元，同比增长 36.5%；进口

总额14.17亿美元，与上年持平。

4. 居民收入继续增加，价格水平涨幅较低

根据城乡一体化住户调查，全省居民人均可支配收入12 371元，比上年名义增长11.6%，扣除价格因素实际增长9.0%。按常住地分，城镇居民人均可支配收入22 548元，同比增加1 983元，比上年名义增长9.6%，扣除价格因素实际增长7.0%；农村居民人均可支配收入6 671元，同比增加773元，比上年名义增长13.1%，扣除价格因素实际增长10.3%。价格水平方面，居民消费价格延续低位运行态势，全省全年居民消费价格总水平比上年上涨2.4%，涨幅比上年回落0.1个百分点。

5. 财政收支稳定增长，民生支出持续增加

全省财政总收入实现2 132.16亿元，同比增长11.2%。其中，一般公共预算收入1 366.42亿元，同比增长13.3%。一般公共预算支出3 542.13亿元，同比增长14.9%。其中，教育支出632.55亿元，同比增长12.8%；住房保障支出278.47亿元，同比增长46.2%；社会保障和就业支出296.17亿元，同比增长12.0%；节能环保支出80.39亿元，同比增长21.0%。

（二）需要关注的问题

1. 经济下行压力加大

当前，世界经济复苏缓慢，国内经济发展处于"三期叠加"（增长速度换挡期、结构调整阵痛期和前期刺激政策消化期）阶段，2014年全国国内生产总值比上年同期增长7.4%，比上年回落0.3个百分点。受经济整体下行影响，贵州省地区生产总值、固定资产投资等主要经济指标增速连续三年回落，如贵州省地区生产总值从2011年增长15.0%，回落到2012年的13.6%，并持续回落至2013年的12.5%和2014年的10.8%，年均回落1.4个百分点；固定资产投资增速由2011年增长40.0%回落到2014年增长23.6%，回落16.4个百分点，年均回落5.5个百分点。在经济增速整体"慢"下来的宏观经济形势下，贵州省经济增长速度出现回落。

表1　2011—2014年贵州主要经济指标增速情况表　单位：%

指标名称	2011年	2012年	2013年	2014年	年均回落
地区生产总值	15.0	13.6	12.5	10.8	1.4
规模以上工业增加值	21.0	16.2	13.6	11.3	3.2
固定资产投资	40.0	35.0	29.0	23.6	5.5
社会消费品零售总额	18.1	15.8	14.0	12.9	1.7
公共财政预算收入	44.8	31.2	18.9	13.3	10.5

数据来源：贵州省统计局相关资料。

2. 工业持续较快增长动力不足

一是主要工业行业增速放缓。全年19个重点监测的工业行业中，有12个行业增速比上年回落。二是国有控股和大中型企业增速偏低。全年规模以上国有控股工业企业实现增加值1 503.54亿元，同比增长7.9%，增速低于规模以上工业企业3.4个百分点；大中型工业企业完成增加值2 163.83亿元，同比增长7.8%，增速低于规模以上工业企业3.5个百分点。三是工业产品市场需求不振。自2013年以来，全省工业生产者价格指数（PPI）已连续23个月负增长，2014年第一季度降到最低点；工业产销衔接不理想，全年规模以上工业产品产销率低于全国同期2.6个百分点。四是部分产

能过剩行业下滑趋势明显。如规模以上工业中，焦炭、十种有色金属①和原铝（电解铝）2014 年产量降幅较大，同比分别下降 11.4%、39.9% 和 41.9%。

3. 经济增长结构调整任务依然艰巨

虽然贵州省近几年经济增速一直处于全国前列，但与全国其他省（市）相比，经济体量小，经济结构失衡的问题依然存在，经济结构不合理造成的压力仍然很大。一是投资规模占比过大。贵州省固定资产投资额占全省生产总值的 94.89%，经济增长主要靠投资拉动。二是需求的持续增长动力有所减弱。全省社会消费品零售总额增长 12.9%，增速同比回落 1.1 个百分点，消费需求的持续增长面临较大压力。三是进出口发展不平衡。全省进出口增幅为 29.5%，增速同比增加 4.5 个百分点，其中，进口总额 87.05 亿元，增速与上年持平；出口总额 577.90 亿元，同比增长 35.5%，对外贸易结构性问题需要改善。

二、银行业

2014 年，全省银行业总体运行较为平稳，存贷款规模快速增长，盈利能力进一步提升，资产质量总体稳定，资本实力逐步增强。但同时存在局部风险凸显的情况，部分银行机构资产质量反弹压力加大、存贷比持续高位，表外业务风险隐患大；房地产及地方债务风险隐患增大；金融风险跨行业、跨部门传染等问题值得关注。

（一）运行情况

1. 存贷款规模快速增长

2014 年末，全省银行业金融机构本外币各项贷款余额 12 438 亿元，同比增长 22.22%。其中，境内短期贷款余额 2 834.51 亿元，同比增长 23.63%；中长期贷款余额 9 403.98 亿元，同比增长 21.11%。本外币各项存款余额 15 307.38 亿元，同比增长 15.11%。其中，单位存款余额 7 891.50 亿元，同比增长 17.65%；个人存款余额 6 778.29 亿元，同比增长 12.24%；财政性存款余额 534.84 亿元，同比增长 25.91%。

2. 盈利能力进一步提升

2014 年，全省银行业金融机构实现利润（税后）313.20 亿元，同比增加 43.65 亿元，增长 16.18%。利息净收入 687.56 亿元，同比增长 24.84%，手续费及佣金收入 83.80 亿元，同比增长 16.02%。资产利润率 1.67%，同比减少 0.09 个百分点，营业支出 316.24 亿元，同比增长 22.86%，成本收入比率及中间业务收入比率分别呈现 0.75 个和 0.29 个百分点的降幅。

3. 资产质量总体稳定

2014 年，全省银行业金融机构不良贷款余额 162.41 亿元，同比增加 27.41 亿元，增长 20.30%；不良贷款率 1.31%，同比减少 0.02 个百分点。贷款损失准备充足率 215.21%，同比增加 24.06 个百分点。

4. 资本充足状况良好

2014 年，全省地方法人银行机构资本充足率 12.99%，同比减少 0.36 个百分点；核心资本充

① 十种有色金属为铜、铝、铅、锌、镍、锡、锑、汞、镁、钛。

足率10.40%，同比增加0.12个百分点。其中，农村合作金融机构（含农村商业银行、农村信用社）的资本充足率和核心资本充足率均同比分别增加0.24个和0.25个百分点。

（二）需要关注的问题

1. 贷款继续保持较快增长，但隐含风险需关注

2014年以来全省存款增长乏力，而贷款需求旺盛。从全国情况来看，存款增长乏力的局面短期内难以扭转，贷款在未来要保持一个稳定、较快的增速，压力较大。截至12月末，全省人民币各项存款余额同比增长15.1%，人民币各项贷款余额同比增长22.4%，贷款增速超过存款增速7.3个百分点。同时，全省中长期贷款和固定资产贷款等项目占比较大，集中度风险高。

2. 部分银行机构资产质量反弹压力加大

从表内信贷资产来看，部分银行机构不良贷款已出现明显反弹，且随着经济下行趋势明显，反弹压力会较大。如部分银行不良贷款同比增幅超过100%；部分村镇银行不良贷款开始暴露。

3. 部分中小法人银行存贷比持续高位

截至2014年12月末，全省村镇银行平均存贷比高达87.18%，超过75%的警戒线12.18个百分点，有27家村镇银行存贷比超过100%。其中，少数村镇银行的存贷比高达300%以上。

4. 部分机构表外业务风险隐患大

部分机构资产规模已超表内资产规模，且表外资产风险缓释措施不足，风险隐患大。如部分银行开展的同业创新业务，大量的表外短期同业资金对接长期项目，且风险拨备不足，一旦发生表外损失转表内，将对表内资产质量有较大影响。

5. 房地产风险整体可控，但风险隐患积聚

2014年末，全省银行业金融机构房地产行业贷款余额2 515.74亿元，不良贷款余额13.36亿元，不良贷款率0.53%。虽然目前全省房地产行业风险整体可控，不良率也低于各项贷款，但房地产行业风险仍不容忽视。一是市场购买力过度释放，存在房地产供应相对过剩的风险隐患。从中长期来看，全省商品房库存量总体略有偏大，住房库存量去化周期较长，同时2009—2014年的旺销已经大量释放了房地产市场的购买力，未来市场供大于求的问题将逐步暴露，部分销售不佳的企业可能面临销售困难，形成“烂尾楼”的风险。二是房地产市场融资风险值得关注。在当前全国房地产市场整体疲软和国家政策引导资金更多流向实体产业的背景下，部分房地产开发企业可能通过民间融资、高利贷等方式解决资金短缺的问题，融资风险隐患大。

6. 地方债务偿债风险增大

从贵州省地方债负债主体来看，由政府部门、机构及融资平台作为偿债主体的占七成以上。从还款期限来看，2015—2017年是集中偿付期。其中，政府投融资平台具有一定的潜在风险，具体表现在以下几个方面。一是资产变现能力差。二是偿债风险加大。三是信用风险不容忽视。

7. 金融机构交叉性金融产品滋生风险隐患

随着金融机构合作创新层出不穷，金融行业边界逐渐模糊，并逐步向混业经营模式发展，贵州省金融机构通过与同业开展交叉性金融合作，一定程度上提升了自身金融服务能力，满足了社会融资需求；但也滋生了大量的风险隐患：一是金融机构利用交叉性金融业务进行监管套利，交易对手更多元、违规操作更隐蔽，风险特征更复杂。二是交叉性金融业务大量进行期限错配，风险链条被拉长，风险缓释不足，且存在一定的风险敞口，易引发交叉性风险传染。

8. 需警惕民间融资风险向正规金融传递

2014 年，全省投资理财咨询服务类公司大量涌现，在全省及全国各地均有分布，注册资本规模从 10 万元到 1.5 亿元不等，发展十分迅速，总募集资金数额惊人，须警惕其对正规金融的风险传递。一是该类公司一旦发生资金链断裂或公司“跑路”，极易导致散播谣言，损害公众对金融体系的信心，容易引发社会群体性事件，对银行体系信心造成负面舆情影响。二是缺乏明确的法律界定，涉嫌非法集资的法律风险隐患。

三、证券业

2014 年，贵州省证券业市场整体保持稳健发展的态势。证券公司创新意识明显增强，盈利模式快速转型，以资产管理、投资理财为代表的新产品不断增多。上市公司整体经营状况良好，融资规模呈扩大趋势。但上市公司融资渠道仍显单一，上市公司后备资源不足仍然存在。

（一）运行情况

1. 证券市场交易活跃，发展平稳

截至 2014 年末，贵州省辖内共有 1 家证券公司、4 家证券分公司、65 家证券营业部（新增 11 家），10 家期货营业部（新增两家），18 家私募基金。省内证券期货投资者 65.4 万户，投资者数量保持稳定；证券市场交易额 4 718 亿元，同比增长 35.87%；证券经营机构全年营业收入 6 亿元，实现净利润 3 亿元，增长率高达 76.47%。期货市场成交额 7 254 亿元，期货经营机构实现营业收入 2 044万元，客户权益保证金 4 亿元。

2. 法人证券公司发展势头良好，转型速度加快

2014 年，华创证券公司围绕投资融资和财富管理，强化综合金融服务，积极实现整体转型。在经营管理方面，该公司加强体系内资金配置，有效提高资金使用效率。2014 年，该公司全年实现营业收入 9.75 亿元，同比增长 37.32%，经营业绩创近五年新高。在展业方面，该公司积极拓展零售、资产管理、投资银行、研究咨询以及固定收益等业务，并取得一定成效。在创新方面，积极开展互联网金融创新，并通过构建一体化的互联网综合金融服务架构，拓展场内与场外结合，线上与线下协同的商业运作模式，使互联网金融“有形态、有平台、有数据、有服务、有产品”。

3. 上市公司盈利稳中有升，市场规模逐步扩大

截至 2014 年末，贵州省上市公司 21 家（其中创业板公司 1 家），总市值 4 002 亿元，总股本 127 亿股，第一至第三季度实现营业总收入 692 亿元，同比增长 8%，实现净利润 138 亿元。2014 年，贵州省益佰制药、振华科技等上市公司通过非公开发行融资 97 亿元，融资规模呈扩大趋势。另外，贵州省委、市政府联合全国股转公司，出台优惠政策，为企业登陆“新三板”开辟“绿色通道”。截至 2014 年末，贵州已有威门药业、东方科技、南源电力等 13 家公司成功挂牌“新三板”，80 多家公司准备挂牌。

（二）需要关注的问题

1. 法人证券公司竞争力有待加强

2014 年，贵州省内证券公司虽然取得了一定成绩，但依然存在一些亟待解决的问题。一是业务

位，增速排名较上一年下降29位，调结构和稳增长的矛盾仍然突出，尚未形成稳中有进，逐步调整的发展态势。

五、金融市场

（一）货币市场及资本市场

1. 金融机构货币市场交易量下降

2014年，贵州银行间债券市场成员共有7家机构和华创证券的3只资产管理计划参与市场交易。其中，债券回购交易累计成交13 042.8亿元，同比减少9.9%；现券交易累计达成774.6亿元，同比下降49.0%；累计进行信用拆借业务33.2亿元，同比增加24.8亿元；总体来看，贵州省内市场成员向市场融入资金5 072.1亿元。

2. 票据市场融资持续增加

2014年，贵州省银行承兑商业汇票签发的累计发生额、余额，以及贴现累计发生额分别较同比增长51.3%、37.9%和78.6%，实现连续三年大幅增长，同时，再贴现余额、年累计发生额同比增长了78.6%和32.3%，票据市场融资功能得到有效发挥。贴现率方面，全省票据市场票据贴现率逐步回落，其中，银行承兑汇票、商业承兑汇票直贴加权平均利率年末分别为6.35%、9.03%，分别较年初下降了28.0%和13.6%；票据转贴现买断和回购利率年末分别为8.60%、7.01%，分别较年初下降了36.1%和41.1%。

3. 直接融资发展迅速

2014年，全省直接融资518.4亿元，在非金融机构部门融资结构中的占比连续三年达到10%以上。其中，银行间市场非金融企业债务融资工具融资314.6亿元，分别是2011年、2012年、2013年的8.0倍、4.6倍和2.4倍，实现了连续三年的高增长。森瑞管业、东太农业、黔贵园艺等企业发行中小企业私募债融资4亿元，资本市场融资功能得以有效发挥。

4. 非金融企业债务融资工具等创新产品推广取得阶段性成效

为进一步拓宽企业融资渠道，贵州省搭建了交易商协会、政府、企业、金融机构沟通协调工作平台，为省内企业通过银行间市场直接融资提供了良好的环境。城市基建、产业投资、经济开发区建设、文化旅游、保障性住房建设和生产经营等多领域企业尝试通过非金融企业债务融资工具融资。如，贵阳市公共住宅建设投资有限公司成功发行20亿元5年期定向工具，填补了贵州省非金融企业债务融资工具专项用于保障性住房建设的空白。

（二）黄金市场及外汇市场

1. 参与黄金交易金融机构增加

2014年，贵州省内获得授权开展黄金业务的银行业金融机构达到17家，其中，新增加2家地方法人金融机构从事黄金代理业务。全年贵州省黄金交易量为28 983.9kg，交易金额97.96亿元。从具体交易情况来看，2014年，贵州省银行业金融机构上海黄金交易所代理交易成交量占比41.1%，交易金额占比30.9%；账户金交易量占比为29.6%，交易金额占比为21.4%；黄金租赁交易量、交易金额出现较大上升，交易量占比达到20.5%，交易金额占比上升至40.5%；实物黄金交易量占比仅为8.7%，交易金额占比7.1%；其他交易方式较少。

2. 外汇收支活跃程度有待提高

2014年，全省跨境收支增速为14%，跨境收付总规模占地区生产总值比重7.7%。从涉外经济变化的基本因素来看，受欧债危机和内外市场需求下降的持续影响，贸易进出口交易规模同比增长11.6%；外商投资增长58.1%。

3. 外汇收支平衡度有所下降

2014年，全省国际收支顺差12.2亿美元，占跨境收支总额的10.6%，同比下降2个百分点；全省结售汇顺差12.2亿美元，占结售汇总额的24.2%，同比增长6个百分点。受人民币汇率预期变化和国际经济环境影响，市场主体加快收汇结汇、延缓购汇付汇，这是影响结售汇平衡的主要原因。

六、金融基础设施建设

（一）支付结算体系

1. 现代化支付体系平稳运行

贵州省已形成了人民银行支付系统、银行机构行内系统以及各清算组织共同参与的现代化支付体系。2014年，全省往来账总笔数为2 540.35万笔，日均处理6.96万笔，同比增长41.98%，往来账总金额为194 358.15亿元，日均处理532.49亿元，同比增长22.92%。

2. 银行卡市场稳步发展

银行卡清算网络覆盖到地、县及部分乡镇，农信银资金清算系统已全面覆盖农信网点。截至2014年末，全省共有ATM 11 034台，POS机17.15万台，累计发卡8 436.09万张。2014年，贵州省银行卡资金交易（包括存现、取现、转账和消费）共96 287.76万笔，金额为56 356.42亿元，同比分别增长33.83%和9.33%。

3. 支付结算体系更加完善

第二代支付系统和ACS顺利上线，扎实推进支付清算系统安全稳定运行。第二代支付系统上线后，全省直接参与者由原来的20家减少为4家，间接参与者由原来的3 683家增加至3 878家。贵阳市作为移动电子商务金融科技服务创新试点城市，率先发出了符合MTPS规范的移动金融SIM卡，部分实现手机近场支付在公交、出租车、社区服务、旅游景区、影视剧场、自动售货终端等的应用，取得初步成效。

4. 农村支付服务环境建设取得新突破

截至2014年末，全省共有15 511个行政村，建立助农服务点26 886个，成功完成“银行卡助农取款服务村村通”工程建设。在此基础上，全省各级人民银行积极推动服务点功能拓展，逐步将其建成农村金融综合服务站。全省已有20 164个点能开办查询、取款、转账、消费、人民币反假、小额残币兑换等综合性服务，占总服务点数的75%。此外，在村寨设立代理服务点，通过智能手机客户端、SD卡、SIM卡及短信等多种模式，开展农村手机支付服务，实现查询、转账、消费、取款、缴费等基础金融服务，作为“银行卡助农取款服务”的有效补充，有效推动农村金融服务的可持续发展。

（二）征信系统

1. 评级市场发展机制逐步形成和建立

信用评级开始得到金融机构的认同，逐步纳入银行风险管理和信贷审批环节，政府部门信用管理意识提升，开始将信用产品作为行业管理的重要条件。2014 年，贵州省共完成借款信用评级 868 笔，同比增长 21.74%，继续保持快速稳定增长态势。

2. 金融信用信息基础数据库进一步完善

围绕报送数据的质量、查询和使用信息的安全和消费者权益的保护三个核心要点，采取组织开展接入培训，帮助健全管理制度，搭建业务咨询平台，建立沟通协调机制等方式，为小额贷款公司和融资性担保公司提供两种方式的接入指导。较早在全国开展贵州省“小微金融征信省级服务平台”统一接入，已有 13 家机构在平台上开展接入测试工作；现已完成对全省两类金融机构开展互联网接入意愿摸底、制定接入计划、收集接入资料等工作，为互联网接入做好准备。

3. 社会信用体系更加丰富

人民银行协同发改委、金融办等 5 个部门联合印发《贵州省金融生态县测评暂行办法》和《贵州省金融生态环境测评指标体系》，并成立了由 13 个相关部门组成的“贵州省金融生态环境测评工作领导小组”。测评工作已于 2014 年底正式启动，测评结果的推出将会对推动和引导社会信用体系建设相关领域工作具有十分积极的意义。此外，人民银行指导各涉农金融机构积极开展服务“三农”的信用工程建设，推进农村信用系统试验区建设，建立信息采集与应用机制，多方式推动企业信用建设。

4. 非银行信息应用领域得以拓宽

截至 2014 年 12 月，贵州省共发机构信用代码 36.6 万个，其中存量 19.1 万个，新增 17.5 万个，新增金融机构代码证发放率达 100%。机构信用代码应用领域不断扩大，如在社会信用体系成员单位开展企业评比、相关政府职能部门招投标和采购等活动中，要求提供机构代码证查验；银行业金融机构在办理开户和授信时，要求利用机构信用代码进行身份验证。

（三）反洗钱

1. 风险等级评估体系核心作用得以充分发挥

为切实将以风险为本的原则贯彻到监管实践中，积极探索创新，以人民银行总行“5C”评估标准为基础，首次在全省以修订后的《贵州省金融机构反洗钱风险等级评级标准》对金融机构进行评估，进一步提升了评估的系统性、科学性。采取现场评估与非现场考核、分级考核与统筹考核、人民银行评估与各金融机构自评相结合等评估方法，对各金融机构反洗钱工作。分银行、证券、保险三个行业进行综合评分排名，并将评估情况向人民银行总行反洗钱局、相关监管部门及被评单位进行通报。全省金融机构评估面达 100%。

2. 分类监管有效实施

根据风险等级评估结果，实施差别化监管。有重点地对评估风险等级较高的金融机构采取严格的监管措施，开展现场检查。2014 年，全省人民银行系统分别对 8 家银行业金融机构、6 家保险业金融机构及 1 家证券业金融机构开展了反洗钱现场检查。有选择性地进行约见谈话。2014 年，全省人民银行系统共对 21 家中风险等级的金融机构实施约见高管谈话，就该机构反洗钱工作存在的问题提出意见，对其业务开展面临的洗钱风险进行了提示，并提出了整改要求，金融机构均进行了积极地整改。

3. 行政调查工作高质高效完成

灵活运用调查手段、提高调查分析技能，工作质效得到明显提升，完成可疑交易线索接收分析、行政调查和案件协查同比增加60%。2014年贵州省共发现和接收可疑线索共40条，涉及金额240.41亿元，其中金融机构上报重点可疑交易报告28份，涉及金额206.64亿元。开展反洗钱行政调查66次，涉及金额33.77亿元。协查案件6起，其中接受经总行批准的人民银行分支协查1起，涉及金额0.93亿元；接受侦查机关协查5起，涉及金额32.84亿元。向反洗钱监测分析中心上报研判线索13条，涉及金额200.59亿元。

（四）金融消费权益保护

1. 金融消费权益保护工作高效推进

2014年，贵州省人民银行各级金融消费权益保护部门建立联系行工作制度，加强沟通交流；构建“分层次、全覆盖、立体化”的金融消费权益保护工作体系，增强监管合力；开通12363金融消费权益保护咨询投诉电话，并通过配备录音设备、开发建设短信平台等多种方式加强技防投入，防范履职风险；搭建“三位一体”投诉受理与处理工作机制，积极推进金融机构开展金融消费权益保护工作。

2. 积极受理咨询投诉，消费者权益得到更好保护

2014年4月8日起，人民银行贵阳中心支行在全省开通了12363金融消费权益保护咨询投诉电话，建立了贵州省12363金融消费权益保护咨询投诉电话“呼叫中心”。目前，已在贵州省辖内各银行业金融机构市州及县级的所有营业网点公示了金融消费权益保护咨询投诉电话。2014年，全省人民银行系统共受理金融消费者有效咨询814件，其中12363电话咨询共399件；受理有效投诉113件，同比增加47件，增幅为71.2%，办结率为100%。有效防范和化解了部分金融机构与金融消费者之间因纠纷所产生的不稳定因素，维护辖内金融稳定，保护了金融消费者的合法权益。

3. 金融消费权益保护知识普及宣传效果明显

贵州省积极开展“2014年‘3·15’国际消费者权益保护日”、“金融知识普及月”等多种宣传活动，制作简洁适用的“金融消费者权益日宣传”与“金融知识普及宣传”折页，收集了与老百姓日常生活密切相关的维权知识与金融知识，做好金融知识的普及宣传。同时利用报刊、广播、电视、网络、海报、设立咨询点等形式，开展全方位、多元化宣传活动，推动金融知识进校园、进社区、进企业、进农村、进企业、进机关、进军营、进矿区、进集市、进车站、进苗乡侗寨等“十进”活动，扩大宣传覆盖面，加强了民众的风险意识和责任意识教育，取得了良好的宣传效果。

七、总体评估

（一）总体评估

总体来看，2014年贵州省主要经济指标保持平稳较快增长，增速位居全国前列，经济总量迈上

台阶、增速平稳较快、位次持续靠前。但是，由于当前国内经济发展进入“三期叠加”（增长速度换挡期、结构调整阵痛期和前期刺激政策消化期）阶段，经济下行压力增加，区域经济对金融稳定的贡献度有所下降。主要表现为：主要经济指标增速出现回落，经济结构处于优化调整期，部分能源、矿产行业产能过剩，经济效益下滑。

2014 年，从贵州省金融稳定综合评价值来看，区域金融处于基本稳定状态。金融业持续深化改革，发展稳中有进、稳中向好。2014 年，银行业对区域金融稳定的贡献度较去年增加 0.08 个百分点，连续两年增加。银行业金融机构存贷款规模快速增长，盈利能力进一步提升，资产质量总体稳定，资本实力逐步增强。证券业发展步伐加快。证券公司创新意识显著增强，盈利模式快速转型，依托互联网进行创新的新产品不断增多。保险业保持较快发展，保险机构及从业人员规模稳步增长，保险保障功能进一步发挥，农业保险取得突破性发展。金融生态环境持续改善，法制环境调查综合得分有所提高，银行服务密度显著增强，社会信用体系更加完善。

（二）政策建议

1. 保持经济稳定增长，推进经济结构调整

一是着力稳增长。深入分析研究“新常态”下贵州经济运行特点，利用制度建设、科技创新、新兴产业等动力支撑，确保经济增长不失速，发展活力不衰竭，重点发挥好投资的关键作用，引进社会资本，落实政府和社会资本合作（PPP）的政策措施。二是注重调结构。注重投资、出口、消费“三驾马车”的平衡协调发展，从经济结构调整中发现和培育新的增长点。因地制宜培育发展五大战略性新兴产业，认真落实规划，加快培育以大数据产业为重点的电子信息产业、新医药大健康产业，以文化旅游为重点的现代服务业，遵循山地经济规律的现代高效农业、新型建筑业和建材产业。

2. 推进地方金融改革，夯实金融稳定微观基础

一是继续深化银行业改革，积极支持城市商业银行创新发展，继续推动符合条件的农村信用社改制为农村商业银行，继续增设和规范村镇银行等新型农村金融机构，完善公司治理结构，健全风险防控体系。二是促进证券业机构内控制度建设和业务流程改造，提高市场竞争力，强化风险控制和防御能力。三是加快保险业机构业务调整，创新产品和服务方式，发展契合市场需求的个性化新产品。四是加强融资性担保公司、小额贷款公司、典当行等融资性组织的监督管理，提高其制度规范性和内控有效性，建立竞争有序、协调发展的市场环境。

3. 防范各类经济金融风险，提升维护金融稳定合力

一是加强重点领域、关键环节的信用风险管控。加强对产能过剩行业、政府投融资平台贷款、房地产贷款风险的监测分析。坚持控制增量、区别对待、分类施策、逐步化解，做好风险预警，防范不良贷款反弹形成的潜在系统性风险。二是严格控制表外业务风险。落实表外业务风险责任机制，督促金融机构按照“业务规模与风险承担能力相适应”的原则开展业务，防止表外风险的传导。督促金融机构严格执行相关授信审批和会计计量规定，确保资金用于支持实体经济，防止资金“脱实向虚”。三是高度重视解决非法集资风险，妥善化解社会矛盾，避免发生重大群体性事件，确保不发生系统性、区域性的经济金融风险。

4. 加强监管部门协调合作，建立市场风险“防火墙”

加强金融稳定协调机制和金融监管协调机制的建立，促进金融监管信息交流共享。建立跨行业、

跨市场运营全面风险管理框架，建立金融市场风险补偿机制及“防火墙”，加强各个金融市场政策措施执行的统筹协调，确保金融体系安全稳健运行。

总　　纂：戴季宁
统　　稿：余文贵
执　　笔：刘利红　陈　羲　陈红宇　季忠艳
其他参与写作人员：
袁　燕　於康平　岳晶晶　周富玲
欧阳斌　封明川　路　音　娄　燚
张豫众　赵　鑫　白　捷　易莞姣

云南省金融稳定报告摘要

2014年，云南省认真贯彻党中央、国务院的决策部署，采取一系列稳增长措施积极应对错综复杂的国内外经济形势，协调推进调结构、促改革、惠民生等各项工作，经济运行总体平稳，但下行压力仍然较大，主要经济指标增速出现回落。金融业总体运行平稳，为经济社会平稳发展发挥重要作用，银行业存贷款平稳增长，对实体经济支持力度加大，总体经营稳健，改革创新不断深化，但也面临各项业务增速趋势性回落、信用风险上升较快等问题；证券业持续发展壮大，市场交易日趋活跃，多层次资本市场健康发展；保险业平稳有序发展，风险补偿功能有效发挥。金融市场平稳发展，在支持实体经济发展和提高货币政策传导效率等方面发挥重要作用。金融基础设施日益完善，沿边金融综合改革试验区建设全面推进，金融生态环境持续优化。

一、区域经济

（一）区域经济运行

1. 经济下行压力加大，三大产业增速持续放缓

2014年，对云南省生产总值贡献较大的投资和工业增长乏力，传统支柱行业贡献度明显下降，“三驾马车”同时减速，部分企业经营出现困难，部分经济指标出现一定程度回落。云南省实现地区

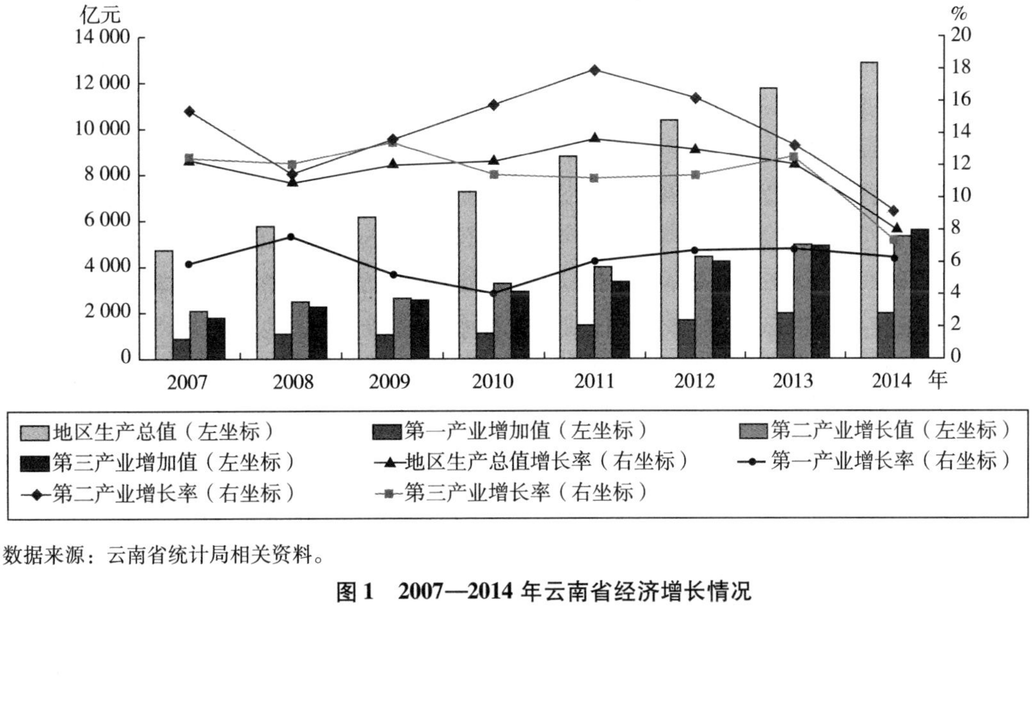

数据来源：云南省统计局相关资料。

图1　2007—2014年云南省经济增长情况

生产总值 12 814. 59 亿元，同比增长 8. 1%，较上年回落 4 个百分点；人均生产总值 27 264 元，同比增长 7. 5%，较上年回落 3. 8 个百分点。

第一产业完成增加值 1 991. 17 亿元，同比增长 6. 2%，较上年回落 0. 6 个百分点；第二产业完成增加值 5 281. 82 亿元，同比增长 9. 1%，较上年回落 4. 2 个百分点；第三产业完成增加值 5 541. 6 亿元，同比增长 7. 4%，较上年回落 5 个百分点。三大产业占地区生产总值的比重分别为 15. 54:41. 22:43. 24。

2. 农业生产稳中有升，粮食产量实现“十二连增”

2014 年，云南省农林牧渔业实现总产值 3 261 亿元，同比增长 6. 1%；实现增加值 2 028 亿元，同比增长 6. 2%。其中，农业增加值 1 209 亿元，同比增长 5. 9%；林业增加值 206 亿元，同比增长 8. 9%；牧业增加值 527 亿元，同比增长 5. 4%；渔业增加值 47 亿元，同比增长 9. 6%；农林牧渔服务业增加值 38 亿元，同比增长 7. 6%。

粮食生产实现了面积增、总量增及单产增的“三增”态势，粮食产量达 1 860. 7 万吨，同比增长 2. 01%，粮食产量排名全国第 13 位，较上年上升一位，实现连续十二年增长。高原特色农业作物形势良好，橡胶、咖啡及核桃种植面积和产量继续保持全国第一。

3. 工业生产增速有所回落，制造业支撑作用明显

受外需减弱、产业结构调整、控烟政策强化等因素影响，采矿、烟草制品、有色金属冶炼等云南省传统支柱行业持续低迷，造成云南省工业生产增速有所回落。2014 年，云南省规模以上工业实现增加值 3 545. 41 亿元，同比增长 7. 3%，较上年回落 5 个百分点。采矿业实现增加值 348. 08 亿元，同比下降 17. 8%；煤炭开采及洗选业完成增加值 127. 81 亿元，同比下降 38%，黑色金属冶炼及压延加工业完成增加值 141. 73 亿元，同比下降 3. 4%。受工业生产持续低迷影响，能源消费低位运行，规模以上工业能源消费 6 671. 79 万吨标准煤（等价热值），同比下降 0. 21%，全部工业用电量 1 146. 66亿千瓦时，同比增长 2. 14%，较上年回落 2. 13 个百分点。

制造业呈现逐月回暖态势，支撑作用明显，制造业实现增加值 2 667. 06 亿元，同比增长 10. 0%，较年初回升 4. 9 个百分点，拉动规模以上工业增加值增长 7. 3 个百分点，增长贡献率为 101. 1%。

4. “三驾马车”同时减速，物价水平总体平稳

2014 年，云南省固定资产投资（不含农户）完成 11 073. 86 亿元，同比增长 15. 1%，较上年回落 12. 3 个百分点，投资拉动力有所减弱。其中，第一产业投资完成 308. 84 亿元，同比增长 87. 7%；第二产业投资完成 2 788. 85 亿元，同比下降 2. 8%；第三产业投资完成 7 976. 17 亿元，同比增长 21. 1%。基础设施投资成为拉动投资增长的主要动力，共完成 3 547. 73 亿元，同比增长 20. 0%，较上年回升 3. 8 个百分点，拉动投资增长 6. 2 个百分点。民间投资完成 5 176. 11 亿元，同比增长 1. 4%，较上年大幅回落 34. 4 个百分点；民间投资占全部投资的比重为 46. 7%，较上年降低 6. 4 个百分点；拉动投资增长 0. 7 个百分点，较上年回落 17. 1 个百分点。

社会消费品零售总额 4 546. 63 亿元，同比增长 12. 7%，较上年回落 1. 3 个百分点。城乡市场实现同步增长，农村消费潜力释放有所加快，城镇市场消费品零售额 3 647. 07 亿元，同比增长 12. 6%，乡村市场零售额 899. 56 亿元，同比增长 13. 1%，城镇市场对社会消费品零售总额增长的贡献率达 78. 7%，较上年回落 0. 9 个百分点。

进出口总额 296. 22 亿美元，同比增长 17. 1%，较上年回落 5. 8 个百分点，仍高出全国平均水平 13. 7 个百分点。其中，出口 188. 02 亿美元，同比增长 20%，较上年回落 39. 3 个百分点；进口

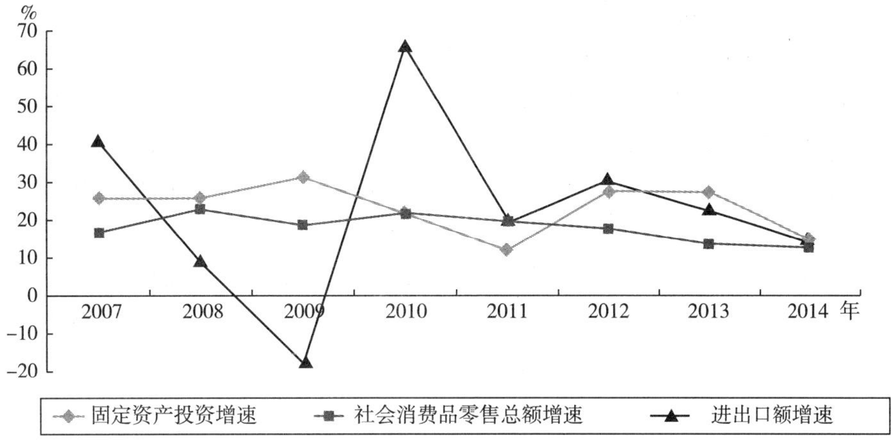

数据来源：云南省统计局相关资料。

图2 2007—2014年云南省投资、消费、进出口增长情况

108.20亿美元，同比增长12.3%，较上年回升22.5个百分点。

全年稳定物价成效明显。居民消费价格指数（CPI）为102.4，较上年回落0.7个点，其中，食品价格指数为104.3，较上年回落1.2个点。工业生产者出厂价格下降2.2%，原材料（燃料动力）购进价格下降1%，农业生产资料价格下降1.6%。

5. 房地产市场总体平稳发展，开发投资增速有所放缓

2014年，云南省商品房施工面积20 034.58万平方米，同比增长9.7%，商品房新开工面积5 458.43万平方米，同比下降15.8%；商品房销售面积3 194.19万平方米，同比下降3.5%；商品房销售额1 596.37亿元，同比增长7.3%。房价调控成果持续巩固，主要城市房价稳中有降，12月，昆明市和大理市新建住宅价格环比分别下降0.5%和0.6%，同比分别下降3.8%和3.1%。城镇保障性安居工程建设顺利推进，城镇保障性安居工程开工17.54万套，基本建成25.08万套。

房地产开发投资有所回落，完成2 846.65亿元，同比增长14.4%，较上年回落了25.2个百分点，占云南省规模以上固定资产投资的25.7%，近四年来首次出现房地产开发投资增速低于同期规模以上固定资产投资增速的情况。房地产贷款余额3 218.78亿元，同比增长23.5%，高于云南省各项贷款增速9.6个百分点，高于全国房地产贷款增速4.6个百分点。房地产贷款占云南省各项贷款的比重为17.5%，较上年提高1.4个百分点，年内新增611.95亿元，占云南省各项贷款增量的27.8%，同比多增120.63亿元。

6. 财政收支结构调整优化，就业形式保持稳定

2014年，云南省共实现税收收入1 232.97亿元，同比增长1.4%，较上年回落12.8个百分点，其中，增值税、企业所得税、个人所得税同比分别增长17.6%、8.7%和18.2%。税收收入的低速增长致使财政收入增速明显回落，地方公共财政预算收入1 697.79亿元，同比增长5.4%，较上年回落15个百分点，完成非税收入464.83亿元，同比增长17.5%，较上年回落26.8个百分点。地方公共财政预算支出4 438.32亿元，同比增长8.3%，较上年回落6.4个百分点。财政支持民生发展效果良好，用于民生的支出3 072.7亿元，占公共财政支出的比重达69.2%。受“营改增”政策、部分煤炭企业停产整顿、烟叶收购调控、耕地征收基本完毕等因素影响，营业税以及资源税、耕地占用税及烟叶税等小税种增速大幅回落，营业税同比下降5.4%，资源税下降8.6%，耕地占用税下降

27.2%，烟叶税下降2.1%；同时，受房地产市场“降温”影响，与房地产相关税收增速也出现明显回落，契税同比下降11.9%，土地增值税同比下降4.9%。

云南省就业形势良好，就业人数达2 942万人，较上年增加29.6万人，其中，实现城镇新增就业35.68万人；城镇失业人员再就业9.04万人；就业困难人员实现就业6.63万人，1 916户零就业家庭实现至少1人就业。城镇登记失业率为3.99%，控制在4.3%的年度目标以内。

7. 直接投资背向发展明显，涉外经济保持良好发展态势

2014年，云南省境外直接投资大幅增长，累计新增境外直接投资协议总额11.71亿美元，其中中方境外投资协议总额10.65亿美元；境外直接投资资金汇出8.4亿美元，同比增长100%，境外直接投资净逆差6.3亿美元。境外直接投资领域继续呈多元化发展，除传统农业、采矿业、水电资源开发以及房地产外，文化、金融以及科研等第三产业开始发力，企业走出去步伐显著加快。由于缺乏外商投资大项目支撑，国际国内经济环境更加错综复杂，外商直接投资低位徘徊，外资流入仅8.6亿美元，同比下降18.6%。

云南省涉外经济保持了良好的发展态势，外汇收支自主平衡能力明显增强，外汇运行呈现跨境收付高速增长、结售汇增速放缓的总体态势。跨境收付总额400亿美元，同比增长36.87%，较上年提高6.49个百分点，跨境收付总额与地区生产总值之比为19.1%，较上年提高4.7个百分点；跨境人民币收支达119.59亿美元，同比增长42.79%，占跨境收付的29.90%。结售汇总额156.57亿美元，同比增长2.24%，较上年回落17.96个百分点，其中，结汇77.42亿美元，同比增长2.32%；售汇79.15亿美元，同比增长2.16%；结售汇逆差1.72亿美元，同比下降4.34%。

8. 能源转型升级有序推进，生态文明建设成效显著

2014年，云南省切实推动能源生产和消费方式转变，着力调整能源生产结构，因地制宜开发利用水能、风能、太阳能、生物质能等可再生能源，在火电全行业亏损的困难局面下坚持节能调度利用水电和新能源。清洁能源与火电装机比例为80:20，较上年的77:23进一步提高，同时，水电和新能源发电量达2 200亿千瓦时，占发电量的比重84.9%，能源消费总量和消费增速得到有效控制，单位GDP能耗下降3.2%。

生态文明建设进一步加强。深入推进“七彩云南保护行动”和“森林云南”建设，生态文明先行示范区建设取得实质进展，普洱绿色经济试验示范区建设扎实推进，以九湖保护治理为重点的水污染防治以及土壤环境保护综合治理工作进一步强化。

（二）区域经济发展需要关注的方面

1. 工业经济生产经营形式较为严峻，企业盈利能力下降

2014年，受经济下行压力加大、需求不足、产业转型升级缓慢等多重因素影响，云南省工业生产经营面临困难。重点监测的100种主要规模以上工业产品中，只有57种产品实现产量同比增长，较上年减少17种，其中，钢材1 935.05万吨，同比下降5.8%；化肥314.94万吨，同比下降6.8%；原盐125.28万吨，同比下降3.5%。规模以上工业企业实现主营业务收入9 017.67亿元，同比增长4.3%，较上年回落5.9个百分点；规模以上工业企业实现利润443.28亿元，同比下降11.9%，较上年回落17.4个百分点，其中：烟草制品业实现利润197.93亿元，同比下降11.9%；黑色金属冶炼和压延加工业亏损25.11亿元，同比下降169.7%；煤炭开采和洗选业实现利润4.2亿元，同比下降88.3%。规模以上工业企业亏损面持续扩大，亏损面为32.9%，较上年提高5.8个百分点；亏损

额 190.11 亿元，同比增长 25.7%。

2. 经济增长结构失衡，重点项目推进速度有所放缓

长期以来，云南省经济增长大多依靠大规模投资刺激经济增长，固定资产投资持续较快增长，2014 年，云南省固定资产投资占地区生产总值的比例高达 86.42%，较上年提高 4.33 个百分点。随着经济下行、产业结构持续调整、政府资金压力加大、企业盈利能力下降，云南省固定资产投资增速回落 12.3 个百分点，民间投资大幅回落 34.4 个百分点，对投资增长贡献率仅为 4.9%，较上年下降 60.2 个百分点，投资拉动力度明显不足，对经济增长未能形成有效支撑。随着投资增速放缓，云南省重点项目推进面临较大的资金压力，云南省 2014 年计划总投资亿元以上施工项目（不含房地产）2 707 个，同比增长 27.9%，较上年回落 13.4 个百分点，投资完成率为 22.8%，较上年回落 1.4 个百分点；建设项目到位资金 9 843.52 亿元，同比增长 7.6%，较上年回落 10.2 个百分点，资金到位率仅为 88.9%，较上年回落 6.2 个百分点。

3. 地方政府债务进入偿还高峰期，企业资产负债率高位运行

云南省融资平台 2014 年、2015 年和 2015 年以后的应还款本息合计分别为 430.05 亿元、270.17 亿元和 2 378.68 亿元（不含地方政府通过表外融资和直接融资形成的负债），云南省地方政府债务进入偿还高峰期。由于地方债务融资单笔资金规模大，地方政府债务集中到期存在较大违约风险，如出现到期集中偿还困难，有可能向实体经济和银行系统传导，将对经济增长和银行资产质量造成冲击。云南省企业杠杆率自 2013 年下半年以来开始加速攀升，尤其在产能过剩、库存高企、投资率较低的行业更加突出，23 户省属国有企业的负债率已上升至 72.42%，其中 5 户企业的负债率超 80%，远高于 60% 的警戒线，且呈现不断上升态势。高企的资产负债率会导致企业财务费用增加，盈利能力下降，省属大型国有企业的财务费用同比增幅大多在 15% ~20%。企业资产负债率高位运行，去杠杆难度较大，高杠杆债务约束风险凸显。

二、银行业

（一）银行业运行

1. 整体规模扩张速度放缓，地方法人银行业金融机构稳步发展

2014 年，云南省共有全国性政策性银行、国有大型商业银行、股份制商业银行、外资银行分支机构 27 家，城市商业银行、农信社、村镇银行等地方性银行业法人金融机构 182 家；共设有营业机构 5 324 个，较上年减少 14 个；从业人员 75 771 人，较上年新增 3 561 人。云南省银行业金融机构资产总额达到 29 272.74 亿元，较年初增加 2 449.24 亿元，同比增长 9.13%，增速较上年下降 7.22 个百分点；负债总额为 28 158.70 亿元，较年初增加 2 264.09 亿元，同比增长 8.74%，增速较上年下降 7.08 个百分点。

2014 年，云南省地方法人银行业金融机构继续稳步发展，云南省城商行、农村金融机构等地方法人银行业金融机构资产总额 9 583.24 亿元，较年初增加 1 556.24 亿元，同比增长 19.39%，高于同期银行业资产同比增长率 10.26 个百分点，地方法人银行业金融机构资产占比为 32.73%，较年初提高了 2.8 个百分点。

2. 存款增速持续放缓，季度时点波动特征仍然存在

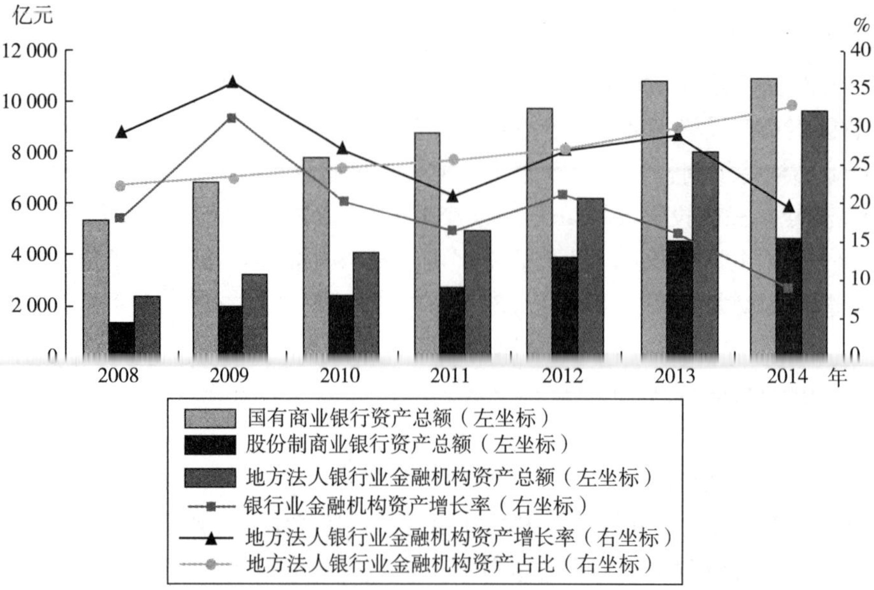

数据来源：中国银行业监督管理委员会云南监管局相关资料。

图3 2008—2014年云南省银行业金融机构资产变化图

2014年，云南省金融机构人民币各项存款余额22 365.55亿元，同比增长7.99%，增速较上年下降7.15个百分点，存款增速明显回落，各项存款同比增幅低于同期全国平均增幅1.09个百分点，存款规模虽保持西部十二省市第4位，但同比增幅仅为第10位，较上年下滑两位。一方面，云南省经济增速明显放缓，投资拉动有所减弱，企业资金面趋紧，单位存款增长出现一定困难，12月，金融机构单位存款余额11 532.36亿元，较年初同比少增750.46亿元；另一方面，理财业务的快速发展和下半年资本市场的活跃对个人储蓄存款造成了一定程度的分流，12月，金融机构个人储蓄存款余额9 699.85亿元，较年初同比少增489.32亿元。

银监会和人民银行联合下发通知，通过设立存款偏离度考核抑制银行季末月末冲时点现象，但由于受季节性因素、全国银行业流动性趋紧以及监管政策的影响，云南省银行业金融机构存款季度时点波动特征仍然存在，“季末冲高、季后回落”现象仍然较为明显，如3月、6月、9月、12月人民币各项存款较上月增加额分别为593.99亿元、749.08亿元、-63.09亿元、243.76亿元，1月、4月、7月、10月人民币各项存款较上月减少额分别为387.60亿元、62.69亿元、499.77亿元、80.9亿元。

3. 贷款平稳增长，信贷结构持续优化

2014年，云南省银行业金融机构采取多项积极措施应对存款增长乏力和信贷资产质量下降等不利因素对贷款增长带来的不利影响，贷款保持平稳增长，云南省银行业金融机构人民币各项贷款余额18 010.90亿元，较年初增加2 158.08亿元，同比增长13.91%，较上年提高0.19个百分点，高于同期全国平均增速0.31个百分点，贷款规模位居西部十二省市第4位，同比增幅为第12位。从期限看，中长期贷款增量占比大幅提高，人民币中长期贷款余额11 827.32亿元，同比增长12.13%，较上年提高2.17个百分点，连续6个月保持两位数增长，较年初增加1 278.68亿元，占全部新增贷款的比重为59.25%；短期贷款增速持续放缓，人民币短期贷款余额5 678.14亿元，同比增长15.81%，较上年下降7.54个百分点，同比少增178.80亿元。

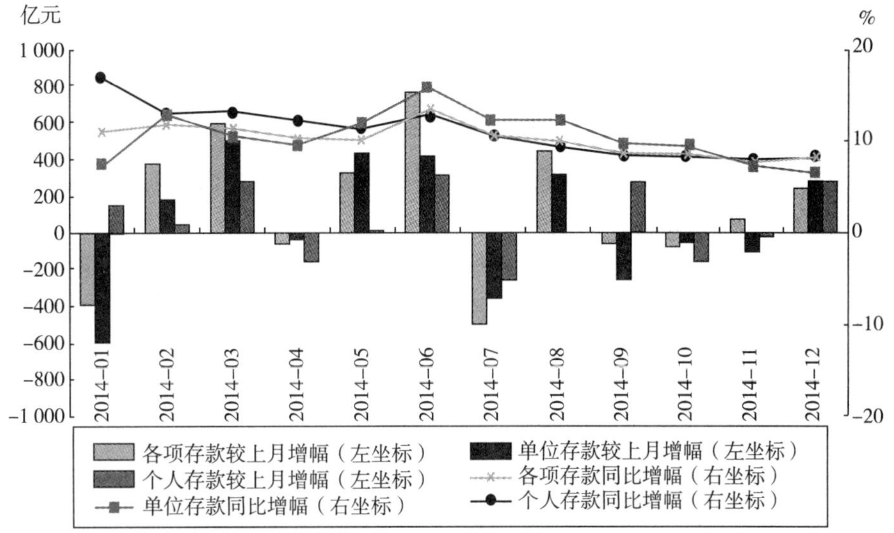

数据来源：中国人民银行昆明中心支行相关资料。

图4　2014年云南省银行业金融机构各项存款变化情况

对云南省实体经济发展的支持力度进一步加强。一是信贷向重大项目和优势产业集聚，投向制造、电力、交通运输、批发零售、租赁和商务服务等行业的新增贷款占比达44.88%，同比提高12.08个百分点，对云南省“三个一批”重点项目、重点企业、重点园区建设形成有力支撑。二是中小微企业贷款持续增长，中小微企业贷款余额6 844.84亿元，同比增长13.95%。三是金融服务“三农”发展水平持续提升，涉农贷款余额较年初增加783.57亿元，同比多增22.67亿元，林权抵押贷款余额155.77亿元，同比增长16.93%。四是对民生领域金融服务持续改善，民贸民品贷款余额24.66亿元，同比增长43.87%，累计贴息金额7 959万元，同比增长2.39倍，保障房贷款余额444.16亿元，同比增长85.1%，累计发放小额担保贷款86.1亿元，同比增加2.55亿元，累计带动就业人数84.30万人。五是高耗能行业中长期贷款得到有效控制，对“两高一剩”行业的差别化信贷政策有效实施，六大高耗能行业中长期贷款余额同比增长7.51%，低于同期全部中长期贷款增速5.25个百分点。

4. 经营效益持续向好，不良贷款反弹压力凸显

云南省银行业金融机构经营效益保持稳步提升，2014年实现营业收入1 050.36亿元，较上年增加113.51亿元；实现利息净收入919.32亿元，较上年增加109.46亿元；实现中间业务收入114.14亿元，较上年增加3.6亿元；实现净利润478.10亿元，较上年增加25.9亿元。资产质量保持总体稳定，全年处置不良贷款40亿元。其中，现金回收24亿元，核销16亿元；累计计提各项资产减值损失准备521.87亿元，较年初增加115.31亿元，拨备覆盖率达到299.17%，较年初提高54.08个百分点，对不良贷款形成较强的抵补作用。

受经济增速放缓和产业结构调整等因素影响，云南省银行业金融机构信贷资产质量有所下降，不良贷款主要指标出现“双升”，不良贷款余额217.23亿元，较年初新增72.84亿元；不良贷款率1.16%，较年初新增0.28个百分点。不良贷款反弹压力主要集中于国有大型商业银行和农村金融机构，两类机构新增不良贷款占全部新增不良贷款总额的81.81%。

5. 银行改革不断深化，组织体系进一步健全

2014 年，云南省银行业金融机构改革稳步推进，国有商业银行内部管理体制更加完善，促进经营模式和盈利方式的转型。农业银行“三农”金融事业部试点改革有序开展，运行机制持续完善，对“三农”重点领域和县域经济金融支持力度不断增强，经营效益不断提升。地方法人金融机构改革步伐加快，富滇银行与老挝合资开办的老中银行顺利开业，成为我国在境外的首家合资城市商业银行法人机构；农村金融机构深化改革取得突破性进展，瑞丽南屏农村商业银行已获批筹建，云南省农村信用社改制农村商业银行实现零的突破。

银行组织体系不断健全，渣打银行昆明分行、马来亚银行昆明分行顺利开业，云南省外资银行机构数量在西部排名第 3 位。昆明钢铁有限公司设立昆钢集团财务公司已列入机构设立规划，已完成申报调研论证并上报银监会审批。民营银行申报筹备工作稳步推进，云南省政府已向国务院上报了多家民营银行的筹备方案。村镇银行继续向金融服务薄弱的地市和县域延伸，在省内 16 个州市推动组建法人村镇银行 42 家，年内新增 6 家村镇银行。部分股份制商业银行加强社区支行、小微支行建设，提升银行服务覆盖面，为小微企业、社区等领域提供更为专业、便捷、贴心的金融服务。

（二）银行业发展需要关注的方面

1. 经济下行压力背景下，风险隐患逐渐显现

2014 年，云南省投资拉动有所减弱，增长动力减弱，地区生产总值增速为 8.1%，远低于上年 12.1% 的增长速度，经济下行压力较大。同时，受企业综合成本继续上升、工业品出厂价格持续下降、产能过剩、市场需求不旺等因素影响，企业经营效益继续下滑，亏损面扩大，规模以上工业企业实现利润 443.28 亿元，同比下降 11.9%，规模以上工业企业亏损面为 32.9%，较上年提高 5.8 个百分点；亏损额 190.11 亿元，同比增长 25.7%。经济下行压力较大和企业生产经营困难使得银行信贷资产质量面临较大挑战，局部风险隐患逐渐显现。此外，部分企业为增强对银行信贷的吸引力，存在交叉互保现象，一旦担保圈中的一家企业出现风险，将对其他企业造成负面影响。

2. 不良贷款“双升”，潜在风险防范压力较大

受经济增速放缓、企业资金面紧张、企业亏损面扩大等因素影响，云南省金融机构不良贷款风险进一步暴露，近几年来首次出现“双升”现象。2014 年，云南省银行业金融机构新形成 129 亿元不良贷款，是过去 3 年新形成不良贷款金额的总和；不良贷款余额增加 72.84 亿元，增幅高达 50.15%，不良贷款率增长了 0.28 个百分点，并且在机构、区域、行业分布上扩散。从机构分布看，除政策性银行外，多数商业银行出现“双升”现象，“双升”的银行达到 19 家，较年初增加 14 家。从区域分布看，除迪庆州外其他 14 个州市均出现不良贷款增长，不良贷款余额和不良贷款率出现双升的州市达到 11 个。从行业分布看，不良贷款从以往相对集中的“两高一剩”、钢贸、农垦等领域向有色、煤炭扩散。随着经济下行压力和产业转型升级的进一步推进，相关企业存量贷款潜在风险加速暴露，关注类贷款快速增长，目前云南省关注类贷款余额达到 711.02 亿元，同比增长 33.82%，不良贷款规模还存在上升的可能。此外，随着政府财政收入放缓和部分平台贷款进入偿还高峰期，贷款风险防范压力较大。

3. 存款增长放缓影响信贷投放，存贷比持续高位运行

2014 年，受经济下行压力加大，企业生产经营困难加剧、流动资金减少及理财产品对存款的分流等因素影响，部分云南省银行业金融机构存款增速显著放缓，中国银行云南省分行、中信银行昆明分行等 4 家商业银行存款出现负增长，云南省本外币存款余额同比增速低于同期本外币贷款增速

5.73个百分点。存款增速放缓对信贷增量形成较强的制约，云南省7家国有及股份制商业银行信贷增量年内出现减少。由于存贷款增长失衡，云南省银行业金融机构名义存贷比由上年末的77.4%升至81.5%，存贷比的持续高位运行也在一定程度上影响银行业的经营。

4. 商品房库存持续增加，房地产信贷风险值得关注

过去几年，云南省商品房施工面积和新开工面积增长较快，随着大量住房刚性需求和改善性需求的满足，商品房需求和供给出现不平衡，云南省商品房待售面积持续快速增长。2014年，云南省商品房待售面积达1 426.67万平方米，为历史最高位，同比增长22.2%，房地产企业去库存和资金回笼压力较大。同时，房地产开发投资的明显回落，房地产企业筹措资金的难度加大，云南省房地产开发企业到位资金2 917.43亿元，同比减少0.24%，增速较上年回落37.27个百分点，随着房地产市场出现周期性调整和投资回报率的下降，通过信托、理财、影子银行等渠道进入房地产行业的高成本资金面临较大的还贷压力，房地产开发企业资金链紧张引致的信贷风险值得关注。

5. 操作风险隐患仍然存在，合规风险压力加大

部分银行业金融机构内部管理存在疏漏，有章不循、违规操作现象时有发生，合规经营和风险防范意识有待进一步加强。2014年，云南省银行业案件风险隐患有所增加，共发生7起案件和2起风险事件，7名内部员工作案，涉案金额达6.75亿元，呈现出机构多样化、人员高端化、手段多样化等特征。同时，民间融资机构以利益拉拢诱发银行从业人员违规办理业务也给银行带来案件风险隐患，如民间融资机构利用个别银行对续贷政策落实不到位、贷款期限和还款安排不合理的漏洞，为企业提供高成本资金“倒贷”或“过桥”，个别银行员工利用职业影响参与民间融资和非法集资等现象。云南省银行业金融机构对合规要求执行和落实不到位，违规操作现象时有发生，部分银行利用委托贷款、同业业务将资金投向限控领域，私下签订“抽屉协议”承诺承担最终风险；部分银行以贷转存、虚增存款，通过赠送实物或现金、向存款中介支付手续费等方式变相高息揽储，放松对异地开户、大额存取款环节的审查和要求；少数银行混淆存款与理财、基金、保险等产品的界限，违规承诺收益等问题。

三、证券业

（一）证券业运行

1. 机构网点持续扩张，市场交易日趋活跃

2014年，云南省新增2家省级证券分公司、14家证券营业部（其中空白县域新增5家）、2家期货营业部，证券经营机构达到136家（2家法人证券公司、6家省级分公司、127家证券营业部、1家证券投资咨询公司）、期货经营机构达到24家（2家法人期货公司、22家期货营业部），证券机构服务辐射能力进一步增强。

随着深化改革红利的持续释放、IPO进程的重启，云南省证券市场交易日趋活跃，市场交易规模、投资者参与程度都有较大幅度的提高。2014年，云南省证券市场交易金额累计实现16 017.61亿元，同比增长53.11%。证券市场各指数屡创新高，投资者参与证券市场热情高涨，新增A股开户数13.42万户，同比增长6.57%；累计A股投资者账户数为217.55万户，同比增长5.93%。

2. 法人证券期货机构快速发展，创新发展步伐加快

2014 年，云南省太平洋、红塔两家证券公司通过增资扩股、创新业务等方式，资本实力和经营规模不断提升，净资本分别达 54.71 亿元和 46.48 亿元，在 120 家证券公司中排名为第 36 位和第 41 位；资产总额 241.61 亿元，同比增长 64.18%；实现营业收入 23.71 亿元，同比增长 116.66%；资产利润率 6.79%，较上年提高 4.8 个百分点；净资本充足率 41.88%，同比下降 1.71 个百分点；净资本负债率 86.86%，同比下降 7.34 个百分点。云晨、红塔两家期货公司资产总额 11.91 亿元，同比下降 10.52%，净资产 2.98 亿元，同比增长 6.43%

云南省两家法人证券公司在 2011 年获批 14 项新的业务牌照或资格，服务功能进一步完善。太平洋证券获批作为合格境内机构投资者从事境外证券投资管理业务，对外开放进一步扩大，并在老挝设立中国首家境外合资证券公司。期货市场机构投资者持续增长，优势特色品种上市和相关商品期货交割库设立取得积极进展，越来越多的现货企业利用期货市场管理风险，期货市场服务实体经济的能力进一步提高。8 月，云南优势资源类品种铁合金（硅铁、锰铁）期货正式在郑州商品交易所上市，2 家企业获批设立铁合金期货交割厂库。

3. IPO 和上市公司再融资取得积极进展，并购重组成效初显

2014 年，云南省积极通过 IPO、再融资等方式，为企业持续发展提供了有力的资金支持。“一心堂”成功首发上市，融资 7.94 亿元。云南省 A 股上市公司增至 29 家，上市公司总市值 3 097.55 亿元，同比增长 49.92%；累计募集资金 840.45 亿元，同比增长 10.33%。新增 1 家 IPO 在审企业，在审企业达到 4 家，13 家企业进入辅导期；5 家上市公司通过定向增发、发行公司债等方式实现再融资 71.57 亿元；2 家公司再融资方案已通过证监会审核，拟融资 13 亿元。

在经济结构调整、国内经济下行压力加大的复杂形势下，云南省上市公司积极借助资本市场开展并购重组，先后有 16 家上市公司拟通过重大资产重组等方式提升资产质量和盈利能力，完善产业链，实现转型升级。2014 年前三个季度，云南省上市公司共实现营业收入 1 793.46 亿元，同比增长 17.63%，归属母公司净利润 11.73 亿元，与上年同期亏损 4.58 亿元相比，实现扭亏为盈。

4. 发展和利用多层次资本市场成效显著，直接融资功能进一步发挥

2014 年，云南省两家证券公司通过提供上市保荐、“新三板”推荐、债券承销发行等服务及融资业务，帮助云南企业实现融资 154.39 亿元。年内共有 14 家企业成功在“新三板”挂牌，居西部第 5 位，“杨丽萍文化”等一批反映云南产业特色优质企业相继登陆“新三板”，其中 3 家实现融资 3 850 万元，1 家民族自治区域企业挂牌“新三板”，多家挂牌企业正筹划利用做市商制度实现定向融资和股份流转。此外，有 7 家企业在审，90 家企业与券商签约推进挂牌工作。拟挂牌企业以民营企业为主，占比 93%，挂牌企业区域覆盖面逐步扩大，13 个州市有拟挂牌企业且部分已深入县域。股权投资基金发展成效显著，股权投资类企业达 577 家，其中，基金 163 只，基金管理规模 566.34 亿元。

债务融资规模稳步扩大，融资产品不断丰富，直接融资渠道进一步拓宽，社会融资结构不断改善，企业债务融资规模持续快速增长，已成为云南省企业直接融资的主要工具。2014 年，云南省企业债务融资工具累计发行 723.6 亿元。其中，短期融资券 236 亿元、超短期融资券 65 亿元、中期票据 104.6 亿元、非公开定向债务融资工具 318 亿元，占同期云南省直接融资比例的 79%，发债量排名居全国第 16 位。中小企业私募债发行也取得较好成绩，7 家企业中小企业私募债成功备案拟融资 15.75 亿元，其中 4 家已成功发行融资 7.4 亿元，较上年的 0.65 亿元有大幅提升。

（二）证券业发展需要关注的方面

1. 部分上市公司持续盈利能力较弱，资本运作能力有待提高

云南省上市公司大多集中于资源类行业，现代服务业、金融业和高新技术产业的上市公司较少，在经济增速放缓和深化结构调整的大环境下，2014 年前三个季度，云南省化工、有色金属和装备制造等传统周期性行业上市公司由于抗周期能力弱，出现企业运行质量下降，部分企业亏损。29 家上市公司中有 10 家出现亏损，占比达到 34%。部分公司虽然通过采取措施暂时化解了风险，但资产负债率高、产能过剩、转型困难、持续盈利能力差等问题并未得到实质性改善，经营形势依然严峻。部分上市公司资本运作能力不足，9 家公司上市以来没有进行过再融资，2014 年筹划的 18 项重大资产重组仅有 2 项在年内成功完成。资金运用效率有待改善，部分公司单纯为扩充规模、做大收入而进行再融资，将资金投入陌生的非主营业务，不但未推动企业转型升级，反而带来巨额亏损，拖累公司整体业绩。

2. 证券期货经营机构服务能力有待提升，发展环境有待进一步优化

云南省法人证券、期货公司资产规模较小，在全国处于中游水平，业务创新力度与同业存在一定差距，综合实力和总体竞争力较弱，未能充分发挥本土优势，对服务云南省投融资项目的支持力度不够。云南省在融资方面仍主要依赖于银行贷款等间接融资渠道，对发展和利用资本市场促进融资结构调整、推进经济转型升级的重要作用认识不足，尚未形成多元化的融资理念，在推进企业改制上市和挂牌、促进证券期货行业发展的相关奖励扶持政策不够完善。

3. 私募基金风险隐患显现，交易场所清理整顿任务紧迫

云南省部分私募基金日常管理和运作不规范，存在变相公开募集、违规代持、“名股实债”等违法违规行为，甚至存在突破人数限制涉嫌非法集资的可能，隐含较大的风险隐患。私募基金支持云南省实体经济作用有限，361 家基金管理人中仅 43 家发起过私募基金，投向多为房地产、矿产业等传统产业，基本不涉及省内特色优势产业和创新创业企业。云南省是目前国内 2 个未完成清理整顿各类交易场所工作的省（区）之一，清理整顿工作的滞后，制约了云南区域性股权交易市场建设，交易场所清理整顿工作任务亟待完成。

四、保险业

（一）保险业运行

1. 保险市场发展迅速，保费收入稳步增长

2014 年，云南省共有保险公司法人公司 1 家，省级分公司 33 家（含外资保险分公司 1 家），其中产险公司 22 家，人身险公司 12 家，年内新增 1 家省级分公司；州、市级中心支公司及以下机构 2 670家，较上年新增 60 家；诚泰财产保险股份有限公司获准在省外设立分支机构。保险公司资产 571. 66 亿元，同比增长 12. 66%。保险服务覆盖面不断拓展，实现了对云南省 129 个县域的全覆盖，保险机构乡镇覆盖率大幅提高，达到 55. 2%。

保费收入保持平稳增长，2014 年累计实现原保险保费收入 375. 99 亿元，同比增长 17. 21%，较上年下降 1. 03 个百分点，低于全国平均水平 0. 28 个百分点，保费规模位居全国第 20 位。保险密度

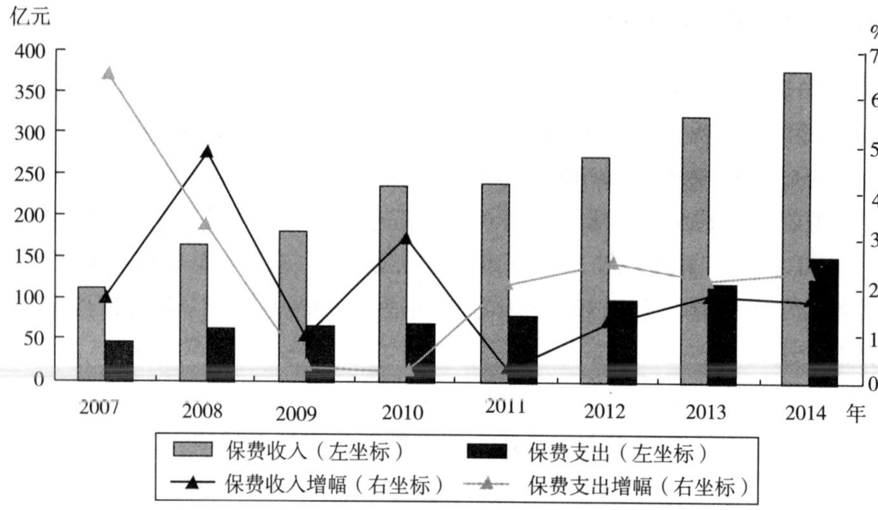

数据来源：中国保险监督管理委员会云南监管局相关资料。

图5 2007—2014年云南省保费收入和支出情况

为797.6元/人，同比增长15.85%；保险深度为2.93%，较上年提高0.19个百分点。

2. 财产险平稳发展，人身险逐步回暖

2014年，受汽车消费市场发展放缓和投资项目拉动减弱影响，云南省产险保费收入增速有所放缓，但仍保持平稳发展态势。产险公司累计保费收入190.48亿元，同比增长18.37%，较上年回落5.59个百分点，高于全国平均水平1.96个百分点。其中，机动车辆保险保费收入144.05亿元，同比增长18.53%，较上年回落3.91个百分点；农业险保费收入11.06亿元，同比增长7.27%，较上年回落37.28个百分点。

云南省人身险市场逐步回暖，保费收入增速持续回升。2014年，寿险公司累计实现保费收入185.5亿元，同比增长16.05%，较上年提高了3.07个百分点，仍低于全国平均水平2.1个百分点。其中，人寿险实现保费收入147.66亿元，同比增长12.15%，较上年回落1.11个百分点；健康险实现保费收入28.61亿元，同比增长41.44%，较上年大幅提高29.81个百分点；意外伤害险实现保费收入9.24亿元，同比增长15.87%，较上年提高3.95个百分点。

3. 风险补偿功能有效发挥，支持社会经济发展能力日益突出

2014年，云南省保险业各项赔款与给付支出150.88亿元，同比增长23.61%，较上年提高1.68个百分点，高于全国平均水平7.46个百分点，保费支出增幅连续四年高于保费收入增幅。其中，产险公司保费支出增速持续回落，保费支出90.98亿元，同比增长15.49%，较上年回落7.77个百分点；寿险公司保费支出52.8亿元，同比增长34.93%，较上年提高15.75个百分点。保险业风险补偿功能有效发挥，为经济社会发展提供了超过15万亿元的风险保障，在“香格里拉火灾”、“鲁甸地震”等突发事件中，共计完成赔付金额3 126.3万元，累计捐款超过4 200万元。

保险积极参与社会辅助管理。大病保险已覆盖云南省13个州市共计113个县区，州市、县域覆盖率分别达到81.25%和87.60%，切实提高了云南省广大参保群众的大病医疗保障水平。保险资金运用取得新进展，云南省实际参与重点项目、重点工程、重点企业的保险资金达150.18亿元，有力支持了经济社会全面发展。

4. 大力推动特色保险创新试点，积极发展高原特色农业保险

2014 年，云南省大力推动政策性农房地震、人口较少民族保障、小额贷款保证保险三项试点工作，大力发展水路船舶、国内外水路货物、跨境机动车辆、境外工作人员、境外旅行意外伤害等跨境保险业务，满足双边企业对外投资、对外贸易、劳务输出、外建工程以及双边人员旅游、商务合作中的保险保障需求，为云南的跨境保险业务探索了新路子。

云南省农业保险由单一的烤烟保险逐步发展到基本覆盖主要种养殖业和特色农产品的 18 个保险产品，由在玉溪一地主要开展逐步发展到在云南省各州市全面开展，由单纯的商业保险模式向中央财政和地方财政补贴保费的模式转变。农业保险实现保费收入 11.06 亿元，为云南省农业生产提供近 1 700 亿元风险保障；赔款支出 6.7 亿元，同比增长 39.87%，161.89 万户（次）农户从中受益。

（二）保险业发展需要关注的方面

1. 经济和收入增速放缓，行业发展面临挑战

云南省城乡居民收入近年来虽保持了稳定增长，但受经济下行、企业效益下滑因素影响，城乡居民工资性收入和经营性收入增速呈现下滑态势。同时，农民收入则受近期农产品价格增速放缓影响，增收乏力。经济增速大幅放缓，宏观经济形势面临很多不确定因素，主要经济指标增速趋缓的态势可能仍将延续，对保险业把握大势，调整产品形态、渠道结构提出了新的挑战，保险业保持较快发展动力弱化，保费收入增速有所放缓，产险应收保费增长较快，产险公司应收保费率 5.23%，较上年提高 1.46 个百分点，影响了公司的财务稳健性。

2. 退保风险有所增加，寿险满期给付压力大

受资本市场长期低迷，市场流动性趋紧、经济下行压力等因素影响，以分红险为主的部分投资性产品收益低于预期，以及前期部分销售误导埋下的风险隐患逐步显现，云南省寿险退保风险有所增加，2014 年，寿险公司退保率为 5.25%，较上年提高了 1.79 个百分点，退保金 39.54 亿元，同比增长 76.5%。退保资金支出持续增加，给寿险公司现金流和稳定经营能力带来一定压力。2013—2016 年是云南省寿险满期给付的高峰期，寿险公司满期给付压力加大。同时，在一些高收益理财产品和资本市场回暖的影响下，消费者的收益预期较以往明显上升，寿险公司现金流和兑付服务的压力将进一步增大。

3. 市场秩序有待进一步规范，风险防范有待加强

云南省近年来加强对了保险市场的整顿规范，但销售误导、夸大宣传等问题并未得到有效遏制，且手段更加隐蔽，监管更加困难，一定程度上影响了消费者对保险业的信任度。同时，随着市场竞争的日趋激烈，非理性竞争行为有所抬头，部分公司经营风险隐患显现。云南省保险公司自身风险防范能力相对不足，政策执行力不强，内控建设还需不断加强，由于保险业准入门槛相对较低，人员流动频率快，保险公司省级分公司对基层分支机构和业务人员的市场行为约束力不强。云南省尚未建立起一套行之有效的保修风险预警系统，对于市场的深层次风险隐患，仍不能充分掌握，风险防范有待进一步加强。

五、金融市场

2014 年，云南省金融市场总体运行平稳，地方法人金融机构在银行间市场累计成交 35 068.25

亿元，同比增长 27.8%，商业银行黄金业务保持活跃，债券市场支持实体经济发展取得显著成效，金融市场成为金融机构和企业的重要投融资平台，在合理配置金融资源、保障货币政策有效传导、维护区域经济健康运行等方面发挥着重要的作用。

1. 同业拆借净拆入为主，短期化趋势明显

2014 年，云南省金融机构同业拆借累计成交 1 461.59 亿元，同比减少 10.85% ，累计拆入 1 421.14亿元、累计拆出 40.45 亿元，12 月份拆借加权平均利率为 4.08%。同业拆借市场成员通过拆借满足了自身头寸资金需求，全年净拆入资金 1 380.69 亿元，同业拆借提供流动性管理便利功能有效发挥。

为降低融资成本，同业拆借市场成员采取短期化操作的方式开展业务，短期化趋势明显，1 天～7 天拆借占总量的 70%。

2. 债券市场再融资作用有效发挥，现券买卖交易大幅增长

2014 年，云南省债券市场质押式回购累计成交 22 556.9 亿元，同比增长 25%。其中，正回购 11 090.2亿元，逆回购 11 466.7 亿元，净融出资金 376.5 亿元。买断式回购累计成交 8 219.3 亿元，同比增长 55%。其中，正回购 1 632.9 亿元，逆回购 6 586.4 亿元，净融出资金 4 953.5 亿元。从操作上来看，上半年市场成员通过正回购融入资金配置债券，充分发挥了货币市场再融资作用，盘活了存量债券；下半年市场资金面较宽裕，市场上对短期资金的需求不高，市场成员以融出资金为主。

现券买卖累计成交 2 830.4 亿元，同比增长 15.6%。其中，买入 1 418.8 亿元、卖出 1 411.6 亿元。2014 年以来债市收益率大幅上行，云南市场成员适时进行了债券配置，一方面增持年内到期的高收益短期品种；另一方面控制对长期债券品种的投资，控制市场风险。云南省各金融机构债券投资余额为 871.85 亿元，同比增长 75.2%。其中，短期债券占比为 80.2%，中长期债券占比为 19.8%，持债主体主要是城市商业银行和农村信用社。

3. 商业银行黄金业务保持活跃，避险能力不断提高

2014 年，云南省两家黄金交易所企业会员累计黄金交易 98.77 吨，同比减少 30.16%，交易金额 246.5 亿元，同比减少 36.73%。商业银行黄金业务保持活跃，参与黄金市场的深度和广度进一步增强，商业银行账户金、实物金和代理黄金三种业务累计成交 62.2 吨，同比增长 15.61%；成交金额 158.56 亿元，同比增长 5.2%。

商业银行运用黄金衍生产品规避风险的能力进一步提高，黄金租赁、黄金远期业务发展迅速。黄金租赁业务累计交易 45.09 吨，同比增长 44.98%；交易金额 115.95 亿元，同比增长 39.70%。黄金远期业务累计交易 3.17 吨，同比增长 322.67%；交易金额 8.11 亿元，同比增长 307.54%。

4. 外汇市场大幅增长，美元为主要交易币种

2014 年，云南省银行间外汇市场成员在全国银行间外汇市场累计成交折合 27 577 万美元，同比增长 99%。其中，买入外汇折合 12 833 万美元，同比增长 63.3%；卖出外汇折合 14 744 万美元，同比增长 148%。

从交易币种结构看，美元交易额占总成交金额的 70%；其次为欧元、港元、泰铢。

5. 票据业务增长持续放缓，利率水平低位运行

2014 年，受加强表外业务管理以及企业有效需求减少等因素的影响，云南省银行承兑汇票增长继续放缓，银行承兑汇票余额 1 322.95 亿元，同比下降 2.0%，较上年回落 12.8 个百分点，较年初减少 27.54 亿元，同比少增 158.90 亿元。票据贴现增速明显提升，票据贴现余额 404.22 亿元，同比

增长41.8%，较上年提高19.4个百分点。

受货币市场利率、票据市场供求关系及再贴现工具的引导等多种因素影响，云南省票据市场利率总体处于较低水平，票据直贴加权平均利率为5.89%，低于同期一般类贷款加权平均利率1.77个百分点，其中，银行承兑汇票直贴加权平均利率为5.78%，商业承兑汇票直贴加权平均利率为6.77%。转贴现加权平均利率为5.36%，其中，买断式转贴现加权平均利率为5.21%，回购式转贴现加权平均利率为5.15%。

六、金融基础设施

（一）征信系统平稳运行，信用体系建设成效显著

1. 征信系统社会服务功能有效发挥，信用宣传长效机制初步形成

2014年，全国联网的金融信用信息基础数据库已为云南省1 700.25万自然人、15.44万户企业及其他组织建立了信用档案。数据库在信贷领域成效显著，为云南省金融机构提供查询服务559.61万次；帮助金融机构实现风险预警2.98万笔，金额292.86亿元；拒绝企业授信、个人贷款和信用卡申请9.38万笔，金额236.08亿元；实现不良贷款清收1.2万笔，金额21.81亿元。为政府部门提供企业信用报告查询服务1 410次，为社会大众提供个人信用报告查询16.70万次。

云南省结合实际开展各具特色的宣传活动，共举办“信用云南行”宣传活动33场，通过“征信和社会信用体系专题宣传”、“信用记录关爱日”、金融知识普及月等活动宣传普及征信知识，宣传效果成效显著。

2. 信用体系建设工作稳步推进，小微企业信用体系建设成效明显

云南省制定《云南省人民政府关于贯彻落实社会信用体系建设规划纲要（2014—2020年）的实施意见》、《云南省人民政府办公厅关于全省社会信用体系建设任务分解的通知》，明确社会信用体系建设工作目标和重点。农村信用体系建设有序推进，西双版纳州勐海县实施以县域为单位的农村信用体系建设新模式成效初显，大理州洱源县、丽江市华坪县、红河州开远市和金平县信用县创建工作进度加快，农户信用信息系统已为449.83万农户建立了电子信用档案，评定信用户169.91万户、信用村1534个、信用乡138个。

云南省制定《关于开展全省小微企业信用评级工作的实施意见》，启动小微企业信用评级“三年5000（家）”推进计划，共完成133家小微企业评级。应收账款融资服务平台应用推广工作成效显著，进一步盘活了应收账款存量，拓宽小微企业融资渠道。小微企业信用体系试验区建设有效推进，楚雄州政府印发《关于加快小微企业信用信息建设工作的通知》，明确了工作目标、组织体系以及相关支持政策。

（二）支付清算系统平稳运行，支付服务软硬件环境日益完善

1. 支付清算系统建设进一步完善，支付清算业务量稳步增长

2014年，云南省顺利完成第二代支付系统在22家银行业金融机构和云南省集中代收付中心的推广及ACS系统的上线运行，进一步提高金融服务效率，有效满足支付需求多样性发展的需要，提供了更全面高效的支付结算服务新渠道，对支持地方经济发展起到了积极的作用。

在各重要支付系统上线推广运行期间，云南省支付清算系统安全稳定运行，业务处理量稳步提高。大额支付系统处理业务 2 339.51 万笔，资金 43.89 万亿元，分别同比增长 31.30% 和减少 3.82%；小额支付系统处理业务 4 660.32 万笔，金额 5 286.73 亿元，分别同比增长 56.41% 和 51.74%；云南省支付结算综合业务系统处理业务 386.31 万笔，资金 14 911.5 亿元，分别同比增长 0.08% 和 15.72%。

2. 农村支付服务环境全面改善，非现金支付工具深入推广

2014 年，惠农支付业务覆盖范围不断扩大，实现行政村惠农支付业务全覆盖，新增惠农支付业务点 3 053 个，累计建成惠农支付服务点 18 781 个，各惠农点累计发生清算业务 1 480.27 万笔，清算金额 78.39 亿元，查询业务 1 394.76 万笔。首次引进第三方机构对云南省 17 个县的惠农支付服务点进行针对性巡检维护，有效巩固了惠农支付服务点建设成果。充分利用云南省银行卡联合宣传活动平台，对优秀惠农商户进行表彰，有效扩大了惠农支付服务业务在群众中的认知度和影响力。

云天化集团财务公司成功加入电子商业汇票系统，新成立村镇银行陆续开办银行承兑汇票业务电子商业汇票业务和票据业务得到进一步发展。银行卡联合宣传活动有序开展，全年新建 12 条刷卡无障碍示范街。各参与方共同制定相关管理办法进一步促进云南省银行卡受理市场快速、健康、安全、稳定发展，满足持卡人基础民生用卡需求。

（三）反洗钱监管不断深入，反假货币工作成效显著

1. 有效预防洗钱犯罪，深入开展案件调查

2014 年，云南省坚持风险为本的反洗钱工作方法，加强对金融机构的反洗钱监管，督促金融机构进行整改，对 100 家金融机构依法履行反洗钱义务情况进行现场检查；积极推进洗钱风险评估工作，不断完善义务主体风险评估指标体系，对 13 家反洗钱义务机构开展了洗钱风险评估工作，消除潜在洗钱风险。

提升工作主动性，深入开展反洗钱案件调查工作，调查效率明显提升。共受理相关部门的案件调查 120 件，较上年增加 24 件；线索研判进一步加强，协查次数为 1 197 次，同比增长 8%；共发现或接收可疑线索数 493 个，合计开展行政调查 700 次，向公安机关报案 18 起，立案 3 起，向反洗钱监测分析中心提交研判线索 4 个。

2. 开展打击假币犯罪专项整治行动，强化反假货币宣传

2014 年，云南省积极开展打击假币犯罪专项集中整治行动，创新构建跨境人民币反假协作云南省模式，共收缴假人民币 23.66 万张（枚），共计金额 2 178.6 万元，同比增长 41.95%。积极推进人民币净化工程建设，清分复点发现假币数量、浓度持续下降。各银行业金融机构共配备清分机 4 046台，建立清分中心 192 个，州市以上所在地金融机构柜台收入现金实现全额清分，12 家金融机构实现对外付出现金全额清分。各金融机构冠字号码识别功能取款机 6 783 台，完成比例为 94.17%；配备冠字号码识别功能一体机 6 432 台，完成比例为 89.61%，有力地保障了假币“零容忍”目标实现。

云南省积极尝试创新宣传方式，利用网络、微信等新平台进行反假货币宣传，142 个人民银行分支机构、4 671 个银行业金融机构网点参与了反假货币宣传活动，共计设立各类反假货币宣传点8 804 个，举办宣传活动 2 734 场次，发放宣传品 488 余万份，向 387 万群众宣传反假货币知识，压缩假人民币的生存空间，减少假币对社会的危害，净化市场秩序。

（四）沿边金融改革全面启动，跨境金融合作交流机制不断完善

1. 沿边金融综合改革试验区建设成效显著，跨境人民币业务不断创新

2014 年，云南省全力推动沿边金融综合改革试验区建设。德宏州开展了经常项下人民币与缅币本外币特许兑换、跨境金融支付服务业务以及出境 200 公里以内的车辆和入境外籍人员的跨境保险试点，启动中缅货币兑换中心建设；临沧市开展跨境金融支付服务业务试点，对持有缅甸佤邦身份证的居民到境内开立个人银行结算账户进行试点；西双版纳州推动建立了中老、中泰“边贸网银”跨境人民币结算平台，开展跨境金融支付服务业务试点和跨境机动车辆保险业务；红河州开展经常项下人民币兑越南盾特许兑换业务，积极开展跨境保险业务合作；保山市积极培育 2 家企业开展本外币特许兑换业务；文山州通过开通双边网银业务、签订边贸结算协议成功发放首笔跨境人民币流动资金贷款；普洱市开展中缅双边银行间现钞跨境调运，开展机动车辆保险、货物运输保险、旅游保险、责任保险等特色跨境保险。

跨境人民币业务实现了“两个首创”，推动了“两项试点”。一是首创经常项下人民币兑缅币特许兑换业务，打开了经常项下人民币与非主要国际储备货币兑换通道，在瑞丽打造中国首个中缅货币兑换中心。二是首创开展了跨境金融支付服务业务，在临沧、西双版纳、德宏设立了 5 个金融支付便民服务点，开展了向缅甸、老挝边民提供小额取款、汇款、查询、刷卡消费等跨境支付服务业务。三是开展了经常项下个人跨境人民币结算试点，畅通了个人跨境贸易结算渠道。四是开展了跨境人民币双向贷款业务试点，积极挖掘和培育市场，建立人民币回流机制，为云南省企业拓宽了境外融资的渠道。

2. 强化与周边国家金融合作，探索开展非主要国际储备货币现钞调运新模式

2014 年，云南省积极开展与周边国家的金融合作，人民银行昆明中心支行与泰国银行北部分行建立了人员交流、信息互换、政策磋商机制，连续 5 年举办了双边磋商会，首次启动双边本币结算联合调研工作，举办 81 场商业银行间专场洽谈会。依托云南省与老挝北部省份贸易投资工作组机制，昆明中心支行与老挝央行首次正式对接，建立了双边联络机制，为双边央行建立对话磋商平台奠定了基础。

针对云南边境贸易主要依靠现金结算，对非主要国际储备货币现钞需求量较大的特点，云南省积极推动城市商业银行、货币兑换公司和国际专业现钞调运公司合作调运现钞新模式。2014 年，从泰国调运 2. 8 亿元泰铢现钞，满足了云南省泰铢兑换需求并辐射到全国部分省区。

七、稳定评估

（一）定量评估

运用区域金融稳定定量评估模型对 2014 年云南省区域金融稳定状况进行定量评估，基于评价指标的可比性和可获得性，从宏观经济运行、银行业、证券业、保险业和金融生态环境五个方面选取了 26 个量化指标，并运用层次分析法和专家评价法相结合的多指标综合评价法确定指标权重，对云南金融稳定状况进行量化评价。从定量评估的结果来看，2014 年，受经济下行压力加大，经济运行质量有所下降影响，宏观经济运行得分大幅下滑，影响云南省金融稳定状况综合得分，云南省金融

稳定状况综合得分为76.96分，较上年下降11.08分，属于“B类地区较好地区+”。从具体指标变动来看，居民消费价格指数等7项指标较上年有所改善，银行核心资本充足率等10项指标基本与上年持平，地区生产总值增长率等10项指标较上年有所下降。从分项指标看，宏观经济运行方面，物价和就业水平总体保持稳定，经济增速、社会固定资产投资、实际利用外资增速和城乡居民收入均出现较大幅度下滑，房地产价格回落，宏观经济运行得分较上年大幅下降24分；银行业方面，资本充足率、资产质量和盈利性水平关键性指标基本与上年持平，流动性有所降低，得分较上年有所下降；证券业方面，盈利持续回升，净资本负债率保持稳定，得分较上年小幅提高；保险业方面，寿险公司退保率和应收保费率均有所上升，得分较上年略微回落；金融生态环境方面，银行服务密度和征信数据库覆盖率继续改善，得分较上年略微提高。

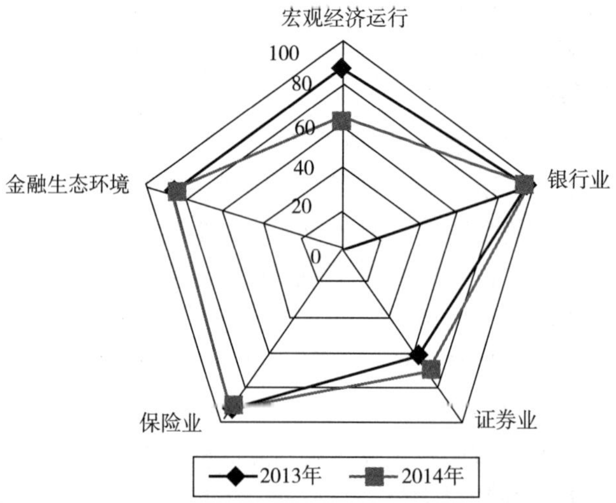

图6　2013年和2014年云南省金融稳定定量评估情况

（二）总体评估

2014年，面对国际经济金融环境复杂多变、国内经济下行压力加大、省内自然灾害频发等严峻形势，云南省深入贯彻落实党中央、国务院的各项决策部署，坚持统筹稳增长、调结构、促改革、惠民生各项措施，加快推进经济结构调整和发展方式转变，强化经济运行调节，着力化解影响发展稳定的各种矛盾，推动经济社会总体平稳发展，农业综合生产能力显著提高，工业生产稳中趋缓，基础设施建设进一步加强，消费品市场总体平稳，进出口有所回暖，物价水平保持稳定，财税收支基本稳定，民生保障力度持续加大，生态文明建设成效显著，经济社会的平稳发展为云南省金融稳定提供良好的基础。但是云南省产业结构不合理、产业转型升级缓慢、产能过剩行业仍然占据一定比例，特色优势和战略性新兴产业不够突出，工业经济生产经营形式较为严峻，工业企业亏损面持续扩大，投资拉动明显减弱，多元因素造成主要经济指标增速趋缓，经济增长基础不牢靠，内生动力不足，经济下行和产业转型压力加大，稳增长、调结构任务艰巨，经济发展中不平衡、不协调矛盾仍然较为突出，经济增长实现持续回升存在一定困难。

金融业总体保持平稳向好的发展态势，金融机构认真贯彻执行稳健的货币政策，持续加大改革创新力度，金融储蓄转化、信贷调节、风险补偿、配置资源、财富分配等功能有效发挥，全力以赴支持经济稳增长和产业转型升级，为经济社会平稳发展发挥了重要作用。金融组织体系不断完善，机构数量和资产规模日益扩大，经营效益持续提高，存量风险不断得到化解，风险防范能力进一步提高。金融市场运行平稳，在合理配置金融资源、保障货币政策有效传导等方面作用明显；金融基础设施日益完善，征信系统服务社会发展功能成效显现，支付清算体系高效运行，反洗钱和反假币监管力度进一步加强，沿边金融综合改革试验区建设全面推进，金融生态环境持续优化。但云南省经济发展中长期积累的深层次矛盾在金融运行中逐渐显现，信贷资产质量持续承压，信用风险持续暴露，金融机构经营合规风险压力加大，操作风险有所增加；存贷款增速明显放缓，对信贷投放支撑作用下降，以互联网金融为代表的新型金融组织蓬勃发展对银行传统经营模式造成挑战，经营压力加大；部分上市公司持续经营能力弱，证券期货经营机构服务能力有待提升，私募基金风险隐患显现，交易场所清理整顿进展缓慢；寿险满期给付压力加大，退保风险增加，应收保费增长过快；金融市场参与主体较少的局面有待改善；金融基础设施软、硬件建设仍需进一步加强。

总体来看，云南省经济金融运行过程中尽管存在一些问题和困难，但仍然呈现经济平稳发展、民生不断改善、社会和谐稳定的良好局面，金融业在改革创新中平稳有序健康发展，区域金融运行继续保持稳定。

总　　纂：杨小平　于　华
统　　稿：李宇专　李　晟
执　　笔：杨百昕　汪　洋　陈晓乐
其他参与写作人员（按姓氏笔画排序）：
马绍波　王春桥　毛　颖　吕　华　许卫东
李　捷　李晋彪　吴明辉　金　辉　杨　磊
杨惠升　张　琦　张建玲　段一群　胡维金

西藏自治区金融稳定报告摘要

2014年，西藏自治区在全国经济下行压力增大的情况下，主动作为，精准发力，加强调控，强化措施，不断优化投资环境，努力拓宽投资渠道，投资规模进一步扩大，质量效益进一步加强。西藏经济平稳较快发展，经济总量跃上新台阶，民生得到显著改善。在良好的经济发展环境下，西藏自治区金融业实现了稳健发展。但随着国内外经济金融形势的不断变化以及西藏跨越式发展步伐逐步加快，一些新情况与新问题有所显现，这些因素对西藏金融稳定的影响值得关注。

一、区域经济运行与金融稳定

（一）区域经济运行情况

1. 经济持续快速增长，财政收支形势保持稳定

2014年，西藏经济平稳较快发展，经济总量跃上新台阶，西藏实现地区生产总值920.83亿元，增长10%，高于全国平均增速4.6个百分点。其中，第一、第二、第三产业增加值分别为91.57亿元、336.84亿元和492.42亿元，同比分别增长4.2%、14.6%和9.5%。在西藏生产总值中，第一、第二、第三产业增加值比重比例分别为9.9:36.6:53.5。与上年相比，第一产业比重下降0.4个百分点，第二产业上升0.7个百分点，第三产业下降0.2个百分点，产业结构进一步优化。全年实现公共财政预算收入124.27亿元，增长30.8%；地方财政支出1 240.27亿元，同比增长18.2%。

2. 投资增长略有回落，城乡消费稳步增加

2014年，西藏不断优化投资环境，努力拓宽投资渠道，投资规模进一步扩大。全年西藏完成固定资产投资1 119.73亿元，同比增长21.9%，增速比上年回落近7.5个百分点。从投资主体看，政府投资比例有所下降，全年政府财政投资完成810.9亿元，同比增长17.74%，占投资总额的72.42%，同比下降2.58个百分点。2014年，西藏城乡消费稳步增加，全年社会消费品零售总额364.51亿元，同比增长13.1%。其中，城镇和乡村社会商品零售总额分别达到303.01亿元、61.50亿元，增长13.9%、9.6%。城乡市场体系和商品流通网络不断完善，城乡消费齐头并进的良好态势进一步巩固。

3. 外贸总量下降明显，旅游业发展迅猛

2014年，西藏自治区外贸进出口总额达22.50亿美元，同比下降32.23%。其中，贸易出口与贸易顺差分别为21亿美元和19.5亿美元，同比分别下降35.78%和39.44%；贸易进口额为1.5亿美元，同比增长200%。2014年，西藏旅游业发展迅猛，旅游资源优势正日益转化成为经济优势。全年共接待国内外游客达1 553.14万人次，同比增长20.5%。全年旅游总收入首次突破200亿元，达

到 204 亿元，同比增长 23.5%。其中，旅游外汇收入 1.45 亿美元，同比增长 13.2%。

4. 规模以上工业发展良好，企业盈利能力有所增强

2014 年，西藏规模以上工业实现增加值 48.87 亿元，同比增长 6.0%。其中，轻工业实现增加值 18.87 亿元，同比增长 18.3%；重工业实现增加值 30.00 亿元，与上年持平。工业销售状况持续良好，工业产品销售率 94.4%，比上年同期提高 0.4 百分点。全年规模以上工业企业实现利润总额 12.44 亿元，增长 89.2%。

5. 居民收入不断增加，物价总水平有所上涨

2014 年，西藏城镇居民人均可支配收入 22 016 元，同比增长 7.9%；农牧民人均纯收入 7 359 元，同比增长 12.3%。受全国宏观经济的影响，西藏不断加强市场监测监管，及时调整生活必需品的供给，物价上涨趋于理性。全年居民消费价格总水平上涨 2.9%。其中，城市上涨 3.3%，农村上涨 2.5%。消费品价格上涨 2.9%，同比下降 0.9 个百分点，其中，食品价格同比上升 5.3 个百分点。商品零售价格上涨 2.2%，同比下降 0.8 个百分点。农业生产资料价格上涨 0.9%，同比下降 0.9 个百分点。工业品出厂价格下降 1.0%，同比上升 0.8 个百分点。

（二）区域经济运行中值得关注的问题

2014 年，西藏经济依然保持了快速健康发展，但是，西藏固定资产投资与地区生产总值的比高达 121%；固定资产投资增速高于地区生产总值增速 11.1 个百分点，固定资产投资增速明显高于地区生产总值增速，经济发展主要依靠投资拉动的格局尚未得到根本改变。同时，西藏经济发展不平衡，农牧业产业化水平较低，基础设施瓶颈制约比较突出，市场机制作用发挥不够，对外贸易增长乏力，改革创新力度有待加大等问题也值得高度关注。

二、金融业与金融稳定

（一）银行业与金融稳定

1. 银行业发展概况

（1）银行业体系不断完善，金融服务覆盖面持续扩大

截至 2014 年末，西藏已设立有国家开发银行西藏分行，农业发展银行西藏分行，工、农、中、建四大行西藏分行，邮储银行西藏分行，民生银行拉萨分行，西藏银行，林芝民生村镇银行，西藏信托等银行业金融机构。西藏金融租赁公司、中信银行拉萨分行已获批筹建，筹建工作顺利推进。银行业金融机构总数达 12 家，银行业组织体系不断完善。2014 年，西藏银行业金融机构进一步加大向县域、乡镇和农牧区延伸，全年新设机构 11 个，其中县域、乡镇机构 5 个，全辖区机构总数达 658 个，覆盖西藏 684 个乡镇中的 414 个，覆盖率达 60.61%，机构布局更趋合理，金融服务覆盖面持续扩大。

（2）资产规模稳步扩大，盈利能力显著提高

截至 2014 年末，西藏银行业金融机构总资产为 3 311.21 亿元，比年初增加 657.97 亿元，总负债为 3 214.07 亿元，比年初增加 611.97 亿元。全年西藏银行业金融机构实现利润同比增盈 24.82 亿元。

（3）各项存款平稳增长，单位存款主体地位突出

截至2014年末，西藏金融机构本外币各项存款余额3 089.19亿元，比年初增加588.25亿元，增长23.52%，增速比2013年提高1.5个百分点，增量再创历史新高。从存款性质来看，单位存款的主体地位依然突出。截至2014年末，西藏金融机构单位存款余额2 279.86亿元，增长19.85%，占各项存款的73.8%，新增单位存款占新增各项存款的64.18%。西藏金融机构个人存款余额559.97亿元，增长12.73%，占各项存款的18.13%，新增个人存款占新增各项存款的10.75%。

（4）各项贷款增速迅猛，信贷期限趋向中长期化

截至2014年末，西藏各项贷款余额首次突破1 600亿元，达到1 619.46亿元，较年初增加541.31亿元，增长50.21%。其中，西藏金融机构短期贷款余额297.94亿元，增长14.17%，占各项贷款余额的18.4%；中长期贷款余额1 201.60亿元，增长58.14%，占各项贷款余额的74.2%；票据融资余额119.92亿元，比年初增加62.55亿元，增长109.03%，占各项贷款的7.4%。票据融资增速快主要是因为基数较小。

（5）信贷投向重点突出，信贷结构进一步优化

2014年，西藏“涉农”贷款增长强劲，余额达到297.26亿元，增长98.09%，占各项贷款的18.36%；中小微企业贷款余额608.92亿元，增长44.72%，占各项贷款的37.6%。扶贫贴息贷款快速增长，余额达到214.56亿元，增长179.26%。重点建设项目支持有力，加大了对拉林高等级公路、拉林铁路、拉萨贡嘎机场扩建、川藏电网联网、拉洛水利枢纽等项目的信贷支持。

（6）不良贷款继续“双降”，资产质量稳步提升

截至2014年末，西藏银行业金融机构不良贷款余额为6.95亿元，比年初减少0.82亿元，不良贷款率为0.43%，比年初下降0.29个百分点。其中，次级类明显减少，比年初减少1.43亿元，比例下降0.25个百分点；可疑类贷款明显上升，比年初增加0.67亿元，比例下降0.01个百分点；损失类贷款余额比年初减少0.06亿元，比例下降0.04个百分点。

（7）地方法人银行业机构稳健运行

2014年，西藏辖区地方法人银行业金融机构运行平稳。西藏银行完成增资扩股、续派高管、IT建设和公司治理等各项工作。经监测，西藏银行各项监管指标均在监管范围之内，风险可控；西藏信托公司资产规模负债规模有所增长，利润大幅增加，各项机制不断完善，信托业务较好开展；林芝民生村镇银行整体运行情况较好，经营能力逐步提升，内控机制不断健全，发展势头良好。

2. 银行业值得关注的问题

（1）存贷款结构有待继续优化

西藏银行业金融机构切实加大信贷投放力度，有效支持西藏实体经济发展。存贷款快速增长的同时，也存在部分结构性的问题。一是存款结构单一问题依然突出。2014年末，单位存款余额占各项存款余额达73.80%，而同期个人存款余额占比仅为18.13%。二是票据融资业务增长较快。全年票据融资额467.22亿元，占累计发放贷款的31.59%，票据余额较年初增长109.03%。三是贷款趋于中长期化。截至2014年末，中长期贷款余额占各项贷款余额达74.20%，同比上升3.72个百分点；中长期贷款增速58.14%，高于各项贷款增速7.93个百分点；中长期贷款增量占各项贷款增量81.61%，占比较上年上升10.03个百分点。

（2）不良贷款反弹压力依然存在

2014年，西藏银行业机构信贷资产质量保持较好态势，但不良贷款反弹压力仍然存在。一是关

注类贷款和可疑类贷款增长明显。截至 2014 年末，关注类贷款比年初增加 68.46 亿元，增幅达 180.44%，关注类贷款比例 6.57%，比年初上升 3.03 个百分点；可疑类贷款比年初增加 0.67 亿元，增幅达 42.31%，可疑类贷款比例 0.14%，比年初下降 0.01 个百分点。二是不良贷款反弹空间依然存在。2014 年末辖内银行业金融机构逾期贷款余额为 7.93 亿元，比年初增加 4.01 亿元，其中逾期 90 天以上的贷款 3.27 亿元，逾期 90 天以上贷款占全部逾期贷款的 41.18%。三是不良贷款机构分布呈多元化。2013 年前西藏 5 家机构存在不良贷款。2014 年以来，2 家机构新发生不良贷款。辖区不良贷款机构分布类别、数量进一步呈多元化。

（3）地方法人银行公司治理水平有待加强

2014 年，西藏银行各项业务继续实现平稳较快发展，机构网点建设不断推进，资产规模较快扩张，盈利能力大幅提高，但作为法人银行在公司治理、内部控制、风险管理方面仍存在薄弱环节，主要表现在信用风险识别不够深入、绩效考评指标设计不够合理以及信息科技力量薄弱等方面。同时，同业业务治理体系不健全。无专营部门和专职人员负责全行同业业务经营及管理，未建立健全同业业务交易对手准入机制及管理办法，未定期评估交易对手信用风险、动态调整交易对手名单，单一机构融出资金占比超出规定要求。

（二）证券业与金融稳定

1. 证券业发展概况

（1）证券业组织体系不断完善

2014 年，区内新设证券营业部 3 家，截至 2014 年末，西藏辖内有 1 家法人证券公司和 9 家全国性证券公司营业部。西藏同信证券公司为辖区唯一一家法人证券公司。截至 2014 年末，同信证券下设 33 家分支机构，其中分公司 5 家，营业部 28 家。同信证券在西藏辖区内设有 5 家营业部，其中 2 家设在拉萨，其余分别设在山南、林芝、昌都地区，证券机构覆盖区域不断扩大。

（2）法人证券机构稳健经营

截至 2014 年末，西藏同信证券总资产为 55.70 亿元，同比增长 41.51%。总负债为 44.08 亿元，同比增长 44.08%。净资产为 11.62 亿元，同比增长 22.96%。证券交易额为 6 118.57 亿元，同比增长 72.2%。2014 年末指定与托管证券市值为 360.38 亿元。营业收入 7.73 亿元，同比增长 133.18%。净利润 2.1 亿元，同比增长 154.92%。

（3）上市公司规模不断扩大

截至 2014 年末，西藏辖区共有 10 家 A 股上市公司、1 家 H 股上市公司。从 A 股上市公司情况看，截至 2014 年第三季度末，10 家上市公司总资产 432.41 亿元，同比增长 6.83%。净资产 185.1 亿元，同比增长 2.1%。截至 2014 年末，10 家 A 股上市公司累计融资达 157.3 亿元；上市公司总股本 71.053 亿股，同比增长 2.22%；总市值为 835.33 亿元，同比增长 16.24%。10 家 A 股上市公司总市值占西藏 2014 年地区生产总值的 90.07%，证券化率居全国前列。

2. 证券业发展中值得关注的问题

（1）西藏资本市场有待进一步发展

虽然在 2014 年西藏辖区上市公司资产规模以及股本规模不断扩大，但是西藏上市公司在全国资本市场中的份额还相当小，且上市公司数量偏少，资产证券化比例较低，直接融资比重不高，市场要素不甚齐备，在基金等领域也都还是空白，资本市场对西藏特色经济的支持力度还有待进一步发掘。

（2）法人证券机构业务模式较为单一

目前西藏辖区唯一一家法人证券公司即西藏同信证券股份有限公司以经纪业务和自营业务为收入主要来源，分别占营业收入的43.24%和34.35%，投资银行、资产管理等业务占比较少。证券经营机构业务模式单一造成其经营业绩周期性强，随股市行情波动而波动，如果市场持续走弱，将会对证券经营机构稳健运营产生较大的负面影响。

（3）西藏后备上市资源相对匮乏

目前西藏共有3家公司已进入上市辅导期，2家公司已与主办券商签订协议开始辅导，拟在新三板挂牌。8家公司已纳入西藏证监局上市后备企业培育资源库中，正积极筹备上市工作，其中4家已完成股改工作。但是与内地发达省份相比，西藏经济社会发育程度较低，上市后备资源相对比较匮乏，依照目前全国统一的股票发行标准，符合条件的公司还是比较缺乏，上市资源不足问题较为突出。

（三）保险业与金融稳定

1. 保险业发展概况

（1）保险业机构不断增多，保险从业人员不断增加

截至2014年末，西藏共有各级保险机构48家。省级分公司7家，其中，产险公司5家，寿险公司2家，较年初增加1家；各级保险分支机构41家，其中，中心支公司19家、支公司2家、营业部2家、营销服务部18家。西藏保险业从业人员2 275人，同比增长14.38%

（2）保费收入不断增长，赔付能力进一步提升

2014年，西藏保险市场共实现原保险保费收入12.76亿元，同比增长11.59%，增速较全国平均水平低5.9个百分点。其中产险公司保费收入11.28亿元，同比增长10.9%，寿险公司保费收入1.47亿元，同比增长17.17%。分业务看，财产险业务累计实现保费收入9.01亿元，同比增长13.19%；寿险业务1.09亿元，同比增长16.38%；健康险业务1.18亿元，同比增长5.14%；意外险业务1.47亿元，同比增长4.48%。

2014年，累计赔付支出6.06亿元，同比增长8.35%，较全国平均水平低7.48个百分点。其中，财产险业务赔款支出4.10亿元，同比增长2%；人身险业务赔付支出1.96亿元，同比增长24.54%。

（3）产险公司保费收入增速明显，保费来源以车险保费收入为主

从产险公司险种看，车险保费收入6.32亿元，同比增长21.01%，增速较全国平均水平高4.6个百分点。车险占产险市场比重为56.04%，较全国平均占比低17.07个百分点。非车险保费收入4.96亿元，同比增长0.23%，增速较全国平均水平低15个百分点，较去年同期下降22.6个百分点。主要险种中，保证险、特殊风险、货运险、责任险增长较快，分别实现保费收入30.98万元、29.44万元、40.81万元、9 735.47万元，同比增长66.28%、49.41%、40.81 %、11.71%。家财险和农业保险呈现负增长，分别实现保费收入1 824.91万元、9 226.60万元，同比分别下降45.01%、2.33%。

2. 保险业发展中值得关注的问题

（1）西藏保险机构经营风险较大

农业保险具有高风险、高成本、低收益的特点，西藏地区高寒缺氧、气候恶劣，生态环境脆弱，

灾害种类多、范围广，干旱、地震、低温冷冻和雪灾、山体滑坡和泥石流等各类巨灾频繁发生，给西藏经济社会发展和人民生命财产带来严重影响，增加了保险公司的经营风险。

（2）农业保险保障程度相对较低

目前西藏政策性涉农保险以“大保面、广覆盖、低保障”为运营原则，补偿额度偏低，种植业保额标准为青稞240元/亩，小麦180元/亩，油菜310元/亩，玉米240元/亩，水稻280元/亩；养殖业保额标准为牛1 270元/头，绵羊135元/只，山羊110元/只。若遇到自然灾害出现全损，以青稞和牦牛为例，每亩青稞赔付240元，仅相当于其标的价值1 200元/亩的20%；每头牛赔付1 270元，而一头牦牛的实际价值为1万~2万元，远远高于现有补偿标准。

（3）巨灾风险管理缺乏可持续机制

农业保险需要通过再保险和巨灾风险补偿机制来转移风险。而西藏农业保险只是由自治区财政厅和人保财险西藏分公司分别在各自的政策性涉农保险专户下建立巨灾风险准备金台账。自治区财政厅账户准备金实行盈余滚动积累，公司账户准备金按比例提存，一年一结算，类似于对具体险种的管理方法，缺乏巨灾风险管理应有的长效可持续机制。

（4）大病医疗保险作用发挥不够

西藏现行的大额医疗补充保险体系，农牧民大额补充保险起赔额为6万元，城镇职工、城镇居民大额补充医疗保险起赔额为8万元。不少地区的医疗支付限额与保险公司补充医疗保险的起赔额还有较大差距，有的地区最高支付限额为2万元，中间4万~6万元的差额仍要由患者自己承担，农牧民医疗风险未得到充分转移，大病补充医疗保险作用没有得到充分发挥。

三、金融基础设施与金融稳定

（一）支付清算基础设施建设进一步完善

2014年，西藏辖内支付系统核心设施完成更新换代，支付系统基础设施功能进一步完善。支付系统拉萨城市处理中心支付系统网络和计算机设备的全新更换使新机房达到了国家信息化机房B类标准。辖区各银行业机构业务系统顺利切换为第二代支付系统报文标准，人民银行分支机构顺利上线运行中央银行会计核算数据集中系统（ACS）。大、小额支付系统运行稳定，业务量持续快速增长，全年共处理业务249.65万笔、金额47 693.13亿元，同比分别增长31.34%和93.32%。全辖取消同城票据交换手工业务，同城票据交换业务纳入现代化支付系统处理，支付清算系统作为资金流动主动脉的作用进一步发挥。非现金支付工具蓬勃发展，应用不断扩大，极大地便利了社会大众的生活。全年西藏共办理非现金支付业务6 040.75万笔，金额20 072.99亿元，同比分别增长14.88%和50.38%。截至2014年末，西藏银行业金融机构累计发放银行卡359.83万余张，布放ATM 1 138台、POS机11 653台，发展特约商户9 463家。网上支付、电话支付和移动支付等电子支付业务快速发展。其中，网上支付业务达841.26万笔，金额13 174.89亿元，同比分别增长4.8%和527.82%。农牧区支付服务环境显著改善，以银行卡助农取款工作为抓手，积极开展银行卡助农取款服务点建设，推动财政惠农补贴直接入户，有效扩大金融服务网络在农牧区的覆盖面。截至2014年末，西藏累计设立助农取款服务点2 436个，实现金融服务在乡镇全覆盖；填补金融服务空白行政村1 700个，占西藏具有布放条件的金融服务空白行政村的78.8%，建成8个助农取款服务示范村。

（二）社会信用体系基础不断夯实

2014 年，西藏自治区社会信用体系建设联席会议办公室组织成员单位召开了社会信用体系建设联席会议，下发了《西藏自治区社会信用体系建设 2014 年工作意见》和《西藏自治区关于在公务活动中推广使用企业和个人信用报告的意见》，社会信用体系建设机制进一步完善。人民银行拉萨中心支行代拟了《西藏自治区人民政府关于〈社会信用体系建设规划纲要〉的实施意见》，启动了山南地区琼结县农村信用体系试验区建设工作，建立了试验区组织领导和工作机制。扎实推进中小企业信用体系建设，累计为 2 382 户中小企业建立了信用档案，为了丰富信用档案的内容，与工信厅、环保厅、住建厅、工商局和拉萨海关 5 家单位分别签订了《信息共享与信息服务合作协议》。不断提高征信服务水平，高效开展异议处理，加强信息主体权益保护，开通个人信用报告网上查询，拓宽查询渠道。同时，结合实际推进征信宣传教育，营造良好信用环境。征信系统建设成效显著，系统功能有效发挥。截至 2014 年末，企业征信系统共收录西藏企事业单位及其他经济组织 7 469 户，同比增长 8.5%。个人征信系统收录西藏自然人信息约 120.3 万人，同比增长 6%。2014 年，企业征信系统累计查询 7 131 次，同比增长 8.5%，个人征信系统累计查询 23 万多次，同比增长 55.6%，征信信息运用范围不断扩大。随着企业和个人信用报告的广泛使用，征信系统在促进西藏社会诚信意识提高方面的作用日益显现，在为金融机构防范信贷风险、提高贷款效率、实现银行间信息共享、增强社会公众信用意识，加快西藏社会信用体系建设等方面发挥了重要作用。

（三）反洗钱工作进一步推进

以“实现监管有效性”为目标，强化“风险为本”的反洗钱监管理念，督促金融机构认真贯彻落实反洗钱监管政策，积极推动金融机构提高洗钱风险控制能力，提升金融机构反洗钱反恐怖融资整体工作的有效性，不断完善金融机构洗钱风险防范管理体系。对辖区 17 家金融机构实施了反洗钱现场检查，对辖区 22 家银、证、保金融机构一线营业网点开展了现场走访，并对 6 家金融机构开展了开业指导。积极配合公安机关、检察院、自治区监察厅进行反洗钱、反恐怖融资协查 238 笔，协助人民银行成都分行跨省协查 1 次，开展案件线索行政书面调查 4 次，现场调查 1 次，授权委托地区（口岸）中心支行进行现场调查 3 次；协助公安机关破获了 3 起信用卡诈骗案和成功办结了 1 起部级督办系列虚开发票案，并成功抓获了犯罪嫌疑人，有力保障了人民群众财产安全，维护了辖区金融秩序的安全稳定。2014 年辖区人民银行系统共接收各级金融机构上报重点可疑交易 31 份，对其中 6 笔重点可疑交易经进一步分析研判后，上报反洗钱监测中心；向自治区公安厅移送可疑交易线索 4 笔。加强反恐融资工作和查控非法捐资工作的开展，将 4 家人民银行地（市、口岸）中心支行设为资金监测联系行。不断整合监管资源，丰富监管方式，强化监管力度，组织辖内金融机构召开了 1 次金融联席会议和 2 次反恐融资专题会议，与公安厅、反恐总队召开了 1 次专题联席会，召开了 1 次西藏辖区金融机构洗钱风险提示会，并下发了 3 期洗钱风险提示。

（四）反假货币工作深入开展

以“打防并举、标本兼治、重在治本”为指导思想，深入开展各项反假货币工作。定期组织召开反假货币工作联席会议，建立银行业金融机构反假货币工作机制，不断加大反假合作力度。组织开展形式多样的反假货币宣传，全年共开展反假宣传活动 61 场次，发送反假货币宣传信息 3 000 余条，发放宣传资料 9.7 万余份，接受咨询 3 200 余人次。辖内银行业金融机构全额清分及冠字号码查询管理工作有效推进。2014 年，西藏共收缴假人民币 63.9 万余元，与去年同期相比增加了 23.9 万余元，增长 59.4%。

（五）国库管理与服务工作水平显著提升

积极开展实践创新，成功上收拉萨市代理中心支库。按照总行国库局统筹安排和部署，成功上收拉萨市代理中心支库，圆满实现《西藏自治区国库业务“十二五”规划》既定任务要求。分库“一机两库”业务开展平稳有序、组织管理科学有效，央行经理国库职能进一步强化。稳步推进国库信息化建设，全面提升国库服务水平。财税库银电子缴库横向联网系统（TIPS）顺利扩围。西藏所有地区（市）及其所在县已全部上线运行财税库银电子缴库横向联网系统。吸收西藏银行、民生银行以及拉萨市柳梧新区税务与国库加入财税库银电子缴库横向联网系统，大大提高了税收入库效率，实现了缴纳税款直接入库的目标。截至 2014 年末，自治区全辖新增吸收签约纳税人 2 885 户，同比增加 2 314 户，增长 405.3%。与此同时，全年通过财税库银电子缴库横向联网系统累计成功扣税 7.5 万笔，金额达 85 亿元，同比分别增长 15.1% 和 64.8%。西藏代理支库成功推广“TBS 集中管理模式系统”，在林芝地区代理支库成功试点“TBS 集中管理模式系统”基础上，于 2014 年 10 月末在全辖各地区（市）76 家代理支库全面推广运行“TBS 集中管理模式系统”。自此，全辖所有代理支库全部脱离国库业务纯手工模式，核算效率和准确率显著提升，为国库业务电子化全面推进奠定了坚实的基础。

（六）金融消费权益保护稳步推进

完善金融消费权益保护制度建设，制订了《西藏自治区 12363 金融消费权益保护咨询投诉热线管理办法》、《西藏自治区金融消费权益保护工作考核细则》、《西藏自治区金融消费权益保护监督检查工作指引（试行）》等多项规章制度。认真开展“3·15 金融消费者权益日”、“5·15 打击和防范经济犯罪宣传日”、“金融知识普及月”以及“金融知识边疆行”等宣传活动，通过发放宣传资料、发布宣传短信，与新闻机构合作报道及举办金融知识讲座等多种方式做好金融消费权益保护知识宣传活动。2014 年 1 月 17 日开通藏汉双语 12363 金融消费权益保护投诉咨询电话，成为全国第 6 家，西南地区第 1 家开通的地区。2014 年，人民银行西藏辖区机构共受理 12363 金融消费者投诉、咨询 90 起，其中投诉件 58 起、咨询 32 起，办结率达 100%，通过电话回访，满意率达 100%。

（七）跨境人民币业务有序发展

2014 年，西藏跨境收支总额首破 20 亿美元，达到 20.1 亿美元，同比增长 16.02%，跨境收支顺差额为 17.8 亿美元，同比增长 16.34%，其中跨境外汇收支总额为 4.4 亿美元，同比增长 37.5%，跨境外汇收支顺差额为 3.0 亿美元，同比增长 66.67%。跨境人民币收支总额为 16.6 亿美元，在跨境收支总额中的占比达到 79.0%，同比增长 11.41%。跨境人民币收支顺差额为 14.8 亿美元，同比增长 9.63%。跨境人民币收支业务主要仍以辖区边境口岸银行办理的货物贸易结算业务为主，占全部人民币收支业务的 94.0%。

（八）金融生态环境良好

2014 年，西藏地方金融生态环境建设工作不断推进，金融生态良好。2014 年，人民银行拉萨中心支行和西藏银监局、保监局、证监局及自治区金融办等金融监管机构签订了《金融管理信息交流共享 维护西藏金融稳定合作备忘录》，建立了金融风险防控会商机制，积极推进金融稳定协调机制建设。以严格规范、提升效率为原则，不断优化“两管理、两综合、一保护”体系，有效督促了金融机构合规审慎经营。征信系统建设与应用成果显著，信用报告在西藏的运用范围不断扩大，在非银行领域运用也显著增强，西藏社会信用体系建设工作稳步推进。社会成员法律意识不断增强，执法机关及人员执法能力和执法水平不断提升，社会治安状况良好，社会法治环境建设不断优化。

四、总体评估与政策建议

（一）总体评估

2014 年是全面深化改革的开局之年，是完成“十二五”规划目标任务的攻坚之年。在党中央、国务院亲切关怀和全国人民大力支援下，西藏自治区全面贯彻落实党的十八大和十八届三中、四中全会精神，坚持走有中国特色、西藏特点的发展路子，坚持稳中求进，稳增长、调结构、促改革、惠民生，全面贯彻落实中央第五次西藏工作座谈会精神，认真执行中央赋予西藏的特殊优惠金融政策，西藏经济健康快速发展，金融业实现了规模与效益的双重提升。

一方面，在中央的大力支持下，西藏经济发展呈现出“经济增长快、投资力度大、质量效益好、支撑能力强、民生改善实、生态环境优、群众得到更多实惠”等特点，经济保持并巩固了跨越式发展的良好势头，为西藏金融体系稳定奠定了良好的基础。

另一方面，西藏辖区各金融机构本着审慎发展的理念，进一步提升金融服务水平，不断夯实稳健发展的基础，在风险可控的前提下实现了较快的发展，金融组织结构不断优化，金融组织体系更加完善，金融发展规模进一步扩张，信贷结构更趋合理。

2014 年，人民银行拉萨中支继续完善“西藏自治区金融稳定监测分析系统”。从监测分析情况来看，2014 年西藏经济金融总体运行平稳，但有明显下行趋势。从合成指数的变化情况来看，全年 CI[1] 指数总体呈下降趋势，第一季度 CI 指数为 -0.15%，西藏经济金融总体有明显下滑趋势，第二、第三季度 CI 指数在 -18% 左右波动，经济金融运行情况较弱，经济金融增长乏力；从扩散指数的变化情况来看，全年 DI[2] 指数呈下降趋势，第一季度为 50%，经济金融总体景气状况处于正常状态，但第二季度与第三季度下降明显分别为 40% 和 36.67%，滑入不景气区间。

2014 年，人民银行拉萨中心支行对辖区银行业金融机构进行了非现场评估，并对建行西藏分行的信用风险、流动性风险、操作风险与声誉风险等方面进行了现场评估。从非现场评估的情况来看，辖区商业银行稳健值在 60 ~ 80 分之间，处于稳健区间。从对建行西藏分行的现场评估情况来看，其在信贷风险、流动性风险、操作风险与声誉风险的内部控制机制等方面都有较完备的制度保障，制度的执行情况较好。

---

① CI（Composite Index）即合成指数，表示经济金融运行状态。该指数以 0 值为分界线，0 值以下表明经济金融运行较弱，偏离 0 值越远显示经济金融运行越弱，反之，则表明经济金融运行较强，偏离 0 值越远显示经济金融运行越强。

② DI（Diffusion Index）即扩散指数，表示经济金融运行景气状况。当 $0 \leq DI < 50$ 时，经济金融运行处于不景气区间，DI 越接近 0 表示经济金融越冷；当 $50 \leq DI \leq 100$ 时，经济金融运行处于景气区间，DI 越接近 100 表示经济金融越热，当 $DI = 50$ 时，表示经济金融运行处于正常状态。

2014 年，西藏自治区金融体系总体稳定。

（二）政策建议

2015 年是全面深化改革的关键之年，是全面推进依法治国的开局之年，也是全面完成“十二五”规划的收官之年。西藏各金融机构要主动适应经济发展新常态，把转方式调结构放在更加重要位置；要深入推进依法行政，继续实施稳健的货币政策和中央赋予西藏的特殊优惠金融政策，大力推动金融改革开放，切实防范化解各类金融风险，提升金融服务和管理水平，促进地方经济又好又快发展；切实保护辖区投资者特别是中小投资者合法权益，维护辖区资本市场平稳、健康、持续发展；稳步发展保险业组织体系，大力推动保险业健康发展，努力维护辖区金融稳定。

1. 主动适应“新常态”，促进经济持续快速健康发展

2014 年 12 月，中央经济工作会议明确提出了我国经济发展“新常态”概念。在“新常态”下，必然进一步加快经济结构调整与深化改革开放，逐步实现从量的扩张转向质的提升，实现经济增速换挡、提质增效的目标。因此，西藏经济发展应主动适应我国经济“新常态”的发展思路，逐渐改变现在主要依靠投资拉动的经济增长模式，提升消费对经济的拉动作用，增强出口对经济的贡献度，协调推动“三驾马车”，促进经济持续快速健康发展，为金融业发展营造良好的宏观经济环境。

2. 加强金融创新，加大重点领域的金融支持

创新信贷政策调控工具，改进信贷政策实施方式和评估机制，支持经济结构调整和转型升级。重点做好促进农业适度规模经营、新型城镇化和农村扶贫开发等领域的金融服务工作。鼓励金融机构创新小微企业金融产品和服务，有效提高金融服务水平。加大对教育医疗、健康养老、电子商务等新增长点的金融支持。认真落实区别对待有保有压原则，加大对水利、公路、棚户区改造、节能环保等重点行业和领域的金融服务。推进普惠金融发展，扎实做好就业、助学、创业、残疾人等民生金融服务。

3. 完善金融基础设施建设，提升金融服务水平

进一步提升扩大金融服务覆盖面，完善金融组织机构体系，继续推进金融服务空白点的覆盖工作，重点在具备条件的村布放助农取款设备，推进手机银行等现代支付手段在农牧区的应用，重点向各地市和农牧区延伸金融服务，实现“乡乡有银行网点，村村有金融服务”的目标。深入落实货币信贷政策和制度要求，合理下放管理权限，为普惠金融提供多元化金融服务；进一步做好扶贫开发金融支持，推动建立各部门共同参与的西藏扶贫工作的金融平台，实现扶贫金融服务资源共享；积极创新、探索符合当地特点的小额担保贷款管理模式，简化贷款手续，缩短审批时间，提高服务水平和效率；加大消费信贷产品创新，满足社会各界多层次金融需求；提高服务质量和水平。因地制宜创新信贷产品和服务方式，满足市场主体多样化的服务需求；加强业务培训，提高业务技能，提升服务水平。

4. 加强证券公司改革创新，加大上市公司培育力度

积极引进证券、期货、基金等资本市场主体在西藏设立法人或分支机构，引进和培育会计、审计、法律服务中介机构来西藏设立法人或分支机构。结合西藏实际，有针对性地制定证券经营机构财政优惠、税收优惠等扶持政策，鼓励证券公司进行产品创新，为中小微企业提供更具有针对性的服务和产品，在提升自身核心竞争力的同时满足中小微企业融资需求，促进实体经济发展。通过政府牵头、专题研讨途径找出品牌，运用资产重组等市场经济手段整合上市资源，根据区域产业结构

调整与重点发展方向，选择若干条件相对成熟的企业，充分发挥现实和潜在的优势，进行资产、市场、产品技术与人力资源的整合，优化组合创立企业品牌，达到上市条件，培育上市后备资源。

5. 稳步发展保险机构，大力推动保险业健康发展

结合西藏保险市场发展现状，尽快设立西藏地方法人保险公司，填补西藏没有保险法人机构的空白，完善金融体系。同时，通过加大政府在财政、税收等政策方面的支持力度，支持区内商业保险机构下延基层网点、提高承保能力和服务水平。积极推进农户综合保险、生态林果保险、森林保险等试点工作，逐步扩大农业保险覆盖面，稳步提高农业保险保障程度。针对西藏巨灾频发的实际，探索建立符合西藏实际的巨灾保险制度。积极整合西藏地区已开展的农业保险、健康险和意外险等险种，通过商业保险机制完善巨灾风险分散机制。加强商业保险与社会保障有效衔接、保险服务与社会治理相互融合、商业机制与政府管理密切结合，提高全社会保险保障水平。

总纂：张伟
审核：尼玛潘多　宋颂　罗布参旦
统稿：扎西坚才
执笔：刘　洁　玉　珍　扎西坚才　李恒烨　杜　涛

陕西省金融稳定报告摘要

2014年，面对国内外复杂的发展环境以及“三期叠加”经济运行的新情况、新问题，陕西省坚持实施“稳中有为、提质增效”的发展战略，主动适应经济发展新常态，积极培育新的增长点，经济发展呈现“总体平稳、稳中向好，结构向优”的发展态势。全年实现地区生产总值17 689.94亿元，同比增长9.7%。金融业保持良好发展态势，总体稳健性不断增强。银行业市场主体更加丰富，信贷资源配置优化，整体抗风险能力稳步提高。证券业经营状况和盈利水平显著提升，多层次资本市场建设逐步完善，上市公司规模显著扩大。保险业市场运行平稳，业务结构日益优化，经济补偿和服务社会功能得到有效发挥。金融市场快速发展，利率市场化改革成效显著，直接融资规模快速增长，多元化融资体系逐步构建。金融基础设施建设有效推进，地方金融改革持续深化。但部分企业经营困难，一些行业和领域负债率偏高；银行信用风险管控难度增大，业务转型压力增大；信托兑付风险上升，保险机构个体性风险有所显现，区域金融稳定仍面临一定挑战。

一、区域经济发展与金融稳定

（一）区域经济发展概况

1. 经济保持平稳发展，结构持续优化

2014年，陕西省实现地区生产总值17 689.94亿元，同比增长9.7%，高出全国水平2.3个百分点。产业结构调整步伐加快，经济增长主要依靠能化产业的局面有所改观。第一、第二、第三产业分别实现增加值1 564.94亿元、9 689.78亿元和6 435.22亿元，同比分别增长5.1%、11.2%和8.4%。八大支柱工业中能源化工工业总产值8 784.6亿元，同比增长5.4%，非能源化工工业总产值10 708.45亿元，同比增长14.7%。经济的平稳快速发展，为地区金融业稳健运行提供了良好的外部环境；产业结构优化，有助于改进地区信贷结构，提升金融资源配置效率。

2. 三大需求高位增长，增速有所下降

2014年，陕西省完成固定资产投资18 358.01亿元，同比增长17.8%，增速较上年下滑6.3个百分点，但仍高于全国水平2.1个百分点。其中，民间投资8 433.18亿元，同比增长21.1%，占全省固定资产投资的45.9%，较上年提高了2.2个百分点。全省社会消费品零售总额5 572.84亿元，同比增长12.8%。全省实现进出口总额1 683.53亿美元，同比增长35%。民间投资占比提高，消费需求稳中趋好，有助于改善地区融资主体结构，优化金融体系资金使用效率。

3. 财政收入增速持续放缓，民生保障水平不断提升

2014年，陕西省实现财政总收入3 144.9亿元，同比增长8.3%，增速同比下降3.1个百分点。

居民部门收入继续保持快速增长。全年城镇居民人均可支配收入 2 4366 元，同比名义增长 9.0%，与全国平均水平一致；农村居民人均纯收入 7 932 元，同比增长 11.8%，高于地区生产总值增速 2.1 个百分点，连续 5 年快于城镇居民。在财政收入增速放缓的现实下，陕西省仍坚持加大民生投入，地区民生保障水平不断提升。2014 年陕西省财政支出 3 961.73 亿元，同比增长 8.1%。其中，民生支出 3 237 亿元，占财政总支出的 81.7%，同比提高 1.21 个百分点。

4. 物价水平低位运行，生产价格指数降幅较大

2014 年，陕西省居民消费价格总指数同比上涨 1.6%，较上年下降 1.4 个百分点，低于全国水平 0.4 个百分点。生产价格低位运行，处于近 4 年来低位。2014 年工业生产者出厂价格同比下降 2.9%，购进价格同比下降 1.5%，均为 2001 年以来较低水平，出厂价格和购进价格的非对称下降进一步压缩了企业的利润空间，影响到企业的财务稳健性。陕西经济结构中能源化工等初级产品加工产业占据较大比重，化工原料，燃料、动力产品价格下跌对企业及陕西经济影响较大。

5. 重点推进项目进展良好，转型发展步伐加快

2014 年，陕西省以加快建设丝绸之路经济带新起点为契机，加大重点项目推进力度，积极推动经济转型发展。全球首套煤油气资源综合转化项目、三星闪存芯片项目等一批具有引领作用的重大项目加快推进。文化产业、现代服务业与相关产业融合发展，全年旅游总收入增长 18.1%，文化产业增长值占地区生产总值比重超过 4.0%。深化科技资源改革，以创新推动经济持续发展，技术合同成效额和专利授权量分别增长 20.0% 和 9.5%。

（二）区域经济发展中需要关注的问题

1. 经济下行压力较大，需要处理好改革发展稳定之间的关系

截至 2014 年 12 月末，陕西省工业生产者出厂价指数已连续 20 多个月呈负增长。受产品销售不畅、库存高企等因素影响，企业投资意愿普遍较弱。作为拉动陕西经济增长的主要引擎，投资和消费增速分别较 2013 年下降 6.3 个和 1.2 个百分点。

2. 结构调整任务依然艰巨，经济发展面临生产要素制约

一是经济增长对能源化工行业的依存度较高。2014 年，虽然非能源产业产值增速高于能源工业 13.4 个百分点，但能源化工行业总产值仍占全省工业总产值的 43.6%。二是科技和创新驱动对经济增长的贡献不足。陕西作为西部地区，区域创新能力较为薄弱，实现科技大省向科技强省的转变、以科技资源促进结构调整的任务仍十分艰巨。三是经济发展面临着生产要素的制约。企业用工短缺常态化，劳动力市场存在总量供给不足和供求结构失衡双重问题；小微企业融资难、融资贵的现象仍然存在。

3. 部分企业经营困难、负债率偏高，需警惕去杠杆过程中的各类风险

一是企业成本费用增加，盈利水平下降。2014 年全省规模以上工业企业主营业务成本、营业费用、管理费用、财务费用分别同比增长 9.3%、13.7%、7.0% 和 19.7%；规模以上工业利润总额 1 706.45亿元，同比下降 12.4%。二是企业资金面偏紧，偿债能力有所弱化。调查显示，企业货款回笼速度下降，受到承兑汇票的情况大幅增加，造成资金占用和成本上升的压力增大。三是部分行业和部门负债率偏高。投资驱动型经济增长模式使得县级地方政府、交通基础设施以及房地产行业杠杆率较高，在经济增速放缓、结构调整背景下，负债规模与偿债能力之间的矛盾有所显现。

二、金融业稳健性

（一）银行业稳健性

1. 银行业运行状况

机构类型更加丰富，资产负债规模平稳增长。2014 年陕西省共有银行业金融机构共 165 家，其中法人机构 129 家。银行业金融机构资产和负责总额分别为 3.66 万亿元和 3.55 万亿元，较年初增加 3 174.51 亿元和 3 021.93 亿元，同比增长 9.5% 和 9.3%。各项存款余额 28 288.72 亿元，同比增长 9.9%，增速同比下降 2.7 个百分点；各项贷款余额 18 837.20 亿元，同比增长 15.7%，增速同比下降 1.2 个百分点。资产质量总体较好，抵御风险能力持续增强。其中，不良贷款余额 309.24 亿元，同比增加 32.26 亿元，不良贷款率 1.6%，同比下降 0.06 个百分点。全年实现净利润 496.05 亿元，同比增长 1.8%。拨备覆盖率达 173.4%，同比上升 11.4 个百分点。

财务、信托公司快速发展，资本实力显著提升。2014 年陕西省共有 3 家法人财务公司，3 家财务分司分公司。财务公司资产总额 469.86 亿元，同比增长 45.1%；负债总额 429.44 亿元，同比增长 45.6%；实收资本总额 35.35 亿元，同比增长 39.5%；实现利润 8.94 亿元，同比增长 49.6%。3 家法人信托公司存续信托项目 1 500 个，信托资产规模 4 711.41 亿元，同比增长 31.4%，净利润 15.44 亿元，同比增长 6.3%。信托公司自有业务继续稳步发展，年末净资本达到 78.97 亿元，同比增长 16.8%，资本实力进一步增强。

2. 影响银行业稳健性的主要方面

部分机构不良贷款额有所反弹，信用风险管理难度增大。2014 年，陕西省银行业金融机构不良率仍持续下降，但部分机构不良贷款额出现反弹。部分地区受经济增速放缓，能源价格低迷、民间借贷风险暴露等因素影响，企业经营困难、资金链趋紧，信用风险有所累积。房地产、县级地方政府等重点领域信用风险不容忽视。

表外融资业务快速增长，潜在风险值得关注。表外融资业务的快速发展，满足了实体经济的部分融资需求，但一些以规避监管为目的的创新业务过度发展，可能弱化宏观调控的政策效果，提高企业融资成本，加剧金融体系的风险传染。

传统盈利模式面临挑战，业务发展和风险管理转型压力较大。受利率市场化加快，监管转型、新型金融业态发展等因素影响，银行业金融机构经营和发展的外部环境正在发生变化。一是贷款利率浮动区间扩大，存贷款利差进一步收窄。二是金融监管趋严，表外业务、中间业务增速放缓。三是社会投、融资方式多元化，金融去中介化加速。

信托产品进入集中兑付期，部分信托产品兑付压力加大。2014 年，陕西省多家信托公司出现了由于项目融资方无法按期还本、付息，信托公司以自有资金垫付或延期兑付的情况，但总体风险可控。

（二）证券业稳健性

1. 证券业发展状况

证券公司资产规模明显扩大，市场融资规模大幅增长。2014 年陕西省共有证券业经营机构 204 家，其中法人机构 4 家（含证券公司 3 家，证券咨询公司 1 家）。证券分公司 16 家，当年新增 6 家；

证券营业部179家，当年新增23家；基金管理公司4家，当年新增1家。证券公司资产总额349.9亿元，同比增长137.01%；证券投资者开户数248.1万户，当年新增14.32万户。全省证券营业机构实现营业收入38.59亿元，净利润14.51，其中3家法人证券公司全年实现营业收入24.94亿元、净利润8.45亿元，同比增长83.5%和193.4%。全年通过资本市场直接融资271.67亿元，同比增长337.0%，创历史最好水平，其中IPO融资额54.6亿元，居全国第5位。

期货公司增速放缓，营业收入和盈利水平双降。2014年陕西省共有法人类期货公司3家，期货营业部30家。受市场竞争加剧、手续费收入下降以及国际大宗商品价格波动等不利因素影响，陕西省期货公司营业收入和盈利水平大幅下降。全年期货经营机构代理期货交易额45 318.02亿元，同比下降9.2%；全省期货经营机构实现营业收入2.39亿元，同比下降4.7%；营业利润3 805.63万元，同比下降22.2%。

2. 证券业运行中应关注的问题

证券期货经营机构缺乏高端金融人才，创新发展能力亟待提高。陕西省证券期货经营机构创新发展所需要的高素质人才短缺，专业团队的培养和引进较为缓慢，无法满足当前创新发展业务需求，行业发展环境亟待改善。同时，证券期货经营机构对创新风险的认识和管理能力相对滞后。

上市公司总体盈利能力不强，净资产收益率低。截至2014年第三季度末，陕西上市公司实现净利润41亿元，同比下降29.9%，其中7家上市公司出现亏损。每股收益为0.08元，低于全国0.24元的平均水平，净资产收益率2.9%，同比下降38.1%，远低于全国A股10.4%的平均水平，每股收益和净资产率均位列西北五省第4位。

（三）保险业稳健性

1. 陕西保险市场发展状况

保险业务平稳增长，经济补偿功能有效发挥。2014年陕西省共有法人保险业机构1家；省级分公司50家，同比增加2家。保险行业总资产1 093.94亿元，同比增长95.58亿元。全年实现保费收入476.75亿元，同比增长14.2%，与2013年基本持平，低于全国平均增速3.28个百分点。全省保险业累计赔付支出179.74亿元，同比增长21.7%，高于全国平均增速5.54个百分点，经济补偿功能有效发挥，经济社会服务能力进一步增强。

业务转型效果显现，发展质量有所提升。一是财产险公司非车险业务快速增长，销售渠道日益多元化。全省非车险业务增速19.1%，高于财产险业务增速2.34个百分点。公司电话、网络等新型销售渠道快速发展，分别实现保费收入15.56亿元和7.12亿元，占全部保费收入的9.4%和4.3%。二是人身险公司业务结构不断优化，个人代理渠道快速发展。全省人身险公司寿险新单业务增速14.3%，同比上升1.45个百分点，其中期缴业务增速14.5%，扭转了上年同期负增长的态势。个人代理渠道占新单业务同比增长22.2%，其中新单期缴业务同比增长29.2%，较上年同期增加25.62个百分点。三是高现金价值的普通寿险产品快速发展，全面普通寿险业务增速高达229.6%，业务占比33.9%，较上年同期上升22.3个百分点，分红险“一险独大”的局面有所改观。

2. 保险市场运行中需要关注的问题

受经济增速放缓影响，风险跨行业传递的苗头有所显现，保险中介机构、保险销售人员非法销售非金融机构理财产品的现象时有发生，存在潜在风险隐患；部分小微企业经营遇到困难，相关的信用保证保险等业务风险增大。此外，部分中小保险公司过度依赖银保渠道销售趸缴型理财产品，导致渠道建设单一，业务内涵价值较低，可持续发展能力值得关注。

三、金融市场与金融稳定

（一）金融市场运行状况

1. 金融市场交易量成倍增长，市场资金配置功能增强

2014 年，陕西省债券回购大幅增长，全年累计成交 22 819 笔，成交金额 49 076. 29 亿元，同比增长 263. 6%。同业拆借市场累计成交 342 笔，成交金额 759. 25 亿元，同比增长 115. 6%。金融机构票据承兑余额为 1 495. 87 亿元，同比增长 46. 7%。全年票据承兑累计发生额 2 808. 21 亿元，同比增长 38. 5%。金融机构票据贴现余额为 201. 56 亿元，同比下降 53. 9%。全年票据贴现累计发生额 1 112. 24亿元，同比下降 80. 7%。

2. 市场利率较为平稳，市场价格发现功能日益增强

2014 年，陕西省银行间同业拆借市场资金面基本平衡，市场利率总体较为平稳，呈现先抑后扬态势，市场平均利率为 4. 6%，较年初上升 104 个基点。债券回购市场利率为 2. 9%，同比下降 78 个基点。现券平均收益率为 5. 5%，同比上升 54 个基点。票据贴现平均利率为 5. 5%，较上年下降 0. 22 个百分点。票据转贴现平均利率为 5. 1%，较上年上升 0. 08 个百分点。市场收益率和利率的变动趋势充分显示市场资金面松紧状况，金融市场的价格发现功能日益增强。

3. 直接融资规模快速增长，多元化融资体系逐步构建

2014 年，陕西省非金融企业通过直接融资工具共融资 1 517. 66 亿元，同比增长 90. 7%，与当年新增贷款的比值达到 58. 8%，直接融资占社会融资总额的比重显著上升。直接融资的快速增长，融资工具不断创新，有助于建立多元化的融资体系，缓解经济对银行等间接融资的依赖，有利于优化融资结构，降低系统性风险、维护区域金融稳定。

（二）金融市场运行中需要关注的问题

金融市场的快速发展，为金融机构资金融通和头寸管理提供了渠道，但增大了流动性风险管理的难度。调查显示，部分地方法人金融机构过度依赖同业资金的融通，当大多数金融机构集中需要融入资金时，部分迫切需要资金解决流动性的地方法人金融机构可能由于无法以合理成本迅速获取资金而出现流动性风险。此外，调查显示，部分小微企业认为银行承兑汇票流通不畅，收到银行承兑汇票后只能选择中介变现，需要承担较高的综合成本，增加了小微企业的融资负担。

四、金融基础设施与金融稳定

（一）支付服务能力稳步提升，风险防控机制进一步健全

1. 支付系统建设和推广有效开展，支付系统覆盖范围不断扩大

有序开展第二代支付系统推广工作，全年共有 22 家银行机构（含 3 家地方法人银行）完成第二代支付系统切换上线，占全省银行机构总数的 85. 0%。全省人民银行支付系统参与者达 5 178 家，全年新增支付系统参与者 309 家、支票影像交换系统 13 家，82 个新增银行网点开通了电子商业汇票

业务，支付清算系统覆盖率达到90.0%。

2. 监管和扶持力度不断加大，支付服务市场日趋优化

2014年人民银行西安分行对17家银行机构173个网点和4家支付机构进行了现场检查，进一步净化了支付结算环境。强化支付系统日常运行监控，建立支付清算规则执行情况通报机制，确保了银行机构第一、第二代支付系统切换的顺利过渡。加大对农村支付服务环境建设的扶持力度，对金融机构在县及以下地区布放ATM和POS新增机具给予一定补助。

3. 风险防控机制进一步健全，危机处置及应对能力不断提高

强化支付体系风险管理，组织银行机构认真做好第二代支付系统上线过程中的风险防控工作，开展支付清算系统日常运行风险排查。制定完善风险处置预案，切实提高支付清算系统突发事件危机处置能力，确保第二代支付系统的顺利上线。组织开展支付清算系统、账户管理系统、联网核查系统应急预案评估工作，切实提高应急预案的实用性和可操作性。

（二）征信服务能力持续提升，信用环境日益改善

1. 大力提升征信服务能力，充分发挥系统作用

2014年，全省金融机构累计查询企业和个人信用信息基础数据库60.1万次和463.6万次；为22.1万人次提供了本人信用报告查询服务，同比增长65.0%。在全国率先开展小贷公司和担保机构（以下简称两类机构）通过互联网接入征信系统试点，67家机构实现信贷数据报送。优化全省机构信用代码发放工作机制，推动机构代码在政府履职和市场经济活动中的应用，全年累计发放信用代码证80 370张，同比增长26.0%。

2. 深化小微企业和农村信用体系建设，促进普惠金融发展

2014年，累计为7.62万户小微企业和613.54万个农户建立了信用档案，评定信用户426.4万户；新增西安市高新区、杨凌示范区等4个省级小微企业和农村信用体系试验区。深入开展小微企业信用增值计划和“百村千户”信用助农工程主题信用培植活动，引导金融机构、政府部门、中介机构等对筛选的1 244户小微企业和1 010个农户进行有针对性的辅导和培育，其中589户小微企业和667个农户分别获得了30.2亿元和9 634万元的信贷支持。

3. 积极培育信用评级市场，规范信用评级业务

全年共有670户两类机构和借款企业参加信用评级，较上年同期增长60.0%。修改完善《陕西省信贷市场信用评级机构备案流程》，完成了陕西省首家法人信用评级机构的备案审查，初步搭建行政管理和行业自律相结合的监管体系。

4. 推动社会信用体系和金融生态环境建设，优化地区金融业发展环境

全面贯彻《社会信用体系建设规划纲要（2014—2020）》精神，推动信用记录在政府部门行政管理和服务中的应用，强化信用激励约束机制。探索信用环境评价的指标体系和评价方法，在榆林市试点开展民间信用环境综合评价。进一步扩大金融生态环境评价覆盖面，在全省107个县（区）组织开展县域金融生态环境评估工作，充分发挥金融生态环境模范县的示范作用。

（三）反洗钱工作创新发展，风险防范机制进一步完善

1. 探索开展洗钱风险评估，提升风险识别和预警能力

率先开展全省范围内的洗钱风险评估工作，组织辖区全部金融机构开展洗钱风险自评估，全面梳理

了辖区洗钱及风险的行业、机构和地区分布特征。完善洗钱风险信息获取机制，建立包含客户、产品、地域、犯罪类型的风险识别体系，进一步拓展了洗钱风险信息来源。建立以可疑交易监测和洗钱风险类型分析为基础的预警体系，全年累计向金融机构下发风险提示25份，有效预防潜在的洗钱风险。

2. 创新反洗钱监管方式，建立健全风险防控机制

2014年，人民银行西安分行围绕“风险为本”的监管理念，着力加快监管方式创新。利用动态评价系统对全部1 476家被监管机构开展了年度反洗钱工作评价，对存在问题的708家进行了预警。探索实施差别化监管措施，重点加强对高风险金融机构的监管。强化与公检法、海关、工商税务等23家联席单位的协作，形成打击洗钱犯罪活动的合力。进一步强化金融机构管理层对本机构洗钱风险管理负责的主动性与积极性，切实提高金融机构反洗钱工作的有效性。强化对金融机构的业务指导，全年累计约见谈话89人次，现场走访辅导158家次，培训近50次，下发风险提示25期。

3. 加大风险排查与案件协查力度，反洗钱工作成效显著

2014年，人民银行西安分行累计开展各类反洗钱现场检查50家次，主动发现处理重大线索6起。组织开展全省范围内的护照、军官证以及冒名开户洗钱联防排查活动，向公安厅移交外籍嫌疑身份100份，协助抓获犯罪嫌疑人4人，堵截各类风险案件1 292起。向公安厅、安全厅移交恐怖融资线索4份，重点线索立案率达到100.0%。与公安厅、安全厅联合破获公安部、省政府督办的“5·11”涉恐专案，破获涉黑案和地下钱庄案各1起。

（四）金融法制环境持续改善，金融消费权益保护水平不断提高

1. 法制建设和依法行政成效显著，金融法制环境持续改善

一是积极参与陕西省人大、政府有关部门的重大立法项目和金融改革的论证工作。参与《陕西省融资担保公司管理条例（草案）》等12项地方性法规的制定和修改。二是制定《中国人民银行西安分行支小再贷款实施细则（暂行）》等十余份规范性文件。三是全面推进依法行政制度建设，制定了《中国人民银行西安分行推进依法行政工作规划》，为深入推进依法行政提供了制度保障。四是提高金融行政执法水平和质量。全年共对4家银行业金融机构、1家资产管理公司和2家保险公司开展综合执法检查，增强了金融机构合规经营意识。

2. 强化监督管理和金融教育，金融消费权益保护水平不断提高

一是加强咨询投诉管理。扩大12363投诉咨询电话的覆盖范围，实现了银证保机构全覆盖，全省全年共受理咨询2 421件，受理投诉990件，办结率99.3%，满意率99.0%。二是强化检查评估。对27家金融机构开展了银行卡领域金融消费权益保护专项检查。三是完善工作机制。出台《中国人民银行西安分行金融消费权益保护工作管理实施细则》，完善工作机制，增强金融消保工作合力。四是广泛开展金融教育。协调银证保等监管部门，共同组织开展“3·15”宣传日活动与“金融知识普及月”活动，实现宣传工作“银证保”全覆盖。

五、地方金融改革与金融稳定

（一）地方法人金融机构改革持续深化，服务地方经济发展能力不断提升

1. 城市商业银行机构改革成效显著

省内2家城市商业银行持续加快改革步伐。其中，西安银行网点建设取得突破发展。营业网点总量达124家，经营规模突破1 500亿元。长安银行持续推进小微企业发展战略，全年新设小微（社区）支行6家。截至2014年末，小微企业贷款余额达191.63亿元，同比增长29.7%，高出全部贷款增幅3.23个百分点。

2. 农村合作金融机构股份制改革全面深化

全年新开业农村商业银行13家，农商行地市覆盖面由2012年的20.0%上升至90.0%，县域覆盖面由3.6%上升至41.0%，以西安市城区6家农村信用社为基础组建的“秦农银行”正式获批筹建，目前已募集股本金80亿元。农村商业银行跨省发展实现零的突破，杨凌农商行、定边农商行分别获批在四川、宁夏等地设立村镇银行。

3. 新型农村金融机构组建步伐持续加快

2014年共批准筹建村镇银行3家，另有8家获批设立规划。截至2014年末，全省共有村镇银行13家，总资产、存款余额、贷款余额、当年利润分别达到41.65亿元、28.2亿元、22.53亿元和0.61亿元，同比增长35.7%、32.5%、37.0%和19.6%。

（二）新型金融组织筹建步伐不断加快，地区金融体系日益丰富

积极加快新型金融组织的筹建与探索，取得较好的成效。一是消费金融公司试点取得实质性突破，由西安银行与比亚迪公司联合组建的汽车金融公司正式获批筹建。二是积极争取民营银行试点，目前已形成3家民营银行筹建意向。

（三）准金融机构快速发展，地方金融资产管理公司探索开始起步

小额贷款公司快速发展。截至2014年末，全省共有小额贷款公司253家，较上年增加45家；实收资本217.19亿元，同比增长35.5%；贷款余额216.63亿元，同比增长33.9%。融资性担保机构在规范发展中不断壮大。全年新增机构9家，机构总量达到169家。在保余额728亿元，融资担保放大倍数达3.48倍。

探索组建地方金融资产管理公司工作开始起步。2014年，确立了由省联社、长安银行、和谐投资、彬县煤炭、陕西金控等省内企业共同出资，以新设方式组建陕西省金融资产管理公司的筹建方案，并经陕西省政府审议通过。

（四）普惠金融体系创新全面提速，县域金融服务环境显著改善

一是扎实推进农业银行“三农”金融事业部改革试点工作。各级事业部组织架构建设基本完成，“六个单独”运行机制逐步建立，相关配套政策初步落实。二是农村合作金融机构产品创新成效显著。探索研发农村产权担保贷款、小微企业循环贷等13款新型信贷产品，发放贷款3 885笔，金额达11.81亿元。三是县域金融服务平台建设取得新成效。全省首家金融综合服务中心、首家村级信用担保机构成立。

六、总体评估与政策建议

（一）定性评估

面对国内外复杂的发展环境及“三期叠加”经济运行中的新情况、新问题，陕西省坚持实施

"稳中有为、提质增效"的发展战略，积极培育新的经济增长点，全年经济呈现"总体平稳、稳中向好，结构向优"的发展态势，为地区金融体系长期稳定发展奠定良好基础。金融机构业务规模持续增长，服务经济社会发展的作用日益突出。金融市场快速发展，融资功能和资源配置效率持续提升；金融基础设施建设有效推进，服务保障功能持续强化。地方金融改革深入推进，为地区金融业的稳健发展提供了良好的生态环境和政策支持。

总体来看，陕西金融体系发展的外部环境和保障基础较好，金融机构经营稳健性稳步提升，但仍存在一些苗头性问题和风险因素影响地区金融稳定。其中，部分企业经营困难、主要经济部门负债率偏高，可能对当前和未来时期地区金融体系稳健性带来一定冲击。银行信用风险敞口不断放大、信托兑付风险有所上升、证券保险个体性风险有所显现等问题加剧金融体系风险暴露程度，系统稳健性面临一定挑战。此外，以同业业务、委托贷款为代表的交叉性金融业务快速发展，一定程度上加剧了风险的跨机构传递。

（二）定量评估

在考虑陕西省经济金融实际情况的基础上，运用层次分析法（AHP）和熵权法相结合的区域金融稳定定量评估模型，对近年来陕西省整体和所辖十市一区的金融稳定状况进行综合评估。

2009—2014 年的金融稳定综合评估结果显示：在经济下行压力贯穿全年的严峻形势下，陕西省主动适应经济发展新常态，持续推进经济结构调整，提高金融运行效率和服务实体经济水平，优化金融生态环境，较好地化解了"三期叠加"带来的不稳定因素。2014 年金融稳定综合得分虽较上年有所回落，但金融稳定状况呈现出总体平稳、结构向优的发展趋势。其中，宏观经济、保险业得分在波动中有所下降，银行业、金融生态环境得分继续保持近几年的上升态势，证券业得分与上年基本持平。

定量评估结果显示，2014 年，陕西省十市一区基本延续稳定向好态势，综合得分较上年变化不大。总体分析（不考虑民间金融的影响），西安、宝鸡、安康和杨凌金融稳定状况相对较好，关中、陕北与陕南三大地域差距逐年缩小。

（三）政策建议

1. 加快经济发展方式转变，为金融体系提供良好外部环境

政府应更加注重处理好经济增长速度与结构调整之间的关系，充分发挥市场在资源配置中的决定作用，抢抓"一带一路"、西部大开发等战略机遇，积极培育新的增长点，准确把握方式转变和结构调整重点。人民银行等相关职能部门应密切关注宏观经济形势、国家产业政策及实体经济的运行情况，实时动态监测风险变化，做好重点领域风险排查和预警。

2. 全面深化金融改革，正确处理好改革创新和风险防范的关系

进一步健全金融组织体系，积极推进国有银行改革，推动地方法人金融机构改革重组，加快发展民营中小金融机构。积极拓展多种形式的直接融资渠道，优化社会融资结构。支持和促进互联网金融等新兴金融业态的创新发展，研究探索有效的监测方式、监管规则，提高应对风险的能力。密切关注利率市场化、存款保险制度出台等金融改革推进中可能发生的风险和影响金融稳定的事件，加强风险排查预警，做好应对处置。

3. 银行业金融机构应加快转变经营方式，提高风险防范和处置能力

积极转变经营理念，主动适应新常态，在速度与效益、规模与质量、风险与利润之间取得新的平衡。加快技术端、产品端、服务端的创新，在创新中寻找新的发展机会和盈利空间。努力提高信用风险管理的有效性和前瞻性，树立系统性金融风险防范理念，保持合理的信贷投放节奏。

4. 证券期货业机构应加快创新发展，进一步强化内部管理和风险控制

鼓励证券业机构加快业务、产品和服务方式创新，充分把握我国社会融资和财富管理模式快速变革的重大历史机遇，实现公司实力、业务规模和盈利能力的全面提升。支持期货业机构加快业务创新，满足多元化的市场需求，从根本上改变对传统交易类业务的过度依赖。引导证券期货业机构完善内部管理，重点加强对定向资管、融资融券等创新业务的风险控制，健全“隔离墙”制度，在促进业务发展的同时，提高风险防控能力。

5. 保险业机构应继续加快结构调整，提高发展质量和风险防范能力

继续优化业务结构，加快产品开发与创新，加快销售渠道结构调整，逐步形成保障型业务和非保障型业务协调发展、多种销售渠道相互补充、共同发展的格局。鼓励中小保险公司应结合自身优势走差异化发展道路，实现从价格、规模竞争转向产品、服务和管理质量竞争，增强盈利能力。保险业监管部门应加强行业协调和联合监管，完善工作机制和应急预案，共同维护辖区金融稳定。

总　　纂：郭新明　郑　锋
统　　稿：殷官林　张志暹　刘湘勤
执　　笔（按姓氏拼音顺序）：
包　琼　郝俊香　焦少飞　王汉君　王　敏
王　青　闫恺媛　阎晶磊　杨　菡
其他参与写作人员（按姓氏拼音顺序）：
独军利　关　伟　李善燊　连太平　刘佳珍
刘　蔚　苗文龙　王　玮　王　宇　温秋鹏
岳金禄　张德进　张宏亮

青海省金融稳定报告摘要

2014年，青海省全面贯彻落实加强和改善宏观调控的各项政策措施，把改革创新贯穿于经济社会发展各个领域，实现经济社会平稳发展。金融业改革持续推进，规模稳步扩大，服务体系和业务结构不断完善，风险抵御能力进一步增强，总体保持稳健。

一、区域经济运行与金融稳定

（一）区域经济运行情况

2014年，青海省完成地区生产总值2 301.12亿元，同比增长9.2%，增幅高于全国平均水平1.8个百分点。其中，第一产业增加值215.93亿元，同比增长5.2%；第二产业增加值1 232.11亿元，同比增长10.0%；第三产业增加值853.08亿元，同比增长8.8%。

1. 三次产业协调发展，结构调整稳步推进

（1）高原农牧业加快发展。2014年，青海省粮食产量104.81万吨，同比增长2.4%。猪牛羊禽肉产量33.41万吨，同比增长4.5 %；牛奶产量30.50万吨，同比增长10.7%；水产养殖产量0.90万吨，同比增长50.6%。在全国率先建立全覆盖的露地蔬菜补贴机制，黄河谷地菜篮子建设取得新成效。

（2）工业经济转型升级。2014年，青海省实施了50个重大技术创新和100个技术改造项目，促使工业发展水平进一步提高。全年全省规模以上工业中，高技术产业增加值同比增长36.8%；资源类行业增加值同比下降8.9%；提前完成“十二五”淘汰落后产能目标，单位生产总值能耗下降2.7%。

（3）服务业扩围增效。健康养老、现代物流、电子商务、文化产业等快速发展，本土电子商务平台首次上线运营，邮政服务填补乡镇空白点270个。旅游业品牌发力，民航旅客年吞吐量突破400万人次，接待国内外游客突破2 000万人次，旅游总收入突破200亿元。

2.“三驾马车”齐力拉动，内生发展动力增强

（1）投资结构持续优化。2014年，青海省完成全社会固定资产投资2 908.71亿元，同比增长21.0%。其中，第三产业投资同比增长31.3%，增速为三次产业之首，在全社会固定资产投资中的比重达到51.1%，比上年提高4.0个百分点。工业十大优势产业完成投资1 013.94亿元，同比增长27.2%，占全社会固定资产投资的比重比上年提高1.7个百分点。

（2）消费市场繁荣活跃。2014年，青海省实现社会消费品零售总额614.61亿元，同比增长13.0%，高出全国平均水平1.0个百分点，人均突破万元关口。其中，限额以上企业完成零售额

267.40亿元，同比增长8.3%；限额以下企业（含个体户）完成零售额347.21亿元，同比增长16.8%。

（3）对外贸易快速增长。2014年，青海省进出口总值17.19亿美元，同比增长22.5%。其中，出口总值11.28亿美元，同比增长33.2%；进口总值5.91亿美元，同比增长6.3%。

3. 收入水平稳步提高，民生投入持续加大

（1）地方财政和居民收入稳步提高。2014年，青海省公共财政预算收入385.47亿元，同比增长4.6%，其中，地方公共财政预算收入252.03亿元，同比增长12.3%。城镇常住居民人均可支配收入22 306.57元，同比增长9.6%；农村常住居民人均可支配收入7 282.73元，同比增长12.7%。

（2）民生支出保障力度不断加大。2014年，青海省公共财政预算支出1 365.98亿元，同比增长9.2%。财政总支出中75.6%用于民生建设，其中对社保基金补助支出同比增长22.0%、医疗卫生与计划生育支出同比增长16.9%，就业补助支出同比增长11.5%。

4. 消费价格涨幅高于全国平均水平，工业购销价格双降

（1）消费价格波动中上行。2014年，全省居民消费价格全年累计上涨2.8%，较去年同期水平下降1.1个百分点，但仍高于全国平均水平0.8个百分点。其中食品类上涨4.0%（干鲜瓜果价格涨幅接近20%），拉动价格总水平上涨1.5个百分点，交通通信类和烟酒类价格下降。

（2）工业生产者出厂和购进价格双降。2014年，青海省工业生产者出厂价格同比下降3.9%，工业生产者购进价格同比下降2.4%。前者降幅高于全国平均水平2.0个百分点，后者降幅高于全国平均水平0.2个百分点。

5. 房地产市场逐步降温，普惠房政初显成效

（1）房地产市场调控效果明显。2014年，青海省完成房地产开发投资308.27亿元，同比增长24.5%。90平方米以下住宅投资同比增长74.8%，较上年大幅提高58.2个百分点，占全部住宅投资的26.9%，比重同比增加8.5个百分点。

（2）商品住宅价格下行。2014年，青海省商品住宅销售面积362.92万平方米，同比下降1.8%，为近年来的首度负增长；商品住宅期房销售额承压收量，同比下降14.6%；12月，省会西宁新建商品住宅价格同比下降2.1%，二手住宅价格同比下降2.3%。

（3）安居工程加速推进。2014年，青海省新建城镇保障房和各类棚户区改造房11.05万套，完成农村住房建设6.5万户。历时5年的游牧民定居工程全面完成，11.3万户牧民入住新居。保障性住房产权认定和发证工作全面启动，廉租住房和公共租赁住房实现并轨运行。

（二）需要关注的问题

1. 工业持续增长动力减弱

全省工业生产者价格自2012年2月以来连续35个月处于下降区间，黑色冶金、有色冶金、化学工业等主要工业行业价格持续下降，企业盈利空间遭受严重挤压。此外，传统投资空间收窄，新兴投资领域尚待发掘，投资增长后劲不足，部分项目成熟度低、可操作性不强等因素也使全省工业持续增长面临较大压力。

2. 产业结构调整任重道远

传统产业对经济增长的贡献度依然较高，战略型新兴产业和现代服务业发展缓慢，对经济增长

推动力不强，服务业实现高速增长仍需过程和时间。化解过剩产能和节能减排压力高企，工业转型升级任务艰巨。

3. 资源环境约束日趋刚性

省内土地供应指标与项目建设矛盾逐步显现，环保部门对有色、化工等行业的准入更为严格。生态环境保护任务重，资源限制开发区域较多，环境容量小，对企业发展约束日趋明显。

二、金融业与金融稳定

（一）银行业

1. 运行状况

（1）资产负债规模增速放缓，竞争程度有所上升。截至2014年末，青海省银行业金融机构资产总额6 487.04亿元，同比增长12.1%；负债总额6 251.74亿元，同比增长11.9%。相继入驻的股份制商业银行加大了青海省银行业的竞争程度，五家大型商业银行资产占比43.4%，较去年下降4.2个百分点，股份制商业银行资产占比6.5%，较上年提高2.6个百分点。城市商业银行和农村金融机构资产占比相对稳定，变动幅度不大。

（2）存款增速持续降低，贷款增速保持稳定。截至2014年末，青海省银行业金融机构本外币各项存款余额4 541.35亿元，同比增长10.5%，较上年同期增幅下降5.7个百分点，增长速度呈持续放缓态势。本外币各项贷款余额4 303.43亿元，同比增长22.4%，较去年同期增幅下降0.1个百分点，增长速度保持稳定。

（3）信贷结构更加合理，支持实体经济发展力度增强。2014年，青海省银行业金融机构主动调整贷款期限结构，促使信贷结构更加合理，实体经济支持力度增强。截至2014年末，中长期贷款余额3 041.51亿元，较年初新增622.48亿元，占全部新增贷款的79.4%。从贷款投向看，全省新增贷款主要投向实体经济非生产部门和社会组织。电力、燃气及水的生产和供应业，交通运输、仓储和邮政业，租赁和商务服务业、公共管理、社会保障和社会组织四个行业新增贷款456.47亿元，占全部新增贷款的66.3%。制造业和采矿业两个行业新增贷款55.28亿元，同比增速同比分别下降10.2个和13.1个百分点。

（4）机构改革稳步推进，银行组织体系逐步完善。2014年，农村合作金融机构股权改造顺利推进。截至年末，青海省农村合作金融机构股本金总额达27.96亿元，较年初增加2.15亿元，其中法人股占比达52.7%，股金结构日趋优化。农村信用社改制农村商业银行工作顺利开展，银行业经营机制更加科学合理，中小商业银行设立社区支行和小微支行10家，使社区居民和商圈企业享受到了便捷的服务。

2. 需要关注的问题

（1）平台贷款长期风险依然突出。按贷款剩余期限划分，全省5年期以上平台贷款占全部平台贷款的比重为47.4%，10年期以上的占27.2%。目前，融资平台贷款与地方土地收益、房地产贷款密切联系，随着地方政府举债机制的变化，融资平台贷款偿还的保证性有所减弱。

（2）集团客户风险敞口增大。青海省银行业金融机构集团客户贷款比重高，大客户产业领域和市场范围宽泛，上下游关联企业较多。截至2014年末，全省大客户风险预警户数较上年增加20户，预警企业涉及贷款余额较年初增加 218.95 亿元，风险敞口有所扩大。

（二）证券业

1. 运行状况

（1）证券期货市场运行平稳。2014 年，青海省法人证券公司累计代理交易额 1 516.76 亿元，同比增长 37.2%；实现营业收入 1.37 亿元，同比增长 24.4%；净利润 0.25 亿元，同比增长 827.5%。证券营业部累计代理交易额 1 243.47 亿元，同比增长 21.4%；实现营业收入 2.09 亿元，同比增长 37.7%；净利润 1.03 亿元，同比增长 71.7%。期货公司累计代理交易额 2 983.18 亿元，同比增长 41.8%；实现手续费收入 0.22 亿元，同比增长 51.1%；净利润 0.11 亿元，同比增长 24.6%。

（2）上市公司经营情况有所好转。2014 年第三季度末[1]，青海省 10 家上市公司总资产 1 283.23 亿元，同比增长 12.7%；总股本 75.8 亿股，同比下降 15.6%；总市值 853.28 亿元，同比增长 3.6%。前三个季度，青海省上市公司实现净利润 12.92 亿元，同比增长 456.0%；基本每股收益 0.17 元，同比增长 231.0%，全国排名第 19 位；净资产收益率 12.4%，同比增长 169.0%，全国排名第 1 位。

（3）多层次资本市场加快发展。青海福来喜得生物科技股份有限公司成功在“新三板”挂牌，“新三板”挂牌实现零突破。拟上市企业培育力度不断加大，正平路桥建设股份有限公司向证监会报送首发上市申报材料。上市公司再融资稳步推进，4 家上市公司上报再融资方案，计划募集资金 72.62 亿元。中小企业私募债发行取得新进展，企业发行和拟发行的中小企业私募债达到 7.54 亿元。

2. 需要关注的问题

（1）证券从业人才短缺。截至 2014 年末，青海省共有证券从业人员 206 人，各营业部平均人数仅 11 人，个别 C 型营业部仅有 3 名员工，无法满足市场发展需求。受制于地理位置、行业收入水平、竞争压力等因素，青海省证券营业部引进优质人才的难度较大，不同程度地存在负责人及中层干部储备不足、高素质专业人才匮乏等问题，从业人员整体素质仍需进一步提高。

（2）上市公司业务经营面临一定压力。青海省上市公司以传统制造类和消费类企业为主，受经济下行压力、经济结构转型和消费政策等影响，一些上市公司产品市场需求和销售价格呈下降趋势，经营业绩提升难度加大。部分上市公司资产负债率相对较高，持续经营能力和发展后劲不足。

（三）保险业

1. 运行状况

（1）保险业务稳步增长。2014 年，青海省保险市场实现原保险保费收入 46.09 亿元，同比增长 18.1%，列全国第 11 位。其中，财产险原保险保费收入 22.99 亿元，同比增长 17.9%；寿险原保险保费收入 16.57 亿元，同比增长 19.9%；健康险原保险保费收入 4.97 亿元，同比增长 14.3%；意外险原保险保费收入 1.55 亿元，同比增长 16.4%。

（2）银保业务规模不断扩大。2014 年，得益于费改红利政策的实施，全省银保业务实现保费收入 3.38 亿元，同比增长 71.8%。从银保业务收入结构看，趸缴业务的占比继续加大，新单业务保费收入中，趸缴业务占比超过 90.0%。

---

① 由于上市公司 2014 年年报未全部公布，故采用 2014 年第三季度末数据。

（3）农业保险实现新发展。2014 年，青海省农业保险实现保费收入 1.41 亿元，同比增长 12.4%，农业保险覆盖面继续提升。一是承保面积进一步扩大，全省大田作物完成承保面积 202.72 万亩，同比增长 19.0%；二是开办险种不断丰富，在原有险种的基础上，新增了林木种苗保险品种；三是藏系羊、牦牛保险实现扩面，承保区域由原来的河南县扩展至泽库县。

2. 需要关注的问题

（1）行业非理性竞争行为有所抬头。近年来，青海省保险市场加大了市场整顿力度，市场秩序有了明显好转，但贴费、虚挂业务、不严格执行条款费率、银保车商渠道无序竞争等违法违规行为依然存在。2014 年，全省新增保险欺诈侵占案 10 件，市场秩序有待规范。

（2）大病保险可持续发展受限。2014 年，青海省大病保险全年结报金额约占大病保险资金的 96.3%，若 2015 年保费收入未有明显增长，而赔付支出继续增加，大病保险将面临入不敷出局面。

（四）地方非金融机构

1. 运行状况

（1）小额贷款公司规模稳步扩大。截至 2014 年末，青海省共有小额贷款公司 85 家，较年初增加 23 家；从业人员 674 人，较年初减少 16 人；注册资本总额 57.48 亿元，较年初增加 16.51 亿元；贷款余额 49.71 亿元，同比增长 31.1%。全年累计发放贷款 5 191 笔，同比增长 33.7%；发放贷款总额 74.45 亿元，同比增长 13.2%；实现利息收入 4.79 亿元，同比降低 4.6%。

（2）担保业务快速发展。截至 2014 年末，青海省共有融资性担保机构 69 家，较年初增加 6 家；从业人员 735 人，较年初增加 67 人；注册资本总额 84.15 亿元，较年初增加 6.82 亿元；在保责任余额 337.18 亿元，同比增长 40.1%。全年累计提供担保总额 277.33 亿元，同比增长 38.4%；解除担保额 180.75 亿元，同比增长 33.5%。

（3）典当行业良好运行。截至 2014 年末，青海省共有典当行 38 家，实收资本 4.29 亿元，资产总额 5.05 亿元，负债总额 0.55 亿元。典当总额 2.12 亿元，典当余额 1.85 亿元。全年实现营业收入 0.38 亿元，其中利息及综合服务费收入 0.20 亿元，占营业收入总额的 52.6%。

2. 需要关注的问题

（1）小额贷款公司对县域经济支持力度不强。目前青海省小额贷款公司主要分布在西宁市，其他市、州机构数量总量仅为西宁市机构数量的三分之一。因此，小额贷款公司在州、县层级还未形成规模，市场竞争不充分，对县域经济的支持功能尚未显现。

（2）担保代偿风险值得关注。截至 2014 年末，青海省融资性担保机构担保代偿余额 5.47 亿元，同比增长 177.7%。全年累计担保代偿额 5.85 亿元，同比增长 250.3%。担保代偿规模大幅增加，行业代偿风险明显上升。

三、金融市场运行与金融稳定

（一）金融市场运行状况

1. 货币市场交易活跃，现券交易大幅增长

2014 年，青海省地方法人金融机构货币市场成交量共计 3 226.98 亿元，同比增长 22.8%。其中

同业拆借 52.90 亿元，同比下降 12.7%；质押式回购 2 765.11 亿元，同比增长 12.7%；银行间市场现券交易累计成交 408.97 亿元，同比增长 266.6%。

2. 市场贴现利率总体平稳，票据融资增长较快

2014 年同业拆借加权平均利率 3.1%，质押式回购加权平均利率 3.1%，均较上年同期有所下降。截至 2014 年末，青海省票据融资余额 244.15 亿元，同比增长 65.7%，票据融资占各项贷款余额的 5.9%，较上年同期提高 1.4 个百分点。

3. 债务融资规模稳步扩大，企业融资渠道进一步拓宽

2014 年，青海省企业利用银行间债券市场直接融资 199.68 亿元，占直接融资的比重达 85.0%；年末存量 440.00 亿元，创历史新高。

4. 跨境资金流动规模大幅增长，结售汇总额创历史新高

2014 年，青海省跨境收支总额 34.93 亿美元，同比增长 49.9%，其中全省跨境人民币结算总量为 18.80 亿美元，同比增长 67.9%，约占同期跨境收支总额 53.8%，跨境人民币净流出 22.36 亿美元。全省结售汇总额 15.71 亿美元，同比增长 25.2%，总体呈小幅逆差。

5. 黄金交易大幅下降，交易品种逐渐丰富

2014 年，青海省黄金交易量大幅下滑，全年全省金融机构账户金销售量 7 724.01 千克，销售金额 19.25 亿元，同比分别下降 71.9% 和 76.5%；实物金交易量 715.70 千克，交易金额 1.79 亿元，分别较上年同比下降 77.4% 和 81.5%；黄金递延交易 9 528.90 千克，交易金额 24.08 亿元，黄金租赁 100.00 千克，交易金额 2 390.00 万元。

（二）需要关注的问题

随着青海省金融机构与全国市场联系的加深，需要关注国内乃至国际风险对后发地区的传导作用，特别是在深化金融改革的过程中和经济发展的新常态下，全国金融市场的不确定性因素增多，市场资金量和价的波动幅度较过去有所上升，对青海中小金融机构的冲击力加大，流动性管理难度增强，需要高度关注国际国内市场的各类潜在风险。

四、金融基础设施与金融稳定

（一）支付体系

1. 支付系统建设不断完善

顺利完成第二代支付系统和中央银行会计核算数据集中系统（ACS）在青海省的推广建设。建成并在全省上线运行青海省同城票据清算系统，成功实现了省内同城业务电子化清算、票据凭证截留和资金实时提出提入。截至 2014 年末，青海省大小额支付系统共处理支付业务 599.82 万笔，金额 5.17 万亿元。

2. 非现金支付工具得到广泛应用

2014 年全省共发生电子商业汇票业务 2 053 笔，金额 159.69 亿元，其中电子商业汇票承兑业务增速明显，业务量和金额同比分别增长 105.0% 和 494.0%，便利了企业支付结算和融资。2014 年，青海省累计发放银行卡 1 206 万张，布放 ATM 具 2 170 台、POS 机具 32 343 台，发展特约商户29 524

户，省内各市、州 ATM 和 POS 机跨行交易量分别以月均 23.0% 及 117.9% 的速度快速增长。

3. 农牧区支付环境继续改善

2014 年，选定省内 12 个乡及乡以下代理点分步实施惠农金融服务综合试点工作。截至 2014 年末，青海省共批准设立惠农金融服务点 3 412 个，其中转账电话模式服务点 1 939 个，交易笔数 50.3 万笔，交易金额 2.20 亿元。年内实现了全省 153 个银行网点空白乡镇基础金融服务全覆盖，使偏远地区农牧民享受到了安全、便捷的现代金融服务。

（二）信用环境

1. 征信服务范围不断扩大

截至 2014 年末，国家金融信用信息基础数据库共收录青海省 2.27 万户企业和 376.10 万个自然人的信用信息，全年分别累计查询 3.96 万次和 59.88 万次。办理机构信用代码证 1.59 万张，对公业务重要信息提示产品、关联查询产品等信用新产品逐步推广，征信业务在服务社会、防范金融风险和降低不良贷款中的作用进一步彰显。

2. 社会信用体系建设稳步开展

圆满完成青海省农村信用体系建设第一个五年规划，截至 2014 年末，全省共创建农户信用档案 54.87 万份，建档面达 64.6%，共评定信用乡（镇）112 个、信用村 1 494 个、信用户 29.06 万户，分别占全省行政乡、行政村和农户总数的 31.5%、36.9% 和 34.2%。全省累计为未纳入国家金融信用信息基础数据库的中小企业建立信用档案 4 174 户，其中 1 057 户取得了授信意向。

3. 信用宣传教育工作扎实推进

2014 年在全省范围内开展了以“青海省征信和社会信用体系建设”、“6·14 信用记录关爱日”等为主题的多项征信主题宣传活动，搭建了“青海征信服务与信用建设”微信公众平台，继续推进玉树藏族自治州“少年诚信教育基地”建设。将政府职能部门纳入征信宣传主体范围，巩固了社会信用体系建设成果。

（三）反洗钱

1. 反洗钱监管工作有序开展

一是开展金融机构反洗钱动态评价与风险预警，针对发现的问题向省内 23 家金融机构发出了《反洗钱风险预警通知书》。二是对青海省 214 家金融机构反洗钱工作情况进行了考核评级，对不同等级金融机构开展分类指导和实施差别化监管。三是推动金融机构反洗钱风险自评估和监管部门主导的风险评估工作，发现风险隐患 202 个，提出监管建议 135 条。四是对省内 20 家金融机构开展了反洗钱现场检查工作，对 24 家金融机构进行了监管走访，督促被查金融机构有效整改落实反洗钱工作中存在的突出问题。

2. 可疑交易线索分析及案件协查工作取得突破

成功堵截 1 起外籍人员利用假护照开户并涉嫌诈骗案件；向地方政府相关部门直接移送可疑交易线索 3 起；向反洗钱监测分析中心报告可疑交易报告 8 份，其中 5 份由反洗钱监测分析中心向中央政府部门进行了移送；协助地方政府相关部门开展可疑资金核查 15 次，涉及账户 274 户，有效支持地方政府相关部门办案 7 起，其中破案 2 起。

（四）金融消费权益保护

1. 投诉受理处理渠道日益畅通

在青海省全省范围内开通了“人民银行 12363 金融消费权益保护咨询投诉电话”，并选取全省涉农金融机构设立的 1 172 个惠农金融服务点和市、州及县一级所有银行营业网点进行了公布。主动依托乡镇政府及工商部门扩大金融消费权益保护工作覆盖范围，截至 2014 年末，全省已有 4 个市、州实现人民银行金融消费权益保护工作辖区全覆盖。

2. 金融知识宣传与普及力度加强

以“金融知识普及月”、“国家宪法日暨全国法制宣传日”为契机，组织开展形式多样的金融知识和金融法制宣传普及活动，青海省金融系统近 1 600 个金融机构网点参与，出动宣传人员 5 600 人次，发放宣传材料 53 000 余份，受理咨询服务 35 000 余次。

3. 监督检查工作有效跟进

对青海省内 7 家银行分支机构开展了金融消费权益保护相关业务检查评估，督促金融机构进一步履行金融消费者权益保护义务。通过约见高管人员谈话的方式对个别银行 2013 年个人金融信息保护专项检查情况进行了通报，引导金融机构切实保护消费者合法权益。

五、总体评估与政策建议

（一）总体评估

2014 年，青海省经济增长内生动力不断加强，金融业整体经营状况良好，保持稳健发展。但全省金融体系稳定运行仍面临诸多挑战：一是全球经济形势依然错综复杂，可能通过贸易、价格、资本流动等方式影响青海省经济金融发展。二是全国经济下行压力较大，产能过剩矛盾依然突出，青海省稳增长、调结构、转方式任务艰巨。三是青海省金融业发展环境和经营机制仍不完善，实现持续向好发展压力较大，潜在风险不容忽视。

（二）政策建议

1. 适应新常态，主动谋求经济发展新动力，以经济平稳增长促进区域金融稳定

一是发掘工业发展新动力。突出抓好重大技术进步和技术创新项目，尽快推动重点项目投产运营，深化行业整合重组，培育工业龙头企业，提升品牌竞争力。二是打造高原农牧业和服务业新特色。围绕壮大区域特色主导产品，集中打造一批规模化、标准化生产基地，树立高原绿色有机品牌。提升现代服务业，把服务业作为扩内需、调结构的新引擎，着力推动服务业发展更加专业化、特色化。三是积极利用政策新优势。按照“五通”要求，深度融入“丝绸之路经济带”，强化青海与丝绸之路沿线国家和周边省区的合作，增强省内企业利用沿线国家、省区资源和市场的能力，形成高原经济开放新格局。

2. 夯实微基础，继续推进金融机构改革创新，以金融主体稳健发展保障区域金融稳定

一是继续推动辖内法人机构完善公司治理结构和组织体系，强化内控制度建设，完善风险预警和应急管理体系。二是引导银行业金融机构把握金融服务实体经济的本质要求，大力推进产品、服

务和管理创新，提升金融服务功能。三是推进证券期货机构多元化发展，提高核心竞争力，为投资者提供更加优质的服务。四是优化保险业发展环境，推动保险业金融机构改革和产品服务体系不断完善，提升服务青海经济发展的能力。五是不断完善金融基础设施，优化金融生态环境，积极营造有利于青海金融产业发展的环境和氛围，促进金融主体稳健发展。

3. 防控潜风险，做好日常监测评估工作，以基础工作质量提升维护区域金融稳定

一是加强房地产等重点领域信贷情况调研，以应对可能产生的不良贷款上升风险。二是完善金融风险监测指标体系和评估方法，做好流动性和信用风险防范工作。三是加大证券期货机构现场检查工作力度，强化事中事后监管，增强监管的针对性和有效性。四是加强保险市场退保数据和满期给付的分析和监测，以做好非正常退保和满期给付风险防范和化解工作。五是强化风险提示和预防工作，根据日常风险监测数据和各金融机构报送的材料做好辖区金融业风险评估，对于潜在风险较大的金融机构，及时下发风险提示书，做好风险防范工作。

4. 强化新合作，加强相关部门协调配合，以金融监管合力推动区域金融稳定

一是继续加强“一行三局”与地方政府部门在执行货币政策与财政政策、监管政策与产业政策等方面的协调配合，协调推进地方金融监管信息共享和金融业综合统计，形成维护区域金融稳定的合力。二是致力于加强监管引导，引领辖区金融机构正确认识金融需求的新趋势、发展方式的新特征、盈利模式的新变化、风险的新表现和监管的新要求，促进全省金融业新发展。三是强化相关部门在非法金融活动风险处置方面的协调，坚决查处和打击非法金融活动，同时，加强舆论宣传引导，从源头上遏制金融犯罪活动，促进区域金融稳定。

总　　纂：曹建勋

统　　稿：潘　娟　苏中华

执　　笔：周　慧　常家升　吴俊成　余　婷　徐　静　席丹丹　孙亚刚

其他参与写作人员（以姓氏笔画为序）：

马丽军　马启军　毛泽强　李生海　李建玲

闫永晶　吴兆阳　张金香　赵咏梅　唐娟娟

甘肃省金融稳定报告摘要

2014年，面对“三期叠加”的复杂形势，甘肃省积极适应经济金融发展新常态，加快推进发展方式转变，经济金融保持稳中有进的发展态势。全省经济平稳较快增长，经济结构逐步优化，民生保障力度不断加大。银行业在改革中加快创新发展，抗风险能力不断增强。证券业发展环境逐步改善，机构盈利能力和资本实力稳步增强，资本市场融资功能有效发挥。保险业综合实力不断增强，服务保障领域持续拓宽。金融市场平稳运行，金融基础设施逐步完善，金融生态环境日益向好。全省金融稳定状况总体良好，但受经济发展水平、经济环境变化等因素影响，全省金融稳定依然面临一定压力。

一、区域经济运行与金融稳定

（一）区域经济运行

1. 经济增长实现稳中有进，经济结构调整成效显著

2014年，甘肃省经济增长稳中有进，全年实现生产总值6 835.27亿元①，同比增长8.9%。其中，第一产业增加值900.80亿元，同比增长5.6%；第二产业增加值2 924.86亿元，同比增长9.2%；第三产业增加值3 009.61亿元，同比增长9.5%。产业结构由上年的14:45:41调整为13.2:42.8:44，结构调整成效进一步显现。兰州新区累计完成基础设施投资551亿元，成为甘肃省经济发展的重要增长极。

表1　　2014年甘肃省与全国生产总值表　　单位：亿元，%

指标 地区	生产总值		第一产业		第二产业		第三产业	
	增加值	增速	增加值	增速	增加值	增速	增加值	增速
全国	636 463	7.4	58 332	4.1	271 392	7.3	306 739	8.1
甘肃省	6 835.27	8.9	900.80	5.6	2 924.86	9.2	3 009.61	9.5

2. 农业生产实现“十一连丰”，工业生产平稳增长

农业基础地位进一步巩固，粮食总产量实现“十一连丰”，突出特色种养业发展和加工转化，实现农业增加值900.8亿元，增速达到5.6%。着力推动传统产业升级改造，全年实现工业增加值2 070亿元，增速达到8.4%，其中，有色、石化、冶金、电力、煤炭、建材、食品等七个传统支柱行业对规模以上工业增加值的贡献率达到84.8%。在新材料、新能源、生物产业、信息技术等八个

① 2014年甘肃省统计公报尚未公布，相关经济数据均为预计数。

领域开展重点企业扶持，战略性新型产业增加值增速为 17.2%，占地区生产总值的比重由上年的 7.2%提高到 10%。

3. 固定资产投资保持较快增长，消费品市场稳定增长

以投资拉动为主转向“三驾马车”并重的趋势凸显。以“3341”项目建设工程为抓手，强化基础设施和重点领域投资，全省实现固定资产投资 7 759.62 亿元，同比增长 21.1%，增速连续 8 年保持在 20%以上，其中，项目投资完成 7 038.15 亿元，同比增长 23.86%；房地产开发投资完成 721.47 亿元，同比下降 0.44%。打造多点支撑的消费增长格局，消费保持平稳增长，全年实现社会消费品零售总额 2 410.38 亿元，同比增长 12.6%。全面启动区域通关一体化改革，鼓励各类企业扩大对外贸易，全年进出口总额实现 86.5 亿美元，其中，出口总额 53.3 亿美元，同比增长 14.2%。

4. 各项社会事业全面推动，城乡居民收入稳步增加

坚持民生优先，进一步提高民生支出比例，全年各级财政民生支出达到 1 928.1 亿元，占财政支出的比重达到 76%；城乡居民基础养老金省级补助标准和城乡低保分别提高 15%；全年实施各类保障性住房和棚户区改造 18.89 万套，开工率 100%；实施易地扶贫搬迁 4.69 万户 23.34 万人，8 个县区实现整体脱贫，全省贫困人口减少 140 万人；城镇新增就业 42.47 万人，城镇登记失业率为 2.24%。城镇居民人均可支配收入 20 804 元，同比增长 9.7%；农村居民人均现金收入 5 736 元，同比增长 12.3%。

（二）需要关注的方面

1. 经济增长下行压力加大，投资动力有所减弱

长期以来，全省进出口总量较小，对经济的贡献率较低，消费增长相对稳定，经济增长主要依靠投资，“十二五”前三年年均贡献达到 73.7%。2014 年，全省投资同比增长 21.1%，增速较上年下降 8.9 个百分点，投资动力有所减弱，制约投资平稳较快增长的内外部压力逐步显现。一是由于宏观经济下行压力较大，企业投资预期减弱，全省工业投资增长缓慢。二是由于房地产市场调整预期加大，导致全省房地产开发投资增速大幅回落。三是全省固定资产投资本年到位资金持续低于固定资产投资预计使用资金，给投资增长带来较大压力。

2. 工业企业经营状况不容乐观，产成品库存居高不下

全省工业企业利润下滑加剧，亏损额上升加快。2014 年，全省规模以上工业企业实现利润总额 233.2 亿元，同比下降 18.6%，低于全国平均增速 21.9 个百分点，规模以上工业企业亏损面较上年有所扩大。煤炭需求增速放缓，价格低位徘徊，煤炭行业在传统旺季生产不旺，煤炭企业库存增大，货款拖欠严重。2014 年第四季度，甘肃省企业产成品存货水平指数为 -25.22%，较上季度和上年同期分别下降 10.8 个和 4.5 个百分点，反映市场景气度持续走低。

3. 有效信贷需求不足，中小企业融资难问题仍然存在

2014 年，全省贷款总量继续保持快速增长态势，全年贷款增速高于全国平均水平 12.24 个百分点，贷款增量突破 2 000 亿元，创历史新高。随着一系列稳增长政策的实施，全省对基础设施和大型企业、项目的投资力度加大，商业银行资产配置中长期化趋势明显，部分中小企业短期流动性和生产营运资金较为紧张。符合信贷条件的有效需求不足，信贷资源的结构性短缺现象依然存在，中小企业融资难问题仍未有效解决。

二、金融业与金融稳定

（一）银行业

1. 银行业运行情况

（1）银行业主体不断增加，服务经济社会能力稳步提升。2014 年，民生银行入驻甘肃设立分支机构，兰州银行发起设立西固金城村镇银行，全省共有银行业金融机构 135 家[①]，其中法人银行业金融机构 116 家。资产负债规模快速增长，年末全省银行业资产总额 19 139.89 亿元，同比增长 17.84%；负债总额 18 373.41 亿元，同比增长 17.24%。本外币各项贷款余额 11 075.78 亿元，同比增长 25.54%，新增贷款 2 231.21 亿元，较上年多增 621.62 亿元；本外币各项存款余额 13 957.98 亿元，同比增长 15.64%，新增存款 1887.34 亿元，较上年减少 50.99 亿元。

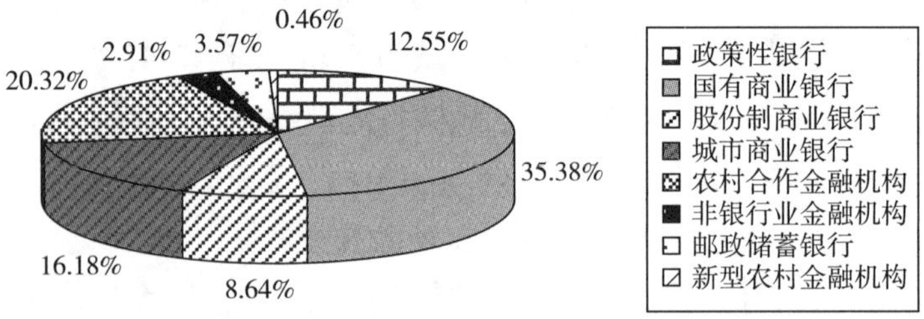

数据来源：甘肃银监局相关资料。

图 1　甘肃省银行业金融机构资产分布情况图

（2）银行业改革持续推进，金融服务体系更趋多元化。农业银行甘肃省分行“三农”金融事业部改革进程稳中向好，“三农”金融服务持续改善。2014 年末，全省 70 家县级事业部涉农贷款余额 388.23 亿元，同比增长 18.51%，占各项贷款比例为 76.53%；农户贷款余额 182.17 亿元，同比增长 27.96%。邮储银行甘肃省分行“二类支行”改制顺利推进，管理体制和工作机制进一步优化。农村合作金融机构股份制改革取得新进展，1 家农村信用社和 2 家农村合作银行改制为农村商业银行，新设村镇银行 1 家，全省新型农村金融机构达到 21 家，农村金融服务体系日益完善。

（3）信贷投向有扶有控，贷款期限长期化趋势明显。一是信贷资金持续向基础设施建设、薄弱环节和民生领域倾斜，限制性行业信贷逐步压缩。2014 年，全省新增固定资产贷款 820.17 亿元，较上年多增 359.23 亿元；新增小微企业贷款 626.46 亿元，较上年多增 188.91 亿元；新增涉农贷款 807.94 亿元，较上年多增 116.35 亿元；保障性住房贷款余额 183.91 亿元，较上年多增 104.06 亿元。“两高一剩”行业贷款余额 710.01 亿元，较上年减少 28.58 亿元。二是中长期贷款保持高位运行，期限长期化趋势明显。2014 年，全省新增中长期贷款 1 348.02 亿元，较上年多增 462.40 亿元，占各项贷款增量的 60.42%，较上年提高 5.40 个百分点。

（4）资产质量稳中微降，盈利能力和风险覆盖能力总体较强。2014 年末，全省银行业金融机构

---

① 国有商业银行 5 家，政策性银行 2 家，股份制商业银行 7 家，城市商业银行 2 家，农村金融机构 110 家，企业集团财务公司 2 家，信托公司 1 家，金融租赁公司 1 家，邮政储蓄银行 1 家，资产管理公司 4 家。

不良贷款余额159.38亿元，同比增长7.33%；不良贷款率1.44%，较上年下降0.24个百分点。盈利能力稳步提升。资产利润率1.31%，较上年提高0.06个百分点。风险覆盖能力总体较强。全省银行业平均拨备覆盖率199.70%，较上年提高25.62个百分点。法人银行业金融机构资本充足率13.34%，较上年提高0.6个百分点。

2. 存在的问题

（1）信贷资产质量下滑压力加大。一是经济下行风险可能向银行业传导。受经济增速趋缓、增长预期下调以及结构性调整等因素影响，甘肃省石化、有色、冶金、煤炭等主要行业短期景气程度稳而不旺，部分市州房地产市场供大于求，主要工业品出厂价格下降，部分企业经营困难、资金周转紧张，实体经济压力向银行业传导的预期有所增强，全省银行业信贷风险管控形势较为严峻。二是信贷质量下滑趋势有所增强。不良贷款余额连续4季度反弹。同时，部分贷款质量前瞻性指标也不乐观。逾期贷款较上年增加34.27亿元，贷款质量净向下迁徙0.64个百分点。

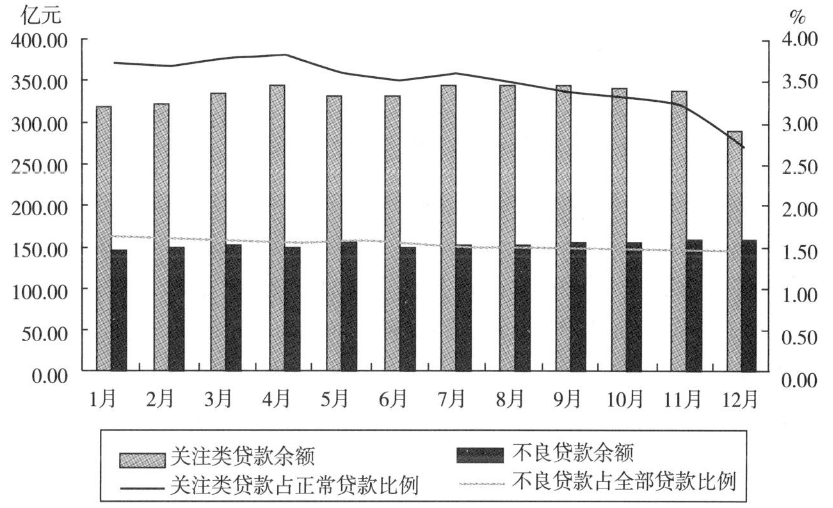

数据来源：甘肃银监局相关资料。

图2　2014年甘肃省关注类贷款及不良贷款月度变化图

（2）农村合作金融机构经营稳健性有待提高。根据人民银行在全省开展的稳健性现场评估结果，农村合作金融机构不同程度地存在贷款行业分类错误及形态划分不实、贷前审查及贷后管理不严格、内控制度执行不到位、贷款垒大户、向限制性行业或领域提供授信等问题。

（3）部分法人机构流动性管控能力有待加强。一是部分机构面临流动性短缺问题。2014年末，全省法人银行机构中有13家存贷比超过100%，存在超负荷经营现象。二是负债稳定性有所减弱，管理难度加大。各项存款中稳定性较强的居民储蓄存款同比增长13.48%，增速较上年下降2.91个百分点。全省银行业金融机构同业负债1 779.02亿元，同比增长29.49%，其中地方法人机构同业负债同比增长37.92%，对同业存款的依存度上升。三是农村合作金融机构对流动性风险普遍重视不够，未建立有效的应对处置措施和流动性风险应急预案，流动性风险防控能力较为薄弱。

（4）信贷集中风险有待化解。受甘肃产业结构限制，全省银行信贷资金普遍集中于部分重点行业和重点客户，贷款集中度高的问题难以有效解决。一是行业集中度较高。信贷资源明显向部分行业集中，交通运输、电力、水利、批发零售业、采矿业、制造业、房地产业贷款增量占全部贷款增量的51.8%，新能源、新材料、节能环保、现代服务业等行业信贷支持仍显不足。二是客户集中度

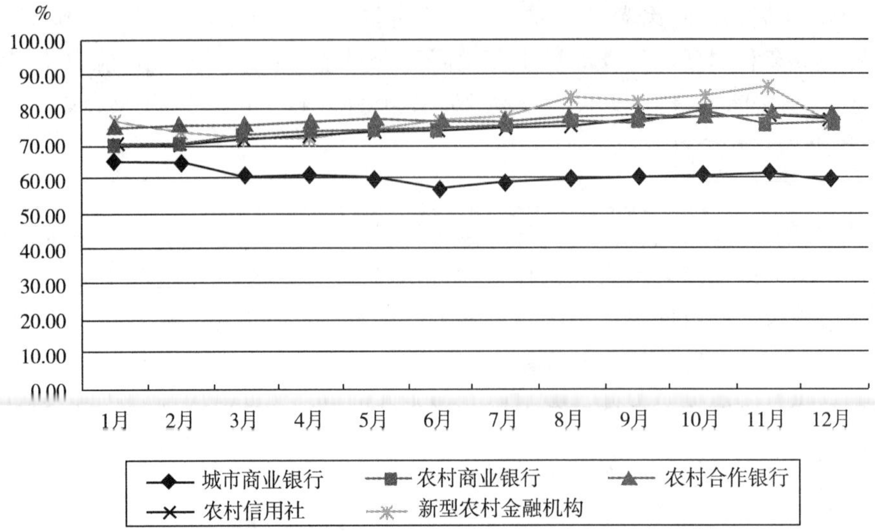

数据来源：甘肃银监局相关资料。

图3　2014年甘肃省各类地方法人银行机构存贷比月度变化图

较高。全省法人银行机构中有41.28%的机构最大十家客户贷款集中度超标，超标的金融机构主要为农村合作金融机构。

（5）表外业务风险有所加大。2014年末，全省银行业金融机构表外业务余额为3 572.56亿元，同比增长49.35%。其中，委托贷款余额同比增长40.82%，占比23.38%；承兑汇票余额同比增长81.02%，占比35.49%。在表外业务快速发展的同时，相关风险管控和隔离措施仍未跟上，个别业务风险有所显现。2014年发生表外业务垫款21.77亿元，较上年增加21亿元，主要发生在承兑汇票领域。

（二）证券业

1. 证券业运行情况

（1）证券期货经营机构规模不断扩大。2014年末，甘肃省有1家证券公司，8家证券分公司，67家证券营业部；1家法人期货公司，7家期货营业部，1家境外期货持证企业，52家从事IB业务的证券营业部。法人证券公司华龙证券总资产144.74亿元，同比增长37.73%；法人期货公司华龙期货总资产4.18亿元，同比增长49.29%。

（2）证券经营机构盈利水平大幅上升。受证券市场逐步回暖带动，全省证券期货机构交易量和经营效益显著增加。2014年，全省证券经营机构①累计实现证券交易额7 866.58亿元，同比增长57.47%；实现营业收入12.35亿元，同比增长44.11%；实现净利润6.75亿元，同比增长68.33%。其中，华龙证券②累计实现营业收入12.30亿元，同比增长70.08%；实现净利润4.86亿元，同比大幅增长210.68%。

（3）期货经营机构经营效益稳步增长。2014年，全省期货经营机构③累计实现期货交易额

① 不包括华龙证券在甘肃辖外经营机构的数据。
② 此处华龙证券营业收入和净利润包含该公司在甘肃辖外经营机构的数据。
③ 不包括华龙期货甘肃省外机构的经营数据。

8 695.37亿元，同比增长20.1%；实现手续费收入2 483.77万元，同比下降20.82%；实现净利润937.86万元，同比下降5.63%。其中，华龙期货[①]实现手续费收入1 271.62万元，同比下降0.13%；实现净利润572.01万元，同比增长16.20%。

（4）法人证券期货机构抗风险能力整体较强。2014年末，华龙证券净资产35.66亿元，同比增长22.5%；净资本21.95亿元，同比增长9.97%；净资本/各项风险资本准备之和345.89%，净资本/净资产61.56%，净资本/负债30.23%。华龙期货净资产1.31亿元，同比增长4.74%；净资本1.26亿元，同比增长4.41%。法人证券期货机构各项指标均高于监管要求，资本抵御风险能力总体较强。

（5）上市公司规模进一步扩大。2014年末，甘肃省共有上市公司26家，较上年增加1家，总股本272.04亿股，同比增长4.25%，总市值2 698.70亿元，同比增长72.05%。2014年，全省上市公司通过资本市场累计募集资金41.76亿元，其中，兰石重装IPO募集资金1.68亿元，蓝科高新配股募集资金1.96亿元，国投电力发行18亿元公司债，亚盛集团发行12亿元公司债，中核钛白非公开发行募集资金4.02亿元，海默科技发行股份购买资产2.7亿元并募集配套资金1.4亿元。全省拟上市公司共10家，上市公司后备资源有所扩充。

2. 存在的问题

（1）上市公司和证券期货经营机构分布不均。目前，甘肃省26家上市公司和11家拟上市公司主要分布在7个地市，全省证券期货营业部共84家，主要分布在兰州及河西等地的23个县区，全省74%的县区尚未开设证券期货营业部。证券业资源分布的不平衡，使得全省资本市场参与主体分布的不均衡，省内近半地区难以借助资本市场改善外部融资效率、提升经济发展水平。

（2）上市公司和证券期货经营机构创新发展水平较低。受历史和区域等多因素影响，甘肃省上市公司和拟上市企业中，新材料、新能源、生物、信息技术和先进装备制造等战略性新兴产业公司数量稀少，缺乏在全国有影响力的大型蓝筹上市公司，行业引领和品牌带动力不强。证券期货经营机构创新发展和拓展新业务的能力有待提高，新业务、新产品推出力度不大，盈利模式较为单一，对市场景气程度的依赖程度较高。

（3）引导企业借助资本市场实现发展的力度有待提高。全国中小企业股份转让系统（三板市场）和区域性股权市场是国家发展完善多层次资本市场体系的重要一环，也是中小企业借助资本市场提升融资效率和经营水平的重要通道，但受认识水平不够等因素的影响，企业参与力度不大。2014年，甘肃仅有3家企业在全国中小企业股份转让系统挂牌，而陕西、新疆和宁夏同期分别有17家、12家和11家企业挂牌。

（三）保险业

1. 保险业运行情况

（1）市场主体不断增加，行业综合实力日益提升。2014年，全省共有24家保险市场主体，其中财险主体公司12家，人身险主体公司12家，较上年增加1家；保险专业中介机构31家，较上年增加21家；保险兼业代理机构4 199家，较上年减少128家。保险业总资产达502.17亿元，同比增长10.59%。全年累计实现原保险保费收入208.44亿元，同比增长15.70%，增速较上年提高2.23个

① 华龙期货交易额、收入和净利润三项指标包含该公司在甘肃辖外经营机构的数据。

百分点；累计发生赔付支出 84.42 亿元，同比增长 25.74%。

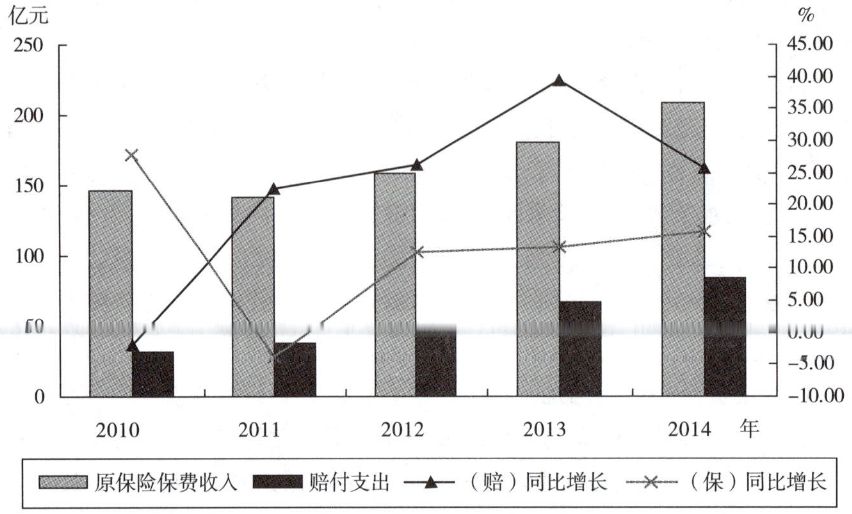

注：2010 年原保险保费收入为旧口径数据，2011 年为新口径数据，故增速为负。

数据来源：甘肃保监局相关资料。

图 4　2010—2014 年甘肃省保费收入及赔付支出情况图

（2）服务领域不断拓宽，保障程度稳步提升。2014 年全省保险业不断拓宽服务保障领域，风险保障程度不断提高，全年共承担各类风险保障达 8.28 万亿元，同比增长 90.96%。产险公司积极发展承运人、校园方、医疗、环境污染、火灾公众和旅行社等责任险，责任保险全年实现保费收入 3.45 亿元，同比增长 20.98%；大力推动提升融资水平的信用保险和保证保险，两项业务分别实现保费收入 352.34 万元和 1.12 亿元，同比增长 279.63% 和 113.58%。

（3）产险市场发展保持良好势头，经营效益继续大幅提升。2014 年全省产险市场平稳较快增长，累计实现原保险保费收入 85.41 亿元，同比增长 19.42%，低于上年 4.72 个百分点。累计发生赔付支出 40.97 亿元，同比增长 20.93%，全行业综合赔付率为 55.68%，较上年下降 0.14 个百分点。全省产险公司累计实现承保利润 6.53 亿元，同比增长 27.75%；承保利润率为 9.14%，上年提高 0.54 个百分点，经营效益连年攀升。

（4）寿险业务回归保障速度加快，销售渠道更趋合理。受益于资本市场回升及寿险产品费率市场化的影响，寿险业务回升趋势明显。2014 年全省人身险市场平稳较快发展，累计实现原保险保费收入 123.03 亿元，同比增长 13.26%，增速较上年提高 5.87 个百分点。其中，普通寿险呈现“井喷式”增长，全年累计实现保费收入 38.97 亿元，同比增长 104.72%；普通寿险在寿险业务中占比 36.62%，较上年大幅提升 16.76 个百分点。公司直销保费收入增长迅速，累计实现保费收入 8.29 亿元，同比增长 34.88%；银邮渠道增幅明显趋缓，累计实现保费收入 27 亿元，同比增长 9.43%，渠道结构更趋合理。

（5）试点保险产品效果显著，政策性农险发展加快。2014 年，全省保险业积极推进保险改革创新，取得显著成效。在庆阳、定西、金昌三地试点城乡居民大病医疗保险，累计承保 528.32 万人，筹资总额 1.58 亿元；累计赔付 3.55 万人次，赔付金额 1.50 亿元。首次将教职工和学校食堂食品安全纳入校方责任保险范围，并启动环境污染责任保险、特种设备责任保险和食品安全责任保险三项试点工作。在定西市试点中药材产值保险，在陇西县开展畜草产业小额贷款保证保险试点，在定西、甘南、武威等地推动农险示范区建设，以点带面助推全省农险快速发展。

2. 存在的问题

（1）非车险业务发展受阻，产险市场结构调整趋缓。2014 年全省车险依旧保持较高增速，累计实现保费收入 61.94 亿元，同比增长 18.19%，占全省产险公司保费收入的 72.52%。但受工业增速下滑、建设项目减少、企业效益下降等多重因素影响，非车险业务增速大幅下滑。其中，企财险保费收入增速较上年下降 9.81 个百分点；工程险保费收入增速较上年大幅下降 84.09 个百分点；农险保费收入增速较上年下降 33.42 个百分点，产险市场结构调整的压力较大。

（2）分红险首次出现负增长，退保金支出大幅攀升。2014 年以来，与投资股市和银行理财产品相比，分红险的收益率相对较低，使得选择分红险的投资者减少，部分投资者甚至选择退保，分红险保费收入首次出现负增长，退保金额大幅攀升。全年分红险保费收入 65.25 亿元，同比下降 12.63%，占寿险业务收入的 61.31%，较上年大幅下降 16.66 个百分点。退保金支出 19.06 亿元，同比增长 82.76%，占总退保支出的 87.31%，寿险分红业务的可持续发展面临一定挑战。

（四）金融业综合经营

1. 综合经营发展情况

（1）跨业投资有序开展。华龙证券持有兰州银行股份，光大兴陇信托公司参股兰州银行和金川集团财务公司，金融机构跨行业股权融合取得一定进展。同时，实体企业通过新设机构、直接参股等方式投资省内法人金融机构，少数大型企业集团投资多种类型金融机构，甘肃省电力投资集团公司先后投资参股华龙证券、兰州银行及甘肃银行；酒钢集团公司、金川集团公司均发起设立财务公司，并分别参股华龙证券和甘肃银行。

（2）跨市场融资交易较为活跃。华龙证券公司与商业银行、基金公司、保险公司等金融机构积极开展债券市场回购业务，2014 年债券市场回购余额 55.05 亿元，同比增长 8.49%。同时通过银行间同业拆借市场拆入资金，2014 年末拆入资金余额为 2 亿元。

（3）跨行业资金托管业务快速增长。受证券市场行情升温、股票成交量上涨带动，全省证券交易结算资金第三方存管业务规模快速增长。2014 年末全省商业银行共开立 92.05 万个证券交易第三方存管账户，较上年新增开户数 5.16 万户；账户资金余额 32.83 亿元，同比增长 55.59%。全省期货保证金第三方存管业务托管资金余额 2.78 亿元，同比增长 84.07%。企业年金基金托管业务大幅增长，2014 年全省 7 家商业银行与省内 97 家企业建立托管关系，较上年增加 19 家；托管企业年金基金共计 80.42 亿元，同比增长 56.07%。

（4）银行代理业务增势良好。银行代理基金业务发展迅速，2014 年全省银行累计代理销售基金 208.93 亿元，同比增长 46.82%。其中，货币型基金占比最高，股票型基金和债券型基金比例有所下降。银行代理保险业务稳定增长，2014 年全省银行累计代理销售保险产品 44.81 亿元，同比增长 28.41%。

（5）资产管理业务创新发展。随着互联网理财日益兴起、证券市场行情好转，银行理财业务增速有所放缓。2014 年，全省商业银行累计销售人民币理财产品 16 481 只，较上年增加 1 942 只；销售金额 4 422.95 亿元，同比增长 26.6%，增速较上年下降 19.88 个百分点。部分商业银行将理财募集资金委托信托公司、证券公司、基金公司等金融机构进行投资，资金主要投向债券及货币市场、信贷资产、股票等，全年全省累计发行跨市场理财产品378只，募集资金297.81亿元。信托投资业务规模有所下降。2014年末，光大兴陇信托公司单一信托资产规模为531.64亿元，同比下降27.48%，其中融资类业务占到76.78%。证券公司资产管理业务快速发展。2014年末，华龙证券资产管理业务余额为175.66亿元，同比增长2.35倍。其中，定向资产管理规模161.23亿元，主要投资于省内及省外企业融资项目、同业存款、信托计划、信贷资产收益权转让、资产收益权转让等。

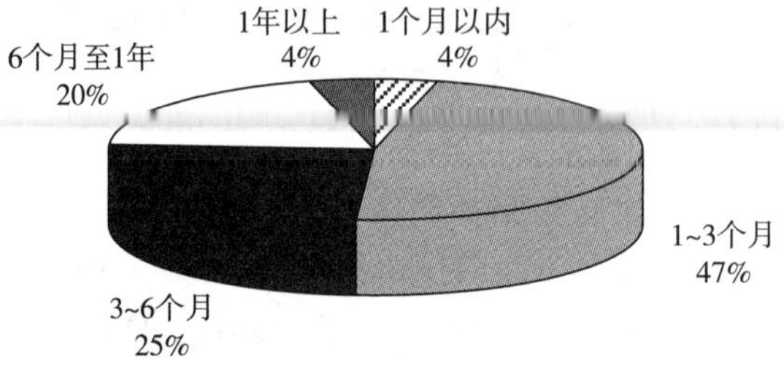

数据来源：中国人民银行兰州中心支行相关资料。

图5　2014年甘肃省人民币理财产品期限结构图

2. 存在的问题

（1）监管套利形成一定程度的风险外溢。不同金融行业乃至同一金融行业内的不同金融机构在金融职能上大相径庭，加之各行业监管标准不够统一，以监管套利为目的的金融业综合经营带来不同程度的风险外溢效应，有代表性的是部分商业银行为规避监管和宏观调控，将理财资金或自有资金通过信托公司、证券公司等多层“通道”，投向“两高一剩”等限制性领域。一方面，弱化了信贷政策的执行效果，推高了实体经济融资成本，加大了风险的传染效应，增加了风险识别和监管难度；另一方面，商业银行将短期资金投向以企业债权为基础资产的信托受益权、券商资管计划受益权等期限较长的非标债权资产，加大了资产负债期限错配引发的流动性风险。

（2）交叉性金融业务潜存隐患。交叉性金融产品一般涉及不同金融行业的多个参与主体，业务发起方难以对风险和规范性进行全流程控制，如果某个交易主体发生违约行为，或者某个环节受经济环境、市场行情及宏观调控等因素影响，都可能影响产品收益和经济价值，给整个链条的投资者和相关交易主体带来损失。同时交叉性金融业务合作主体规范性不高，容易引发操作风险和声誉风险。例如，在银行代理保险业务中，部分银行人员缺乏保险知识或者单纯追求销售业绩，夸大产品收益或违规承诺保证收益；在营销理财产品时产品信息披露不充分，重收益承诺轻风险提示，客户风险评估流于形式。

（3）内部控制和外部监管不足增加了风险防控难度。金融业综合经营的内部自律和约束仍需增强。调查中发现，部分金融机构存在风险管理制度覆盖面不全、应急协调机制不完善、内部审计监督缺失或者力度不够等问题，不利于防范和及时化解跨市场金融风险。同时，从基层监管来看，对于涉及多个监管部门的金融业综合经营领域，还存在关键监管信息共享不充分、联合监管执行不力、缺乏统一的交叉性金融业务统计监测体系等问题，不利于全面及时掌握金融业综合经营风险。

三、金融市场与金融稳定

（一）货币市场

2014年，甘肃省债券市场交易活跃，交易量大幅增加。全年银行间债券市场成员债券交易累计成交37 469笔，成交额51 757.59亿元，同比增长56.65%。企业直接融资稳步增长，融资工具日趋多元。全省共有13家非金融企业发行短期融资券、中期票据和定向工具，合计金额389亿元，同比增长8.9%。票据业务保持平稳，全省银行业金融机构累计签发银行承兑汇票1 597.13亿元，同比微增0.55%。票据贴现累计发放1 991.26亿元，同比下降10.49%。再贴现累计发放117.52亿元，同比增长17.91%。2014年末，银行承兑汇票贴现加权平均利率为5.3%，较上年回落2.4个百分点，票据买断式和回购式转贴现加权平均利率分别为5.2%和5.8%，较上年回落1.11个和1.1个百分点。

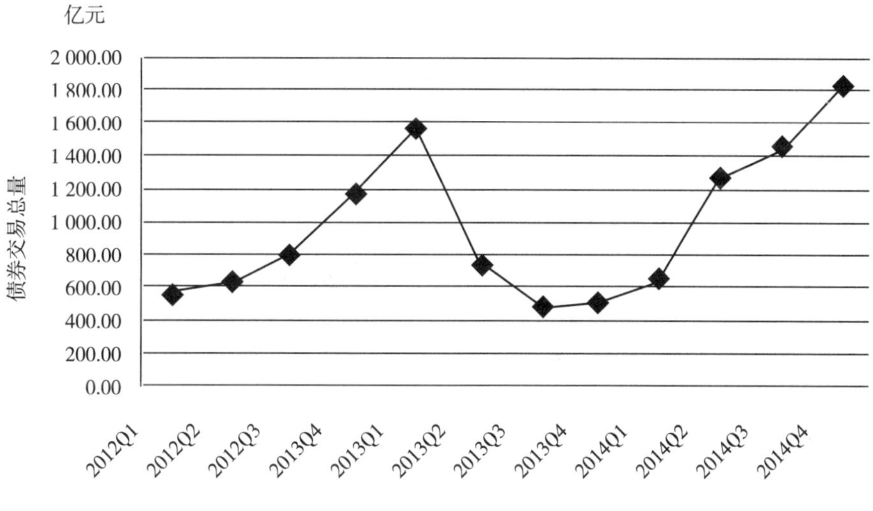

数据来源：中国人民银行兰州中心支行相关资料。

图6　2012—2014年甘肃省债券交易量季度走势图

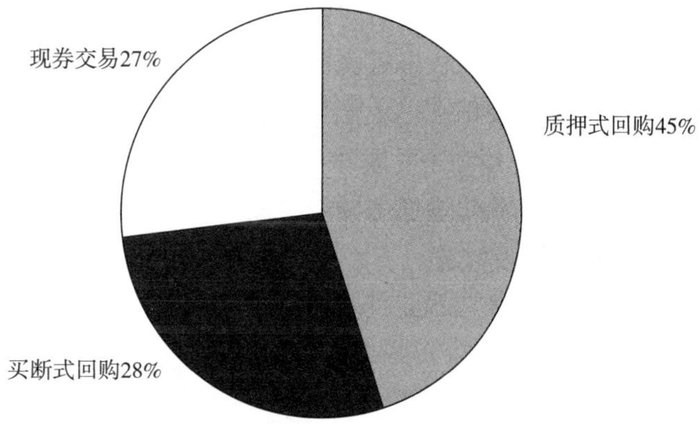

数据来源：中国人民银行兰州中心支行相关资料。

图7　2014年甘肃省债券交易结构图

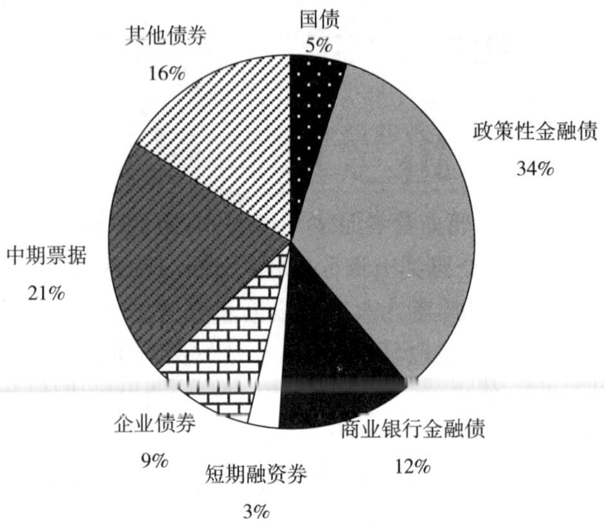

数据来源：中国人民银行兰州中心支行相关资料。

图8　2014年甘肃省债券市场成员单位持债结构图

（二）黄金市场

2014年，甘肃省唯一一家黄金交易所成员甘肃西脉新材料科技股份有限公司黄金交易累计成交5 094.1公斤，同比下降42.30%。商业银行黄金市场业务同步回落。全省商业银行人民币账户黄金成交金额92.48亿元，同比下降16.53%；实物黄金累计成交13.22亿，同比下降29.57%。工商银行、中国银行甘肃省分行的黄金租赁、黄金延期和黄金远期业务稳步增长，丰富了全省黄金市场的业务品种，提升了黄金业务交易的活跃度。

（三）外汇市场

2014年，甘肃省外汇市场保持活跃、均衡的发展态势，跨境收付净流出与银行结售汇逆差保持双降态势。全省跨境收付快速增长，实现总额161.73亿美元，同比增长15.36%，其中：收入70.77亿美元，同比增长26.42%；支付90.96亿美元，同比增长7.99%；净流出20.19亿美元，同比下降28.53%。结售汇规模加速缩减，全省银行结售汇总额47.86亿美元，同比下降26.16%，其中：结汇16.65亿美元，同比下降29.28%；售汇31.21亿美元，同比下降24.40%；结售汇逆差14.56亿美元，同比下降17.94%。

四、金融基础设施与金融稳定

（一）支付系统

2014年，甘肃省支付体系建设高效推进。中央银行会计核算数据集中系统在全省成功上线运行，省内各银行业金融机构顺利向第二代支付系统切换，资金跨行清算效率进一步提高，支付系统全年共处理业务2 885.31万笔、同比增长12.59%，金额31.47万亿元、同比增长17.16%，是当年全省生产总值的46倍。银行卡产业快速发展，全年共发生银行卡业务7.45亿笔、金额5.04万亿元，笔数、金额同比分别增长18.4%和1%。制定了《甘肃省银行卡收单业务管理办法实施细则（试行）》、《甘肃省银行卡收单外包服务管理办法（试行）》，不断丰富银行卡业务宣传形式，营造了良好的银行卡受理环境。银行结算账户日常管理工作持续强化，“点对点”协查机制及系统成功建立，协查效率显著提升，扎实开展特殊账户规范清理，为相关部门开展工作提供了有价值的线索。改善农村支付服务环境工作持续深化，制定了《甘肃省全面推进深化农村支付服务环境建设实施意见》，手机支付业务在全省农村地区有效推广，地方各类特色惠农业务陆续实施；2014年末，全省农村地区设立助农取款服务点21 019个，布放ATM 5 946台、POS机73 835台，电话银行、手机银行和网上银行的用户数量较上年分别增长4.6倍、25.7倍和69%，其中电话银行和手机银行的交易金额较上年分别增长1.3倍和13.9倍。支付结算秩序有效维护，非金融支付机构监管和客户备付金监管持续强化，支付结算消费者权益有效维护。

（二）征信体系

2014年，甘肃省征信体系建设稳步推进，金融信用信息基础数据库得到有效推广应用，社会信用体系建设、小微企业和农村信用体系建设扎实推进。征信市场监管力度不断加大，《征信业管理条例》及相关规章制度得到有效贯彻落实，全省征信业逐步走上法制化、规范化轨道。金融信用信息基础数据库推广应用取得积极进展，村镇银行、小额贷款公司、融资性担保公司等小微机构接入数据库步伐加快，个人信用报告互联网查询平台和应收账款融资服务平台推广工作扎实推进，数据库信息采集和应用范围不断扩大，已录入全省10.82万户企事业单位和1 570.82万自然人信用信息，全年企业和个人信用报告查询量达317.40万次，征信信息服务水平显著提高。全省社会信用体系建设目标逐步明确，工作机制不断健全。小微企业和农村信用体系建设成效显著，累计为4.24万户小微企业和418.43万农户建立了信用档案，评定信用农户353.60万户，促进小微企业累计获得银行融资2 434.18亿元，农户获得银行融资1 085.23亿元，小微企业和农村信用环境不断改善。培育1家地方性法人信用评级机构，弥补了全省没有法人信用评级机构的空白。信用评级市场化步伐不断加快，全省有871家借款企业和担保机构进行了专业化外部评级。征信体系的健康发展，在推动信用信息共享、防控信用风险、缓解小微企业和“三农”融资难、加强金融监管、改善金融生态环境等方面发挥了积极作用。

（三）反洗钱

2014年，甘肃省反洗钱工作监管手段进一步丰富创新，反洗钱整体合力不断增强，有力支持了地方经济发展和维护了区域金融稳定。继续落实风险为本的监管思路，指导辖内银行业金融机构开展了“洗钱风险防控年”活动，积极推进地方法人金融机构洗钱风险自评估和客户分类管理工作，金融机构洗钱风险防范能力不断提升。制定了《甘肃省保险业金融机构反洗钱风险控制指引》，有针对性地加强对保险业金融机构反洗钱监管。强化部门合作，积极打击洗钱犯罪。加强与公安和司法部门在打击洗钱犯罪和恐怖融资犯罪方面的合作，全年协助省公安厅、安全厅、检察院、禁毒办等部门开展反洗钱行政调查和案件协查22起，调查可疑账户300多户，涉及可疑交易资金30多亿元。重点推进反恐怖融资工作，组织召开全省金融机构反恐怖融资座谈会，编印《甘肃省恐怖融资防范手册》，指导金融机构加强涉恐资金活动监测，筛查上报涉恐融资重点可疑交易线索。对42份重点可疑交易报告进行甄别分析，上报反洗钱监测分析中心研判6份，向公安机关移送2起，发布《洗钱风险提示》4期，充分发挥了反洗钱监管在预防打击洗钱及上游犯罪、维护经济金融稳定等方面的重要作用。

（四）应急管理

2014年，甘肃省金融应急管理体制机制逐步完善，应急预案体系不断优化，应急管理水平进一步提升。甘肃省“一行三局”紧密结合内外部环境变化、经济金融改革发展和各自业务发展情况，指导全省各类金融机构开展第二轮应急预案评估，进一步健全应急管理体系，完善应急管理机制，强化应急演练，夯实应急保障，积极预防和妥善处理了各类突发事件，应急防范和风险处置的前瞻性、针对性和实效性持续提高。同时，坚持以“防风险、快响应、早处置、保安全”为目标，进一步加强与政府部门的联系沟通，强化信息共享和配合协调，积极配合做好各类金融风险事件的应急处置工作，组织开展现场应急演练，逐步建立涵盖反假币、反洗钱、金融稳定职能的演练协作机制，初步实现应急协作规范化和信息获取渠道多元化，增强了金融系统应对跨区域、跨部门突发金融风险事件的整体联动性和实战能力。

五、总体评估与政策建议

（一）计量分析

运用区域金融稳定定量评估模型对2014年甘肃省金融稳定状况进行量化评估，从评价结果看：2014年甘肃省金融稳定综合评价得分0.706分，较2013年小幅下降0.076分，金融稳定状况总体平稳。分析板块组成时间序列变化，证券业、金融生态板块评价指数继续保持上升态势，宏观经济板块评价指数下降幅度较大，银行业、保险业板块评价指数略有下降。固定资产投资保持平稳较快增长提升了宏观经济对区域金融稳定的正向作用，但同时经济增速回落、对外经济负增长、居民收入增速降低及房地产景气度下降等因素加剧了宏观经济结构的失衡，对宏观经济稳健性产生了一定负面影响。银行业评价指数下降主要是受全省银行业金融机构流动性减弱影响，除此之外，全省银行业的资产质量、盈利能力和抗风险能力仍是不断提升逐年向好的。证券业评价指数上升主要得益于省内法人证券公司盈利能力、资本实力及风险抵御能力的显著增强。保险业评价指数下降主要是受财险公司应收保费增速过快所致，全省保险业的行业实力和盈利能力仍是持续增强的。金融生态评价指数上升反映出法制信用环境的逐年向好、金融深化程度的不断提升对全省金融体系稳健运行发挥了良好的基础性作用。

（二）总体评估

2014年，甘肃省深入推进转型跨越发展，加快推进经济结构调整和发展方式转变，着力解决影响发展稳定的突出问题，全省经济社会总体保持稳中有进的良好态势，工农业生产稳步发展，投资保持较快增长，项目建设进一步加强，消费品市场稳定增长，城乡居民收入持续增加，民生保障力度进一步加大，全省经济平稳较快增长为金融稳定奠定了较为坚实的基础。但是全省产业结构不合理，产业链条短且产能过剩行业仍然占据一定比例，特色优势产业不够突出，战略新兴产业和富民

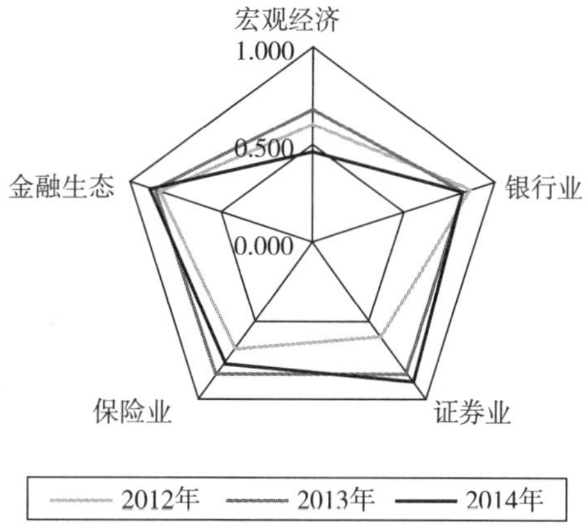

图9　2012—2014年甘肃省金融稳定总体状况及组成部分比较图

多元产业比较薄弱，要素投入而非科技驱动的增长特征依然明显，多元因素造成经济增长内生动力不足，经济下行和转型压力较大，经济发展中不平衡、不协调、不可持续的矛盾和问题依然突出。

金融业在改革中稳步发展，金融体系储蓄转化、信贷调节、资源配置、财富分配、风险分散、经济补偿等职能有效发挥，金融结构不断完善，金融市场平稳运行，行业竞争在有序中不断得到加强，金融机构数量和资产规模日益增加，金融业总体呈现稳健发展态势，其服务经济社会发展的作用日益突出。但信贷资产质量下行压力加大、信贷集中风险较高、部分机构流动性风险防控能力较弱、地方法人金融机构经营合规性有待提高等问题依然存在；证券经营机构创新发展的空间有待拓展，上市公司市场竞争能力不强，缺乏有代表性的蓝筹上市公司；寿险分红型产品收益低产生的退保风险需要关注，财险市场结构面临一定的调整压力。金融市场平稳有序运行，在拓宽融资渠道、调剂资金余缺、提高资金利用效率、优化资产负债结构等方面发挥了积极作用，但是小微企业等经济主体参与市场的广度和深度仍然有限，参与主体较少的局面有待改善。金融基础设施建设稳步推进，金融运行的各种软、硬件设施不断完善，但相关法律法规制度建设有待完善，金融系统应急预案间的业务衔接性需要进一步加强。

总体来看，尽管存在一些不利因素，但甘肃省经济平稳较快增长，金融体系稳健运行，区域金融继续保持稳定。

（三）政策建议

一是大力推动经济结构升级和发展方式转型，为经济金融发展创造良好环境。建议政府有关部门采取有效措施，加快产业结构调整和经济发展方式转变，变压力为动力，切实防范实体经济风险向金融体系传递，夯实区域金融稳定的基础。在产业发展方向上，既要瞄准发展高精尖的产业，也要因地制宜发展自己的特色和优势产业，做到传统产业改造提升、优势产业做大做强、新兴产业着力打造、富民产业铺天盖地。努力将经济发展所依托的投资增长方式从单纯的外延扩张型增长转向内涵提高式增长，延长产业链，提高产品附加值，积极推动经济结构升级和发展方式转型。

二是强化重点领域的风险防控，有效防范区域性、系统性金融风险。进一步完善“一行三局”金融稳定协调工作机制，加强与政府相关部门的信息共享，建立健全风险预警监测管理体系，发挥各有关部门合力，切实防范区域金融风险。重点监测地方法人金融机构、新型农村金融机构、影子银行体系等方面的突出问题和潜在风险，防范非法集资等金融体系外部风险向体系内传递。密切关注金融业综合经营的创新业务开展情况，防止金融风险跨行业、跨市场、跨地区传染。制定操作性强、衔接性好的金融风险应急预案，严防局部风险演化为系统性、区域性金融风险。

三是深化金融体系改革创新，提升金融支持实体经济发展的能力和水平。继续推进农业银行“三农”金融事业部改革，通过加强对现有管理体制和运行机制的调研和督导，不断增强其服务“三农”的功能和活力。按照“分类指导、一行一策”的原则，继续深化政策性银行改革。督促各金融机构围绕转换经营机制、强化风险防控，继续推进体制机制改革，全面提升风险管理和内部控制水平，增强发展的可持续性。加大创新力度，提高金融业的专业化服务水平和能力，引导各金融机构围绕“三农”、中小企业、经济转型、结构调整和区域发展等领域，优化金融资源配置，加大资金支持力度，切实提高金融服务实体经济发展的能力和水平。

四是进一步优化融资结构，有效解决实体经济融资难、融资贵问题。银行业金融机构应扩大服务覆盖面，大力提升服务功能，加大对薄弱领域的金融支持，着力解决“三农”、民营企业、小微企业和社会弱势群体的融资难问题。合理开展金融产品和信贷模式创新，进一步提高金融业的专业化服务水平和能力。进一步拓宽直接融资渠道，推动有条件企业发行中期票据、短期融资券、超短期融资券以及中小企业集合票据，不断增加债券融资规模；推动符合上市条件的企业进行股改上市，加大股权融资比重。通过扩大社会融资总量，缓解信贷依赖度过高的局面，优化全省融资结构。

总　　纂：罗玉冰　李文瑞
统　　稿：王宗祥　杨文彦
执　　笔：边永平　张　乾　王丽娟　杨　柳　景小娟　孙雪峰
其他参与写作人员：
梁丽萍　张　莉　赵林虓　景文宏　孟秋敏
魏正欧　李刚锋　张　锋　王　昊　贾修斌
刘海申　张　峰　邹　磊　刘永锋　陈　全

宁夏回族自治区金融稳定报告摘要

2014年，宁夏认真贯彻落实党的十八届四中全会和中央经济工作会议精神，在外部环境偏紧、经济下行压力加大、结构性矛盾日益突出的背景下，统筹推进稳增长、促改革、调结构、惠民生各项工作，全区经济呈现“缓中趋稳、逐季回升、稳中提质”的运行态势。结构调整稳步推进，支持民生力度加大，城乡收入差距持续缩小，对外贸易增势强劲，为全区金融稳健运行创造了良好的环境。全区金融业总体保持稳健运行，实现了总量增长、结构优化、服务社会、风险可控的目标。银行业金融机构准确把握稳健的货币政策取向，支持地方经济优化升级作用更加突出；多层次资本市场建设加快推进，直接融资取得跨越式发展；保险市场秩序更加规范，保险保障功能进一步发挥。金融市场平稳运行，金融基础设施更趋完善，有力保障了全区金融稳定。

一、区域经济运行与金融稳定

2014年，面对错综复杂的国内外经济形势和前所未有的压力，宁夏强化经济运行的预调微调，加快经济结构调整和产业转型升级步伐，全区经济呈现“缓中趋稳、逐季回升、稳中提质”的运行态势。全年地区生产总值2 752亿元，同比增长8.0%。

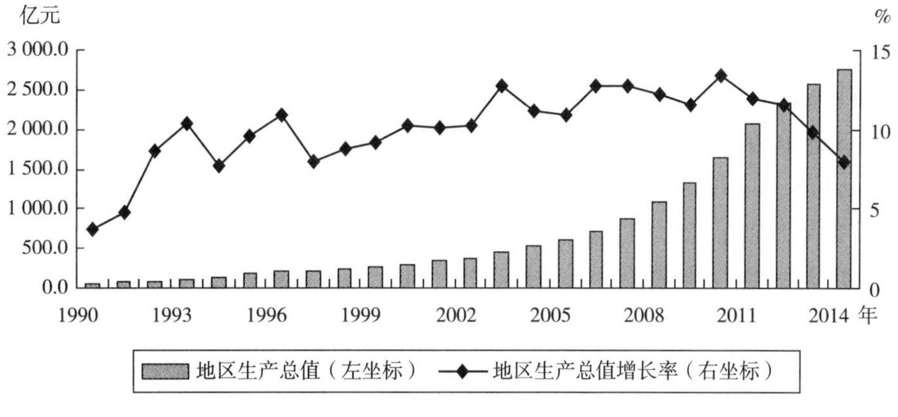

图1 1990—2014年宁夏地区生产总值及其增长率

（一）经济保持平稳较快发展，为金融稳定奠定良好基础

1. 内需平稳增长，外需增势强劲

一是投资增速放缓，结构调整加快。全年完成全社会固定资产投资3 201.0亿元，同比增长19.4%，为2003年以来最低增速。三次产业投资结构由2013年的3.3:46.9:49.8调整为2014年的

4.0:45.0:51.0。二是消费需求保持增长，互联网消费旺盛。全年实现消费品零售总额673.2亿元，同比增长10.3%，其中，通过互联网实现商品销售34.6亿元，同比增长15.0%。三是对外贸易增势强劲，利用外资明显回落。全年实现外贸进出口总额54.3亿美元，首次迈上50亿美元台阶，同比增长68.9%。全年实际使用外资0.9亿美元，同比下降37.6%。

2. 产业结构调整稳步推进，第三产业发展加快

一是农业产值再创新高，特色农业发展较快。全年实现农林牧渔业增加值444.5亿元，同比增长5.9%，粮食产量再创历史新高。特色农业增势良好，占农业总产值的比重达85.5%。二是工业经济稳步增长，企业效益有所下滑。全年规模以上工业实现增加值954.4亿元，同比增长8.3%。1—11月，全区规模以上工业实现利润总额101.2亿元，比上年下降24.7%。三是服务业发展较快，多元化趋势显现。全年实现服务业增加值1 178.8亿元，同比增长6.9%。金融、旅游、电子商务均保持15%以上的增速，服务业多元化发展格局初步构建。

3. 居民消费价格涨幅趋缓，工业生产者价格持续低迷

一是居民消费价格涨幅回落，环比波浪式下降。全年居民消费价格上涨1.9%，比上年回落1.5个百分点。年内3月至6月连续出现环比下降，7月、8月与2013年同期持平。二是工业生产者价格低位震荡，降幅大于全国平均水平。全年工业生产者出厂价格同比下降3.7%，比全国平均水平高1.6个百分点，工业生产者购进价格同比下降3.0%。超六成工业行业价格下降，其中，煤炭、石油加工、化学原料及化学制品、橡胶制品、黑色、有色金属压延加工业6个行业产品出厂价格影响工业生产者出厂价格总指数下降3.2个百分点。

4. 财政支出投向民生领域力度加大，城乡居民收入差距持续缩小

全年完成公共财政预算总收入565.0亿元，同比增长6.9%。其中，地方公共财政预算收入339.8亿元，同比增长10.2%。完成各项税收收入250.3亿元，同比增长5.4%。全区公共财政预算支出1 000.5亿元，同比增长8.5%，其中74.4%用于改善民生，教育、社会保障和就业、医疗卫生等行业支出占比较大。全年城镇常住居民和农村常住居民人均可支配收入分别增长6.3%和9.0%。城乡居民收入比由2013年的3.2:1调整为2014年的2.8:1，差距持续缩小。

5. 能源消费增速放缓，生态环境继续改善

全区万元生产总值能耗下降3.4%，规模以上工业能源消费量为4 071.2万吨标准煤，同比增长3.5%，比上年回落3.1个百分点。其中，重工业能源消费增长3.4%，比上年回落4.1个百分点，轻工业能源消费增长4.3%，比上年加快16.2个百分点。完成移民迁出区生态修复72.7万亩，治理水土流失1 000平方公里，森林覆盖率提高到13.8%。

（二）区域经济运行中需要关注的问题

1. 经济下行及结构调整压力大

2014年，宁夏经济企稳回升，但影响经济稳定增长的不利因素还在增多。全区经济下行压力依然较大，产业结构调整和转型升级的任务十分艰巨。

2. 产业发展基础薄弱

宁夏经济发展多依赖低端产业和资源要素消耗。企业自主创新能力较弱，规模以上工业企业研发投入占主营业务收入的比重仅为0.48%。

3. 城乡居民收入水平较低

2014 年，宁夏城乡居民收入水平仅为全国平均水平的 80%，分别居全国第 24 位和第 25 位；全区仍有 80 万贫困人口，城市低保人口较多，扶贫任务艰巨。

二、金融业与金融稳定

2014 年，宁夏金融业认真贯彻落实国家各项金融调控政策，综合竞争力不断提高，风险管理水平稳步提升，实现了总量增长、结构优化、服务社会、风险可控的目标。

（一）银行业与金融稳定

2014 年，宁夏银行业金融机构准确把握稳健的货币政策取向，呈现出“新增贷款再创新高、普惠金融扩面增效、直接融资跨越发展、跨境结算成倍增加”的良好运行特征。

1. 银行业发展基本情况

（1）资产规模持续扩大，利润有所下滑。截至 2014 年末，全区银行业金融机构资产、负债总额分别为 6 717. 3 亿元和 6 418. 6 亿元，同比分别增长 16. 3% 和 16. 4%。全年实现利润 104. 2 亿元，同比下降 4. 1%，银行利差呈收窄趋势，利息收入占比逐步下降。

（2）信贷总量增长较快，存款持续低位增长。截至 2014 年末，全区人民币各项贷款余额 4 578 亿元，同比增长 17. 1%，比全国平均水平快 3. 5 个百分点，列全国第 11 位；全区人民币各项存款余额 4 209亿元，同比增长 8. 8%，为历史同期最低水平，比全国平均水平低 0. 3 个百分点，列全国第 19 位。

（3）信贷结构日益优化，普惠金融成效明显。截至 2014 年末，第二、第三产业贷款同比分别增长 11. 3% 和 22. 1%，三次产业贷款余额比重为 13:40:47，增量比重为 10:30:60。涉农贷款余额 1 621 亿元，同比增长 14. 6%，新增 205 亿元；集中连片特困地区各项贷款余额 252 亿元，同比增长 25. 5%，保障性住房开发贷款同比增长 3. 1 倍；助学贷款余额 8. 95 亿元，同比增长 31. 4%。

（4）跨境收支快速增长，贸易投资更加便利。2014 年，全区跨境收支总额 41. 5 亿美元，同比增长 45. 1%，增速较 2001—2013 年的平均增速高 26. 8 个百分点，跨境收入和跨境支出分别增长 48. 9% 和 66. 1%。其中，人民币跨境结算 57. 5 亿元，是 2013 年的 4 倍，全区 42. 7% 的涉外企业参与跨境人民币结算，业务范围覆盖 32 个国家（地区），有效促进了贸易投资便利化。

2. 银行业发展中需要关注的问题

（1）涉煤担保圈金融风险持续发酵。近两年，国内煤炭市场持续低迷，宁夏部分地区涉煤企业资金链断裂，违约风险时有发生，企业间互相担保、过度担保现象普遍，导致企业信用风险通过担保圈快速传染蔓延扩散，对当地经济金融稳健运行造成不利影响。

（2）银行业不良贷款增长较快。2014 年，全区银行业金融机构不良贷款率为 1. 1%，比上年上升 0. 2 个百分点。不良贷款余额为 51. 8 亿元，同比增长 39. 3%。同时，部分地方法人银行业机构存在关注类贷款上升快、保证类贷款占比过高、不良资产处置难度大、抵押物价值评估不合理等问题，不良贷款防控形势不容乐观。

（3）银行业流动性风险增大。从银行负债方看，2014 年，存款继续低位增长，存款余额增速比贷款余额增速慢 8. 3 个百分点，存贷比高达到 108. 8%，新增贷存差 313 亿元。从银行资产方看，中长期贷款占比持续上升。银行利用同业业务和理财资金对接期限较长、流动性较差的非标债权资产，加剧了银行业资产负债期限错配程度。

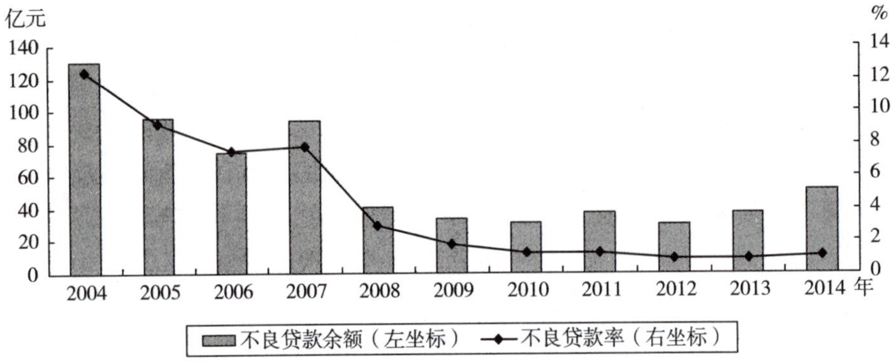

图 2　2004—2014 年宁夏银行类机构不良贷款情况

（二）证券期货业与金融稳定

1. 证券期货业发展基本情况

2014 年，宁夏多层次资本市场建设步伐加快，资本市场融资取得跨越式发展，投资者信心逐渐恢复，市场交易趋于活跃。

（1）多层次资本市场加快发展。2014 年，宁夏出台加快资本市场建设的若干意见，对在新三板和区域股权交易市场挂牌的企业给予一定的政策扶持，积极助推各类企业充分利用资本市场进行直接融资。14 家企业在新三板挂牌，53 家企业在天津、上海及深圳前海等区域股权交易市场挂牌交易。

（2）上市公司资本实力不断增强。截至 2014 年末，宁夏主板上市公司 11 家，中小板上市公司 1 家，12 家上市公司股本总额 58.5 亿股，流通股股本 47.5 亿股，同比分别增长 30.4% 和 23.3%；总市值 489.9 亿元，流通市值 289.7 亿元，同比分别增长 37.2% 和 26.9%。

（3）投资者开户数量稳步增长。随着沪深股指的触底反弹，投资者入市意愿明显增强，尤其在 2014 年 11 月和 12 月，月度证券账户开户数量同比增幅分别达到 454.6% 和 734.6%，市场交易不断活跃，全年证券累计交易额 2 373.6 亿元，同比增长 53.2%。

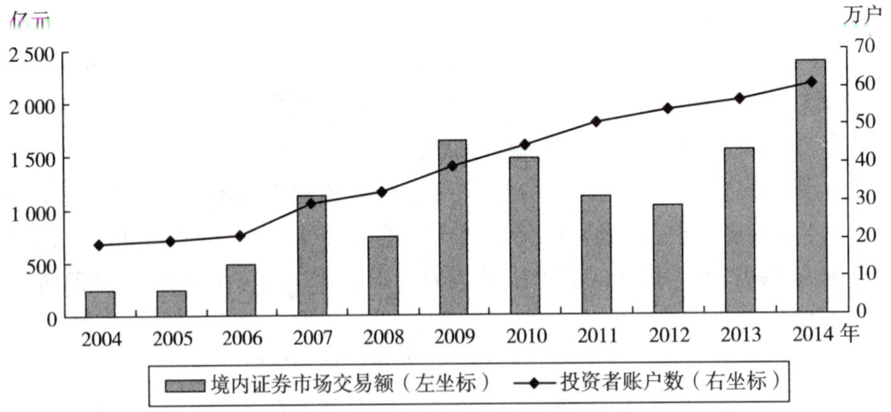

图 3　2004—2014 年宁夏资金账户数、证券交易变化情况

2. 证券期货业发展中需要关注的问题

上市公司利润下滑，个别公司面临退市风险。2014 年，12 家上市公司 1—9 月实现营业收入 174.5 亿元，同比下降 3.9%，同时各项费用上升较快，实现营业利润 4.5 亿元，同比下降 48.7%，归属于母公司股东的净利润仅 1.4 亿元，同比下降 76.8%。一半公司出现经营亏损，亏损面较上年同期上升 16.7%。其中美利纸业连续两年出现经营性亏损，再次面临退市风险。

（三）保险业与金融稳定

2014 年，宁夏保险市场秩序进一步规范，辖区保险密度、保险深度等行业发展指标稳步提高，保险保障地方经济社会发展的能力不断提升。

1. 保险业发展基本情况

（1）保险市场发展稳中有进，赔付支出增速较快。截至 2014 年末，宁夏保险业资产总额 209.7 亿元，同比增长 16.2%。全年实现原保险保费收入 83.9 亿元，同比增长 15.4%。累计赔付支出 29.3 亿元，同比增长 21.9%。保险企业共上缴利税 2.58 亿元，同比增长 16.6%。全区保险密度 1 268. 6元/人，保险深度 3.1%，同比分别提高 14.2% 和 0.2 个百分点，行业发展指标持续向好。

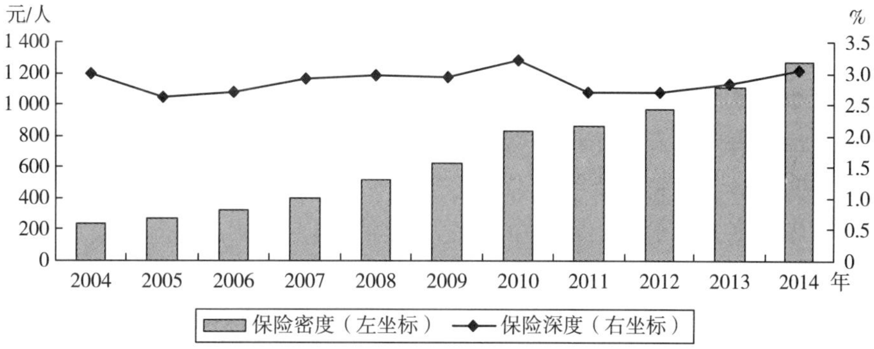

图 4　2004—2014 年宁夏保险深度、保险密度变化情况

（2）风险保障能力不断提升，对接保险资金步伐加快。全年保险业提供各类风险保障 3.6 万亿元，较 2013 年末增加 1.5 万亿元。保险资金运用于宁夏经济建设的工作进入了实际操作阶段，中国人寿集团以债权投资方式投资 20 亿元参与银川黄河大桥建设项目，保险资金长期性、稳定性的特点得以发挥。

（3）各类保险稳步发展，更好的服务地方经济。宁夏信用保险连续两年保持 90% 的增长速度，2014 年共为全区 117 家重点出口企业提供 4.4 亿美元的风险保障。农业保险不断提质扩面，实现保费收入 3.1 亿元，同比增长 25.4%，赔付支出 2.3 亿元，同比增长 81.1%，10.36 万户农户从中受益。责任保险覆盖了宁夏所有道路运输承运人、学校、幼儿院、旅行社和二级以上公立医院。

2. 保险业发展中需要关注的问题

（1）寿险退保支出快速上升。2014 年，宁夏各寿险公司退保支出 7.4 亿元，同比增长 100.3%，高于保费收入增幅 85.7 个百分点，简单退保率 16.2%，同比上升 6.9 个百分点，持续高于 5% 的警戒水平，寿险公司，过度依赖银保渠道销售投资理财型业务，导致产品结构明显失衡的局面逐步显现。

（2）保险行业利润不断下降。2014 年，宁夏保险行业税前利润 -2.9 亿元，同比下降 185.8%，其中财产险公司税前利润 2.6 亿元，同比下降 25.4%；寿险公司税前利润 -5.6 亿元，同比下降 22.1%。整个保险行业累计亏损额扩大至 16.7 亿元，较 2013 年末上升 53.3%。

三、金融市场与金融稳定

2014 年，宁夏金融市场平稳运行，社会融资结构进一步优化，货币市场交易量明显增加，市场利率平稳回落，债券发行规模显著扩大。

（一）金融市场发展基本情况

1. 直接融资取得新进展，融资结构优化

2014 年，全区社会融资规模同比多增 177 亿元。其中，企业直接融资占社会融资规模比重为 12.5%，多年来首次超过 10%，接近全国水平。

2. 货币市场交易量增加，市场利率平稳回落

全年银行间同业拆借和债券回购业务累计成交量同比增长 22.1%。资金净融入趋势进一步增强，全年净融入量较上年增长 212.9%。货币市场利率保持低位运行态势，同业拆借和质押式回购加权平均利率同比分别下降 157 个和 57 个基点。

3. 债券发行规模显著扩大，交易量同比下降

全年非金融企业债券融资发行量突破百亿元，为历年来最高水平。其中银行间市场非金融企业债务融资工具发行量最多。现券交易量同比下降 12.9%，交易种类集中在短期融资券、中期票据、企业债等公司信用类债券，其交易量占全部现券交易量的 70.1%。

4. 票据业务平稳发展，利率呈下降趋势

全年累计签发银行承兑汇票同比增长 4.4%，贴现票据同比增长 99.2%。全年票据市场利率维持高位运行，直贴年加权平均利率同比下降 37 个基点，转贴现年加权平均利率上升 4 个基点，票据市场利率总体呈下行趋势。

5. 银行间外汇交易较快增长，黄金交易量大幅减少

全年银行间外汇市场成员以美元为主要交易币种，交易量同比增长 22.9%。黄金消费及投资热潮逐渐趋于平缓，全年人民币账户金、实物金交易量同比分别下降 67.5%、61.3%。

（二）金融市场发展中需要关注的问题

以美元为主要交易币种的市场成员汇率风险加大。2014 年，人民币对美元双向波动加大，对非美元币种主要呈单边升值态势。辖区银行间外汇市场成员非美元币种交易成交量占全部交易量的比重同比下降 39.1%，以美元为主要交易币种的市场成员面临的汇率风险有所增大。

四、金融基础设施与金融稳定

2014 年，宁夏金融基础设施建设有序开展，支付体系安全稳定运行，征信体系建设稳步推进，反洗钱和反假货币工作有效性显著提高，金融消费权益保护工作向纵深迈进，金融网络安全管理协作合力持续加强，金融服务与管理水平不断提升，为全区金融稳定提供了重要保障。

（一）支付体系安全稳定运行

2014年，宁夏支付体系保持安全、稳定、高效运行。全区使用非现金支付工具办理支付业务31 872.1万笔，金额59 682.5亿元，同比分别增长21.0%和8.8%。全区各银行业金融机构通过支付系统共处理支付业务2 063.4万笔，金额9.5万亿元，同比分别增长45.4%和44.4%。共有各类银行结算账户3 057.16万户，同比增长25.0%。深化农村支付环境体系建设取得新成效，助农取款服务点已覆盖到全区99.8%的行政村。

（二）征信体系建设稳步推进

2014年，人民银行银川中心支行大力推进小微企业和农村信用体系建设，小贷公司和融资性担保公司信用评级取得重大突破；征信系统建设应用服务水平大幅提升，9家村镇银行率先全面接入征信系统；互联网个人信用信息服务平台、关联查询产品服务、对公业务重要信息提示产品等顺利上线运行。截至2014年末，企业和个人征信系统共收录全区3.6万户各类经济组织和345.4万自然人，全年累计查询分别为12.8万次和140.9万次，累计为2.0万户无贷款中小企业和58.6万户农户建立了信用档案，动产融资统一登记平台全年累计登记652笔，同比增长8.9 %。

（三）反洗钱、反假货币工作有效性显著提高

2014年，宁夏反洗钱工作有序推进，组织12家地方法人金融机构共1 866人参加了总行金融业反洗钱岗位准入培训，合格率达98.98%；全年各机构开展各类宣传560次，累计发放宣传材料33.7万余份；与公安、安全、税务等部门联合开展打击涉毒、涉恐、电信诈骗、涉税等犯罪行为的专项活动；综合运用监管走访、约见谈话、考核评级、现场检查等手段加大监管力度，监管覆盖面达30%以上；全年通过柜面业务成功堵截电信诈骗、非法集资、冒名开户、假证开户、传销等各类案件46起，洗钱风险提示取得实在成效。

2014年，宁夏反假货币工作深入开展，扎实推进人民币净化工程，实现自助取款机和存取款一体机冠字号码查询功能100%的目标；以跨省区联合宣传为手段，组织青年志愿者和相关人员走进农户、社区、校园讲解反假货币知识和方法，进一步增强了公众识假、防假、防骗的意识和能力。全年假币收缴总量较去年增长24%，其中，公安机关收缴假币量增长27%，金融机构柜面假币收缴量增长23%，有效净化了辖区人民币流通环境。

（四）金融消费权益保护工作向纵深迈进

2014年，人民银行银川中心支行建立健全金融消费权益保护工作机制，制定“一指引、一评价”等工作制度体系，全面系统规范辖区金融消费权益保护工作。与宁夏银监局签订合作备忘录，构建起统一协作的外部监管机制。建成开通了宁夏地区12363投诉咨询电话，进一步畅通消费者维权渠道。全年共受理投诉及咨询219件，有效维护金融消费者合法权益。对全区36家银行机构开展现场检查评估，促进优化金融消费环境。组织开展“3·15”消费者权益日及9月宁夏金融知识普及月活动，进一步提高金融消费者金融知识素养及自我保护意识。

（五）金融网络安全管理协作合力持续加强

2014年，人民银行银川中心支行有效履行指导协调金融业信息安全工作的职能，健全辖区金融

业信息安全跨部门联席协调机制，进一步推进包括各金融机构、政府部门、电力和通信运营企业等共27家单位的深入协作，提高宁夏金融业信息安全突发事件的应急处置能力。指导金融机构完善灾备体系建设，3家地方性法人银行业金融机构全部建设了同城和异地灾备机房，提高了18个重要网络和信息系统的连续稳定运行能力。

（六）金融服务与管理水平不断提升

2014年，人民银行银川中心支行健全完善金融服务与管理制度体系，制定并印发了《宁夏回族自治区金融服务与管理暂行办法》等文件，全面、规范推进“两管理、两综合”工作。全年共受理开业申请16家、重大事项报告48项；对建设银行在宁分支机构、宁夏银行、部分村镇银行开展了年度综合执法检查，依法合规全面加强对辖区金融机构的监督管理；及时向相关管理部门反馈银行业金融机构综合评价结果，促进银行业金融机构规范稳健发展；首次举办了全区金融服务与管理培训班，促进金融服务与管理工作更加规范、高效。

五、总体评估与政策建议

（一）总体评估

2014年，宁夏金融业整体稳健运行，未发生区域性、系统性金融风险事件，但部分行业、局部地区金融风险上升。运用区域金融稳定定量分析模型，从宏观经济、金融机构、金融生态环境三个方面构建指标体系，对2014年宁夏金融稳定状况进行量化评估。从总体评估结果看，2014年全区金融稳定综合评价评估值较上年值下降0.0301，金融稳定总体形势受宏观经济影响较大，呈现稳中有降态势。分析板块组成可以看出，宏观经济评估值受到地区生产总值增长率和居民消费价格指数下降的影响，比上年下降0.1171。银行业由于不良贷款率上升、流动性比率下降，综合评估值较上年下降0.0321；证券业由于投资者账户数增长率小幅上升，综合评估值较上年上升0.0311；保险业由于保险密度有所提升，综合评估值较去年上升0.0302。金融生态环境评估值因法制环境调查综合得分、地方财政收入占GDP比重、银行服务密度小幅上升，较去年上升了0.0348。

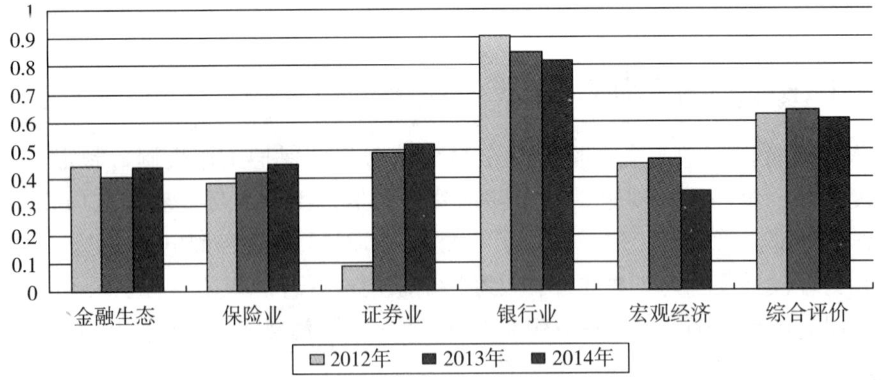

图5 2012—2014年宁夏金融稳定总体状况及组成部分对比图

（二）政策建议

1. 助推实体经济平稳健康发展

银行业金融机构应主动适应经济新常态，认真贯彻落实稳健的货币政策，优化信贷结构支持经济转型升级，提升金融服务能力和水平；提高自身风险管理水平，完善利率定价机制建设，强化金融产品与服务创新，积极应对利率市场化和新型金融业态挑战。大力推动多层次资本市场体系建设，拓宽实体经济融资渠道，努力降低实体经济融资成本。优化保险业务结构，加快建立农业再保险体系和巨灾保险机制，推进扩大农业保险覆盖面，进一步发挥保险对社会经济的服务保障功能。

2. 加强金融监管协调合作

强化金融稳定协调机制和金融监管协调机制建设，加强“一行三局”和地方金融管理部门的监管合作。密切关注跨行业、跨市场、交叉性金融风险，共同防范系统性、区域性金融风险，在推动金融业稳健发展、维护市场主体合法权益、防范重大金融风险、打击违法违规行为等方面形成监管合力。加强沟通监管信息交流共享，在金融知识宣传、金融消费权益保护、金融风险应对与演练、人员交流及业务培训等方面开展合作，切实发挥各监管部门的协同效能和联动优势。

3. 完善金融风险防控体系建设

加强对行业性、区域性金融风险的研判，加大对重点领域、重要业务及风险事件的监测评估，及时预警提示、快速化解处置相关异常情况和风险苗头。继续完善稳健性现场评估工作机制，认真开展“两综合、两管理、一保护”工作，严格贯彻落实重大事项报告制度，促进金融机构规范发展。积极开展金融知识普及教育宣传活动，引导和培育社会公众的金融安全意识。组织开展金融风险应急演练，提升金融风险突发事件应对处置能力，确保区域金融安全稳定。

总纂：李　宁
统稿：张　冀　李　斌
执笔：行　颖　周　豹　孙秋实　麦博文　吉　洁

新疆维吾尔自治区金融稳定报告摘要

2014年，新疆在经济下行、维稳形势严峻的情况下，紧紧围绕“社会稳定、长治久安”总目标，坚持“稳中求进、改革创新”工作总基调，实现国民经济“总体平稳、稳中趋缓、缓中有进”发展，金融可持续发展基础不断增强。金融改革成效显著，风险防控能力持续提升，金融机构支持地方经济发展作用明显，金融业整体保持稳健发展。

一、宏观经济环境

（一）经济持续平稳发展，金融发展基础进一步增强

2014年，新疆实现国民生产总值9 264.1亿元，增长10%，高于全国2.6个百分点，增速居全国第4位，创1990年以来新高。三次产业分别增长5.9%、10.8%、10.9%，对经济增长贡献率分别为16.6%、42.4%、41%，分别拉动经济增长1.66个、4.24个、4.1个百分点。按常住人口计算，2014年全区人均生产总值40 607元，增长8.4%。

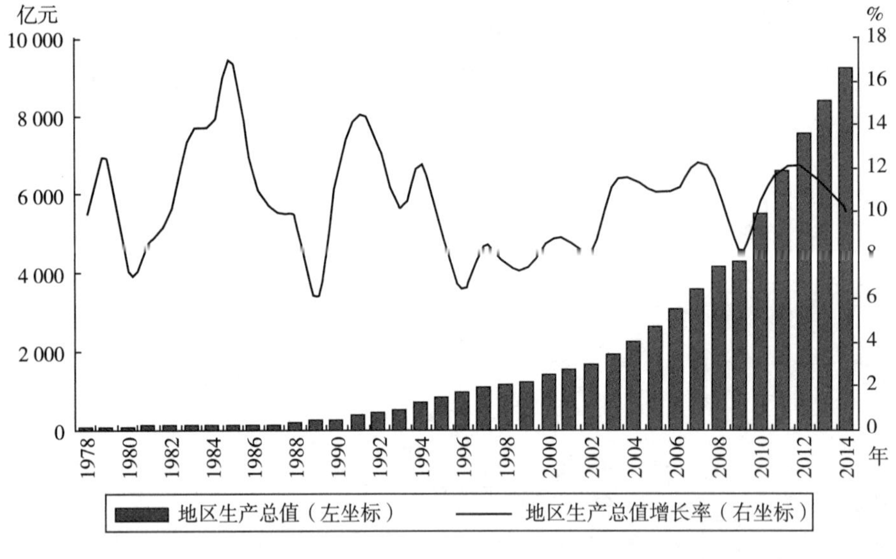

数据来源：自治区统计公报、《新疆统计年鉴》。

图1 1978—2014年新疆生产总值及其增长率

1. 经济发展缓中有进，产业结构优化升级

农业经济平稳上升，综合生产能力增强。全年农林牧渔业实现总产值2 744.01亿元，增长

6.8%。其中，粮食产量1 414.5万吨，增长2.7%，实现“七连增”。棉花产量451万吨，再创历史新高，创种植面积、总产量、单产、调出量连续21年全国第1位。特色林果产品喜获丰收，总产量650万吨，增长8.3%，产值突破430亿元，增长14%。肉类、牛奶产量分别达140万吨、147.5万吨，分别增长0.6%、9.3%。全区农产品加工业实现总产值1 584亿元，增长13%。

工业生产平稳增长，产业结构进一步优化。全年工业实现增加值3 179.6亿元，增长10%，增速回落2.2个百分点，但高于全国平均增速。40个工业行业大类中32个行业增加值实现增长，十大重点监测行业增速“九升一降”，主要工业产品产量保持增长。重工业增长10.2%，对工业增长贡献率为94%。工业结构调整优化，非公有制经济、地方企业、中小企业增加值分别增长15.4%、14.9%、13.3%，分别快于公有制经济、中央企业、大型企业增速6.9个、7.5个、4.6个百分点，分别拉动规模以上工业增长3.4个、5.1个、3.3个百分点。非石油工业增加值对规模以上工业贡献率65.7%，汽车、电力、有色、农副食品加工等对规模以上工业贡献率为34.3%。“疆电外送”大通道开始发挥效益，辖区发电量、用电量增速继续居全国首位。

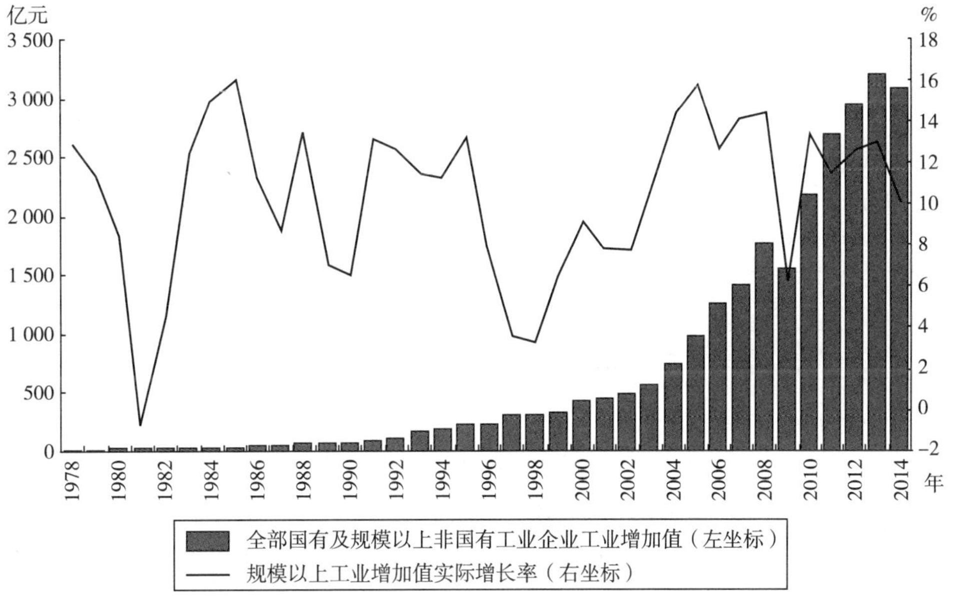

数据来源：自治区统计公报、《新疆统计年鉴》。

图2　1978—2014年新疆工业增加值及其增长率

服务业发展较快，现代服务业加速推进。全年第三产业完成增加值3 797.68亿元，增长10.9%，比上年提高3.9个百分点，高于全国平均增速2.8个百分点，占地区生产总值的比重由36.2%提高到41%。在科技创新、政策扶持和重点项目的带动下，旅游交通业、金融服务业等发展质量和水平稳步提升，现代物流业、养老服务业加速推进。

2. 投资持续强劲增长，投资结构逐年优化

固定资产投资增势强劲，民间投资快速发展。全年完成固定资产投资10 185亿元，突破万亿元大关，增长25.2%，增速居全国第2位，投资贡献率为43.9%。其中，城镇固定资产投资9 744.81亿元，增长25.2%，占投资总额的95.7%。基础设施投资增长41.3%。民间投资增长26.7%，高于全区投资增速1.5个百分点，占全区投资的41.8%。全年19个省市援疆项目到位资金110.1亿元。

第三产业投资快速增长，投资结构持续优化。第三产业同比增长 30.6%，增速分别高于第一、第二产业 2.8 个和 10.4 个百分点，投资比重接近投资总额的一半。从投资结构看，第一产业、第二产业、第三产业投资分别拉动投资增长 0.8 个、10.3 个、14 个百分点，投资产业结构由上年的 3.0:51.2:45.8 调整为 3.1:49.1:47.8。

房地产投资持续快速增长，房地产销售小幅回落。全年房地产开发投资 1 014.81 亿元，首次突破千亿元大关，增长 22.9%，高于全国平均水平 12.4 个百分点。全年商品房销售面积 1 815.88 万平方米、销售额 840.47 亿元，分别下降 10% 和 2.4%，较上年分别回落 51 个和 56 个百分点。商品销售价格前 9 个月缓慢上升，后 3 个月开始下跌，下降幅度为 0.3% ~0.5%，总体保持“量缩价稳”态势。年末，全区房地产贷款余额 1 646.81 亿元，增长 35.44%，高于同期人民币各项贷款增速 16.83 个百分点。

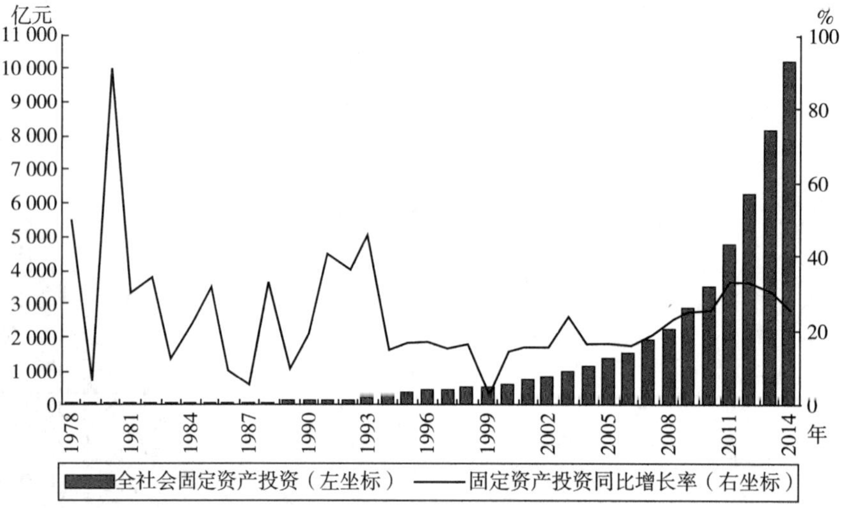

数据来源：自治区统计公报、《新疆统计年鉴》。

图 3　1978—2014 年新疆固定资产投资及其增长率

3. 消费市场平稳增长，消费价格整体回落

消费市场平稳增长，消费格局变化明显。全年社会消费品零售总额 2 279.65 亿元，增长 11.8%，高出全国平均水平 0.9 个百分点，同比回落 1.4 个百分点。其中，城镇市场消费品零售额增长 11.3%，农村市场消费品零售额增长 17.7%。农村市场高于城镇市场 6.4 个百分点。大众消费快于高端消费，限额以下消费品零售额增长 17.4%，高于限额以上 11.9 个百分点。网络零售消费高速增长，传统方式零售增速明显回落。

消费价格稳步回落，工业品价格持续下降。年末，居民消费价格指数（CPI）上涨 2.1%，高于全国 0.1 个百分点，涨幅同比回落 1.8 个百分点，涨幅居西北五省区第 3 位，为五年来最低。其中，城市上涨 2.3%，农村上涨 1.7%，分别低于上年 1.5 个、2.4 个百分点。价格走势与全国基本一致，但涨幅略高于全国。食品类价格上涨 3.6%，低于上年 4.9 个百分点，对新疆物价影响 64.8%，带动 CPI 下行和在全国位次后移，是影响新疆物价涨幅回落的主因。工业生产者价格持续下降，工业生产者出厂价格（PPI）和购进价格（IPI）分别下降 3.8%、2.5%，降幅均较上年扩大 0.3 个百分点，呈现连续三年下降。

4. 进出口增长与去年持平，利用外资有所下降

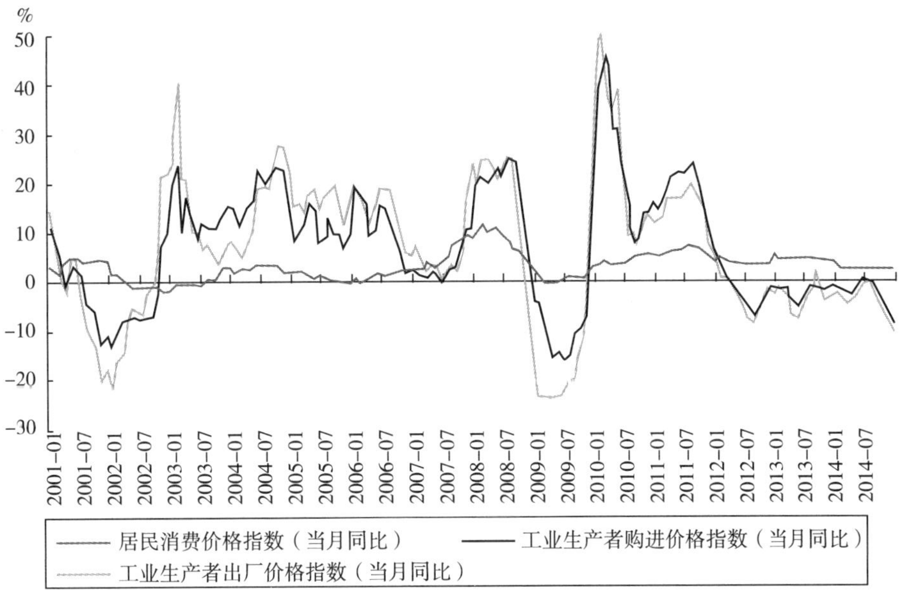

数据来源：自治区统计公报、《新疆统计年鉴》。

图4　2001—2014 年新疆居民消费价格和生产者价格变动趋势

全年实现进出口总额 276.69 亿美元，同比增长 0.4%，增速回落 9.1 个百分点。其中，出口 234.82 亿元，增长 5.5%，进口 41.87 亿美元，下降 20.9%。一般贸易增长 15.6%，占进出口总额的 39.8%，边境贸易、加工贸易下降，贸易结构不断优化。全年对外投资 7.7 亿美元，实际利用外资 4.17 亿美元，下降 13.3%。

5. 财政收入增速趋缓，居民收入差距缩小

财政收入增速趋缓，财政支出倾向民生。全年地方财政收入 1 710.56 亿元，增长 9.9%。其中，地方公共财政预算收入 1 282.65 亿元，增长 13.7%，增速同比回落 10.49 个百分点，但高于全国水平 3.4 个百分点，增速为 2010 年以来最低。地方财政支出 3 782.97 亿元，增长 7.5%。其中，公共财政预算支出 3 322.74 亿元，增长 8.3%，增速同比回落 4.5 个百分点，为 2008 年以来最低值。民生建设支出 2 355 亿元，占公共财政预算支出 70.9%，连续四年超过七成。

居民收入快速增长，城乡收入差距缩小。全年城镇居民人均可支配收入 23 214 元，增长 10.1%，高出全国平均水平 3.3 个百分点。农村居民人均收入 8 742 元，增长 11.2%，高出全国平均水平 2 个百分点。城乡居民收入差距显著缩小，由 2.73 倍缩小至 2.66 倍。

6. 跨境人民币业务持续快速发展，双边本币交易取得重大突破

2014 年，新疆跨境人民币收付结算额 371 亿元。其中，跨境贸易 309.52 亿元，直接投资 8.29 亿元，其他投资 53.19 亿元。新增境外服务国家和地区 15 个，累计与 68 个国家和地区开展跨境人民币收付业务，跨境结算收付累计达 1 578.32 亿元，覆盖全区 15 个地（州、市）和 18 家银行机构，全国范围内参与新疆跨境人民币结算的企业达 1 610 家。中哈双边本币结算协议扩大至一般贸易，续签货币互换协议，实现人民币对坚戈挂牌交易重大突破，推出人民币对坚戈银行间市场区域交易，建立人民币对坚戈的银行柜台挂牌汇率统一报价机制。全年中亚五国跨境人民币业务额 17.47 亿元，增长 125%。其中，对哈结算量占中亚五国结算总量的 73%。人民币对坚戈累计现汇交易 1 138 万元，现钞交易 219.4 万元，银行间市场区域交易 2.62 亿元。中哈霍尔果斯国际边境合作中心跨境人

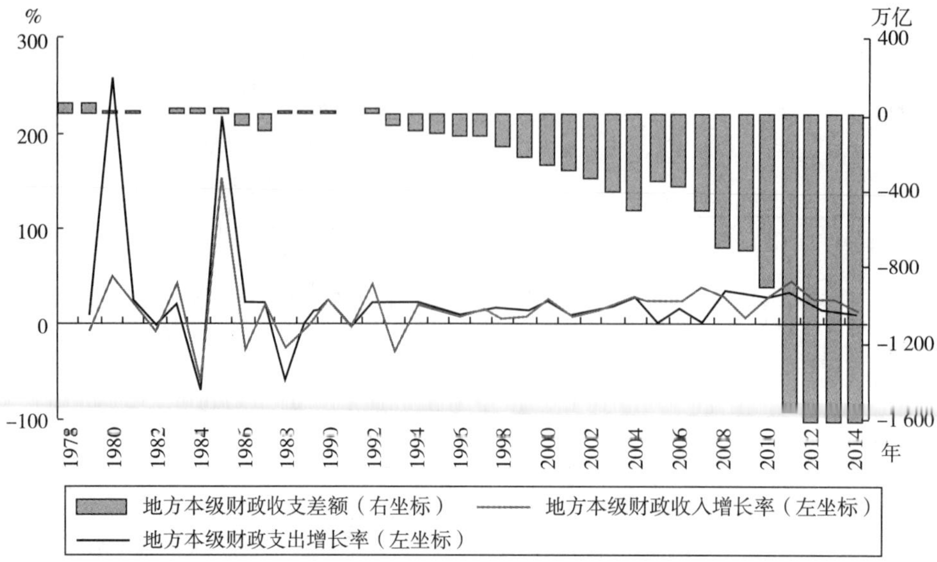

数据来源：自治区统计公报、《新疆统计年鉴》。

图5　1978—2014年新疆财政收支变动趋势

民币创新业务全面深入发展，累计为境内外企业开立创新业务账户124个，业务收支75.53亿元，从境外吸收人民币资金41.3亿元，向中心内中方企业发放人民币贷款13.96亿元，办理人民币担保业务20.04亿元。

（二）需要关注的问题

1. 部分经济指标持续回落，经济增长不确定性增加

受经济下行、生产成本上升、产品价格持续下跌等因素影响，新疆经济发展需求不足，内生动力不强，工业企业效益持续下滑等问题依然突出。主要表现为：固定资产投资后劲不足，房地产市场活力减弱，消费和进出口增速回落，钢铁、水泥等产能过剩行业出现亏损，财政增收难度加大，经济发展和结构调整压力增加，社会维稳形势依然严峻，对旅游产生较大负影响等，导致金融机构信贷增长乏力，信用风险上升。

2. 企业经营成本持续上升，利润持续下滑

受市场需求萎缩、销售竞争激烈、工业品价格回落快于成本、运营成本快速上涨等因素影响，新疆工业企业应收账款大幅增加，收入利润率下降，亏损面进一步扩大。1—11月，新疆规模以上工业利润降幅20%以上，亏损企业达37.3%，同比上升8个百分点。其中，大中型、小微企业亏损面分别为40.5%、36.6%，企业经营困难加剧，潜在风险进一步加大。

3. 房地产市场低迷，贷款潜在风险加大

受全国房地产市场低迷影响，新疆购房者观望气氛浓厚，房产交易下降，增速大幅下滑，商品房空置面积增加，个人住房贷款增速大幅下降，部分房地产企业出现融资困难，面临较大资金压力。部分地（州、市）房地产企业因销售量价齐跌，库存过高，企业资金链断裂风险加大，银行房地产贷款潜在风险增加。部分地区保障性住房不良贷款大幅攀升，政策性住房贷款风险需要警惕。

二、金融业与金融稳定

（一）银行业稳健发展，抵御风险能力持续增强

1. 银行业运行情况

资产负债规模稳步增长，成本控制能力显著提高。截至2014年末，新疆银行业金融机构资产、负债总额分别为21 466.54亿元、20 695.26亿元，分别增长9.22%、8.96%。其中，农村商业银行、村镇银行、农村资金互助社等中小银行资产负债总额增速较高，均超过20%。净利润298.24亿元，增长6.5%，较上年降低26.73个百分点。资产利润率1.67%，较上年降低0.21个百分点。非利息收入保持在10%以上，成本收入比例较上年降低0.85个百分点。

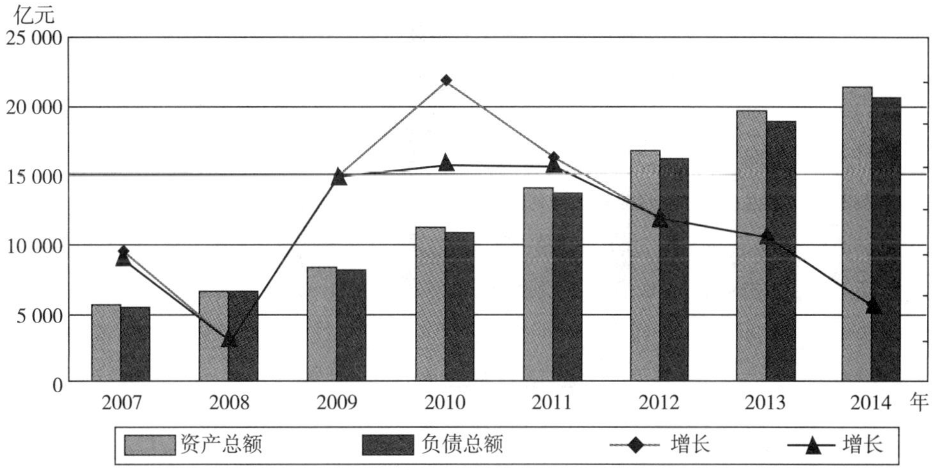

数据来源：新疆银监局相关资料。

图6 2007—2014年新疆银行业金融机构资产负债变化情况

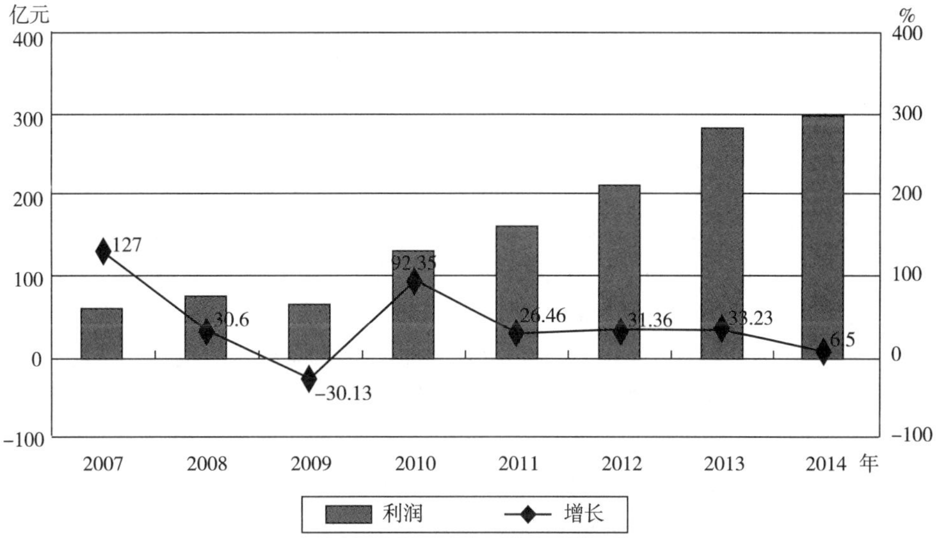

数据来源：新疆银监局相关资料。

图7 2007—2014年新疆银行业金融机构净利润变动情况

存贷款增速双降，流动性保持稳定。截至 2014 年末，新疆银行业金融机构各项存款 15 217 亿元，比上年增长 6.8%。受经济下行和财富投资多元化的影响，个人存款和单位存款增速较同期下降 10.3 个和 7.9 个百分点。贷款总额 12 237.6 亿元，比上年增长 17.6%，增速出现小幅下滑，比上年同期降低 4.72 个百分点。中长期贷款增长放缓，增速由上年的 20% 降至年末的 19.1%，短期贷款增速降幅明显，增速由上年的 20% 降至年末的 14.2%。制造业、农林牧渔、电力燃气水的生产与供应业 3 大行业贷款占各项贷款比重为 37.95%。小微企业贷款增长 43.6%，高于全疆贷款增速 25.6 个百分点。法人机构流动性整体充足，流动性比例为 50.01%，人民币超额备付金率 12.94%，均高于上年同期水平。

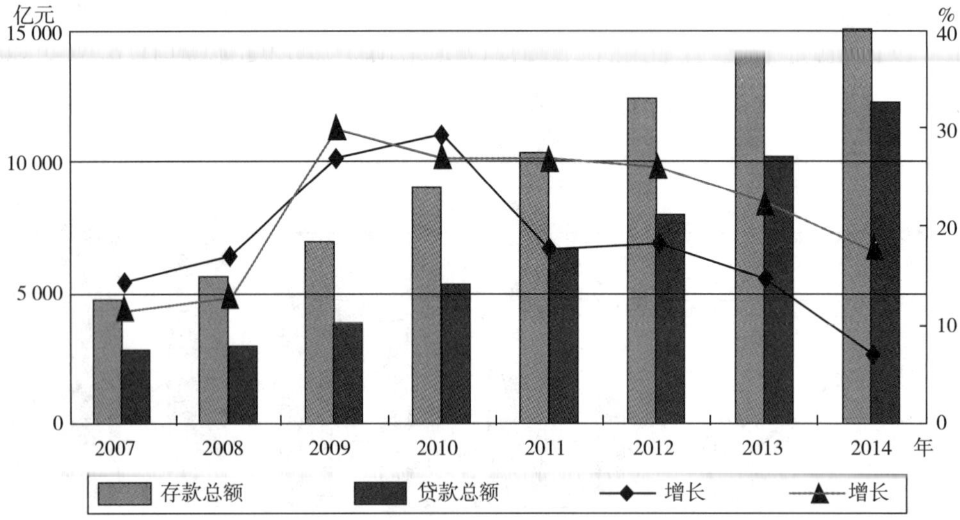

数据来源：新疆银监局相关资料。

图 8 2007—2014 年新疆银行业金融机构存贷款变化情况

信用风险整体可控，风险拨备较为充裕。2014 年，受宏观经济增速下降、经济结构调整、部分行业风险集中暴露等因素影响，新疆辖内银行业金融机构不良贷款余额大幅增长，不良贷款余额 155.22 亿元，比上年增长 15.32%，增速较上年提高 17.08 个百分点。不良贷款率 1.29%，比上年降低 0.03 个百分点。农村信用联社、农村合作银行不良贷款率较高，分别为 2.54%、3.87%。银行业机构依靠自身财务能力化解不良贷款空间较大，贷款损失准备充足率、拨备覆盖率、贷款拨备率分别为 263.96%、212%、2.74%，比上年提高了 20.61 个、19.04 个、0.19 个百分点。

地方法人银行资本水平较高，抵御风险能力显著提升。2014 年，新疆辖内地方中小法人银行平均资本充足率不仅高于 2014 年过渡期要求的 8.9%，也高于终止期应达到 10.5%，资本充足率、核心资本充足率分别为 13.85%、14.60%，分别比上年提高 0.66 个、0.65 个百分点。城市商业银行资本充足率略高于农村合作金融机构 0.71 个百分点。非银行机构资本充足率、核心资本充足率分别为 8.25%、10.12%，分别比上年降低 0.85 个、0.54 个百分点。

金融改革成效明显，综合实力显著增强。2014 年，新疆大型商业银行继续深化体制机制改革，稳步推进经营管理转型，推行集约化运营管理和网点标准化改造，全年新增自助银行 182 个，物理网点 7 个，自助银行达到物理网点数量的 86%，开展投行、理财产品、互联网金融产品、跨境人民币、股权融资、资产管理等业务创新，推进经济资本管理，金融服务能力和价值创造能力不断提升。农村信用社改制工作不断加快，累计已有 6 家农村商业银行挂牌成立，3 家农村商业银行正在筹建。

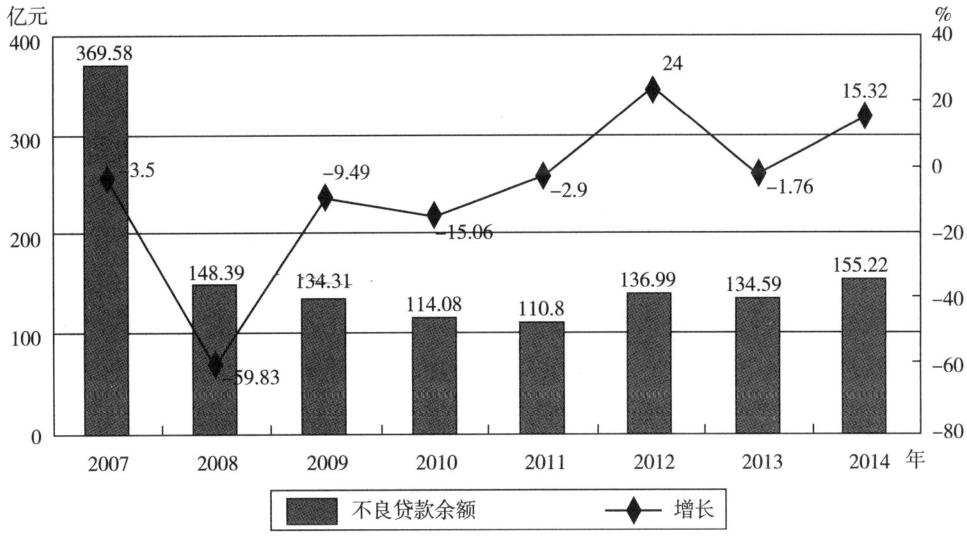

数据来源：新疆银监局相关资料。

图 9　2007—2014 年新疆银行业金融机构不良贷款变动情况

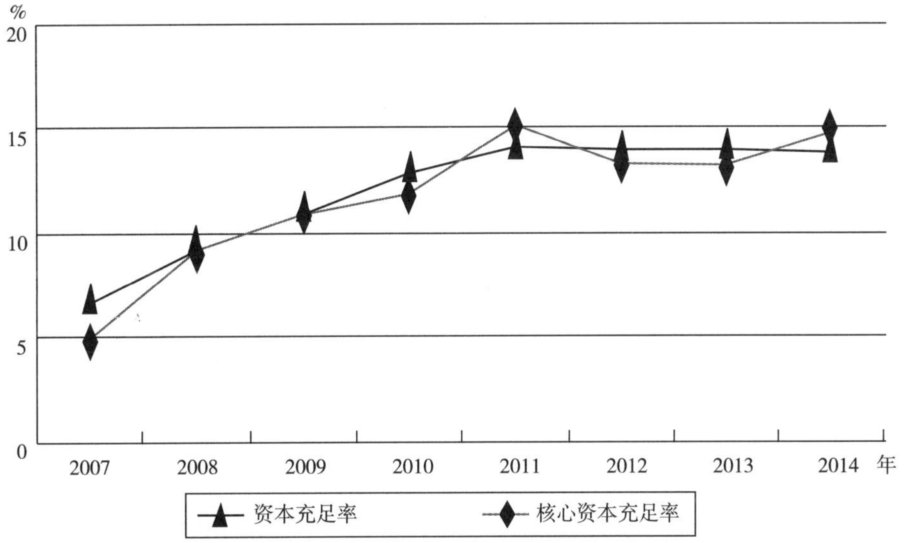

数据来源：新疆银监局相关资料。

图 10　2007—2014 年新疆银行业金融机构资本充足水平变动情况

新增村镇银行 2 家，村镇银行总数达到 18 家。农村资金互助社试点取得积极成效，资产、贷款、利润同比分别增长 21.3%、23.2%、71.4%。

2. 需要关注的问题

金融机构不良贷款反弹压力增大。2014 年，经济下行压力下，企业利润大幅下降，亏损企业面持续上升，银行信贷风险压力不断凸显。全区银行业机构不良贷款余额增长 15.33%，连续 3 个季度呈 2 位数增长。关注类贷款、损失类贷款分别增长 23%、79%。其中，股份制商业银行、农村商业银行、村镇银行不良贷款成倍增长，增速分别为 411.39%、176.71%、271.11%。全区 14 个地州市有 12 个地区不良贷款出现大幅攀升。

中小金融机构潜在较高风险。2014 年，部分中小银行流动性偏紧。截至年末，全区有 30 家机构存贷比超过 75%，17 家机构存贷比超过 80%，5 家机构存贷比超过 100%。其中，村镇银行 10 家，农村信用社 18 家；部分中小银行贷款集中度风险偏高。截至年末，全区有 9 家机构单一客户贷款集中度超过 15%，7 家机构最大十家客户贷款集中度超过 100%，墨玉县联社最大十家客户贷款集中度超过 494%。

部分金融机构内控仍较薄弱，金融案件时有发生。2014 年，新疆辖内发生金融案件约 20 起，涉案金额约 13.2 亿元。其中，塔城地区发生 4 起，造成金融机构不良贷款增加 3.68 亿元，涉及 2 家银行机构；喀什地区发生金融案件 3 起，造成不良贷款增加 1.63 亿元；巴州地区发生金融案件 7 起，造成不良贷款增加 0.13 亿元。涉案原因主要是内控制度执行不严、企业（客户）虚假诈骗、职务犯罪等。

（二）证券业运行平稳，市场融资功能进一步发挥

1. 证券业运行情况

证券市场交易活跃，证券机构经营好转。2014 年末，新疆有法人证券公司 1 家，异地在疆证券机构 10 家，证券营业部 65 家。投资者累计开户数 134.35 万户，增加 4.35 万户。全年证券交易总额 12 376.34 亿元，增长 68.39%。65 家证券营业部实现手续费及佣金收入 16.99 亿元，增长 66.73%。利润 10.68 亿元，下降 70.61%。全区 10 家期货营业部代理交易额 8 984.48 万元，实现盈利 399.08 万元。

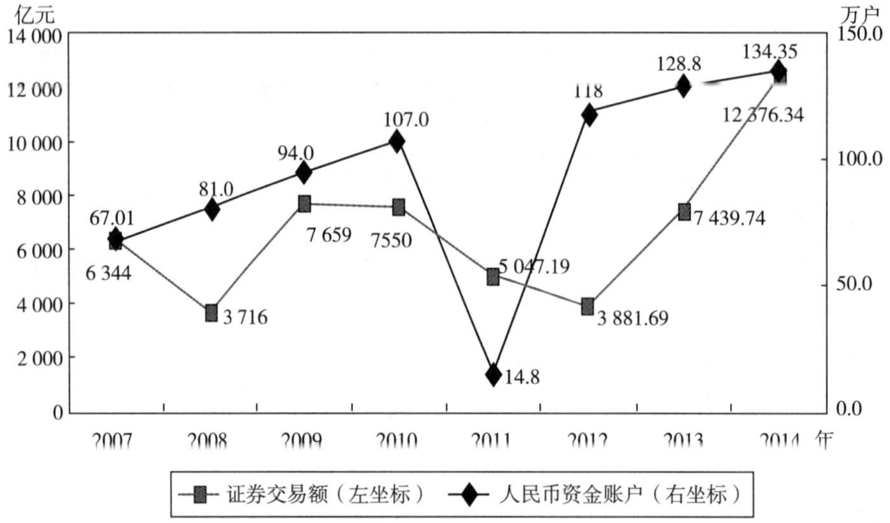

数据来源：新疆证监局、新疆证券期货协会相关资料。

图 11 2007—2014 年新疆证券交易、资金账户历年变化情况

期货市场稳健发展，交易份额调整明显。2014 年，新疆有法人期货公司 2 家，异地在疆期货机构 2 家，期货营业部 10 家。全年期货交易 1 235.61 万手，增长 4.02%，交易总额 8 984.48 亿元，降低 9.01%。期货交易品种 38 个，与上年无变化，可比的 29 个品种中有 13 个品种交易额增长，占比 25.91%。其中，有 8 个品种交易额增幅超过 100%，铝、铅、鸡蛋、铁矿石、纤维板、胶合板交易额增幅超过 500%。

上市公司融资稳步增长，并购重组有序进行。2014 年末，新疆共有 A 股上市公司 40 家，H 股上市公司 3 家。A 股上市公司总股本 476.47 亿股，增加 138.06 亿股。总市值 4 418.86 亿元，增长

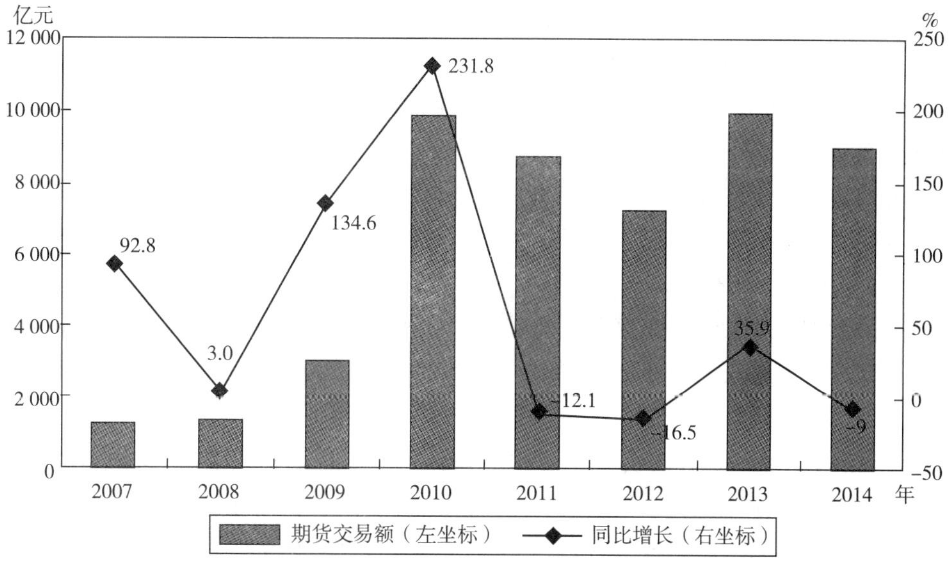

数据来源：新疆证监局、新疆证券期货协会相关资料。

图 12　2007—2014 年新疆期货交易、资金账户历年变化情况

69.39%，增幅居全国第 3 位。上市公司再融资势头良好，全年 A 股上市公司境内融资 113.53 亿元。其中，准油股份、西部建设、渤海租赁、冠农股份、新赛股份、中葡股份、新农开发 7 家增发 73.61 亿元，特变电工配股 36.59 亿元。麦趣尔首次公开发行募集 3.33 亿元。宏源证券、渤海租赁、啤酒花、天康生物和天润乳业 5 家上市公司围绕主业转型、优化产业链、巩固行业地位、做大做强等开展重大资产重组工作。

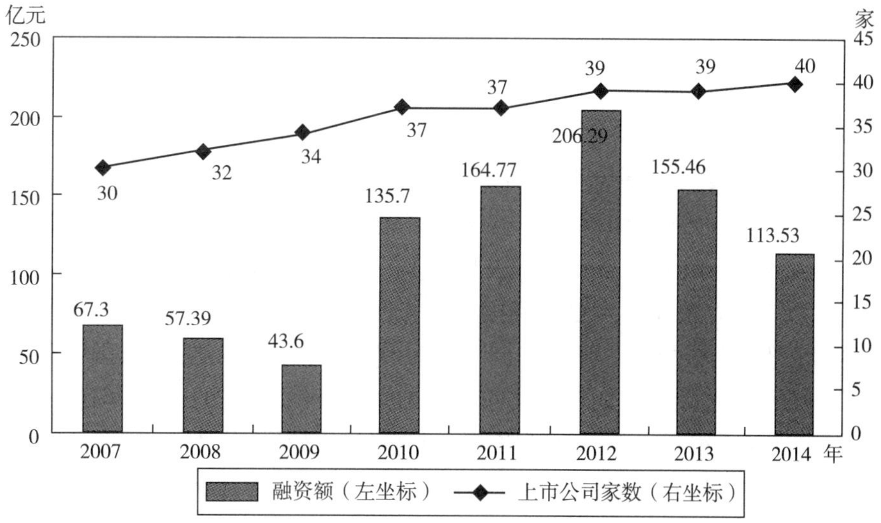

数据来源：新疆证监局相关资料。

图 13　2007—2014 年新疆上市公司历年融资总额、家数变化情况

区域性股权交易市场快速发展。2014 年，新疆区域性股权交易市场会员数量大幅增长，挂牌企业 481 家，增长 229%，托管企业 88 家，增长 21%，其他中介类会员 36 家，增长 44%。融资服务呈现多元化，从成立之初的股权质押单一融资，逐步发展为股权融资、私募债券融资、股权质押等多元化融资，融资总额59 300万元，增长近29倍。股权交易中心开户1 643家。交易活动日趋频繁，股权转让笔数163笔，增长58%，股权转让总股数9.51亿股，增长38%。挂牌企业实力显著增强，市值97.84亿元，增长80.15%，托管企业总股本115.8亿股，增长18.16%。

2. 需要关注的问题

部分上市公司涉诉金额较大，业务经营风险加剧。2014年，新疆6家上市公司涉及17笔诉讼业务，涉诉内容主要为金融借款、担保、贷款、经营买卖等合同纠纷。其中，新中基涉及8笔，涉案金额3.94亿元，占涉诉金额的62%。

上市公司内控管理亟须加强。辖区部分上市公司合规管理薄弱，主要表现为：信息披露前后矛盾，虚构业务，虚增业务收入与成本，虚增、虚减利润，隐瞒关联关系、关联交易等现象。现有管理人员在履职独立性、有效性方面存在不足。

上市公司规模偏小，内源融资比重不足。2014年末，新疆40家A股上市公司总市值占全国上市公司比重（0.59%）明显落后于全区生产总值占全国比重（1.46%），与内地及中部城市相差较大，发展后备力量不足。上市公司严重依赖外部融资，内源融资占企业融资比重仅为28.89%，且呈下滑趋势。

（三）保险业稳健发展，服务经济社会功能日益增强

1. 保险业运行情况

保险市场体系不断健全。2014年末，新疆保险市场共有保险主体30家，较上年增加1家。其中，财产险公司17家，人身险公司13家。分支机构1 724家，较上年增加10家。保险专业中介机构43家，较上年增加6家。兼业保险中介机构2 856家。保险从业人员7.09万人。营业网点遍布城乡，保险服务网络进一步健全。

保险保障功能不断增强。2014年末，新疆保险公司累计实现保费收入317.41亿元，同比增长16.06%。保费规模全国排名第24位，较上年提高1位。其中，财产险累计保费收入131.63亿元，同比增长16.25%；人身险累计保费收入185.78亿元，同比增长15.93%。保险密度1 380.96元/人，保险深度3.43%，分别增加173.13元/人和提高0.29个百分点。累计赔付支出121.17亿元，同比增长13.68%。其中，财产险累计赔款76.60亿元，同比增长11.79%；人身险累计赔付44.57亿元，同比增长17.07%，充分发挥了保险经济补偿功能。

惠及民生的保险业务发展迅速。2014年，新疆农险、工程险、健康险和保证保险分别增长21.03%、118.7%、27.68%和86.32%。全区有8家保险机构开展13项投资，金额54.27亿元，投资主要集中在能源项目和基础设施建设。投资呈现规模稳步扩大、结构不断优化、支力度持续加大三大特点。

2. 需要关注的问题

电话、网络等新兴保险销售渠道发展受限。一是业务经营综合成本较高。线上通过电话、网络确定投保意向，线下工作人员上门完成现场验标、收缴保费，分散的区域和网点，致使经营成本增大；费用分摊制度（各级分公司分摊比例2%～4%），落地服务成本及保费15%的优惠，保费充足率不足，实际成本增加。二是业务优势没有充分发挥。新兴销售渠道的保费折扣、价格优惠成为客户选择原因，而投保快捷、透明度高、误导风险低等优势未能得到客户关注；与内地相比，新疆新兴销售渠道宣传不足。三是监管存在一定程度缺失。电子商务立法滞后，保监会在网络销售保险业务方面尚未作出明确规定。

保险市场区域发展不平衡，个别险种发展存在困难。一是市场发展区域不平衡。2014年，新疆

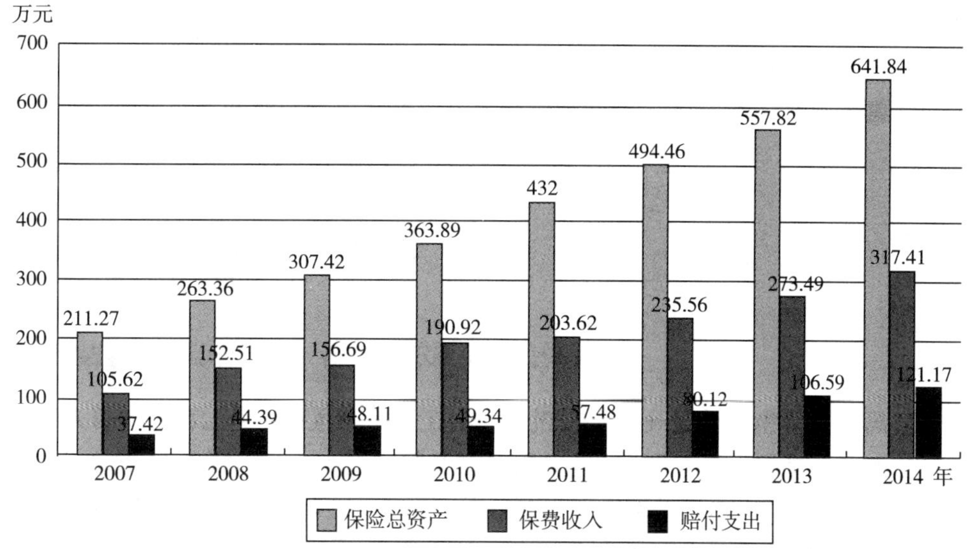

数据来源：新疆保监局相关资料。

图 14　2006—2014 年新疆保险业变化情况

吐鲁番、克拉玛依、喀什等地区保险业务增长低于全区平均水平 5.54 个、6 个、12.65 个百分点；喀什经济开发区建设对保险业发展的促进作用未充分发挥，财产险保费收入仅增长 3.97%。二是个人消费信贷保证保险发展存在三大难点：风险审核难，投保对象资信证明材料的真实性和准确性难以保证；贷后管理难，保险公司资信调查人才缺乏，贷后无法有效进行后续跟踪；催收追偿难，由于保险公司承担大部分甚至全部风险，易使银行放松资信审查，在投保者逾期不还贷的情况下，保险公司催收和追偿的手段十分有限，成功追偿率仅 10% 左右。

保险市场不规范运作依然存在。一是销售误导现象依然存在，主要体现在银保产品销售中，部分销售人员以保证固定收益或夸大保险收益等方式欺骗投保人。二是编制虚假财务资料。三是虚构保险中介业务套取手续费。四是内部管理松懈。五是存在虚增赔款的违法行为。

（四）金融业综合经营发展稳健

1. 金融业综合经营稳步推进

银行理财业务稳步增长。2014 年，在监管政策更加严格、同业竞争加剧以及利率市场化实施的情况下，新疆理财产品累计发行额 5 266 亿元，同比增长 6.08%。其中，个人理财 3 761 亿元，同比增长 23.5%；机构理财 1 505 亿元，同比降低 21.6%。国有商业银行依然是理财产品销售主力，股份制商业银行理财业务快速发展。债券及信贷类产品占绝对市场份额。

银证合作业务快速发展。2014 年，新疆有 14 家银行积极与券商机构开展第三方存管业务合作，合作券商机构累计 563 家，同比增长 21.6%，客户 106 万人，同比降低 43.2%，客户资金余额 80.9 亿元，同比增长 70.6%。国有银行位居第三方存管市场的主导地位，5 家主要国有商业银行客户资金余额占全区的 94.31%。

银保合作业务增长平稳。2014 年，人身险银邮渠道累计实现保费收入 43.27 亿元，同比增长 10.44%，占保费总收入 25.21%，较上年提高 8.8 个百分点。银保合作险种以分红险、万能险为主，占寿险品种的 70%。

银基合作业务略有降低。目前新疆尚无基金管理公司，商业银行与基金公司的合作更多体现在各自总行级别，在疆分支机构主要是代理销售总行开发和代理的各类基金。截至年末，新疆银行机构共计代理基金 6 657 只，较上年降低 31.26%。累计销售金额 291.82 亿元，较上年降低 0.45%。

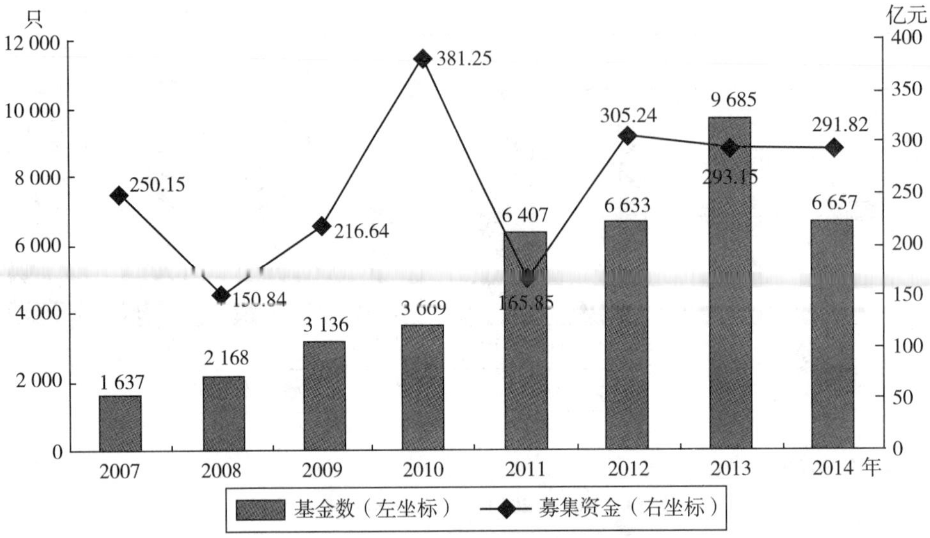

数据来源：新疆各银行机构相关资料。

图 15　2007—2014 年新疆基金业务变化情况

企业年金业务小幅下降。2014 年，新疆开办企业年金业务的银行机构共计 6 家。托管年金资产 27.9 亿元，较上年降低 8.97%。其中，工行、建行年金托管业务分别占 11.11%、74.55%。企业年金客户 46.24 万人，较上年增长 8.19%。

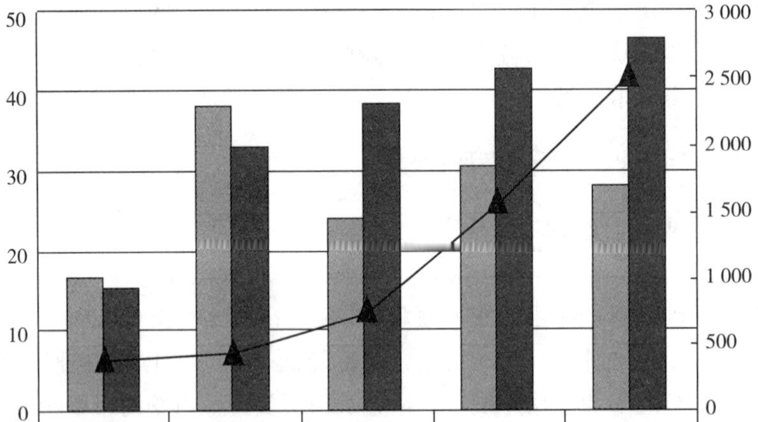

	2010	2011	2012	2013	2014 年
托管年金资产（亿元）	16.6	38.2	24.17	30.65	27.9
企业年金客户数（万人）	15.31	33.03	38.35	42.74	46.24
实现业务收入（万元）	379.08	430.75	718.37	1 543.99	2 522.04

数据来源：新疆各银行机构相关资料。

图 16　2010—2014 年新疆银行托管企业年金情况

2. 需要关注的问题

交叉性金融业务合作层级偏低，产品同质化程度较高。目前，新疆银行、证券、保险之间的合作还停留在比较浅的层次，主要表现为代理业务，深层次的合作还没有取得实质性进展。同时，与发达地区相比，新疆金融机构创新能力差，产品同质化程度较高，投资者选择的余地有限，风险集中，部分市场存在无序竞争等现象。

交叉性金融业务向互联网交易发展，新的风险点需关注。随着互联网金融的快速兴起，新疆银行业金融机构逐步引导金融消费者开展网上银行、手机银行交易，但目前新疆互联网金融交易尚处于起步发展阶段，风险防范制度体系建设和管理不成熟，操作风险、道德风险等需要予以关注。

（五）地方准金融机构持续发展

1. 非银行金融机构稳步发展，风险管理水平整体上升

小额贷款公司贷款余额高速增长，贷款年利率较高，外部融资金额有限。截至年末，新疆已批准设立小额贷款公司325家，比上年增加55家。注册资本199.57亿元，比上年增长30.44%，平均注册资本0.61亿元。贷款余额213.12亿元，比上年增长51.06%，增速较上年提高14.67个百分点。其中，“三农”、中小企业、个体工商户贷款余额分别为39.73亿元、69.96亿元、101.18亿元，分别占贷款余额的18.64%、32.83%、47.47%。平均加权贷款年利率24.6%，比上年提高10.01个百分点。银行贷款余额8.45亿元，占贷款余额的3.96%。

融资性担保公司担保业务稳中有升，代偿余额大幅增长，盈利能力显著提高。截至年末，新疆融资性担保公司164家，比上年增加12家。注册资本128.83亿元，户均注册资本0.79亿元。担保责任余额2 018.12亿元，比上年增长10.85%。其中，融资性担保责任余额194.55亿元，比上年增长12.25%。担保代偿额4.33亿元，比上年增长297.25%。实现净利润1.95亿元，比上年增长83.96%。担保业务收入4.27亿元，占业务收入的91.83%。

典当业务成倍增长，房地产抵押业务占比较高，净利润大幅增长。截至年末，新疆典当公司159家，与上年持平，没有新增机构。净资产22.16亿元，比上年增长25.2%。业务总量成倍增长，典当总额25.30亿元，比上年增长114.95%。其中，房地产抵押、动产抵押、财产权利抵押典当总额分别占典当总额55.47%、36.12%、8.46%。实现净利润0.62亿元，比上年增长44.19%。利息和综合服务费收入1.99亿元，比上年增长173%。

2. 需要关注的问题

小额贷款公司不良贷款增长较快，流动性趋紧，部分机构存在违规经营。一是不良贷款增速较高，风险抵补不足。截至年末，新疆小额贷款公司不良贷款余额0.47亿元，较上年增长34.29%。自2014年4月起，税务部门要求小额贷款公司不得再计提贷款损失准备，小额贷款公司资产质量风险加大。二是流动性趋紧。截至年末，新疆小额贷款公司贷款余额/注册资本的比重高达454%。三是部分机构存在违规向股东发放贷款、单笔贷款超过资本净额的5%的现象。

融资性担保公司担保放大倍数较低，潜在较高代偿风险，风险管理机制有待加强。一是担保放大倍数低。截至年末，新疆融资性担保公司担保放大倍数1.59倍，部分机构不足1倍，融资担保功能没有充分发挥。二是代偿额增长较快，风险补偿能力不足。截至年末，新疆融资性担保公司代偿额比上年增长297%，部分融资性担保公司一般风险准备不足担保余额的2%。三是风险管理机制不健全。目前，新疆融资性担保公司客户信息无法共享，存在客户“二次抵押”，骗取担保现象；部分

机构未建立信贷业务系统，业务处理依靠手工操作，信息安全、操作安全方面存在一定风险。

典当业务较集中，以费率代替利率，规避监管。一是业务风险较集中。截至年末，房地产抵押贷款占典当总额的55.47%，房地产下行时期，典当公司业务风险增大。二是以费率替代利率取得盈利收入，规避利率管制上限。目前，我国对民间借贷和小贷公司的利率管制上限为基准利率4倍，典当公司为避开利率管制上限，采取增加费率降低利率的方式，综合费用率已超出基准利率4倍，规避了利率管制的上限。

三、金融市场与金融稳定

（一）社会融资规模平稳增长，直接融资占比上升

2014年，新疆社会融资规模2 746.2亿元，同比增长7.7%。银行信贷占比66.7%，较上年下降3.2个百分点。表外融资占比10.1%，与上年基本持平。直接融资596.3亿元，占比21.7%，较上年提高6.7个百分点。债券市场全年实现净融资385.8亿元，较上年增长17.4%。

（二）债券交易量与上年持平，资金价格保持稳定

2014年，新疆银行间债券市场累计成交34 963.58亿元，同比增长0.1%。其中，质押式回购交易占比90.15%。银行间市场交易资金保持净流出态势，全年资金净融出8 334.5亿元。同业拆借交易活跃，全区金融机构共发生信用拆借751笔，同比增长2.6倍，累计信用拆借2 488.2亿元，同比增长6.78倍。

（三）票据市场增速回落，银行承兑汇票占据绝对地位

2014年，新疆金融机构银行承兑汇票签发余额744.5亿元，新增159亿元，增长25.5%，增速同比下降11个百分点。制造业和批发零售业是票据使用较为集中的行业。从企业类型来看，中小微企业余额占比达七成以上。股份制商业银行占据票据市场主体地位，其票据承兑余额和累计签发量分别占市场总量的44.6%和45.5%。银行承兑汇票的签发量占签发总量的98%。

（四）黄金价格震荡下行，交易量大幅萎缩

2014年，受国际环境影响，黄金价格继续震荡下行，居民投资黄金意愿明显降低。金融机构黄金累计交易51 715.15千克，同比减少76 612.51千克，降低59.7%。其中，实物黄金、账户金、代理业务、黄金租赁、黄金远期交易量分别为7 681.8千克、26 530.67千克、16 088.34千克、1 215千克、199.34千克。

（五）外汇市场稳步发展，市场交易活跃

全年银行结售汇总额269.8亿美元，同比增长0.4%。其中，结汇220亿美元，同比下降5.3%；售汇49.8亿美元，同比增长36.8%。实现结售汇顺差170.3亿美元，同比下降13.1%，为近三年来首次同比下降。其中，经常项目顺差141.8亿美元，同比增长50.9%；资本与金融项目顺差5.5亿美元，同比下降92.9%。全年跨境外汇收支（含现钞）357.1亿美元，同比增长18.9%。辖区银行

间外汇市场交易主体乌鲁木齐市商业银行全年发生外汇业务 76 笔。其中，向交易中心卖出 47 笔，金额 737 万美元，同比减少 3 072 万美元，降低 80.66%；向交易中心买入 29 笔，金额 2 764 万美元，同比增加 1 663 万美元，增长 1.51 倍。

四、金融基础设施与金融稳定

（一）金融管理与服务工作不断深入，金融机构合规意识提升

2014 年，受理新设金融机构及其分支机构 67 家，受理各类重大事项 473 项，对辖区 259 家金融机构执行人民银行政策情况进行了综合评价。全年开展综合执法检查 29 次，专项检查 256 次，覆盖银、证、保金融机构 278 家，金融机构依法合规经营的意识进一步提高。

（二）支付结算体系平稳运行，支付环境持续改善

2014 年，顺利完成第二代支付系统切换工作，大、小额支付系统处理业务 4 528.7 万笔，金额 293 786.37 亿元。支付信息统计分析系统在全疆成功上线运行，107 家机构实现正常统计及报送支付数据。农村支付服务环境有效改善，乡镇、团场银行卡助农取款服务覆盖率分别达到 80% 和 90%，设立银行卡助农取款服务点 1 336 个，取款 7.2 万笔，金额 2 956.78 万元。南疆少数民族农牧地区挂牌成立 77 个乡镇支付结算宣传服务站，葡萄、棉花等特色农产品龙头企业非现金支付方式得到有效推广。

（三）金融消费者权益保护工作不断推进

2014 年，顺利开通金融消费者权益保护投诉咨询热线电话“12363”，受理金融消费者投诉 395 件，金融消费者咨询 511 件。金融消费者投诉的受理、处理机制进一步建立健全，各金融机构积极、妥善地解决金融消费者投诉。

（四）反恐融资取得重大突破，反洗钱监管有效性不断提高

2014 年，向有关部门移交涉恐线索 65 份。其中，立案 3 起，破获宣判 1 起。全力配合司法机关开展涉恐资金和人员调查，全年共开展反洗钱调查 86 起，协助破获“3·01”、“4·30”、“5·22”等重大涉恐案件 7 起。对 44 家金融机构开展了反洗钱现场检查，责令限期改正，对违反反洗钱规定的 2 家金融机构予以处罚。开展反洗钱风险评估 237 家，走访 76 家，回访 38 家，风险预警 12 家，约见谈话 59 家。

（五）社会信用体系不断完善，评级市场的培育和管理不断加强

2014 年，完成对辖内 7 个地区的信用体系建设督导和自治区级试验区验收工作。全疆分别累计纳入中小企业和农户信用档案 3 万户和 292.8 万户，分别累计取得银行融资 627.4 亿元和 2 202.6 亿元。环保、法院、工商、社保、保监局等部门非银行信息采集力度不断加大。为全疆 16.6 万户企业和 1 119.1 万户个人建立信用档案，累计查询信用产品 530.5 万笔。累计开展两类机构评级 24 家，信贷市场主体评级业务 428 笔，涉及资产总额 1563.32 亿元。银行间债券市场评级进场前材料报备

76 笔，跟踪评级 55 笔，出具评级机构报告 68 份。全年共举办宣传活动 1 346 场，发放资料 60 万余份，发送征信公益短信 62 万余条，受益人数达数十万，宣传成效显著。

（六）反假币工作成效显著，反假币宣传持续推进

2014 年，持续加大假币犯罪打击力度，全年共立案 6 起，破案 6 起，抓获犯罪嫌疑人 12 名，缴获假人民币 276. 8 万元，同比增长 2. 28 倍。金融机构柜面收缴假人民币 985 万元，同比增长 13%。积极开展假币“零容忍”专项治理工作，组织开展各类反假货币宣传活动 200 余场次，发放维、汉、哈、蒙等文字宣传资料约 40 余万份，辖区公众反假意识和能力逐步提高。

（七）非法集资排查处置工作全面开展，宣传教育活动持续推进

2014 年，新疆积极开展非法集资风险排查工作。通过排查，发现数十起非法集资案件，涉及金额 40 余亿元，涉案企业 100 余家。经当地政府及有关部门采取积极措施，风险得到有效化解。各地宣传教育活动大力推进，人民银行各分支机构以及金融机构共计 703 个机构参与了打击非法集资宣传教育活动，参加员工数量 5 806 人，宣传活动覆盖群众 200 余万人次，辖区居民金融法律意识不断增强。

五、总体评估与对策建议

（一）总体评估

2014 年，新疆经济平稳发展，三次产业持续优化，投资持续强劲增长，消费市场平稳增长，对外贸易增速放缓，财政收入保持平稳，居民收入差距缩小。银行业整体平稳发展，金融改革成效明显，地方法人资本水平较高，流动性保持稳定，风险拨备较充足。证券市场交易活跃，期货市场稳健发展，上市公司融资稳步增长，区域性股权交易市场快速发展。保险市场体系不断健全，保险公司经营实力不断增强，地方经济保险保障功能持续提升。金融综合经营稳步推进。地方准金融机构持续发展。金融生态环境不断改善，金融业整体保持健康平稳运行。

（二）计量评估

以人民银行上海总部的区域金融稳定定量评估指标体系为依据，结合新疆实际对指标进行了调整和修正，运用模糊隶属度对指标进行了标准化处理，通过调查问卷和层次分析法分别计算主客观权重，用综合赋权法计算评价目标的最终得分，再将宏观经济、银行业、证券业、保险业和金融生态环境指标评价得分加总得到金融稳定状况综合评价指数，以此计量评估新疆区域金融稳定状况。

表 1　　2009—2014 年新疆金融稳定综合评价表

年份	2009	2010	2011	2012	2013	2014
宏观经济	0. 0885	0. 1186	0. 1318	0. 1231	0. 1126	0. 1102
金融业	0. 2183	0. 4769	0. 5186	0. 4985	0. 4875	0. 4882
金融生态环境	0. 081	0. 0919	0. 1014	0. 1017	0. 1023	0. 1031
综合得分	0. 3877	0. 6874	0. 7518	0. 7233	0. 702	0. 7015

从定量评估的结果来看，2014 年新疆宏观经济指标得分较上年略降，金融业、金融生态环境指

标较上年略增，金融稳定综合得分指数较上年下降0.0005。宏观经济得分降低的原因主要是受经济下行影响，地区生产总值、投资、消费、实际利用外资等主要经济指标与上年相比有所下降。金融业得分增长的原因主要是银行业资本充足、不良贷款、流动性指标均较上年好转，证券公司盈利能力较上年增长。金融生态环境得分较上年增长的原因主要是财政收入占地区生产总值比重、银行业服务密度较上年增长。

（三）相关建议

1. 牢牢把握发展大势，全面深化改革，实现经济金融可持续发展

科学认识当前世界经济仍处于国际金融危机深度调整期，我国经济运行“三期叠加”，新疆维吾尔自治区经济仍面临增速走低趋势，全面贯彻党的十八大和十八届三中、四中全会、中央经济工作会议和第二次中央新疆工作座谈会精神，坚决按照自治区党委八届六次、七次全委（扩大）会议部署，牢牢把握社会稳定和长治久安总目标，抓住共建丝绸之路经济带重大历史机遇，扎实推进新疆维吾尔自治区丝绸之路经济带核心区建设。坚持稳中求进、改革创新总基调，稳定经济运行态势，确保经济增长、就业、物价不出大的波动，金融不出区域性系统性风险。深刻认识新常态，以提高经济发展质量和效益为中心，主动适应经济发展新常态，狠抓攻坚改革，突出创新驱动，实现重点领域改革新突破，强化风险防控，促进经济金融平稳健康发展。

2. 加强金融管理与服务，防范和化解金融风险，维护区域金融稳定

制定和完善金融监督管理办法，确保金融机构经营与金融监管相匹配，鼓励业务创新和合规经营，强化金融监督管理和服务平台合作机制，进一步明确各单位金融监督管理与服务职责，切实定期履行金融管理和服务职能。从风险积累和化解看，伴随着经济增速下调，各类隐性风险逐步显性化，以高杠杆和泡沫化为主要特征的各类风险将持续一段时间，需要进一步建立健全化解各类风险的体制机制，加强金融风险信息合作交流，加大对银行业、非银行业金融机构风险监测和预警，通过现场和非现场检查、定量和定性评估、风险提示等方式防范和化解各类金融风险，确保不发生区域性系统性金融风险。

3. 进一步优化金融生态环境，夯实经济金融健康发展基础

大力发挥地方政府在金融生态环境建设中的积极作用，继续坚持“以点带面、点面结合、逐步推进”的原则，继续开展全区金融生态示范县（市）试点工作，发挥“政府主导、人民银行推动、部门联动、社会参与”的工作合力，完善银证企合作机制，强化多层次、高效率的区域金融生态环境服务体系。打击非法集资金融活动，深化投资者教育，规范金融投资管理，完善银行业、非银行业应急处理机制，有序开展各类风险应急演练，确保金融突发应急体系高效运转，提高司法维权效率，维护金融债权，健全信用体系，将小额贷款公司、融资性担保公司、典当业等非银行机构纳入征信管理体系，共享征信信息，整合金融信息资源，营造良好的经济金融发展环境。

总　　纂：尚　晓
统　　稿：庞小红　白文梅
执　　笔：杨长伟　白文梅　赵　强　杨　涛　彭　涛
其他参与写作人员（以姓氏笔画为序）：
刘德英　李春丽　李新生　杨　波　张　硕　宋雪丽
沈　霞　郭燕芸　谢　鹍　耿　昕　温　波

大连市金融稳定报告摘要

2014年，大连市国民经济增速放缓，全市地区生产总值同比增长5.8%，但主要经济指标仍在合理区间，实体经济发展平稳，服务业拉动作用增强，就业、物价保持稳定；金融业继续保持健康平稳的运行态势，银行业优势地位有所下降，与证券业、保险业趋于均衡发展，法人金融机构稳健经营，市场运作井然有序，风险防范能力逐渐增强，金融生态环境继续巩固。但是在国际经济形势复杂多变和国内经济下行压力增大的大背景下，大连市经济发展速度趋缓，面临结构调整和产业升级等诸多困难，要密切关注由此带来的风险隐患。

一、区域经济运行与金融稳定

（一）经济发展平稳有序，金融稳定基础坚实

1. 经济实现平稳增长，结构调整取得新进展

2014年，大连市实现地区生产总值7 655.6亿元，按可比价格计算同比增长5.8%，增速同比回落3.2个百分点。工业生产增长放缓，规模以上工业增加值同比增长4.3%，增幅同比回落5.9个百分点。石化、装备制造、造船、电子信息等优势产业集群化发展，19个重点产业集群销售收入全部超过百亿元，其中3个超过千亿元。战略性新兴产业形成了多极支撑的格局，智能装备、新能源、

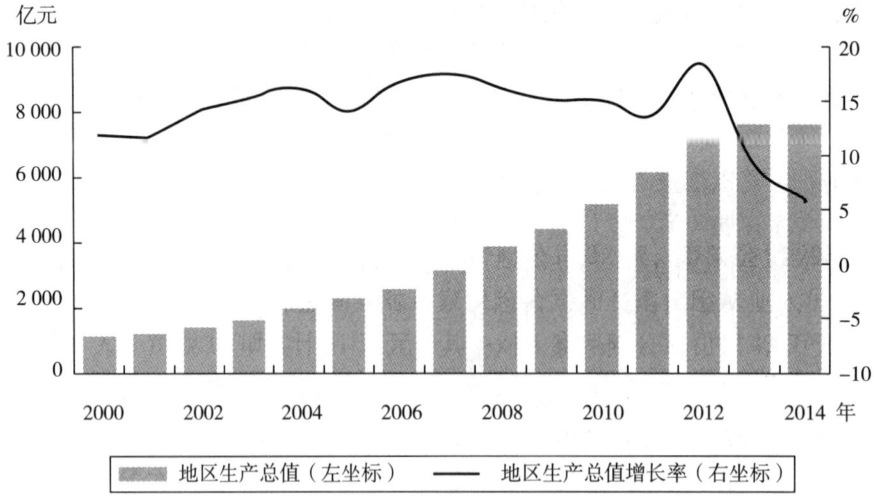

数据来源：大连市统计局相关资料。

图1　大连市地区生产总值增长情况图

新材料等9个重点产业蓬勃发展，海洋工程装备产值同比增长95%，大连机床、光洋科技等企业研制的产品进入航空航天、核工业和军工领域。服务业拉动作用增强，全市服务业增加值占地区生产总值43.9%，同比提高1个百分点。电子商务长足发展，大连再生资源交易所、东北亚现货商品交易所等16家大宗商品电子商务平台快速崛起；软件和信息服务业实现销售收入1 485亿元，同比增长10%。

2. 固定资产投资回落，房地产开发投资下降明显

2014年，大连市完成固定资产投资6 773.6亿元，同比增长4.6%。其中，建设项目投资完成5 344.3亿元，同比增长12.1%，计划总投资亿元以上建设项目1 596个，完成投资4 718.8亿元，同比增长19.1%，占全部建设项目完成投资的88.3%，对抑制投资增速持续下滑起到有力支撑作用。受销售形势和信贷政策影响，房地产开发企业投资趋于谨慎，全年累计完成房地产开发投资1 429.3亿元，同比下降16.4%，是十年来首次负增长，增幅同比回落38.5个百分点。

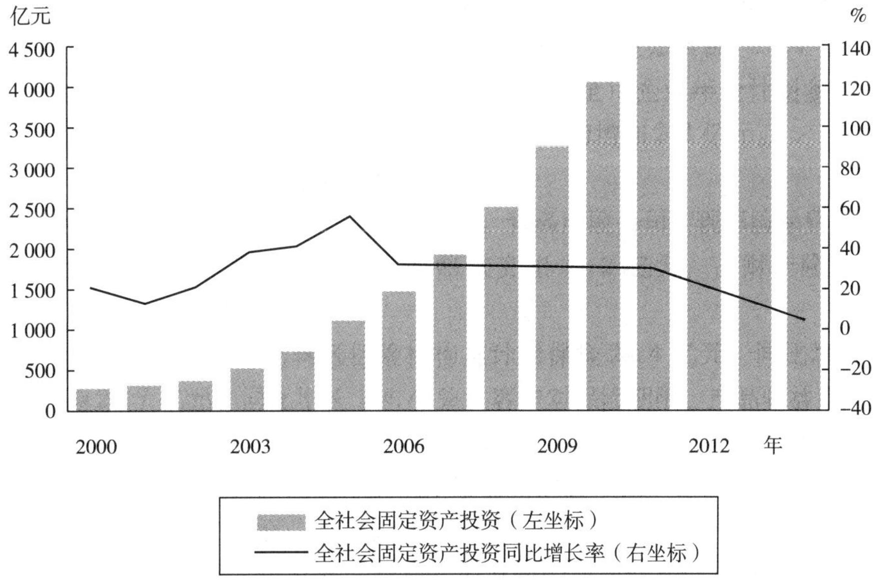

数据来源：大连市统计局相关资料。

图2 大连市固定资产投资变动趋势

3. 外贸呈现逆差，新兴市场出口繁荣

2014年，大连市自营进出口总额为645.8亿美元，全口径同比下降4.4%，增速同比回落12.5个百分点。其中，出口294.8亿美元，同比下降19.5%；进口351亿美元，同比增长13.6%；贸易逆差56.2亿美元。传统市场出口低迷，对日本、东盟出口同比分别下降9.2%和8.9%。新兴市场出口繁荣，对俄罗斯、加拿大出口同比分别增长20.9%和19.3%。

4. 财政收入有所下降，支出结构显著优化

2014年，大连市公共财政收入780.8亿元，同比下降8.2%，其中各项税收615.3亿元，同比下降9.2%。公共财政支出989.5亿元，同比下降8.7%。全年财政收支差额为-208.7亿元。大连市继续优化财政支出结构，着力保障和改善民生，加大民生社会事业财政投入。全年用于教育、文化、卫生、体育、社会保障等财政支出686.2亿元，占一般公共预算支出的69.3%，高于一般公共预算支出增幅4.3个百分点。15项重点民生工程高质量按时完成，社会保障水平显著提升。新农合最低

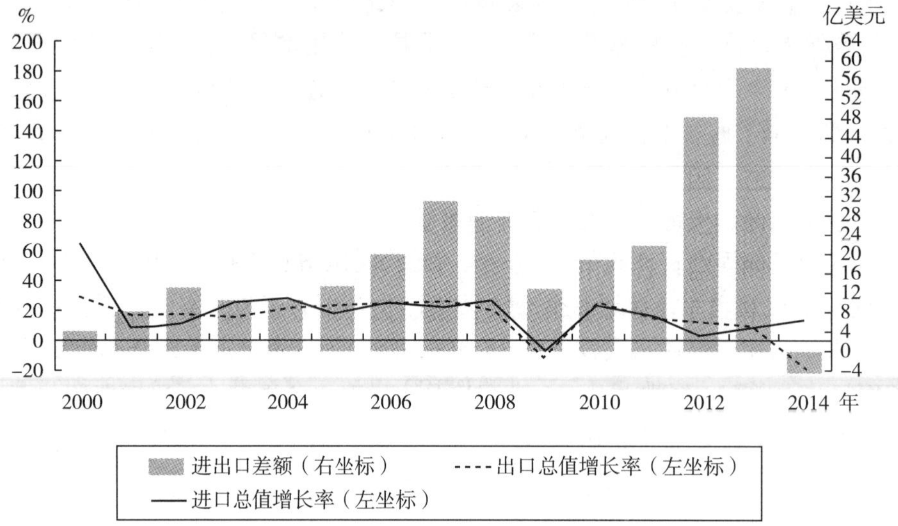

数据来源：大连市统计局相关资料。

图3　大连市进出口变动情况

统筹标准由五年前的140元提高到520元；城乡低保标准比五年前分别增长58.3%和103.6%。

5. 居民人均可支配收入稳步提高，消费增长较为平稳

2014年，大连市城镇居民人均可支配收入33 591元，同比增长8.7%；农村居民人均可支配收入13 547元，同比增长9.7%。居民收入增长对消费起到有力支撑。社会消费品零售总额实现2 828.4亿元，同比增长12%，比年初预期目标低1个百分点，其中，批发业零售额319.5亿元，同比增长10.4%；零售业零售额2 227.7亿元，同比增长12%；住宿业零售额34.3亿元，同比增长7.4%；餐饮业零售额246.9亿元，同比增长14%。

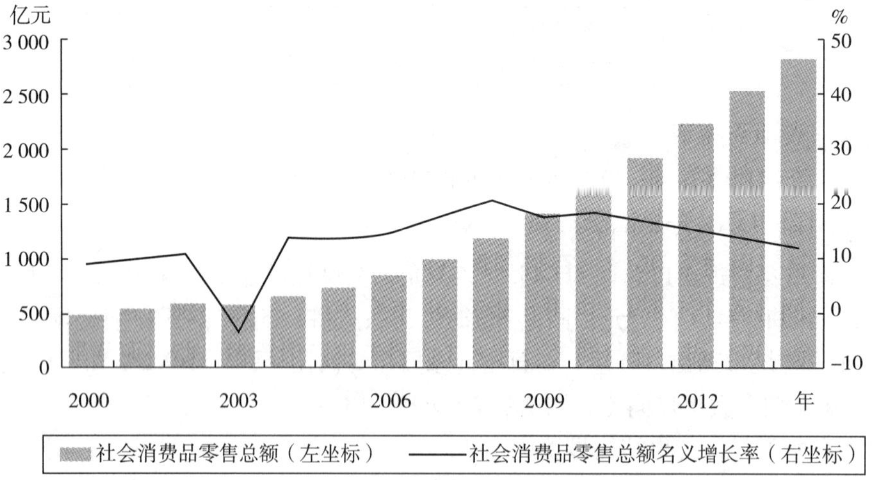

数据来源：大连市统计局相关资料。

图4　大连市社会消费品变动情况

（二）区域经济运行中不利于金融稳定的因素

2014年，大连市经济增长有所放缓，地区国内生产总值、固定资产投资等主要经济指标增速出现回落，虽然与整体宏观经济下行有关，但也与大连市经济结构与体制机制矛盾突出有关。从发展动力结构看，大连对投资的依赖度明显偏高，创新驱动支撑作用还不明显。固定资产投资的大幅下降，暴露出投资驱动型经济模式的短板。从产业结构看，石化、造船、装备制造和电子信息四大支柱产业，都面临优化升级和调整产品结构的问题，造船还面临全球产能绝对过剩的问题。短期内，传统产业在经济体系中仍占有较大比重，工业经济特别是传统优势产业面临较大的转型压力，现代服务业和科技创新产业发展亟待加速，大连需要在经济新常态下寻找新的增长点。对外贸易复苏相对缓慢，日本经济短时间内难以摆脱困境，国际市场需求将难有显著改善，辖区出口形势仍不容乐观。随着利用外资政策的变化及房地产市场改革深化，房地产项下外资流入难以维系，辖区外商直接投资将难有较大增长。因此，今后一段时期，加快经济结构调整，实现产业转型升级成为大连市经济持续稳定发展的必由之路。

二、金融业与金融稳定

（一）银行业运行状况及风险分析

截至2014年末，大连市共有地方法人银行业金融机构13家，分行44家。全年全市银行业总体发展稳中有降，存款增长乏力，贷款增速放缓，存款利率相对平稳，贷款利率小幅下降，资产质量持续下行，利润水平有所下降。需持续关注经济下行压力增大、资产质量恶化、房地产信贷风险加剧等现象所带来的潜在风险。

1. 银行业运行状况

（1）存款增长乏力，单位存款下降较多。截至2014年末，大连市银行业金融机构本外币各项存款余额12 153亿元，同比增长1.7%，增幅同比下降9.4个百分点；全年新增本外币存款199.4亿元，同比少增1 055.7亿元，创10年以来年度增量最低。受经济增速放缓，企业盈利状况不佳等因素影响，全市金融机构单位存款余额6 098亿元，同比下降2.4%，增幅同比下降11.7个百分点。受居民收入下降、理财产品热销及股票市场回暖等因素影响，全市金融机构个人存款余额增速放缓。全年个人存款余额5 044.2亿元，同比增长5.1%，增幅同比下降5.5个百分点。

（2）贷款增速放缓，票据融资快速增长。2014年，受实体经济不振、有效需求下降，银行资产负债约束等因素影响，全市贷款增速持续放缓。截至年末，大连市银行业金融机构本外币各项贷款余额10 959.4亿元，同比增长7.6%，增幅同比下降4.2个百分点；全年新增本外币各项贷款755.5亿元，同比少增299.8亿元。由于经济企稳的基础尚不牢固，企业一般性信贷需求不足，全市新增一般性贷款579.7亿元，同比少增448.3亿元。在实体经济风险加大的背景下，银行对票据资产配置的偏好增加，全年新增票据融资175.8亿元，同比多增148.6亿元，占全部新增贷款的23.3%。

（3）存款利率相对平稳，贷款利率小幅下降。截至2014年末，大连市金融机构全口径人民币存款加权平均利率2.8%，同比下降15个基点；新发放人民币贷款加权平均利率6.9%，同比下降6个基点。受非对称降息以及存款利率浮动区间扩大影响，全年金融机构存贷款平均利差波动收窄，由

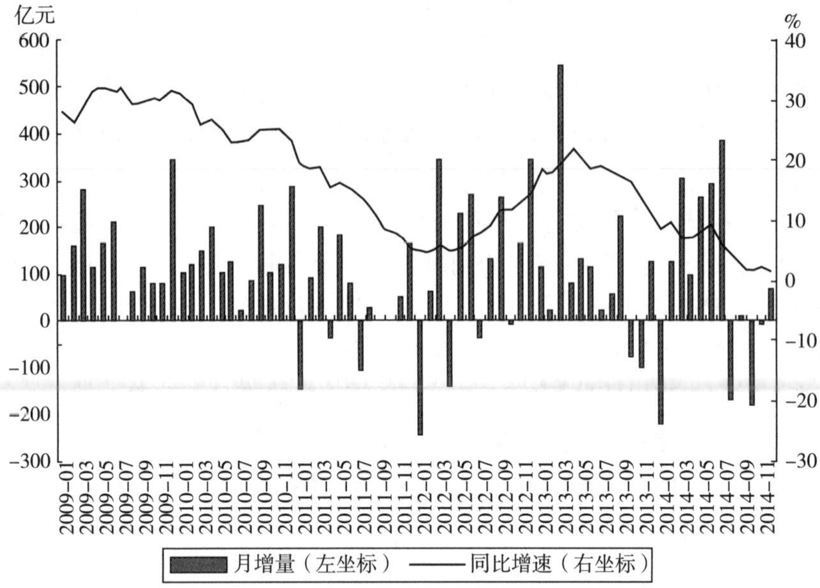

图 5 金融机构存款增量、增速走势图

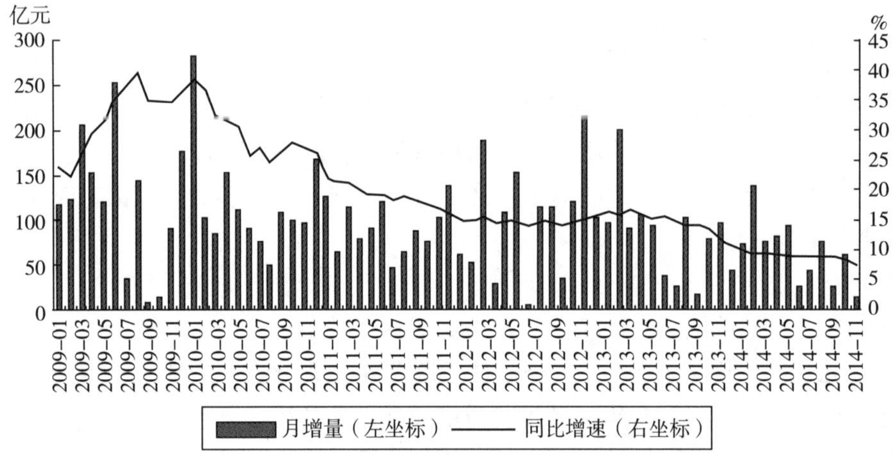

图 6 金融机构贷款增量、增速走势图

第一季度的 4. 2 个百分点缩小至年末的 4. 1 个百分点。

（4）资产质量持续下行，利润水平有所下降。2014 年，大连市银行业金融机构资产质量持续恶化，全市银行业金融机构不良贷款余额 200 亿元，同比增加 92. 5 亿元，增长 85. 9%；不良贷款率 1. 8%，同比增加 0. 8 个百分点。受全市银行机构存贷款利差、净息差双降，资产质量下行，银行计提拨备增多等多重因素影响，金融机构利润水平有所下降，全年累计实现本外币净利润 196. 9 亿元，同比下降 16. 2%。

2. 银行业风险情况分析

（1）经济下行压力持续加大，银行业转型面临挑战。当前，经济发展进入新常态，信贷规模与增速逐步向合理适度回归，银行业单纯依靠净息差盈利的传统发展方式不可持续。在此背景下，大连市银行业一方面要继续保持货币信贷平稳适度增长，将金融资源更多地配置到有利于经济长远发展的方向和领域，另一方面要加速经营结构调整，加快中间业务发展，转变利差收入一枝独大的局面。同时，在利率市场化、互联网金融的冲击下，银行高忠诚度和稳定存款客户的比例在下降，资金期限错配突出，流动性管理的难度加大。

（2）资产质量持续恶化，未来形势不容乐观。受经济增速下滑，消费增速回落，需求疲软以及前期产能过剩难以在短时间内消化等多重因素影响，大连市企业的盈利空间明显收缩，违约和破产概率加大。2014 年以来，大连市银行业不良贷款余额、不良贷款率持续双升。其中正常类、关注类、次级类、可疑类贷款迁徙率分别为 3.7%、7.2%、27.7%、5.6%，同比全面上升，未来资产质量惯性下行压力较大。除实体经济下行造成资产质量下滑外，银行经营策略趋同，对大的项目或政府推动项目容易一哄而上，也是导致不良资产集中爆发的重要原因。

（3）房地产市场进入深度调整，融资平台偿债风险突出。近年来，受国家房地产调控政策影响，大连市房地产市场交易持续降温，房地产贷款投放节奏明显放缓。截至 2014 年末，大连市金融机构房地产贷款余额 2 976.8 亿元，同比增加 248.5 亿元，少增 41.25 亿元。同时，大连市房地产业不良贷款率也有所上升，全市自营性房地产贷款不良率 1%，同比上升 0.5 个百分点。此外，政府融资平台债务余额在 2014 年末仍高达 890.7 亿元，由于辖内平台贷款的还款来源与土地出让密切相关，而 2014 年土地市场活跃度下降，成交价大幅下滑，使得财政收入成为了主要的还款保证。

（4）银行规避监管，表外业务风险显现。2014 年，大连市票据市场快速增长，全市金融机构全年累计签发银行承兑汇票 4 198.7 亿元，同比增长 8.4%，年末承兑授信余额 1 972.7 亿元，同比增长 15.3%。票据市场发展对银行信用依赖较高，但承兑汇票业务仍存在贸易背景不真实、资金用途审核不严格、业务操作不规范等问题，使票据市场风险过度向银行体系聚集。委托贷款持续快速增长，存在掩盖实质性融资目的，从而减少资本占用和拨备提取的动机。部分理财产品及同业业务的实质仍是信贷类业务，但银行通过与信托、证券、保险等其他机构合作的方式，规避信贷规模和资本约束。

（二）证券业运行状况及风险分析

截至 2014 年末，大连市共有证券公司 1 家，证券分公司 5 家，证券营业部 68 家；期货公司 4 家，期货营业部 66 家；境内上市公司 27 家。全年全市资本市场总体保持平稳健康发展态势，证券公司经营和财务状况明显改善，期货公司出现部分亏损及退出市场的情况，上市公司经营稳健，利润水平同比稳步增长。但是由于市场整体佣金下滑造成的经营风险、信息系统风险、交易性风险及违规风险等值得关注。

1. 证券业运行情况

（1）证券公司稳健经营，盈利水平有所上升。2014 年，大连市证券营业部累计实现营业收入 10.2 亿元，同比增长 32.6%；实现净利润 3.5 亿元，同比增长 78.9%；各品种证券交易总额为 26 182.4亿元，同比增加 88.2%。受监管政策放松的影响，证券营业部新增数量创近 10 年之最，平均佣金水平同比下降 20% ~30%；经纪业务竞争日益加剧，66 家证券营业部中有 30 家亏损，亏损面 45.5%。

（2）期货公司经营不佳，部分机构生存艰难。截至 2014 年末，大连市期货营业部数量全国排名第 7 位，同比减少 6 家；客户保证金 72.3 亿元，同比下降 7.6%；客户数 8.1 万户，从业人员数 1 077人；佣金率为 0.02‰，在全国各辖区排名第 18 位，手续费率持续下滑。4 家期货公司总资产

29.1 亿元，同比下降 2.4%；客户保证金 23 亿元，同比下降 3.7%；全年累计实现手续费收入 1.5 亿元，同比下降 19.5%；净利润 1 666.2 万元，同比下降 48.8%。

（3）资本市场发展平稳，上市公司影响力下降。截至 2014 年末，大连辖区上市公司 27 家，上市公司总股本 340.6 亿股，总市值 1 973.7 亿元，分别占沪深两市的 1.1%、0.8%、0.7%。截至年末，上市公司证券化率 19.9%，同比下降 2.1 个百分点，不及同期全国平均水平的一半，资本市场发展程度明显低于全国平均水平，上市公司在地方经济中的影响力有所下降。

2. 证券期货经营机构风险分析

（1）市场整体佣金下滑，证券公司盈利能力有待提高。由于市场整体佣金下滑，未来平均佣金水平可能维持在 0.02% ~0.03%，以往作为证券公司主要收入来源的经纪业务收入仅仅能够维持公司运行成本，证券公司面临着在稳定原有业务收入基础上积极寻找新的稳定的收入来源等困境。预计未来随着个股期权业务和做市商的推出，证券公司在收入结构上会有较大改变。

（2）核心设施老化，存在信息系统风险隐患。大部分证券公司主机房托管在连通机房，由于托管机房环境较差，且公司部分核心设施老化，未来信息系统不排除出现故障的可能。要密切关注公司信息系统建设、督促做好核心设备的维护和更换工作以确保交易时间的稳定运行是未来信息系统风险控制的要点。

（3）客户对产品认知不到位，期货公司蕴含违规经营风险。由于客户对产品了解的不到位、对市场行情判断存在偏差以及对交易规则不熟悉等原因，期货市场交易性风险频发。同时市场上又存在部分期货公司居间人违规进行客户开发等现象，同样给投资者造成一定损失。自 2013 年下半年以来，涉及期货居间人的信访事项在大连市呈现高发频发的趋势。

（4）期货公司间竞争激烈，凸显违规性风险。因经营数量较多，客户资源匮乏，期货市场公司与公司、营业部与营业部之间存在恶性竞争行为，部分期货公司的客户开发只注重量的指标，疏于质的标准，缺少对客户的培训与资质评定，存在对客户和公司给予奖励等不公平竞争行为，违规性风险凸显。

（三）保险业运行状况及风险分析

截至 2014 年末，大连市共有保险总公司 3 家，保险分公司 43 家，各类保险分支机构 364 家，保险专、兼业代理机构近 1 800 家，营销员 2.5 万人。全年全市保险业不断提升行业服务水平，提高业务质量，保证保险市场平稳运行和健康发展，呈现“稳中有进，进中趋好”的态势。但受国内外复杂经济形势的影响，保险市场仍存在满期给付和退保风险、保险中介市场违法违规风险及新型理财型产品风险等潜在风险。

1. 保险业基本运行情况

（1）市场运行整体平稳，资产规模稳步提高。截至 2014 年末，大连市保险公司资产总额 591.1 亿元，同比增长 15%，其中产险公司总资产 66.1 亿元，同比增长 39.8%，人身险公司总资产 525 亿元，同比增长 12.5%，在 15 个副省级城市中排第 7 位。含 3 家总公司的资产总额达到了 945.3 亿元，同比增长 23.7%。

（2）保费收入稳步增长，赔付支出略有增加。2014 年，大连市保险业实现保费收入 199.3 亿元，同比增长 13.2%，增幅同比增加 3.6 个百分点，但低于全国 4.3 个百分点。累计赔付支出 61.3 亿元，同比增长 1.9%，其中，财产险业务赔款支出 32.1 亿元，同比下降 0.1%，人身险业务赔款及给付支出29.2亿元，同比增长4.3%。

（3）财产险利润再创新高，重点领域发展迅猛。2014年，大连市财产险公司实现保费收入71.9亿元，同比增长13%；实现利润总额7.4亿元，同比增长15.7%；实现承保利润7.1亿元，同比增长24.3%，承保利润率12.3%。重点领域快速发展，服务经济社会的能力不断提升，全年实现农业险保费收入1.5亿元，同比增长55.5%，工程保险保费收入0.9亿元，同比增长60.2%，特殊风险保险保费收入1.4亿元，同比增长37.5%。

（4）寿险业务结构持续改善，各险种呈均衡发展态势。2014年，大连市寿险公司人身险业务整体复苏，实现保费收入127.4亿元，同比增长13.4%。受费改产品销售旺盛影响，普通寿险增势迅猛，实现保费收入24.1亿元，同比增长229.9%；分红险实现保费收入76.1亿元，同比下降8%；银邮渠道异军突起，实现保费收入40.5亿元，同比增长32.1%。同时，新型农村合作医疗大病保险和城镇居民大病保险相继启动，城镇和新农合大病保险分别覆盖87.9万人和208.6万人，赔付金额分别为1 194.4万元和2 883.6万元，为大连市民提供普惠性商业保险福利。

2. 保险业潜在风险分析

（1）满期给付和退保风险持续发酵，形势不容乐观。2014年，大连市满期给付与短期高现金价值产品退保金合计约22亿~25亿元，2015年，大连将面临新的满期给付高峰，涉及13家公司。近两年销售的高现价产品也将进入实际兑付期，2015年第一季度高现价产品将出现大规模退保和大规模销售并存的情况，应对不力仍有可能引发群体性事件甚至区域性风险。

（2）保险中介机构存在内控漏洞，市场存在违法违规风险。目前大连市保险市场存在保险公司利用中介机构虚开发票套取资金、营销员涉嫌违规销售非保险理财产品和参与非法传销活动、营销员挪用、截留、侵占保险费或保险金等问题，中介市场违法违规风险不容小觑。

（3）新型理财型产品“三高”问题严重，保险公司面临偿付能力压力。2014年年初，部分保险公司推出了高现金价值产品，此类产品普遍存在预期收益高、产品期限短、保障功能弱的特征，同时兼具高准备金、高资本占用和高退保率的“三高”问题，保险公司的资本金、盈利水平、偿付能力均面临很大的压力。尽管4月1日银保新政正式实施以后，大部分公司停售了该类产品，但5月、6月个别公司又重启了该类业务，仍存在风险隐患。

（4）市场潜在销售误导风险及道德风险值得关注。2014年以来，返还型产品销售量逐步上升，在保监局筛查的18家公司中有13家公司的个险渠道主打产品是定期返还型产品，多数同时组合有万能型账户。返还型产品具有缴费期长、初期返还金额高等特点，对销售者讲解精度要求更高，讲解不力则容易给客户造成错觉，产生销售误导风险。同时在利益驱动下，保险市场道德风险增大，加之保险公司甄别风险系统出现的纰漏和一些法律上的漏洞未及时得到控制，道德风险可能被进一步放大，值得密切关注。

三、金融市场运行与金融稳定

（一）金融市场配置资源功能日趋完善

1. 同业拆借市场稳定运行

2014年，大连市同业拆借交易金额280.3亿元，同比增长54.4%，其中，拆入资金49笔、金额

159.8 亿元，拆出资金 61 笔、金额 120.5 亿元，同业拆入和拆出加权平均利率分别为 3.1% 和 3.8%。同业存单实现首次发行，大连农商银行通过全国银行间同业拆借中心发行同业存单 5 亿元，期限 3 个月，参考收益率 4.7%。

2. 债券发行额稳步增长

2014 年，大连农村商业银行在全国银行间债券市场发行“三农”专项金融债券 6 亿元，期限 3 年，发行利率 5.9%。全年全市有 14 家企业发行非金融企业债务融资工具 497.5 亿元，同比增长 1.8%，占全省的 38.8%，全国的 1.2%。

3. 债券市场交易活跃

2014 年，大连市金融机构参与全国银行间债券市场交易 6 613 笔，成交金额 19 334 亿元，同比增长 20.3%，占全省的 22.1%。从资金流向上看，融入金额 8 367 亿元，融出金额 10 967 亿元，资金净融出 2 600 亿元。从利率走势上看，债券市场利率中枢明显下行，全年现券交易加权平均利率最高为 1 月的 5.8%，最低是 10 月的 4%，两者相差 180 个基点。

4. 票据业务呈上升趋势

全市金融机构累计签发银行承兑汇票 4 198.7 亿元，同比增长 8.4%。截至 2014 年末，承兑授信余额 1 972.7 亿元，同比增长 15.3%。全年累计办理贴现 12 690 亿元，同比增长 5.7%。截至年末，全市金融机构票据贴现余额 399.6 亿元，同比增长 78.2%。再贴现业务规模出现下降，全年累计办理再贴现 497 笔，金额 18.3 亿元，同比下降 26.6%，截至年末，再贴现余额 5 亿元，同比下降 48.6%，金融机构贴现利率呈趋势性下行，全年最高是 1 月的 6.64%，最低是 11 月的 4.61%，两者相差 203 个基点。

5. 外汇市场运行平稳

2014 年，银行间外汇市场交易量大幅上升，全年成交 625 笔，成交金额折合 95 亿美元，是 2013 年同期的 4.4 倍，占全省的 52.8%，其中，卖出外汇 49.9 亿美元，买入外汇 45.2 亿美元，顺差绝对值 4.7 亿美元，市场总体呈现供大于求的格局。

6. 黄金市场交易略有下降

商业银行各类型黄金交易累计成交 103.2 亿元，同比下降 6.5%，占全省的 57.2%。黄金交易价格呈下行走势，全年成交均价为 252.2 元/克，最高为第一季度的 265.7 元/克，最低为第四季度的 233.9 元/克。其中，代理业务保持持续增长，累计成交金额为 70.9 亿元，同比增长 20.6%。实物黄金交易量随价格反向波动，成交 21.2 亿元，同比增长 78.2%，成交均价 257.9 元/克，同比下降 61.3 元/克。账户金业务逐渐萎缩，成交 11 亿元，同比下降 71.8%；美元账户金成交 0.3 亿美元，同比下降 84.2%。此外，商业银行首次开办了黄金租赁业务，出租黄金 57 千克，金额 0.2 亿元，同时，租赁业务配合了远期业务进行风险管理。

（二）金融市场运行中的风险值得关注

同业业务管理新政可能影响票据市场交易活跃度。2014 年，人民银行、银监会先后出台加强同业业务管理 127 号文和 140 号文，要求买入返售（卖出回购）业务项下的金融资产应当为银行承兑汇票等具有合理公允价值和较高流动性的金融资产；同业业务应实行专营部门制，专营部门以外的其他部门和分支机构不得经营同业业务。专营部门制可能导致现行的票据买入返售操作流程按照前、中、后台进行拆分，前台包括市场营销和询价，中台包括交易对手、合同的逐笔审批以及会计科目集中核算，后台包括客户关系维护。前台和后台有可能继续保留在分支行，但中台将全部上收至专营部门，业务风险由专营部门全权控制。这种大集中操作模式，将增加票据流转的交易成本，降低交易效率，可能导致市场活跃度进一步下降，交易量继续萎缩。2014 年，大连市票据买入返售月均余额同比下降 34.2%，卖出回购办理量同比下降 85.4%。

四、金融基础设施与金融稳定

（一）支付结算系统运行平稳，基础金融服务日趋便利

2014 年，人民银行第二代支付系统推广工作稳步推进，业务量稳步增长。大额支付系统处理业务 485.6 万笔，金额 18.6 万亿元；小额支付系统处理业务 906.5 万笔，金额 1 000 亿元；同城票据交换系统清分票据 517 万笔，金额 8 525 亿元。全年核准账户 4.3 万户，办理销户 1.6 万户。联网核查公民身份信息系统累计处理业务 1.4 亿次，日均处理业务 5 万次。支付服务组织保持规范发展。取得“支付业务许可证”的非金融支付机构及在本市备案的支付机构分公司达 17 家，当年新增 5 家。银行卡服务功能不断增强。全市银行卡发卡总量达 4 092 万张，同比增长 11.7%；注册商户 7.8 万户，同比增长 44.6%；银行卡 POS 交易金额 2 618 亿元，同比增长 16.3%。银行卡助农取款服务深入推广。全市共设立 1 812 个银行卡助农取款服务点，同比增加 1 757 个，为农民办理小额取款业务 15.7 万笔，金额 2 118.9 万元，实现了银行卡助农取款服务村村通，极大地满足了偏远地区农村居民小额取款需求。

（二）反洗钱体系建设效果显著，社会反洗钱意识不断提高

2014 年，大连市金融机构认真贯彻落实反洗钱法律、法规，依法履行反洗钱工作职责。全年共检查金融机构 20 家，其中银行机构 7 家、信托公司 1 家、证券机构 2 家、期货机构 2 家、保险机构 6 家、支付机构 2 家。运用大连市机构洗钱风险评估指标体系，对辖区银行、证券、期货、保险业 222 家机构全面开展洗钱风险评估。根据风险评估结果，实施差别化分类监管，对问题机构进行实时跟踪；全年进行书面质询 3 次，现场巡访 30 次，电话和现场辅导 30 余次。开展对辖区机构客户、业务、产品的洗钱和恐怖融资风险自评估。加强对恐怖融资、非法集资、跨境业务等风险领域违法犯罪活动的监测和分析，全年上报大额交易报告 819.6 万份，可疑交易报告 3.5 万份。辖区机构反洗钱意识逐步提高，风险防范能力不断增强。接收并核查金融机构报送的重点可疑交易线索 13 份，上报反洗钱监测分析中心研判线索 3 份，向公安部门移交线索 2 份，协助相关单位和部门对 8 起案件和 5 份可疑交易线索，开展反洗钱调查 129 次，涉及账户 679 个、交易 4.7 万笔、金额 75.2 亿元。加强反洗钱和反恐怖融资宣传，居民反洗钱意识显著提高，形成了良好的反洗钱社会氛围。

（三）信用宣传培训深入推进，征信体系建设成效显著

2014 年，征信管理部门共开展各类培训 5 场，参训机构 50 余家、500 余人次。组织金融机构举办进校园、进乡村、进企业各类宣传 120 场次，受众达 3 万余人。对 8 家金融机构实施执法检查，受理新增信用评级机构备案 2 家、征信机构备案 3 家，走访调研银行、信用协会、评级公司等 20 余家机构。窗口服务水平进一步提升。全年累计发放信用代码证 3.4 万份，变更、换发和作废 8 200 笔；

提供企业和个人信用报告查询16.8万份，同比增长16.7%；推行商业银行代理个人信用报告查询试点，在市区选择2家商业银行代理网点，有效解决公众查询不便问题。小微企业金融服务平台运行成效显著。累计收录企业信息2.2万户，发布金融产品与服务信息600余条；开通金融机构用户近千个，提供查询3万次，对社会企业提供金融信息访问1.2万次；累计实现银企融资对接600余笔，金额百亿元。充分依托农村金融机构，继续推进“征信＋信贷”模式。全年为辖内61.4万农户建立了信用档案，约占全辖农户总数的92.3%。

五、总体评估及对策建议

（一）定量评估结果

大连市近年金融稳定综合评估得分和稳定状况如表1所示：

表1 大连市金融稳定综合评估表

年份	2004	2005	2006	2007	2008	2009	2010	2011	2012	2013	2014
得分	71.50	72.01	85.09	86.50	84.16	84.44	89.94	89.29	89.92	86.07	81.93
稳定状况	较好－	较好－	良好＋	良好＋	良好－	良好－	良好＋	良好＋	良好＋	良好＋	良好－
所属类别	B类地区	B类地区	A类地区	A类地区	A类地区	A类地区	A类地区	A类地区	A类地区	A类地区	A类地区

2014年，大连市金融稳定综合得分81.9分，稳定状况为“良好－”，所属类别为A类地区。2013年以来，国际经济缓慢复苏，国内经济逐步进入“三期叠加”的新常态，在调整过程中，大连市金融稳定状况受到经济下行的影响，得分有所下降，是2006年以来的最低分，稳定状况再次降到“良好－”水平，但仍保持在A类地区。

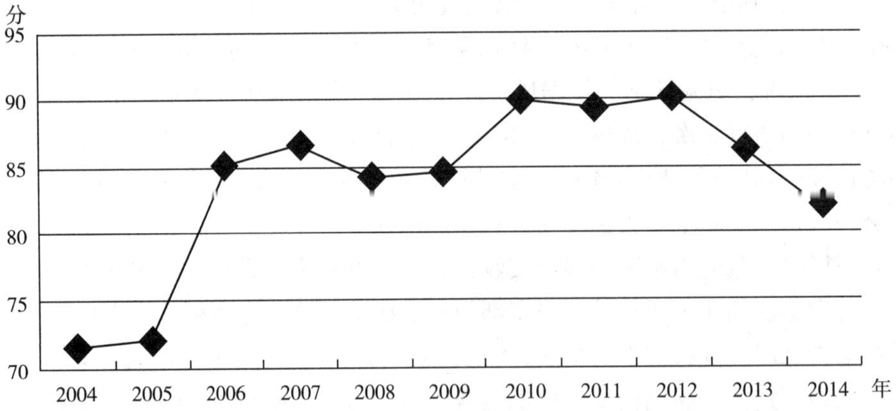

图7 大连市金融稳定综合评估得分趋势图

（二）定量评估结果分析

具体看宏观经济、金融机构和金融生态环境三部分，如图8所示，呈现出不同的变化趋势。其中金融生态环境受整体经济形势变化影响较小，得分稳步提高，十年间得分升幅达到24.7%；金融机构得分呈阶段式特征，2006 年，大通证券改革后，得分升幅达到 10.7%，之后金融机构得分保持平稳，2011 年以来，受经济回升势头减缓影响，金融机构发展速度放缓，得分有小幅下降，2013 年以来，受整体经济形势低迷影响，金融业面临一定考验，得分下降幅度比较明显，达到 7.7%；宏观经济得分波动最为明显，2007 年以前整体呈 U 形上升趋势，2008 年，在国际金融危机影响下，得分出现下降，跌幅为 7.8%，2010 年以后，在国际金融危机影响式微的形势下逐步上升，得分增幅达到 20.2%，2013 年开始，得分再次下降，降幅 15.1%，2014 年得分进一步下降，是 2009 年以来最低值。

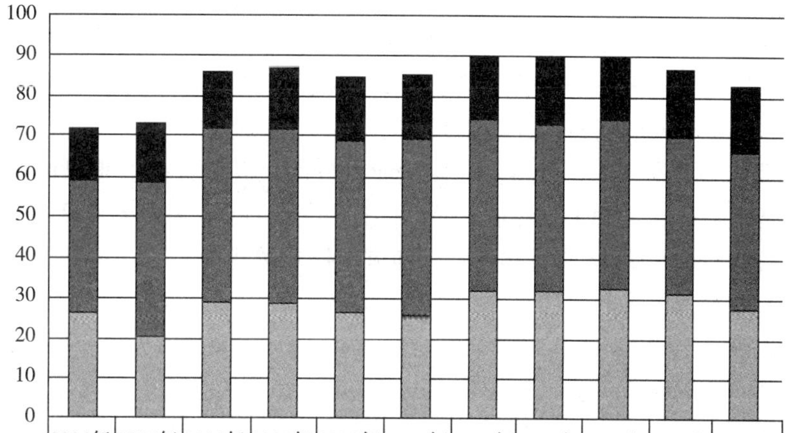

	2004年	2005年	2006年	2007年	2008年	2009年	2010年	2011年	2012年	2013年	2014年
金融生态	12.81	13.39	13.56	15.11	15.28	15.69	15.85	16.06	15.88	16.09	15.98
金融机构	32.48	38.51	42.65	42.62	42.34	42.72	42.28	41.66	41.67	38.70	38.47
宏观经济	26.20	20.11	28.89	28.78	26.54	26.03	31.82	31.58	32.37	31.29	27.48

图 8　金融稳定定量评估三方面指标变化趋势图

细分金融机构指标，从宏观经济、银行业、证券业、保险业和金融生态环境五个方面，得到雷达图：

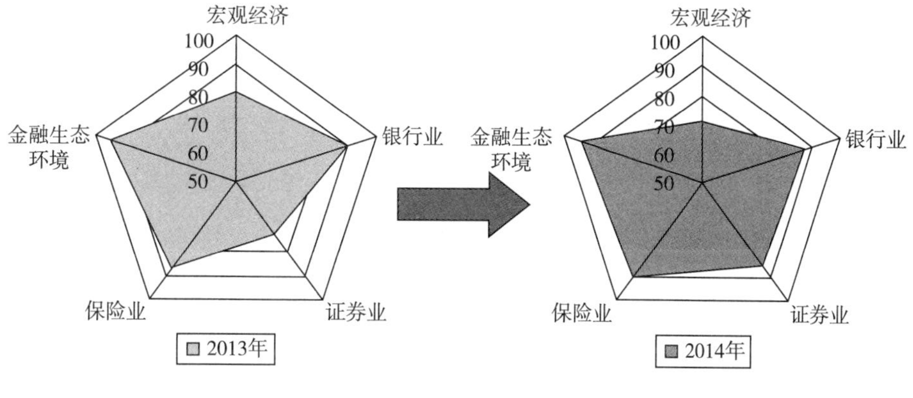

图 9　2013—2014 年大连市金融稳定定量评估雷达图

从定量评估结果来看，2014 年大连市宏观经济发展速度继续放缓，得分连续下降；金融生态环境持续改善，得分渐趋稳定；金融机构发展面临不同挑战，整体得分小幅下降，但是银行业、证券业、保险业之间的得分差距逐渐缩小，金融机构内部发展不均衡问题有所改善。

2014 年大连市加快经济结构调整，为区域金融稳定提供了较好的外部环境。在宏观经济方面，得分 70.5 分，低于上年 9.7 分，其中经济增长、固定资产投资、对外经济等方面指标的得分均低于 2013 年，但是居民收入、消费增长等指标的得分基本与 2013 年持平，说明大连市经济发展速度有所回落，但是居民生活并未受到较大影响。在金融业发展方面，银行业得分 87.3 分，低于 2013 年 2.6 分，其中在资本充足性、资产流动性等监管硬指标方面的得分变化不大，继续保持稳定，但是通过压力测试发现，大连市银行业在对利率风险的敏感度和抵抗能力方面有所欠缺，得分较低，同时由于不良贷款增加，资产质量得分降低也拉低了银行业整体得分。证券业得分 85.4 分，高于 2013 年 12.6 分，其中资本充足率、资产安全性、盈利能力和资产流动性等证券机构方面的指标得分均好于 2013 年，但是股票市场筹资、上市公司市值等证券市场方面的指标得分于上年持平，说明证券业在规范机构经营的同时要加大市场规模的扩张力度。保险业得分 90.6 分，高于 2013 年 3.4 分，其中资产充足性和资产安全方面的指标得分与 2013 年持平，盈利能力和资产流动性方面的指标得分均高于 2013 年，拉动保险业得分上升。证券业、保险业得分的上升和银行业得分的下降，使得大连市金融状况向均衡趋势发展。在金融生态环境方面，得分 94 分，低于 2013 年 0.7 分，其中政府财政、市场体系和信用环境得分均与 2013 年基本持平，地方法制环境得分稍有下降，整体上看，大连市金融生态环境的软件和硬件都逐步趋于稳定。

总　　纂：王晓峰
统　　稿：朱　焱　寇　楠
执　　笔：陈家宁　王成龙　安　娜　刘冬冬　侯　英　李　森
张朝解　杨　洋　张　健
其他参与写作人员：刘立英　李　昕　张　弛　赵　智　刘　洵　吴　绪

青岛市金融稳定报告摘要

2014年，面对复杂严峻的国内外环境，青岛市深入贯彻落实中央宏观调控各项措施，坚持稳中求进、改革创新，全市经济金融在新常态下保持平稳运行。但经济金融运行中也面临着诸多需要解决的问题。

一、宏观经济环境

（一）区域经济运行情况

2014年全市实现生产总值（GDP）8 692.1亿元，增长8%。其中，第一产业增加值362.6亿元，增长3.9%；第二产业增加值3 882.4亿元，增长8.4%；第三产业增加值4 447.1亿元，增长7.9%。三次产业比例为4.2:44.6:51.2。

固定资产投资增速趋缓。2014年全市固定资产投资5 766亿元，增长16.1%，增幅同比回落6个百分点；2014年房地产开发投资1 117.7亿元，增长6.6%，增速同比回落6.1个百分点。工业生产增速下滑。2014年全市规模以上工业增加值增长9.4%，增速同比回落1.9个百分点；规模以上工业实现利润总额835.5亿元，增长5.6%，增速同比回落15.9个百分点。消费品市场平稳增长。2014年全市社会消费品零售总额实现3 268.8亿元，增长12.6%，增速同比略回落0.7个百分点。价格水平基本稳定。2014年居民消费价格累计同比上涨2.6%。进出口实现增长。2014年全市进出口总额完成798.9亿美元，增长2.5%，其中，出口457.8亿美元，增长9.1%。按可比价格口径，进出口实际增长5.3%。财政收支平稳增长。2014年全市实现一般公共预算收入895.2亿元，增长13.5%；一般公共预算支出1 074.7亿元，增长6%。城乡居民收入不断提高。2014年全市城市居民人均可支配收入38 294元，增长8.7%；城市居民人均消费性支出24 016元，增长8.9%。农村居民人均纯收入17 461元，增长11.0%；农村居民人均生活消费支出10 808元，增长10.4%。

（二）宏观经济环境中影响金融稳定的风险因素

房地产市场下行趋势明显。2014年，辖区新房成交量、土地成交总额和均价同比均出现下降，市郊及商业地产过剩风险突出。青岛市李沧区、黄岛区等区域新盘折扣优惠幅度加大，部分开发商以商业返租、垫首付、垫月供等形式变相降价，房价下行预期加深。与此同时，去库存压力持续上升，个别项目滞销风险突出经济持续发展动力不足。

外商直接投资流入放缓。据外汇局统计，2014年，外商投资出资额49.2亿美元，同比下降0.79%；外国来华直接投资流入23.3亿美元，同比下降34.8%，增速同比下降93.5个百分点。房地产业外资流入大幅下降成为外国来华直接投资下降的直接原因。2014 年仅流入 4.41 亿美元，创下 2009 年以来的历史同期最低值，同比下降 58%；房地产业外资流入占同期外资流入的比例为 9%，同比回落 12 个百分点，为 2010 年以来最低占比。

关注跨境资金短期波动风险。伴随着汇率市场化程度不断提升，央行推出常态式的外汇市场干预，汇率、利率及市场预期等因素对跨境资金流动的影响作用加深。美国经济的复苏可能引起流动性从新兴市场回流美国，造成我国跨境资金流出的风险。与此同时，国内经济从“三期叠加”向新常态过渡过程中，市场主体对经济下行、金融和房地产领域风险积聚等因素十分敏感，前期积累的外币负债可能继续去杠杆化进程，或将短期内形成跨境资金流出潜在风险。青岛市自 2013 年下半年以来，外汇收支月度开始出现逆差，2014 年收支逆差频率和幅度均有所加深，波动性明显加强，流出概率有所增加。离岸转手买卖、购买境外股权、对境外放款等或将成为流出的主要渠道。

二、金融业

（一）银行业

1. 银行业基本情况

2014 年青岛市共有银行业金融机构 56 家，其中政策性银行分行 3 家，国有商业银行 4 家，股份制商业银行 10 家，外资银行 14 家，城市商业银行、农村商业银行各 1 家，城市商业银行分支机构 5 家，农村商业银行分支机构 1 家，邮政储蓄机构、信托公司、资产管理公司、消费金融公司各 1 家，财务公司 5 家，村镇银行 8 家。

资产负债规模平稳增长。2014 年末，青岛辖区银行机构资产总额 16 359.18 亿元，比年初增加 1 190.17亿元；负债总额 15 828.56 亿元，比年初增加 1 186.61 亿元。

各项存贷款小幅增长。2014 年末，全市本外币各项存款余额 11 908 亿元，同比增长 4.3%，分别较全国、全省低 5.3 个和 4.8 个百分点，较上年同期增速下降 12 个百分点，自 2013 年 6 月起存款增速开始大幅逐月下降。全年新增存款 480.5 亿元，同比少增 1 070.9 亿元。2014 年末，各项贷款余额 10 530.6 亿元，同比增长 9.2%，分别较全国和全省低 4.1 个和 2.3 个百分点。全年新增贷款 868.9 亿元，同比少增 119.3 亿元。

融资利率水平明显下行。2014 年 11 月中旬，人民银行非对称降息，旨在缓解小微企业融资难、融资贵难题。12 月全市人民币贷款加权平均利率为 6.5%，较上月下降 30 个基点，较 2013 年同期的 6.96% 下降 46 个基点。贷款利率浮动区间进一步下移，执行基准及以下利率的贷款占 33.4%，同比增加 13.9 个百分点，而执行基准至上浮 30% 区间利率的贷款占 59.8%，同比减少 14.8 个百分点。中小微企业贷款利率下降态势更加明显。12 月大、中、小、微型企业贷款加权平均利率分别为 5.9%、6.54%、7.03% 和 7.31%，分别较 2013 年同期下降 4 个、20 个、7 个、64 个基点。9 月，房地产限购、限贷政策取消，个人住房贷款利率连续 4 个月回落，12 月个人住房贷款加权平均利率为 6.01%，较 9 月下降 58 个基点。

货币政策工具使用力度加大。2014 年，累计办理再贴现 1 953 笔，金额 46.1 亿元，分别同比增长 97.9% 和 9%，其中，小微企业占 66.9%，涉农企业占 53.5%，县域企业占 51.7%。再贴现利率为 2.25%，低于全市转贴现加权平均利率 3.1 个百分点；发放支农再贷款 7 000 万元，发放支小再贷款 11 亿元。

债务融资工具承销日趋全面。国开行承销青岛首只私募票据 10 亿元，承销山东省首只“债贷组合”模式企业债 5 亿元，成功发行全市首只“自发自还”地方债。浦发银行成功运作全市首笔产业基金，为青钢搬迁完成项目资本金融资 21 亿元。

企业直接债务融资增速较快。2014 年，全市共从银行间市场直接融资 193.3 亿元，比上年多增 49.3 亿元，相当于全市贷款新增额的 22.2%，同比提高 7.6 个百分点。其中，发行短期融资券 67 亿元，中期票据 21 亿元，定向工具 45 亿元。

2. 银行业风险分析

不良贷款形势严峻。一是不良贷款上升较快。2014 年末，全市银行业金融机构不良贷款余额 273.8 亿元，较年初增加 177.1 亿元；不良率 2.6%，较年初提高 1.6 个百分点。全市 46 家银行机构中，有 34 家不良贷款余额和不良贷款率双升，10 家不良率高于全市平均水平。二是逾期贷款大幅增加。2014 年末，全市逾期贷款余额 338.2 亿元，比年初增加 223.3 亿元，增长 194.3%。三是重大风险事件频发。2014 年，全市银行机构不良贷款累计发生额 261.8 亿元，比年初增加 200.5 亿元，增长 327.6%。新发生单笔金额过亿元的不良贷款或垫款 51 笔，金额 114 亿元。企业实际控制人失联、跑路现象频发，银行债务余额 1 000 万元以上的共 25 起，涉及银行 27 家，青岛地区债务总计 214.4 亿元。其中，11 起跑路或失联事件涉及银行债务余额超过亿元，个别过百亿元。

存款增长乏力。2014 年末，本外币各项存款余额 11 908 亿元，同比增长 4.3%，较 2013 年同期增速下降 12 个百分点，自 6 月起存款增速开始大幅逐月下降，全年新增存款 480.5 亿元，同比少增 1 070.9 亿元。从存款增速下降的原因分析，一是经济下行压力加大，企业经营面临困难增多，存款相应减少。2014 年末，企业存款余额 4 837.1 亿元，较年初下降 126.4 亿元，上年同期为新增 954.7 亿元。二是理财产品、股市对存款的分流。2014 年末，青岛地区银行人民币理财产品余额1 876.7亿元，比年初增加 557.2 亿元，同比多增 395.1 亿元，相当于存款少增总量的 30.2%。第四季度，股市回暖，存款分流现象加剧。三是国际收支顺差收窄。2014 年，全市国际收支顺差 48.9 亿美元，同比减少 33.1 亿美元，相当于存款少增总量的 19.2%。

银行业利润同比少增。2014 年，全市银行业金融机构实现利润总额 177.3 亿元，较 2013 年减少 71.7 亿元，下降 28.8%，其中，政策性银行、国有银行、股份制银行利润、城商行利润均较 2013 年净下降。银行机构整体盈利大幅下降原因主要有：一是当前风险形势严峻，不良资产持续暴露，银行机构普遍进行了不良贷款核销，同时加大计提拨备的力度，从而影响到利润增长。2014 年末，贷款损失准备金余额 317.3 亿元，较年初新增 96.2 亿元，全年新提贷款损失准备金 128.8 亿元。二是随着利率市场化进程的稳步推进，银行机构存款付息率整体上升，加之贷款利率明显下行，导致银行净利差整体呈现下降趋势。2014 年银行平均净利差为 3.96%，同比下降 76 个基点。银行业利润的减少，将最终影响到银行业增加值的增速。

银行业融资总量同比少增。2014 年末，全市银行业融资总量 17 329.4 亿元，较年初新增 1 082.6 亿元，同比少增 1624.2 亿元。除各项贷款外，表外融资余额 6 798.2 亿元，占融资总量的 39.2%。全年表外融资新增 213 亿元，上年同期新增 1 717.3 亿元，表外融资少增占融资总量少增额的 92.6%，是银行业融资总量同比大幅的主要原因。其中，受同业业务监管影响，银行承兑汇票同比少增 376.8 亿元，信托贷款同比少增 145.8 亿元，委托贷款同比少增 107 亿元；受“德正系”事件影响，贸易融资出现大幅下降，银行开立信用证同比少增 780.5 亿元。

（二）证券业

1. 证券期货业基本情况

2014 年，青岛辖区共有证券公司 1 家、证券营业部 89 家、期货营业部 34 家、证券投资咨询机构 2 家、基金管理公司 3 家，上市公司 19 家。

证券经营机构营业状况明显好转。2014 年，89 家证券营业部股东账户总数 193.59 万户，同比增长 3.97%；资金账户总数 133.29 万户，同比增长 3.3%；实现交易金额 22 382.81 亿元，同比增长 37.95%；实现净利润 5 亿元，同比增长 54.2%。年末，客户保证金余额 116.81 亿元，同比增长 121.86%。

法人证券机构经营状况向好。2014 年，中信证券（山东）有限责任公司实现股票基金交易总量 10 769 亿元，目前开户总户数达到 115.5 万户，客户资产 1 162 亿元。2014 年末，融资融券余额为 72.63 亿元，开通融资融券账户的客户数量共计 39 127 户。全年累计实现营业收入 12.81 亿元，同比增长 34.74%；累计实现利润总额 6.62 亿元，同比增长 63%；实现净利润 4.98 亿元，同比增长 22%。从各项风险控制指标看，中信证券（山东）有限责任公司均符合证券公司风险控制标准。12 月末，中信证券（山东）有限责任公司净资本/各项风险资本准备之和为 793.42%，远高于 100% 的风控标准；净资本/净资产的比例为 81.65%，高于 40% 的风控标准；净资本/负债的比例为 48.8%，高于 8% 的风控标准；净资产/负债的比例为 59.76%，高于 20% 的风控标准。

上市公司规模稳步增长。2014 年末，青岛辖内 20 家上市公司总股本 133.01 亿元，同比增长 8.6%；其中，流通股本 119.81 亿元，同比增长 7.69%。年末总市值 2 160.03 亿元，同比增长 10.37%；其中，流通市值 1 938.08 亿元，同比增长 7.46%。2014 年，辖区累计筹资额 59.93 亿元，全部为增发；辖区历年累计筹资 348.31 亿元。

2. 存在问题

业务结构仍较为单一。证券经营机构业务仍主要依赖经纪业务，个别机构虽然开展了定向资产管理计划和两融受益权转让业务，但业务规模很小。

期货经营机构经营状况下降。期货经营机构累计代理成交量 6 782.3 万手，同比增长 59.2%，累计代理交易金额 71 358.5 亿元，同比增长 64.3%。

（三）保险业

1. 保险业基本情况

2014 年末，青岛市共有保险主体 61 家，其中，产险公司 32 家，寿险公司 29 家；中资公司 46 家，外资公司 15 家。2014 年，青岛保监局共对 4 家保险公司和 6 名保险从业人员做出行政处罚 16 项次，分别为警告 6 人；罚款 10 项共计 51 万元，其中对 4 家保险公司罚款 43 万元，对 6 名保险从业人员罚款 8 万元。另外，公开监管函 1 份。

资产规模平稳增长。年末，青岛保险公司资产总额达 489 亿元，较年初增长 12.2%。其中财产险公司资产总额 49.7 亿元，较年初增长 18.36%；人身险公司资产总额 438.9 亿元，较年初增长 11.4%。

业务规模实现较大跨越。2014 年，保费收入首次突破 200 亿元，达到 203.1 亿元，同比增长 13.5%。其中产险公司保费收入 89.9 亿元，同比增长 17.3%；寿险公司保费收入 113.2 亿元，同比增长10.7%。服务能力显著增强，累计提供的风险保障金额达到6.1万亿元，同比增长24.3%；累计支付各类赔款76.7亿元，同比增长22.4%。社会贡献度也不断提高，全年保险资金运用规模123.3亿元，上缴地方税收9.1亿元，代收代缴税款6.6亿元，为岛城经济社会发展提供了有力的财税支持。

出口信用保险对企业的支持力度显著增强。2014年，出口信用保险提供风险保障金额283亿美元，同比增长30%；服务各类外贸出口企业4 082家，同比增长19.11%；累计支付赔款2.8亿元，大大提振了企业扩大出口的信心。中国信保青岛分公司推出“信保易”产品，简化审批程序，扩大服务范围，为3 127家小微外贸企业提供了外贸出口的保险保障服务。

服务“三农”能力显著增强。2014年青岛农险新增葡萄保险品种，辖内农险险种达到11个。全年农业保险共承保种植业（含林业）882万亩，养殖业621万头，惠及农户66万户，提供风险保障37.4亿元；累计支付赔款5 519万元，同比增长44%。

完善社会保障作用显著增强。保险业积极参与新型农村合作医疗、大病保险等社会保障项目的经办管理服务，保险业承接的开发区、城阳区和高新区的新农合经办项目，2014年经办规模2.6亿元，支付赔款2.9亿元，惠及101万人次。截至2014年底，全市企业年金计划参加企业1 524家，年缴费额2.9亿元，年末受托管理资产余额17.8亿元，较年初增加2.8亿元。

2. 存在问题

产险市场对车险业务的依赖度仍然较高。2014年，青岛产险公司实现车险保费收入63亿元，在财产险公司总保费收入中占比为70.1%；车险赔款支出34.2亿元，占财产险公司总赔款支出的75.2%。

退保金大幅增长。2014年，青岛辖区保险机构累计退保金26.4亿元，同比增长102.53%，其中，个人寿险退保金25.7亿元，同比增长104.45%。客户对保险期限、产品收益产生不满而中途解除合同、客户个人经济原因申请退保、客户根据当时投资市场情况退保后选择投资更高收益的其他产品、客户单方面提前终止受股市影响达不到预期收益情况的投连产品、营销过程中未对客户群体进行精确划分、未完全尽到客户提醒业务等是大量退保情况发生的主要原因。

寿险公司满期给付大幅上升。2014年，青岛辖内寿险公司满期支付支出17.94亿元，同比增长54.92%，高于寿险公司总赔款支出15.59个百分点。其中，个人寿险业务满期给付支出17.85亿元，同比增长56%。满期给付支出占寿险公司原保险保费收入的15.8%，占比同比提高了4.6个百分点。寿险公司满期给付支出大幅上升导致寿险赔付面临较大压力，流动性风险加大。

（四）金融业综合经营

1. 综合经营基本情况

截至2014年末，青岛市并无纯粹意义的金融控股公司。

融资性理财产品规模较快增长。2014年，青岛辖区银行机构融资性理财产品累计发生（放）额187.56亿元，较去年同期增长22%；年末融资性理财产品余额194.28亿元，比年初增加36.9亿元，增长23.44%。

非标准化债权资产业务规模持续增长。2014年，青岛辖区银行机构费标准化债权资产业务累计发生额3 612.15亿元，同比增长54.3%；年末余额1155.78亿元，较年初增加442.11亿元，同比少增31.53亿元。从结构上看，买入受益权业务规模下降，全年累计发生买入受益权业务额146.9亿元，同比减少57.6亿元，年末余额176.3亿元，较年初减少24亿元，而上年同期为增加69.5亿元；定向资产管理计划业务规模平稳增长，全年累计发生额3 245.48亿元，同比增加1 850.88亿元，年末余额807.11亿元，较年初增加337.4亿元，同比少增39.8亿元。

2. 存在问题

综合性金融业务监管工作存在“盲点”。由于体制等无法克服的原因，在综合性金融业务监管上存在部分“盲点”。一是分业监管形成监管信息交流障碍。各监管部门之间的沟通成本较高，难以统一协调行动。二是分业监管导致交叉金融业务监管“真空”。由于各自监管的目的、标准、手段与方法有明显差异，对各监管对象的资本要求、风险甄别方式和风险管理手段等相去甚远。三是协调机制运行不畅，难以形成对交叉性金融工具监管的合力。

三、金融基础设施

（一）金融基础设施建设的进展情况

支付体系建设健康持续发展。2014年，青岛市支付体系建设取得重大进展，海尔、海信财务公司作为全国首批试点机构实现电票“线上清算”。青岛银行作为全国首批7家试点行之一、山口银行作为全省唯一的外资银行均顺利切换至第二代支付系统报文标准；历时5轮组织20家银行机构切换为间接参与者。全市大额支付系统、小额支付系统、全国支票影像系统、网上支付跨行清算系统、电子商业汇票系统等支付清算系统运行稳定，资金汇划高效、安全、快捷，支付服务市场繁荣发展。各银行业金融机构通过大额支付系统办理支付往来业务1 724.30万笔，金额335 648.03亿元，分别同比增长18.61%、2.18%；通过小额支付系统办理各类支付往来业务3 083.03万笔，金额3 459.42亿元，分别同比下降1.10%、1.44%；通过影像交换系统共办理支票提出、提入业务42 533笔，涉及资金30.66亿元。全市共布放直联POS机13.6万台、ATM 7 091台；全年实现POS跨行清算交易11 930万笔，跨行消费金额3 162亿元，分别同比增长17%和18%；实现ATM跨行取款交易3 315万笔，跨行取款金额396亿元，分别同比增长9%和26%。

打击洗钱和恐怖融资犯罪取得成果。根据国际国内反洗钱和反恐怖融资形势，人民银行青岛市中心支行积极发挥反洗钱职能优势，依法开展调查及协查137次，提请异地协查2次，跨境协查1次，报案9起，协助破获案件5起。在此基础上，着力开展反恐怖融资、反电信网络诈骗两项专项行动。组织辖区内金融机构和支付机构开展涉恐资产风险排查，对20家机构进行专项巡查，成功锁定并协助破获一起涉恐融资犯罪案件。组织全市46家银行机构、1 472个营业网点开展预防打击电信网络诈骗洗钱犯罪专项行动，堵截诈骗犯罪行为178起，为群众避免损失700余万元。

征信服务不断改进和提高。联合市农委、货币信贷部门签订了《金融支持信贷农业加快发展合作框架协议》，确立了开展共同深入推动青岛市农村信用体系试验区建设的目标和任务，积极扩大信用评价和授信的主体覆盖面。2014年，青岛市已评定农村信用户305 119户，覆盖率达18%；先后多次与青岛市农委、评级机构研讨将农业种养大户、家庭农场、农民专业合作社、农业产业化龙头企业等农村新型经济主体纳入征信系统的方案，重点推动以农民专业合作社为贷款主体的贷款授信、信用评级业务，已顺利实现融资5笔，金额1 300万元。贷款卡行政审批取消后，贯彻落实总分行工作精神，做好了疑问解答应对工作，确保平稳过渡。2014年，全辖征信服务窗口办理各类业务共

213 976笔。其中，个人信用报告本人查询130 229笔、司法查询65笔；企业信用报告查询2 507笔；机构信用代码证发放42 633笔、要素变更7 922笔；贷款卡年审24 184笔、贷款卡申领5 083笔、贷款卡要素变更750笔，贷款卡迁移603笔，较好地满足了社会征信服务需求。

（二）金融基础设施建设的薄弱环节

金融机构行内业务系统风险应予关注。支付清算系统是支持经济社会发展、金融运行的重要基础设施，是全国资金流动的主动脉。一家银行维护管理不善，除对本身经营带来影响外，还会对整个支付体系稳定运行构成威胁，严重的还会影响金融稳定和经济社会的稳定。2014年，通过对全市支付系统密押密钥设备管理情况的检查发现，部分银行对密押密钥设备管理不规范，登记交接手续不齐全，存在一定的风险隐患，应予高度关注。

金融机构反洗钱工作有待进一步提高。从现场检查和非现场监管情况看，2014年，辖内金融机构未发生重大违规行为，总体上青岛市洗钱风险可控。但部分金融机构对反洗钱工作重视不足，未能有效落实人民银行各项反洗钱工作部署；个别金融机构对反洗钱现场检查中发现的问题未及时整改，导致风险漏洞长期存在；部分机构未建立有效的反恐怖融资工作机制，防范反恐融资能力不足。

征信工作规范化水平有待进一步提高。个别银行机构征信系统管理制度执行情况较差，征信系统的信息涉及企业商业秘密和个人隐私，需要有严格内部管理制度，个别银行机构征信管理方面制度不健全，内控不规范，在查询、使用、异议处理、安全管理、用户管理等各个环节均存在问题，管理较为混乱，查询用户管理混乱、公共用户现象普遍，存在为数不少的越权查询个人信用报告的问题。另外，征信系统的信息仍主要以银行机构提供的信息为主，工商、税务及公检法等社会信息仍未纳入征信系统。

四、综合评估

根据人民银行青岛市中心支行金融稳定评估方案，从宏观经济、金融机构及金融生态环境等方面对青岛市2014年金融稳定状况进行综合评估。评估结果显示，青岛市金融稳定状况良好。

2014年，面对复杂的国内外经济形势，青岛市经济实现了平稳发展。2014年，青岛市实现生产总值8 692.1亿元，比上年增长8%，增速同比回落2个百分点。其中，第一产业增加值362.6亿元，增长3.9%；第二产业增加值3 882.4亿元，增长8.4%；第三产业增加值4 447.1亿元，增长7.9%。三次产业增加值占地区生产总值的比重由2013年的4.4:45.5:50.1调整为4.2:44.6:51.2。固定资产投资增速趋缓，工业生产稳健运行，消费品市场平稳增长，居民消费价格基本稳定，外贸进出口实现较快增长，城乡居民收入不断提高。2014年，青岛市银行业金融机构认真贯彻落实各项宏观调控政策，积极采取有效措施，调整和优化信贷结构，保持货币信贷适度稳定增长。年末，青岛辖区金融机构本外币各项存款余额11 908亿元，同比增长4.3%，较2013年同期增速下降12个百分点；10 530.6亿元，同比增长9.2%，全年新增贷款868.9亿元，同比少增119.3亿元。年末社会融资总量余额17 329.4亿元，较年初新增1 082.6亿元，同比少增1 624.2亿元。证券期货市场稳步发展，法人证券机构经营状况向好。保险业发展平稳，保险对经济稳定运行的保障作用进一步提升。金融基础设施不断完善。支付体系建设进程加快，反洗钱工作取得积极进展，信用体系建设日趋完善，金融生态环境进一步改善。

在经济金融平稳运行的同时，经济发展仍旧面临比较复杂的内外形势，金融业运行仍存在诸多问题，经济持续增长的压力加大、信贷资产质量持续下滑、“青岛港”事件影响较大、重大信贷风险事件频发、存款增长乏力、银行盈利能力下降、融资总量下降、期货经营状况下滑、寿险退保金大幅增长、满期给付压力加大等。金融基础设施也存在诸多薄弱环节，这些问题需要进一步完善和解决。

总纂：顾延善
统稿：郝龙敬
主笔：赵国靖
执笔（按姓氏笔画排序）：丁培培　马居亭　王　培　许　倩
刘翠丽　吴丽君　张春海　翟泉明

宁波市金融稳定报告摘要

2014年，宁波市经济金融总体保持平稳运行。全年地区生产总值增速有所放缓，出口上升速度较为明显。金融业运行总体稳健，金融基础设施建设深入推进。定量评估结果显示，2014年宁波辖区金融继续保持稳定，但潜在风险增加。

一、区域经济运行

（一）区域经济基本情况

1. 经济增速有所放缓

2014年全市地区生产总值7 602.5亿元，按可比价格计算，同比增长7.6%，增幅较上年回落0.5个百分点。其中，第一产业增加值275.2亿元，增长1.9%；第二产业增加值3 935.6亿元，增长7.9%；第三产业增加值3 391.8亿元，增长7.6%。三次产业增加值之比为3.6:51.8:44.6，第三产业增加值占地区生产总值比重较上年提高1.0个百分点。按常住人口计算，人均生产总值98 972元（按年平均汇率折算为16 112美元）。

2. 生产供给低位运行

2014年全市规模以上工业总产值13 789.3亿元，同比增长6.2%，增幅较上年提升0.6个百分点；销售产值13 387.4亿元，同比增长6.6%，增幅较上年提升1.6个百分点，产销率97.1%。2014年宁波港货物吞吐量5.3亿吨，同比增长6.2%，增幅较上年回落3.3个百分点。2014年农林牧渔业总产值431.6亿元，按可比价格计算，同比增长1.6%。

3. 三大需求较快增长

2014年全市固定资产投资3 989.5亿元，同比增长16.6%，增幅较上年回落1.4个百分点。其中，房地产开发投资1 328.1亿元，同比增长18.3%。2014年全市社会消费品零售总额2 992.0亿元，同比增长13.5%，增幅同比提升0.2个百分点。2014年全市外贸自营进出口总额1 047.0亿美元，同比增长4.4%，其中出口731.1亿美元，同比增长11.3%；进口315.9亿美元，同比下降8.7%。

4. 三项收入稳步增长

2014年全市一般公共预算收入860.6亿元，增长8.6%。2014年全市工业增加值3 490.1亿元，按可比价计算，同比增长7.6%。2014年城镇居民、农村居民人均可支配收入分别为44 155元、24 283元，同比分别增长9.2%和11.0%。

5. 三类价格走势分化

2014 年宁波市区居民消费价格指数 101.9%，较上年回落 0.3 个百分点，全年工业生产者出厂价格下降 2.19%，工业生产者购进价格下降 2.49%。2014 年 12 月全市新建商品住宅销售价格环比下降 0.4%，同比下降 5.3%。

（二）区域经济运行中需关注的问题

1. 创新驱动不足，转型升级面临压力

2014 年全市专利授权量 43 286 件，同比减少 25.9%，发明专利占专利授权总量的比率不足 7%；全市规模以上工业科技活动经费支出占主营业务收入比重仅为 1.4%，规模以上工业购置技术成果费用同比减少 47.9%；全市高新技术工业增加值 881.0 亿元，同比增长 6.9%，增幅较规模以上工业增加值低 0.5 个百分点。

2. 金融资源配置面临结构调整压力

全年“租赁和商务服务业”、“水利、环境和公共设施管理业”、“房地产业”分别占全市社会融资规模的 29.2%、13.5%、19.5%，三者合计为 62.2%，而制造业社会融资规模较上年减少 74.23 亿元。在企业贷款中，大型企业、中小微企业新增贷款占比分别提高 21.2 个百分点、降低 21.2 个百分点。

3. 房地产市场面临调整压力

截至 2014 年末，市区新建商品住宅可售套数 49 001 套、面积 652.62 万平方米，同比分别增长 46.2% 和 30.95%。按前 12 个月销售面积测算，市区新建商品住宅消化周期为 20.84 个月，住宅供过于求矛盾短期内难以缓解。

二、银行业

（一）银行业稳健性评估

1. 资产负债规模平稳增长

截至 2014 年末，全辖共有银行业金融机构 63 家，与上年持平。资产、负债余额分别为 22 514.35亿元、21 756.62 亿元，分别同比增长 11.22%、11.82%；本外币各项存款、贷款余额分别为 13 890.12 亿元、14 569.78 亿元，分别同比增长 5.52%、9.43%。

2. 抗风险能力较强

截至 2014 年末，辖内法人银行业金融机构资本充足率、核心资本充足率分别为 14.43%、11.92%，资本质量处于较高水平。银行业金融机构拨备覆盖率 151.05%，拨备较为充足。

3. 传统盈利模式面临挑战

2014 年辖区银行业金融机构实现净利润 148.52 亿元，同比减少 39.18%。净利润下降较多的主要原因是：受资产质量下滑影响，辖区银行业金融机构资产减值损失出现较大增长。2014 年辖区银行业金融机构计提资产减值损失 242.86 亿元，同比增长 115.84%。从收入结构看，净利息收入占 81.48%，占比同比提高 0.56 个百分点，中间业务收入占比 15.28%，占比同比下降 0.58 个百分点。利差依然是辖区银行业金融机构的主要盈利来源，传统盈利模式面临挑战。

4. 同业业务得到有效规范

截至2014年末，辖区银行业金融机构同业资产余额4 090.47亿元，较5月末下降18.64%；占银行业金融机构总资产余额18.33%，较5月末下降4.69个百分点。同业负债余额2 837.89亿元，较5月末下降24.51%；占银行业金融机构总负债余额13.12%，较5月末下降3.65个百分点。从业务类型看，2014年6月以来，辖区银行业金融机构未开展“127号文”明确禁止的境内同业代付、三方买入返售等同业业务。截至2014年末，同业代付余额7.13亿元，较5月末下降48.82%，三方买入返售余额284.36亿元，较5月末下降20.03%。

（二）辖区银行业发展中需关注的问题

1. 不良贷款持续“双升”

截至2014年末，辖区银行业金融机构不良贷款余额292.35亿元；不良贷款率2.01%。从相关指标及银行业面临的经营环境情况看，不良贷款“双升”趋势短期内难以扭转。

2. 中小金融机构发展过程中存在的风险有待关注

近两年新设立的中小型法人银行业金融机构经营绩效总体不乐观，业务发展与风险防控不平衡、抗冲击性能力不足，后续发展面临诸多不利因素的挑战。

3. 流动性管理存在一定的不足

在流动性风险管理方面，辖区不少银行业金融机构存在资产负债严重错配、过度依赖同业融资、管理手段落后等诸多薄弱环节。随着存款波动幅度扩大，流动性风险管理难度提高，流动性风险隐患不容忽视。

4. 操作风险需密切关注

2014年，辖区银行业金融机构发生多起案件，暴露出部分银行业金融机构防范操作风险意识不强、关键环节管理失控等问题。

三、证券业

（一）证券业稳健性评估

1. 证券业经营主体增加

截至2014年末，辖区证券经营机构100家，同比增长28.21%。其中，证券营业部92家，证券公司分公司6家，基金公司、证券投资咨询公司各1家。期货经营机构39家，增长8.33%。其中，期货营业部38家，期货经纪公司1家；境内上市公司45家，同比增长7.14%，包括主板公司26家、中小板公司12家、创业板7家。

2. 证券机构经营业绩优于期货机构

2014年，辖区证券经营机构营业收入15.09亿元、利润总额8.25亿元，同比分别增长33.56%、50.47%。期货经营机构交易手续费收入2.93亿元，利润总额0.005亿元，同比分别下降15.07%、97.14%。

3. 创新业务品种不断丰富

随着沪港通的启动，辖区部分证券期货营业机构在继续开展IB业务、融资类业务、资产管理、投资顾问签约、金融产品代销、“新三板”业务扩大试点等基础上，推出了新型业务种类——港股通业务。其中，融资融券业务、股指期货 IB 业务已形成一定规模，辖区全年融资融券业务交易额 2 269.69亿元，同比增长 110.70%，2014 年末，融资融券保证金余额 379.71 亿元，同比增长 319.11%。全年股指期货交易金额 16 763.28 亿元，占全部期货代理交易额 31.56%。

4. 证券期货经营机构总体保持稳健

证券期货稳健性自评估显示，2014 年各家证券期货营业部及时修订完善各项内控制度，合规经营，加强风险管理，部分机构开展了合规自查、信息技术故障应急演练、压力测试等。其中，法人机构兴业期货经纪有限公司 2014 年经营业绩有所改善，全年营业收入 2 681.92 万元，同比增长 4.64%，净利润 468.89 万元，同比增长 38.39%。截至 2014 年末，该公司净资本 13 719.11 万元，客户权益总额 102 267.07 万元，净资本按营业部数量平均折算额为 1 959.8 万元，净资本与净资产比例 99%；流动资产与流动负债比例 830%，负债与净资产比例 12%，符合监管标准。

5. 上市公司融资额大幅攀升

2014 年辖区 45 家 A 股上市公司在国内资本市场累计融资总额 69.37 亿元，是上年累计融资额的 27.78 倍，其中首发筹资额 5.08 亿元，再筹资额 64.29 亿元。

（二）辖区证券业发展中需关注的问题

1. 创新业务发展对风险管理提出挑战

近几年，辖区证券行业由通道服务为主向价值创造为主转化，呈现客户需求多元化个性、业务复杂化、产品多样化等特点。但业务创新必然伴随多种风险，能否平衡二者的关系，将风险管理内嵌于业务能力之中，是新形势下证券经营机构亟须解决的问题。

2. 期货经营机构经营业绩不佳

2014 年期货市场新增不少交易品种，但是辖区期货交易金额、期货经营机构代理手续费收入、利润总额却均出现不同程度下降，其中利润总额同比降幅较大，究其原因是辖区期货经营机构收入严重依赖交易手续费收入，业务雷同，竞争激烈。

四、保险业

（一）保险业稳健性评估

1. 保费收入增长，赔付支出下降

2014 年宁波保险市场实现保费收入 206.96 亿元，同比增长 11.57%。从机构类型看，产险机构实现保费收入 115.87 亿元，同比增长 15.65%，寿险机构实现保费收入 91.11 亿元，同比增长 6.80%。2014 年宁波保险市场赔付支出 94.67 亿元，同比下降 8.90%，其中财产险赔付 73.97 亿元，同比下降 17.39%，人身险赔付 20.70 亿元，同比增长 44.04%。

2. 产险业务持续稳定发展

2014 年宁波财产险保费收入 111.57 亿元，同比增长 15.20%，增速同比上升 2.89 个百分点。2014 年，宁波产险市场综合成本率 93.6%，承保利润 6 亿元，承保利润率为 6.4%。

3. 寿险机构业务转型稳步推进

2014 年，宁波辖区寿险普通型产品、分红型产品、投连产品和万能产品四类产品保费收入分别为20.59亿元、60.17亿元、0.08亿元和0.61亿元，占比分别为25.28%、73.87%、0.10%和0.75%，其中，分红险产品占比较上年同期下降16.55个百分点，分红险“一险独大”局面有所改善。2014年，宁波寿险机构新单保费收入38.10亿元，同比增长1.41%，其中新单期缴13.35亿元，同比增长1.47%。

（二）辖区保险业发展中需关注的问题

1. 行业可持续发展能力仍待增强

2014年宁波寿险机构保费同比增长6.8%，增速同比回落6.3个百分点。其中，分红险、万能险、投连险等新型寿险业务分别下降14.8%、1.9%、4.0%。受2012年、2013年连续两年新单期缴负增长影响，2014年寿险机构续期保费仅增长3.9%，较上年回落5.6个百分点。同时，当前辖区保险市场仍存在市场集中度较高、产险机构收益基础不稳固、部分寿险机构经营行为短期化、部分机构业务种类与渠道较为单一等问题，不利于辖区保险业务稳健发展。

2. 给付退保可能引发的风险不容忽视

预测显示，2015年全辖保险业满期给付金额将达14.1亿元，较2014年增长40%；保单退保将达10.9万件，涉及金额36.9亿元。由于满期金额增长较快、退保金额较大，以及销售环节存在的误导因素，满期给付与退保可能引发群体性事件的风险隐患不容忽视。

五、影子银行

（一）担保机构

截至2014年末，全辖共有融资性担保机构63家，比年初减少7家。注册资本共计35.12亿元。2014年，63家融资性担保机构担保总额126.29亿元，担保笔数8 260笔，在保余额108.64亿元。受国内外复杂经济环境影响，融资性担保机构行业发展遇到一定困难，担保公司代偿风险上升，代偿金额从2011年的1.4亿元扩大到2014年的4.36亿元。担保机构加大风险控制力度，全市综合期末担保放大倍数仅3.09倍，担保业务量呈萎缩趋势。

（二）典当业

截至2014年末，全辖共有典当企业89户，比年初新增7户，注册资金13.38亿元，资产总额15.63亿元，负债总额0.72亿元，其中短期借款0.14亿元。2014年，全辖89家典当行发放贷款总额37.80亿元。受经济下行期、企业违约风险上升以及典当行自身风控能力相对较弱等因素影响，辖区典当行盈利能力出现下滑。2014年全年实现净利润871万元，同比减少19.50%，其中38户典当行出现亏损，亏损面达42.7%，亏损额合计772万元。

（三）小额贷款公司

截至2014年末，全辖共有43家小贷公司，合计注册资本79.90亿元，比年初增加2.20亿元；资本净额86.49亿元，比年初增加3.97亿元。从银行业金融机构融资余额11.01亿元，比年初减少6.33亿元，贷款余额102.10亿元，比年初减少4.22亿元。全年累计发放贷款231.88亿元，累计受益客户 8 986 户。截至 2014 年末，小贷公司不良贷款余额[①] 18.02 亿元，比年初增加 10.21 亿元；不良贷款率 17.65%，比年初上升 10.30 个百分点，不良贷款的余额和不良率均创历史新高。

六、金融市场

（一）同业拆借

2014 年，全辖 6 家法人金融机构在银行间市场参与了 1 890 笔同业拆借，累计完成同业拆借 10 611.5亿元，是上年的 2.8 倍。其中，7 天和 14 天品种分别占 5.6% 和 1.6%。从资金价格走势来看，全年拆借利率自第一季度回落以后，持续在 2.4% ~3.3% 区间窄幅波动，市场资金面总体保持平稳。

（二）债券回购

2014 年，辖内共有 8 家法人金融机构参与债券回购交易 9.72 万亿元，较上年增长 60.9%。其中 1 天品种占 96.5%，比上年提高 2 个百分点。受市场流动性总体宽松影响，全年回购价格总体在低位波动，仅在半年度考核前后有所反弹。从回购交易的资金流向看，2014 年回购交易均为净融出，全年累计融出 9 034 亿元。

（三）现券交易

2014 年，全辖 10 家法人主体累计交易现券 8 799.1 亿元，是上年规模的 59.3%，交易量逐季放大。其中，政策性金融债和国债成交量分别占 56.3% 和 24.4%，企业债和中期票据则分别占 7.7% 和 5.6%。受市场流动性宽松、利率债占比高等因素影响，全辖交易债券的平均收益率回落明显。

（四）债务融资工具发行

2014 年全辖共有 14 家企业发行了 38 笔债务融资工具，累计金额 189.9 亿元，较上年增长 42.6%，其中短期融资券 85 亿元，占全年发行总量的 44.8%，定向工具 58.9 亿元，占 31%；中期票据 40 亿元，占 21.1%；超短期融资券 6 亿元，占 3.2%。全年已发行债务融资工具的加权平均利率为 6.52%，较全年贷款加权利率低 43 个基点。全年辖区企业共新注册债务融资工具 124.8 亿元，有效注册额度的使用率为 50.6%，较上年末提高 5.2 个百分点。

（五）黄金交易

2014 年，随着国际黄金价格宽幅震荡，以及黄金 T + D 交易的广泛推开，全辖各类黄金交易持续活跃。全年辖内金融机构共发生各类境内黄金交易 12.6 吨，交易金额 312.8 亿元，分别是上年的 3.02 倍和 2.61 倍，平均交易价格为 247.96 元/克，比上年下降了近 40 元/克。

---

① 2013 年初，市小贷公司行业协会参照银行贷款五级分类出台了小贷公司贷款风险分类办法，小贷公司开始增加了按五级分类统计的不良贷款。

（六）外汇交易

2014 年，辖内 6 家法人银行业机构开展各类银行间外汇交易折合 3 602.2 亿美元，较上年大幅增长 73.3%。其中，美元/人民币掉期交易占 57%，较上年提高 12 个百分点。

七、金融基础设施

（一）支付清算体系

2014 年宁波市支付清算系统安全、平稳运行，支付清算业务量稳步增长。中央银行会计核算数据集中系统（ACS）顺利上线并推广应用，宁波市票据电子交换系统灾备系统一期工程完成。当前支付机构备付金管理风险凸显、银行卡收单市场秩序有待加强、银行机构支付结算运营风险有所提高等问题需密切关注。

（二）征信体系

2014 年地方政府相关部门开展了各项信用体系建设工作。中小企业信用平台一期于 2014 年 11 月 11 日上线试运行。农村信用体系向纵深发展，截至 2014 年末，全辖累计建立农户信用档案 70.9 万户，占农户总数的 53.1%，比年初提高 8.5 个百分点。评定信用农户 50 万户，比年初增加 5.8 户。扎实推进信用村、信用镇创建工作，辖内各县市区 2014 年创建县级信用村（社区）566 个、市级信用村 16 个，推荐省级信用村 3 个、信用镇 2 个。信用评级市场健康平稳发展，截至 2014 年末，全辖共完成借款大户企业评级 830 户，中小企业信用评级 11 408 户，担保公司信用评级 3 户。当前信用体系建设面临政府信息公开不足，共享不畅、信用治理惩戒力度不足等问题。企业征信服务与市场需求存在一定差距。

（三）反洗钱体系

2014 年，召开了辖区综合试点工作经验交流会，提高了异常交易报告工作质量和效率，组织两家地方法人机构结合各自反洗钱工作情况开展自定义异常交易监测工作。2014 年末，反洗钱管理信息系统正式投入使用。该系统的运用，有利于反洗钱监管制度的贯彻落实，有利于进一步整合并丰富反洗钱监管信息资源，有利于提升反洗钱风险监管和类型研究的工作能力。

（四）货币发行与反假币

2014 年，推行现金投放回笼市场化，建立定点定量投放回笼机制、“四合一综合通报”机制等，保证现金供需平衡。构建硬币自循环体系，截至 2014 年末，全辖布放 17 台硬币自助兑换机，覆盖宁波全大市。建立了银行业金融机构反假货币工作联络机制、配合各级公安机关做好开展打击假币犯罪工作、提升反假业务水平，维护人民币流通秩序。2014 年宁波辖区共收计缴假人民币数量、面额同比分别上升 477.36%、34.3%。

（五）金融消费者权益保护

2014 年，从环境、机构、产品三点切入，不断完善非现场评估手段。在全国率先发布区域金融消费权益保护环境评估报告。机构评估范围拓展至银、证、保、支付机构，实现金融行业全覆盖。对交叉性金融产品及业务开展研究，夯实下阶段工作基础。牵头成立宁波市金融消费权益保护协会，顺利开通“12363”电话，进一步完善投诉受理与多元化纠纷处理机制。

八、总体评估与政策建议

2014 年辖区金融稳定得分为 42. 34① 分，较上年提高 6. 5 分，表明不稳定因素有所增加，但得分仍在 50 分以内的稳定区域。建议从以下三方面推动辖区经济发展，防范金融风险，维护区域金融稳定。

（一）稳妥实施投资和创新“双轮”驱动，推动“新常态”下经济稳健发展

在驱动模式转型交替之际，妥善把握新旧驱动模式之间的相互作用，在以扩大投资拉动经济增长的框架下，切实注重增加有效投资，加快提高投资产出效率，防止“土地”等要素进一步透支。增强改革意识和主观能动性，以融入“一带一路”、长江经济带、海洋经济等国家战略为平台，重视互联网、高铁网等新经济要素，积极提升在国家层面上对宁波港的充分利用，以创新驱动不断提升区域经济金融发展的比较优势。

（二）加大支持实体经济和小微企业发展，推动金融资源配置结构优化调整

进一步灵活运用利率等货币政策工具，加强把握和管理社会预期，逐步引导降低社会融资成本。综合运用货币信贷市场和资本市场融资、间接和直接融资等，有效支持实体企业加快技术创新、加快转型升级。进一步密切关注“43 号文”对现行融资供需格局的影响和变化，推进 PPP 探索与实践，以此促进改善和优化金融资源配置结构。主动适应新常态，结合区域经济特点，通过产品和业务创新，在支持区域经济转型升级的基础上实现新发展。

（三）继续推进金融生态示范区建设，加强重点领域风险防控

以金融生态示范区、全国保险创新综合示范区等建设为主抓手，强化金融产品、业态、模式创新，加强重点领域风险防控，维护区域金融稳定。一是严格控制政府性债务总量、合理安排增量，完善政府性债务管理实施办法，把政府性债务负债率降到可控范围。二是要加强对房地产市场发展研究，完善针对性举措，推动房地产市场平稳健康发展。三是要加大不良资产处置核销力度，提升银行信贷资产质量。四是加强地方政府监管责任，有效开展小贷公司、担保公司、典当行等持牌类金融机构的监测管理。加强对非法集资、集资诈骗、高利贷等非法金融活动查处力度。

总　　纂：周伟军
统　　稿：鲍　雯　徐洪水
执　　笔：黄　健　傅晓燕　陈　松
其他参与写作人员（按姓氏笔画排序）：上官忠东　龙腾飞　邓　雄　刘良毕

---

① 分值越小，表示风险越低，稳定状况越好。

厦门市金融稳定报告摘要

2014年，厦门市积极应对新常态，以实施美丽厦门战略规划为契机，认真落实稳增长、调结构、促改革、惠民生各项措施，全市经济总体保持稳中有进，金融业整体保持稳健运行。银行业把握好信贷投放总量和节奏，强化风险管控；证券期货业积极发展创新业务，资本市场交易活跃，融资功能得到较好发挥；保险业市场规模稳步扩大，服务经济社会功能进一步提升；金融市场总体发展平稳，金融市场交易活跃，直接融资渠道进一步拓宽；金融基础设施建设持续完善。但同时，厦门市经济金融局部风险有所凸显，风险防控压力不容忽视。

一、区域经济运行与金融稳定

（一）区域经济运行情况

1. 经济运行稳中增效，产业结构持续优化

2014年，厦门市实现地区生产总值（GDP）3 273.54亿元，同比增长9.2%，增速比上年同期下降0.2个百分点。从产业结构看，2014年，厦门市第一、第二、第三产业分别增长2.5%、9.7%和8.7%。产业结构从上年的0.9:47.5:51.6调整为0.7:45.8:53.5，第三产业比重继续提升，产业结构不断优化。

2. 工业质量效益逐步提升，服务业结构优化

2014年，厦门市规模以上工业实现增加值1 240.32亿元，同比增长10.5%，增速比上年同期回落1.6个百分点。高新技术企业增长较快，规模以上高新技术工业产值增速（12.5%），比规模以上工业总产值增速高出2个百分点。工业企业增长面近六成，工业效益稳步提升，1—11月，厦门市独立核算工业企业经济效益综合指数为219.11，同比提高9.79点。

2014年，厦门市实现第三产业增加值1 750.53亿元，同比增长8.7%，增速比上年同期提高1个百分点。其中，代表现代服务业的金融业加快发展，全年增加值占GDP比重为9.5%，占比比上年同期提高1.1个百分点；受房地产市场调整影响，房地产业增加值增速有所回落，全年同比增长2.4%，增速比上年同期回落9.6个百分点。

3. 固定资产投资增速较快，房地产业投资快速增长

2014年，厦门市完成全社会固定资产投资1 572.95亿元，比上年增长16.7%，增幅比上年大幅回升15.6个百分点。从投资结构看，房地产业成为主要投资增长点，全年厦门市完成房地产业投资704.06亿元，同比增长32.4%，占全市固定资产投资的比重提高至44.8%。

4. 消费品市场平稳增长，主要价格指数低位运行

2014 年，厦门市消费平稳增长，全年实现社会消费品零售总额 1 072.94 亿元，同比增长 10.0%。厦门市居民消费价格同比上涨 2.2%，涨幅比上年回落 0.1 个百分点；工业品出厂价格指数（PPI）持续低位运行，全年 PPI 指数 96.8，较上年提高 1.7 个百分点。

5. 外贸形势总体较为低迷，对台贸易近年首现负增长

2014 年，厦门市实现外贸进出口总额 835.53 亿美元，同比减少 0.6%，增速比上年同期回落 13.5 个百分点。对台贸易有所萎缩，出口、进口一增一减。全市对台进出口 70.45 亿美元，同比减少 13.0%。

6. 财政收支增速回落，居民收入增长放缓

2014 年，厦门市财政总收入为 909.13 亿元，同比增长 10.2%，增速比上年回落 1.4 个百分点；全年财政支出 548 亿元，同比增长 4.9%，增速比上年回落 6.8 个百分点。

2014 年，厦门市全体居民人均可支配收入 36 915 元，同比增长 8.3%。其中，城镇居民人均可支配收入 39 625 元，同比增长 8.2%，增速比上年回落 1.9 个百分点；农村居民人均可支配收入 16 220元，同比增长 10.6%，增速比上年回落 0.9 个百分点。

（二）区域经济运行需关注的问题

1. 经济发展不均衡较为突出

一是岛内外发展不均衡。当前厦门经济主要集中在岛内，2014 年岛内两个区实现地区生产总值占全市生产总值的 52.4%，而岛外四个区合计不到一半，发展不均衡现象突出。二是工业企业发展不均衡。2014 年规模以上工业增加值占工业生产总值的 96%，而规模以下工业企业占比过小，总体发展潜力较低。三是投资结构不均衡。地方政府对经济主导作用较强，房地产投资和交通、市政等基础设施投资占全社会固定投资比重超过 70%，而工业投资仅占 19%。

2. 工业转型升级压力较大

一是工业总体规模偏小，增长动力不足。2014 年厦门规模以上工业总产值仅 4 442.66 亿元，在 15 个副省级城市中仅略高于哈尔滨和西安，全年工业固定资产投资累计完成 298.68 亿元，同比仅增长 9.9%，全年新增规模以上工业企业对规模以上工业增长的贡献率仅为 2.4%。二是产业层次低，支柱产业单一。厦门工业产业结构层次较低，高附加值产品所占比例不高，“低、小、散”问题仍然比较突出；此外，厦门市工业长期以电子行业为支柱产业，一旦电子行业出现市场波动，工业经济的总体发展将会受到很大的影响。

3. 地方经济对房地产业的依赖性较大

当前房地产业已经成为厦门市的重要支柱产业。统计数据显示，2014 年厦门市房地产业税收收入占全市税收收入的比重达到 45.6%，土地出让收入是地方级财政收入的 64.9%。从投资结构看，2014 年房地产投资占固定资产投资的比重达到 44.8%，大大高于全国和全省平均水平。可以看出，厦门地方经济对房地产业的依赖度极高，这容易加剧经济结构失衡，特别是在经济下行压力下，地方政府更倾向于通过刺激楼市来拉动投资进而实现短期增长目标，从长远来看，不利于经济转型升级，也不利于房地产市场健康持续发展。

二、金融业与金融稳定

（一）银行业

1. 银行业运行情况

（1）资产负债规模增速略有放缓

2014 年末，厦门市共有各类银行业金融机构 40 家，与上年持平，2 家机构①正筹备开业。银行业金融机构资产总额 1.16 万亿元，同比增长 16.9%，增速较上年回落 0.6 个百分点；负债总额 1.12 万亿元，同比增长 16.5%，增速较上年回落 1.5 个百分点。

（2）存贷款增速“换挡”，结构呈现新变化

2014 年末，厦门市中外资银行业金融机构本外币存款余额 7 064.61 亿元，同比增长 10.7%，增速比上年回落 5.9 个百分点；本外币贷款余额 6 643.98 亿元，同比增长 13.7%，增速同比回落 0.7 个百分点。

存款方面。一是高成本存款占比上升；二是存款增长压力加大。贷款方面。新增贷款主要集中在交通运输、仓储邮政、房地产业和制造业；中长期贷款增加较多；小微企业贷款占比回升。

（3）盈利增速有所回升，行业风险总体可控

2014 年，得益于净息差、净利差改善，厦门市银行业实现税后利润 151.83 亿元，同比增长 22.1%，增速较上年回升 14 个百分点；资产利润率 1.4%，同比提高 0.05 个百分点。

2014 年末，厦门市银行业不良贷款余额 96.52 亿元，同比增加 4.83 亿元，不良贷款率 1.45%，同比下降 0.12 个百分点，资产质量保持在较好水平。贷款损失准备充足率为 216.3%，比年初提高 28.4 百分点，拨备覆盖率 171.5%，比年初提高 26.4 个百分点，银行体系损失抵补能力有所改善。流动性风险总体可控，法人银行业金融机构平均存贷比持续走低，2014 年末为 40.9%，同比下降 6.9 个百分点；平均流动性比例为 40.8%，同比下降 9.6 个百分点，仍符合监管要求。

（4）法人机构深化改革转型，实现稳健增长

一是主要法人银行继续稳步开展增资扩股，补充资本金，增强机构实力，2014 年厦门国际银行、厦门银行、厦门农商行合计增资总金额 30.11 亿元。二是各法人银行注重机构建设，不断通过加快分支机构网点布局扩大规模，并结合自身实际整合、完善组织架构。三是持续推进风险管理和内部控制体系建设，8 家法人机构全年实现稳健运营。

2. 银行业运行需关注的问题

（1）信用风险持续暴露，信贷资产质量下行压力大

虽然当前厦门市银行业整体信贷资产质量较为稳定，但下行压力逐步加大，主要体现在：一是贷款质量劣变加快，贷款质量下迁率由 2014 年第一季度的 0.6% 上升至全年的 2.6%。二是不良贷款的先行指标——关注类贷款和逾期贷款上升较快，且逾期贷款增长明显快于不良贷款增长。三是异地贷款风险传递，近期厦门市周边地区中小民营企业经营风险加大，对厦门市银行业异地贷款质量带来一定影响。

---

① 福建海峡银行厦门分行和台湾第一商业银行厦门分行。

（2）存贷比高位运行，负债稳定性下降，流动性管理压力加大

受存款增长放缓影响，厦门市银行业存贷比维持高位运行，2014 年末存贷比高达 94.1%，为近年最高水平。从负债来源看，各项存款占总负债的比重下降到 2014 年的 61.7%，而同业负债占比则上升到 16.5%，表明对同业负债的依赖增强，负债稳定性有所下降。这两方面因素均加大了银行业金融机构流动性管理压力。

（3）房地产领域信贷集中度较高，不利于分散金融风险

2014 年末，厦门市房地产贷款以及以房地产为抵押的贷款余额合计占各项贷款余额比重达 47.1%，较年初上升 1.2 个百分点。在全国房地产市场总体面临下行调整的大环境下，银行信贷房地产集中度高需引起关注。

（二）证券期货业

1. 证券业运行情况

（1）证券期货市场经营主体持续增加，体系逐步完善

2014 年，厦门市新增基金公司 1 家、3 家证券公司分公司和 8 家证券营业部，至年末共有 1 家法人证券公司、1 家基金公司、8 家证券公司分公司、68 家证券营业部；新增期货营业部 1 家，至年末共有 2 家法人期货公司、28 家非法人期货公司营业部。

（2）法人证券机构完成增资，总体经营向好

2014 年，法人证券经营机构完成增资扩股，各项风控指标较为稳健，净资本/净资产持续提升，显示其流动性增强，抵御市场风险能力提高。厦门法人期货经营机构经营稳健，各项风控指标远优于监管标准，流动性宽裕，杠杆率较低，风险控制良好。新开业法人基金公司稳健起步，开业当年实现盈利。

（3）市场交易金额大幅增长，创新业务发展势头良好

2014 年厦门市资本市场交易活跃，全年证券交易额 2.46 万亿元，同比增长 54.9%。期货市场也稳步发展，全年交易总额 12.69 万亿元，同比增长 34.3%。

证券市场创新业务发展势头良好，全年融资融券、期货 IB 等创新业务合计实现收入 7.55 亿元，同比大幅增长 143.9%，占同期证券营业部全部业务收入的 57%，创新业务正成为厦门市证券业新的增长点。

（4）上市公司融资规模翻番，后备上市资源仍较充足

2014 年厦门上市公司通过定向增发、非公开发行股票等渠道实现再融资 159.75 亿元，同比大幅增长 303.1%。后备上市资源较为充足，截至 2014 年末共有华懋新材等 12 家企业的首发申请在中国证监会审核，较 2013 年末增加 2 家；福慧达等 9 家企业进入辅导备案阶段，较 2013 年减少 7 家。

2. 证券期货业运行需关注的问题

（1）证券经营机构亏损数量有所增加，期货经营机构大面积亏损

2014 年证券经营机构实现营业收入 13.24 亿元、利润总额 6.14 亿元，同比分别增长 45.5%、71.0%，机构效益总体好转，但仍有 24 家证券营业部亏损，较上年增加 4 家，全年累计亏损 0.40 亿元，亏损面为 33.8%，亏损机构主要为 2010 年后成立的营业部。2014 年期货经营机构营业收入和盈利实现双增长，但仅 5 家营业部实现盈利，亏损面达 82.8%。

（2）近半上市公司经营现金流为负

2014年第三季度报告显示，厦门市上市公司营业收入、净利润同比分别增长了13.8%、11.7%，但共有14家上市公司经营活动现金流量为负，占全部上市公司的45.2%，表明上市公司经营压力有所增大。

（三）保险业

1. 保险业运行情况

（1）多层次市场体系初步形成，市场规模逐步扩大

2014年，厦门市保险市场呈现较好的发展态势，共有各类保险公司38家，与上年持平，实现保费收入131.21亿元，同比增长17.4%，增速有所回落。按类别看，财产险实现保费57.08亿元，同比增长18.6%；人身险业务实现保费74.13亿元，同比增长16.5%。全市保险密度为3 518元/人，保险深度为4.0%，同比均有所提高。

（2）产险公司综合成本攀升，寿险公司业务质量有所下降

2014年，产险公司综合赔付率为63.1%，同比增加6.0个百分点，直接导致综合成本率高达99.6%，同比增加6.3个百分点。2014年，受趸交产品大规模增长影响，寿险公司业务质量有所下降。全年新单趸交业务保费收入21.36亿元，同比增长30.1%，直接导致寿险业务新单期交率同比下降3.6个百分点至37.9%，APE折标率同比下降1.2个百分点至56.6%。

（3）行业风险有所加大，但仍处于可控范围

2014年产险应收保费率为12.3%，同比上升1.3个百分点，剔除保证保险后的应收保费率为2.4%，同比上升0.3个百分点。寿险公司综合退保率为4.0%，同比上升1.8个百分点。

（4）服务经济社会能力进一步提升

2014年，厦门市保险公司赔款与给付合计44.97亿元，同比增长23.8%。出口信用保险累计提供99.05亿美元风险保障，同比分别增长5.0%，实现出口险项下融资额11.4亿美元，同比小幅下降1.47%，一般贸易渗透率32.0%，同比提高1.5个百分点。全民自然灾害责任险、大病保险、计生家庭保险稳步推进，政策性补充工伤保险已正式落地。

2. 保险业运行需关注的问题

（1）寿险高现价产品热销存在一定集中退保风险

2014年，厦门市寿险市场呈现增速快、趸交为主和渠道集中度高的特点。由于高现价产品降低了投保人的退保损失，存在一定集中退保风险。此外，高现价产品对保险公司投资能力提出了更高的要求，而且大量趸交的高现价产品将于2015年末和2016年初集中到期，这对寿险公司现金流和业务稳定性提出了挑战。

（2）车险市场竞争剧烈，财产险公司经营压力增大

受新车销售增速回落、黄标车淘汰加快等因素影响，厦门市车险市场增速预计将有所回落，市场竞争将进一步加剧，调研显示各机构均开始加大销售费用投入。此外，受商业车险费率市场化改革影响，保费充足率将降低，而责任的扩展又将导致赔付率提高。在这些因素综合作用下，厦门市财产险公司的经营和盈利压力有所增大。

（3）中小保险公司面临的经营压力较大

一是中小产险公司在高费用和高赔付之间艰难生存。二是中小寿险公司发展存在“瓶颈”，全市共有5家寿险公司新单出现负增长，而增速较快的公司则多数依靠趸交产品冲规模。

（四）准金融业

1. 融资性担保业

（1）行业规范性加强，机构经营状况稳中趋好

截至2014年末，厦门市共有19家融资性担保公司，较上年减少4家。但是尚存的担保公司风险管理和合规经营理念加强，机构实力相对较强，行业经营风险降低。资产总额40.7亿元，同比增长9.2%；负债总额13.7亿元，同比增长20.2%；担保业务收入1.9亿元，同比增长1.6%；全年实现净利润4 376万元，同比增长150%，大部分机构实现盈利。

（2）担保业务基本平稳，积极支持小微企业融资

2014年末，厦门市融资性担保机构担保总额、担保在保责任余额分别为228.8亿元、139亿元，同比分别下降2.7%、1%。但其中融资性担保业务稳中略增，年末总额109.5亿元，比增长3.1%；年末融资性担保放大倍数1.8倍，同比增加0.02倍。过半融资性担保业务用于支持小微企业融资，为小微企业合计担保总额62亿元，占比56.6%。

（3）行业风险抵补能力较强，但机构经营发展分化较严重

2014年末，厦门市融资性担保机构担保代偿余额为1.6亿元，担保代偿率为1.6%。提取未到期责任准备金、担保赔偿准备金、一般风险准备（即担保"三金"）余额合计6亿元，拨备覆盖率达386.6%，同比提高55.7个百分点。但当前机构之间的经营业绩分化比较严重，业务仍然集中在少数实力较强的国有担保机构。

2. 典当业

（1）资产规模增长较快，但亏损面有所扩大

2014年末，厦门市典当机构有37家（正常经营的为35家），与上年持平。受部分公司增资影响，资产总额呈现跃升，年末资产总额为13.5亿元，同比增长27.0%。但经营效益稳中有降，亏损面有所扩大。2014年，厦门市典当机构营业收入1.06亿元，同比增长6.4%。但是，实现净利润仅2 301万元，同比下降21.3%。经营亏损典当机构有17家，亏损机构占比从上年的25%上升为48.6%，亏损面接近一半。

（2）典当业务稳步发展，业务结构继续优化

2014年末，35家典当行典当业务笔数为4 611笔，与去年同期相比增长0.6%；典当总额为55.7亿元，同比增长43.5%；典当余额为8.3亿元，同比增长1.3%。其中动产典当和财产权利典当快速发展，两者的典当总额同比分别增长64.8%、97.3%，而房地产典当总额仅增长16.4%。

（3）典当贷款逾期风险持续上升

近三年典当贷款逾期率逐年上升，从2012年的8.3%上升至2014年的10.7%，而逾期贷款余额从2012年的7 179万元增加至2014年的8 875万元。截至2014年末，当期累计（含续当）超过1年的典当有65笔、金额8 643万元，同比减少3笔、但金额增加603万元。当期时间越长，潜藏绝当风险越大，典当机构运营风险也增加。

3. 小额贷款公司

（1）机构稳步增加，贷款主要投向个体工商户和小微企业

2014年，厦门市小额贷款公司稳步增加，截至2014年末，厦门市共有10家小额贷款公司，较上年增加4家，此外还有2家已获批筹建，已覆盖厦门市各区。资产总额25亿元，同比增长134%；

贷款余额 21.9 亿元，同比增长 127.9%。全年累计发放贷款金额为 39.5 亿元，同比增长 133.5%，其中个体工商户贷款、小微企业贷款、涉农贷款分别占比68.5%、28.7%和2.9%，有效地解决了小微企业，特别是个体经营者及“涉农”企业融资难问题。

（2）盈利水平大幅增长，信用风险有所上升

2014 年，厦门市小额贷款公司共实现净利润1.3 亿元，同比增长272.1%；小额贷款公司不良贷款余额0.2 亿元，同比增加0.1 亿元；不良贷款率0.7%，同比上升0.2 个百分点，信用风险有所上升。但行业整体风险抵补能力较强，共提取贷款损失准备金 0.5 亿元，贷款损失准备充足率为 101%。

（3）超限发放大额贷款的违规现象较普遍

小额贷款公司经营宗旨是满足市场小额、分散、短期性和临时性资金融资需求，为此，厦门市的相关管理办法规定“小额贷款公司贷款余额的 70% 必须用于单户发放金额 100 万元以下小额贷款”。但是 2014 年单笔发放金额 100 万元以下（含）的贷款余额占各项贷款余额仅 12.6%，且同比下降 1.2 个百分点。

三、金融市场与金融稳定

（一）金融市场运行情况

1. 银行间市场

2014 年，厦门市法人银行金融机构积极运用银行间市场加强流动性管理。全年在全国银行间同业拆借市场累计成交 946.8 亿元，同比增长 112.1%。在全国银行间债券市场累计成交 25 262.21 亿元，同比增长 31.6%。同时，厦门市金融机构和非金融企业充分利用各项债务融资工具，债券市场融资规模大幅增长，全年合计在银行间市场发行各类债务融资工具 356 亿元，同比增长 134.2%。

2. 票据市场

2014 年，厦门市票据市场稳步发展。全年累计签发银行承兑汇票 1 378.2 亿元，同比微降 2.1%；全年累计办理票据贴现 441.8 亿元，同比增长 2.9%；在信贷规模、存贷比等监管指标约束下，商业银行积极通过转贴现方式调整资产负债表，但是更趋向交易性资产转变，全年买断式转贴现累计发生 26 753.6 亿元，同比大幅增长 220.4%，而回购式转贴现相对较少，累计发生 4 991.6 亿元，同比增长 89.9%。

3. 黄金市场

2014 年，厦门市银行业金融机构黄金市场业务进一步拓展，个别法人银行获得黄金掉期业务资格，黄金交易大幅增长。厦门市银行业金融机构黄金市场业务交易总额 671.13 亿元，同比增长 109.3%。此外，由于 2014 年黄金价格一路走跌，用金企业为规避金价下跌风险并降低资金成本，带有融资性质的黄金租赁、黄金拆借业务等黄金交易需求巨幅上升。

4. 外汇市场

2014 年，厦门市银行结汇小幅下跌，售汇强劲反弹，结售汇顺差接近低点。全年结售汇总额 718 亿美元，同比增长 15%，全年结售汇顺差 137 亿美元，同比下降 43%。2014 年银行间外汇市场交易量快速增长，全年外汇市场交易总量为 221 亿美元，同比增长 133.6%。

5. 理财市场

2014 年，厦门市银行理财业务继续平稳发展。全年累计发行理财产品 22 408 只，实际募集资金总额 6 676.9 亿元，同比分别增长 22.7% 和 27.1%。但是，下半年受资本市场回暖影响，银行理财产品收益吸引力相对削弱，发售数量和募资总额下降，近年来的持续增长态势出现转折。

（二）金融市场运行需关注的问题

1. 跨境同业交易有待政策指引

伴随多地自由贸易试验区的审批落地，以及境内外利差、汇差等客观市场环境，银行业金融机构有开展跨境同业资产转让的动力与需求，但是，目前对同业业务进行规范的核心文件 127 号文仅针对境内金融机构，对于跨境同业业务品种、期限、规模、交易模式等尚缺乏管理政策。

2. 信贷资产证券化有待进一步推进

虽然 2014 年下半年以来，信贷资产证券化产品受到市场追捧，但是，由于信贷资产证券化产品对于投资者的要求较高，二级市场也不够成熟，信贷资产证券化产品销售存在一定压力，在二级市场的流动性相对较差，限制了信贷资产证券化业务的发展。

四、金融基础设施与金融稳定

（一）支付体系

2014 年，厦门市支付服务环境总体良好，服务质量持续改善。一是支付清算系统运行安全平稳。全年通过大小额支付系统和同城资金清算系统共发起业务 2 556.92 万笔，金额 15.05 万亿元，同比分别增长 15.1%、12.6%。二是非现金支付工具使用量继续扩大。全年签发票据 1.38 万亿元，同比微降 4.5%；累计发行银行卡 2 680.52 万张，常住人口人均持卡人 7.04 张；全年银行卡刷卡消费额（剔除信托、购房、批发、典当、政府服务类、投资性交易等）占同期社会消费品零售总额（银行卡渗透率）比例超过 70%。三是支付密码推广率保持全国领先。截至 2014 年末厦门市支付密码推广率为 89.9%。四是稳步推进金融 IC 卡应用工作。全年新增金融 IC 卡占所有新增卡量 92.3%，累计发行金融 IC 卡 675 万张，在所有银行卡中占比为 24.2%。五是在全国范围内率先建成厦门市多用途预付卡监管系统。同时农村地区支付服务环境工作力度尚需继续加大，银行卡诈骗和伪卡犯罪活动有所遏制但仍不容乐观，仍需相关部门采取有效措施应对。

（二）征信体系

2014 年，厦门市征信业步入规范发展轨道。一是征信系统收录信息数量快速增长，截至 2014 年末，企业信用信息基础数据库共收录厦门市借款企业 3.76 万户，个人信用信息基础数据库共收录 214 万人，分别较上年增加 3 600 户、27 万人。二是征信系统功能进一步发挥，全年个人直接向人民银行厦门市中心支行申请查询信用报告 7.42 万份，商业银行查询个人信用报告 124.66 万份。三是机构信用代码推广应用工作稳步推进，截至 2014 年末，厦门全辖发放机构信用代码证 15.79 万份，占全部机构基本账户总数的 88.7%。四是征信系统信息覆盖面不断拓展。五是应收账款质押登记系统和融资服务平台取得积极进展，截至 2014 年末，应收账款质押登记系统实现融资交易 22 笔，交易金额4 580万元。同时，社会信用体系建设不断推进，人民银行厦门市中心支行和厦门市发改委联合编制了《厦门市社会信用体系建设工作方案》（建议稿）。但当前厦门市信用评级市场发展后劲不足，中小型信用评级机构生存压力较大。

（三）货币发行体系

2014年，厦门市人民币发行体系持续健康运行，反假货币长效机制日趋健全，海峡两岸人民币现钞调运有序开展。一是从总量和结构上满足社会现金需求，人民币发行总体平稳，现金运行延续净投放趋势；二是深入推进流通中现金净化工程；三是扎实开展反假货币综合治理，强化人民币冠字号码查询管理；四是海峡两岸人民币现钞调运业务有序运行，有力地支持了台湾地区人民币业务发展；五是完善货币发行和现金供应应急管理体系建设。

当前应关注以下领域：货币发行和现金供应的科学管理水平仍有待提高；货币发行管理工作公共宣传整体水平仍然较低；海峡两岸人民币现钞跨境调运在厦门常态化开展，对完善人民币跨境流动管理和两岸反假货币合作机制等提出新的挑战。

（四）司法环境

2014年，厦门市深入推进司法改革，司法环境进一步改善，为美丽厦门建设营造良好的法制环境。一是大力推进司法公开机制改革。设立信息中心，构筑审判流程、裁判文书、执行信息三大公开平台，实现从立案、审理、执行到管理监督全方位公开，扩展司法公开的广度和深度，努力提高司法公信力。二是深化执行机制改革。成立执行指挥中心、开通“12368”执行短信互动平台、进一步完善“点对点”网络查控系统、启动淘宝网拍等多项举措着力解决“执行难”问题，执行工作的质量与效率得到显著提高。三是持续推进涉台司法机制改革。发挥区域优势，持续完善涉台案件集中管辖和司法服务机制，深化与市台办及台商协会的沟通协作，增选台胞陪审员，鼓励台胞有序参与司法，增进台胞对大陆司法制度的了解和信任。

（五）审慎监管

人民银行厦门市中心支行积极贯彻各项宏观调控政策，不断提升金融服务水平，切实推动两岸金融交流合作。积极落实差别准备金动态调整等宏观调控政策，促进地方经济金融发展；进一步完善风险监测和处置机制，推动辖区金融稳定运行；稳步提高金融服务与管理水平，推进民生金融上新台阶；切实转变观念，扎实推进外汇管理改革；立足厦门区域特点，进一步深化两岸金融交流。同时，各金融监管部门进一步创新监管理念，提高审慎监管的科学性，强化风险防控，积极引导金融创新，提升金融服务水平，维护金融消费权益，共同保障了区域金融安全。

五、总体评估与建议

（一）总体评估

运用因子分析法构建区域金融稳定定量评估模型，对厦门市区域金融总体稳定状况进行评估。

结果显示，虽然区域经济评价值出现下行，但得益于金融业的稳健性提高，2014年区域金融总

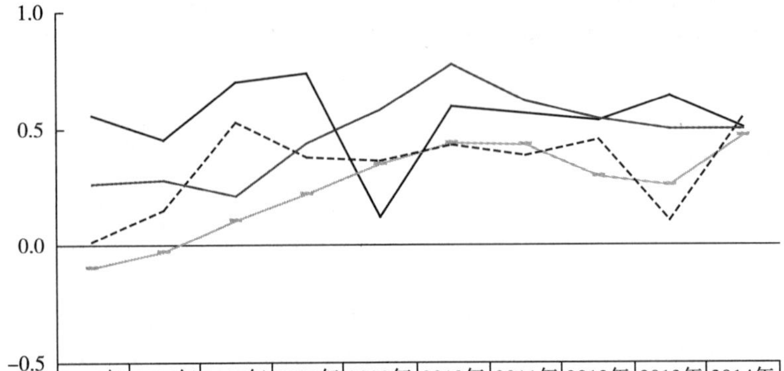

	2005年	2006年	2007年	2008年	2009年	2010年	2011年	2012年	2013年	2014年
区域经济	0.561	0.456	0.702	0.739	0.122	0.596	0.564	0.532	0.641	0.508
银行业	–0.09	–0.02	0.107	0.219	0.346	0.436	0.433	0.293	0.261	0.470
证券业	0.015	0.156	0.526	0.378	0.361	0.433	0.385	0.455	0.105	0.554
保险业	0.262	0.280	0.213	0.441	0.577	0.775	0.620	0.546	0.497	0.501

图 1　2005—2014 年厦门市区域经济、银行业、证券业、保险业和区域总体稳定状况评价值走势图

体稳定状况评价值有所回升。

具体来看，2014 年厦门市积极应对新常态带来的压力和考验，紧紧把握经济转型发展的契机，经济增长实现稳中有进；但是受经济增长动力减弱、转型发展压力增长、产业整体竞争力不强等因素综合影响，2014 年区域经济稳定状况较 2013 年有所下降。得益于利润的增长、风险抵补能力增强以及不良贷款率的降低，银行业稳定状况有所提高，但是应该看到不良贷款率降低的背后是核销、清收处置力度的加大，银行业的实际信用风险水平有所上升。由于长城资产管理有限公司成功入主厦门证券，注册资本大幅提高，盈利能力有所增强，证券业稳定状况较上年显著提高。虽然退保率增长给保险业带来隐忧，但是保险密度、保险深度以及承保利润增长带来的积极效应，推动保险业稳定状况较上年提高。

（二）展望

2015 年，厦门市转型发展的压力仍然较大，同时也迎来了重大机遇和有利条件。自贸区试点和建设 21 世纪海上丝绸之路核心区正式启动，厦漳泉同城化发展加快，商事登记制度改革全面实施，为厦门市经济工作创造十分有利的战略条件。地区产业转型升级步伐已有所加快，新兴产业和新型业态虽然规模不大，但发展速度较快。此外，厦门市过剩产能、地方政府负债等系统性风险与其他地区比较相对较小，区位优势、环境优势、政策优势相对突出，调整结构的潜力和空间较大。随着政策及改革红利的逐渐显现、产业转型升级的加快和投资的增加，厦门经济增长存在后续潜力。

在此背景下，2015 年，厦门市金融业喜忧参半，但总体有望保持稳健运行。经济增长“新常态”和利率市场化等金融市场改革将给银行业带来一定的经营压力，但是政策利好、重大项目的支撑、良好的资产基础以及银行业自身的不断创新将使银行业继续保持活力和盈利能力。总体流动性的适度充裕、民间财富的积累、股票发行注册制改革、股票期权的推出等有望使资本市场继续保持活跃，市场成交量的放大、证券业务的不断创新将推动证券经营机构盈利状况持续好转，资本市场的融资功能将进一步发挥，证券业将稳中趋好。虽然厦门保险业面临着一些困难和问题，但是厦门市经济增长利好为产险发展提供了更加广阔的市场和增长点，降息降准等政策为寿险市场发展提供了宽松环境，费率形成机制和保险资金运用改革的不断深化将为保险公司带来改革红利，保险业有望继续保持平稳较快发展。

总　　编：李伟平
总　　纂：余路琳
统　　稿：黄师今
执　　笔：潘望春、李康宁
其他参与写作人员：施海松　肖　维　赖民祥　盛佩红　刘雅珣
黄肇伟　王国新　王庭成　陈　楠　陈玉婵
周　超　林志伟　林　榆　张志杰　黄斯颖
吴　沙　周佳亮　颜晓雯　朱剑峰

深圳市金融稳定报告摘要

2014年，深圳市经济总量保持增长，但区域经济需求有所放缓。金融业和金融市场总体运行平稳，然而金融业风险上升明显，金融市场债券违约风险显现，金融基础设施建设、金融生态环境有待完善，维护金融稳定的压力和挑战增加。

一、区域经济运行

（一）深圳经济运行状况

经济总量保持增长。初步核算，2014年，全市生产总值16 002.0亿元，继续居于内地大中城市第四位，同比增长（下同）8.8%，增速比上年回落1.7个百分点，经济发展步入新常态。

产业结构持续调整。2014年，深圳第一产业规模下降19.4%，第二产业规模增长7.7%，第三产业规模增长9.8%。三次产业比例为0:42.7:57.3，第三产业占比提高0.7个百分点。第三产业中现代服务业增加值增长10.5%，占第三产业比重达67.6%，比上年提高0.6个百分点。

固定资产投资增速略有回落。2014年，深圳完成固定资产投资2 717.42亿元，增长13.6%，增长速度较上年同期下降0.4个百分点。

社会消费品零售总额增速继续下滑。2014年，深圳市社会消费品零售总额累计完成4 844.0亿元，增长9.3%，增长速度较上年同期下降1.3个百分点，较2012年同期下降7.2个百分点，连续两年出现下滑。

进出口规模同比下降，贸易顺差保持增长。2014年，深圳进出口总额居内地大中城市首位，达4 877.7亿美元，同比下降9.2%，增速较全国低11.5个百分点。其中，出口总额2 844.0亿美元，下降7.0%；进口总额2 033.6亿美元，下降12.3%。

工业生产和企业利润增速均有所回落。2014年，深圳规模以上工业增加值6 501.1亿元，增长8.4%，增速较上年下降2.1个百分点。

科技创新驱动力更加凸显，高端新兴产业蓬勃发展。2014年，全市高新技术产业增加值达5 173.5亿元，增长11.2%，高于规模以上工业增加值增速2.8个百分点。全年战略性新兴产业增加值达5 645.3亿元，增长14.1%，约占全市生产总值35.3%，比上年提高0.8个百分点。

物价涨幅回落明显。2014年，深圳市居民消费价格累计上涨2.0%，涨幅较上年下降1.2个百分点，下降幅度较为明显。

财政收支增速大幅提高，各项税收收入显著增长。2014年，深圳市地方财政一般预算收入累计2 082.44亿元，增长20.3%，增速较上年上升3.5个百分点；地方财政一般预算支出2 166.14亿元，增长28.1%，增速较上年上升20.4个百分点。2014年，深圳税收收入3 745.43亿元，增长22.9%。

货币信贷投放平稳增长，金融机构下沉服务支持小微企业效果增强。截至2014年12月末，深圳金融机构本外币存款余额3.74万亿元，同比增长10.0%；本外币贷款余额2.79万亿元，同比增长13.1%。值得一提的是，小微企业贷款同比增速在第四季度触底反弹，截至年末已追平中型企业贷款增速，呈良好回升态势，显现金融机构下沉服务支持小微企业的主动性和积极性正不断增强。

（二）区域经济运行值得关注的方面

一是消费依然乏力。二是固定资产投资力度放缓，结构有待优化。三是通缩风险显现。

二、金融业与金融稳定

（一）银行业

1. 银行业运行状况

新增8家银行机构，分行级以上各类银行业机构合计93家。2014年，深圳共新增8家分行级以上银行机构，包括1家民营法人银行、1家村镇银行、1家外资银行分行和5家银行前海分行。截至年末，深圳各类银行业金融机构分行级以上家数共93家（含前海分行）。

银行机构总资产超过6万亿元，整体规模稳步扩张。截至2014年末，银行机构总资产和总负债分别为6.05万亿元和5.88万亿元，较年初分别增长15.73%和15.84%。同期，银行机构本外币存款余额3.74万亿元，较年初增长10.04%；本外币贷款余额2.79万亿元，较年初增长12.49%。

税前利润总额超过900亿元，盈利大幅增长。2014年，银行机构实现营业净收入1 504.11亿元，同比增加218.76亿元；取得营业利润966.37亿元，同比增加169.19亿元；取得税前利润907.79亿元，同比增加96.19亿元。

首家民营银行正式挂牌，金融创新取得重大突破。2014年12月，深圳前海微众银行股份有限公司（以下简称微众银行）正式挂牌，这是我国首家获批设立的民营银行。

2. 银行业稳健性评估

资本充足水平整体较高。截至2014年末，招商银行、平安银行、农商行3家中资法人银行资本充足水平较高，核心资本充足率分别为10.00%、9.28%和10.73%。村镇银行业务整体处于起步阶段，暂无资本充足压力。深圳市4家外资法人银行资本充足率略有下降，但仍远超最低监管标准，短期均无补充资本的压力。

不良贷款近三年来首现“双升”，整体质量向下迁徙。截至2014年末，银行机构不良贷款余额253.52亿元，较年初增加60.87亿元、增长31.60%，不良贷款率0.91%，上升0.13个百分点。银行机构的不良贷款指标自2012年以来首次出现“双升”。同期，银行机构不良贷款内部质量整体向下迁徙，次级类、可疑类和损失类不良贷款较年初分别增长12.74%、31.97%和80.77%，可疑和损失类不良贷款余额占不良贷款余额的比重较年初上升5.83个百分点。

不良贷款“双升”涉及的银行机构较多，信贷资产质量风险开始暴露。截至2014年末，25家中资银行机构不良贷款较年初“双升”，占全部中资银行机构的比重为62.5%；国有银行、政策性银行和村镇银行中均有超过六成的机构不良贷款指标出现“双升”。

不良贷款行业分布的集中度高，房地产业信贷不良风险尤为突出。截至2014年末，银行机构贷款投向房地产、制造业、交通运输、基础设施建设等前六大行业贷款余额占境内对公贷款余额的近九成，同期，该六大行业不良贷款余额合计占不良贷款总额之比超过90%。

中间业务收入快速增长，为盈利增长提供重要支撑。2014年，银行机构累计实现中间业务净收入345.87亿元，同比增加42.75亿元，增长14.10%。剔除系统内净利息收入的增加额部分，营业净收入同比增加额全部由中间业务净收入提供，中间业务成为盈利增长的主要来源。

系统内往来业务“虚增”银行机构利润，盈利水平明升实降。2014年，银行机构系统内往来利息净收入同比增加244.51亿元，占同期利息净收入同比增加额的62.29%，成为银行机构利息类收入增长的主要原因。

资产减值损失大幅增加，不良贷款对利润的负面影响逐渐显现。2014年，银行机构累计计提资产减值损失132.29亿元，同比多计提超过100%，抵减税前利润达70.42亿元。

中资法人银行流动性趋紧。2014年，3家中资法人银行流动性状况整体趋紧。招商银行和平安银行两类流动性指标值均低于监管标准，其中平安银行流动性覆盖率指标较年初大幅下降28.92个百分点。

外资法人银行流动性指标持续下降。长期以来，外资银行主要依靠同业拆借来调配头寸和缓解流动性压力，流动性风险隐患较大。

（二）证券业

1. 证券公司发展状况

总资产增长超九成，杠杆率超过7倍。2014年末，深圳本地法人证券类公司共17家（以下简称17家证券公司，含银河金汇证券资管公司）。截至12月末，17家证券公司总资产9 762.44亿元，为上一年度的1.94倍，同比增长92.87%，净资产、净资本分别为2 123.74亿元、1 380.73亿元，同比分别增长23.04%、37.13%。2014年总资产与净资本的比值为7.07:1，较上年同期增长40.65%，经营杠杆提升较为明显。

受托资产管理余额1.86万亿元，同比增收76.21%。2014年末，17家证券公司受托管理资金规模18 628亿元，比年初增长63.79%。

两融业务井喷，相关利息净收入同比增长127.9%。2014年末，17家证券公司融出资金与融出证券余额分别为2 338亿元和21.86亿元，比年初分别增长1.9倍和1.3倍。

传统业务强势恢复，整体经营业绩大幅增长。其一，经纪业务收入大增。17家证券公司代理买卖证券业务净收入189亿元，同比增长28.26%。其二，自营业务增长较快。17家证券公司自营类资产合计2 563.72亿元，比年初增长57.91%，自营业务收入（投资收益+公允价值变动）166.54亿元，同比增长104.71%。其三，投行业务收入恢复增长。受益于IPO重启、定增项目增加以及并购重组政策利好，证券公司投行业务增长较快，证券承销业务净收入、保荐业务净收入和财务顾问业务净收入分别为56.76亿元、5.13亿元和22.12亿元，同比分别增长87.43%、61.25%和49.70%。

2. 基金公司发展状况

私募管理机构和股权激励率先进入公募基金。2014年6月，深圳创新投资集团有限公司独家发起在深圳前海设立了红土创新基金管理公司，这是我国私募资产管理机构首次正式进入公募基金行业。7月，第一创业证券和深圳金合信投资公司在深圳共同发起设立创金合基金管理公司，是我国首家成立时即实施股权激励的基金公司。截至12月末，深圳本地注册的法人基金管理公司已达22家（以下简称22家基金公司），同比新增2家。

管理基金资产净值增至1.05万亿份。截至12月末，22家基金公司共管理证券投资基金553只，较年初增加100只，管理基金总规模9 782.78亿份，较年初增加956.72亿份，增长10.84%，所管理的基金资产净值10 529.64亿元，较年初增29.62%，基金管理业绩回升较快。

基金公司盈利能力有所恢复。据深圳证监局统计，截至2104年末，22家基金公司总资产、净资产分别为209.18亿元和150.63亿元，同比分别增长26.98%和18.52%。2014年累计营业收入和利润总额分别为102.31亿元和35.34亿元，同比分别增长11.1%和13.53%，22家基金公司中17家实现盈利（上年同期20家基金公司中有16家实现盈利），全年净利润累计为26.64亿元，同比增长15.56%。

3. 期货公司发展状况

期货业资产规模增长较快，盈利能力相对偏弱。2014年，13家期货公司总资产、净资产、净资本分别为454.25亿元、87.38亿元、68.19亿元，同比分别增长76.95%、37.07%、21.17%。同期，13家期货公司交易保证金规模358.40亿元，同比增长77.17%，全年实现利润总额7.28亿元，同比增长14.88%。

期货代理交易额累计58.48万亿元，增幅超三成。2014年，13家期货公司代理交易额全年累计58.48万亿元，同比增长31.37%，共实现营业收入18.48亿元，同比增长10.15%。其中，手续费收入9.24亿元，利息净收入8.36亿元。期货业抗风险能力较强，13家期货公司风险准备金合计1.31亿元，同比增长54.9%。

（三）保险业

深圳法人保险机构总数增至20家。截至2014年末，深圳市保险法人机构总数增至20家，当年新增保险法人机构3家，包括保险集团1家（富德保险控股股份有限公司）和保险资产管理公司2家（长城财富资产管理股份有限公司、华夏久盈资产管理有限责任公司）。深圳市共有分公司级各类保险经营主体69家，与2013年末持平。

原保费收入稳步增长至548.66亿元。截至12月末，深圳保险市场累计实现原保费收入548.66亿元（不含深圳保险法人的非深圳市场数据，下同），同比增长17.04%。其中，产险公司保费收入215.73亿元，同比增长20.00%；寿险公司保费收入为332.93亿元，同比增长15.21%。产险、寿险市场均呈稳健增长态势。

经营效益有所好转，法人保险公司净利润增长超过九成。2014年，深圳产险公司承保利润率3.73%，高出全国平均水平2.95个百分点，其中车险业务承保利润率2.27%，高出全国平均水平2.51个百分点。受益于2014年下半年资本市场活跃度提升和深圳融资体系的不断完善，深圳法人保险公司全年累计实现净利润为615亿元，同比增长93.12%。

法人保险公司总资产居全国第2位，偿付能力整体稳定。截至12月末，深圳法人保险机构合计资产总额2.3万亿元（同比增长21%），列居全国第2位。纳入偿付能力监测的12家法人保险机构第四季度末偿付能力充足率均超过150%，达到“充足Ⅱ类”的监管标准。

（四）金融业与金融稳定值得关注的方面

一是银行业稳健发展面临较大压力。二是证券业“两融”、“非标融资”等创新业务风险值得重视。三是保险业退保风险值得关注，传统保险保障业务有待发展，民营保险、资管业务高速发展潜藏风险。四是影子银行风险持续深化。五是金融业操作风险呈多发迹象。六是类金融机构风险有所显现。

三、金融市场与金融稳定

（一）金融市场运行状况

1. 货币与债券市场

银行间货币市场利率波动幅度减小，利率中枢明显下移。2014 年 12 月，银行间市场质押式回购加权平均利率为 3.49%，较上年同期下降 79 个基点。

货币市场交投活跃度上升明显。2014 年，深圳金融机构在货币市场合计成交 33.3 万亿元，增长 28.4%，增速较上年上升 3.7 个百分点。整体而言，2014 年深圳金融机构在货币市场活跃度明显上升。

银行间债券市场交易量大幅反弹，深交所债券交易规模持续攀升。2014 年，深圳金融机构在银行间债券市场交易总量为 7.6 万亿元，增长 34.2%，增速较上年上升 71.8 个百分点，反弹明显。2014 年，深圳证券交易所累计债券成交金额 6.8 万亿元，增长 30.1%。

票据融资有所增长，贴现利率有所回落。2014 年末，深圳金融机构人民币票据贴现余额 892.0 亿元，同比增长 48.3%。银行承兑汇票贴现发生额 2 907.7 亿元，同比增长 11.6%。票据买断发生额 24 937.4 亿元，同比增长 73.1%。票据回购发生额 11 189.8 亿元，同比增长 69.2%。

2. 证券市场

上市公司 1 618 家，股票总市值近 13 万亿元。2014 年，深交所新增创业板公司 51 家，中小板公司 31 家。截至 12 月末，深交所上市公司共 1 618 家，总股本 9 710 亿股、总市值 12.86 万亿元，比年初分别增长 20.32% 和 46.25%。深市同期每股平均股价 13.24 元，同比增长 21.58%。深圳成指年末收于 11 014.62 点，同比涨幅 35.62%。

证券成交量增加近五成，股票市盈率上升 23%。2014 年，深交所证券总成交额 44.47 万亿元，日均成交额 1 815 亿元，同比分别增长 49.9%、45.62%。深交所上市股票平均市盈率 34.05 倍，同比增长 22.66%。其中，中小板和创业板市盈率分别为 41 倍、65 倍，同比增长 20.52%、16.84%。

有效证券账户 1.42 亿户，市场做多热情回升。2014 年，深交所新增开户数 976.76 万户，同比增长 84.82%，股票交易印花税 366.76 亿元，同比增长 53.80%。有效账户（即剔除休眠户后）数量 14 214.69 万户，同比增长 7.3%。

3. 外汇市场

人民币兑美元中间价小幅贬值。2014 年，人民币兑美元中间价呈现“下跌—震荡—上涨”走势。1—5 月，人民币中间价连续走低，在 6 月和 7 月一涨一跌后，8—12 月则连续 5 个月上涨。

人民币兑美元即期交易价呈现N字形双向波动走势。2014年初，人民币即期汇率延续了2013年第四季度以来的升势。2014年1月14日，人民币兑美元即期汇率盘中最高升至6.0402，创2005年汇改以来新高。

人民币外汇即期市场交易量同比小幅下跌，衍生品市场交易总量继续大幅增加。2014年，深圳银行间人民币外汇即期市场交易量同比下降9.61%。2014年，深圳银行间人民币汇率衍生品市场交易总量同比大幅增长59.19%。

4. 黄金市场

多空力量胶着，黄金价格全年小幅收跌。2014年上海黄金交易所（以下简称金交所）Au99.99第一个交易日收盘价242.30元/克，最后一个交易日收盘价240.60元/克，微跌0.70%，相比于2013年跌幅大大收窄。

深圳地区交割库黄金出库量增幅大幅回落。2014年，深圳地区交割库黄金出库量1 397吨，同比增长4.10%，增幅较上年下降了113.54个百分点。

（二）金融市场与金融稳定值得关注的方面

一是信用债和私募债违约风险显现。二是人民币跨境收支逆差扩大值得关注。三是人民币汇率风险有所上升。

四、金融基础设施、生态环境与金融稳定

（一）支付结算体系

支付清算系统运行平稳，基础设施进一步完善。2014年，全市各支付清算系统共处理支付业务3.1亿笔，金额294.4万亿元，同比分别增长23.6%和43.0%；日均处理业务123.9万笔，金额1.2万亿元。

非金融支付机构快速发展，创新业务不断涌现。截至2014年末，深圳有20家法人支付机构获得《支付业务许可证》，较上年增加5家，机构数量总数排名全国第3位。2家支付机构在全国开立了30多家分公司，2家支付机构获批开展为跨境电子商务提供外汇支付服务试点业务。

银行卡发卡量和银行结算账户稳步增长。截至2014年末，全市累计发行银行卡14 489.5万张，同比增长18.5%。截至2014年末，深圳全市共有单位银行结算账户154.0万户，同比增长18%。

（二）现金服务体系

着力保证现金总量供应。2014年，人民银行深圳市中心支行累计现金投放2 447.67亿元，现金回笼1 215.12亿元，现金净投放1 232.55亿元，比上年同期少投放44.88亿元，同比下降3.51%。近年来，深圳地区现金净投放规模保持稳定小幅下降的态势。

不断实现券别结构的优化。2014年深圳累计调入小面额发行基金55个车皮，占全年调入车皮总数的45%，其中硬币40个，20元及以下小面额钞票15个。社会公众对于小面额现金的需求得到较好地满足，尤其是铁路等特定行业的零钞需求。

提升小面额钞票整洁度取得明显成效。2014年，深圳累计清分残损券124亿元、13.76万捆；

联机销毁残钞 114.05 亿元、12.64 万捆，复点残钞 40.32 亿元、52.05 万捆；机械销毁残钞 42.00 亿元、49.83 万捆。

反假货币防控体系不断健全。2014 年，深圳继续以“零容忍”的工作要求开展假币专项整治活动，推动实现全额清分目标，多角度构筑反假货币防线。大力推广具备冠字号码识别、记录和存储功能的现金处理设备，较好地保障了金融消费者的权益。

充分发挥社会化清分机构的重要作用。2014 年，深圳继续充分发挥以威豹公司为主体的社会化清分机构的作用，为全额清分工作提供有益补充。目前已有 23 家银行累计 6 164 台自助设备的清分加钞工作、554 个企业网点的收款清分工作由社会化清分机构承接。

（三）国库服务体系

零差错核算国库收支退业务。2014 年，各级国库办理财政收入（包括公共预算收入、基金预算收入、债务预算收入和国有资本经营预算收入）5 531.63 亿元，同比增长 21.56%。其中，中央级财政收入 1 987.17 亿元，同比增长 24.95%；地方级财政收入 3 544.46 亿元，同比增长 19.74%。办理财政支出 3 622.83 亿元，同比增长 38.45%；办理出口退税（含免抵调）1 099.97 亿元，同比增长 6.38%。

地方横联系统运行平稳，功能进一步扩展。2014 年，深圳进一步强化地方横联系统日常运行监测、运行维护，未发生影响业务处理的系统突发事件，确保了商业银行经收的税款及时入库，支出、退税资金快速到达银行账户，杜绝了系统原因导致商业银行延压税款的问题。横联系统全年处理税收业务 1 333.28 万笔，占税收业务总量的 99.0%；全辖退税和市本级支出业务 23.81 万笔，占两种业务总量的 100%。

积极开展地方国库现金管理试点工作。2014 年 12 月，财政部和人民银行印发《地方国库现金管理试点办法》，深圳被确定为 6 个地方国库现金管理试点省（市）之一。人民银行与财政部门紧密沟通协调，积极开展地方国库现金管理操作细则制定等工作。地方国库现金管理操作工具为 1 年期内定期存款，国库资金通过商业银行定期存款操作流入金融市场，增加了市场流动性，并与货币政策协同配合，促进了深圳地区经济金融的平稳健康。

（四）征信服务体系

积极推进个人征信机构许可和企业征信机构备案工作，为征信市场培育多元化市场供应主体。根据《征信业管理条例》、《征信机构管理办法》等相关法律法规，深圳辖内鹏元征信有限公司、深圳前海征信中心股份有限公司和腾讯征信有限公司经中国人民银行征信管理局审核后获得个人征信业务筹备许可；鹏元征信有限公司作为企业征信机构在深圳中支备案。

启动小微机构互联网平台接入征信系统试点工作。2014 年 5 月，为解决小微机构（包括小额贷款公司和融资性担保公司）接入征信系统效率低、成本高的问题，中国人民银行征信中心搭建了小微机构接入征信系统的互联网平台，并在深圳开展试点工作。截至 2014 年末，深圳地区 36 家小微机构通过互联网平台完成了存量数据录入工作，并开通了互联网查询信用报告权限。

（五）金融生态环境

存款保险制度建设相关工作有序开展，金融稳定长效机制建设稳步推进。2014 年，深圳深度参与存款保险条例修订，全力保障《存款保险条例（草案）》征求意见期间辖区金融稳定。按照人民银行总行统一部署，人民银行深圳市中心支行成立存款保险条例草案征求意见工作小组，建立了一整套工作机制，重点加强对辖内商业银行存贷款和流动性的监测分析，加强舆情监测及引导应对工作，进一步完善突发金融风险应对工作预案，督促商业银行认真落实相关要求。加强与市委宣传部、公安局等部门沟通，积极协调各方共同处置不良舆情、突发事件等。社会各界对存款保险条例出台反应正面，有关工作进展平稳有序。

完善金融法制建设，创造稳定金融环境。2014 年，人民银行深圳中支按照国务院、人民银行清理行政审批项目的有关决定，简政放权，规范、清理了部分行政许可项目，促进国家各项金融改革创新措施的顺利落实；修订《深圳金融结算系统业务处理办法》等办法、制定《商业银行理财业务风险监测分析办法（试行）》，维护和促进深圳金融体系稳定发展；加强对金融机构的执法检查，保障金融法律、法规和政策的贯彻执行，维护良好金融秩序，全年对金融机构开展执法检查 31 次；利用网络、微信平台稳步推进政务公开工作，提高依法行政的透明度和金融服务水平。

金融消费权益保护工作机制进一步完善。2014 年，人民银行深圳中支制定了《金融消费权益保护群体性投诉事件处置应急预案》，进一步完善了金融消费权益保护工作制度；9 月正式开通"12363"金融消费权益保护投诉咨询热线电话，并制定了咨询及投诉受理流程，开通以来，共受理各类金融消费权益咨询和投诉事项 326 件，月均 82 件；对金融机构开展执法检查，审查金融产品和服务的合规性，督促金融机构以保护金融消费者权益为前提，满足公众金融消费需求；以"3·15"和"金融知识普及月"为重点，组织金融机构，发动义工，深入社区、商区、厂区，开展金融知识普及宣传，提高了公众金融消费权益意识。

不断强化监管，促使非金融支付机构规范、持续发展。一是从严、审慎推进业务许可，着力推动和培养有特色、有亮点业务的意向机构进行申请。二是现场检查与非现场监测结合，规范支付机构市场行为，防范支付机构经营风险。三是制定《深圳市非金融支付机构高级管理人员任职管理办法（试行）》，建立了支付机构高管考试机制，推动支付机构合规健康发展。四是落实属地化监管要求，针对异地支付机构未经备案、违规开展业务等问题，通过约谈、限期整改及行政处罚方式强化管理。五是按照"防范风险与鼓励创新并重"的原则，密切关注支付市场动态，对各类创新业务及时进行审慎评估，及时发布风险提示。六是推动成立银行卡收单行业协会，通过支付结算执法检查与行业自律检查协同配合的手段，约束和抵制不正当竞争。

全面推进金融综合管理，促进深圳金融稳健发展。2014 年，通过对有关商业银行开展综合执法检查的形式，进一步规范金融机构合规稳健开展业务，提高其服务金融消费者意识和水平。进一步修订完善综合评价指标体系，以风险与合规评价标准表为导向，促使金融机构更加规范执行各项监管规定，进一步提高金融服务质量。同时，综合评价结果运用范围进一步拓宽。银行业金融机构开业管理更是从源头上帮助商业银行梳理合规稳健经营的意识，并与重大事项报告管理、综合评价和综合执法检查形成合力，有力促进了深圳金融稳健发展。

打击非法外汇金融活动取得突出成效。2014 年，共开展专项检查工作 6 项，涉及银行 12 家，企业 31 家；查处外汇违规案件 40 宗，罚款 1 876.84 万元人民币。联合公安部门严厉打击外汇违法犯罪行为，成功破获公安部和外汇局督办的"5·28"特大骗汇案件。该案属于利用外汇政策便利、实施违法犯罪活动的典型案例。犯罪团伙通过手中控制的两地企业，制作货物进口文件资料，构建虚假货物进口背景，以预付进口货款的名义，骗购外汇付至境外。深圳外汇管理和公安经侦部门联合打击此类外汇违法活动，震慑相关市场主体，有力地维护了辖内外汇市场秩序，促进了辖内涉外经济健康发展。

风险提示为导向，反洗钱工作覆盖范围进一步拓展。2014 年，深圳持续完善以风险提示为导向、覆盖银证保的反洗钱工作机制。根据执法检查及案件调查等工作中发现的新情况，分别对银行、证券、保险行业发布 5 期洗钱风险提示（《金融风险提示》），形成常态化的行业洗钱风险信息联动机制，促进各机构对突出的风险点和新发漏洞予以掌握，提升各机构的风险防控能力。此外，通过归纳证券行业洗钱风险，对证券公司非经纪业务洗钱风险开展系统研究。

（六）金融基础设施、生态环境与金融稳定值得关注的方面

一是非金融支付机构资金管理存在风险隐患，合规经营意识有待提高。二是征信服务有待进一步优化，信用信息保护安全有待提高。三是证券业洗钱风险值得关注。

五、风险评估与政策建议

（一）风险评估

新常态下区域经济需求有所放缓。2014 年，深圳投资、消费增速均呈现回落态势，进出口规模同比下降，工业生产和企业利润增速下降，物价指数下降明显，通缩压力凸显，固定资产投资过于偏重房地产开发，不利于促进经济转型升级。经济下行背景下，财政和税收收入过快增长，企业负担较重，不利于提升经济活力。此外，房地产业供应结构不平和不合理、蕴含的不确定因素和未来房价可能剧烈波动等问题值得警惕。

金融业风险上升明显。受经济步入新常态影响，银行业信贷风险上升明显。证券业“两融”、“非标融资”等创新业务风险也在逐步增加。保险业退保风险值得关注，传统保险保障业务有待发展，民营保险、资管业务高速发展潜藏风险。以信托计划、结构性理财以及银行同业业务等为代表的影子银行风险持续暴露。经济下行压力下，金融业操作风险时有发生，类金融机构风险呈上升态势。

金融市场债券违约风险显现，国际收支逆差扩大和汇率风险值得关注。2014 年，超日债的违约，打破了投资者对交易所上市企业债所谓的“刚性兑付”预期，引发了市场深切关注。此外，多笔中小企业私募债出现实质性违约，未来私募债市场积聚的风险须密切关注。深圳收支跨境逆差扩大，全国范围内资本项下资金大规模流出和人民币汇率风险加大等问题值得警惕。

金融基础设施建设、金融生态环境有待完善。非金融支付机构资金管理存在风险隐患，合规经营意识有待提高，注册资本金和客户备付金管理有待完善。银行卡收单市场管理有待规范。征信服务有待进一步优化。冒用他人身份查询个人信用报告事件偶有发生，信用信息安全保护有待加强。反洗钱工作面临新的挑战，证券保险行业、互联网金融领域以及涉外金融方面洗钱风险尤其值得关注。

（二）政策建议

一是切实抓好用好改革创新有利机遇期，构建高质量创新型开放经济。二是加强信用风险管控，着力防范类金融机构风险。三是着重加强债券市场治理，持续做好跨境资金流动监测。四是进一步完善金融基础设施建设和生态环境，充分发挥金融体系基础性保障作用。五是以自贸区设立和互联网金融为契机，加速推进金融创新。

总纂：张庆昉　余　钢　吴　燕
统稿：赵　灵
执笔：蔡瑞文　杨　丹　祝　劲　胡春冬　王翔宇
丁晓松　管　高　袁　鉴　孟　浩　范　潇
张　婉　李海川　钟　琦　张冬琴　李小琪
王继权　季　萍　匡耀东　周前新